鞍钢年鉴

ANGANG NIANJIAN

2021

鞍钢史志编纂委员会　编

冶金工业出版社

图书在版编目(CIP)数据

鞍钢年鉴.2021/鞍钢史志编纂委员会编.—北京：冶金工业出版社，2024.5

ISBN 978-7-5024-9876-4

Ⅰ.①鞍…　Ⅱ.①鞍…　Ⅲ.①钢铁厂—鞍山—2021—年鉴　Ⅳ.①F426.31-54

中国国家版本馆 CIP 数据核字(2024)第 104796 号

鞍钢年鉴 2021

出版发行	冶金工业出版社	**电　　话**	(010)64027926
地　　址	北京市东城区嵩祝院北巷 39 号	**邮　　编**	100009
网　　址	www.mip1953.com	**电子信箱**	service@mip1953.com

责任编辑　张熙莹　美术编辑　彭子赫　版式设计　郑小利

责任校对　石　静　责任印制　禹　蕊

北京捷迅佳彩印刷有限公司印刷

2024 年 5 月第 1 版，2024 年 5 月第 1 次印刷

889mm×1194mm　1/16；25.5 印张；12 彩页；812 千字；401 页

定价 100.00 元

投稿电话　(010)64027932　投稿信箱　tougao@cnmip.com.cn

营销中心电话　(010)64044283

冶金工业出版社天猫旗舰店　yjgycbs.tmall.com

(本书如有印装质量问题，本社营销中心负责退换)

鞍钢史志编纂委员会

主　　任　栗宝卿

副 主 任　刘炳宇　谢玉先

委　　员　(以姓氏笔画为序)

王相宇　白旭强　刘　杰　刘　明

刘丰强　李顺健　张万斌　金　彬

贾文军　黄福军　谭克建

编辑部

主　　编　赵志强

副 主 编　吴　峥　李翔凌

总 编 辑　黄　辰

副总编辑　赵　艳

特约编辑　张作武　周玉斌　等

摄　　影　张明杰　田世群　等

编 辑 说 明

《鞍钢年鉴》是鞍钢主办的逐年全面记载鞍钢发展变化的大型综合性资料工具书。2021《鞍钢年鉴》是鞍钢连续编纂出版的第37部年鉴，也是鞍钢集团成立后的第8部年鉴（包含鞍山钢铁、攀钢及各板块）。该年鉴将本着“科学、精干、实用”的编纂宗旨，全面、客观、准确地记述2020年鞍钢党委全面贯彻党的十九大和十九届二中、三中、四中、五中全会精神，深入学习贯彻习近平总书记重要讲话和重要指示批示精神，坚决贯彻落实党中央、国务院决策部署，迎难而上、奋力拼搏，从疫情防控阻击战到生存保卫战，从攻坚“两项改革”到“三大攻坚战”，在规划发展、改革改造、科技进步、企业管理、党建及精神文明建设等方面的新发展、新变化和新成就。

本年鉴采用分类编辑法，按部类、分目、条目3个层次编排。共设特辑，专文，大事记，概况，机构与人事，规划发展，财务、资本运营与审计管理，人力资源管理，管理创新，科技创新，安全、环保与节能，法律事务，综合管理，企业文化与公共关系，党群工作，鞍山钢铁集团有限公司，攀钢集团有限公司，单位简介，荣誉，附录20个部类。全书计81.2万字，配有彩色及黑白图片63张。

本年鉴刊用的稿件、资料由鞍钢集团有限公司各主管部门及所属单位提供并审核。统计资料由鞍钢集团有限公司财务部提供。人事、荣誉资料由鞍钢集团有限公司人力资源部、鞍钢集团有限公司工会等提供。所引数据均以2020年12月末为限。

▲ 2020 年 1 月 9 日，中共鞍钢二届二次全委（扩大）会议在鞍钢会展中心召开

▲ 2020 年 1 月 9 日，鞍钢集团有限公司一届九次职代会在鞍钢会展中心召开

▲ 2020 年 1 月 17 日，鞍钢集团召开“不忘初心、牢记使命”主题教育总结大会

▲ 2020 年 3 月 27 日，鞍钢集团党委召开 2020 年党风廉政建设和反腐败工作会议

▲ 2020 年 7 月 20 日，鞍钢集团召开改革工作会议暨朝阳钢铁市场化改革经验推进会

▲ 2020 年 12 月 23 日，鞍钢集团与鞍山市签署《鞍钢厂办大集体改革改制企业股权划转协议》和《支持鞍钢厂办大集体改制企业发展协议》，鞍钢厂办大集体改革基本完成

▲▶ 2020年11月17日，"双鞍"融合工作推进会暨《鞍钢矿山生态修复三年规划2020—2022》发布会在鞍钢集团举行

◀▲ 2020年8月25日，鞍钢集团召开第七届青年创新登高项目发布会，表彰第七届青年创新登高"双十佳"和2019年度青年创新登高"金牌项目"

▶ 2020年，鞍钢矿业鞍千矿业公司从加强中和配矿、提高球磨台时、降低尾品三个维度开展生产流程管控，球磨台时创近三年最好水平

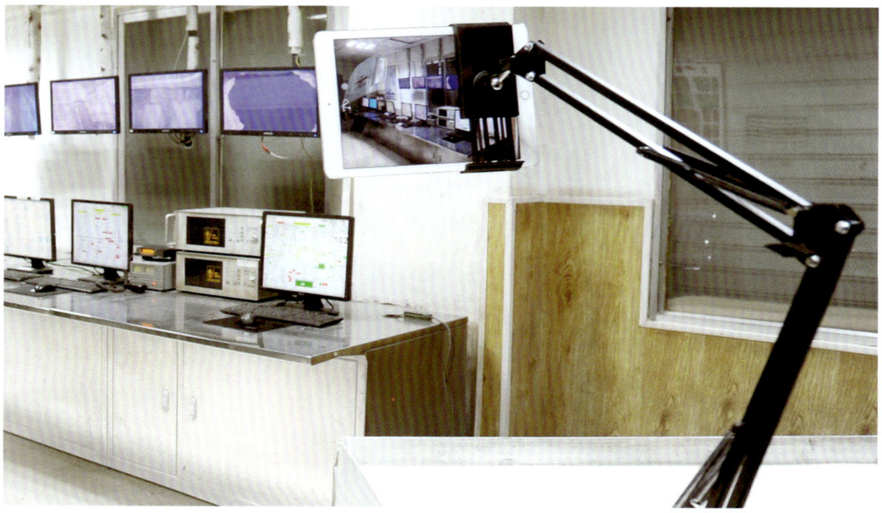

◀ 2020年1月17日，国内首套具有自主知识产权的远程一键式智能RH精炼系统在鞍钢股份炼钢总厂热试成功

▶ 2020年1月，钢铁研究总院发布管线钢（中厚板）产品质量能力分级排名，鞍钢5500毫米宽厚板产品凭借出色的产品质量排名第一

▲ 2020 年，鞍钢股份冷轧厂认真贯彻鞍钢集团应对严峻形势“十项举措”，坚决实现“跑赢大盘、跑赢自身”目标

▲ 2020 年，攀钢成都钢钒有限公司热轧板厂坚持用户至上原则，狠抓生产组织与工序衔接，全力缩短板材轧制、成品外发周期，持续提升用户满意度

◄ 2020年，鞍钢股份线材厂围绕“保规模、降成本”目标，所属两条线材生产线4月、5月两个月产量连创历史新高

◄ 2020年，攀钢西昌钢钒有限公司板材厂克服新冠疫情影响，不断提升汽车板、家电板等产品合同兑现率

► 2020年8月11日，攀钢钛材有限公司高端钛及钛合金生产线项目熔炼工序立式带锯床进行负荷试车

▲ 2020 年 2 月 10 日，鞍钢钢材加工配送（长春）有限公司克服疫情影响，第一时间复工，受到客户好评

▲ 2020 年，朝阳钢铁有限公司利润完成全年挑战值的 129%，累计销售利润率达到行业第 7 名，铁钢材成本全部进入行业前 6 名，资产负债率低于行业平均水平近 50 个百分点

▲ 2020 年 8 月 25 日，中国海洋装备用金属材料领域唯一企业国家重点实验室——“海洋装备用金属材料及其应用国家重点实验室”在鞍钢集团正式揭牌

▲ 2020 年 10 月 10 日，鞍钢东大先进材料工程研究院正式成立，鞍钢集团党委书记、董事长谭成旭，东北大学党委书记熊晓梅共同为研究院揭牌

▲ 2020 年 9 月 4 日，鞍钢集团与上海大学举行战略合作协议签署仪式暨先进材料基因工程联合实验室揭牌仪式

▲► 2020 年 10 月 15—16 日，在首届师昌绪先进材料论坛上，鞍钢集团正式加入师昌绪先进材料创新中心，并与中国科学院金属研究所签署《“鞍钢开放基金”研发协议》

▲ 2020 年 1 月 10 日，鞍钢矿业公司“贫杂铁矿石资源化利用关键技术集成与工业示范”科技项目获得国家科技进步奖二等奖

▲ 2020 年中国钢铁工业协会、中国金属学会冶金科学技术奖评选结果揭晓，鞍钢 12 个项目成功上榜。其中，鞍钢主导和参与的“大型转炉洁净钢高效绿色冶炼关键技术”项目获得特等奖

◀ 2020 年 8 月 27 日，攀钢以万能一线“开坯系统高精度轧制改造”为重点，对该轧线进行大修改造。改造后的万能一线开坯系统轧制精度升级，可轻松实现一键轧制，从手动操作跨越到智能轧制

▶ 2020 年，攀钢研究院科研保障中心钛钢联合实验室以高技能人才为基础，锻造国内领先水平的钛钢联合实验室。图为该实验室职工正在轧制试验料

◀ 2020 年，积微物联以大数据和视频云为基础，通过多终端可视化平台，为攀钢提供运行监控、安防预警、指挥调度、设备管理、数据分析等多项管控服务，建设和维护好工业现场管控的“神经中枢”

▲ 2020 年 8 月 24 日，鞍钢股份热轧带钢厂 2150 生产线成功生产 10×1420 毫米、JTM800ZYM 高强汽车用钢板，这是鞍钢首卷超强超厚工程汽车大梁用钢板

► 2020 年 11 月 27 日，“华龙一号”全球首堆——中核集团福清核电 5 号机组首次并网成功，由鞍钢生产的核一级关键设备材料 15MnNi 为我国首台自主设计建造的第三代核电机组提供了钢铁保障

► 2020 年 5 月 13 日，鞍钢铸钢公司成功为全球在建装机规模最大的水电站——白鹤滩水电站生产出直径 8410 毫米、高 2947 毫米、重 185 吨的大型上冠铸件，铸就又一个“大国重器”

▲ 2020 年 1 月 31 日，鞍钢集团董事长、党委书记谭成旭率队赶赴疫情防控重点部位，实地调研督导疫情防控工作，看望慰问一线工作人员

▲ 2020 年 1 月 31 日，鞍钢集团总经理戴志浩率队赶赴疫情防控重点部位，实地调研督导疫情防控工作，看望慰问一线工作人员

▲ 2020年1月25日，鞍钢集团总医院选派由感染科副主任张新宇、呼吸专科医院护士长李秋、呼吸专科医院护士曲慧、重症医学科护士金钰4人组成的第一梯队，赶赴武汉驰援疫情防控工作

▲ 2020年，鞍钢股份大型厂坚持一手抓疫情防控，一手抓生产经营，螺纹钢产品成材率指标超额完成公司计划目标

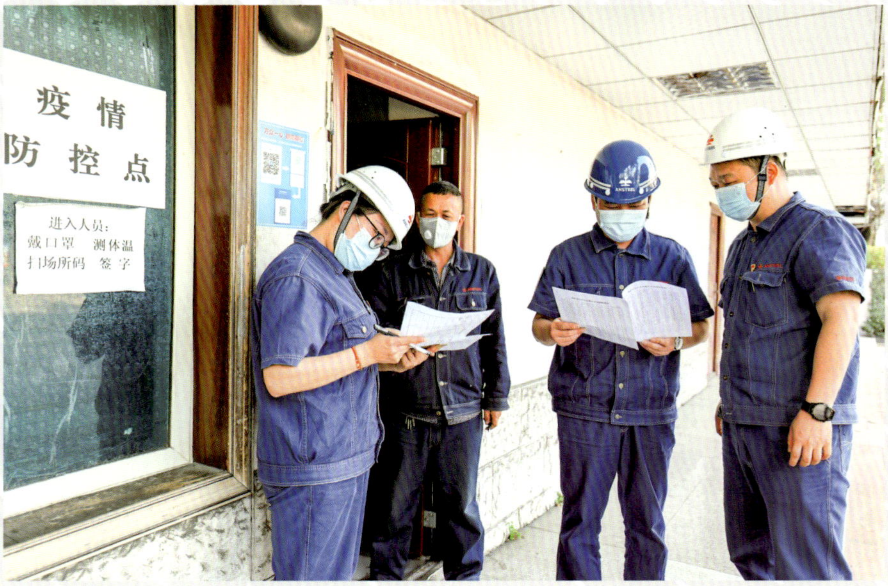

► 2020年，攀钢矿业选矿分公司加强疫情防控检查，确保抗疫保产两不误

▲ 2020 年 6 月 18 日，鞍钢集团党委书记、董事长谭成旭率队深入贵州省盘州市调研定点扶贫工作，实地查看帮扶项目情况，走访慰问贫困户

▲ 2020 年 7 月 14—15 日，鞍钢集团总经理戴志浩率队到新疆塔县调研，实地察看鞍钢扶贫项目推进情况，看望慰问鞍钢援疆干部和困难村户

▶ 2020年6月17日，鞍钢集团党委书记、董事长谭成旭率队前往贵州省六盘水市、盘州市，与两地主要领导交流，签订《消费扶贫合作框架协议》

◀ 2020年9月2日，央企消费扶贫网络直播带货扶贫高峰论坛暨贵州消费扶贫月活动在贵阳启动。活动中，鞍钢集团与央企消费扶贫电商平台签订合作协议

▶ 2020年7月10日，在四川省凉山州盐源县泸沽湖镇广场上，鞍钢集团攀钢钒举行向盐源县捐赠价值49.984万元、352台生物质炉移交仪式

▲ 2020 年，攀钢出资修建的攀枝花市盐边县格萨拉乡盐宁路

►▼ 2020 年 11 月，鞍钢集团荣获2020 年新疆维吾尔自治区脱贫攻坚组织创新奖，成为全国援疆央企中唯一获此殊荣的扶贫单位。鞍钢扶贫干部马荣材获得 2020 年喀什地区脱贫攻坚奖优秀援疆扶贫干部荣誉称号

授予:鞍钢集团有限公司

自治区脱贫攻坚组织创新奖

新疆维吾尔自治区扶贫开发领导小组
2020年10月

▲ 2020 年 9 月 18—20 日，鞍钢集团参展第八届中国公益慈善项目交流展示会。鞍钢集团扶贫成果入选中央企业扶贫攻坚典型案例，在慈展会脱贫攻坚时光成果馆中展示。鞍钢集团获得最具人气参展机构奖

▲ 2020 年 7 月 30 日，鞍钢集团党委书记、董事长谭成旭会见到访的中国五矿董事长、党组书记唐复平一行

▲ 2020 年 8 月 28 日，鞍钢集团党委书记、董事长谭成旭会见到访的浦项中国董事长兼总经理吴亨洙一行

▲ 2020 年 8 月 19 日，鞍钢集团与海尔集团签署物联网生态战略合作协议

▲ 2020 年 9 月 10—11 日，中国金属学会冶金人工智能技术分会在鞍钢举办“第二届冶金人工智能论坛”

目　录

第一部分　特　辑

第二部分　专　文

第三部分　大事记

第四部分　概　况

第五部分　机构与人事

第六部分　规划发展

第七部分　财务、资本运营与审计管理

第八部分　人力资源管理

第九部分　管理创新

第十部分　科技创新

第十一部分　安全、环保与节能

第十二部分　法律事务

第十三部分　综合管理

第十四部分　企业文化与公共关系

第十五部分　党群工作

第十六部分　鞍山钢铁集团有限公司

·所属单位简介·

第十七部分　攀钢集团有限公司

·概　述·

· 所属单位简介 ·

第十八部分 单位简介

· 板块公司 ·

· 直属机构 ·

第十九部分 荣　誉

第二十部分 附　录

第一部分

特　辑

认真学习贯彻落实习近平总书记重要指示批示精神 开创鞍钢集团高质量发展新局面

2020年，鞍钢党委认真学习贯彻落实习近平总书记重要指示批示精神，完善工作机制，强化责任落实，紧盯“学习传达、研究部署，建立台账、专人盯办，调研督查、现场检查”三个环节和“月调度、季通报、半年总结、年度报告”四个节点，推进贯彻落实常态长效，推动问题解决，增强“四个意识”、坚定“四个自信”、做到“两个维护”。坚持从习近平总书记重要指示批示中找方向、找方法、找答案，推动鞍钢集团高质量发展开创了新局面。疫情防控和企业改革发展取得双胜利。15万人厂办大集体改革和22万退休人员社会化管理“两项改革”实现历史性突破。全年实际利润创历史最好水平，超额完成国务院国资委业绩考核指标，利润增幅排名央企前列，为国务院国资委实现“两个力争”作出重要贡献。

一是贯彻落实习近平总书记关于统筹推进疫情防控和经济社会发展重要指示批示精神，发挥央企“顶梁柱”“压舱石”作用。面对突发疫情严峻挑战，迅速建立统一指挥、高效协同的防控工作体系，因时因势调整防控措施，疫情防控取得阶段性胜利。鞍钢辽宁、北京、广州等区域及境外职工始终保持“双零”（零感染、零疑似）。累计捐款捐物3750万元，保供专用钢材2808吨。坚决落实“六稳”“六保”，钢铁生产一天没停，有力带动上下游产业和中小企业复工复产；引进应届高校毕业生同比增长146%；减免中小微企业、个体工商户经营用房租金1362万元。同时，统筹疫情防控和经营发展，出台应对严峻形势坚决打赢生存保卫战十项措施，持续深化提质增效专项行动，全力稳经营、拓市场、抓改革、降成本、提效益，全年实现利润创历史最好水平。

二是贯彻落实习近平总书记关于深化国有企业改革的重要指示批示精神，企业改革取得显著成效。落实习近平总书记“坚持社会主义市场经济改革方向”要求，着力解决体制机制与高质量发展不适应问题，企业综合改革取得显著成效。68项综改任务完成率97.1%。落实国企改革三年行动全面启动，年内任务完成率100%。通过市场化改革扭亏为盈的朝阳钢铁再推改革升级版，实现利润9.44亿元，同比增长15%；销售收入利润率10.67%，达到行业平均水平的2.3倍，15项主要技经指标创历史最好水平；铁、钢、材成本全部进入行业前5名，成为具有较强成本竞争力的钢铁基地。新增9家企业混改，推出混改企业骨干员工持股、科技型企业股权及分红激励、上市公司股权激励等市场化激励机制。“两项改革”实现历史性突破，面对历史沿革长、积累问题复杂、涉及职工37万人之多，特别是疫情叠加、生产经营压力巨大等困难，鞍钢党委以强烈政治责任感和使命感，举全集团之力攻坚，一举解决了多年想要解决而未能解决的历史难题。退休人员社会化管理提前完成移交目标任务，处于央企领先水平；厂办大集体改革任务基本完成。加上之前的“三供一业”分离移交，长期困扰企业的三大历史遗留问题在“十三五”基本得到解决，鞍钢以崭新形象迈入“十四五”。上述改革得到国务院领导、国务院国资委和辽宁省委省政府充分肯定。

三是贯彻落实习近平总书记关于科技创新的重要指示批示精神，固链补链强链彰显央企担当。落实习近平总书记关于“必须加强关键核心技术和关键零部件的自主研发”“加强新材料新技术研发”重要指示精神，发挥鞍钢钒钛资源综合利用、海洋装备用金属材料及其应用两个国家重点实验室作用，6项国家关键核心技术攻关取得重要进展，其中2项取得突破，4项按计划推进。全年研发经费投入强度预计达到3.66%以上，完成国务院国资委考核指标。服务国家重大工程项目，打破国外垄断。鞍钢核电用钢助力“华龙一号”全球首堆并网成功，鞍钢钢轨独家供货中国高铁整体出口“第一单”雅万高铁；鞍钢船用VL4-4MOD低温钢全球首发；“十三五”国家重点研发计划项目“高应变海洋管线管研制”实现高应变 L485 管全球首发；油船货油舱用耐腐蚀钢首次实现在 30 万吨超大型油船（VLCC）国产化替代应用。用现代信息技术赋能传统产业，应用工业机器人 176 台（套），完成 15 条数字化智能化示范产线升级改造。2 个大数据应用平台被工信部评为试点示范。

四是贯彻落实习近平总书记关于精准脱贫、防范化解重大风险、污染防治重要指示批示精神，三大攻坚战取得重要进展。脱贫攻坚决战决胜，继贵州盘州脱贫后，新疆塔什库尔干塔吉克自治县于 2020 年 1 月脱贫，鞍钢定点帮扶的两个国家重点贫困县全部摘帽，区域对口帮扶的 8 县 12 村全部摘帽；全年投入帮扶资金 3840. 38 万元，同比增长 10. 72%；实施帮扶项目 78 个，援派干部 32 名，鞍钢精准扶贫工作入选中央企业优秀案例。债务风险有效防控，完成国务院国资委降杠杆减负债三年收官任务，资产负债率降至 63. 97%，比年初下降 2. 47 个百分点。生态保护成效明显，落实习近平生态文明思想，特别是考察调研中国南水北调扬州江都水利枢纽提出的“节约用水”要求，加快推进节能环保项目，吨钢耗新水 2. 29 吨，同比下降 2. 63%；新增矿山绿化复垦面积 100 余万平方米。

五是贯彻落实习近平总书记关于坚持党的领导加强党的建设重要指示批示精神，政治优势充分发挥。认真落实全面从严治党主体责任，党委把方向、管大局、保落实作用充分发挥。贯彻落实党的十九届五中全会精神，针对“十三五”存在的战略目标、路径不够明晰问题，以新发展理念为统领，确定鞍钢“十四五”发展战略规划思路，提出量化清晰的“7531”（7000 万吨粗钢、5000 万吨铁精矿、3000 亿级营收、100 亿级利润）目标和具体路径措施。坚持党的领导贯穿疫情防控、“两项改革”、脱贫攻坚、生存保卫战全过程，以强大组织力确保各项工作高质量完成。干部政治业务素质能力有效提升，针对干部培训系统性不强问题，突出“政治性、系统性、精准性、实效性”；针对培训动力不足问题，建立“逢班必考”“凡提必考”“重点跟班”和“考、用、调”激励约束机制，干部培训效果明显。持续推进中央巡视整改，集团班子成员带头推进重点整改项目，163 项整改措施完成 153 项，整改完成率 93. 9%，比年初提高 35 个百分点，完成全年整改目标。加大反腐败工作力度。立案审查调查 300 件，给予党纪政纪处分 295 人，同比分别增长 45%、51%。严肃查处“靠钢吃钢”案件 115 件，挽回损失 8534 万元。

（鞍钢集团有限公司办公室）

鞍钢集团深入开展“不忘初心、牢记使命”主题教育

按照党中央统一部署，鞍钢党委自 2019 年 6 月 3 日起组织全公司 212 个党委、2262 个党（总）支部、2086 名副处级以上领导人员、7. 3 万名党员按照两批次开展“不忘初心、牢记使命”主题教育。

1. 以从严从实的要求抓好组织领导。一是注重统筹谋划。鞍钢党委认真学习贯彻中央主题教育工作会议精神，形成“一个实施方案、一个领导机构、一个推进计划”的“三个一”工作方案，成立主题教育领导小组及办公室，下设组织指导组、调研秘书组、学习宣传组、督导整改组，召开领导小组会议 5 次、领导小组办公室会议 14 次，定期研究问题，总结经验做法。二是注重示范带动。鞍钢党委书记、董事长认真履行第一责任人职责，组织召开 3 次推进会议，推动全公司主题教育深入开展。鞍钢领导班子成员直接深入基层党建联系点和三、四级企业，以点带面推动主题教育整体提升。三是注重指导督导。鞍钢党委组建 5 个巡回指导组，对第一批主题教育全覆盖督导，对第二批主题教育“解剖麻雀+重点关注单位”巡回指导；二级单位党委组建 66 个指导组，采取“点对点”督导；基层党委直插一线，对党支部进行直接指导、全面辅导，构建上下贯通、多级联动的指导督导体系。四是注重宣传引导。《鞍钢日报》《鞍钢视讯》及“摇篮鞍钢”微信公众号等新媒体同步发声，累计刊发稿件 460 余篇次、简报 22

期，外部各类媒体刊发鞍钢主题教育报道近450条。

2. 以持之以恒的作风抓好学习教育。一是原原本本学。及时为副处级以上领导人员配发《选编》《纲要》《汇编》，为全体党员配发《摘编》《纲要》，编发《习近平总书记重要论述汇编》《习近平总书记视察中央企业公开发表重要讲话和指示批示汇编》。各级指导组通过访谈问学、座谈交流等方式，检验党员干部自学效果，督促党员干部通读精读“必读篇”、跟进学习“最新篇”。二是集体研讨学。聚焦主题主线，加大组织力度、研讨深度和学习频次，通过党委中心组学习、读书班、专题研讨等形式，列出学习专题，普遍采取班子成员领读领学方式，开展集中学习研讨5天以上，各级领导班子开展集体学习4174次、集中研讨3418次，基层党支部组织党员交流学习体会5110次。三是丰富形式学。坚持把开展革命传统教育、形势政策教育、先进典型教育、警示教育及党史、新中国史教育作为学习教育重要内容，通过参观“庆祝中华人民共和国成立70周年大型成就展”网上展馆、学习张富清同志先进事迹、观看《榜样4》、举办红色教育专题讲座等，教育党员在见贤思齐中砥砺初心、践行使命。

3. 以求真务实的态度抓好调查研究。一是坚持问题导向走下去。各级领导班子成员按照“五个围绕”要求，结合学习研讨和分管工作，列出调研题目。鞍钢主要领导3次带队到中国宝武开展对标交流，虚心问道、对标挖潜。二是坚持“两直三同”深入基层。各级领导班子成员坚持做到直奔基层、直奔现场，与职工同创新、同当班、同就餐，深入困难多、情况复杂、改革任务重的单位问计于干部职工。鞍钢领导班子成员到基层调研天数同比提高50%，访谈基层干部职工852人次，征集意见建议321条，现场答疑解惑107条。各级领导班子成员开展调研2035次、查找问题7175项。三是深入研讨解决难题。鞍钢领导班子带头召开调研成果交流会，切实把调研成果转化为解决问题、推动工作的具体举措。各级领导班子成员撰写调研报告1506份，召开调研成果交流会340场，进一步破解改革发展的重点难点问题。四是结合实际讲党课。各级领导班子成员分别到基层党建联系点讲专题党课1443人次，党支部书记讲专题党课2913次，广大党员深切感悟初心使命、强化责任担当。

4. 以自我革命的勇气抓好检视问题。一是畅通渠道查找群众反映问题。坚持开门纳谏，通过印发征求通知、“网络问企”平台、设立意见箱等方式，广泛征求各级党组织、党员群众、党代表等意见建议。二是对照党章党规深挖自身问题。各级领导班子成员采取“自学+集中学习”方式，逐段逐句学习党章准则条例，召开对照党章党规找差距专题会议，系统梳理检视违背初心使命的问题。鞍钢领导班子成员重点对照“18个是否”，逐条进行自我检视、深刻剖析，相互咬耳扯袖提出批评建议86条。党支部认真组织党员对照党员条件和义务权利，对照准则条例，对照群众提出的意见建议等，查找自身不足，剖析思想根源。三是勇于自我革命剖析根子问题。各级领导班子成员按照“四个对照、四个找一找”要求，高质量召开专题民主生活会，深入坦诚开展谈心谈话，严肃认真开展批评和自我批评。

5. 以钉钉子的精神抓好整改落实。一是一体推进抓好整改。制定“9+1”整改清单，把主题教育问题和中央巡视反馈问题整改一同部署、一体整改；列出两级党委上下联动整改清单，上下联动、同向发力；注重开门搞整改，召开整改落实座谈会，听取“两代表一委员”、基层职工群众等评价意见。二是上下联动推进专项整治。成立专项整治工作领导小组，制定专项整治安排意见，各级党组织制定专项整治措施8305项，明确责任主体、进度时限，实行销号式管理、项目化推进。三是落细落小解决热点问题。分级建立“为民服务解难题”项目清单，确定服务项目926项。集团文件、大型会议同比减少47%、42.5%；精简子企业经营者年度绩效考核指标63项，精简38.4%；精简基层上报材料、报表91项，精简22.75%，全公司上下焕发开短会、讲短话、发短文、深入基层调研多、解决重点难点问题多的“三短两多”新气象。

（鞍钢集团有限公司党委组织部）

鞍钢统筹推进新冠肺炎疫情防控工作

2020年，新冠肺炎疫情肆虐全球，这是一场突如其来的危机，更是一场关乎责任与使命的大考。面对前所未有的特殊考题，鞍钢集团坚决贯彻落实习近平总书记统筹推进疫情防控和经济社会发展工作重要讲话精神，坚决贯彻落实党中央、国务院决策部署，不计代价，不讲条件，践行初心使命，履行央企责任，主动投身到抗击疫情的防控战役中，书写出一份优秀的答卷！

疫情来袭，跑出钢铁长子的响应速度

面对来势汹汹的严峻疫情，鞍钢集团与时间赛跑，同病魔较量，迅速打响疫情防控阻击战。

统一思想——鞍钢集团党委第一时间召开会议，传达学习习近平总书记对新冠肺炎疫情的重要指示，深刻认识做好新冠肺炎疫情防控工作的重要性和紧迫性，切实将思想和行动统一到习近平总书记重要指示精神上来，统一到党中央、国务院决策部署上来。

迅速行动——立即制定下发了《关于做好新型冠状病毒肺炎防控工作的通知》，启动突发公共卫生事件应急处理预案，各单位领导干部、相关负责同志和相关人员停止休假，返回岗位。各区域子企业全力开展支持属地党委、政府的防疫工作。

强化责任——成立疫情防控指挥部，连续召开会议专题研究疫情防控工作，指挥部总指挥谭成旭、戴志浩等走入职工宿舍、食堂、浴池、办公室等生产生活区域，对疫情防控工作进行现场指导，要求用严密的防控举措保障职工的生命安全。

党旗引领——各级党组织把打赢疫情防控阻击战作为当前的重大政治任务，建立完善防控预案，建立职工健康情况摸排管控机制，广泛宣传科学防控知识，使职工群众坚定疫情可防治的信心，消除恐惧心理，稳定情绪、凝聚人心、鼓舞斗志。

严把关口——严把病源入口关，严格排查外地返回人员，对疫区返回职工设立隔离区实施隔离观察，细化落实食品类全链条防疫防控措施；严把人员检测关，对入厂职工进行体温检测，并登记造册；严把疫情防控关，做到“四不”，全力切断疫情传播途径。

践行使命——向国务院国资委捐款3000万元，为宇通公司生产55辆负压救护车急用钢材，快速兑现口罩机、口罩熔喷布生产线等专用模具钢加急合同，全力保证客户防疫物资的生产，抽调300名医护人员参与地区疫情防控。

危急时刻，筑起疫情防控的钢铁长城

鞍钢集团各企业，层层建立疫情防控领导体系，组织构建管理网络、防控群，形成了上下高效协同、组织保障有力的疫情防控体系，确保党中央、国务院、国务院国资委、地方省市防控措施在鞍钢集团得到迅速落实。

在鞍山——鞍山钢铁紧急配备体温检测设备8000余套，对83所食堂、106个浴池和鞍钢人才公寓实行防控全覆盖。鞍钢矿业公司设置专职防控联络员48人，迅速筹备N95口罩、84消毒液、过氧乙酸消毒剂等消杀物资发放到生产服务一线。

在鲅鱼圈和朝阳——鞍钢股份鲅鱼圈钢铁分公司和朝阳钢铁迅速下发消毒液、消毒喷壶、测温设备和防护口罩，对职工建立轨迹跟踪台账，对所有上岗人员都进行班前测温，对所有重点区域环境卫生进行彻底整治。

在攀枝花——攀钢建立24小时应急值班、领导人员值班制度，做好口罩发放、生产生活场所消杀等防疫工作，依托吉靓轩超市保障市民生活物资供应，向市慈善会捐赠口罩、医用防护服、护目镜、洗手液等医疗物资。

在西昌和江油——西昌钢钒对厂区范围内9670名职工进行清理排查，加强职工工作时间外的防疫管理；攀长特采取明察和暗访相结合、实地察看和视频回看相结合、微信定位和个别访谈相结合等方式检查防疫工作，对发现的问题进行通报和问责处理。

在广州——鞍钢联众结合员工多为在出租屋居住的特点，提前收集信息，与周边街道等单位沟通协调，为400余名外地返岗职工提前办好出入证。

紧急关头，凝聚勇往直前的磅礴力量

在抗击新冠疫情的战斗中，万千鞍钢集团职工或毅然逆行、或埋头苦干、或日夜坚守……以涓涓之力凝聚攻坚之势，用荧荧微光点亮人间大爱。

领导干部身先士卒、冲锋在前、履职尽责、担当作为，为企业和职工筑起一座座阻击疫情的坚强堡垒——

作为鞍钢集团疫情防控指挥部成员兼办公室主任，谢成波既当传令兵又当指挥员，组织子企业建立疫情防控领导体系，深入基层开展防疫工作督导检查13次、提出整改建议60余项。

鞍山区域疫情防控指挥部办公室主任王晓东，在疫情暴发初期先后23次对人员密集区域进行专项检查防控，对20多个基层单位开展防疫培训，实现了鞍山区域职工“零确诊、零感染”。

攀钢疫情防控指挥部办公室副主任王颖，疫情期间始终奋战在防控一线，把办公室当作寝室，把一线当作战场，提炼并推广“十个到位”工作法，做到防疫不留死角、排查不漏一人。

众元产业现代城服公司经理、党委副书记聂常生在疫情发生后，第一时间对食堂、浴池实行区域化、网格化管理，对近千名探亲返岗人员信息逐一登记审核。

共产党员们挺身而出、披风沥雨，用臂膀扛起责任，以实际行动践行着共产党员的初心使命——

疫情发生后，“当代雷锋”郭明义一直奔波在疫情防控一线，不仅先后捐款52000元，还号召身边职工和爱心团队带头捐献。在疫情暴发的一个多月的时间里，郭明义爱心团队19支爱心分队累计捐款475956元，无偿献血24700毫升，捐赠口罩1.3万个。

鞍山钢铁保卫部内保一大队大队长刘德阳始终坚守抗疫第一线，第一时间调取3500余条外埠返鞍人员办证数据，先后对1.1万余人次开展体温检测和问询。

在众元产业东山酒店天座宾馆确定为外省返岗人员健康观察隔离区后，姜丽娥作为宾馆党支部书记，主动带领党员干部到一线编班顶岗，24小时留守宾馆。

鞍钢集团职工们不怕苦、不畏难，临危不惧、慷慨前行，夜以继日奋战在一线，用平凡铸就属于自己的不凡——

鞍钢工程发展重机汽运分公司史宏伟、徐洪波在疫情仍然紧张的情况下主动请缨，横跨六省4000多公里路程，用了8天7夜，将产品送到客户手中。

坤牛物流驾驶员刘红波、张辉接到运送防护物资任务后，往返于攀枝花、广元、攀成钢和西昌钢钒，他们在冰冷的驾驶室内轮流驾驶，饿了吃干粮、渴了喝矿泉水，度过了两天一夜。

春节假期，鞍钢股份能源管控中心变二作业区俞邵峥主动承担起两个变电所的防疫管理工作，每天到变电所做好消杀和设备点检。

在鞍钢集团，人人都是抗击疫情的英勇战士，人人都是英勇豪迈的逆行者，他们用“困难面前豁得出、关键时刻冲得上”的无畏精神守护企业、守护产线、守护家园的平安。

（摘自2021年1月4日《鞍钢日报》）

鞍钢决战决胜精准脱贫攻坚战

鞍钢认真贯彻落实习近平总书记关于决战决胜脱贫攻坚重要讲话精神和党中央国务院关于脱贫攻坚工作战略部署，逐年加大帮扶力度，决战决胜脱贫攻坚。2020年，鞍钢帮扶的10县12村已全部脱贫摘帽，《为精准扶贫打造“钢铁脊梁”》案例入选国务院扶贫办、中国社科院发布的《中国企业精准扶贫综合案例50佳（2019）》，鞍钢获评新疆维吾尔自治区脱贫攻坚组织创新奖。

一、脱贫攻坚战以来鞍钢定点扶贫工作总体情况

（一）定点扶贫工作总体成效

“十三五”时期，鞍钢克服“保生存 求发展”、解决历史遗留问题等重重困难，加大各类资源投入力度，助力定点扶贫点打赢打胜脱贫攻坚战。2016—2020年，鞍钢共投入各类帮扶资金154.96亿元，实施帮扶项目311个，派驻扶贫干部48名，培训基层干部2827人，培训技术人员4612人，购买贫困地区农产品7903万元，帮助销售贫困地区农产品521万元。通过帮扶，新疆塔县农村居民人均可支配收入从2013年的4201元增长到2019年的8537元，增长103.21%；贵州盘州农村居民人均可支配收入从2013年的5794元增长到2019年的11423元，增长97.15%。老百姓获得感、幸福感、安全感、认同感不断增强。

（二）典型经验——依据定点扶贫点资源禀赋的差异性，利用现代治理理念实施多样化产业帮扶，发现并放大乡村价值

1. 坚持现代治理理念，加强顶层设计，完善帮扶体系，精准对接定点扶贫点资源条件。综合考察帮扶点各种资源条件，制定《鞍钢集团有限公司2017—2020年扶贫工作规划》，从源头开始就注重帮扶系统化、体系化。建立健全党委书记、董事长挂帅，领导小组统筹谋划，子分公司协同推进，援派干部一线作战的立体扶贫工作责任体系；完善“规划+年度计划+项目台账定期评估”执行制度。鞍钢帮扶体系不断完善，帮扶能力不断提升，帮扶效果不断巩固。

2. 坚持因地制宜，挖掘帮扶点自然资源差异性，实施多样化产业帮扶。新疆塔县地处高原，最佳条件就是发展生态经济。鞍钢根据这一特点，投入帮扶资金870万元发展了牦牛肉深加工产业，创建帕米尔高原牦牛品牌，全县16518人受益，解决20人就业。采用了扶龙头企业、扶合作社、扶农户“一扶三”模式，发展帕米尔高原雪菊等特色产业。贵州盘州瞿家庄村天然山泉水资源丰富，优质土地千亩。鞍钢投入帮扶资金599万元，建成喷灌管网等设施齐全的果蔬种植示范基地和石蛙、龙虾等水产养殖产业基地，就近吸纳村民就业100余人。凉山州盐源县格朗河村海拔2000余米，地势开阔，由于雨季洪水泛滥，闲置土地多。鞍钢对河道河堤修缮治理后，4000余亩闲置土地变良田，发展了高原优质烟叶产业。

3. 坚持以人为本，正视并解决贫困地区现实问题，满足人们对于美好生活的向往。在新疆塔县，投入帮扶资金518.45万元，平整土地1850亩，种植土地面积3850亩，358户贫困立卡户1418人受益，实现农牧民搬得出、住得稳。建设集温控、自动孵化、环保等一体的无公害高原蛋鸡养殖场，一改塔县无法大规模养殖蛋鸡的历史，彻底结束了塔县鸡蛋一直靠远距离外运的历史，塔县人民“吃鸡难、吃蛋难”问题得到根本解决。

二、全面超额完成2020年定点扶贫责任书各项指标

2020年，鞍钢党委以鞍钢扶贫工作进入央企优秀行列为目标，按照“好”的标准，强化组织领导与责任落实，全面超额完成2020年定点扶贫责任书承诺任务。对照《中央单位定点扶贫工作成效评价办法》，2020年鞍钢扶贫工作各项任务均圆满完成，再上新台阶，成效评价结果为“好”。

鞍钢对定点扶贫县投入帮扶资金 2513 万元，完成率 126%；引进帮扶资金 79 万元，完成率 658%；培训基层干部 1428 人，完成率 397%；培训技术人员 2338 人，完成率 425%；购买贫困地区农产品 5210 万元，完成率 1226%；帮助销售贫困地区农产品 248 万元，完成率 276%。积极配合地方政府做好贫困地区就业帮扶工作。协调人保公司等单位通过招聘、增设公益岗位解决就业 740 人。扶贫项目优先吸收贫困劳动力就业。贵州盘州扶贫项目优先吸收贫困劳动力就业近 300 人次。

推进产业扶贫“造血”，实现脱贫可持续。以产业化思维系统推进产业扶贫，提升“造血”能力。2020 年鞍钢投入产业无偿帮扶资金 1658. 33 万元，占比 65. 97%。投入 945 万元援建的盘州淹五寨村养猪场项目已于 10 月顺利转交运营方，并收到首期租金 260 万元。聚焦“两不愁三保障”，补短板强弱项。投入资金 147. 69 万元为塔县城乡寄宿制小学完善远程教育“蓓蕾”工程，实现资源共享，受益学生 2307 人。在新疆塔县，投入资金 47 万元建设人民医院远程会诊平台，实现县人民医院和乡村级医院资源共享；投入资金 235 万元实施人民医院四维彩超项目，塔县从此具备了胎儿生长发育情况诊断能力，受益贫困户 4051 户 16518 人。在盘州，投资 320 万元援建 8 个国家标准化村级卫生室项目，受益群众 22205 人。

2020 年，鞍钢扶贫干部孙岚峰、曹立新和杜玉军获辽宁省（中直）定点扶贫先进工作者；攀钢及机电学院（攀钢党校）连续两年在四川省脱贫攻坚综合成效考核评价中被评为“好”。

（鞍钢集团有限公司战略规划部）

鞍钢 2020 年利润创历史最好水平

2020 年，鞍钢全年利润创历史最好水平，处理历史遗留问题后，实现报表利润总额 65. 48 亿元，同比增长 178. 5%；净利润 40. 1 亿元，同比增长 36. 97 亿元。

“鞍钢 2020 年成绩单含金量很高。”鞍钢集团财务部总经理张万斌介绍，在疫情的冲击和影响下，鞍钢统筹推进疫情防控和经营发展，果断作出坚决打赢生存保卫战等一系列工作部署，积极融入双循环新发展格局，净利润在 3 月同比下降 169%的最低谷情况下，7 月开始连续保持正增长。与此同时，鞍钢“拳头产品”攻关初见成效，2 项国家关键核心技术取得突破；年初确定的 68 项综改任务和年中确定的 150 项“五个一”改革项目，完成率分别达 97. 1%和 98. 7%；改革三年行动确定的 76 项改革任务全面启动，年内任务完成率 100%。

对于鞍钢而言，这一成绩实属不易。2020 年，鞍钢迎难而上，推进厂办大集体改革和退休人员社会化管理改革任务。其中，110 多家重组改制企业正式划转鞍山市；22. 54 万名退休人员移交街道和社区实行社会化管理，人员移交率达 99. 98%。加上之前的“三供一业”分离移交，长期困扰鞍钢高质量发展的三大历史遗留问题在“十三五”基本得到解决。

（摘自 2021 年 1 月 26 日国务院国资委官方网站）

党的领导贯穿始终　央地同心勠力攻坚
鞍钢“两项改革”取得决定性成果

鞍钢认真贯彻落实习近平总书记重要指示精神和对鞍钢“凤凰涅槃、浴火重生”的指示要求，按照党中央、国务院决策部署，把推进厂办大集体改革和退休人员社会化管理“两项改革”作为重大政治任务，举全集团之力攻坚克难，实现历史性突破。

一、改革背景

鞍钢厂办大集体历史沿革长，矛盾相互交织，是多年想要解决而未能解决的历史难题。一是规模大、地域分布集中。截至2019年底，厂办大集体在职职工4.6万人，退休人员10.7万人，合计15.3万人，其中90%的企业和人员集中在辽宁鞍山地区。二是资产质量差、企业经营困难。577户企业中约290户维持生产经营、280多户停产半停产，整体净资产约-31亿元，已资不抵债。三是职工生活困难、社会保障历史欠账大。在职的4.6万名职工中有3.3万人下岗，这些下岗职工大多数没有工资收入，养老保险历史欠费多。四是职工诉求多，内欠问题突出。要求偿还职工内欠的诉求长期无法得到解决，职工对改革期望值高。

鞍钢退休人员体量大，截至2019年底共22.5万人，其中辽宁区域13.9万人、西南区域8.6万人。一是历史遗留问题多，维稳压力大。涉及城镇住房货币化、病退、居家、军转干部、工伤人员等，改革稳定基础薄弱。二是统筹外费用项目复杂、额度大。辽宁区域23项、西南区域19项，每年费用约7.5亿元。三是退休人员集中度高，移交工作任务重。鞍山市12.3万人、攀枝花市5.2万人，户籍信息采集、档案整理、组织关系转接等移交任务非常繁重。四是存在不愿进入社区管理情绪，思想工作难度大。退休人员普遍“国企自豪感”强，对街道社区管理服务不了解，希望继续“留在企业”。

二、主要做法

（一）坚持和加强党的领导，充分发挥央企政治优势

把“两项改革”作为重大政治任务，统筹推进改革工作。一是高位统筹谋划，先后召开10次集团党委常委会、74次集团党委书记专题会，精心谋划和部署推动。二是靠前指挥推动，集团党委成员既挂帅又出征，研究政策、深入调研、牵头包保，抓好关键工作落实。三是健全工作体系，建立自上而下三级工作组织体系和责任体系，坚持改革推进周总结、日调度，实施改革推进动态考核。四是强化组织保障，构建“五位一体”改革保障体系，配备骨干力量1500多人，培训8300余人次，确保党的领导坚强有力，思想工作深入人心，维稳保障及时到位。

（二）切实维护职工权益，让职工群众有更多获得感幸福感

把维护最广大人民根本利益作为改革的出发点和落脚点。一是全力解决“老有所养、病有所医”问题，反复与国家部委、省市党委、政府沟通汇报，多渠道筹集资金，重点解决集体职工社保接续等突出矛盾问题。二是分类制定职工安置政策，结合企业实际，通过内部退养、协议解除劳动关系等方式因人施策、分类安置。三是把“六稳”“六保”落到实处，在妥善安置职工基础上，额外提供1591个再就业岗位和免费培训帮扶，兑现“在岗职工有岗位、不在岗职工有机会、特殊群体有保障”改革承诺。四是持续关爱退休人员，向属地社区、街道划转72处服务和活动场所、派驻310名协管工作人员，确保“现有待遇不降低、感情纽带不会断、服务水平有保障”，最大限度落实民生保障。

（三）多方协同合力攻坚，彻底解决历史遗留问题

时任国务委员王勇到鞍钢实地调研并作出重要指示批示，鞍钢干部职工备受鼓舞。时任国务院国资委党委书记、主任郝鹏多次听取鞍钢汇报并提出要求。国资委、财政部、人社部等部委予以全力支持。辽宁省委省政府领导多次调研指导，鞍山市委、市政府把“两项改革”当作自己的事，与鞍钢建立“双鞍融合”工作机制。各级领导关怀、地企密切协同，及时解决了社会保险接续、特殊群体托管、改制企业划转等一系列改革难题，确保了改革任务顺利完成。

三、改革成效

2020年10月末，鞍钢提前完成退休人员社会化管理移交目标任务，22.5万名退休人员社会化移

交完成率99.98%，处于央企领先水平。2020年12月23日，鞍钢与鞍山市签订《鞍钢厂办大集体改革改制企业股权无偿划转协议》，111户实施重组改制的企业股权正式划转鞍山市，累计安置集体企业职工和集体退休人员15.2万人、安置完成率99.65%，实现厂办大集体与鞍钢彻底分离，改革工作完善收官。

通过“两项改革”，一是解决了长期悬而未决的历史难题，让鞍钢的历史遗留问题在“十三五”基本解决，以崭新形象进入“十四五”，为实现高质量发展奠定坚实基础。二是增强了发展信心，坚定了改革决心，“两项改革”在有限政策窗口期内顺利完成，提高了社会各界和广大干部职工对鞍钢未来发展的预期，极大鼓舞了鞍钢的士气，提振了发展的信心。三是锻炼了干部队伍，增强了斗争精神、斗争本领，“两项改革”难度之大前所未有，参与改革的鞍钢各级干部迎难而上，切实增强了解决复杂问题的本领，砥砺了攻坚克难的斗争精神。四是有力促进了生产经营，巩固了盈利基础，鞍钢一手抓深化改革，一手抓生产经营，在“两项改革”取得重大成效的同时，经营效益实现较快增长。

鞍钢牢记习近平总书记重要嘱托，坚持以市场化为方向，握指成拳，锐意改革，开拓创新，在新阶段的国企改革中走在前列，为推动新时代东北全面振兴全方位振兴作出新贡献！

（鞍钢集团有限公司管理与信息化部）

“脱下棉袄游泳”鞍钢厂办大集体企业成为历史

2020年12月23日在鞍钢历史上画上了浓重一笔：这家老国企彻底告别了拥有厂办大集体企业的历史。

当天，鞍钢集团与鞍山市政府举行协议签署仪式，鞍钢111家厂办大集体企业股权正式划转到鞍山市政府，作为独立市场主体成为新的地方国企。这标志着鞍钢与厂办大集体企业实现彻底分离。

作为全国特大钢铁企业，鞍钢厂办大集体企业有着40多年历史，是几代国企职工和家属的“时代记忆”，也曾发挥过重要作用。但随着市场经济发展，大集体企业产权不清、机制不活等先天不足问题越来越显现，经营陷入困境。

记者了解到，此前鞍钢近半数大集体企业长年处于停产半停产状态，整体资不抵债，成为鞍钢向前发展的一大难题。

“厂办大集体慢慢变成包袱，主办企业就像穿着棉袄在市场海洋里游泳。”辽宁社会科学院副院长梁启东说。

脱下“棉袄”并非易事，鞍钢厂办大集体的改革多年来未能破题。2020年，在国家、省、市三级政府的支持帮助下，鞍钢投入巨资，咬牙啃下了这块硬骨头，大集体企业重组改制划转地方，15万多名大集体职工和退休人员的养老、医保问题也得以有效解决。

大集体职工开始了新生活，大集体企业有了新出路。“对这111家保留下来的企业，我们将成立鞍山市冶金产业链集团，进一步做强做大冶金产业链和供应链。”鞍山市委书记韩玉起说。

鞍钢机械开发总公司曾是一家厂办大集体企业，总经理徐万东说，改制后，企业产权清晰了，历史问题解决了，现在轻装上阵，精力聚焦到生产主业上了。

“以完成厂办大集体改革为标志，鞍钢历史遗留问题在‘十三五’基本得到解决，以崭新形象进入‘十四五’。”鞍钢集团董事长谭成旭说，改革创造价值，鞍钢从此站上了一个新的发展起点。

（摘自2020年12月23日新华社）

《鞍钢改革三年行动实施方案》正式发布

2020年12月3日，为全面贯彻落实《国有企业改革三年行动方案（2020—2022年）》有关部署，鞍钢集团制订并发布了《鞍钢改革三年行动实施方案》（下称《方案》）。

《方案》结合鞍钢实际，将深入学习贯彻习近平总书记关于国有企业改革发展和党的建设的重要论述作为首要任务，坚持和加强党的全面领导，把握针对性、延续性、操作性、执行力4个原则，坚持做到定量和定性相结合、分层和分类相结合、力度和效果相结合、共性和个性相结合、制定完善方案和确保落地执行相结合。

未来3年，鞍钢将围绕集团战略管控体系更加成熟、现代企业制度更加健全完善、市场化经营机制更加灵活高效、布局结构更加科学合理、创新发展动力更加强劲、党的领导更加坚强有力等六大改革目标，推动改革走深走实；坚持把党的领导融入公司治理各环节，加强子企业董事会建设，落实董事会职权，保障经理层依法行权履职，健全现代企业制度体系；完善领导人员管理制度，全面推行经理层任期制契约化管理，加快推行职业经理人制度，全面推进用工市场化，完善市场化薪酬分配机制，灵活开展多元多层中长期激励机制；推动国有资本向优势企业和关键领域集中，清理退出不具备优势的非主营业务和低效无效资产，全面完成剥离国有企业办社会职能任务，解决历史遗留问题；持续创新科研体制机制，提升研发投入强度，强化关键核心技术及“拳头产品”攻关，加快推进智慧鞍钢建设；积极稳妥深化混合所有制改革，打造一批标志性混改企业，放大国有资本功能，提高国有资本竞争力；推动“科改企业”市场化改革和“双百企业”综合改革，着力打造内部改革示范工程；加强党的政治建设，推进党建工作与生产经营深度融合，加强企业领导班子和人才队伍建设，激励领导人员担当作为，持续深入推进全面从严治党。

同时，《鞍钢改革三年行动实施方案工作台账》发布实施，确定了76个方面改革任务，制定了181个行动举措，细化分解时间节点安排，落实具体责任人，确保各项改革扎实有效推进落实。目前，各项改革任务落实情况已纳入巡视督查范围，并作为鞍钢总部部门和子企业重要考核内容。

（摘自2020年12月8日《中国冶金报》）

鞍钢发布生态修复三年规划
不断提升矿山“绿色颜值”

11月17日，鞍钢集团正式发布《鞍钢矿山生态修复三年规划2020—2022》，计划用三年时间，对9座矿山进行系统性的生态修复，完成治理面积434公顷，种植树木340万株，实现矿区环境生态化、开采方式科学化、综合利用高效化、矿区社区和谐化目标。

近年来，鞍钢集团通过实施以战略为主导的系统创新，形成了以贫铁矿高效利用为核心的技术系列，建设智慧矿山，牵头编制了我国首个铁矿行业中长期发展规划，并先后制定完成了48项铁矿行业的国家和行业标准，旗下的鞍钢矿业公司竞争实力大幅提升。

党的十八大以来，鞍钢集团树立和践行“绿水青山就是金山银山”的理念，不断推动企业、社会、环境的可持续发展，打造诚信央企、绿色央企、平安央企、活力央企、责任央企，制定实施了《鞍钢矿山绿色矿山建设总体规划》及《鞍钢矿山生态恢复治理规划》，对历史遗留的环境问题进行分期治理，分步实施。

本次发布的《规划》以我国国民经济和社会发展“十四五”规划和二〇三五年远景目标为引领，以鞍钢集团“十四五”总体规划为依托，以建设世界领先的智能化、纯绿色矿山为目标，进一步加大生态系统保护与修复力度，促进矿产资源开发与环境保护协调发展，对鞍钢矿山所属的9座矿山的生态修复工作进行整体性规划。

《规划》强调，要坚持因地制宜、突出重点的原则；坚持与城市总体规划和土地利用规划衔接的原则；坚持生态优先，生态、经济和社会效益相统一的原则；坚持规划的战略性和可操作性原则；坚持矿山企业主导、政府协助、公众参与的原则，在创造生态效益的同时，兼顾工程的经济效益和社会效益，实现生态效益、经济效益和社会效益的统一。

据悉，《规划》将通过实施削坡工程、平整工程、客土工程、种植工程、挡土墙工程、排水沟工程、锚固喷播工程、支撑挡板客土工程、道路工程、灌溉工程和养护工程进行系统性生态修复。今年底，将完成治理面积115.7公顷；明年，完成治理面积168.8公顷；2022年，完成规划中全部的生态治理项目。

为推进《规划》内容落地，鞍钢集团将实施专业化治理、项目化运作，对照项目清单，压实责任，倒排时间，挂图作战，做到守信践诺，确保三年规划目标的如期实现。

（摘自2020年11月30日央广网）

鞍钢纪念毛主席批示“鞍钢宪法”60周年

3月22日是毛泽东主席批示“鞍钢宪法”60周年纪念日。3月20日，鞍钢集团召开纪念毛主席批示“鞍钢宪法”60周年会议，回顾历史，总结经验，明确新时代研究与实践“鞍钢宪法”精神的目标和方向，推进鞍钢高质量发展。

1960年3月22日，毛主席在辽宁省鞍山市委总结的《关于工业战线上的技术革新和技术革命运动开展情况的报告》上作出重要批示，高度评价和肯定鞍钢的做法和经验，盛赞：“‘鞍钢宪法’在远东，在中国出现了。”

鞍钢集团表示，将紧紧围绕学习贯彻习近平新时代中国特色社会主义思想这条主线，从5个方面着手传承“鞍钢宪法”精神：一是把高举党的旗帜作为鞍钢最鲜明的本色，永远听党话、跟党走，旗帜鲜明讲政治，深入贯彻习近平总书记关于东北、辽宁、国有企业、鞍钢的重要指示批示精神，持续推动党的领导与公司治理深度融合。二是把密切联系群众、紧紧依靠群众作为办好企业的法宝，充分体现职工群众在企业的主体地位，尊重职工首创精神，落实企业民主管理制度。三是把科技创新作为提升竞争力的关键，走好科技创新“先手棋”，打好技术革新“主动仗”。四是把改革作为生存发展的唯一出路，深化供给侧结构性改革，推动鞍钢提质增效。五是把解放思想作为推进鞍钢高质量发展的先导，彻底转变“等、靠、要”“小富即安、小进则满”等落后观念，开放思维，学习借鉴一切先进经验为我所用，敢争第一、永争第一。

鞍钢集团董事长、党委书记谭成旭在会上指出，60年来，“鞍钢宪法”始终是鞍钢最响亮的企业名片。新时代，鞍钢人有责任将这个“传家宝”传承下去，并不断发扬光大。他要求广大干部职工不忘“铭记长子担当、矢志报国奉献”初心，赋予“鞍钢宪法”新的时代内涵，形成指导鞍钢改革发展和党建工作的新理念、新方法；牢记“制造更优材料、创造更美生活”的使命，把“鞍钢宪法”精神的最新研究成果落实到制度、体现到行动，推动鞍钢高质量发展，以实实在在的发展成果展现“鞍钢宪法”精神新的时代风采。

会议由鞍钢集团总经理、党委副书记戴志浩主持。

（摘自2020年3月31日《中国冶金报》）

海洋装备用金属材料唯一企业国家重点实验室在鞍钢揭牌

2020年8月25日，中国海洋装备用金属材料领域唯一企业国家重点实验室——海洋装备用金属材料及其应用国家重点实验室在鞍钢集团正式揭牌。这标志着鞍钢集团科研创新平台建设跨上了一个新的台阶，在服务国家战略需要、参与国家创新体系建设进程中翻开了崭新的一页。

鞍钢集团党委书记、董事长谭成旭出席揭牌仪式并为实验室揭牌。鞍钢集团党委常委、副总经理，鞍山钢铁党委书记、董事长王义栋等参加仪式。

2015年9月，鞍钢集团成功获批建设海洋装备用金属材料及其应用国家重点实验室。5年来，鞍钢集团为重点实验室建设提供了“人财物”保障，使重点实验室具备了强大的研究实力、高水平科研队伍及良好的科研实验条件和集中的科研用房。日前，重点实验室完成了实验楼的改建任务，具备正式投入使用条件。

揭牌仪式后，谭成旭、王义栋参观了鞍钢集团钢铁研究院展览室，与相关人员就勇担研发重任、激发科研队伍活力等进行深入交流。

谭成旭指出，要深入贯彻落实习近平总书记重要讲话精神，坚持创新是引领发展的第一动力。面对新一轮发展挑战，鞍钢集团要肩负起国家重点实验室建设发展的使命，提升科技研发水平，在关键核心技术上实现新突破，努力把科技“盆景”变“风景”。谭成旭希望钢铁研究院进一步增强紧迫感、使命感和危机感，深入学习借鉴“朝阳经验”，充分调动科研人员的积极性，发挥专家力量，提高研发质量；加快科技成果向现实生产力的转化速度，不断增强鞍钢集团技术研发实力和核心竞争力。

（摘自2020年9月2日《中国冶金报》）

鞍钢品牌价值增至891.69亿元

由世界品牌实验室（World Brand Lab）主办的2020年（第十七届）“世界品牌大会”发布了2020年中国500最具价值品牌排行榜。鞍钢品牌以891.69亿元的品牌价值位列第55位，品牌价值比上年增加126.11亿元，提升了16.47%。

鞍钢集团认真贯彻落实习近平总书记“推动中国制造向中国创造转变、中国速度向中国质量转变、中国产品向中国品牌转变”重要指示精神，聚焦“成为最具国际影响力的钢铁企业集团”，以“制造更优材料，创造更美生活”为使命，大力实施创新驱动发展战略。“蓝鲸一号”“华龙一号”和港珠澳大桥等国家重点工程闪耀着“鞍钢制造”的身影，桥梁钢、重轨等产品享誉国际市场，为鞍钢品牌资产的升值提供了有力支撑。建立了基于品牌价值提升导向的品牌建设体系，全面实施品牌价值发展指数考核评价机制，根据创新、品质、服务、市场占有能力、品牌传播等9类16项评价指标，对子企业品牌建设进行评价，有效聚合子企业力量共同推进集团品牌建设。2019年，各单位强化职工质量意识、市场意识，产品质量异议同比下降13%，主动接触客户数量同比提升35.8%。与浙江卫视共同策划录制《奔跑吧》鞍钢专辑大型节目，全程植入鞍钢文化、产品等品牌元素，节目首播收视率达1.86%，位列CSM55城市组晚间档第一，互联网主话题阅读量突破205亿人次，收获了巨大的品牌效应。在国内外重大展会、重大活动、各大主流媒体宣传推广鞍钢品牌，讲好鞍钢品牌故事，获评中央电视台“新中国成立70周年70品牌”。

作为全球三大品牌价值评估机构之一，世界品牌实验室已连续17年发布《中国500最具价值品牌》分析报告，采用“收益现值法”对品牌价值进行测评。这份报告的品牌排行榜已被众多国内著名公司、新闻媒体作为反映品牌竞争现状的重要指标。

（摘自2020年8月7日《鞍钢日报》）

第二部分

专　文

强基固本　变革创新
开创鞍钢集团高质量发展新局面

鞍钢集团有限公司党委书记、董事长　谭成旭

2020年，是鞍钢发展历程中极不平凡、极具挑战的一年。面对百年不遇的新冠疫情、严峻复杂的外部环境和艰巨繁重的改革发展任务，鞍钢集团全面贯彻党的十九大和十九届二中、三中、四中、五中全会精神，深入学习贯彻习近平总书记重要讲话和重要指示批示精神，坚决贯彻落实党中央、国务院决策部署，迎难而上、奋力拼搏，从疫情防控阻击战到生存保卫战，从攻坚“两项改革”到“三大攻坚战”，把党的领导贯穿改革发展始终，打出了“11231”组合拳，在大战大考中践行初心使命，交出了合格答卷。

打响“一场疫情阻击战”，充分发挥了央企顶梁柱作用。面对突如其来的新冠疫情，坚决听从习近平总书记和党中央号令，打响疫情防控阻击战。坚持守土有责、守土担责、守土尽责，第一时间组织疫情防控。迅速形成统一指挥、高效协同的防控工作体系，逐级认真落实“四个确保”，严把“四个关口”，因时因势调整防控措施；领导班子成员带领各级领导干部以“四不两直”方式直插一线、靠前指挥；广大职工积极响应、做好自身防护，鞍钢辽宁、北京、广州等区域及境外职工始终保持“双零”。坚决服务大局，不讲条件、不计代价，全力捐赠保供、驰援抗疫。鞍钢捐款3000万元，党员捐款478万元，捐赠医疗物资443.89万元，保供专用钢材2808吨。鞍钢医疗单位16名医护人员逆行出征湖北抗疫主战场，300多名医护人员战斗在地方抗疫一线。坚决落实“六稳”“六保”，钢铁生产一天没停，有力带动了上下游产业和中小企业复工复产；引进应届高校毕业生同比增长146%；减免中小微企业、个体工商户经营用房租金1362万元。

打赢“一场生存保卫战”，实现利润创历史最好水平。统筹推进疫情防控和经营发展，知重负重、砥砺前行。非常之时行非常之举，果断作出坚决打赢生存保卫战等一系列工作部署。出台应对严峻形势“十项措施”，持续深化提质增效专项行动，大力倡导“一切成本皆可降”“人人皆可降成本”理念，全力稳经营、拓市场、抓改革、降成本、提效益。亏损企业治理取得明显成效，亏损户数减少21家，亏损面降低8.82个百分点；亏损额减少26.3亿元，减幅57.8%。净利润在3月同比下降169%的最低谷情况下，7月开始连续保持正增长。全年实际利润达到134亿元，创历史最好水平，为国务院国资委实现“两个力争”作出重要贡献。

攻坚“两项改革”，历史遗留问题基本解决。面对退休人员社会化管理、厂办大集体改革“两项改革”历史沿革长、积累问题复杂、涉及多达37万余人，特别是疫情叠加、生产经营压力巨大等困难，鞍钢以强烈政治责任感和使命担当，举全集团之力攻坚克难，一举解决了多年想要解决而未能解决的难题，实现历史性突破。构建加强党的领导、思想工作、政策培训、宣传引导、维护稳定“五位一体”工作机制，压实集团总部、主办企业和集体企业三级工作责任，实现党组织和党员管理两个“全覆盖”。坚持以人民为中心，妥善解决集体企业职工“老有所养、病有所医”“安置就业”等问题，得到广大职工的理解和支持，268名集体企业职工代表全票通过《职工安置方案》，改革得以平稳有序推进。2020年10月底，退休人员社会化管理提前完成移交目标任务，移交人员99.98%，处于央企领先水平；12月23日，与鞍山市签订《鞍钢厂办大集体改革改制企业股权无偿划转协议》，标志鞍钢厂办大集体改革基本完成。加上之前的“三供一业”分离移交，长期困扰企业的三大历史遗留问题在“十三五”基本得到解决，鞍钢以崭新形象迈入“十四五”。“两项改革”得到国务院领导和国务院国资委、辽宁省委省政府充分肯定。

打好“三大攻坚战”，在全面建成小康社会中彰显央企责任与担当。脱贫攻坚决战决胜。继贵州盘州脱贫后，新疆塔什库尔干塔吉克自治县于2020年1月脱贫，鞍钢定点帮扶的两个国家重点贫困县全部摘帽。区域对口帮扶的8县12村全部摘帽。全年投入帮扶资金3840.38万元，同比增长10.72%；实施帮扶项目78个，援派干部32名。鞍钢精准扶贫工作入选中央企业优秀案例。债务风险有效防控。完成国务院国资委降杠杆减负债三年收官任务，资产负债率降至63.97%，比年初下降2.47个百分点，融资结构持续优化。污染防治成效明显。践行“绿水青山就是金山银山”理念，加大矿山环境整治力度，新增矿山绿化复垦面积100余万平方米；发布并实施《鞍钢矿山生态修复三年规划2020—2022》，与鞍山市共建绿色矿山复垦示范园。加快自发电锅炉、烧结机等超低排放改造项目，节能环保水平持续提升，污染物排放量持续降低。完成中央环保督察问题整改，实现100%销号。

强化“一个保证”，党的领导贯穿改革发展始终，在大战大考中筑牢“根”和“魂”。面对大战大考，坚持以政治建设为统领。深入学习贯彻习近平总书记重要讲话和指示批示，完善贯彻落实工作机制，落实“第一议题”要求，召开党委常委会23次，党委中心组集体学习研讨6次，印发学习材料34期、学习篇目80篇，坚决把思想和行动统一到习近平总书记重要指示批示和党中央决策部署上来。坚持党的领导贯穿各项工作全过程。落实全面从严治党主体责任，建立完善党委工作月计划、党委书记专题会议、基层党委书记季度例会等制度，党委把方向、管大局、保落实的领导作用进一步落实；各级党组织和广大党员在大战大考中冲锋在前，党旗在一线高高飘扬，以实际行动巩固了“不忘初心、牢记使命”主题教育成果。扎实推进中央巡视整改。集团领导班子抓住关键，带头推进5项重点整改项目，挂图作战、按日推进，163项整改措施完成153项，整改完成率93.9%，比年初提高35个百分点，如期完成全年整改目标。加强宣传思想工作。纪念毛主席批示“鞍钢宪法”60周年，“鞍钢宪法”精神研究与实践取得新成果。组建鞍钢新闻传媒中心，推进鞍攀文化深度融合。鞍钢《国有企业70年思想政治工作基本经验研究》获中国政研会一类研究成果。牢牢掌握意识形态工作的领导权、主动权，确保意识形态平稳向好。加大党风廉政建设和反腐败工作力度。立案审查调查300件，给予党纪处分295人，同比分别增长45%、51%。强化作风建设。倡导守信践诺文化，打造雷厉风行、一抓到底、善始善终、善作善成的硬朗作风初见成效。全年督办落实集团党委议定事项423项、办结397项、办结率93.9%。集团带头少开会、开短会、说短话，集团级会议同比减少12.5%，集团下发文件同比减少9.1%，对子企业考核指标精简56%。

在鞍钢集团“不忘初心、牢记使命”主题教育总结大会上的讲话

鞍钢集团有限公司党委书记、董事长　谭成旭

2020年1月17日

同志们：

按照党中央的统一安排部署，鞍钢集团党委在中央第三十四指导组、中央第十三巡回督导组的精心指导下，自2019年6月3日起组织全公司212个党委、2262个党支部（总支）、2086名副处级以上领导人员、7.3万名党员，自上而下分两批开展了“不忘初心、牢记使命”主题教育。下面，我讲三个方面。

第一，提高政治站位，强化组织领导，主题教育取得了扎实成效

鞍钢党委把开展“不忘初心、牢记使命”主题教育作为一项重大政治任务，聚焦主题、紧扣主线，

按照“守初心、担使命，找差距、抓落实”总要求，一体推进学习教育、调查研究、检视问题、整改落实四项重点措施，精心组织谋划，推动落实责任，实现了“理论学习有收获、思想政治受洗礼、干事创业敢担当、为民服务解难题、清正廉洁作表率”的目标任务，取得了扎实成效。

1. 对习近平新时代中国特色社会主义思想的理解更加深刻，理论学习的效果显著增强，提高了知信行合一能力。坚持把学懂弄通做实习近平新时代中国特色社会主义思想作为重中之重，加大组织力度、研讨深度和学习频次。一是强化了党的创新理论武装。广大党员干部静下心、坐下来，带着责任、带着问题通读精读《选编》等中央指定的学习书目，深入学习“必读篇”、跟进学习“最新篇”。通过举办《纲要》培训班、邀请专家辅导、开展支部书记轮训等，在全公司营造了全面系统学、深入思考学、及时跟进学的浓厚氛围，理论学习“学得浅”“学得散”等问题得到了有效解决，促进了创新理论学习走深走实。二是提高了运用新思想的能力。各级党委通过党委中心组学习、举办读书班等形式开展集体学习4174次、集中研讨3418次，党支部组织党员交流学习体会5110次，深学细悟、研机析理，在全公司深入开展“解放思想、开放变革，建设高质量发展新鞍钢”大讨论活动，提高了从习近平新时代中国特色社会主义思想中汲取破解企业改革发展难题的答案、钥匙和方法的能力，找准了发展方向、明确了改革思路。三是深化了对初心使命的认识。通过感受新中国成立70周年取得的辉煌成就，回顾鞍钢开工70年来改革发展历程，深刻感受到了初心和使命是共产党人奋斗前行的根本动力，增强了守初心、担使命的思想自觉和行动自觉，激励了广大党员干部“铭记长子担当、矢志报国奉献”，坚定了“制造更优材料、创造更美生活”的企业使命。广大党员干部认为，这次主题教育最大的收获是对习近平新时代中国特色社会主义思想进行了深入系统的学习，加深了对习近平新时代中国特色社会主义思想核心要义、精神实质、丰富内涵、实践要求的理解，运用党的创新理论指导实践、推动工作的能力显著增强。

2. 对坚持党的领导、加强党的建设的“根”“魂”思想更加牢固，思想政治的洗礼得到深化，坚定了做好党建工作的信心和决心。鞍钢党委认真践行新时代党的建设总要求，推动全面从严治党向纵深发展、向基层延伸。一是党的政治建设的统领地位进一步强化。坚持把旗帜鲜明讲政治摆在首位，制定加强党的政治建设的实施意见，严格执行党的政治路线，增强“四个意识”、坚定“四个自信”，切实把“两个维护”铭记在头脑里、落实在行动上、体现在工作中。二是理想信念进一步坚定。通过开展革命传统教育、形势政策教育、先进典型教育、警示教育，以及党史、新中国史教育，在回望历史中汲取理想信念给养，广大党员干部更加坚定了对马克思主义的信仰和对中国特色社会主义的信念，增强了党的意识和党员意识。三是党内政治生活进一步从严。严格按照“四个对照、四个找一找”要求，从严从实召开专题民主生活会，从主观上、思想上挖根子，将存在问题细化分解为“一人一张表”，以刀刃向内的精神开展批评和自我批评，真找问题、真点问题，进行政治体检，达到了咬耳扯袖、红脸出汗的效果，受到了一次严肃的党内政治生活锻炼，提高了领导班子的凝聚力战斗力。广大党员干部深刻感受到，党的十八大以来特别是全国国企党建工作会议3年来党的建设焕发的新气象新面貌，深刻认识到坚持党的领导、加强党的建设是鞍钢的光荣传统和优势，是鞍钢的“根”和“魂”。

3. 对习近平总书记重要指示批示精神和党中央重大决策部署的执行更加坚决，干事创业、担当作为的精气神持续提振，推动了企业改革发展稳定各项工作。坚持把贯彻落实习近平总书记重要指示批示精神作为主题教育的首要任务，通过召开党委常委会议、开展专题研讨、进行专题辅导等形式，对习近平总书记对东北、辽宁、国有企业、鞍钢的重要指示批示精神进行再学习、再动员、再部署，推动主题教育同贯彻党中央重大决策部署结合起来，有力推进了企业改革发展进程。一是供给侧结构性改革持续深化。深耕“三大事业”布局，推进转型升级、结构调整、可持续发展，统筹推进钒钛钢一体化发展，建成600吨钒铝合金产线、全球首条全自动化钒氮合金两化融合示范线；推进东部矿区尾矿再选等重点项目，加快建设世界领先的资源开发企业；进军新型碳材料领域，针状焦项目投产并达产，积微物联、德邻陆港现代供应链建设蓬勃发展。二是“三大攻坚战”有力推进。鞍钢资产负债率66.37%，比年初下降3.18个百分点；采取产业扶贫、消费扶贫、扶志、扶智等精准措施，帮助扶贫地区“脱贫摘帽”；污染防治水平持续提升，二氧化硫等主要污染物排放量大幅降低，一批环保顽疾得以解决。三是“卡脖子”问题不断破解。组建鞍钢北京研究院，打造中心城市开放式创新平台。推进产学研合作，与中科院、东北大学、华晨宝马等院所、企业建立战略合作，积极推进汽车未来用钢技术联合实验室建设。推进关键核心技术自主创新，成功开发四代快堆核电关键装备用316H奥氏体不锈钢，打破国外垄断；FH460等钢板成功应用于“蓝鲸1号”钻井平台；“复兴号”动车组转向架用钢独家替代进口；承担研制3项国产航母电磁弹射系统关键部件和核心产品，进一步打造了“大国重器”的钢铁脊梁。广大党员干部深刻认识到，党的十八大以来国有企业取得的历史性成就、发生的历史性变革，根本在于有以习近平同志为核心的党中央的坚强领导，在推进企业改革发展进程中，必须把落实“两个维护”作为首责，把听党话跟党走作为天职，进一步激发了党员干部只争朝夕、奋发有为的干劲和越是艰险越向前的斗争精神。

4. 对践行党的群众路线的行动更加自觉，为民服务的能力不断提高，解决了职工群众急难愁盼问题。坚持凡是职工盼的都是我们要干的，用心用力解决职工群众最关心最直接最现实的利益问题，以看得见的变化回应群众期盼。攀钢党委将“为民服务解难题”项目在《攀钢日报》上进行发布，接受职工群众监督。一是职工群众的获得感明显提升。扎实推进“践行共享理念、关爱一线员工”专项服务行动，组织立项530项，已完成506项。各级党组织分级建立“为民服务解难题”项目926项，已完成786项。在32个工种中开展“精英赛”和“群英赛”，提升了职工岗位技能。攀钢西昌钢钒党委针对职工关心的子女入读重点学校等问题，积极搭建政企、校企沟通桥梁，78名职工子女顺利入读西昌市重点中学。二是职工群众的幸福感不断增强。打造服务职工品牌，开展了为会员过生日、“夏送清凉、冬送温暖”和“金秋助学”等系列活动。实业公司党委开展志愿服务活动145项、为职工办好事239件。鞍钢股份中厚板厂党委实施“浴池改造”项目后，被职工称赞为“星级浴池”。三是职工群众的安全感持续筑牢。大力推进信息化与工业化深度融合，降低职工劳动强度，改善职工作业环境，加大扬尘整治力度，赢得了职工群众的认可。鞍山钢铁党委为一线岗位的操作室、休息室安装了438台空调。广大职工群众谈到，通过主题教育真切感受到党员领导干部的作风更实了，能够身入基层、心贴群众，倾听呼声、回应关切，领导干部的面经常能见到了，心中困扰的烦心事敢提了，办事效率更高了。

5. 对永葆为民务实清廉政治本色的淬炼更加坚固，清正廉洁的表率作用进一步发挥，营造了风清气正的改革发展环境。以深化纪检监察体制改革为契机，切实履行主体责任，一体推进不敢腐、不能腐、不想腐。一是“不敢腐”的震慑不断强化。全力配合中央巡视，从严从实抓好问题整改，163项整改措施完成74项、取得阶段成果60项。发挥巡视利剑作用，对鞍钢矿业公司、信息产业公司开展政治巡视。着力解决“靠钢吃钢”问题，立案审查206件，党政纪处分195人次，适用留置措施调查职务犯罪案件7件。运用监督执纪“四种形态”处理587人次，初步实现了惩治极少数、管住大多数。二是“不能腐”的笼子越扎越紧。深化监督体系建设，建立完善行权评价机制，强化监督平台建设，鞍钢廉洁地图信息系统新增廉洁风险和管理问题1164条，制定防控整改措施1432条。三是“不想腐”的自觉持续增强。坚持以案示警、以案明纪，深化鞍钢警示教育日活动，召开全公司警示教育大会，通报了查处的违纪违法典型案件及有关突出问题，先后在《鞍钢日报》、鞍钢党建网点名通报33起典型问题、97件违纪违法案例。通过主题教育，党员干部的纪律意识和规矩意识进一步提升，各级领导班子成员能够严格履行“一岗双责”，自觉将自己置于群众的监督之下，知敬畏、存戒惧、守底线的思想自觉得到强化。

6. 对新时代深化党的自我革命的决心更加坚定，党的先进性和纯洁性进一步净化，推动了全面从严治党向纵深发展。坚持以专项整治为“龙头”，向问题叫板，朝整改聚力，聚焦“8+1”专项整治，逐项细化实施方案，各级党组织制定专项整治措施8305项，实行项目化推进，台账式管理，真刀真枪解决突出问题。坚决整治落实党中央决策部署阳奉阴违，建立贯彻落实习近平总书记重要指示批示“6+1”工作机制，紧盯习近平总书记推进东北振兴重要讲话精神123个目标任务，进行“对账式”督办，已完成98项，取得阶段成果25项，做到了中央有部署、鞍钢有行动，中央有要求、鞍钢有落实。坚决整治不担当不作为，修订《鞍钢领导人员管理规定》，加大干部“下”的力度，因考核问责调整领导人员45人。着力破除“官本位”思想，推进“总部机关化”问题专项整改，总部部门从17个减至13个，岗位定员精简10.8%。坚决整治违反中央八项规定精神，驰而不息纠治“四风”，查处违反中央八项规定精神29件。坚决整治形式主义、官僚主义，贯彻落实中央基层减负年要求，集团下发公司级文件、召开公司级大型会议同比减少36.6%、36.5%；精简经营者年度绩效考核指标38.4%，减少基层上报材料、报表34.75%。坚决整治领导干部配偶和子女及其配偶违规经商办企业，对近年来与鞍钢发生业务往来的企业和法人情况进行梳理、排查，制定鞍钢领导人员违规插手干预重要事项记录报告制度。坚决整治侵害群众利益，开展套取工资奖金和有关费用等突出问题专项治理，发现问题1795起，党政纪处分和组织处理1241人，制定规范解决有关费用支出问题的指导意见，坚持从源头上进行防范。坚决整治基层党组织软弱涣散，持续开展党支部建设提升年活动，实施“强基固本”“晋位升级”“示范引领”三大工程，召开党支部建设研讨会，制定加强基层党组织组织生活的指导意见，巩固专项治理成果。坚决整治对黄赌毒和黑恶势力听之任之甚至充当保护伞，开展“雷霆行动”，查获盗窃问题34起，移交公安机关23起，拘留21人，严肃了厂风厂纪。坚决整治利用名贵特产和特殊资源谋取私利，结合采购销售、工程建设、资金使用等重点领域内外部环境变化，完善制度流程。广大党员干部普遍反映，专项整治切口小、发力准、效果好，通过集中整治突出问题，切身感受到了主题教育带来的新气象新变化，彰显了我们党勇于自我革命的鲜明品格。

第二，聚焦主题主线，努力创新实践，主题教育积累了丰富经验

鞍钢党委坚持把学习贯彻习近平新时代中国特色社会主义思想作为根本任务贯穿全过程，紧紧围绕习近平总书记关于“不忘初心、牢记使命”的重要论述组织开展学习教育、调查研究、检视问题、整改落实，克服了学做脱节问题，进一步深化了思想认识、受到了深刻教育，也得到了新的启示、积累了新的经验。

1. 领导带头是关键，必须以上率下。这次主题教育一个特点就是领导带头，以“一把手”带动“一班人”、以“关键少数”带动“绝大多数”，层层传导压力、推动责任落实，做到了一贯到底、落地见效。加强组织领导，成立了主题教育领导小组及其办公室，各级党委主动扛起主体责任，党委书记认真担负起第一责任人职责，集团领导班子成员直接深入党建联系点和基层单位亲自督导，总部机关部门结合分管业务及牵头负责的整改任务督促指导，形成了齐抓共管合力。组织召开主题教育推进会，安排先进典型交流经验、落后单位作表态发言，通过抓两头带中间推进全公司主题教育深入开展。实践证明，开展主题教育必须紧紧抓住“关键少数”，从领导班子、领导干部抓起，从主要领导做起，一级带着一级干，一级做给一级看，只有做到“跟我上”，才能起到以上率下、示范带动的作用，形成上行下效的生动局面。

2. 一体推进是方法，必须有机融合。这次主题教育整个过程不划阶段、不分环节，一开始就把学和做结合起来，把查和改贯通起来，做到边学边查边改，以学促研、以研促查、以查促改，有机融合、一体推进，提高了主题教育的质量和效果。坚持两批主题教育统筹考虑、抓早抓实，通过举办培训班、印发文件汇编、编发工作手册等推动有机衔接。对表现在基层、根子在上面的问题，上级党组织主动认领，以上带下、上下联动抓好整改。实践证明，开展主题教育必须注重整体性、协同性、系统性，只有层次间有序衔接、主体间良性互动，才能形成整体合力、提升整体质量。

3. 紧盯问题是重点，必须一抓到底。这次主题教育坚持把“改”字贯穿始终，从一开始就着手查摆问题，奔着问题去、盯着问题改，推进主题教育问题整改和中央巡视反馈问题整改一同部署、一体整改，明确责任主体、进度时限和工作措施，列出清单、挂牌销号，逐条逐项推进落实，一些“卡脖子”关键核心技术等创新难点、历史遗留问题等改革痛点、“带钱”问题等管理盲点得到有效破解。实践证明，只有敢于正视问题、善于发现问题、精准解决问题，做到问题不解决不松劲、解决不彻底不放手、群众不认可不罢休，一锤接着一锤敲，才能经得起实践的检验、赢得群众的点赞。

4. 严督实导是保证，必须从严从实。配齐配强各级指导组，结合两批主题教育实际，抽调175名同志组建5个巡回指导组和66个指导组，构建了上下贯通、多级联动的指导督导工作体系。各级指导组抓住关键环节真督导、严督导，传压力、化动力，敢于“唱黑脸”“当包公”，对会议材料不合格的及时

“返工”、对会议质量不高的及时叫停。注重分类指导，对劳务派遣党员、离退休党员等参加主题教育提出具体要求，打通主题教育“最后一公里”。坚持敞开大门，通过召开座谈会、“网络问企”等，征求群众意见、接受群众监督，让群众满意。注重宣传引导，各级媒体同步发声，设立专栏、编发简报、选树典型，营造了浓厚氛围。实践证明，开展主题教育只有坚持严格的标准，把压力传导到位、把责任压实到位，注重从实际出发，强化分类指导，不搞一刀切、一锅煮，上下一般粗、左右一个样，才能做到不虚不空不偏，取得实效。

5. 改进作风是基础，必须力戒虚功。这次主题教育把坚决反对形式主义、官僚主义作为突出要求，杜绝流于形式的痕迹主义，不搞“囫囵吞枣”式的学习，不开展“作秀式”“盆景式”的调研，各级领导班子成员轻车简从、错开时间，直奔基层、直奔现场，与职工同创新、同当班、同就餐，深入情况复杂、改革任务重的单位问计于干部职工，开展调研 2035 次、撰写调研报告 1506 份、召开调研成果交流会 340 场，研究拿出了破解改革发展难题的实招硬招。把查摆形式主义、官僚主义问题纳入专题民主生活会，深挖思想根源。推行“严细实”工作作风，在全公司倡导开短会、讲短话，发短文、少发文，多深入基层调研、多解决重点难点问题，形成了新气象。实践证明，做任何工作都必须保持“严细实”的工作作风，力戒形式主义、官僚主义，就能把工作做扎实、做到位。

在充分肯定成绩的同时，我们也要清醒看到存在的问题，主要是：有的领导干部运用党的创新理论推动企业高质量发展的能力还有差距，抢抓改革发展的主动性还不强；一些深层次问题还没有从根本上得到有效破解，产业发展还不均衡，盈利基础薄弱，历史遗留问题亟待解决；少数基层党组织建设还比较薄弱，党建工作与中心工作结合还不紧密；廉洁风险防控机制还需进一步健全，“靠钢吃钢”现象还不同程度存在；整治形式主义、官僚主义仍需加大力度，“严细实”的工作作风还需持续强化等。对这些问题，各级党委要紧盯不放，持续整改、深化整改，善始善终、善作善成，把全面从严治党要求真正落到实处，用整改成效彰显对党忠诚，确保取得让党中央满意、职工群众认可的成效。

第三，深化自我革命，发扬斗争精神，切实把不忘初心、牢记使命作为永恒课题、终身课题

习近平总书记强调，全党要以这次主题教育为新的起点，不断深化党的自我革命，持续推动全党不忘初心、牢记使命。这次主题教育已基本结束，但不忘初心、牢记使命不是一阵子的事，而是一辈子的事，每名党员都要把不忘初心、牢记使命作为必修课常修课，经常进行思想政治体检，同党中央要求“对标”，拿党章党规“扫描”，用人民群众新期待“透视”，同先辈先烈、先进典型“对照”，不断叩问初心、守护初心，不断坚守使命、担当使命，及时扫清思想之尘、祛除行为之垢，始终做到初心如磐、使命在肩，推动守初心、担使命不停步、再出发。

1. 坚持以党的创新理论滋养初心使命，在推动习近平新时代中国特色社会主义思想走深走实走心上取得新成效。习近平总书记强调，不忘初心、牢记使命，必须用马克思主义中国化最新成果统一思想、统一意志、统一行动。只有坚持思想建党、理论强党，不忘初心才能更加自觉，担当使命才能更加坚定。各级党组织和广大党员干部要把学习贯彻习近平新时代中国特色社会主义思想作为重大政治任务和长期战略任务，同学习马克思主义基本原理贯通起来，发挥党委中心组领学作用，坚持以永不自满的态度，拿出更多的时间读原著、学原文、悟原理，强读强记、常学常新，在真学真懂真信真用上下更大气力，切实掌握用好蕴含其中的马克思主义认识论和方法论，真正把其转化为清醒的理论自觉、坚定的政治信念、科学的思维方式和根本的价值追求，把学习成果转化为推动改革发展稳定各项工作的实践成果。

2. 坚持以自我革命精神砥砺初心使命，在推动全面从严治党向纵深发展上取得新成效。习近平总书记强调，不忘初心、牢记使命，必须以正视问题的勇气和刀刃向内的自觉不断推进党的自我革命。各级党委要全面落实新时代党的建设总要求，要坚持“国企姓党”这一政治基因，坚决履行“钢铁报国”职责使命，用实际行动坚决贯彻落实好习近平总书记对鞍钢“凤凰涅槃、浴火重生”重要指示精神，这是我们的第一职责、第一任务，也是衡量我们“四个意识”强不强、“四个自信”坚定不坚定、“两个维

护”自觉不自觉的“试金石”。要把落实习近平总书记对东北、辽宁、国有企业、鞍钢的重要指示批示精神作为重要政治任务，系统梳理、深入学习、专题研究、细化措施、跟踪落实，定期“回头看”，经常对表对标，及时校准偏差，形成建立台账专人盯办、及时研究部署、调研督查推进、定期评估验收的工作机制，重点看要求有没有落实、问题有没有解决、现状有没有改变，做到一件一件盯住不放、一项一项抓好落实，确保习近平总书记重要指示批示精神在鞍钢落地见效。要坚持两个“一以贯之”，在完善中国特色现代企业制度上下功夫，发挥党委领导作用，把方向、管大局、保落实，层层压实党建工作“五个责任”，加强党建工作指导，建强党的组织体系，严格党的政治生活，用好批评和自我批评这个锐利武器，驰而不息抓好正风肃纪反腐，不断增强自我净化、自我完善、自我革新、自我提高的能力。

3. 坚持以敢于斗争、担当作为践行初心使命，在加快推进鞍钢高质量发展进程上取得新成效。习近平总书记强调，不忘初心、牢记使命，必须发扬斗争精神，勇于担当作为。千招万招，不谋发展就是虚招；千条万条，不抓落实就是白条。说一千道一万，检验主题教育的成效，最终要落实到高质量发展上来。各级党委要坚持以新发展理念引领高质量发展，主动服务国家战略，坚持目标导向、问题导向、结果导向，聚焦建设中国钢铁行业高质量发展的排头兵、具有全球竞争力的世界一流企业目标，坚持以发展战略为引导，加快材料事业、矿产资源事业、工业服务事业创新发展，优化国有资本布局；坚持以解决历史遗留问题为关键，全力推进厂办大集体改革、全面完成退休人员社会化管理工作、加大“处僵治困”力度；坚持以综合改革为动力，深化授权经营体制、市场化经营机制、三项制度改革；坚持以科技创新为引擎，提升自主创新能力，着力破解“卡脖子”关键核心技术难题，坚决打好精准脱贫攻坚战，不断提高竞争力、创新力、控制力、影响力、抗风险能力，努力打造“大国重器”，擦亮“鞍钢品牌”，始终成为我们党长期执政和应对各种风险挑战最可信赖的“国家队”。

4. 坚持以党的制度建设永葆初心使命，在进一步把党的制度优势转化为治理效能上取得新成效。党的十九届四中全会明确提出建立不忘初心、牢记使命的制度。各级党委要深入贯彻落实，对主题教育中的典型经验、成熟做法、有效措施进行总结提炼，探索建立管根本、利长远、重实效的长效机制，既集中解决职工群众反映强烈的突出问题，又结合本部门本单位实际修订完善相关制度规定，把建章立制和解决问题统一起来，把制定制度和执行制度统一起来，不断巩固和深化主题教育成果。探索建立强化党的创新理论武装的长效机制，坚持领导带头学、集中研讨学、丰富方式学、联系实际学、分级分类学等，让学习形成习惯、成为自觉。探索建立用好调查研究这个方法的长效机制，把采取“两直三同”方式调查研究、通过“解剖麻雀+抓点带面”真督实导、召开交流会推动调研成果转化等做法，用好用活，用出成效。探索建立弘扬斗争精神检视问题的长效机制，把经常对照党章党规自我检视，做到“一人一张表”，指导组“点评画像”、用好批评和自我批评这个武器等，作为加强领导班子建设、提高党内政治生活质量的有效措施。探索建立持续整改、深化整改的长效机制，紧盯主题教育中没有解决和尚未完全解决的问题，坚持对标整改、源头整改、系统整改、联动整改、开门整改，加强督促检查，持续巩固整改整治工作成果。

5. 坚持以“关键少数”带头坚守初心使命，在锤炼忠诚干净担当的政治品格上取得新成效。习近平总书记强调，领导干部是党和国家事业发展的“关键少数”，对全党全社会都具有风向标作用。不忘初心、牢记使命，领导干部必须做表率、打头阵。当前，鞍钢改革发展已经进入攻坚期，改革的难度、深度、广度与日俱增，生存发展面临严峻挑战，能否敢于“涉险滩”、啃下“硬骨头”是对党员领导干部能力水平的检验。党员领导干部要深刻认识自身的责任，越是形势严峻复杂越需要保持定力、一往无前，越是任务艰巨繁重越需要奋勇当先、实干担当，进一步转变思想观念，增强大局意识、忧患意识、改革意识，弘扬求真务实的工作作风，补齐工作短板，在激烈的市场竞争和深化改革发展的进程中练就担当作为的硬脊梁、铁肩膀、真本事。各级党委要鲜明树立“五重十看三关注”的选人用人导向，把改革成效作为衡量领导干部的标准，让人人敢担当、人人善作为成为新时代鞍钢的主旋律。

同志们，不忘初心方能行稳致远，牢记使命才能开辟未来。让我们更加紧密地团结在以习近平同志为核心的党中央周围，以这次主题教育为新的起点，持续推动不忘初心、牢记使命，增强“四个意识”、坚定“四个自信”、做到“两个维护”，真正把初心和使命变成锐意进取、开拓创新的精气神和埋头苦干、真抓实干的原动力，团结带领广大职工群众战胜前进道路上的各种艰难险阻，努力开创鞍钢高质量发展新局面。

在纪念毛主席批示“鞍钢宪法”60周年会议上的讲话

鞍钢集团有限公司党委书记、董事长　谭成旭

2020年3月20日

同志们：

今天召开纪念毛主席批示“鞍钢宪法”60周年会议，目的是回顾历史，总结经验，明确下一步弘扬“鞍钢宪法”精神的目标和方向，推进鞍钢高质量发展。

刚才，观看了纪念毛主席批示“鞍钢宪法”60周年专题片，更加感到“鞍钢宪法”精神的宝贵，更加感到在新时代研究与实践“鞍钢宪法”精神，具有特殊重大的意义。

听了五家单位的发言，我认为，“鞍钢宪法”精神在鞍钢是有良好传承和实践基础的。攀钢人力资源优化成果，是国有企业党委发挥把方向、管大局、保落实作用的生动实践。朝阳钢铁市场化改革，使一个濒临倒闭的企业焕发了生机，体现了改革是企业生存发展的唯一出路。鞍钢股份炼钢总厂“五个参加”活动，探索了新时代“两参”“三结合”的实践路径。智慧矿山建设，走出了传统老企业利用现代信息技术推进企业管理的新路。积微物联快速发展，是解放思想、开放变革、敢闯敢试的结果。这些单位的经验，体现了“鞍钢宪法”精神的守正创新，难能可贵，大家要学习借鉴。

下面，我代表集团党委，就新时代如何弘扬“鞍钢宪法”精神，讲三点意见。

一、科学把握实质，充分认识弘扬“鞍钢宪法”精神的重大意义

“鞍钢宪法”诞生60年来，始终发挥着重大作用，产生着深远影响。主要有三个方面价值。

（一）时代价值。每一个时期，“鞍钢宪法”精神都与时代主旋律相契合，以各种形式刻下时代烙印。社会主义建设时期，“鞍钢宪法”依靠群众办企业、进行技术革新、执行“三结合”内容写入了1961年中央颁布的《国营工业企业工作条例（草案）》。改革开放时期，“鞍钢宪法”“两参一改三结合”内容完整写入1981年中央颁布的《关于建国以来若干历史问题的决议》。2019年，毛主席批示“鞍钢宪法”写入新中国成立70周年大事记。

（二）理论价值。毛主席批示的“鞍钢宪法”，丰富和发展了马克思主义关于在社会主义制度下，正确认识和处理生产关系与生产力的矛盾、上层建筑和经济基础之间的矛盾理论，形成了社会主义企业管理基本原则。“坚持政治挂帅”突出了政治工作是一切经济工作生命线的宝贵经验。“加强党的领导”突出了党领导一切的重大原则。“大搞群众运动”突出了依靠职工群众办企业的工作方法。实行“两参一改三结合”突出了尊重劳动、持续改革、强化协作、改进作风的理念。“大搞技术革新技术革命”突出了社会主义企业要不断创新发展的要求。

（三）实践价值。60年来，“鞍钢宪法”精神实践始终在向前发展。毛主席批示“鞍钢宪法”后，鞍钢当年即成立双革办公室，专门负责技术革新、技术革命及合理化建议工作。1966年提出“三个第一流”“四朵大红花”的奋斗目标，十几项经济技术指标进入世界先进行列。“九五”期间，探索出“高起点、少投入、快产出、高效益”的老企业技术改造之路。新时期，加强党建、深化改革、创新驱动，开展“网络问企”活动，推广先进操作法、创新工作室，“鞍钢宪法”精神实践进入新的阶段。

二、以习近平新时代中国特色社会主义思想为根本遵循，赋予“鞍钢宪法”新的时代内涵

进入新时代以来，习近平总书记围绕国有企业改革发展和党建工作，发表了一系列重要讲话，作出

了一系列重要指示批示。必须紧紧围绕学习贯彻习近平新时代中国特色社会主义思想这条主线，赋予“鞍钢宪法”精神新的时代内涵。

（一）把高举党的旗帜作为鞍钢最鲜明的本色。习近平总书记强调，坚持党的领导，加强党的建设，是国有企业的“根”和“魂”。新时代弘扬“鞍钢宪法”精神，就是要永远听党话跟党走，高举党的旗帜，为推进党的建设新的伟大工程贡献鞍钢力量。旗帜鲜明讲政治，增强“四个意识”、坚定“四个自信”、做到“两个维护”，深入贯彻习近平总书记关于东北、辽宁、国有企业、鞍钢的重要指示批示精神。落实“两个一以贯之”，持续推动党的领导与公司治理深度融合。

（二）把密切联系群众、紧紧依靠群众作为办好企业的法宝。习近平总书记强调，把国有企业建设好，把工人阶级作用发挥好，对巩固党的执政地位、巩固我国社会主义制度具有十分重大的意义。新时代弘扬“鞍钢宪法”精神，就是要充分体现职工群众在企业的主体地位，尊重职工首创精神，落实企业民主管理制度，推进党员干部作风大转变，增强群众工作本领，团结凝聚职工智慧和力量，推动企业提升效率、提高质量、改善指标、降本增效。

（三）把持续不断地科技创新作为提升竞争力的关键。习近平总书记强调，一个企业，要突破发展瓶颈、解决深层次矛盾和问题，根本出路在于创新，关键要靠科技力量。新时代弘扬“鞍钢宪法”精神，就是要强化科技改变命运、创新赢得未来的认识，走好科技创新“先手棋”，打好技术革新“主动仗”。强化创新是第一动力、人才是第一资源的观念，大力实施“摇篮计划”“英才计划”，形成人尽其才、各尽其能的良好局面。以数字化、网络化、智能化的发展理念，推动材料、矿产资源、工业服务“三大事业”高质量发展。

（四）把改革作为生存发展的唯一出路。习近平总书记强调，要搞好国有企业一定要改革，抱残守缺不行，改革能成功，就能变成现代企业。新时代弘扬“鞍钢宪法”精神，就是要深化供给侧结构性改革，着力做好“三去一降一补”工作，下大力气解决历史遗留问题，推进鞍钢提质增效。以深化市场化改革为主线，进一步树牢以市场为中心的理念，在综合改革试点和“双百企业”试点、混合所有制、职业经理人、三项制度改革等方面，勇挑最重的担子，“敢啃最硬的骨头”，瞄准堵点、痛点，清淤除障、舒筋活络，让改革激发鞍钢的发展动力，释放发展的潜能。

（五）把解放思想作为推进鞍钢高质量发展的先导。习近平总书记强调，实践发展永无止境，解放思想永无止境。特别是习近平总书记2018年在东北考察时，明确要求东北要解决思想观念短板。新时代弘扬“鞍钢宪法”精神，就是要认识思想解放的极端重要性，不断推动思想深刻变革，激荡改革的澎湃动力。解放思想的力度，决定发展的速度和高度。必须彻底转变等靠要、小富即安、小进则满等落后观念，开放思维，学习借鉴一切先进经验为我所用。敢争第一、永争第一，敢闯敢试、宽容失败。

三、牢记初心使命，担起新时代弘扬“鞍钢宪法”精神的光荣责任

60年来，“鞍钢宪法”始终是鞍钢最响亮的企业名片。这个“传家宝”现在光荣地交到新时代鞍钢人的手里，我们有责任将其传承下去，并不断发扬光大。

（一）不忘初心，赋予新内涵。不忘“铭记长子担当、矢志报国奉献”初心，赋予“鞍钢宪法”新的时代内涵，形成指导鞍钢改革发展和党建工作的新理念新方法。

（二）牢记使命，推动新实践。牢记“制造更优材料、创造更美生活”使命，把“鞍钢宪法”精神的最新研究成果，落实到制度、体现到行动，推动鞍钢高质量发展。

（三）勇于担当，形成新经验。只争朝夕、不负韶华，勇挑重担、敢打硬仗，以实实在在的发展成果，展现“鞍钢宪法”精神新的时代风采。

同志们，60年前，毛主席说，“‘鞍钢宪法’在远东，在中国出现了”。60年后，让我们在新时代的征程中，以习近平新时代中国特色社会主义思想为指导，“有领导地，一环接一环、一浪接一浪地”推进“鞍钢宪法”精神新的实践，奋力推进鞍钢“凤凰涅槃、浴火重生”。

谢谢大家！

第三部分

大事记

2020 年鞍钢大事记

1 月

6 日 鞍钢集团董事长、党委书记谭成旭，总经理戴志浩会见到访的中国船舶集团总经理助理兼物贸集团董事长、党委书记杨乾坤，中国船舶集团大连船舶重工集团有限公司董事长、党委书记刘征一行。

9 日 中共鞍钢二届二次全委（扩大）会议召开。会议号召，各级党员领导干部要更加紧密地团结在以习近平同志为核心的党中央周围，认真落实国务院国资委、辽宁省委省政府工作要求，身先士卒，以上率下，团结带领广大职工坚定信心，真抓实干，奋力拼搏，锐意进取，以新思想引领新实践，以新作为开启新征程，以新作风书写新篇章，实现第二次党代会第一步奋斗目标，为决胜全面建成小康社会作出鞍钢新的更大贡献。

△鞍钢集团有限公司一届九次职代会召开，鞍钢集团总经理、党委副书记戴志浩代表集团公司向大会作题为《强基固本 变革创新 开创鞍钢集团高质量发展新局面》的行政工作报告。会议要求广大职工高举习近平新时代中国特色社会主义思想伟大旗帜，认真贯彻党的十九大、十九届二中、三中、四中全会精神和中央经济工作会议精神，深入落实习近平总书记重要指示批示精神，聚焦建设中国钢铁行业高质量发展的“排头兵”、具有全球竞争力的世界一流企业目标，不断开创高质量发展新局面。

△鞍钢集团召开 2019 年度总结表彰大会。

10 日 在 2019 年度国家科学技术奖励大会上，鞍钢矿业公司“贫杂铁矿石资源化利用关键技术集成与工业示范”科技项目获得国家科技进步奖二等奖。

14 日 鞍钢集团总经理戴志浩在西昌与四川省政协副主席、凉山州委书记林书成座谈。

17 日 鞍钢集团召开“不忘初心、牢记使命”主题教育总结大会，中央第十三巡回督导组组长王炳华到会指导并讲话。

△国内首套具有自主知识产权的远程一键式智能 RH 精炼系统在鞍钢股份炼钢总厂热试成功。

△在由鞍山市委宣传部召开的 2019 年度“鞍山好人”发布会上，鞍钢股份中厚板厂厚板线生产作业区轧机主操纵田宇获得“鞍山好人·最美人物”荣誉称号，鞍钢股份炼铁总厂电气作业区职工杨光、鞍山钢铁铁运分公司修建厂供电作业区生产主任张红波获得“鞍山好人·身边好人”荣誉称号。

25 日 鞍钢集团总医院选派由感染科副主任张新宇、呼吸专科医院护士长李秋、呼吸专科医院护士曲慧、重症医学科护士金钰 4 人组成的第一梯队，赶赴武汉驰援疫情防控工作。

28 日 鞍钢集团通过国务院国资委专门账户捐赠 3000 万元，用于全国特别是武汉市新冠疫情防控工作。

29 日 鞍钢集团党委印发《关于在坚决打赢疫情防控阻击战中充分发挥各级党委领导作用和共产党员先锋模范作用的通知》。

31 日 鞍钢集团董事长、党委书记谭成旭，鞍钢集团总经理戴志浩分别率队赶赴疫情防控重点部位，实地调研督导疫情防控工作，看望慰问一线工作人员。

△鞍钢集团董事长、党委书记谭成旭主持召开疫情防控指挥部视频会议，听取新冠疫情防控工作进度汇报，进一步研究制定疫情防控针对性举措。

本月 在江淮汽车 2020 年供应商大会上，鞍钢股份荣获江淮汽车 2019 年度合作共赢奖。

△在广汽乘用车第十一届供应商大会上，鞍钢股份成为获得优秀合作奖和品牌推广奖的“双料奖”供应商。

△2022 年杭州亚运会重要配套项目萧山国际机场扩建项目开工，鞍钢建筑用钢实现首单直供。

△西昌钢钒荣获“2019 最具影响力绿色发展

企业品牌”荣誉称号。

△在中钢协发布的2019年冶金产品实物质量品牌培育产品名单中，鞍钢集团9项产品获冶金产品实物质量奖。

△鞍钢集团3项创新成果获第二十六届全国企业管理现代化创新成果二等奖。

△钢铁研究总院发布管线钢（中厚板）产品质量能力分级排名，鞍钢5500毫米宽厚板产品凭借出色的产品质量排名第一。

2月

9日　鞍钢第二批驰援武汉医护人员——鞍钢集团总医院ICU医生韩卓越、血透室护士邢程奔赴武汉，支援武汉新冠疫情防控工作。

10日　宇通客车向鞍钢汽车钢团队发来感谢信，感谢其为宇通用于全国疫情防控一线生产的55台负压救护车提供材料保障。

13日　鞍钢集团总医院脑科重症医学科主任杨辉、呼吸与危重症医学科副主任沈明、重症医学科副主任医师陈汉敏、重症医学科护师刘双四位队员赴襄阳，驰援疫情防控工作。

19日　辽宁省委副书记、省长、省疫情防控指挥部总指挥唐一军到鞍山市实地调研疫情防控和复工复产工作，深入鞍钢集团炼铁总厂和冷轧厂，希望企业充分发挥央企的龙头带动作用，促进上下游更多配套企业加快复工复产。

25日　鞍钢首批1000吨热卷管线钢于营口鲅鱼圈港集港装运，供给沙特APC管厂用于沙特阿美项目。

27日　鞍钢集团董事长、党委书记谭成旭会见到访的辽宁省自然资源厅厅长刘兴伟一行。

△鞍钢集团党委常委会召开（扩大）会议，传达学习、贯彻落实习近平总书记在2月26日召开的中共中央政治局常务委员会会议上和在2月23日召开的统筹推进新冠肺炎疫情防控和经济社会发展工作部署会议上的重要讲话精神，传达学习国务院国资委统筹推进中央企业新冠肺炎疫情防控和复工复产等改革发展工作电视电话会议精神及辽宁省委相关通知精神，进一步研究部署统筹抓好鞍钢集团疫情防控和复工复产等改革发展各项工作。

本月　“中国好人”和“郭明义爱心团队孙宝江志愿服务分队”负责人、鞍钢绿色资源科技公司职工孙宝江先后两次向全社会发起爱心募捐，支援疫情防控前线，共募集到近9万元善款。

△鞍钢集团博物馆数字博物馆正式上线运行。

△TAGAL荣获一汽轿车品质服务奖。

△鞍钢成功实现四代核电600兆瓦示范快堆项目316H奥氏体不锈钢产品开发，并完成首批合同供货，成为全球唯一一家全部依靠自身装备生产该产品的企业。

△郭明义爱心团队19支分队近3800人累计为疫区捐款475956元，捐赠口罩1.3万个，防护手套、护目镜、消毒液等其他防护物资折合人民币近30万元。郭明义爱心团队队员无偿献血总量达27900毫升。

3月

9日　辽宁省委书记、省人大常委会主任、省疫情防控指挥部总指挥陈求发到鞍山市调研，与鞍山和鞍钢集团负责同志进行座谈，要求鞍钢集团统筹做好疫情防控和改革发展稳定工作。

13日　辽宁省应急管理厅党组书记、厅长咸金奎率队到鞍钢集团调研指导安全生产工作，鞍钢集团领导谭成旭、戴志浩、景奉儒、邵安林参加调研座谈。

△鞍钢集团召开2020年扶贫工作领导小组会议，落实国务院国资委对中央企业统筹推进疫情防控和脱贫攻坚工作要求，总结鞍钢集团2019年脱贫攻坚工作，部署2020年扶贫工作任务。

19日　截至3月19日，鞍钢集团近6.2万名党员参与捐款支持新冠疫情防控工作，累计捐款金额达478.3余万元。

20日　鞍钢集团召开纪念毛主席批示“鞍钢宪法”60周年会议。鞍钢集团党委书记、董事长谭成旭出席会议，就新时代传承和弘扬“鞍钢宪法”精神提出要求。

27日　鞍钢集团党委召开2020年党风廉政建设和反腐败工作会议，深入学习习近平总书记重要讲话精神，全面落实十九届中央纪委四次全会、国务院国资委党风廉政建设和反腐败工作会议暨警示教育大会精神，总结鞍钢集团2019年党风廉政建设和反腐败工作，部署2020年重点任务。

30日 鞍钢集团董事长、党委书记谭成旭，鞍钢集团总经理戴志浩会见到访的辽阳市委书记王凤波一行。

本月 新能源汽车驱动电机用高磁感型、市场主流需求的35ADG1800产品在鞍钢股份冷轧硅钢厂西区高性能硅钢生产线试制成功，标志着鞍钢具备了新能源汽车用硅钢主流产品的生产能力。

△鞍钢教培中心（鞍钢党校）金哲开发并讲授的“习近平总书记关于全面从严治党的重要论述”成功入选中央组织部印发的《关于学习贯彻习近平新时代中国特色社会主义思想》全国好课程推荐目录，这是全国钢铁行业唯一入选的课程。

△鞍钢股份能源管控中心刘加纯、鞍钢矿业鞍千公司许广明、鞍钢股份冷轧厂刘炳刚、鞍钢股份冷轧厂张哲、鞍钢股份线材厂王广军、鞍钢股份炼钢总厂侯永胜、鞍钢工程发展建设公司李铁成、鞍钢矿业齐大山选矿厂谷安成8名职工入选第二批“辽宁工匠”。

△鞍钢股份“钢铁全流程质量大数据集成解决方案”项目入选2019年工业互联网试点示范项目名单，这是钢铁行业以全流程产品质量管控为核心的工业互联网平台首次入围。

△TAGAL荣获广汽丰田2019年度品质优良奖。

4月

1日 辽宁省副省长卢柯一行到鞍钢集团实地调研，深入了解鞍钢集团科技创新情况，指导、交流科技创新工作。

3日 国务院国资委企干一局（董事会工作局）有关负责同志在干部会议上宣布国资委党委的决定：聘任张国发、李连华为鞍钢集团有限公司外部董事，那希志、张鹏不再担任鞍钢集团有限公司外部董事职务。

△鞍山钢铁举办“应对疫情影响、实现高质量发展”主题论坛，论坛上发布的《关于鞍山钢铁应对疫情影响实现高质量发展的实施意见》提出了应对疫情风险挑战，统筹抓好生产经营、改革发展各项工作的主要工作目标及具体举措“一守两清三控四确保”。

14日 鞍钢集团总经理戴志浩会见到访的中冶赛迪集团董事长、党委书记肖学文一行。

16日 鞍钢集团董事长、党委书记谭成旭会见到访的六盘水市委副书记、市长李刚一行，双方围绕推进精准脱贫进行交流。

17日 辽宁省政协副主席高科访问鞍钢，鞍钢集团董事长、党委书记谭成旭会见高科一行。

27日 辽宁省副省长陈绿平到鞍钢集团调研。鞍钢集团董事长、党委书记谭成旭，鞍钢集团党委常委、副总经理王义栋参加调研。

28日 鞍钢集团召开经营活动分析会，会议强调，要以习近平新时代中国特色社会主义思想为指引，咬定“一个目标”，抓好“三个关键”，统一思想、凝心聚力，坚定信心、真抓实干，奋力决战二季度和下半年，力争实现全年目标任务。

△鞍钢集团董事长、党委书记谭成旭，鞍钢集团党委常委、副总经理景奉儒会见到访的中国移动辽宁有限公司党委书记、董事长、总经理郎奎平和中兴通讯股份有限公司副总裁崔丽，三方就加强5G领域合作交换意见。

29日 鞍钢集团向全体职工发出消费扶贫倡议书，帮助解决鞍钢定点扶贫点、受疫情影响严重地区（湖北）及其他贫困县农产品滞销问题。

本月 辽宁省通报表扬2019年度省（中）直定点扶贫先进单位和先进工作者，鞍钢集团两个集体、三个个人获表彰。

△鞍钢集团钒钛（钢铁）研究院两项钢轨新技术及一项焊接技术获得澳大利亚专利授权。

△鞍钢集团出台应对严峻形势“十项举措”，深入贯彻落实习近平总书记关于统筹推进疫情防控和经济社会发展的重要指示精神，全面做好较长时间应对外部环境变化的思想准备和工作准备，超常降本增效，坚决实现“跑赢大盘、跑赢自身”目标。

5月

7日 鞍钢集团董事长、党委书记谭成旭与到访的徐工集团董事长、党委书记王民，中铁物资董事长、党委书记王辉举行高层会谈。鞍钢集团与徐工集团签订战略合作协议。

10日 在2020年中国钢铁行业品牌榜发布中，鞍钢集团荣获2020年中国卓越钢铁企业国际影响力品牌，所属鞍山钢铁（鞍钢牌）、攀钢（攀枝花牌）荣获2020年中国钢材市场优秀品牌（板卷类），攀长特荣获2020年中国钢材市场优秀品牌（优特钢）。

11日 辽宁省政协副主席江瑞率领省政协委员一行到鞍钢集团实地调研复工复产相关工作及“十四五”发展规划编制情况。

13日 鞍钢集团董事长、党委书记谭成旭会见到访的工商银行辽宁省分行行长鞠延强。

△鞍钢铸钢公司成功为全球在建装机规模最大的水电站——白鹤滩水电站生产出直径8410毫米、高2947毫米、重185吨的大型上冠铸件，铸就又一个“大国重器”。

17日 鞍钢集团董事长、党委书记谭成旭会见到访的大连重工·起重集团董事长、党委书记丛红，中冶焦耐工程技术有限公司董事长、党委书记于振东一行。鞍钢集团与大连重工·起重集团签订战略合作协议。

19日 鞍钢集团总经理戴志浩会见到访的包钢集团董事、总经理、党委副书记孙国龙一行，双方就进一步加强沟通、深化合作进行广泛交流。

20日 辽宁省第234例、鞍钢第10例造血干细胞捐献者姜元魁，赴大连进行造血干细胞爱心捐献。

22日 鞍钢集团总经理戴志浩会见到访的中冶长天董事长、党委书记易曙光一行，双方就相关合作事宜开展深入探讨交流。

△鞍钢集团党委召开专题会议，宣布中国冶金报社辽宁记者站鞍钢集团驻站人员调整情况，调整后的辽宁记者站鞍钢集团驻站人员由一名站长和两名记者组成。2020年，为适应集团公司改革要求，中国冶金报社辽宁记者站运营由鞍钢集团党委宣传部移交鞍钢日报社。

23日 出席十三届全国人大三次会议的辽宁代表团分组审议政府工作报告，全国人大代表，鞍钢集团董事长、党委书记谭成旭参加审议并发言。

本月 在四川省科学技术奖励大会上公布的2019年度四川省科技进步奖获奖名单中，攀钢有12项创新成果获奖。

△共青团中央表彰全国“两红两优”，攀钢钒提钒炼钢厂冶炼作业区团支部被授予“全国五四红旗团支部”称号，鞍钢股份炼铁总厂炼铁设备作业区点检员李伟被授予“全国优秀共青团员”称号。

△积微物联CⅢ平台与阿里、京东、腾讯等企业的项目，共同入选工信部《中小企业数字化赋能服务产品及活动推荐目录（第一期）》。

△攀钢建筑用棒线材新产品开发项目组成功试制直径12~32毫米，共计9个规格的600兆帕级热轧含钒超高强抗震钢筋，标志着攀钢在高端建筑用钢筋领域再次实现突破。

△在上海材料前沿论坛上，由鞍钢集团北京研究院研制开发的“基于深度学习的带钢表面质量检测系统”获得中国工程院院士隆重推介，得到高度评价。

6月

10日 鞍钢集团董事长、党委书记谭成旭会见到访的华为公司中国区副总裁强华，双方就钢铁行业数字化转型、人工智能在企业的应用等话题进行交流。

15日 中央广播电视总台财经频道《经济半小时》栏目播出《原材料市场调查：新基建带来特钢新活力》，聚焦鞍钢钢轨迎接新挑战、抓住新机遇，在国家新基建中跑出加速度的优异表现。

17日 鞍钢集团党委书记、董事长谭成旭率队在贵阳市与贵州省副省长吴强座谈，并前往六盘水市、盘州市，与两地主要领导交流，考察高新技术产业，签订《消费扶贫合作框架协议》。

29日 鞍钢集团党委召开庆祝中国共产党成立99周年座谈会。

本月 由鞍钢集团钒钛（钢铁）研究院完成的“高品质钛白粉低成本制备技术开发及应用”科技成果顺利通过四川省金属学会技术评价，该成果达到国际先进水平。

△鞍钢成功中标中石化国家紧急原油战略储备库项目和中石化新气管线项目，彰显鞍钢的产品实力和央企担当。

7月

2日 鞍钢集团董事长、党委书记谭成旭会见到访的德国驻沈阳总领事馆总领事毕满天一行，双方就推动友好合作进行交流。

△鞍钢集团总经理戴志浩会见到访的中国联通鞍山分公司总经理计伟一行，双方围绕在信息化规划建设及5G发展应用等方面探索新的合作领域、持续深化战略合作等方面进行会谈。

9—10日 鞍钢集团董事长、党委书记谭成旭到朝阳钢铁调研，强调要深入贯彻落实习近平总书记关于国资国企改革的重要论述，进一步深化市场化改革，持续构建同利机制，向改革要活力要效益，擦亮朝阳钢铁的金字招牌，为鞍钢集团高质量发展提供更多“朝阳经验”。

10日 集团公司召开退休人员社会化管理工作政策宣贯会议，对国家相关政策进行了解读，并通报了退休人员社会化管理工作进展情况，部署了下一步重点工作，积极稳妥推进退休人员社会化管理工作。

△在四川省凉山州盐源县泸沽湖镇广场上，鞍钢集团攀钢钒举行向盐源县捐赠价值49.984万元、352台生物质炉移交仪式。

15日 鞍钢集团董事长、党委书记谭成旭会见到访的招商局集团副总经理、辽港集团董事长邓仁杰一行，双方就进一步深化合作达成共识。

16日 鞍钢集团董事长、党委书记谭成旭率队走访中国一汽，与中国一汽董事长、党委书记徐留平等举行会谈。

△鞍钢集团总经理戴志浩会见新疆维吾尔自治区副主席赵青，就进一步开展精准扶贫工作进行交流。

17日 鞍钢集团董事长、党委书记谭成旭率队走访中车长春轨道客车股份公司，与该公司董事长、党委书记王润围绕进一步深化合作进行座谈。

20日 鞍钢集团召开改革工作会议暨朝阳钢铁市场化改革经验推进会，贯彻落实习近平总书记关于国资国企改革的重要论述、党中央国务院有关决策部署和中央企业负责人会议精神，全面推广朝阳钢铁改革经验，总结部署集团公司深化改革工作。

21日 鞍钢集团总经理戴志浩会见到访的辽宁省外事办公室副主任宋岐一行。

28日 鞍钢集团与海信集团建立的家电用钢技术联合实验室揭牌暨启动仪式在青岛海信研究中心举行，双方在家电用钢材料应用及质量控制方面建立技术合作平台。

30日 鞍钢集团董事长、党委书记谭成旭会见到访的中国五矿董事长、党组书记唐复平一行。

本月 鞍钢率先在国内供应耐海洋大气腐蚀桥梁钢，并成功应用在安海湾特大桥和泉州湾跨海大桥两项国家重点工程中，确立了鞍钢中厚板产品在该领域的绝对领先地位。

△德邻陆港打造的无车承运人试点平台——德邻畅途获得由交通运输部、国家税务总局联合下发的“网络货运道路运输经营许可”，成为辽宁省迄今为止唯一一家钢铁行业获得此许可的企业。

△鞍信自动化有限公司成功入选国家物联网领域示范项目名单。

△由鞍钢集团钒钛（钢铁）研究院和西华大学共同承担的四川省重点研发项目“汽车用热轧超高强含硼钢板开发与应用技术研究”顺利通过四川省科技厅验收，开发形成的自主知识产权技术打破国外钢铁企业市场垄断。

8月

1日 鞍钢集团与力拓集团首次实现人民币跨境结算，标志着鞍钢集团在大宗原燃料进口采购方面实现了与世界主要矿山公司采用人民币跨境结算的新突破，是鞍钢集团体现央企担当、推动人民币国际化进程的里程碑事件。

4日 鞍钢集团召开上半年经营活动分析会。会议强调，要以习近平总书记重要指示批示精神为指引，坚决落实好党中央、国务院决策部署，谋战略，守底线，坚决打赢生存保卫战，打好改革攻坚战。

5日 由世界品牌实验室（World Brand Lab）主办的2020年（第十七届）“世界品牌大会”发布2020年中国500最具价值品牌排行榜，鞍钢品牌以891.69亿元的品牌价值位列第55位，品牌价值比上年增加126.11亿元，提升了16.47%。

10日 2020年《财富》世界500强榜单揭晓，鞍钢集团以2019年314.68亿美元的营业收入位列榜单第401位，鞍钢集团第7次入围世界500强榜单。

11日 鞍钢集团与比亚迪在深圳签署战略合

作协议，双方建立战略合作伙伴关系。

12日 鞍钢集团董事长、党委书记谭成旭率队先后走访东风日产和中集集团，分别与东风汽车有限公司副总裁、东风日产乘用车公司副总经理陈昊，中集集团CEO兼总裁麦伯良等举行高层会谈。鞍钢集团与中集集团签订战略合作协议。

13日 鞍钢集团董事长、党委书记谭成旭率队走访格力电器，与格力电器董事长兼总裁董明珠会谈，双方表示要深化互为市场合作，携手擦亮民族品牌。

△鞍钢集团举办全面深化改革专题培训班第2次培训，邀请中国上市公司协会会长、中国企业改革与发展研究会会长宋志平就国企体制机制改革作专题讲座。集团公司领导班子成员，集团总部、各子企业中高级领导人员约700人参加培训。

14—15日 255名鞍钢新员工入职报到，均是本科以上学历，其中，博士29人，硕士126人，湖北专场引进9人。

17日 鞍钢集团董事长、党委书记谭成旭率队走访迈格钠磁动力股份有限公司，与迈格钠董事长马忠威举行座谈。

19日 鞍钢集团总经理戴志浩会见到访的联想集团副总裁刘文超，双方就数字化转型在央企新基建领域的应用、智能制造新技术新理念等话题深入交流。

△鞍钢集团与海尔集团签署物联网生态战略合作协议，在物联网生态合作、创客交流合作、技术合作、商务合作等领域建立战略合作关系。

20日 鞍钢集团董事长、党委书记谭成旭率队先后走访中车四方和海信集团，分别与中车四方董事长、党委书记田学华，海信集团董事长、党委书记周厚健等举行高层会谈。

22日 鞍钢集团董事长、党委书记谭成旭会见到访的中国中车总经理、党委副书记孙永才一行，双方就拓展合作领域、深化战略合作、实现互利共赢深入交流。

25日 中国海洋装备用金属材料领域唯一企业国家重点实验室——“海洋装备用金属材料及其应用国家重点实验室”在鞍钢集团正式揭牌。

△鞍钢集团召开第七届青年创新登高项目发布会，表彰第七届青年创新登高“双十佳”和2019年度青年创新登高“金牌项目”，发布2020年创新登高项目。

26日 鞍钢集团董事长、党委书记谭成旭率队先后走访中船集团和国家管网，分别与中船集团董事长、党组书记雷凡培，国家管网董事长、党组书记张伟等举行高层会晤，就发挥央企“国家队”和“顶梁柱”作用，进一步深化交流合作达成重要共识。

27日 鞍钢集团董事长、党委书记谭成旭率队走访中国铁物，与中国铁物总经理、党委副书记廖家生等围绕拓展合作领域、打造央企合作典范等进行会谈。

28日 鞍钢集团董事长、党委书记谭成旭会见到访的浦项中国董事长兼总经理吴亨洙一行。

本月 2020年中国钢铁工业协会、中国金属学会冶金科学技术奖评选结果揭晓，鞍钢12个项目上榜。其中，特等奖1项、一等奖1项、二等奖3项、三等奖7项。

△在中国钢铁工业“十三五”科技创新成果展系列活动启动仪式上，邵安林院士荣获“‘十三五’钢铁工业科技成就奖”。

△新材指数发布2020世界钢铁企业技术竞争力排名，鞍钢集团以总分72.42分位列入围50家企业榜单第八位。

△鞍钢股份入选辽宁省第一批高价值专利培育中心名单。

△中国政研会2019年度优秀研究成果名单公布，由中央企业党建政研会单独推荐，鞍钢集团党委宣传部承担的“国有企业70年思想政治工作基本经验”课题，荣获中国政研会2019年度一类研究成果，在15个一类研究成果中位列第九，是中央企业排位最高的获奖成果。

△鞍钢股份炼钢总厂“林学斌创新工作室”被中国机械冶金职工技术协会命名为全国机械冶金建材行业示范性创新工作室，鞍钢股份热轧带钢厂曲晓东、鞍钢矿业设备检修协力中心杨福斌、攀钢钒炼铁厂岳彩东获评全国机械冶金建材行业工匠。

△鞍钢集团启动厂办大集体改革培训工作。该次培训按照分类分级、明确责任、有序推进、务求实效的原则，分为高级领导人员培训、子企业所属主办国有企业及改革平台所属集体企业领导人员培训和专项培训三部分，通过充分发挥各

级领导干部带头作用，结合实际解决突出问题，确保改革工作有序进行。

9月

4日　鞍钢集团董事长、党委书记谭成旭率队走访中国中车齐车集团、中国一重，分别与中国中车董事长、党委书记刘化龙，中国一重董事长、党委书记刘明忠举行高层会晤。

△鞍钢集团与上海大学举行战略合作协议签署仪式暨先进材料基因工程联合实验室揭牌仪式，鞍钢集团总经理戴志浩、上海大学校长刘昌胜代表双方签署战略合作协议，并共同为先进材料基因工程联合实验室揭牌。戴志浩向上海大学专家颁发聘书，聘任其为鞍钢集团科技创新与发展战略咨询委员会专家。

△2020年中国国际服务贸易交易会在北京开幕，鞍钢集团现代供应链服务方案作为辽宁交易团参展的重点项目参展。10月，中国国际服务贸易交易会组委会就鞍钢集团积极参展参会向鞍钢集团发来感谢信。

7日　辽宁省金属学会第九届会员代表大会在鞍钢召开，鞍钢当选理事长单位。

8日　中俄东线天然气管道南段（安平—泰安）所需的X80M中厚板在鞍钢正式生产，继为中俄东线北段、中段供货后，鞍钢中厚板产品实现了为中俄东线全线供货。

10—11日　中国金属学会冶金人工智能技术分会在鞍钢举办“第二届冶金人工智能论坛”，500余名来自企业和科研院所的专家学者围绕冶金人工智能技术的最新进展、发展趋势和创新思路进行深入交流。

11日　鞍钢集团与中国科学院沈阳自动化研究所签署战略合作协议，将在矿山、钢铁等领域加强信息化、智能化、智慧化建设合作。

15日　鞍钢集团董事长、党委书记谭成旭率队走访国家电投，与国家电投董事长、党组书记钱智民会谈。

16日　鞍钢集团董事长、党委书记谭成旭，鞍钢集团总经理、党委副书记戴志浩率队走访中国三峡集团，与中国三峡集团董事长、党组书记雷鸣山等围绕进一步深化合作进行会谈。

18日　鞍钢集团与联想集团共同举办“科技产业行——联想走进鞍钢”专场交流研讨会。

18—20日　鞍钢集团凭借突出的扶贫成就和极具特色的扶贫模式参展第八届中国公益慈善项目交流展示会。鞍钢集团扶贫成果入选中央企业扶贫攻坚典型案例，在慈展会脱贫攻坚时光成果馆中展示。鞍钢集团与阿里巴巴、腾讯、华侨城集团等十家机构共同获得最具人气参展机构奖。

21日　鞍钢集团召开厂办大集体改革启动会，全面启动厂办大集体改革工作。鞍钢集团党委书记、董事长谭成旭出席会议，对推动改革工作提出要求。会上宣读了《鞍钢集团有限公司厂办大集体改革指导意见》。

△鞍钢集团董事长、党委书记谭成旭会见到访的中国钢研董事长、党委书记张少明，中国钢研总经理、党委副书记李波一行，双方围绕持续深化战略合作、创新合作机制等进行深入交流。

23日　鞍钢集团董事长、党委书记谭成旭会见到访的中国一汽董事、总经理、党委副书记邱现东一行，并出席“再畅·红旗飘飘”——中国一汽红旗品牌入驻鞍钢品质展厅活动启动仪式。

25日　经中国物流与采购联合会评审，德邻陆港和积微物联分别被认定为5A级和4A级网络货运平台企业。在5A级企业中，德邻陆港是国内唯一一家与钢铁产业链紧密相关的企业，也是东北唯一一家通过认证的企业。

30日　鞍钢集团董事长、党委书记谭成旭会见到访的中国兵工物资集团有限公司董事长、党委书记白长治一行。双方表示将推动战略合作伙伴关系全面升级。

本月　积微物联入选全国首批数字化仓库企业试点名单。

△鞍钢集团成功入围中国石化2020年度不锈钢板框架协议（生产商）招标项目。

10月

10日　鞍钢东大先进材料工程研究院正式成立，鞍钢集团董事长、党委书记谭成旭，东北大学党委书记熊晓梅共同为研究院揭牌。

△鞍钢厂办大集体改革重要环节——职工签署《和解协议》工作在各改革工作平台和集体企

业正式启动。辽宁省、鞍山市政法委相关领导和鞍钢集团党委副书记栗宝卿一同到鞍钢矿山附企眼矿工业公司、大选工业公司，鞍钢附企三炼钢修造厂，鞍钢工程发展重机公司机开平台等单位，实地调研改革工作开展情况。截至10月19日，已有10.86万名职工签署了《和解协议》。

14日 鞍钢集团总经理戴志浩会见到访的北京建龙重工集团董事长、总裁张志祥一行。双方围绕深化战略合作、推进改革发展、创新区域协同模式等方面进行深入交流。

△在第十届中国（重庆）汽车技术展上，鞍钢集团以“做全球汽车钢研发生产服务优秀企业”为主题，重点展示鞍钢集团高强汽车钢系列产品研发、技术服务、先进产品等，赢得组委会和观众好评。在同期打造的“2020未来汽车技术先锋大赛”中，鞍钢集团获评“实力先锋企业”。

△上海期货交易所在东北地区设置的首家螺纹钢指定交割仓库——鞍钢股份期货仓库在德邻陆港举行挂牌仪式，这是上海期货交易所首次在钢厂设置交割仓库，鞍钢股份、河北敬业、沙钢成为首批入选企业。

13—14日 鞍钢集团董事长、党委书记谭成旭先后到鞍钢附属企业发展公司、机械开发总公司、鞍钢附企装卸运输公司和鞍钢矿山附企东烧工业公司、鞍钢矿山附企东矿工业公司《和解协议》签署点，走访调研鞍钢厂办大集体改革工作开展情况，看望慰问现场职工和工作人员。

16日 鞍钢集团董事长、党委书记谭成旭率队走访中信集团，与中信集团党委副书记、总经理奚国华围绕服务国家经济发展及钢铁、矿产资源、金融证券等行业发展趋势等内容交换意见，就拓宽合作领域、全面深化合作、实现共赢发展达成共识。

19日 鞍钢集团党委书记、董事长谭成旭代表鞍钢集团党委向国务院扶贫办汇报扶贫工作情况，国务院扶贫办副主任洪天云对鞍钢集团扶贫工作给予肯定。

20日 在2020年中国拔河俱乐部公开赛暨长三角拔河交流赛上，鞍钢拔河队夺得冠军。

△鞍钢首条EPS生产线投产一周年，鞍钢股份与中国重汽（香港）有限公司签订鞍钢EPS生产线投产以来第四份钢材产品供货技术协议。当日，鞍钢股份热轧带钢厂职工在EPS生产线创下220吨的年度最高班产纪录。

22日 在国务院国资委党委召开的中央企业抗击新冠肺炎疫情表彰大会暨先进事迹报告会上，鞍钢集团两个人一集体获表彰。

23日 鞍钢集团党委书记、董事长谭成旭到鞍钢附企公司调研，围绕加强党的建设、持续深化改革、做好下一步工作、推动企业高质量发展等提出具体要求。谭成旭强调，要深入贯彻落实习近平总书记关于东北振兴和对鞍钢“凤凰涅槃、浴火重生”重要指示精神，提高政治站位，发扬斗争精神，聚焦重点难点，精准分析、准确把握、提高效率，确保鞍钢厂办大集体改革平稳有序推进。

24日 鞍钢集团党委副书记、总经理戴志浩实地调研鞍钢厂办大集体改革工作推进情况，看望慰问《和解协议》签署点现场职工和工作人员。

19—25日 由南京大学、吉林大学、南开大学等国内8所知名院校社科领域专家学者30余人组成的“新中国工业建设口述史研究”项目组走进鞍钢，对108位鞍钢人及家属进行访谈，记录“共和国钢铁工业长子”鞍钢的奋斗历史。

23—25日 在鞍山举办的第十届中国金属学会青年学术年会暨第四届辽宁青年科学家论坛上，鞍山钢铁在2020年“辽科大杯”全国模拟炼铁—炼钢—轧钢大赛全国总决赛团体挑战赛中获得金奖，鞍山钢铁田勇获得冶金青年科技奖。

25日 巴基斯坦拉合尔轨道交通橙线项目首列地铁发车，该项目所需钢轨全部由鞍钢集团生产。

27日 鞍钢集团党委书记、董事长谭成旭会见到访的浪潮集团执行总裁王柏华一行，双方围绕信息化建设、人工智能、工业互联网等内容进行交流。

30日 鞍钢集团董事长、党委书记谭成旭在攀枝花市与攀枝花市委书记贾瑞云、市长王波进行会谈，双方就深化地企合作深入交换意见。

△鞍鞍钢集团总经理戴志浩会见到访的英国斯坦科贸易有限公司总经理朱利安，双方就如何开展非钢、汽车钢出口业务等进行交流洽谈。

本月 在中国钢铁工业协会和中国机械冶金建材工会联合公示的“全国重点大型耗能钢铁生产设备节能降耗对标竞赛”2019年度评审结果中，鞍钢多个大型耗能设备受到表彰。其中，鞍钢股份炼铁总厂新2号高炉在3000立方米（含）至4000立方米级别高炉组别中获“冠军炉”称号。

△在四川省生态环境厅发布《关于四川省2019年度企业环境信用评价初评结果的公示》中，攀钢冶材公司荣获2019年度“环保诚信企业”称号。

11月

2日 鞍钢集团与北京科技大学签订战略合作协议，双方将在先进材料开发、冶金工艺提升、智能制造、绿色制造、人才培养与交流等方面开展全面战略合作。

△鞍钢集团召开1—9月经营活动分析会，分析研判当前形势，安排部署下一步重点工作。

3日 鞍钢集团联合中国宝武、中国工商银行、中国建设银行、京东、腾讯、上海财经大学等26家产业龙头、金融机构、科技平台、科研院所、专业机构，共同联名发布《产业金融区块链联盟白皮书》。

6日 在《中国工业和信息化可持续发展报告（2020）》发布会上，《鞍钢集团有限公司2019可持续发展报告》发布，并与各参会单位共同发布《中国工业企业可持续发展倡议》。

△在第三届中国国际进口博览会上，鞍钢集团交易分团与西门子、ABB公司、普锐特等7家世界知名机械制造及备品备件供应商签约。

△鞍钢集团新闻传媒中心正式成立，鞍钢集团党委书记、董事长谭成旭出席新闻传媒中心揭牌仪式暨新闻工作座谈会，并为新闻传媒中心揭牌。

9—10日 鞍钢集团党委书记、董事长谭成旭率队先后走访中国农业银行、中国工商银行和中国进出口银行，分别与中国农业银行党委副书记、副董事长、行长张青松，中国工商银行党委书记、董事长陈四清，中国进出口银行党委副书记、副董事长、行长吴富林进行会谈。

11—12日 鞍钢集团总经理、党委副书记戴志浩率队先后走访中国邮政储蓄银行和广发银行，分别与中国邮政储蓄银行行长郭新双，中国人寿集团副总裁、广发银行行长尹兆君进行会谈。

13日 鞍钢集团董事长、党委书记谭成旭，鞍钢集团总经理戴志浩会见到访的中国银行行长王江一行。

△鞍钢集团《为精准扶贫打造“钢铁脊梁”》案例成功入选中国企业精准扶贫优秀案例（2019），该案例全面展示了鞍钢集团积极履行央企社会责任，对新疆塔县和贵州省盘州市开展的精准扶贫及取得的显著成果。

15—16日 在首届师昌绪先进材料论坛上，鞍钢集团正式加入师昌绪先进材料创新中心，并与中国科学院金属研究所签署《“鞍钢开放基金”研发协议》。鞍钢集团总经理戴志浩出席签约仪式。

17日 “双鞍”融合工作推进会暨《鞍钢矿山生态修复三年规划2020—2022》发布会在鞍钢集团举行，鞍钢集团党委书记、董事长谭成旭，鞍山市委书记韩玉起出席会议并讲话。鞍钢集团与鞍山市签署了解决历史遗留问题、资本融合、产业链对接、招商项目等四个方面相关协议。

△鞍钢集团正式发布《鞍钢矿山生态修复三年规划2020—2022》，《规划》提出，计划用3年时间，对鞍钢矿业公司所属的9座矿山进行系统性的生态修复，完成治理面积434公顷，种植树木340万株，实现矿区环境生态化、开采方式科学化、综合利用高效化、矿区社区和谐化目标。

20日 在《2019年辽宁省互联网发展报告》发布会暨辽宁省互联网企业20强授牌仪式上，德邻陆港、鞍信自动化公司获“辽宁省互联网企业20强”荣誉称号。德邻陆港还荣膺鞍山市互联网领军企业。

21日 在第24届全国发明展览会——“一带一路”暨金砖国家技能发展与技术创新大赛上，鞍钢集团获优秀展团奖，所参展的133项发明创新项目荣获金奖25项、银奖41项、铜奖34项。

24日 在2020年全国劳动模范和先进工作者表彰大会上，鞍钢股份热轧带钢厂1780线甲班倒班作业长曲晓东、鞍钢集团钒钛（钢铁）研究院轨道交通用钢技术研究所一级专家邹明、攀钢西昌钢钒炼铁厂点检作业区煤焦组组长杨林3人在大会现场接受表彰，获得全国劳动模范荣誉称号。

△鞍钢集团董事长、党委书记谭成旭率队走访中国国家铁路集团有限公司，与该公司董事长、党组书记陆东福进行会谈。

25日 辽宁省科技重大专项“极端环境海洋工程装备用钢关键技术及示范应用”项目在鞍钢

集团启动。

26日 由鞍钢集团钢铁研究院研发、鞍钢股份中厚板事业部批量生产的LPG运输船用VL4-4MOD低温钢实现全球首发。

27日 “华龙一号”全球首堆——中核集团福清核电5号机组首次并网成功，由鞍钢生产的核一级关键设备材料15MnNi擎起核反应堆压力容器，为我国首台自主设计建造的第三代核电机组提供了钢铁保障。

28日 由攀钢及广西北部湾国际港务集团共同主办的雅万高铁长定尺钢轨出口首航仪式在北部湾港防城港6号泊位举行，雅万高铁钢轨全部由攀钢制造。

28—29日 在第二十一届全国拔河锦标赛上，鞍钢众元拔河队获得女子500公斤级、540公斤级，男子600公斤级、640公斤级，男女混合600公斤级五个项目冠军。

30日 在《工业和信息化部关于公布2020年国家技术创新示范企业名单的通知》中，攀钢获评“国家技术创新示范企业”。

本月 鞍钢集团荣获2020年新疆维吾尔自治区脱贫攻坚组织创新奖，成为全国援疆央企中唯一获此殊荣的扶贫单位。鞍钢扶贫干部马荣材获得2020年喀什地区脱贫攻坚奖优秀援疆扶贫干部荣誉称号。

△在2020（首届）钢铁工业智能制造标准与技术论坛上，鞍钢集团在全球30家钢铁企业创新（专利）指数排名中列第六名。在中国161家钢铁企业专利创新指数排名中，攀钢、鞍山钢铁位列第三名、第四名，被评为“最具专利创新力企业”。

△在第十二届“辽宁省优秀科技工作者”评选中，鞍钢集团钢铁研究院王勇、严玲，鞍钢股份鲅鱼圈钢铁分公司金百刚，鞍钢众元产业微细铝粉公司田景明荣获“辽宁省优秀科技工作者”称号。

△在“2020辽宁省职工技能大赛暨全省职工创新大赛”中，鞍钢矿业齐大山铁矿职工马连成的创新项目“胶带系统安全技术、控制技术研究”荣获专业组一等奖；鞍山钢铁职工刘铁等人的6个创新项目分获职工组二、三等奖。

△鞍钢硅钢产品首次打入核电领域，91吨50A-NF1牌号硅钢产品成功应用于卧龙电气核电项目。

△鞍钢彩涂板成功中标2022年第十九届亚运会航空枢纽——杭州萧山机场建设项目。

12月

3日 鞍钢集团董事长、党委书记谭成旭率队走访东风汽车集团有限公司、中国宝武宝钢股份武汉钢铁有限公司，分别与东风汽车集团有限公司总经理、党委副书记李绍烛，中国宝武宝钢股份党委常委、武汉钢铁有限公司党委书记、执行董事吴小弟等进行会谈。

△在第十三届中国企业社会责任报告国际研讨会上，鞍钢集团社会责任报告荣获“金蜜蜂2020优秀企业社会责任报告·长青奖一星级奖”，这是鞍钢集团连续两年获得该项荣誉。

△由鞍钢集团钢铁研究院研发、鞍钢股份中厚板事业部鲅鱼圈中厚板厂5500生产线生产的厚度31.8毫米深海管线用高应变L485M钢板实现全球首发。

11日 鞍钢集团董事长、党委书记谭成旭以视频方式与蒂森克虏伯钢铁欧洲公司执行董事会主席奥斯伯格会谈。

△鞍钢集团党委书记、董事长谭成旭会见中国钢铁工业协会副秘书长、中国冶金报社党委书记、社长陈玉千和中宣部建党百年纪录片《钢铁脊梁》总导演刘娜一行，围绕《钢铁脊梁》摄制工作进行深入交流。

△总长720千米、贯通江苏南北重要通道的连镇高铁正式通车运营，连镇高铁采用的钢轨全部由鞍钢集团供货。

12日 中国钢铁工业协会在北京组织对攀钢牵头负责的“红格南矿资源综合利用关键技术研究”“攀西钒资源绿色高效利用关键技术与应用”项目进行科技成果评价，评价委员会一致认为两个项目核心技术均达到国际领先水平。

△鞍钢集团首次受邀参加2020年“大爱无国界——让梦想飞扬”国际义卖活动，以捐款的方式助力扶贫物资销售。

15日 在2020年全国钢铁行业职工创新节活动中，鞍钢集团2个工会组织荣获2020年全国钢铁行业职工创新节优秀组织单位称号，7名一线职工创新成果荣获2020年全国钢铁行业职工技术创新成果奖。

17日　在第二届全球供应链数字经济峰会暨2020中国物流与供应链产业区块链应用年会颁奖典礼上，攀钢被授予“双链奖——十佳区块链应用企业”称号。

30日　由鞍钢集团主办，鞍钢资本控股承办的鞍钢集团智慧供应链金融服务平台推广大会召开，中国宝武、鞍钢资本控股及相关金融机构代表分享各自产业金融发展规划和实践经验。工商银行、农业银行、中国银行、建设银行、交通银行、中信银行、山钢金控等金融机构嘉宾参加大会。

△鞍钢集团党委副书记、总经理戴志浩在攀钢南山宾馆会议中心与攀枝花市委书记贾瑞云座谈。

本月　鞍钢集团制定发布《鞍钢改革三年行动实施方案》。

△在2020年辽宁省级服务型制造示范企业、示范项目和示范平台名单中，鞍钢工程发展工程技术公司、德邻陆港2家企业，鞍钢股份“基于工业互联网平台全流程钢铁大数据分析技术应用”“基于钢铁工业服务型制造供应链系统”2个项目，德邻陆港智慧供应链服务平台1个平台入选。

△鞍钢股份在第14届中国上市公司价值评选中，荣获“中国上市公司社会责任奖”。

△鞍钢股份炼钢总厂“林学斌创新工作室”被评为2020年全国机械冶金建材行业示范性创新工作室，鞍钢股份炼焦总厂“张允东创新工作室”被评为2020年辽宁省劳模创新工作室，鞍钢股份鲅鱼圈钢铁分公司质检计量中心“周刘建创新工作室”、鞍钢矿业鞍千公司“许广明创新工作室”、鞍钢矿业弓长岭选矿厂“李金伟创新工作室”、鞍钢工程发展建设建筑材料分公司“王静创新工作室”、鞍钢众元产业冶金资源再生利用公司“佟伟创新工作室”被评为2020年辽宁省职工创新工作室，攀钢钒炼铁厂“岳彩东劳模创新工作室”被评为2020年四川省机电冶煤系统劳模（技能人才）创新工作室。

△在四川省总工会职工技术创新成果和合理化建议征集活动评选中，攀钢共有5个技术创新成果和9个合理化建议获得表彰，获奖总数居企业第一位。其中，由路瑞芳等人完成的“高品质钛白粉低成本制备技术”获得职工技术创新成果一等奖。

第四部分

概　况

总 述

截至2020年末，鞍钢集团共有在职员工119418人，在岗员工105762人。固定资产原值3039.5亿元，净值1543.96亿元。主体生产设备中烧结机16台、焦炉28座、高炉19座、转炉30座、连铸机27台、板材轧机40套、棒线材轧机6套、管材轧机6套、型材轧机8套。拥有热轧板、冷轧板、镀锌板、彩涂板、冷轧硅钢、重轨、无缝钢管、型材、建材、特钢（不锈钢）等完整的产品系列，是全球第一的产钒企业和我国产业链最为完整的钛加工企业。产品广泛应用于铁路、建筑、汽车、机械、造船、家电、集装箱、石油石化、航空航天等数十个行业。

2020年，鞍钢集团以习近平新时代中国特色社会主义思想为指导，全面贯彻党的十九大和十九届二中、三中、四中、五中全会精神，深入学习贯彻习近平总书记重要讲话和重要指示批示精神，坚决贯彻落实党中央、国务院决策部署，迎难而上、奋力拼搏，在大战大考中践行初心使命，开创了各项工作新局面。

经营效益创历史最好水平。全年实际利润达到134亿元，创历史最好水平，处理历史遗留问题等68亿元，实现报表利润总额65.53亿元，同比增长178.77%；净利润40.29亿元，同比大幅增长，超额完成国务院国资委业绩考核指标，实现“双跑赢”，利润增幅排名央企前列。

深化改革取得明显成效。68项综改任务完成率97.1%。落实国企改革三年行动全面启动，年内任务完成率100%。通过市场化改革扭亏为盈的朝阳钢铁再推改革升级版，实现利润9.44亿元，同比增长15%；销售收入利润率10.67%，达到行业平均水平的2.3倍，15项主要技经指标创历史最好水平；铁、钢、材成本全部进入行业前5名，成为具有较强成本竞争力的钢铁基地。新增9家企业混改，推出混改企业骨干员工持股、科技型企业股权及分红激励、上市公司股权激励等市场化激励机制。“两项改革”实现历史性突破。退休人员社会化管理提前完成移交目标任务，处于央企领先水平；厂办大集体改革任务基本完成。加上之前的“三供一业”分离移交，长期困扰企业的三大历史遗留问题在“十三五”基本得到解决，鞍钢以崭新形象迈入“十四五”。

科技创新迈上新台阶。发挥鞍钢钒钛资源综合利用、海洋装备用金属材料及其应用两个国家重点实验室作用，6项国家关键核心技术攻关取得重要进展，其中2项取得突破，4项按计划推进。全年研发经费投入强度达到3.66%以上，完成国务院国资委考核指标。服务国家重大工程项目，打破国外垄断，鞍钢核电用钢助力“华龙一号”全球首堆并网成功，鞍钢钢轨独家供货中国高铁整体出口“第一单”雅万高铁，鞍钢船用VL4-4MOD低温钢全球首发，“十三五”国家重点研发计划项目“高应变海洋管线管研制”实现高应变L485管全球首发，油船货油舱用耐腐蚀钢首次实现在30万吨超大型油船（VLCC）国产化替代应用。用现代信息技术赋能传统产业，应用工业机器人176台（套），完成15条数字化智能化示范产线升级改造。2个大数据应用平台被工信部评为试点示范。

三大攻坚战成效显著。着力打好精准脱贫攻坚战，继贵州盘州脱贫后，新疆塔什库尔干塔吉克自治县于2020年1月脱贫，鞍钢定点帮扶的两个国家重点贫困县全部摘帽；区域对口帮扶的8县12村全部摘帽。全年投入帮扶资金3840.38万元，同比增长10.72%；实施帮扶项目78个，援派干部32名，鞍钢精准扶贫工作入选中央企业优秀案例。着力打好防范化解重大风险攻坚战，完成国务院国资委降杠杆减负债三年收官任务，资产负债率降至63.97%，比年初下降2.47个百分点；融资结构持续优化。着力打好污染防治攻坚战，全面启动各生产基地超低排放改造，节能环保水平持续提升，污染物排放量持续降低。发布并实施《鞍钢矿山生态修复三年规划2020—2022》，与鞍山市共建绿色矿山复垦示范园，完成矿山绿化复垦面积100余万平方米。

政治优势充分发挥。认真落实全面从严治党主体责任，党委把方向、管大局、促落实作用充分发挥。贯彻落实党的十九届五中全会精神，以新发展理念为统领，科学谋划鞍钢“十四五”发展。坚持党的领导贯穿疫情防控、“两项改革”、脱贫攻坚、生存保卫战全过程。旗帜鲜明坚持重实干、重实绩导向，注重在重大斗争一线考察识别干部，对表现突出的干部及时表彰、提拔重用。纪念毛主席批示“鞍钢宪法”60周年，“鞍钢宪法”精神研究与实践取得新成果。牢牢掌握意识形态工作的领导权、主动权，积极做好改革过程中的宣传思想政治工作，保证了各项改革平稳有序推进。持续推进中央巡视整改，集团班子成员带头推进重点整改项目，163项整改措施完成153项，整改完成率93.9%。加大惩治腐败力度，严肃查处“靠钢吃钢”案件115件，挽回损失8534万元。强化作风建设，想事干事成事、踏实务实落实风气逐步形成。

（鞍钢集团有限公司办公室　康晓光）

第五部分

机构与人事

2020 年鞍钢集团有限公司组织机构表

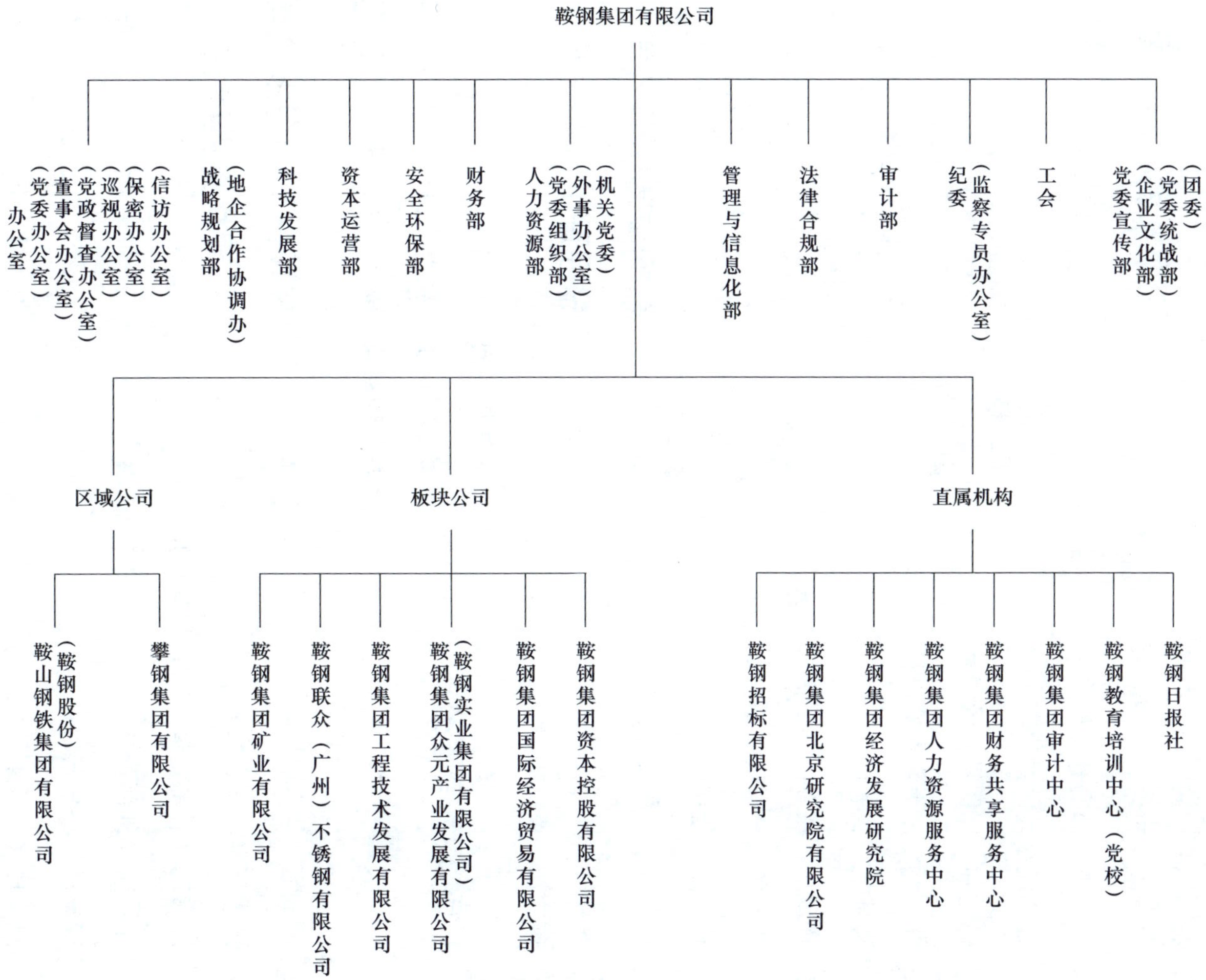

（鞍钢集团有限公司管理与信息化部）

中共鞍钢集团有限公司委员会

委　　员　（按照姓氏笔画顺序）
王义栋　计　岩
龙　强　申长纯
付　伟（6月止）
刘宝山　孙光辉　李　镇
杨　槐　张三健　张立芬（1月止）
陈　勇　邵安林　林大庆
孟庆旸　段向东　栗宝卿
徐世帅　郭明义　景奉儒
谢　峰　谢玉先　蔡恒君
谭成旭　戴志浩

常　　委　谭成旭　戴志浩　栗宝卿
王义栋　景奉儒　邵安林
段向东　孟庆旸
谢　峰（7月25日任）

书　　记　谭成旭

副 书 记　戴志浩　栗宝卿

鞍钢集团有限公司董事会

董　　事　谭成旭　戴志浩　栗宝卿
林大庆（职工代表）
那希志（外部董事，2月14日止）
张　鹏（外部董事，2月14日止）
顾惠忠（外部董事）
燕　桦（外部董事）
张国发（外部董事，2月14日任）
李连华（外部董事，2月14日任）
刁钦义（外部董事，7月3日任）

董 事 长　谭成旭

董事会秘书　龙　强

鞍钢集团有限公司监事会

监　　事　冯凌旭（职工代表）
陈列希（职工代表）

鞍钢集团有限公司经理层

总 经 理　戴志浩

副总经理　于万源（1月17日止）
王义栋　景奉儒　邵安林
段向东

总会计师　于万源（1月17日止）
谢　峰（9月2日任）

鞍钢集团有限公司总经理助理级领导

总法律顾问　计　岩

总工程师　林大庆（11月6日任）

总经理助理　都兴开（11月6日任）

中共鞍钢集团有限公司纪律检查委员会

委　　员　王　琳　王伟任　王春明
王保军　王殿贺　刘　明
刘德勇　李　波　李　锐
李士涛　冷　松　张文彤
张政乐　陈列希　孟庆旸
都兴开　景玉峰　谭克建

穆铁健

常　　委　孟庆旸　谭克建　穆铁健

刘德勇　李　锐

冷　松（1月7日止）

张政乐（9月7日任）

书　　记　孟庆旸

副 书 记　谭克建

穆铁健（3月13日止）

刘德勇（8月10日任）

鞍钢集团有限公司总部各部门

办公室/党委办公室/董事会办公室/党政督查办公室/巡视办公室/保密办公室/信访办公室（合署办公）

主　　任　龙　强

党政督查办公室/巡视办公室副主任

王春明

办公室/党委办公室副主任

吴洪志

王　欣（1月21日任）

信访办公室副主任

周希春（8月10日任）

战略规划部/地企合作协调办公室（合署办公）

战略规划部总经理

王衍平（3月13日止）

王　军（3月13日任）

战略规划部副总经理

李东伟　林　垚

地企合作协调办公室主任

王衍平（3月13日止）

王　军（3月13日任）

科技发展部/军工办（合署办公）

科技发展部总经理

张立芬（1月21日止）

刘丰强（1月21日任）

科技发展部副总经理

陈　新

军工办主任　陈　新

资本运营部

总 经 理　都兴开

副总经理　王从庆（11月6日任）

安全环保部

鞍钢集团安全总监

谢成波（8月10日止）

于　洋（8月10日任）

安全环保部总经理

谢成波（8月10日止）

于　洋（8月10日任）

财务部

总 经 理　张万斌

副总经理　金　彬

人力资源部/党委组织部/外事办（合署办公）

人力资源部总经理

孙光辉

人力资源部副总经理

王殿贺

党委组织部部长

孙光辉

党委组织部副部长

王殿贺　陈金华

外事办主任

孙光辉

管理与信息化部

总　经　理　计　岩

副 总 经 理　刘炳宇　刘　强

山　泽（挂职，11 月 6 日任）

审计部

鞍钢集团总审计师

王保军（11 月 6 日任）

审计部总经理

王保军

工会

主　　席　林大庆

副　主　席　冯凌旭（8 月 10 日止）

党委宣传部/企业文化部/党委统战部/团委（合署办公）

党委宣传部/企业文化部/党委统战部部长

谢玉先

党委宣传部/企业文化部/党委统战部副部长

曲明辉

团委书记

曲明辉

机关党委（与人力资源部、党委组织部合署办公）

书　　记　栗宝卿

副　书　记　陈金华

机关纪委

书　　记　陈金华

机关工会

主　　席　陈金华

鞍钢集团有限公司各直属机构

经济发展研究院

院　　长　林　垚

副　院　长　贾凤泳（1 月 7 日任）

梁　军（3 月 13 日任）

人力资源服务中心

主　　任　王殿贺

副　主　任　吕文福

贾　志（8 月 10 日止）

崔晓光（8 月 10 日任）

财务共享服务中心

主　　任　金　彬

副　主　任　郑良文
　　　　　　刘国兴（8月10日任）

审计中心

主　　　任　王保军
常务副主任　尚志东

鞍钢党校/教育培训中心

校　　　长　栗宝卿
第一副校长　杜学华
副　校　长　张　沛（8月10日止）
　　　　　　孙晓胜　李国志
　　　　　　赵　越（8月10日任）
党委书记　杜学华
党委副书记　穆在泉（8月10日止）
　　　　　　张　沛（8月10日任）
纪委书记　穆在泉（8月10日止）
　　　　　　张　沛（8月10日任）
工会主席　穆在泉（8月10日止）
　　　　　　张　沛（8月10日任）
主　　　任　杜学华
副　主　任　张　沛（8月10日止）
　　　　　　孙晓胜　李国志
　　　　　　赵　越（8月10日任）

鞍钢日报社

党委书记　聂振勇
党委副书记　王　欣
纪委书记　王　欣
工会主席　王　欣
总　编　辑　聂振勇
副总编辑　王金侠（8月10日任）

鞍钢集团有限公司所属子公司、直属单位

鞍山钢铁集团有限公司

党委常委　王义栋　李　镇　杨　槐
　　　　　　李忠武　刘　杰　马连勇
　　　　　　徐世帅（3月13日止）
　　　　　　孟劲松
　　　　　　穆铁健（3月13日任）
党委书记　王义栋
党委副书记　李　镇（3月13日任）
　　　　　　杨　槐
纪委书记　穆铁健（3月13日任）
工会主席　杨　槐
董　　　事　王义栋　李　镇
　　　　　　徐世帅（3月13日止）
　　　　　　张万山　徐克汉
　　　　　　巴宝君（4月7日止）
　　　　　　沈剑英（4月7日止）
　　　　　　马希博（4月7日止）
　　　　　　孙玉平（4月7日任）
　　　　　　肖江山（4月7日任）
　　　　　　于宝新（4月7日任）
　　　　　　杨　槐（职工代表）
董　事　长　王义栋
监　　　事　穆铁健（3月13日任）
　　　　　　孙晓辉
　　　　　　袁　鹏（职工代表）
监事会主席　穆铁健（3月13日任）
总　经　理　李　镇（3月13日任）

鞍钢股份有限公司

党委常委 王义栋　李　镇　杨　槐
李忠武　刘　杰　马连勇
徐世帅（3月13日止）
孟劲松
穆铁健（3月13日任）

党委书记 王义栋

党委副书记 李　镇（3月13日任）
杨　槐

纪委书记 穆铁健（3月13日任）

工会主席 杨　槐

董　　事 王义栋　李　镇　李忠武
马连勇
马卫国（2月24日止）
冯长利
吴大军（11月30日止）
汪建华
王旺林（3月16日任）
朱克实（11月30日任）

董事长 王义栋

监　　事 王保军（1月7日任，3月13日止）
穆铁健（3月13日任）
刘晓晖（1月7日止）
袁　鹏（职工代表）

监事会主席 王保军（1月7日任，3月13日止）
穆铁健（3月13日任）

总经理 李　镇（3月13日任）

副总经理 李　镇（3月13日止）
李忠武
刘　杰（3月13日任）
马连勇
徐世帅（3月13日止）
孟劲松

总会计师 马连勇

攀钢集团有限公司

党委常委 段向东　谢俊勇　申长纯
陈　勇
何玉章（3月13日止）
张景凡　陈列希
杨秀亮（1月7日任）
王衍平（3月13日任）
谢琪春（3月13日任）

党委书记 段向东

党委副书记 谢俊勇　申长纯

纪委书记 陈列希

工会主席 申长纯

董　　事 段向东　谢俊勇　陈　勇
张万山
扎世利（4月7日止）
王立功（4月7日止）
刘　钢（4月7日止）
马希博（4月7日止）
白　刚（4月7日任）
孙玉平（4月7日任）
于宝新（4月7日任）
李治都（4月7日任）
申长纯（职工代表）

董事长 段向东

监　　事 陈列希　徐克汉
肖明雄（职工代表）

监事会主席 陈列希

总经理 谢俊勇

副总经理　陈　勇
何玉章（3月13日止）
张景凡
杨秀亮（1月7日任）
王衍平（3月13日任）
谢琪春（3月13日任）
总会计师　张景凡

鞍钢集团矿业有限公司

党委书记　邵安林
党委副书记　平守国（8月10日止）
唐学飞（8月10日任）
纪委书记　余雅彬
工会主席　平守国（8月10日止）
唐学飞（8月10日任）
董　　事　邵安林
平守国（8月10日任）
李之奇（11月6日止）
阳春平（11月6日任）
孙晓辉　陈志迅　徐克汉
张万山（4月7日止）
巴宝君（4月7日止）
李治都（4月7日任）
谭宇海（4月7日任）
平守国（职工代表，8月10日止）
唐学飞（职工代表，8月10日任）
董事长　邵安林
监　　事　余雅彬
王普军（4月7日止）
王立功（4月7日任）
翟文相（职工代表）
监事会主席　余雅彬
副总经理　平守国（8月10日任）
何方威
李之奇（11月6日止）
翟文相　朱长江
唐学飞（8月10日止）
熊宏启（8月10日任）
阳春平（11月6日任）
总会计师　阳春平（11月6日任）

鞍钢联众（广州）不锈钢有限公司

党委书记　洪树利
党委副书记　费　鹏
王　斌（3月13日止）
纪委书记　王　斌
工会主席　王　斌
董　　事　洪树利　费　鹏
王　斌（3月13日任）
汤　斌（3月13日止）
陈志迅　苏裕昆　李必贤
郭中起
董事长　洪树利
监　　事　叶煌财
常务副总经理　费　鹏（3月13日止）
副总经理　费　鹏（3月13日任）
汤　斌（3月13日止）

鞍钢集团工程技术发展有限公司

党委书记　付　伟（3月13日止）
于　峰（3月13日任）
党委副书记　白　刚（3月13日止）
刘文胜（8月10日任）
王　英

纪委书记　贾连波（3月13日止）
　　　　　于显利（3月13日任）
工会主席　王　英
董　　事　付　伟（3月13日止）
　　　　　于　峰（3月13日任）
　　　　　白　刚（3月13日止）
　　　　　刘文胜（8月10日任）
　　　　　陈　涛　刘　钢　韩兆平
　　　　　沈剑英（4月7日止）
　　　　　马希博（4月7日止）
　　　　　王立功（4月7日任）
　　　　　斯邦俊（4月7日任）
　　　　　张何之
　　　　　王　英（职工代表）
董 事 长　付　伟（3月13日止）
　　　　　于　峰（3月13日任）
监　　事　贾连波（3月13日止）
　　　　　于显利（3月13日任）
　　　　　陈志迅（4月7日止）
　　　　　于宝新（4月7日任）
　　　　　王洪武（职工代表）
监事会主席　贾连波（3月13日止）
　　　　　于显利（3月13日任）
总 经 理　白　刚（3月13日止）
　　　　　刘文胜（8月10日任）
副总经理　刘文胜（8月10日止）
　　　　　陈　涛
　　　　　周敬忠（9月7日任）
总会计师　褚乃立（3月13日止）
　　　　　于　淼（3月13日任）

鞍钢集团众元产业发展有限公司

党委书记　刘宝山（6月28日任）
党委副书记　徐世帅（6月28日任）
　　　　　张　波（6月28日任）
纪委书记　刘　明（6月28日任）
工会筹建组组长　张　波（4月13日任）
董　　事　刘宝山（4月13日任）
　　　　　徐世帅（4月13日任）
　　　　　刘卫民（4月13日任）
　　　　　王立功（4月13日任）
　　　　　褚乃立（4月13日任）
　　　　　斯邦俊（4月13日任）
　　　　　孙晓辉（4月13日任）
　　　　　谭宇海（4月13日任）
　　　　　张　波（职工代表，4月13日任）
董 事 长　刘宝山（4月13日任）
监　　事　刘　明（4月13日任）
　　　　　白　刚（4月13日任）
　　　　　李继忠（职工代表，4月13日任）
监事会主席　刘　明（4月13日任）
总 经 理　徐世帅（4月13日任）
副总经理　刘卫民（4月13日任）
　　　　　陆　明（4月13日任）
　　　　　姜云峰（4月13日任）
总会计师　姜云峰（4月13日任）

鞍钢实业集团有限公司

执行董事　刘宝山（4月13日任）
监　　事　刘　明（4月13日任）
总 经 理　徐世帅（4月13日任）

鞍钢集团国际经济贸易有限公司

党委书记　张三健
党委副书记　王铁楠　王伟任

纪委书记　王伟任

工会主席　王伟任

董　　事　张三健　王铁楠　童明华
王立功　陈志迅　徐克汉
刘　钢（4月7日止）
王普军（4月7日止）
白　刚（4月7日任）
肖江山（4月7日任）
金祥赴（职工代表）

董事长　张三健

监　　事　王伟任
巴宝君（4月7日止）
褚乃立（4月7日任）
关　宇（职工代表）

监事会主席　王伟任

总经理　王铁楠

副总经理　童明华　金祥赴

总会计师　李　革

鞍钢集团资本控股有限公司

鞍钢集团副总会计师
刘　申

董　　事　刘　申
龚　金（11月6日任）
沈剑英（4月7日止）
孙玉平（4月7日任）
滕建辉　朱烨辛　桂浩明
汤金样（职工代表）

董事长　刘　申

监　　事　张明伟（3月13日止）
宋英韬（3月13日任）
张万山
王　斌（职工代表）

监事会主席　张明伟（3月13日止）
宋英韬（3月13日任）

副总经理　汤金祥（8月10日止）
龚　金（11月6日任）
王　斌（11月6日任）

风控总监　汤金样（8月10日任）

鞍钢集团财务有限责任公司

党委书记　吕哲龙（11月6日止）
李之奇（11月6日任）

党委副书记　宋英韬

纪委书记　张明伟（3月13日止）
宋英韬（3月13日任）

工会主席　宋英韬

董　　事　于万源（9月7日止）
谢　峰（9月7日任）
吕哲龙（11月6日止）
李之奇（11月6日任）
刘　申　马连勇　张景凡
王保军
董　炜（职工代表）

董事长　于万源（9月7日止）
谢　峰（9月7日任）

监　　事　张明伟（3月13日止）
宋英韬（3月13日任）
扎世利（4月7日止）
肖江山（4月7日任）
赵立刚（职工代表）

监事会主席　张明伟（3月13日止）
宋英韬（3月13日任）

总经理　吕哲龙（11月6日止）

李之奇（11月6日任）

副 总 经 理 董 炜 陈 锖

鞍钢集团北京研究院有限公司

党委筹建组组长 刘 军

党委筹建组副组长 路景宏

纪委筹建组组长 路景宏

工会筹建组组长 路景宏

董 事 戴志浩 刘 军

马希博（4月7日止）

李治都（4月7日任）

孟劲松 陈 勇 唐学飞

路景宏（职工代表）

董 事 长 戴志浩

监 事 沈剑英（4月7日止）

谭宇海（4月7日任）

林 染

张兴虎（职工代表）

监事会主席 沈剑英（4月7日止）

谭宇海（4月7日任）

总 经 理 刘 军

副 总 经 理 王军生 王俊山

院 长 刘 军

副 院 长 王军生 王俊山

鞍钢招标有限公司

执 行 董 事 张明华

监 事 宋业胜

总 经 理 张明华

副 总 经 理 张 禹 任 刚 闫 东

（鞍钢集团有限公司党委组织部 周 克）

2020年鞍钢集团有限公司直管干部任免名单

姓　名	任　免　职　务	任免日期
杨秀亮	任攀钢集团有限公司党委常委、副总经理（试用期一年），建议不再担任攀钢集团钒钛资源股份有限公司总经理，攀港有限公司董事长、董事，攀枝花东方钛业有限公司董事长、董事职务	2020.01.07
贾凤泳	任鞍钢集团有限公司经济发展研究院副院长	2020.01.07
张文彤	任鞍钢集团有限公司巡视办公室专职巡视员（F级），不再担任鞍钢集团信息产业有限公司党委副书记、纪委书记、工会主席、监事会主席、监事职务	2020.01.07
冷　松	任鞍钢集团信息产业有限公司党委副书记、纪委书记（试用期一年）、工会主席、监事会主席，不再担任鞍钢集团有限公司纪委常委职务，建议不再担任鞍钢集团有限公司纪委综合室主任职务	2020.01.07
马卫国	不再担任鞍钢股份有限公司独立董事职务	2020.01.07
王旺林	任鞍钢股份有限公司独立董事	2020.01.07
王保军	任鞍钢股份有限公司监事会主席	2020.01.07
刘晓晖	不再担任鞍钢股份有限公司监事职务	2020.01.07
张立芬	不再担任鞍钢集团有限公司科技发展部总经理职务，退休	2020.01.21
刘丰强	任鞍钢集团有限公司科技发展部总经理（试用期一年），建议不再担任攀钢集团有限公司技术发展部总经理、部长，军工办主任职务	2020.01.21
王　欣	任鞍钢集团有限公司办公室（党委办公室）副主任（试用期一年），建议不再担任鞍钢集团有限公司办公室行政事务处总监职务	2020.01.21
李　镇	任鞍山钢铁集团有限公司/鞍钢股份有限公司总经理（G级，试用期一年）、党委副书记，不再担任鞍钢股份有限公司副总经理（主持工作）职务	2020.03.13
刘　杰	任鞍钢股份有限公司副总经理	2020.03.13
徐世帅	任鞍钢集团众元产业发展有限公司/鞍钢实业集团有限公司总经理，鞍钢实业集团有限公司董事、党委副书记，建议任通用鞍钢医院管理有限公司董事，不再担任鞍山钢铁集团有限公司党委常委、董事，鞍钢股份有限公司党委常委、副总经理职务	2020.03.13
穆铁健	任鞍山钢铁集团有限公司/鞍钢股份有限公司党委常委、纪委书记、监事会主席，不再担任鞍钢集团有限公司纪委副书记职务	2020.03.13
王保军	不再兼任鞍钢股份有限公司监事会主席、监事职务	2020.03.13
王衍平	任攀钢集团有限公司党委常委、副总经理，不再担任鞍钢集团有限公司战略规划部总经理兼鞍钢集团地企合作协调办公室主任职务，建议不再担任华宝冶金资产管理有限公司董事职务	2020.03.13
何玉章	不再担任攀钢集团有限公司党委常委、副总经理职务，建议在鞍山钢铁集团有限公司从事专项工作	2020.03.13
谢琪春	任攀钢集团有限公司党委常委、副总经理（G级，试用期一年）	2020.03.13
付　伟	不再担任鞍钢集团工程技术发展有限公司党委书记、董事长职务，建议在鞍山钢铁集团有限公司从事专项工作	2020.03.13
于　峰	任鞍钢集团工程技术发展有限公司党委书记、董事长（G级，试用期一年）	2020.03.13

续表

姓　名	任　免　职　务	任免日期
白　刚	任鞍钢集团有限公司董事会办公室专职董事、监事，不再担任鞍钢集团工程技术发展有限公司董事、总经理、党委副书记职务	2020. 03. 13
刘文胜	建议暂时负责鞍钢集团工程技术发展有限公司生产经营全面工作	2020. 03. 13
褚乃立	任鞍钢集团有限公司董事会办公室专职董事、监事，不再担任鞍钢集团工程技术发展有限公司总会计师职务，建议不再担任鞍钢建设集团有限公司/鞍钢房地产开发集团有限公司党委书记、董事长职务	2020. 03. 13
于　森	任鞍钢集团工程技术发展有限公司总会计师（F 级，试用期一年）	2020. 03. 13
贾连波	不再担任鞍钢集团工程技术发展有限公司纪委书记、监事会主席职务，建议在鞍钢集团工程技术发展有限公司从事专项工作	2020. 03. 13
于显利	任鞍钢集团工程技术发展有限公司纪委书记（F 级，试用期一年）、监事会主席	2020. 03. 13
孙玉平	任鞍钢集团有限公司董事会办公室专职董事、监事，不再担任鞍钢集团众元产业发展有限公司总经理，鞍钢实业集团有限公司董事、总经理、党委副书记职务，建议不再担任通用鞍钢医院管理有限公司董事职务	2020. 03. 13
肖江山	建议任鞍钢集团有限公司董事会办公室专职董事、监事，不再担任鞍钢集团众元产业发展有限公司监事，鞍钢实业集团有限公司党委副书记、工会主席、职工董事职务	2020. 03. 13
张　波	任鞍钢实业集团有限公司党委副书记（F 级，试用期一年）、工会主席、职工董事，鞍钢集团众元产业发展有限公司监事	2020. 03. 13
姜云峰	任鞍钢实业集团有限公司副总经理、总会计师（F 级，试用期一年）	2020. 03. 13
费　鹏	任鞍钢联众（广州）不锈钢有限公司副总经理（E 级），不再担任鞍钢联众（广州）不锈钢有限公司常务副总经理（F 级）职务	2020. 03. 13
王　斌	任鞍钢联众（广州）不锈钢有限公司纪委书记（E 级）、工会主席、董事，不再担任鞍钢联众（广州）不锈钢有限公司党委副书记（F 级）职务	2020. 03. 13
汤　斌	不再担任鞍钢联众（广州）不锈钢有限公司董事、副总经理（F 级）职务（解除试用职务，按 E 级岗位层次管理），建议在鞍钢股份市场营销中心从事专项工作	2020. 03. 13
张明伟	不再担任鞍钢集团财务有限责任公司纪委书记、监事会主席，鞍钢集团资本控股有限公司监事会主席，鞍钢集团有限公司巡视办公室专职巡视员职务，建议在鞍钢集团财务有限责任公司从事专项工作	2020. 03. 13
宋英韬	兼任鞍钢集团财务有限责任公司纪委书记、监事会主席，鞍钢集团资本控股有限公司监事会主席	2020. 03. 13
梁　军	任鞍钢集团有限公司经济发展研究院副院长（F 级，试用期一年）	2020. 03. 13
王　军	任鞍钢集团有限公司战略规划部总经理（G 级），鞍钢集团地企合作协调办公室主任，建议任华宝冶金资产管理有限公司董事	2020. 03. 13
尚志东	鞍钢集团有限公司审计中心常务副主任（试用期满，正式任职）	2020. 03. 13
谭宇海	任鞍钢集团有限公司董事会办公室专职董事、监事（F 级）	2020. 03. 13
于宝新	任鞍钢集团有限公司董事会办公室专职董事、监事（F 级）	2020. 03. 13
斯邦俊	任鞍钢集团有限公司董事会办公室专职董事、监事（F 级）	2020. 03. 13
李治都	任鞍钢集团有限公司董事会办公室专职董事、监事（G 级）	2020. 03. 13
沈剑英	不再担任鞍钢集团有限公司董事会办公室专职董事、监事职务，建议任攀钢集团有限公司专职董事、监事（F 级）	2020. 03. 13
王普军	不再担任鞍钢集团有限公司董事会办公室专职董事、监事职务，建议任攀钢集团工程技术有限公司党委副书记、工会主席（F 级）	2020. 03. 13

续表

姓　名	任　免　职　务	任免日期
黄广利	不再担任鞍钢集团有限公司董事会办公室专职董事、监事，鞍钢集团有限公司巡视办公室专职巡视员职务，退休	2020. 03. 13
扎世利	不再担任鞍钢集团有限公司董事会办公室专职董事、监事职务，退休	2020. 03. 13
刘宝山	任鞍钢集团众元产业发展有限公司党委筹建组组长、董事长，鞍钢实业集团有限公司执行董事（法定代表人），不再担任鞍钢集团众元产业发展有限公司执行董事，鞍钢实业集团有限公司党委书记、董事长职务	2020. 04. 13
徐世帅	任鞍钢集团众元产业发展有限公司党委筹建组副组长、董事、总经理，鞍钢实业集团有限公司总经理，不再担任鞍钢集团众元产业发展有限公司总经理，鞍钢实业集团有限公司董事、总经理、党委副书记职务	2020. 04. 13
张　波	任鞍钢集团众元产业发展有限公司党委筹建组副组长（试用期一年）、工会筹建组组长、职工董事，不再担任鞍钢集团众元产业发展有限公司监事，鞍钢实业集团有限公司党委副书记（试用期一年）、工会主席、职工董事职务	2020. 04. 13
刘卫民	任鞍钢集团众元产业发展有限公司党委筹建组成员、董事、副总经理，不再担任鞍钢实业集团有限公司董事、副总经理职务	2020. 04. 13
陆　明	任鞍钢集团众元产业发展有限公司党委筹建组成员、副总经理，不再担任鞍钢实业集团有限公司副总经理职务	2020. 04. 13
刘　明	任鞍钢集团众元产业发展有限公司党委筹建组成员、纪委筹建组组长（试用期一年）、监事会主席，鞍钢实业集团有限公司监事，不再担任鞍钢实业集团有限公司纪委书记（试用期一年）、监事会主席职务	2020. 04. 13
姜云峰	任鞍钢集团众元产业发展有限公司党委筹建组成员、副总经理、总会计师（试用期一年）、总法律顾问，不再担任鞍钢实业集团有限公司副总经理、总会计师（试用期一年）、总法律顾问职务	2020. 04. 13
王立功	建议任鞍钢集团众元产业发展有限公司专职董事，不再担任鞍钢实业集团有限公司专职董事职务	2020. 04. 13
褚乃立	建议任鞍钢集团众元产业发展有限公司专职董事，不再担任鞍钢实业集团有限公司专职董事职务	2020. 04. 13
斯邦俊	建议任鞍钢集团众元产业发展有限公司专职董事，不再担任鞍钢实业集团有限公司专职董事职务	2020. 04. 13
孙晓辉	建议任鞍钢集团众元产业发展有限公司专职董事，不再担任鞍钢实业集团有限公司专职董事职务	2020. 04. 13
谭宇海	建议任鞍钢集团众元产业发展有限公司专职董事，不再担任鞍钢实业集团有限公司专职董事职务	2020. 04. 13
白　刚	建议任鞍钢集团众元产业发展有限公司专职监事，不再担任鞍钢实业集团有限公司专职监事职务	2020. 04. 13
李继忠	建议任鞍钢集团众元产业发展有限公司职工监事，不再担任鞍钢实业集团有限公司职工监事职务	2020. 04. 13
刘文胜	鞍钢集团工程技术发展有限公司副总经理（试用期满，正式任职）	2020. 06. 24
冯凌旭	不再担任鞍钢集团工会副主席，建议不再担任通用鞍钢医院管理有限公司监事会主席职务，在鞍钢集团工会从事专项工作	2020. 08. 10
谢成波	任鞍钢股份有限公司总经理助理，不再担任鞍钢集团安全总监、安全环保部总经理职务	2020. 08. 10
于　洋	任鞍钢集团安全总监，安全环保部总经理（试用期一年），不再担任鞍钢集团信息产业有限公司董事、总经理、党委副书记（试用期一年）职务	2020. 08. 10
周希春	任鞍钢集团信访办公室副主任，建议任鞍山钢铁集团有限公司办公室常务副主任（F 级，试用期一年）	2020. 08. 10
刘德勇	任鞍钢集团纪委副书记（F 级，试用期一年）	2020. 08. 10

续表

姓　名	任　免　职　务	任免日期
平守国	任鞍钢集团矿业有限公司董事、副总经理（负责生产经营全面工作），不再担任鞍钢集团矿业有限公司党委副书记、工会主席、职工董事职务	2020.08.10
唐学飞	任鞍钢集团矿业有限公司党委副书记（试用期一年）、工会主席、职工董事，不再担任鞍钢集团矿业有限公司副总经理职务	2020.08.10
熊宏启	任鞍钢集团矿业有限公司副总经理（试用期一年）	2020.08.10
刘文胜	任鞍钢集团工程技术发展有限公司董事、总经理（试用期一年）、党委副书记，不再担任鞍钢集团工程技术发展有限公司副总经理职务	2020.08.10
汤金样	任鞍钢集团资本控股有限公司风控总监、职工董事，不再担任鞍钢集团资本控股有限公司副总经理、职工董事兼北京鞍钢投资有限公司总经理职务	2020.08.10
穆在泉	不再担任鞍钢集团教育培训中心（党校）党委副书记、纪委书记、工会主席职务，建议在鞍钢集团教育培训中心（党校）从事专项工作	2020.08.10
张　沛	任鞍钢集团教育培训中心（党校）党委副书记、纪委书记、工会主席，不再担任鞍钢集团教育培训中心（党校）副主任（副校长）职务	2020.08.10
赵　越	任鞍钢党校副校长，鞍钢集团教育培训中心副主任（试用期一年）	2020.08.10
王金侠	任鞍钢日报社副总编辑（试用期一年）	2020.08.10
贾　志	不再担任鞍钢集团人力资源服务中心副主任职务，建议在鞍钢集团人力资源服务中心从事专项工作	2020.08.10
崔晓光	任鞍钢集团人力资源服务中心副主任（试用期一年）	2020.08.10
刘国兴	任鞍钢集团财务共享服务中心副主任（试用期一年）	2020.08.10
林　垚	鞍钢集团经济发展研究院院长（试用期满，正式任职）	2020.08.10
王铁楠	鞍钢集团国际经济贸易有限公司董事、总经理、党委副书记（试用期满，正式任职）	2020.08.10
陈　新	鞍钢集团科技发展部副总经理（试用期满，正式任职）	2020.08.10
陈金华	鞍钢集团党委组织部副部长，机关党委副书记、纪委书记、工会主席（试用期满，正式任职）	2020.08.10
巴宝君	不再担任鞍钢集团董事会办公室专职董事、监事职务，退休	2020.08.10
马希博	不再担任鞍钢集团董事会办公室专职董事、监事职务，退休	2020.08.10
谢　峰	兼任鞍钢集团财务有限责任公司董事长	2020.09.07
于万源	不再担任鞍钢集团财务有限责任公司董事长、董事职务	2020.09.07
周敬忠	任鞍钢集团工程技术发展有限公司副总经理（F级，试用期一年）	2020.09.07
张政乐	任鞍钢集团有限公司纪委常委、第二纪检监察室主任（试用期一年）	2020.09.07
刘　明	鞍钢集团众元产业发展有限公司纪委书记（试用期满，正式任职）	2020.09.07
朱长江	鞍钢集团矿业有限公司副总经理（试用期满，正式任职）	2020.09.07
李国志	鞍钢集团有限公司教育培训中心副主任，鞍钢党校副校长（试用期满，正式任职）	2020.09.07
林大庆	任鞍钢集团有限公司总工程师（H级，试用期一年），继续兼任鞍钢集团有限公司工会主席、职工董事职务	2020.11.06
都兴开	任鞍钢集团有限公司总经理助理（H级，试用期一年），继续兼任鞍钢集团有限公司资本运营部总经理职务	2020.11.06
王从庆	任鞍钢集团有限公司资本运营部副总经理	2020.11.06
王保军	任鞍钢集团有限公司总审计师（G级），继续兼任鞍钢集团有限公司审计部总经理，审计中心主任职务	2020.11.06
吕哲龙	不再担任鞍钢集团财务有限责任公司党委书记、董事、总经理职务	2020.11.06

续表

姓　名	任　免　职　务	任免日期
李之奇	任鞍钢集团财务有限责任公司党委书记、董事、总经理（试用期一年），不再担任鞍钢集团矿业有限公司董事、副总经理职务	2020.11.06
阳春平	任鞍钢集团矿业有限公司董事、副总经理、总会计师	2020.11.06
龚　金	任鞍钢集团资本控股有限公司董事、副总经理（暂时负责行政全面工作）	2020.11.06
王　斌	任鞍钢集团资本控股有限公司副总经理（试用期一年）	2020.11.06
曲明辉	鞍钢集团党委宣传部（企业文化部、党委统战部）副部长，鞍钢集团团委书记（试用期满，正式任职）	2020.11.06
杜学华	鞍钢集团教育培训中心党委书记、主任，鞍钢党校党委书记、第一副校长（试用期满，正式任职）	2020.11.06
韩兆平	不再担任鞍钢集团董事会办公室专职董事、监事职务，退休	2020.11.06
刘　钢	不再担任鞍钢集团董事会办公室专职董事、监事职务，退休	2020.11.06
吴大军	不再担任鞍钢股份有限公司独立董事职务	2020.11.06
朱克实	任鞍钢股份有限公司独立董事	2020.11.06
山　泽	挂职任鞍钢集团管理与信息化部副总经理（挂职时间从二〇二〇年十一月至二〇二一年十一月）	2020.11.06

（鞍钢集团有限公司党委组织部　周　克）

2020年鞍钢取得高级专业技术职称任职资格人员名单

正高级工程师

徐　鑫　高恩运　刘　明　林　科　赵正洪
薛占强　李昌胤　李小丽　夏铁玉　徐向阳
王金辉　陈百红　乔　馨　黄　松　刘　鹤
赵宝纯　贾吉祥　赵成林　张立国　李金莲
侯洪宇　吕家舜　张天赋　赵恒波　尚　勇
杨熙鹏　马贤国　王衍平　王长艳　韩连生
田迎春　李海臣　陈　强　于　峰　靳文奎
白云波　杨庆峰　王　琦　张新宇　王　波
常治铁　王宝海

正高级经济师

汪大海　贾　志　王　悦

研究员

李成志

高级工程师

王洪涛　李　冰　张　健　吴成举　郭洪宇
苏皓璐　刘忠成　孙大鹏　胡德顺　程明刚
于智晓　刘庆佩　郑占全　赵　明　肖泽坚
段立祥　张恒良　张宏宇　王　维　宋　宇
高洪涛　曹　祥　孙振宇　张凤心　王　鹏
刘　铁　王一波　孟凡平　王荣鹏　张守峰
高颖男　柳庆坡　刘英明　王　植　张海安
李　林　李元华　王　侥　张志明　贾　昊
刘　健　孙慧元　张　巍　张　彦　哈　君
矫继东　王炳琨　赵　亮　韩子文　姜　喆
姚　硕　姜福健　高　品　郭宝安　贾志伟
孙荣生　李大航　王　爽　胡海洋　颜秉宇
李松柏　张瑞琦　王　超　赵　华　李黎明
尹德刚　王小强　国泉峰　姜彦冰　艾立军
崔福祥　李　超　吕志勇　董水秀　何士国
刘旺臣　李江委　王　杰　王　存　罗　军
段江涛　罗志华　张　坤　刘迎宇　王瑞刚
汪　新　刘　博　文　兵　刘　强　代俊杰
王龙宇　徐　强　刘述栋　刘春辉　崔广建
刘志龙　李　光　许广游　张　玲　高常胜
王旭伟　于光涛　余　莹　王赢博　胡佳锟
王　峰　王　凯　李立男　吕春海　米红军
张兆仁　戴兴宇　王　斌　袁旭东　朱相国
于先泉　范博权　李　芳　杨明铎　张维巍
张　帅　刘晓青　赵明侠　李　鹏　王　楠
姜珊珊　于　雷　邱智强　朱红丽　徐蓬勃
李亚彬　陈　维　杨林利　高大鹏　丁志宇
张占愿

高级经济师

司军升　黄　亮

高级政工师

周军杰　李　勇　孙　凡　李翔凌　张海东
田红丽　高　琪　盖俊鹏　曲秋实　赵广为
王　宁

高级会计师

白向东　袁　敏　赵　妍　王　健　刘一良
李　明　张　博　余明迪　尹丽丽　王　锋
李　牧　李可心

高级教师

王桂红　王寒松　于明君　张志刚

副教授

白　欣　韩姝红

高级审计师

喻　勇

（鞍钢集团有限公司人力资源服务中心　祁东宁）

第六部分

规划发展

·发展战略与规划·

【发展战略和规划】 为了认真贯彻习近平总书记对“十四五”规划的要求和党中央国务院决策部署，牢牢把握“先进性、科学性、系统性、完整性”的工作标准，紧盯国内钢铁行业高质量发展的排头兵、具有全球竞争力的世界一流企业奋斗目标，鞍钢集团加强统筹谋划，创新工作方法，成立推进组、对标组、编写组等6个工作小组，邀请行业专家进行专题培训，进行高层管理人员问卷调查和网络问计于民，上下互动，高质量开展“十四五”规划编制工作。

该战略规划重点以对标世界一流、全面提升“五力”为核心，采用经典战略分析工具，组织构建了具有鞍钢特色的“五力”模型和战略引导对标指标评价体系，系统分析，理清了坚持一个核心、三个导向、树立四种思维、运用七类方法的“1347”工作思路，构建了集团总部“三位一体”、公司整体“上下融合、内外联动、互动协同”的战略规划管理体系，进一步确定了鞍钢新定位，即：国家安全的基石、钢铁行业排头兵、开放共享的典范、国企改革的样板，达到“7531”战略发展目标，即：达到7000万吨级粗钢、超5000万吨级铁精矿、3000亿级营业收入、百亿级利润。

2020年，鞍钢集团实现营业收入2131亿元，利润总额65.53亿元，同比增长178.73%，完成规划目标。

【鞍钢重组本钢】 鞍钢集团持续跟踪本钢集团等区域内钢铁企业情况，加强与政府部门沟通，组织项目团队走访调研，沙盘推演，研判重组各条路径的可行性，研究拟定战略重组方案，为推动落实鞍钢集团在“十四五”期间实现7000万吨粗钢产能重大战略奠定坚实基础。

（鞍钢集团有限公司战略规划部 狄 嫣）

·战略合作·

【战略合作框架协议签署】 2020年鞍钢集团本着平等互利、优势互补、合作共赢、共同发展的原则，积极与利益相关方开展战略合作。

2020年5月7日，鞍钢集团有限公司与徐工集团工程机械有限公司签署战略合作协议。双方约定在供应链服务、技术开发与合作等方面加强合作，促进双方上下游产业链的结合与良性发展，形成机械制造业与钢铁企业的强强联合。

2020年5月17日，鞍钢集团有限公司与大连重工·起重集团有限公司签署战略合作协议。双方约定在机械制造、材料供应、技术研发等领域持续深化开展合作，实现优势互补与合作共赢。

2020年8月11日，鞍钢集团有限公司与比亚迪股份有限公司签署战略合作协议，双方约定在供应链服务、技术开发、工程项目等方面加强战略合作，建立以产品为纽带的跨行业的长期发展战略合作伙伴关系，形成汽车与钢铁企业的强强联合。

2020年8月12日，鞍钢集团有限公司与中国国际海运集装箱（集团）股份有限公司签署战略合作协议，双方约定在技术、商务、清洁能源、物流服务、能源化工装备设备、海洋工程、房地产及工程施工、企业内部建设等方面开展全方位、多领域合作，共同面对世界经贸市场的变化和挑战。

2020年8月19日，鞍钢集团有限公司与海尔集团公司签署物联网生态战略合作协议，双方约定在物联网生态、创客交流、技术合作、商务合作等领域开展深度合作，进一步协同发展，促进生态圈加速融合。

2020年8月25日，鞍钢集团有限公司与中国第一重型机械集团公司签署了联合开展大型支承辊研发协议。双方约定在大型宽厚板轧机支承辊的产品研发、科技攻关、技术工艺改进与升级等方面开展合作。

2020年8月26日，鞍钢集团有限公司与中国船舶集团有限公司签署战略合作协议。双方约定在材料领域、原燃料领域、交通物流领域、技术研发领域、人才培养领域及其他领域加强合作，建立战略合作伙伴关系，实现优势互补与合作共赢。

2020年9月4日，鞍钢集团有限公司与上海大学签署战略合作框架协议。

2020年9月10日，鞍钢集团有限公司与华为技术有限公司签署战略合作协议。双方约定在企业数字化转型顶层设计咨询规划、5G+EI 创新技术应用、智慧鞍钢建设、自主可控能力建设等方面加强合作，实现互利共赢。

2020 年 9 月 11 日，鞍钢集团有限公司与中科院沈阳自动化研究所签署战略合作协议。双方约定在钢铁、冶金等行业领域加强信息化和智能化建设的战略合作。

2020 年 11 月 2 日，鞍钢集团有限公司与北京科技大学签署战略合作框架协议。

2020 年 12 月 31 日，鞍钢集团有限公司与中国长江三峡集团有限公司签署战略合作协议。双方约定在材料、技术研发、新能源、国际业务、金融和资本运作等领域加强合作，建立战略合作伙伴关系，实现优势互补与合作共赢。

（鞍钢集团有限公司战略规划部　张秋会）

·产业投资管理·

【投资管理制度建设】 2020 年，为落实国家部委 2018 年以来的投资管理要求，衔接鞍钢集团 2019 年投资授权放权及总部机关改革职能调整，结合投资管理实际，鞍钢集团修订并印发了《鞍钢集团有限公司投资管理规定》。一是在负面清单原有禁止类和特别监管类投资项目的基础上，增加了特别关注类的描述和审核把关要求；二是按照国资委对综合改革试点企业的定位，对子企业在年度投资计划总额内调整主业投资项目进行了授权；三是结合前期管理实际及存在的问题，进一步明确并规范了鞍钢集团与子企业之间管理模式、管理职责、管理权限、业务流程等。

【投资风险管控】 严格依据《鞍钢集团公司“三重一大”决策制度实施办法》《鞍钢集团重大事项风险评估与合规审查管理办法》及有关规定开展年度投资计划和项目决策管理。一是结合投资能力、投资需求及降负债要求确定投资规模，严格把握投资方向，科学完成年度投资计划编制；二是加强投资计划执行过程管理，按月组织开展投资完成情况备案，按季度总结计划执行情况，必要时通报存在的问题，按年度分析总结全集团投资完成情况；三是继续强化投资项目审批管理，对项目实施的必要性、可行性、合规性、项目方案、风险防范、投资回报等内容进行充分论证，坚持开展投资项目专业审核、风险评估与专项审查等，做到项目决策科学，投资风险受控。

2020 年完成投资 93.68 亿元，低于鞍钢集团 2020 年固定资产折旧和无形资产摊销总额的 104.4 亿元，有效落实了年初确定的“投资不得推高资产负债率”的原则。2020 年经营活动产生的现金流量净额 185.9 亿元，盈余现金保障倍数为 4.63 倍，现金流动负债比率为 14.18%，企业现金支付能力逐步增强。截至 2020 年底，鞍钢集团资产负债率 63.97%，比上年下降 2.47 个百分点，长期还债能力继续提升。

【投资项目审批管理】 规范开展限上项目投资管理工作。严格按照鞍钢集团投资管理要求，组织开展限上项目审批工作。主要完成鞍钢股份炼铁总厂新建 600 平方米烧结机项目、矿业公司马家田尾矿库接替库——中沟湾尾矿库工程项目、攀钢参股四川电力交易中心有限公司项目、鞍山钢铁集团有限公司电气公司搬迁改造项目的立项及批准；完成了能源科技与中集安瑞科合资新建鲅鱼圈焦炉煤气制 LNG 联产氢气项目、攀钢矿业公司参股攀枝花汇拓矿业有限公司股权项目的立项。及时配合项目审核及放行的协同工作，配合放行集团公司数据湖建设、鞍钢集团智慧办公平台建设、鞍钢集团退休人员档案数字化系统、鞍钢集团信息共享服务平台、鞍钢集团经济发展研究院对标活动管理系统建设等项目。

（鞍钢集团有限公司战略规划部　刘长江）

【定点扶贫】 鞍钢集团有限公司定点帮扶新疆维吾尔自治区塔什库尔干塔吉克自治县和贵州省盘州市。

2020 年，鞍钢全面履行中央企业政治责任和社会责任，强化组织领导与责任落实，助力塔县和盘州市脱贫攻坚战完美收官。经齐心攻坚，盘州市于 2019 年 4 月 24 日摘帽；塔县于 2020 年 1 月 24 日退出国家贫困县序列，贫困人口实现“清零”。2020 年鞍钢班子成员分批次到扶贫点调研 4 人次，鞍钢主要领导实现定点扶贫点调研全覆盖。鞍钢投入无偿帮扶资金 2513 万元，引进无偿帮扶资金 79 万元，用于医疗教育等公用事业和定点帮扶县产业发展项目建设。完成培训基层干部 1428 人次，技术人员 2338 人次。购买贫困地区农产品 5210 万元，帮助销售贫困地区农产品 248 万元。立足自身产业优势，倾斜深度贫困地区采购政策，定向采购盘州市煤炭25.15亿元。

开创区域对口帮扶新局面。根据辽宁省和四川省政府要求，2020年援派干部27名参与脱贫攻坚和乡村振兴，其中驻村工作队两个，投入帮扶资金1326.81万元，实施帮扶项目47个，全面完成辽宁1县2村、四川7县10村的对口帮扶任务。

（鞍钢集团有限公司战略规划部　郑开耀）

·海外规划与投资管理·

【国际化经营规划】 优化国际化经营规划，完善布局补齐短板。2020年鞍钢集团充分贯彻十九届五中全会2035年远景目标中关于“形成对外开放新格局，参与国际经济合作和竞争新优势明显增强”的要求，通过编制“十四五”国际化经营专项规划，完善全球布局，稳步提升国际化经营能力，提高海外市场和资源的占有率，有序融入世界钢铁产业链和创新生态圈，不断增强鞍钢集团在全球市场的话语权和影响力。2020年鞍钢集团利用前期设立驻外机构和办事处，积极研究多个国家的综合投资环境，探索国际产能、技术输出方向，先后论证了多个钢铁国际产能合作项目，为项目落地做了充分储备。同时鞍钢集团充分发挥自身在冶金工程方面的规划、设计、建设方面的优势，与其他央企“联合出海”，共同开发国际冶金工程市场；主要参与承建了伊朗扎兰德2000立方米高炉项目安装工程及阿尔及利亚250万吨直接还原铁工程等6项，合同总金额64423万元，合作方式为采用合同分包方式参与EPC建设。2020年鞍钢集团有境外机构28家，全资22家、控股1家、参股5家，分布于亚洲、欧洲、北美洲、南美洲和大洋洲15个国家和地区，其中，“一带一路”国家占比36%。

【国际化管理制度体系】 加强国际化管理制度体系建设，为集团境外投资规定“黄线和红线”。鞍钢集团2020年一季度完成并下发了《鞍钢集团有限公司境外投资监督管理办法》《鞍钢集团有限公司境外投资负面清单》和《鞍钢集团有限公司境外投资企业股权及监督管理办法》，确保鞍钢集团境外投资和境外企业管理规定及时全面地体现国家部委对央企的最新要求，为防范国际化经营风险提供了良好的制度保障。

【境外投资管理风控】 风控引入境外投资管理全流程。针对境外投资风险度高的特点，鞍钢集团将风控引入投资管理全流程，对境外投资项目实行事前、事中、事后全过程闭环管理。事先对重大境外投资项目必须进行充分的风险识别和尽职调查，聘请第三方中介机构对项目潜在的风险进行充分的风险识别，并制定风险防范和风险转移措施，形成项目风险评估报告；坚持依法合规决策，将项目融资、担保等作为重要先决条件，境外投资项目严格履行“三重一大”决策流程。事中对重大境外投资项目实行“5+X”联审机制；同时在境外投资项目实施过程中明确境外风险控制工作主体责任，对有重大不可控因素的变化，及时终止项目，减少损失。事后强化境外投资项目的后评价工作，有效地规避了境外投资风险。在境外投资的计划、立项、批准、实施各阶段均制定标准文件模板，保证风控落在实处。2020年，为全面加强鞍钢集团“走出去”能力建设，提升境外投资、国际工程及境外企业经营风险控制能力，走高质量国际化经营之路，鞍钢集团编制发布境外风险防控流程及案例库，采取分类识别方式，以鞍钢集团三大境外业务种类为切入点，选取10个境外投资类、25个国际工程类、10个境外企业经营类典型案例，从风险分类、风险描述、解决方案、风险提示几个方面进行了梳理、分析、汇总，下发子企业，提升子企业国际化经营风险防控能力。

【项目投资风险控制】 通过对在手重要项目的全面梳理，针对不同项目进行风险辨识，分别制定了有针对性的风险解决方案。特别明确集团不为项目提供融资担保，隔离集团与境外投资项目间风险。印尼镀铝锌线项目在具体实施的过程中，针对在印尼钢铁行业项目融资的不确定性，强调将融资及土地调整规划作为交易文件中注资的关键先决条件；针对印尼钢铁贸易政策的重大变动，及时向项目投资主体——鞍山钢铁提出投资重大不利预警。经鞍山钢铁审慎研究项目相关实际情况，决定终止该项目投资，避免集团境外投资遭受损失。

【境外投资企业运营监管】 提升境外投资企业运营监管水平，全面开展境外企业运营评价。对鞍钢集团境外投资企业运营情况进行了系统梳理，发布了《鞍钢集团有限公司境外产业类投资企业年度股权及监管评价通报》，从境外企业运营情况、股权管理情况两个维度开展了运营评价，对发现的问题提出整改要求和建议，其中提醒关注事项2项、存在问题事项3项。

【境外重点企业运营风险监控】 鞍钢集团境外重点投资项目——卡拉拉项目是鞍钢在境外的最大投资项目，该项目自投产以来持续亏损，也是鞍钢最大的出血点。鞍钢集团将卡拉拉减亏脱困作为境外企业风险管理重点，及时跟踪卡拉拉运营情况，每月收集卡拉拉产量、成本等经济技术指标；同时与卡拉拉研究工艺优化方案的编制情况，积极探讨产量提升、降低成本的措施；2020年，先后形成了《卡拉拉2019年运营评价报告》和《卡拉拉2020年上半年运营评价报告》，提出卡拉拉改善经营业绩、控制运营风险相关建议。此外，积极与国家部委沟通，提出政策支持建议，逐步推进落实卡拉拉债务置换方案落实，旨在减轻卡拉拉债务负担，提升卡拉拉运营业绩，降低其运营风险。

（鞍钢集团有限公司战略规划部　温　森）

第七部分

财务、资本运营与审计管理

·预算与统计管理·

【科学设定预算目标，促进企业实现更高的经营目标】 在编制2020年预算目标过程中，针对子企业上报目标低，不能满足国资委要求的实际情况，财务部提出了对主要子企业确定经营目标要剔除债转股形成的利润，并结合行业对标把降本增效纳入基本目标给各单位压担子，按降低成本和提高销售利润率两个维度，确定各子企业预算基本目标和奋斗目标。通过提高预算目标难度进一步引导各子企业既要积极面对市场，抓住市场机遇，又要坚持眼睛向内，不断挖掘内部潜力，提升企业自身竞争力。通过科学制定预算目标，促进了子企业加强生产经营管理，提升经济运行质量。

【创新经济活动分析方式，增强分析的影响力和作用】 为切实发挥经济活动分析对改进企业运行的指导作用，2020年加大了对标分析力度，特别是围绕提升盈利能力开展深入分析，指出存在的差距和不足，提出要脚踏实地苦练内功。同时为起到褒奖典型示范引领，鞭策后进改进的推动作用，树立了朝阳钢铁、鲅鱼圈、鞍钢矿业和众元产业等先进典型，对生产经营出现问题的西昌钢钒、卡拉拉矿业进行了客观深入剖析，对促进各单位改进生产经营起到了积极的推动作用。

【推进项目制挖潜降本工作，促进对标工作取得实效】 积极借鉴朝阳钢铁和沙钢在降本增效、对标挖潜方面的成功经验，首次采取专业管理与项目管理相结合的方式推进降本增效工作的开展。将降本增效措施分为生产运营降本、科技质量降本、能源动力降本等七个类别实行分类管理，并实行降本增效措施项目制管理，要求每一个项目都要有明确的项目实施内容、目标值、负责人，以及效益计算方法，按照可量化、可操作和可考核的工作要求，制定降本增效目标。2020年制定集团全年成本压降工作目标46亿元，各单位全面完成成本压降工作，对鞍钢集团全年实现经济效益创历史最好水平作出了贡献。

【直面困难，为鞍钢全方位应对疫情挑战出谋划策】 为全力克服新冠疫情影响，深入挖潜增效，确保生产经营稳定，财务部结合当时生产经营形势，按照全方位挖潜的工作要求，起草制定了《关于应对目前严峻形势，坚决打好生存保卫战的十项措施》，从产量规模、采购成本、技术经济指标等多维度开展行业对比分析，组织全集团采取超常规压降专项成本费用等措施进一步挖掘潜力。十项措施的发布增强了全体职工的危机感和使命感，对进一步挖掘企业内部潜力起到了冲锋号的作用。

【组织开发建设成本对标平台和行业绩效管理系统】 为有效推进成本对标工作常态化，进一步提高成本挖潜的精确性，财务部组织开发鞍钢集团成本对标交流平台和行业绩效信息系统，该系统将通过内部对标和导入行业及先进企业数据，实现企业内部实时对标和精准对标，有力促进鞍攀两地以及与行业和先进单位的对标交流和相互学习，精准挖掘企业潜力，推动落后单位向先进单位学习和改进。

【优化安全生产责任险方案，节约保费支出5820万元】 按照国务院发布《关于推进安全生产领域改革发展的意见》，2020年攀枝花和鞍山市政府都强制要求鞍钢集团下属相关企业投保安全生产责任险。在此情况下，积极与当地安全管理部门沟通，提报鞍钢已为职工投保基本工伤保险、补充工伤险和补充工亡险情况，提出结合鞍钢实际情况，在满足国家对职工保障前提下，鞍钢实行差异化的安全生产责任险方案，获得认可。攀钢和鞍山地区因此比政府规定的投保标准可分别年节约保费2950万元和2870万元，合计年节约保费5820万元，为集团降本增效作出了积极贡献。

【进一步深化统计工作改革，推进统计解捆上报工作】 依据鞍山市统计局相关要求，财务部在2020年逐步推进鞍山地区法人企业独立报送统计数据改革工作。测算鞍山地区74家法人企业营业收入和工业总产值等数据，与鞍山市统计局研究统计报送方案，并陆续组织召开众元产业、工程发展、鞍山钢铁、鞍钢矿业下属法人企业解捆工作会议，组织市统计局对各二级板块公司进行统计报表培训，并积极沟通、协调各二级公司搭建、完善统计数据报送体系，按时完成国家统计局统计定报系统数据报送。

（鞍钢集团有限公司财务部　赵　鑫）

· 会计管理 ·

【执行新准则】 鞍钢集团严格执行企业会计准则，根据财政部颁发的《企业会计准则第 22 号——金融工具确认和计量》（财会〔2017〕7 号）等金融工具准则及《企业会计准则第 21 号——租赁》（财会〔2018〕35 号）、《企业会计准则第 14 号——收入》（财会〔2017〕22 号）等新准则要求，认真研读部署，明确了执行新准则过程有疑义的问题；建立了适应新准则的会计科目体系，修改了涉及新准则的报表格式，为 2021 年新旧准则顺利转换打下了坚实的基础。

（鞍钢集团有限公司财务部　渠雪荣）

【应享尽享税收优惠政策】 精心组织，应享尽享优惠政策。为应对新冠疫情，党中央、国务院陆续出台了一系列支持政策，扶持帮助企业解决困难，助力企业快速复工复产。按照集团主要领导指示，集团成立了以景奉儒副总经理为组长、财务部为副组长单位、总部相关部门为成员单位的专项工作小组，工作小组密切跟踪出台的各项政策，结合鞍钢实际深入研究、仔细解读，形成工作安排。指导、促进子企业充分利用、应享尽享各项优惠政策。经集团上下共同努力，2020 年，鞍钢集团累计享受疫情各项优惠政策 15.51 亿元。

（鞍钢集团有限公司财务部　王金莹）

【推进财务共享中心建设】 2020 年，鞍钢集团深入推进财务共享中心建设，统筹规划、科学部署，实现了财务共享全覆盖；精益求精，持续优化平台功能，固化集团管控规则，将防疫费用、厂办大集体改革费用等项目有关的会计科目、收支项目、入账规则、报表表样、取值逻辑、预算控制等功能固化到核算系统，满足集团管控需要；建成电子归档功能，简化了会计凭证打印、整理、装订、归档工作，实现会计凭证档案的全面信息化；优化集团合并报表工作，拓展统一核算系统功能，建设集团合并报表系统，完善合并报表体系，将各级企业报表合并工作全部纳入信息化系统，改进合并报表系统功能，增加抵销分录事项记录功能、附件文档上载功能，增强历史抵销事项记录能力，全面提升合并报表信息化水平。

（鞍钢集团有限公司财务部　孙彦涛）

· 资金与资本管理 ·

【树立底线思维，应对疫情风险挑战，降低资金成本，防范金融风险实现新突破】 紧跟国内国际宏观经济形势，精准研判和把握国家货币政策和资金市场，抓住有利窗口期，多措并举降低财务费用。盯紧资金市场，发行低利率债券。积极用好疫情期间金融政策，利用“绿色通道”发行低成本债券 140 亿元，利率较同期贷款基准利率下浮 15%～30%。其中鞍山钢铁 15 亿元三年期中期票据，利率 2.75%，创近 10 年钢铁行业同期限、同品种债券产品利率新低。盯紧银行，争取下浮利率贷款。落实国常会提出“推动金融系统全年向各类企业合理让利 1.5 万亿元”政策，全年争取到 742 亿元贷款，利率下浮 10%～20%。与 30 多家优质央企共同设立“央企信用保障基金”，践行央企责任担当，防范央企债券违约风险。提升银行间市场融资能力，鞍钢集团、鞍山钢铁成功申请 TDFI、DFI 注册资质。

（鞍钢集团有限公司资本运营部　杨　盛）

【落实鞍钢三年改革行动，发挥资本推动作用，资本运作取得新成效】 优化上市公司股权结构，组织攀钢寻找战略投资者，推进攀钢与营口港集团所持股票互换，以非公开协议转让方式，将攀钢所持 6% 的攀钢钒钛股权置换为 7.2% 的营口港股权，优化攀钢钒钛股权结构，为后续实施钒业务注入攀钢钒钛奠定基础。利用市场窗口期扩宽融资渠道，组织积微物联在北京产权交易所挂牌引进战略投资者，引入 4 家投资人，合计引入权益资金 9000 万元，占积微物联总股比的 15.58%。

（鞍钢集团有限公司资本运营部　李　岩）

· 审计工作 ·

【审计总体情况】 2020 年，鞍钢集团审计部以习近平新时代中国特色社会主义思想为指导，全面贯彻党中央、国务院、审计署、国资委有关审计工作部署，在落实“审计全覆盖”要求基础上，聚焦国家重大政策措施落实、聚焦重点管理领域和重大风险环节、聚焦问题整改难点和长效机制建设，强化了项目调研与策划、项目组织与实施、项目成果验收与报告，突出了审计监督的系统性、针对性和有效性，有效发挥了内部审计提升管理、改善运营、防范风险和创造价值的职能作用。2020 年 3 月，鞍钢集团成立了以党委书记、董事长为主任的鞍钢集团党委审计委员会，负责统筹协调鞍钢集团内部审计工作，强化党委对内部审计工作的领导；2020 年 11 月，鞍钢集团设立了鞍钢集团总审计师岗位，协助集团党委、董事会管理内部审计工作，进一步完善了内部审计领导体制。

2020 年，两级内审机构严格执行内部审计年度工作计划，全年共完成审计项目 158 项，其中，经营管理审计 38 项、专项管理审计 24 项、工程投资审计 32 项、经济责任审计 53 项、其他审计 11 项，发现和披露各类问题 980 个，提出审计建议 563 条，促进增收节支金额 8.60 亿元，发现违规违纪金额 3.72 亿元、损失浪费金额 3.87 亿元，揭示重要风险 48 项，向集团纪委移交案件线索 8 条。

【经济责任审计】 2020 年，鞍钢集团按照国资委全覆盖要求强化经济责任审计，扎实做好领导人员经济责任审计，加强权力制约监督，堵塞管理漏洞，防范企业风险，促进领导人员认真履职尽责。2020 年鞍钢集团两级内审机构共开展经济责任审计项目 53 项。其中集团层面组织实施 18 项，揭示问题 102 个。强化了领导人员履职尽责干事创业的经济责任，同时还深入开展了财务收支和专项审计调查，促进了企业提质增效，增收节支。

【经营管理审计】 2020 年，鞍钢集团两级内审机构共开展经营管理类审计项目 38 项，包括重要三级企业经营管理、冶炼工序成本管控、企业绩效考核管理、金融衍生品业务管理、大宗物料供应链管理，以及 3 家境外企业经营管理等审计项目，其中集团层面组织实施 10 项，揭示问题 162 个，涉及问题金额 9.22 亿元，促进增收节支金额 2.24 亿元。

【专项管理审计】 2020 年，鞍钢集团全年两级内审机构共开展专项管理类审计项目 24 项，其中集团层面组织实施 12 项，揭示问题 177 个，涉及问题金额 10.36 亿元，促进增收节支金额 3.14 亿元。审计主要围绕处僵治困、退休人员社会化、民企账款拖欠清理、国家扶贫项目、“两金”压控和票据风险管控、经济决策合规性等，促进企业提升管理水平。

【工程投资审计】 2020 年，鞍钢集团两级内审机构共开展工程投资类审计 32 项，其中集团层面 14 项，审计投资额 136.39 亿元，揭示问题 128 个，涉及问题金额 18.90 亿元，促进增收节支金额 3.19 亿元。2020 年共开展 12 项投资项目后评价，其中集团层面 2 项，鞍山钢铁、攀钢等子企业完成了 10 项。

【审计整改工作】 2020 年，鞍钢集团建立了审计整改督促通报机制，共发布审计整改通报 4 期。截至 2020 年 12 月末，审计署审计及原国监会检查发现的 161 个问题，已完成整改 150 个，整改完成率 93.17%；鞍钢集团两级内审机构审计发现的 980 个问题，已完成整改 867 个，正在持续整改 113 个，整改完成率 88.5%。通过整改挽回损失 73611 万元，调账或调表金额 32440 万元，统筹或盘活利用资金 16826 万元，建立健全制度 103 项，处理相关责任人 188 人次。

【违规追责工作】 2020 年，鞍钢集团高度重视违规经营投资责任追究工作，深入贯彻落实习近平总书记关于加强国有资产监督、防止国有资产流失的重要指示批示精神和国资委《关于做好 2020 年中央企业违规经营投资责任追究工作体系建设有关事项的通知》（国资厅发监责〔2020〕10 号）要求，持续提高违规责任追究工作的规范化、标准化水平，更好地发挥监督工作“治已病、防未病”作用。一是持续完善违规经营投资责任追究制度体系，2020 年陆续印发《鞍钢集团禁入限制人员信息管理工作规范（试行）》《鞍钢集团违规经营投资问题和线索移送办理工作规范》《关于做好 2020 年违规经营投资责任追究工作体系建设有关事项的通知》，提升了监管效能。二是不断加大违规经营投资责任追究力度，2020 年度鞍钢集团层面及子企业查办违规经营投资问题线索 10 件，其中一般资产损失 9 件，较大资产损失 1 件，涉及资产损失 1404.46 万元，责任追究 33 人次，其中组织处理 16 人次，扣减薪酬 17 人次。

【内控评价工作】 2020 年，鞍钢集团持续开展内部控制评价，促进内部控制体系不断优化和完善。建立健全由各业务主管部门、法律合规部、审计部组成的风险与内控管理“三道防线”；建立完善风险内控、合规管理与监督追责的“1+N”内控制度体系。鞍钢集团按照企业内部控制规范体系和相关规定的要求，保持了有效的财务报告和非财务报告内部控制，评价揭示缺陷35个，均为一般缺陷。通过督促相关单位强化责任落实、推进问题整改，进一步提升了鞍钢集团内部控制管理水平。同时有序开展2019年度企业年度工作报告的编报工作，通过印发编报通知、分解编报任务、倒排编报时间、压实编报责任，高效完成《鞍钢集团有限公司2019年度工作报告》。

（鞍钢集团有限公司审计部　徐延浩）

第八部分

人力资源管理

·领导人员管理·

【全面贯彻落实领导人员选拔任用制度】 1. 坚持党管干部原则，把好干部标准落到实处。坚决贯彻落实习近平总书记提出的新时期好干部标准和国有企业领导人员“20字”要求，把政治标准放在首位。2020年，鞍钢集团党委共集中调整领导人员8次，调整任用113人次，其中提拔任职26人，平级重用6人。严格执行鞍钢集团党委组织部部务会议制度，召开部务会议讨论人事任免事项16次，调整71人次，其中提拔任职28人。

2. 持续改进领导人员选拔任用工作，完善知事识人体系。把无任用调研作为识别评价领导人员的有效手段，下半年对矿业公司、审计中心、审计部等单位开展了无任用调研工作，了解掌握基层单位党委选人用人工作开展情况。注重实践，在重大考验和斗争中考察识别干部，对抗击疫情期间表现突出的12名干部进行通报表扬，其中推荐破格任用1人，提拔任职2人；表彰鞍钢集团脱贫攻坚先进个人18人。

【开展直管领导班子和领导人员年度考核评价工作】 1. 强化年度综合考核评价工作，按照《2019年度鞍钢集团公司直管领导班子和领导人员综合考核评价办法》规定的程序和要求，运用多维度测评、定量考核与定性评价和分析研判等方法，对36个子企业、直属单位和集团总部部门的领导班子和118名直管领导人员进行综合考核评价，形成2019年度考核评价报告。印发《2019年度鞍钢集团有限公司直管领导班子和领导人员考核评价结果的通报》，对4个“四好班子”和9名优秀领导人员进行了命名表彰，对1个评价为“较差”、3个评价为“一般”的领导班子，8名“基本胜任”和4名“不胜任”领导人员进行通报和处理，引导广大干部守土有责、守土负责、守土尽责。

2. 落实党中央最新要求和集团党委工作部署，修订印发《2020年度鞍钢集团有限公司直管领导班子和领导人员综合考核评价办法》，突出定性评价，完善分析研判机制，合理促进综合考核评价与契约化考核工作深度融合。

【深化干部人事制度改革工作】 1. 规范干部人事档案管理。印发《鞍钢集团有限公司干部人事档案管理办法》，全面完成各级组织人事部门的档案移交工作，推进鞍钢集团干部人事档案专审全覆盖工作。

2. 强化政治素质考察。落实“凡提必考”要求，制定印发《鞍钢集团有限公司领导人员任前政治基础知识测试规定》，将测试合格作为领导人员任职的条件，组织建立测试题库和测试系统，指导各子企业全面推行任前测试制度。2020年共有394人参加测试，合格率100%。

3. 建立市场化选人用人机制。制定印发《关于鞍钢集团市场化选聘职业经理人工作的指导意见（试行）》，坚持“市场化选聘、契约化管理、差异化薪酬、市场化退出”原则，在落实董事会职权、混合所有制改革等试点企业率先推行职业经理人制度，完成鞍资租赁、积微物联、矿建公司等6家试点单位职业经理人选聘工作。

【加强年轻干部培养选拔工作】 1. 加大年轻干部选配力度。深化落实巡视整改，推进实施“摇篮计划”，制定《关于培养选拔优秀年轻领导人员和复合型领导人员的重点工作安排》。2020年，全公司40岁以下干部占比达到12.2%，二级领导班子中年轻干部占比达到20%，三级达到23%，逐步形成了高素质专业化的干部队伍梯队。

2. 建立立体式人才储备体系。进一步拓宽选人视野，及时发现各方面优秀年轻干部，解决优秀年轻领导人员储备不足的问题。集团党委建立100名70后中高级人才，跨级别掌握并建立了200名80后、90后青年干部人选。通过摸底调研，结合日常掌握情况，子企业推荐“摇篮计划”人选989人。

3. 加强教育培训和实践锻炼。制定《鞍钢集团公司2020—2022年干部教育培训实施方案》，开展中高级研修培训班等重点培训。印发《关于加强年轻干部培养选拔工作的通知》，对80后、90后人才库中人选开展实践锻炼，200名80后、90后学员全部制定了实践锻炼计划。

【进一步夯实领导人员管理和监督工作】 1. 严格执行个人有关事项报告制度。印发《关于做好2020年领导干部报告个人有关事项工作的通知》，编制《领导干部个人有关事项填报培训指引》，逐级开展系统培训，完成126名集团直管领导人员个人事项报告录入系统工作。随机抽取13名领导人员信息，委托中组部进行查核。对查核结果进行分析研判。

2. 完成重点查核工作。对拟提拔考察对象、进一步使用人选和党委换届提名人选的个人事项进行重点查核。2020年累计重点查核68人，其中限期改正1人、批评教育1人、责令作出检查1人，诫勉2人。

3. 开展"一报告两评议"工作。根据中组部反馈的鞍钢集团2019年度选人用人工作民主评议结果及参加评议人员所提意见，形成《鞍钢集团2019年度选人用人工作民主评议结果分析及改进措施的报告》，并按要求将选人用人民主评议结果和问题整改措施反馈所有参评人员。对8家有选人用人权的子企业开展"一报告两评议"工作，对认可度明显偏低的领导人员作出分析和说明，并视情进行教育或处理。

4. 落实专项整治工作。对照中组部提出的5个重点整治问题，形成整改工作方案，确定《领导干部个人有关事项报告整改清单》等10项整改工作标的，并全面完成整改工作。做好境外腐败专项治理工作，印发《关于进一步加强派驻境外机构（项目）工作人员管理的通知》，健全沟通备案管理制度，选优配强关键人员，推动全面从严治党向境外延伸。

【扎实做好扶贫、帮扶和驻村人员选派与管理工作】 1. 加大帮扶力度，落实相关待遇。支持贵州省六盘水市脱贫攻坚工作，继续延长1名援派干部挂职期限。结合新疆塔什库尔干塔吉克县实际需要，选派8名同志开展柔性援疆工作。落实《鞍钢集团有限公司援派干部管理办法（试行）》，加强考核评价和日常管理，为援派干部办理人身意外伤害保险，组织援派干部开展健康体检，落实援派干部薪酬福利待遇、生活补助和通信补贴，实现援派干部管理的制度化和规范化。

2. 加强日常管理，积极落实各项工作。根据辽宁省委组织部《关于进一步做好全省选派到乡村工作干部安全保障工作的通知》及相关工作要求，进一步加强对辽宁省内援派干部的关心关爱，强化安全教育，做好安全保障工作。完成中组部第九批援疆干部期满考核和第十批援疆干部的选派工作。完成定点扶贫县挂职干部年度考核工作，1名援疆干部、7名辽宁省内援派干部在考核中被评为"优秀"。

（鞍钢集团有限公司党委组织部 周 克）

·人力资源管理·

【人力资源管理】 1. 人才引进工作。聚焦人才强企战略，实行更加积极有效的人才引进政策，按照市场化标准，结合地域、行业等因素，制定引才办法，提高引才竞争力。设立鞍钢北京研究院、鞍钢集团钒钛研究院成都分院，利用区位优势，打造创新人才集聚平台，拓宽引才视野。全年引进高端成熟人才45人。通过"视频网络宣讲"和多平台互联网发布等方式，搭建立足东北和西南地区、辐射全国重点高校的宣传网；强化信息发布、简历投递、在线测评签约一体化平台应用。成功举办国聘行动——"鞍然而至、钢好遇见"视频直播活动，得到央视2套、央视财经等媒体专题报道。全年共引进毕业生254人，其中本科生100人、硕士125人、博士29人，硕士及以上学历毕业生占比60.6%。

2. 人力资源优化。鞍钢集团以提升全员劳动效率为核心任务，明确2019—2020年全员劳动生产率逐年提高10%，劳务人员两年累计压缩50%，在效益、效率稳步提升的基础上，职工收入稳步增长的人力资源优化目标。继续按照《鞍钢集团有限公司关于开展2019—2020年人力资源优化工作的指导意见》《鞍钢集团2019—2020年人力资源优化目标考核办法》，差异化分解子企业2020年优化目标，实行"三挂一问"专项考核，与子企业经营者效益年薪、职工工资总额和职工个人收入挂钩。2020年鞍钢集团实物劳动生产率达到369吨/(人·年)，钢铁主业实物劳动生产率提高到891吨/(人·年)。

3. 退役军人工作。2020年7月，鞍钢集团党委组织部下发《关于"八一"期间开展走访慰问新中国成立前老战士、军转干部活动的通知》，要求各单位做好新中国成立前老战士、军转干部等人员走访慰问工作。各单位走访慰问了2425名新中国成立前老战士、军转干部等人员，发放慰问品及慰问金总价值48.7万元。

4. 厂办大集体改革职工安置工作。为贯彻落实"六稳""六保"要求，按照鞍钢集团厂办大集体改革工作总体部署，鞍钢集团稳步推进厂办大集体职工安置工作，通过改制企业安排上岗和公开竞聘、联合鞍山市政府开展辅警定向招聘、社会再就业招聘、点对点推荐就业、组织开展免费再就业培训、托管企业代管、协商解除劳动合同等方式，对各类人员分类施策，多渠道妥善安置职工，全力实现“老有所养、病有所医”基本目标。截至2020年末，基本完成职工安置工作。

【人才队伍建设】 1. 坚持党管人才原则，健全完善人才管理制度，建立了《鞍钢集团有限公司企业法律顾问职业等级资格评审实施细则》《鞍钢集团有限公司应届高校毕业生北京地区落户管理规定》《关于规范鞍钢集团外部调入人员职称评审管理工作的通知》《关于规范技术岗位等级序列关键人才相关待遇的通知》等人才考核评价、激励保障制度，完善了《鞍钢集团人才引进管理办法》。制定《关于加强鞍钢集团技能人才队伍建设的十项措施》《鞍钢集团有限公司国际化人才实践培养工作方案》，加强技能人才、国际化人才培养。

2. 聚焦高层次人才队伍建设，实施“鞍钢英才计划”。按照领军、拔尖、骨干三个层次，建立涵盖冶金、钒钛、矿业、机械、电气、信息技术等专业领域的人才库，目前，已确定技术领军、拔尖、骨干人才培养对象分别为30名、60名、170名，人才库总量达543人。“鞍钢英才计划”实施以来，储备了一批后备人才，10人享受国务院政府特殊津贴，2人获“全国技术能手”、8人获第二批“辽宁工匠”荣誉称号，“人尽其才、才尽其用”的成长氛围逐步形成，领军人才不断涌现。

3. 大力弘扬“工匠精神”，制定印发《关于加强鞍钢集团技能人才队伍建设的十项措施》。从提高技能人才政治待遇、加大技能人才激励力度、畅通技能人才成长通道、加大技能人才引进力度、深入推进实践培养平台建设、强化技能人才培训、建立技能人才成长积分制、拓展技能人才职业发展空间、健全技能人才管理体系十个方面全方位加强技能人才引进、培养、使用及激励力度。2020年全面实施职业技能提升行动，人才队伍技能等级结构得到有效优化。开展涵盖119个职业、172个工种的技能评价考试，8100余人次通过考试，享受培训补贴1339.2万元，技能人才提升技能积极性显著提高。

4. 畅通人才成长通道，加强人才等级序列评聘。调整鞍钢集团人才等级序列实施政策，采取差异化编制设置、提高首席工程师比例，调整研发岗位等级序列层级、畅通晋升通道，按照权责对等原则落实薪酬待遇，实现薪酬与职责和贡献相对应，提高专业技术人才履职待遇和业务支出标准，对符合关键人才中长期激励条件的专家及时予以激励等措施，充分调动各类人才的积极性、主动性、创造性。截至2020年末，共评聘各类序列等级人才3609人，其中工程序列首席工程师及以上170人，研发岗位序列特级研究员及以上76人，高技能序列特级技师及以上24人，经济研究序列副主任研究员及以上6人。

【职工培训工作】 1. 深入贯彻党的十九届四中全会精神。组织开展党的十九届四中全会精神专题集中培训，对鞍钢集团各级党委书记、全体领导人员、党支部书记进行分类分批培训，鞍攀两地共开办培训班21期，轮训2604人。举办中高级研修班、领导人员读书班等，把党的十九届四中全会精神作为首要学习内容。

2. 紧扣企业改革等中心工作，精准开展教育培训。开展混合所有制改革、厂办大集体改革、离退休人员社会化、推进市场化改革等专项培训，共培训9969人次。

3. 分层分类开展领导干部培训。选派5人参加中组部、国资委调训，34人参加大连高级经理学院培训，10人参加商务部“每周一课——中国企业全球化经营导航”线上培训，5人参加鞍山市企业家赴沪学习交流活动。举办70后、80后、90后培训班，选拔优秀年轻干部300人参训。举办新任领导人员、新任党委书记等培训班2期，133人参训。

4. 以打造高精尖人才队伍为目标开展专业化人才培训。以“英才计划”培养对象为重点，依托中钢协举办“领导力提升精要——促敬业、高绩效、化冲突”“工人也能像科学家一样工作”等线上精品项目，培训1603人。选派58人参加钢铁行业线下技术技能培训。举办制度大讲堂四期，培训907人。选拔并培训6个工种的16名选手参加辽宁省“技师杯”技能精英挑战赛。

5. 大力推进网络大学建设。以打造鞍钢线上培训基地，发挥区域间知识资源共享的桥梁纽带作用为重点，深入推进网络大学建设，成立了筹建工作领导小组，形成了网络大学建设规划方案，重点实现“五大平台”功能定位，明确建设原则、管理体系、课程体系、师资体系、运营机制等，并确定近三年重点工作，着力实现学习自主化、途径多样化、教育常态化、知识共享化、管理可视化培训目标。

6. 加强教育培训体系建设，着力提升培训能力和培训质量。修订《员工教育培训管理办法》，规范管理体制机制、管理方法和内容等；印发《关于加强和改进领导干部教育工作的意见》，建立领导干部培训赋能体系，解决理论水平不高、学用脱节等问题；制定《2020—2022 年干部教育培训实施方案》，明确领导干部中长期培训目标任务和内容方法等；出台《鞍钢集团内训师管理办法》，加强内训师队伍建设。

（鞍钢集团有限公司人力资源部
张丹丹　屈年富　江松林）

·岗位绩效与薪酬福利管理·

【薪酬福利管理】 1. 开展中央企业中长期激励工作。在国资委的指导、帮助和大力支持下，2020 年，鞍钢集团实现了国有控股上市公司股权激励、国有科技型企业股权和分红激励“双破冰”。作为三项制度改革工作重点，鞍钢集团下大力气抓细、抓实，并取得突破性进展，无论在实施单位分布上，还是在激励方式选择上，均实现全面覆盖。其中，鞍钢股份有限公司实施上市公司限制性股票激励计划，鞍钢集团工程技术有限公司、鞍钢集团矿山设计院有限公司通过实施股权出售，实现骨干员工持股，鞍钢实业微细铝粉有限公司实施岗位分红，攀钢集团攀枝花钢铁研究院有限公司、成都先进金属材料产业技术研究院有限公司实施项目分红。通过多元化的中长期激励，进一步激发了广大技术、管理和技能人才的积极性和创造性，有效促进企业健康可持续发展。

2. 加强工资总额预算管理。落实董事会职权，制定印发《鞍钢集团有限公司工资总额预算备案制管理规定》，建立健全与劳动力市场基本适应、与国有企业经济效益和劳动生产率挂钩的工资决定和正常增长机制，经国资委批准，鞍钢集团从 2020 年 1 月起实行工资总额预算备案制管理。按照国资委要求，形成《鞍钢集团有限公司关于 2019 年度工资总额预算清算评价的请示》《鞍钢集团有限公司关于 2020 年度工资总额预算的报告》《鞍钢集团有限公司关于调整 2020 年度工资总额预算的报告》，做好鞍钢集团 2019 年度工资总额预算清算评价及 2020 年度工资总额预算编制工作，根据 2020 年度利润预测完成情况及时对工资总额预算作出调整。

3. 加强职工保险福利待遇管理。制定印发《鞍钢集团有限公司职工福利费管理办法》，明确了福利费列支项目，进一步规范了职工福利费管理。通过提高技术岗位等级序列关键人才交通补贴、国内差旅住宿费、乘坐交通工具等待遇标准，进一步提升技术岗位等级序列关键人才的归属感和获得感，创造了“拴心留人”的条件。为进一步激发广大职工克服疫情期间困难、努力工作的主动性和积极性，提出将鞍山区域、攀钢在岗职工工作餐补助标准分别调整为 10 元和 13 元的意见，进一步提高广大职工的获得感和归属感。

【退休人员社会化】 积极推进退休人员社会化管理。建立 1 个《工作方案》、12 个《指导意见》的“1+N”配套制度文件体系，制定工作任务进度安排“鱼骨图”和风险应对预案，建立“周总结、月调度”、会议协商沟通、地企协同及监督考核机制，有效督导各项工作按时间节点推进，退休人员社会化移交完成率达 99.98%，实现了退休人员及退管人员队伍的稳定。

【年金管理】 根据上一合同期企业年金运作情况，与受托管理人重新签订了受托管理合同，淘汰了个别投资管理人，经过公开招标，工银瑞信基金管理有限公司确定为新的投资管理人。2020 年 5 月 27 日，鞍钢集团有限公司企业年金计划获得国家人社部正式批复。2020 年 9 月 24 日，召开了鞍钢集团第一届企业年金管理委员会第一次会议，审议通过了《鞍钢集团企业年金管理委员会章程》。

2020 年度，新增加账户数 213 个，共办理企业年金待遇支付账户数 5369 个，其中一次性支付账户数 2487 个，分期支付账户数 2882 个，共支付企业年金待遇 3.34 亿元，企业年金缴费共 6.04 亿元，其中个人账户中企业缴费 19172.92 万元，个人缴费 19175.55 万元，企业公共账户缴费 22105 万元。

【调整鞍钢各类人员待遇】 按照国家、省、市要求，鞍山区域根据《关于调整部分优抚对象抚恤和生活补助标准的通知》《关于调整2020年部分企业退休军转干部等方面人员及复员干部生活补助金标准的通知》等文件，调整了各类人员待遇；攀钢区域根据《四川省人力资源和社会保障厅 四川省财政厅关于2021年调整工伤人员相关待遇的通知》《攀枝花市退役军人事务局关于调整2020年全市在岗企业军转干部生活困难补贴标准的通知》等文件，调整了各类人员待遇。

（鞍钢集团有限公司人力资源部　李　洋）

·外事管理·

【外事管理制度制定及宣贯】 为做好新时代鞍钢集团有限公司外事管理工作，更好地服务国际化经营和“走出去”战略，根据国务院关于中央企业外事管理工作的有关规定，结合鞍钢实际，制定鞍钢集团有限公司外事管理办法，进一步规范外事管理组织机构、流程及管理工作，完成对子企业的宣贯培训工作。

【密切关注疫情动态，严控出访】 按照国家相关部委通知要求及疫情防控动态情况，严控出访团组，严格外事出访事前、事中、事后全过程监管。2020年，共审核审批因公出国（境）任务28批129人次，办理因公证照35本，签证申请17个团组46人次，申请APEC商务旅行卡2批72人次。

【严控境外疫情输入，严格做好来华工作】 严格做好疫情防控和复工复产工作。根据外交部《关于进一步做好当前邀请外国人来华管理工作的通知》和集团外事办《关于规范复工复产外国人来华工作管理的通知》要求，从严把握邀请来华工作及复工复产配合工作，确保必需，出具邀请函23份、54人次。

【线上线下双管齐下，开展国际交流与合作】 按照国家总体外交战略开展对外交流和合作，努力拓展交流渠道。开展“线上线下”相结合的交流方式，提高交流质量，为鞍钢实施“走出去”战略、主动参与“一带一路”建设提供有力保障。组织实施集团主要领导外事来访3次，接待德国驻沈阳领事馆总领事、浦项中国董事长、沙特阿拉伯投资总局中国区负责人来访。与德国普锐特公司、奥地利普锐特冶金技术有限公司、德国DUMA（杜马）公司、德国西马克公司、日本日立电气公司等开展了6次线上国际交流活动，参加世界钢铁协会经济委员会第104届线上会议，通过线上交流、研讨，解决生产实际问题，并取得显著成效。

（鞍钢集团有限公司人力资源部　许艳丽）

第九部分

管理创新

·综　　述·

【全面深化改革创新】 2020年，鞍钢集团按照党中央、国务院决策部署和辽宁省委对鞍钢集团的要求，以持续全面推进市场化改革为主线，落实国企改革三年行动部署，制定《鞍钢改革三年行动实施方案》，围绕“总体要求、深化集团管控体系建设、深化现代企业制度建设、深化市场化经营机制建设、优化产业布局和结构调整、培育企业核心竞争力、深化混合所有制改革，打造改革示范工程、加强党的领导和党的建设、组织实施和保障措施”10个部分，确定76项改革任务，制定181个行动举措，真正把党的十九大对国企改革的要求落实落地，把国企改革“1+N”政策落实落地。

【“两项改革”取得积极进展】 按照党中央、国务院决策部署，把推进厂办大集体改革和退休人员社会化管理“两项改革”、妥善解决历史遗留问题作为贯彻落实习近平总书记关于东北振兴和对鞍钢“凤凰涅槃、浴火重生”重要指示精神的重大政治任务。在国务院国资委的坚强领导和地方政府的鼎力支持下，统筹谋划，精心部署，地企协同，妥善安置员工约15.2万人，“十三五”期间基本完成厂办大集体改革任务，得到国务院副总理刘鹤、国务委员王勇充分肯定。

【扎实开展管理体系和管理能力建设】 一是积极开展对标提升行动工作。贯彻落实国务院国资委工作要求，第一时间成立对标提升行动工作机构，分解工作任务及时间安排，召开专项推进会议，及时传达国资委工作精神，宣贯工作方案。围绕对标提升行动重点任务，聚焦管理体系和管理能力建设，制订实施方案和工作清单。为鞍钢集团应对新形势新挑战，实现高质量发展提供有力支撑。二是强化绩效考核正向激励。落实国资委提质增效专项行动，突出“办法简单、执行坚决、压实责任”。以“两利三率”为中心，建立“基本运营指标”，以“提质增效专项行动”为核心，简化优化考核指标。将“利润总额”作为指标项，客观评价子企业在行业中的竞争情况、自身努力情况，引导子企业跑赢大盘、跑赢自身。聚焦“执行坚决”，以绩效考核推动干部“能上能下”。建立部门、子企业提质增效专项行动指标“双向”联责考核机制，压实责任，强化考核。聚焦“办法简单”，简化优化总部部门绩效考核指标，提高指标质量。开发建设集团绩效考核信息系统，进一步提高绩效考核评价工作效率。三是优化完善规章制度体系。按照鞍钢集团三级管控架构及功能定位，形成向管资本转变的规章制度体系。统筹“三重一大”决策制度安排，加快推进立改废释工作，对原“核心+专业”的制度体系进行调整，形成更加有利于党委发挥领导作用、董事会发挥决策作用、经理层发挥经营管理作用的制度保障新格局。2020年，集团制定规章制度72项，集中废止10项，指导子企业单元企业同步开展相关工作。四是优化采购管理体系。推行“集采+授权”的采购模式，以集中采购提升规模效益，以授权采购提升供应效率，切实增强采购价值创造力。严格供应商准入标准，以正向激励吸引优质供应商参与供应链建设，增强采购响应能力。优化子企业和采购组织采购管理制度体系，新增采购管理制度10项，修订完善制度156项，废止21项，动态优化制度体系，有效防范采购风险。

【加快智能制造和智慧管理进程】 夯实信息化管理基础，修订完善《鞍钢集团有限公司信息化规划与项目立项管理办法》《鞍钢集团有限公司代码与主数据管理办法》。加强信息化投资管理，将集团总部及非经营性直属机构2020年信息化投资由5650万元压缩到4520万元。全面落实国务院国资委关于软件正版化工作的相关要求，基本实现了鞍钢集团操作系统、办公软件和防病毒软件全面正版化。推进网络和信息系统安全建设，制定发布《关于做好鞍钢集团2020年IPv6规模部署工作有关事项的通知》，完成集团层级、内网DNS域名IPv6解析能力建设，完成广域网核心IPv4/IPv6双栈改造。制定发布《鞍钢集团2020年网络安全工作要点》，全面推进鞍钢集团年度网络和信息系统安全保密工作。推进智慧鞍钢建设，按照“1+2+N”的信息化建设架构，启动了智慧办公平台、国资监管信息系统、纪检监察内网等项目建设。加强炼钢、轧钢、型材等关键生产岗位的工业机器人应用，全面补齐基础自动化及信息化短板。与中国移动共同发布钢铁领域首个5G应用白皮书，5G+智慧炼钢、5G+钒氮合金数字产线等项目成功落地实现。建成鞍钢股份钢铁全流程质量大数据平台，打通钢铁生产各生产工序，实现了数据互通与共享。2020年，鞍钢集团多项建设成果获评国家部委、行业协会、省市奖项及荣誉称号。

（鞍钢集团有限公司管理与信息化部
王春利　马振翰）

·体制改革与创新管理·

【加强改革顶层设计】 2020年，鞍钢深入学习贯彻习近平总书记关于国企改革发展和党的建设的重要论述，牢牢把握国企改革三年行动重大部署，全面对照《国企改革三年行动方案》中10部分、50条内容，逐项研究落实，制定《鞍钢改革三年行动实施方案及工作台账》，确定了76个方面改革任务，抓重点、补短板、强弱项，推动鞍钢改革走深走实提升综合成效。

【深化授权经营体制改革】 实施“适应总部职能转变授放权、落实市场主体需求授放权、突出差异化特征授放权、动态优化调整授放权、清晰职责边界授放权、强化监督管理授放权”的“六维放权”，构建“权力清单—履职规范—行权评价—动态调整”全周期授权体系，总部审批事项减少24.4%，各子企业精简审批备案事项20%以上。

【深化市场化经营机制建设】 深化契约化管理，引入“赛马机制”，实行“双跑”双维度“五级综合评价”，强制分布、末位调整，推动子企业跑赢大盘、跑赢自身。多元多层激励全面破冰，矿建公司实施混改骨干持股，微细铝粉等5家科技型企业实施股权和分红激励，鞍钢股份实施限制性股票，废钢公司等2家新设项目公司完成跟投，打造员工与企业利益风险绑定的命运共同体。坚持从市场中来到市场中去，广州钢加、鞍资基金等6家单位完成职业经理人选聘，带动企业市场化经营发展。

【深化混合所有制改革】 坚持“三因三宜三不”原则，聚焦“三个有利于”，按照“推进一批、储备一批、评价一批”，推动炉材科技、眉山冷弯、工科咨询、工程技术公司、矿业设计院等9家企业完成混改，混改企业达到56户，占比达25.1%，提高6.8个百分点。

【打造朝阳钢铁市场化改革“升级版”】 连续6年亏损、濒临破产的朝阳钢铁在首轮市场化改革的基础上，推出了以打造市场化管控体系、市场化运营体系为核心的改革“2.0版”，放权力、激活力、添动力。2020年盈利9.4亿元，超挑战目标1.7倍，销售利润率达到行业平均水平的2.5倍，实现从“僵尸企业”到行业排头的蜕变。

【历史遗留问题解决取得重大突破】 举全集团之力攻坚克难，提前完成22.5万名退休人员社会化管理工作，对113户厂办大集体企业实施改制后划转地方政府，妥善安置15.2万人，基本完成厂办大集体改革任务，一举解决了多年想要解决而未能解决的难题，“两项改革”实现历史性突破。

（鞍钢集团有限公司管理与信息化部
郝　成）

·体系管理·

【积极开展对标提升行动】 2020年，鞍钢贯彻落实国务院国资委《关于开展对标世界一流管理提升行动的通知》和对标提升行动启动会精神，组织开展鞍钢集团对标提升行动。一是制定工作方案。设立对标提升行动领导小组和专项工作组等工作机构，分解工作任务及时间安排，制定发布《鞍钢集团对标世界一流管理提升行动工作方案》，按照国资委“不等不靠”的工作要求，建立鞍钢集团微信工作群，组织召开联络员会议，提前启动相关工作。二是召开专项推进会议。国资委召开对标提升行动启动会后，鞍钢集团立即组织召开对标提升行动专项推进会议，传达国资委通知及会议精神，对工作方案进行宣贯，进一步统一思想，提高认识，落实责任，推动总部部门、子企业不等不靠、勇于担当、主动作为，确保相关工作落实落地。三是制订实施方案和工作清单。围绕国资委对标提升行动重点任务，聚焦管理体系和管理能力建设，明确对标指标，确定标杆企业，查找短板和弱项，有针对性提出提升目标，制定工作措施，经过上下两轮修订完善，起草制订《鞍钢集团对标世界一流管理提升行动实施方案》和工作清单。对标提升行动由三级指标体系构成，涵盖战略管理、组织管理、运营管理、财务管理、资本运营、科技管理、风险管理、人力资源、信息化管理等9个管理领域，38项重点任务，103 项对标指标，层层分解，逐步深化，力求精准明确。方案共选择标杆企业 19 家，梳理短板和弱项 136 个，制定提升目标 139 个，制定工作措施 229 项，设计主要工作成果（数据指标、证明文件、里程碑事件等）221 项。

【推进公司治理体系治理能力现代化】 一是统筹推进规章制度立改废释。积极适应向管资本转变新要求，在全集团范围内集中开展规章制度立改废释，形成以基本管理制度为基础、以专业管理制度为主体、以工作规范为补充的新的制度体系。优化规章制度管理长效机制，完善全生命周期管理流程，规范审批签发程序，建立制度联合审查机制。2020 年，集团总部层面共制定发布规章制度 72 项，集中废止 10 项，统一规范个别条款或机构名称 69 项。截至 2020 年，集团层面规章制度包含管理制度 200 项，其中基本管理制度 38 项、专业管理制度 143 项、工作规范 19 项，涵盖 16 项管理职能、45 项业务模块。二是优化完善规章制度长效机制。贯彻党的十九届四中全会精神，按照鞍钢集团三级管控架构及功能定位，借鉴先进企业经验，修订发布了《鞍钢集团有限公司规章制度管理规定》。三是协调推进子企业制度体系建设。对各子企业规章制度立改废释工作进展情况进行跟踪、指导、监督，及时协调解决存在问题。10 家子企业制（修）订规章制度 651 项，95 家单元企业制（修）订规章制度 4516 项。四是配套修订岗位说明书。优化更新集团岗位说明书模板，确保岗位规范要素无缝承接制度管控重点。组织各部门将职能、授权、绩效、制度、流程、风险等要素层层分解落实到岗位，集团总部层面完成 198 个岗位说明书修订工作。指导子企业单元企业同步开展岗位说明书更新工作，巩固制度体系建设成果。

【完善成果管理机制】 一是完善成果管理机制。修订发布《鞍钢集团有限公司管理现代化创新成果管理办法》，进一步规范鞍钢集团成果管理，激发创新动力，释放创新活力，鼓励和引导开展管理创新。二是开展成果评审。在全集团范围内组织开展年度优秀管理成果评审，全集团征集管理创新成果 64 项，评出鞍钢集团级获一等奖 4 项、二等奖 8 项，三等奖 20 项。三是组织申报国家级和行业协会级成果。按照中国企联和中钢协通知要求，组织和指导相关单位对成果申报书及主报告进行完善，分别推荐 26 项成果申报钢铁协会管理成果，4 项成果申报国家级管理成果。四是开展成果表彰奖励。为充分激励创新创效，营造创新氛围，加快成果推广转化，提高企业管理能力和水平，制定发布《关于表彰奖励鞍钢集团 2019 年度管理现代化创新成果的通知》，对鞍钢集团级管理成果进行了表彰奖励。

（鞍钢集团有限公司管理与信息化部
王春利　马振翰）

·绩效管理·

【制定高级管理人员考核指标】 2020 年，为确保鞍钢集团与国务院国资委签订的《中央企业负责人 2020 年度经营业绩责任书》各项考核指标全面落实，根据国资委《中央企业负责人经营业绩考核办法（试行）及配套实施方案》及《鞍钢集团公司高级管理人员绩效考核及薪酬管理暂行办法》，制定《鞍钢集团有限公司高级管理人员 2020 年绩效考核指标》。一是坚决贯彻落实习近平总书记重要指示批示精神。把习近平总书记重要指示批示精神细化为指导和推动鞍钢高质量发展的具体任务，建立督导问效机制，对贯彻落实情况进行"回头看"，逐项对标对表，确保落实到位；落实全面管党治党主体责任。二是坚持主题教育和中央巡视问题整改一体推进。建立"不忘初心、牢记使命"长效机制，坚持主题教育和中央巡视问题整改一体推进，持续跟踪、深化落实各项整改任务，加大督促检查力度，推动整改工作落实落细，巩固扩大整改成果。三是全面承接国资委"两利三率"考核指标。按照国资委关于绩效考核"突出质量效益、突出服务国家战略、突出创新驱动、突出深化改革"的总体要求，建立以"两利三率"为核心的指标体系，确保国资委考核指标全面承接落实。四是全力推动提质增效专项行动落地落实。贯彻落实国资委提质增效工作部署和总体要求，成立 7 个推进工作组，确定了"七个方面"重点工作和提升目标，扎实有力推进提质增效专项行动，促进集团整体质量和效益不断提升。五是针对短板瓶颈问题专项整改攻坚克难。坚持问题导向，围绕"解决历史遗留问题需要加快推进，'卡脖子'技术突破不大，

‘拳头产品’不多、盈利能力不足，卡拉拉矿严重亏损，干部占比高、年龄老化”等问题，有针对性设置考核指标，细化目标和时间节点，确保各项工作部署落实落地。

【完善子企业负责人战略绩效评价考核办法】 以习近平新时代中国特色社会主义思想为指导，深入贯彻党的十九大、十九届历次全会精神和习近平总书记重要指示批示精神，落实党中央国务院深化国有企业改革和推动高质量发展的重大决策部署，服务国家战略，切实加强党的领导和党的建设，以综合改革为重要契机，优化完善“战略、预算、考核、薪酬、职位”一体化考核体系，制定《鞍钢集团2020年子企业负责人战略绩效评价考核办法》，突出以利润为中心，引导子企业“跑赢大盘、跑赢自身”，实现高质量发展。一是突出考核导向，强化“重精准”。以“两利三率”为中心，建立“基本运营指标”，确保完成国资委考核指标；针对不同业务板块、不同专业特点，突出价值创造、提质增效、外部创效，一企一策制定考核指标，引导高质量发展。以“提质增效专项行动”为核心，简化优化考核指标。聚焦运行效率稳步提升、资本回报稳中有进、经营风险可控在控，优化调整子企业负责人经营业绩考核指标，形成以“基本运营指标”为核心，以“提质增效专项行动指标”为支撑的考核体系，子企业考核指标同比精简56%。二是聚焦先进性，实行“强激励”。将“利润总额”作为指标项，客观评价子企业在行业中的竞争情况、自身努力情况，引导子企业跑赢大盘、跑赢自身。跑赢大盘，就是引导企业业绩增长速度超过行业平均增长水平；跑赢自身，就是引导企业在能力和业绩上追求不断改善和进步。三是深化契约化考核，实行“硬约束”。进一步聚焦“执行坚决”，以绩效考核推动干部“能上能下”。将领导班子综合考核评价结果划分等级、强制分布，与领导人员职务调整挂钩；对未完成契约底线（即利润完成率70%以下）的单位全体班子成员予以免职，实行“硬约束”考核。四是依托信息系统，做到“高效率”。开发建设集团绩效考核信息系统，实现绩效数据采集、审核认证、考核评价、对比分析等功能，进一步提高绩效考核评价工作效率，积累历史数据，形成可查询、可分析、可追溯的信息系统。采取“承诺、评价、抽查”相结合的方式方法，简化指标认证手续，提高工作效率。

（鞍钢集团有限公司管理与信息化部
陆　颖　杨汝艾）

·采购管理·

【增强采购价值创造力，深化体制机制建设】 鞍钢采购工作按照“阳光、降本、安全、高效”管理理念，推行“集采+授权”的采购模式，以集中采购提升规模效益，以授权采购提升供应效率。鞍山钢铁、攀钢、矿业公司等单位制定集中采购目录清单，明确集中采购的范围、规模标准，通过集采增加采购规模，实现批量集约化采购的议价能力。对零星、应急物资实施适量额度的采购授权，解决基层单位的生产急需。开展采购供应瘦身健体工作，减少审批层级和环节，压减审批时限，着力提升采购效率。综合运用多样化的采购模式。

【多种采购方式综合运用，提升需求保障能力和价值创造能力】 借助鞍钢值采平台，与京东、苏宁、得力、震坤行、西域等大型电商开展MRO采购。积极开展对标交流。积极“走出去”，与中国宝武、中石化、中车、沙钢等大型企业开展采购管理交流，与京东、易派客、欧冶等开展电商采购交流。在集团公司内部，积极搭建所属企业间交流平台，推动鞍攀两地采购组织的对标交流，促进业务协同与融合。通过培训会、采购赋能公开课，促进采购管理能力提升。在国资委组织的2020年采购对标评估工作中，位列全部近百家央企第22名。

【提升供应商质量和供应链保障能力】 抓住突出采购瓶颈问题，强化供应商评价考核工作。鞍山钢铁等单位成立管理供应商的专职部门，并按照供应链管理理念完善供应商管理规则，优化供应商准入标准，增强采购响应能力，建立双方长期合作关系，以正向激励吸引优质供应商参与供应链建设。加强供应商诚信建设和履约评价。清理疑似围标串标投标供应商，处罚存在产品质量、履约服务、诚信经营等问题的不良行为供应商，有效净化采购市场，形成有效震慑。

【防范采购风险】 优化子企业和采购组织采购管理制度体系。新增采购管理制度10项，修订完善制度156项，废止21项，动态优化制度体系，有效增强了制度的适应性。持续增强风险管控能力。加强采购寻源和溯源工作。攀钢更新发布了《溯源开源管理台账》和《重点品种资源地图》，实施全覆盖寻源溯源管理，开辟资源点242个。推进鞍攀采购融合，降低采购成本风险。经前期调研，鞍山钢铁与攀钢现已形成部分进口物资联合采购目录清单，正在就采购标准等进行审批。推进公开采购工作，集团公开采购率93.3%，比上年提高2.4个百分点。

（鞍钢集团有限公司管理与信息化部　王又翊）

· 信息化管理 ·

【信息化规划管理】 2020年，信息化规划工作坚持深入贯彻习近平总书记网络强国战略思想，落实钢铁行业高质量发展要求，全面推进数字鞍钢建设。制定《鞍钢集团信息化滚动规划（2020—2022年）》《鞍钢集团“十四五”信息化、智慧化发展规划》，指引数字鞍钢建设方向。

1. 强化信息化顶层设计。一是加强制度规范建设。加强规范管理及组织保障，优化信息化管理制度，加强信息化投资、立项放行与信息系统运维管理，加大信息化培训力度，推进软件正版化工作，全面提升集团信息化管理规范水平。二是加强机制体制建设。完善集团网信安全管理体系和组织保障体系，明确网信工作任务、保障措施及责任分工，调整鞍钢集团网络安全和信息化领导小组；进行内部网络和信息系统安全通报，与专业安全公司开展全面合作，提升综合安全防护水平和应急处置能力，全力保障全国两会等重大活动期间网络安全；组织开展多次安全检查评估及整改，确保网络安全各项工作落到实处。三是加强体系保障建设。提升信息化基础资源管理水平，推进网络和信息安全建设，初步形成互相支撑、互相备份的云数据中心体系及七大基地互联互通的网络体系，钢铁行业首个完整的7大类、28小类、46项信息化标准体系，分级管控、分类建设、开放共享的数据体系，“管理+技术+运维”三位一体网络安全防护体系，为数字鞍钢建设提供体系保障支撑。

2. 夯实智能制造和智慧管理。一是在集团层面监督管控系统方面，遵循集团“1+2+N”信息化架构体系，根据国资委对央企在线监管信息化建设要求和集团公司在线管控管理需要，建设完成国资监管、集团监督、鞍钢集团管控3大类31项信息系统，有效促进跨层级间的业务协同与信息共享。二是子企业层面经营制造系统方面，在全面承接集团管控信息系统的基础上，重点建设经营制造类信息系统，重点补齐完善专业管理系统。其中，鞍钢股份管理与信息化整体提升项目完成流程优化及需求分析工作，形成需求规格说明书11卷、流程优化设计报告13册。攀钢智慧营销平台顺利启动建设。工程技术公司辅助决策系统、众元公司智慧商旅平台、财务公司资金管理系统升级改造等项目按计划推进。三是在智能制造建设方面，加强关键生产岗位智能装备应用，炼钢、轧钢、型材等生产区域现有工业机器人达数百台（套）；全面补齐智能单元基础自动化及信息化短板，优化控制模型，建设专家系统，实现精准管控；推进鞍山钢铁本部炼钢、热轧、冷轧，攀钢轨梁、钒氮合金，鞍钢矿业关宝山、齐矿等主体产线的数字化、智能化改造建设，打造数字鞍钢模板示范；启动鲅鱼圈沿海绿色智慧透明工厂、西昌钢钒智能工厂的建设工作。

3. 打造信息化成果示范引领。2020年，鞍钢集团多项建设成果获评国家部委、行业协会、省市奖项及荣誉称号。其中，鞍山钢铁全流程质量大数据平台被工信部评为工业互联网平台试点示范，攀钢积微物联大数据应用分析平台被工信部评为大数据产业发展试点示范，积微循环闲废资源专业处置平台被工信部评为新兴信息消费示范项目，鞍钢矿业被评为国家智能制造试点示范标杆企业，鞍山钢铁参与的工业互联网平台应用创新推广中心（面向钢铁、石化、冶金、能源等行业）、鞍信公司参与的面向典型行业的生产网络IPv6互通及融合技术测试验证平台、工业互联网企业可视化资产管理与安全运营技术和产品等多个项目中标工信部2020年工业互联网创新发展工程项目。

（鞍钢集团有限公司管理与信息化部　刘　婷）

【信息化推进管理】 2020年是“十三五”规划的收官之年，鞍钢集团管理与信息化部以习近平新时代中国特色社会主义思想为指导，深入贯彻落实国家网络安全和信息化工作会议精神，结合鞍钢集团信息化总体要求，对集团总部信息化项目建设、系统运维，以及集团年度网络和信息系统安全保密作出部署和要求，并按照工作要点全面协调推进。

1. 网络安全管理方面。升级集团网络安全态势感知平台，推进子企业终端防病毒软件统一，提升了平台日志对接和关联分析能力，从主动和被动两个方面进一步完善网络安全防护体系；建立网络安全信息通报机制，发布预警、通报漏洞及安全风险，并推进整改落实，完成国家重要时期网络安全保障工作；开展工业控制系统安全防护工作，发布《鞍钢集团有限公司工业控制系统安全防护实施规范》。

2. 信息化项目建设方面。按照国资委对央企的在线监管信息化建设要求和集团总部信息化项目建设管理要求，会同集团办公室、财务部、人力资源部等部室及鞍信公司等单位，重点推动国资监管信息系统、集团财务共享、人力资源优化管理等信息化项目建设。

3. 信息系统运维管理方面。持续推进鞍钢集团信息系统运维工作，全集团信息系统运行无重特大事故发生，为集团管控提供了稳定顺畅的信息化运行支撑环境。特别是在疫情防控工作中，完成了云视频会议平台与鞍钢集团视频会议系统的对接，组织推动各子企业充分借助移动办公、VPN、云视频会议平台等信息化技术手段，提高了在疫情期间的工作和沟通效率。

4. 基础资源保障方面。形成了“两地三中心”的云数据中心架构体系，打造了“私有云+传统稳态架构+公有云”的混合云应用及灾备服务模式；推进信息产业、工程、报社等单位网络改造，实现广域网接入；推进 OA 等综合信息网的信息系统向数据中心网络迁移；落实 IPv6 规模部署行动计划，完成集团层级、内网 DNS 域名 IPv6 解析能力建设，完成广域网核心 IPv4/IPv6 双栈改造。

（鞍钢集团有限公司管理与信息化部
梁会霞）

第十部分

科技创新

·科技创新管理·

【综述】 2020年，鞍钢集团以习近平新时代中国特色社会主义思想为指导，全面贯彻党的十九大及十九届二中、三中、四中、五中全会精神，深入落实习近平总书记重要指示批示精神，以服务国家战略需求、提升企业核心竞争力、实现高质量发展为目标，在关键核心技术攻关、“拳头产品”攻关、“十四五”科技发展规划编制、科技创新体制机制完善、开放协同创新、科技成果管理、专项品牌建设等方面推进各项工作并取得积极进展。

服务国家供应链产业链安全，开展“卡脖子”关键核心技术攻关。谋划科技支撑高质量发展，编制完成《鞍钢集团有限公司“十四五”科技发展规划》。以“科改示范行动”为重要突破口，深化科技创新体制机制改革。推动行业“十四五”技术预测，牵头凝练国家“十四五”重点研发需求5类项目。加大研发投入，2020年研发经费投入强度达到4.14%。贴近市场，培育“拳头产品”攻关机制，重点产品研发取得新突破。开放协同开新局，成立“鞍钢集团科技创新与发展战略咨询委员会”和“鞍钢集团战略客户咨询委员会”，与东北大学共同建设“鞍钢-东大先进材料工程研究院”，与北京科技大学共同建设“攀钢-北科大钒钛研究院”。

【科技创新体制机制建设】 2020年，编制《鞍钢集团有限公司“十四五”科技发展规划》，重点围绕关键核心技术、“拳头产品”、绿色制造、智能制造及基础前沿研究进行“十四五”重大技术布局。推荐攀钢成都先进金属材料产业技术研究院有限公司为国务院国有企业改革领导小组办公室“科改示范行动”科技型企业并成功入围。

【鞍钢集团项目管理】 2020年，组织实施鞍钢集团级科研项目34项。承担国家项目10项，其中“十三五”国家重点研发计划项目“高应变海洋管线管研制”取得突破进展，实现高应变L485管全球首发。实施集团重大项目和协同项目24项，成功开发一批新产品和新工艺，部分产品已实现批量应用。完成“新一代高性能高强汽车用钢原型钢基础研究”等集团重大科研项目结题验收。修订《鞍钢集团有限公司科研项目管理办法》。

【协同创新】 2020年，按照“连续投入、持续研究、成果共享、效益分享”的原则推进产学研合作。与上海大学签订战略合作协议，共同建设“鞍钢-上海大学材料基因联合实验室”；与东北大学共建“鞍钢-东大先进材料工程研究院”；与中国钢研共建“鞍钢-中国钢研材料大数据联合实验室”；与北京科技大学共建“攀钢-北科大钒钛研究院”。深化集团内部科技资源协同，制定《2020年鞍攀科研融合协同工作计划推进表》《推进鞍攀科研融合协同工作实施方案》，推动子企业在汽车钢、重轨、不锈钢等领域交流协同、优势互补。

（鞍钢集团有限公司科技发展部　沙庆云）

·知识产权管理·

【科技成果】 1. 重大科技成果情况。鞍钢作为第二完成单位申报的“连铸凝固末端重压下技术开发与应用”和“钢材热轧过程氧化行为控制技术开发及应用”2个项目获得国家科技进步奖二等奖，获2020年度国资委经营业绩考核奖励加分0.2分。

“连铸凝固末端重压下技术开发与应用”项目是东北大学、攀钢等单位历经10年攻关，从理论、工艺、装备等方面，研发应用了适用于我国“一线多产”的动态重压下关键工艺与装备技术，分别在唐钢、攀钢建成投产了国际首条连续、动态重压下宽厚板坯与大方坯连铸示范产线，解决了高端大断面连铸坯中心偏析与疏松严重的技术质量瓶颈，首次实现轧制压缩比1.87∶1条件下150毫米厚高建用钢大批量稳定生产；率先实现了轧制压缩比3.74∶1下车轴方钢等大规格棒材产品制备；生产的长尺重载钢轨轨腰致密度提升5.81%，在大秦线重车线铺设率达90%。生产的高强工程机械用钢、高端塑料模具钢、高性能耐候钢、汽车轮毂轴承钢、热作模具钢、大规格曲轴用钢等，供货奔驰、宝马、NSK等高端用户，已应用于万吨级远洋货轮、高铁动车、风电传动、矿机液压支架等重大装备；该项目获授权发明专利26项，软件著作权14项，在宝武、鞍钢、韩国现代钢铁等国内外钢企的近20条产线推广应用，年创经济效益超4亿元，实现了重大连铸技术的国际领跑。

“钢材热轧过程氧化行为控制技术开发及应用”项目是东北大学、鞍钢股份等单位通过“产学研用”深度融合，构建起钢材热轧过程氧化控制理论体系，不仅生产出免酸洗、易酸洗及氧化皮耐腐蚀等新品种，而且开发出具有完全自主知识产权的氧化行为控制技术并大规模工业应用，应用于鞍钢、河钢、太钢、宝武等19家企业45条产线，并输出至韩国浦项和现代制铁，实现了钢材热轧氧化调控由经验试错向数字化、智能化控制的转型，扭转了我国钢铁产品外观难看的形象，解决了因表面缺陷引发的钢材使用性能和服役性能降低等问题，打破了国外对高表面质量产品的垄断；该项目生产出系列热轧新产品，氧化皮因具有免酸洗、易酸洗或耐腐蚀等特殊功效而“变废为宝”，助力了钢铁工业的节能减排和绿色制造，为下游制造业的“高质、高效、清洁”生产提供了原材料保障；该项目全面提升了钢材表面质量，满足了重大工程严苛要求，引领了钢铁行业技术进步，保障了制造业转型升级。

2. 科技成果获奖情况。“大国重器舰船用钢不平度调整技术”等10项成果获得冶金科学技术奖，其中一等奖1项（一线工人项目“大国重器舰船用钢不平度调整技术”，实现鞍钢一线工人项目获得冶金科学技术奖一等奖零的突破）、二等奖2项、三等奖7项。组织开展2020年集团公司科学技术奖评审工作，评选出一等奖3项、二等奖4项、三等奖22项。

2020年度鞍钢集团有限公司获国家科学技术进步奖情况

二等奖2项	
连铸凝固末端重压下技术开发与应用	东北大学、攀钢集团有限公司、唐山钢铁集团有限责任公司、中冶京诚工程技术有限公司、宝武集团广东韶关钢铁有限公司
钢材热轧过程氧化行为控制技术开发及应用	东北大学、鞍钢股份有限公司、河钢集团有限公司、山西太钢不锈钢股份有限公司、马鞍山钢铁股份有限公司、南京钢铁股份有限公司、湖南华菱涟源钢铁有限公司

2020年度鞍钢集团有限公司获冶金科学技术奖情况

一等奖1项	
大国重器舰船用钢不平度调整技术	鞍钢股份有限公司
二等奖2项	
钒铬渣分离提取钒铬技术研究	攀钢集团有限公司、钒钛资源综合利用国家重点实验室
高精度中厚板关键技术及纵向变厚度轧控模型研发与集成	鞍钢股份有限公司
三等奖7项	
攀钢氧化钒清洁生产装备集成设计研究与应用	攀钢集团有限公司、钒钛资源综合利用国家重点实验室
钢企热轧油泥平流池在线气浮除油关键技术开发及示范应用	鞍钢股份有限公司、辽宁华孚环境工程股份有限公司、辽宁科技大学
攀西地区露天矿山边坡安全监测与云平台远程预警关键技术研究	攀钢集团有限公司、中国安全生产科学研究院
新一代绿色高强系列热轧宽带工具钢制造技术创新及应用	鞍钢股份有限公司
钢轨万能生产线技术升级研究及应用	攀钢集团有限公司
基于5G的机器视觉带钢表面检测平台研发与应用	鞍钢集团自动化有限公司、鞍钢集团北京研究院有限公司、中国移动通信集团辽宁有限公司
重轨钢连铸坯凝固组织和成分均匀化研究与应用	攀钢集团有限公司

2020 年度鞍钢集团有限公司获冶金科学技术奖情况（作为参加单位）

特等奖 1 项	
大型转炉洁净钢高效绿色冶炼关键技术	钢铁研究总院、马鞍山钢铁股份有限公司、宝山钢铁股份有限公司、鞍钢股份有限公司

2020 年度鞍钢集团有限公司科学技术奖情况

一等奖 3 项	
极寒环境船舶与海洋工程用钢关键技术创新及工程应用	鞍钢集团钢铁研究院、鞍钢股份中厚板事业部、鞍山钢铁科技与规划部、鞍钢股份制造管理部、鞍钢股份炼钢总厂、鞍钢股份鲅鱼圈分公司炼钢部、鞍钢股份质检计量中心
基于攀西高钙镁钛资源的大型熔盐氯化关键技术开发及应用	攀钢集团钒钛资源股份有限公司、攀钢集团攀枝花钢铁研究院有限公司、攀钢集团工程技术有限公司
基于国防重点型号全新设计 B 型＊＊＊用耐压壳体材料提升与技术创新	鞍钢集团钢铁研究院、鞍钢股份有限公司、鞍钢铸钢有限公司、中国人民解放军海军装备部驻沈阳地区军事代表局驻鞍山地区军事代表室
二等奖 4 项	
高精度中厚板技术研究及应用	鞍钢股份有限公司鲅鱼圈钢铁分公司厚板部
基于矿石开采质量控制的大型铁矿山爆破技术体系研究及工程应用	鞍钢集团矿业有限公司齐大山分公司、鞍钢集团鞍千矿业有限责任公司
基于钢包功效智能系统的炼钢过程物质能量流管控技术	鞍钢股份有限公司炼钢总厂
新一代低温大输量管道工程用钢关键技术开发与应用	鞍钢集团钢铁研究院、鞍钢股份鲅鱼圈钢铁分公司厚板部
三等奖 22 项	
大容积捣固焦炉炼焦技术研究	攀钢集团西昌钢钒有限公司、攀钢集团研究院有限公司
基于先进制造系统的高强度焦炭均质化生产关键技术开发与应用	鞍钢股份炼焦总厂、鞍钢集团钢铁研究院、鞍钢集团北京研究院有限公司
基于烧结性能与低成本的钒钛矿复合配矿技术研究与应用	攀钢集团攀枝花钢钒有限公司、攀钢集团攀枝花钢铁研究院有限公司
含钒半钢生产优质高强钢冶金关键技术开发及工业应用	攀钢集团研究院有限公司、攀钢集团西昌钢钒有限公司、攀钢集团攀枝花钢铁研究院有限公司
固定式板坯电渣炉电渣重熔工艺关键技术及装备集成	鞍钢铸钢有限公司、鞍钢股份技术中心
高质量大方坯洁净钢生产的关键技术集成与应用	鞍钢集团钢铁研究院、鞍钢股份炼钢总厂
电炉低成本高效特钢冶炼工艺技术研究	攀钢集团研究院有限公司、成都先进金属材料产业技术研究院有限公司、攀钢集团江油长城特殊钢有限公司
基于深度学习的带钢表面质量检测系统研发与应用	鞍钢集团北京研究院有限公司、鞍钢集团自动化有限公司、鞍钢股份有限公司冷轧厂
基于工业互联网的钢铁企业智慧能源管控系统开发与应用	鞍钢股份有限公司鲅鱼圈钢铁分公司、鞍钢集团信息产业有限公司、鞍钢集团钢铁研究院
特大型钢铁企业综合废水深度处理回用工艺及系统的研究与应用	鞍钢集团工程技术有限公司、鞍钢股份有限公司能源管控中心、鞍钢股份有限公司
热轧带钢厂 2150 生产线集约化生产技术开发	鞍钢股份热轧带钢厂
高品质汽车车轮用热轧及酸洗钢板开发及应用	鞍钢集团钢铁研究院、鞍钢股份热轧带钢厂
矿山爆破环境振动效应评价及控制技术研究	鞍钢矿业爆破有限公司、鞍钢矿业设计研究院有限公司、鞍钢集团关宝山矿业有限公司
露天矿高陡边坡天空地协同监测与灾害预警技术及应用	鞍钢集团鞍千矿业有限责任公司
基于结构用不锈钢材料—连铸生产技术研究及应用	鞍钢集团钢铁研究院、鞍钢联众（广州）不锈钢有限公司、鞍钢股份有限公司制造管理部

续表

一等奖 3 项	
高品质钛白粉低成本制备技术开发及应用	攀钢集团研究院有限公司
智能化垛板台推钢机控制系统	大连华冶联自动化有限公司
DP 系列先进高强钢定制化生产技术开发及应用	攀钢集团研究院有限公司、攀钢集团西昌钢钒有限公司、攀钢集团国际经济贸易有限公司
纳米析出型热轧高强高韧钢关键技术研究及应用	攀钢集团研究院有限公司、攀钢集团西昌钢钒有限公司、钢铁研究总院、攀钢集团攀枝花钢铁研究院有限公司
盐酸洗机组工艺装备自主集成创新	鞍钢股份有限公司冷轧厂
V_2O_3 直筒炉增强冶炼高钒铁技术研究	攀钢集团钒钛资源股份有限公司、攀钢集团研究院有限公司
高性能在线热处理钢轨开发及工艺技术应用研究	鞍钢集团钢铁研究院、鞍钢股份有限公司大型厂

（鞍钢集团有限公司科技发展部　鄂秋乐）

【专利和专有技术情况】 2020 年，鞍钢集团获得专利申请受理 1872 项，其中发明专利 1226 项，发明专利占比 65.5%，PCT 国际专利申请 4 项；获得专利授权 1309 项，其中发明专利 583 项，发明专利占比 44.5%。完成专有技术认定 205 项。截至 2020 年底，鞍钢集团累计拥有有效专利 9140 项，其中有效发明专利 4699 项，发明专利占比 51.4%；有效海外专利 109 项。在国资委 2020 年中央企业专利情况排序中，有效发明专利数量在前 80 名企业中排名第 20 位。累计有效专有技术 2153 项。

2020 年鞍钢集团各子企业专利完成情况

序号	子企业	申请受理量/件		授权量/件		拥有有效专利数量/件	
		总量	发明专利	总量	发明专利	总量	发明专利
1	鞍山钢铁集团有限公司	612	367	564	284	3283	1764
2	攀钢集团有限公司	962	699	583	260	3925	2299
3	矿业有限公司	184	98	85	18	1349	396
4	工程技术发展有限公司	79	36	60	12	484	184
5	众元产业发展有限公司	14	7	9	2	69	32
6	北京研究院	15	15	8	7	28	22
7	鞍钢联众	6	4	0	0	2	2
8	合　计	1872	1226	1309	583	9140	4699

鞍山钢铁完成申请发明专利比例为 60.0%，在“高性能特厚 690 兆帕海工用钢”“高延展、高成形性汽车用钢”“铬强化耐蚀塑料模具钢”“逆水煤气反应催化剂制备”“Nb 系链板用钢及其制造方法”“基于浓缩倍率模型优化循环水冷却系统”“泡沫钢制备技术”等 7 个重点技术领域共申报 52 件发明专利，形成专利群。攀钢集团完成申请发明专利比例为 72.7%，完善高炉渣提钛产业化项目的知识产权布局，在钛合金领域和钢轨领域开展高价值知识产权培育。鞍钢矿业完成申请发明专利比例为 53.3%，完成“鞍山式极贫赤铁矿高效湿式预选技术研究”和“露天矿山爆破技术发展趋势研究”2 项专利专题研究。众元产业完成 2 项专利分析报告。北京研究院完成申请发明专利比例为 100%，完成 2 项专利分析报告。

2020 全球钢铁企业创新（专利）指数、中国 161 家钢铁企业专利创新指数排名中，攀钢、鞍山钢铁分列第 3、第 4 名，被评为“最具专利创新力企业”。鞍钢股份参评并被认定为第一批辽宁省高价值专利培育中心。众元产业“一种低碳低硅铝镇静钢复合净化剂合金制作方法”荣获第二十四届全国专利发明展览会“发明创业奖项目银奖”。

（鞍钢集团有限公司科技发展部　张　倩）

·专项品牌管理·

【专项品牌管理】 2020年，专项产品开发取得新突破。特别是攀长特销量、销售额、利润同比增长巨大；质量及交付能力进步显著，被中航发331厂、中航工业014厂授予金牌供应商称号；装备能力建设明显提升，新建4台3吨电渣炉和1台6吨真空自耗炉投入运行；4项课题通过国家验收。针对重要装备需求，鞍钢集团组织攀长特同中科院金属所合作研制第九代SLG等系列产品，新产品性能及使用寿命大幅提升，签订2轮供货合同；与钢铁研究总院合作，顺利完成国家重大工程项目关键核心部件“RB”材料研制任务。专项协同取得新进步。鞍钢充分利用国家部委、地方政府政策，积极开展专项EVI活动，采取技术+营销组合方式，走访627厂和724厂等重点战略用户推介鞍钢专项产品。与中船建立专项协调工作机制，与武汉海工、中船科技部、702所、725所、611所、中国一重、中航601所、沈阳飞机制造公司、南京理工大学对接交流，推动钛材、特钢系列产品应用。

（鞍钢集团有限公司科技发展部　龙承俊）

·国际标准化管理·

【国际标准情况】 完成修订并发布《鞍钢集团有限公司国际标准管理办法》（鞍钢政发〔2020〕25号），提升国际标准激励力度。加强国际标准化复合型人才培养，提升国际标准化活动参与能力，邀请中国标准化研究院、冶金工业信息标准研究院等标准化领域专家来鞍开展国际标准化系列培训。攀钢主导修订的ISO 5451《钒铁　技术条件与交货状态》成功立项，鞍山钢铁参与制订的ISO 439：2020《钢和铸铁　硅含量的测定　重量法》、ISO 4947：2020《钢和生铸铁　钒含量的测定　电位滴定法法》、ISO/TS 21826：2020《铁矿石　全铁含量测定　EDTA光度滴定法》共3项国际标准成功发布。截至2020年底，鞍钢集团累计主导或参与已发布国际标准12项，其中主导3项、参与9项。

（鞍钢集团有限公司科技发展部　张　倩）

第十一部分

安全、环保与节能

· 安全管理 ·

【综述】 2020年，集团公司深入贯彻落实党的十九大和十九届二中、三中、四中、五中全会精神，以习近平新时代中国特色社会主义思想为指导，进一步增强“四个意识”，牢固树立安全发展理念，弘扬以人为本、生命至上思想，坚守发展决不能以牺牲人的生命为代价红线和遏制重特大事故发生底线，完善制度体系，强化责任落实；坚持问题导向，开展专项整治；动态调整工作重点，一季一主题强化落实，堵漏洞、补短板，实现全公司安全生产形势的总体稳定。

2020年，全公司杜绝较大及以上生产安全事故，发生全口径一般生产安全事故20起，其中，死亡9起、重伤2起、轻伤9起。与上年相比，事故起数减少6起，减少比例为23.08%，其中，死亡持平、重伤增加1起、轻伤减少7起。企业千人负伤率为0.14‰；发生火灾事故2起，与上年同比事故起数增加1起。企业事故16起，其中，工亡5起、重伤2起、轻伤9起；同比上年事故减少3起，其中，工亡增加3起、重伤增加1起、轻伤减少7起。相关方事故4起，全部为死亡事故，同比上年减少3起，减少比例为42.86%。

【强化激励约束，促进责任落实】 制定下发2020年安全工作要点，明确工作目标任务，与12家子企业签订2020年安全生产目标责任状，建立任务层层分解、责任层层落实、压力层层传递的安全生产责任体系。坚持“强激励、硬约束、严考核”，将企业工亡、相关方死亡和千人负伤率3项指标纳入子企业契约化经营年度考核，进一步压实子企业领导安全责任。6家生产性子企业逐级签订安全生产责任状，全员签订安全生产承诺书，促进全员安全生产责任的落实。

【增强“四个意识”，扎实贯彻党中央决策部署】 集团公司党委2020年召开5次党委常委会，专题学习贯彻习近平总书记关于安全生产工作的重要指示批示精神，牢固树立以人民为中心的“安全发展”理念，集团公司党委书记、董事长谭成旭新年上班第一天深入炼钢总厂检查安全生产工作，在年度安全生产工作会议上发表重要讲话，6次约谈发生死亡事故的子企业领导，深入鞍山钢铁、鲅鱼圈分公司、矿业公司、攀钢、TAGAL等子企业、生产单位开展安全生产调研，指导安全生产工作；戴志浩总经理多次到攀钢、鞍钢联众、矿业公司等子企业及大孤山尾矿库等重点区域进行安全生产督导检查，约谈“5·25”火灾事故责任单位工程发展、鞍山钢铁领导；集团公司各分管领导严格落实分片包保责任，开展安全生产检查，闭环督导问题整改。集团领导班子的身体力行，有效促进了子企业安全生产责任、工作的落实。严格贯彻全国安全生产电视电话会议部署，以危险化学品、金属冶炼、矿山开采、建筑施工检修、消防和交通运输6个方面为重点，在全公司范围内开展为期3个月的安全生产集中整治工作，排查整改各类安全隐患4388项；落实国务院安委会工作安排，制定鞍钢集团安全生产专项整治三年行动计划方案和2个专题实施方案、5个专项整治实施方案，健全“从根本上消除事故隐患”的责任链条、管理办法和工作机制，完善安全生产治理体系，提高治理能力，推进安全生产专项整治三年行动计划在子企业的落实。

【规范重大风险管控，防范重特大安全事故】 三季度，组织子企业开展重大安全风险的周期性辨识评估，6家生产性子企业辨识评估重大安全风险102项，全部健全风险清单档案，并按照风险类别、位置、可能引发事故及其后果严重性等因素，逐项制定安全管控措施和现场应急处置方案；明确从子企业、生产单位、作业区到岗位的四级管控责任人，量化各级责任人检查、巡查频次，有效落实分级管控责任。

【汲取典型事故教训，开展安全专项整治】 一是针对攀钢“1·7”氧气缓冲罐爆炸事故，制定《关于开展危险化学品生产、储存和使用安全专项大检查的通知》，在全公司范围内部署开展危险化学品集中整治工作，6家子企业排查3617台（套）危险化学品生产储存装置，全部建立清单档案和安全防护装置清单档案，排查整治隐患916项，有效防范危险化学品事故发生。二是根据“5·2”事故设备管理存在的问题，下发《关于开展起重机械及厂房结构安全专项整治的通知》，要求所有在用起重机械100%检测合格方可投入使用，起重机械操作人员全部持证上岗，排查整改厂房结构、基础、立柱、钢结构、屋顶、墙体等隐患问题

1384项。三是吸取“5·25”火灾事故教训，组织全公司开展动火作业及维检修施工作业安全防火专项整治，从作业组织管理、方案制定和现场设备、设施、环境安全确认入手，全面开展隐患排查和风险辨识，有针对性落实安全防范措施，排查动火作业、维检修管理制度不完善、审批不规范、预案缺失等管理问题，对1166项隐患，100%完成整改，为维检修作业、动火作业等提供了安全保障。四是高度重视“9·10”事故整改，制定下发《关于鞍钢股份中厚板事业部“9·10”事故通报和全面开展电气倒闸作业专项排查整治的通知》，召开“9·10”倒闸操作事故专题座谈会，剖析事故，对全公司电气倒闸作业开展有针对性整治，整改问题、隐患313项；在全公司开展高压电气倒闸作业专项培训，培训人员480人。

【修订完善三项制度，逐级压实安全责任】 修订集团公司《安全生产责任制》，增加对各级、各部门安全生产责任制落实的日常监督考核内容，消除管理盲区、死角。修订完善《生产安全和火灾事故管理办法》，进一步强化相关方事故问责力度，压实各级领导安全责任，明确事故单位党、政主要负责人、分管负责人同一标准问责，明确凡党、政主要负责人、分管负责人被问责的，相关专业部门负责人必须问责，健全责任链条，促进“一岗双责”落实。修订《相关方安全管理办法》，建立健全相关方管控清单，明确、细化相关方监管责任到部门、人员，落实相关方进场作业前安全教育、交底、作业方案审核以及作业的全过程监管工作，提升相关方作业管控的有效性，防范事故。

【全面强化督导检查，着力推进工作落实】 一是全程跟踪应急管理部执法检查发现问题的整改。董事长、党委书记谭成旭高度重视整改工作，两次作出批示，要求全公司以应急管理部执法检查为契机，进一步落实习近平总书记关于安全生产的一系列重要指示批示精神，全面抓好问题整改，要举一反三，以高度的政治自觉和强烈的使命担当，牢固树立红线意识，不断提高安全生产管理水平。戴志浩总经理、景奉儒副总经理亲自督办整改工作。安环部两次下发做好应急管理部对鞍钢集团执法检查发现问题整改的通知，全程跟踪督导执法检查提出的基础管理6个方面12项问题和现场管理7项问题的逐一整改，跟踪督导子企业举一反三发现问题的整改。1月24日，完成执法检查问题阶段整改工作，形成整改报告上报应急管理部；4月30日，鞍山钢铁提前一个月完成全部问题的整改，并通过省应急厅验证审核；截至6月底，全公司举一反三排查发现的类似隐患765项全部完成整改。

二是督导领导安全防火包保落实。6月24日，集团公司党委召开第17次常委会会议，专题研究部署安全生产工作，集团公司党委书记、董事长谭成旭就集团公司安全生产工作做了重要讲话，作出了实施“安全防火领导分片包保”的重要决策，集团公司领导班子成员、子企业领导认真贯彻落实集团公司工作部署，按照包保区域开展安全督查。安全环保部按照谭成旭董事长批示要求，对领导包保检查发现的隐患整改工作进行跟踪督导，到年底，集团公司领导和各子企业领导班子累计督导检查发现问题647项，全部完成整改。

三是着力推进“五清五杜绝”工作落实。认真贯彻落实谭成旭董事长“五清五杜绝”工作要求，组织子企业合力探索“五清五杜绝”落实、落地的方式方法。通报印发鞍山钢铁率先细化作业“五清”内容，建立作业“五清”要素核查典型做法，组织各子企业学习借鉴；推广矿业公司依据作业参与人员的不同，分类建立内部作业（本企业员工作业）、混合作业（本企业员工与劳务混合作业）、建筑施工作业（保产、相关方作业）三类不同作业“五清五杜绝”要素清单典型做法，推进“五清五杜绝”在各类作业中的落实。组织开展“五清五杜绝”工作落实的督察和交流互检，安环部牵头、党政督查办参加，抽调鞍攀两地基层单位安全专家17人，联合对子企业及所属单位进行督导检查，9月、12月两轮检查5家子企业及其所属单位52家，发现并整改隐患、问题316项。

四是组织开展引入第三方服务，提升企业安全管理能力。贯彻落实谭成旭董事长关于“聘请第三方服务，提高安全管理水平”的指示精神，组织子企业制定第三方引入计划，6家子企业共设立36个项目，实施标准化企业晋级评审、重大风险辨识评估咨询、应急预案编制咨询等指导服务工作，帮助企业发现隐患、修订预案、完善管理，促进了相关单位安全管理能力和水平的提升。

五是多措并举，决战后两月。认真落实谭成

旭董事长“确保后两月死亡事故为零”的工作要求，下发《关于开展“压实责任，强化督查、决战两个月，实现零事故”专项工作的通知》，部署子企业分兵把口，查违章、除隐患，促进安全生产各项工作措施落实、落细、见效。在《鞍钢日报》两次发表评论文章，为决战后两月、实现零事故营造浓厚的文化氛围。开展“重大安全风险辨识与管控能力提升”培训，聘请辽宁省应急管理厅总工程师贾光，对6家子企业主要领导、分管领导及安全、防火等部门负责人60余人进行专项培训，促进领导人员履行“一岗双责”意识和防范化解重大风险能力的提升。景奉儒副总经理就耐火材料公司“11·15”重伤事故约谈鞍山钢铁分管领导、部门负责人及耐火公司党政主要领导，警示各级领导务必高度重视安全生产工作，采取切实有效措施，坚决做好后两月关键时期安全工作。召开安全生产交流会，邀请TAGAL、鞍钢化学科技公司、攀钢矿业、鞍钢联众4家单位交流安全管理方法，实现后两月死亡事故为零目标。

六是扎实推进安全领域信息化建设。以简单、实用、分级管理为定位，立项建设总部安全管理信息系统，涵盖隐患排查治理、重大风险管控、安全事故管理、电子履职日志、应急综合信息、安全专项管理等模块，在强化动态、过程监管，提升管理的及时性、有效性的同时，满足应急管理部、国务院国资委安全管理过程线上化、整体情况可视化要求，促进集团整体安全管理工作水平的提高。

【突出重点，强化落实，实现汛期安全稳定生产】 遵循“生命至上，安全发展”理念和“以防为主、常备不懈”的工作思路，抢先抓早，5月完成2020年防汛工作部署，成立领导小组、工作机构；突出重点，明确“三个确保”工作目标（确保尾矿库、水库、排土场等重要设施度汛安全，做到不垮坝、不决堤、不损毁；确保生产度汛安全，做到厂矿不停产、不减产，运输、通信、供水、供气、供电不中断，保证正常生产秩序；确保不因暴雨、洪水发生人员伤亡，把因暴雨、洪水灾害对人员和生产经营造成的影响、损失降到最低限度）；严细部署，制定落实属地管理、健全组织机构、开展隐患排查、完善应急预案、加强监督检查、严肃考核问责等9项工作措施。主管领导带队，开展汛前、汛中检查，以尾矿库、排土场、井下矿、露天采场、水库、排洪泵站等重要设施、区域为重点，落实监督检查的全覆盖，及时发现和解决防汛工作中存在的问题，确保了重要设施、区域防汛措施的严格落实，实现汛期安全稳定生产。

·环保与节能减排·

【综述】 2020年，鞍钢集团积极践行“绿水青山就是金山银山”的理念，努力克服新冠疫情带来的影响，坚决打好污染防治攻坚战，牢固树立节约循环利用资源观，坚持绿色发展，履行央企社会责任。通过强化目标考核与责任落实、持续加大环保节能改造资金投入、全力推进超低排放改造和能源节约项目复工复建、深入推进矿山绿化复垦与扬尘治理等工作，鞍钢集团整体能源节约与环境保护管理水平持续提升，污染物排放量持续降低，实现了全年重大环境污染事件为零的目标。

2020年，万元产值综合能耗（可比价）同比下降0.95%，吨钢耗新水同比下降2.29%，二氧化硫排放量同比下降4.19%，氮氧化物排放量同比下降0.32%，COD排放量同比下降0.67%。

2020年，鞍钢集团荣获中国冶金报社“2020年度绿色发展标杆企业”；鞍山钢铁“在线搅拌气浮除油装备”被列入国家鼓励发展重大环保技术装备目录（2020年版）；攀钢集团荣获中国环境报社“2020年度环境社会责任企业”。

【完善节能减排管理体系，强化责任意识】 为创新构建与现代化企业相适应的节能减排管理规章制度体系，切实提高规章制度执行力，助力公司治理体系和治理能力现代化提升，鞍钢集团对公司现有能源节约与环境保护制度的适用性进行了全面分析和甄别，制定了能源节约与环境保护制度修订计划，并按计划完成了《鞍钢集团有限公司环境保护管理办法》《鞍钢集团有限公司节能管理办法》《鞍钢集团有限公司领导人员环保责任追究办法》《鞍钢集团有限公司环境保护责任制》等制度的修订工作，进一步明确了各子企业作为法人主体的环境保护责任，强化了环境保护“一岗双责、党政同责、失职追责”。

【强化指标约束与过程管控，压实责任】 根据国资委2019—2021年第六任期对鞍钢集团的能源节约与环境保护考核指标目标，分解制定了各相关子企业2020年度能源节约与环境保护考核指标目标，并纳入鞍钢集团子企业提质增效专项评价考核体系。鞍山钢铁、攀钢集团等子企业编制了年度环境保护工作要点及各生产单元污染物排放控制指标，并与下属主要生产单位签订目标责任状，有效将集团考核指标目标逐级分解落实到各厂矿区等生产单元，层层压实责任。

【大力推进环保装置升级改造投入与实施，全力打好污染防治攻坚战】 2020年以来，鞍钢集团相继实施、完成了鞍山钢铁灵山料场煤棚封闭改造及燃煤发电锅炉超低排放改造、众元产业水渣料场棚化封闭改造、西昌1号钢钒烧结机烟气超低排放改造等污染防治项目，并在此基础上又新放行污染防治项目80余项，放行投资计划32亿余元，重点开展了鞍山钢铁炼铁总厂球团烟气脱硫脱硝改造、冷轧厂彩涂线涂机室封闭和无组织排放废气治理、厂界噪声深度治理、废水氟化物治理；攀钢集团选矿厂噪声深度治理、攀钢钒冷轧废水处理系统提质改造、西昌钢钒7米顶装焦炉机焦侧除尘改造；矿业公司大球露天储矿料场和弓矿煤场封闭改造等项目，持续加大补齐污染防治短板力度，全力打好污染防治攻坚战。

【坚决贯彻国家重大决策部署，持续开展超低排放改造】 2020年初，根据国家新冠疫情防控相关要求，各地方政府实施了严格的人员、跨区域交通运输管制措施，由此对超低排放改造项目的施工建设造成了较大的影响。同时，由于对人员流动、聚集的限制，对示范企业的现场学习考察，以及与环保工程公司、设备厂商、科研院所的交流等工作基本处于停滞状态，影响了项目可研、立项等工作的开展，鞍钢集团坚决贯彻国家实施超低排放改造决策部署，克服疫情影响，全力推进超低排放改造项目建设，履行央企社会责任。

鞍钢集团结合实际情况制定了2020年重点超低排放改造项目清单，对鞍山钢铁45米以上污染源在线监控及联网建设，燃煤发电锅炉超低排放改造及西昌钢钒1号烧结机烟气超低排放改造，攀钢钒1号、2号、3号、4号、9号、10号燃气发电锅炉超低排放改造等重点项目倒排工期，在满足新冠疫情防控的条件下，快速推进各项目复工复建，按期完成改造项目的施工建设。

【深入开展矿山绿化复垦与扬尘治理，践行绿色发展理念】 鞍钢集团以“发展循环经济、建设绿色矿业”为目标，坚持矿山“在开发中保护、在保护中开发”和“边生产、边治理、边恢复”，促进矿山资源开发和环境保护协调发展，2020年度实施绿化复垦约116公顷。

为进一步践行“绿水青山就是金山银山”理念，鞍钢集团发布了《鞍钢矿山生态修复三年规划2020—2022》，计划用3年时间，对辽宁区域9座矿山进行系统性的生态修复，完成治理面积434公顷，种植树木340万株，实现矿区环境生态化、开采方式科学化、综合利用高效化、矿区社区和谐化目标，不断提升鞍钢矿山的“绿色颜值”，擦亮鞍钢绿色品牌。

此外，为促进双鞍融合，共建美丽鞍山，11月中旬鞍钢集团和鞍山市委、市人大、市政府、市政协启动创建“双鞍共建绿色矿山复垦示范园”工作，并开展植树活动，共同推进鞍钢生态复垦工作向纵深发展。

对于在用矿山排岩场、尾矿库，鞍钢集团强化日常扬尘治理管控。一是继续坚持多管放矿、池田放矿和喷洒抑尘剂等方式抑尘；二是坚持湿式作业，对采场、排岩场道路采取先洒水后作业的方式，做到生产不扬尘、扬尘不生产；三是开展工程治理，对料场、煤场进行封闭抑尘，矿山生产扬尘现象持续改善。

【配合地方政府推动中央环保督察问题整改，做好第二轮督察迎检准备】 为做好第二轮中央环保督察迎检准备，2020年以来，鞍钢集团配合地方政府推动中央环保督察问题整改工作，开展内部“回头看”，进一步梳理制度、完善档案、深度排查、举一反三，立行立改。各子企业共排查出各类问题50余项，并通过建立问题清单方式推进整改，为第二轮中央环保督察做好准备。

【强化环保管理，化解环境风险】 一是积极组织开展排污许可证申办。根据生态环境部2020年底前全面完成固定污染源排污许可证办理的工作部署及要求，对照国家相关要求进行全面梳理，积极开展排污许可申办工作，全年共完成69项排污许可的申领、变更及备案工作，做到持证合法排污。

二是切实加强建设项目“三同时”管理。坚

决执行建设项目环境影响评价和环保“三同时”制度，坚决杜绝“未批先建”违法违规行为。全年各子企业共取得34个建设项目的环评批复，完成了40个建成项目的竣工环保验收工作。

三是推进危险废物管理规范化、输出减量化。第一，从危险废物种类、数量、储存、转移等方面开展全面排查与梳理，进一步完善管理台账，规范资质审查，强化过程管控。第二，疫情期间积极拓宽危险废物处置渠道，利用积微物联等线上平台，开展处置招投标，保证危险废物正常转移输出。第三，推动利用现有工业炉窑处置危险废物工作有序开展，研究利用焦炉、高炉、转炉等现有炉窑合规处置含铬废液、油泥等危险废物的可行性，为减少危险废物出厂，降低危险废物持出、转运产生的环境风险打下坚实基础，向危废“零出厂”目标迈进。

【积极推动节能项目实施，加快节能技术进步】 通过重点工序、环节、用能设备的节能减排工艺应用与改造，全面发挥设备功能，提升用能效率。推动完成攀钢集团30兆瓦余热余能利用发电机组及配套设施建设和并网发电；完成攀钢钒炼铁厂提钒转炉除尘半干法改造及用电优化，预计可实现年回收转炉煤气30余万吉焦；开展鞍山钢铁新2号高炉干法除尘系统可研设计；新放行鞍山钢铁鲅鱼圈蒸汽供暖改余热水供暖及转炉蓄热器更新节能改造、重庆钛业蒸汽余热余压利用发电、攀钢钛渣电炉技术升级改造与煤气回收等40余项节能减排项目，持续推动节能减排技术进步。

【强化对标及学习交流，查找差距】 为推动能源节约与环境保护管理理念、管理文化更加先进，管理制度、管理流程更加完善，管理方法、管理手段更加有效，聚焦绿色发展，鞍钢集团积极组织开展与一流先进钢企进行管理提升对标，查找自身存在的突出问题、薄弱环节，从而有针对性地采取务实管用的工作措施，补齐能源节约与环境保护短板，推动集团公司能源节约与环境保护管理水平持续提升。

此外，针对超低排放改造实施过程中遇到的实际问题，组织相关子企业到山西建龙、迁钢、宝武湛江生产基地等钢铁企业实地考察学习烟气脱硫脱硝、皮带通廊封闭等技术应用情况；为推动先进节能技术应用，组织相关子企业开展了高频电磁换热技术、永磁调速技术、高效节能水泵与风机等多项技术交流，其中高频电磁换热技术、永磁调速技术等已投入实际应用。

【持续推进碳排放底数盘查工作，积极探索碳排放权交易】 组织各控排企业按所在地政府要求完成2019年碳排放报告、补充数据核算表碳排放监测计划编制与报送工作。为克服系统默认值与实际情况不符的问题，推动各子企业增加各种排放因子的化检验工作，碳排放相关数据不断做实做细，基础数据越来越翔实，为钢铁行业进入全国碳排放权交易提供真实的基础数据。同时积极在试点地区探索碳排放权交易实施，鞍钢联众在广东省出售碳配额。

（鞍钢集团有限公司安全环保部　李　林）

第十二部分

法律事务

·法律风险防范与法律保障·

【法治鞍钢建设】 1. 压实法治建设第一责任人职责。严格执行《鞍钢集团有限公司法治工作考核评价办法》，围绕21项关键要素指标和62个工作标的，从定性和定量不同维度进行考核评价。将法治考核结果纳入子企业年度战略绩效与薪酬考核评价体系，有效推动法治建设第一责任人职责落实。

2. 充分发挥法治支撑保障作用。成立精干工作团队，集中力量，全程、深度参与重组整体方案设计，起草、审核法律文件，开展法律风险识别、评估，研究项目可行性法律路径，提前39天完成国内反垄断审查，提前17天完成国外反垄断审查，提前3天完成工商变更登记，高效推动鞍本重组工作。

3. 巩固拓展三项法律审核。在集团总部和各子企业层面实现规章制度、经济合同、重要决策三项法律审核率100%的基础上，推动法律审核向重要单位企业和其他各级经营实体延伸。强化合同签署前审核机制，业务部门、财务部门、法律合规部门各负其责，分别进行商务审查、财务审核、法律合规性审查，防范合同法律风险。

4. 妥善处理法律案件纠纷。完善“统一管理、分类指导、分级负责”的案件管理机制，加强对重大案件的指导、协调和督办，加大存量案件处置力度，着力控制新增案件数量，妥善处理重大法律纠纷案件，维护企业合法权益。加强典型案件分析，及时完善制度，堵塞管理漏洞，以案促管、以管创效。

5. 落实总法律顾问制度。将建立总法律顾问制度写入公司章程，明确职责定位，通过制度保障总法律顾问对企业法治建设发挥作用。开展法律顾问职称晋级考试及评审，打通法律系统职称晋级通道。组织法务人员参加内外部法律培训，提升法务人员综合素质与履职能力，打造能参谋、勇战斗、善管理的法务人才队伍。

6. 开展法治宣传教育。以“美好鞍钢·民法典相伴”为主题开展宣传活动，将《民法典》学习列为党委理论学习中心组学习及领导干部培训内容，纳入员工培训计划。充分发挥集团报纸、电视、微信公众号、鞍钢e学在线平台等媒体法治宣传阵地作用，开设《鞍钢日报》、“摇篮鞍钢”公众号“法治鞍钢”专栏及鞍钢e学在线平台法律学习专题，营造良好的法治氛围。

（鞍钢集团有限公司法律合规部　刘　明　王　娟　王晓婷　潘冠弛　迟　淼　汪　洋）

【风险内控】 1. 建立健全风险内控“三道防线”。以业务主管部门为第一道防线，承担各业务分管领域风险与内控体系的建立运行与责任落实工作，实施本业务领域全面风险辨识与防范；以法律合规部为第二道防线，负责建立完善鞍钢集团风险与内控体系，组织协调推动风险与内控管理工作；以审计部为第三道防线，负责内控体系监督评价与检查工作，揭示风险隐患和内控缺陷，促进内控体系不断优化。

2. 开展年度重大风险评估。鞍钢集团及各子企业于年初系统梳理风险辨识要素，筛选查找关键问题，辨识评估出“战略风险、现金流风险、安全环保风险、改革稳定风险、国际化经营风险、困难企业治理风险、法律合规风险、网络与信息安全风险”8项年度重大风险，制定风险防控措施，实施季度跟踪监测，实现季度重大风险监测全覆盖，重大风险可控在控。

3. 深化风险合规联审机制。鞍钢集团有效运行风险评估与合规“5+X”联合审查机制，集团总部资产重组、资产处置、投资并购等重大项目全部制定《专项风险与合规评估报告》，制定风险防范措施，业务部门与联审部门严格履行风险评估与合规审查职责，实现对重大事项风险与合规环节的有效管控，为科学决策提供有力支撑。

4. 建立风险内控“2+N”工作机制。鞍钢集团建立风险内控“2+N”工作机制，以法律合规部和审计部为推进风险内控工作的一体两翼，进一步建立健全风险内控与审计监督的常态化协作机制，为业务部门和子企业搭建贯穿问题揭示、风险识别、缺陷研判、组织整改、落实责任全过程的工作平台，增强风险防范和内控工作合力。

（鞍钢集团有限公司法律合规部　朱　赫　李玉东）

·合规管理·

【推进境外企业合规体系建设】 在实现鞍钢集团

及二级子企业合规体系全覆盖的基础上，全面推进境外合规体系建设工作，以鞍钢矿业所属卡拉拉公司为示范单位，推动鞍钢集团境外企业建立完善符合中国和所在国监管规定的合规管理体系，防范重大系统性合规风险，提升境外企业合规管控水平。

【开展企业名称字号合规专项治理】 立足“摸好底数、抓好清理、建好机制”的工作目标，深入开展合规专项整治和民企挂靠国资专项行动，厘清字号登记情况，建立健全鞍钢集团企业名称字号信息库，规范名称字号管理。对违规使用鞍钢系字号情况一企一策开展清理，梳理合规风险，系统整治侵犯鞍钢系企业名称字号行为。

【探索“法务、风控、合规”一体化运行】 创新提出“坚持核心功能差异化定位，强化内部管理要素趋同性整合”的理念，聚焦协同融合发展，围绕组织领导、部门管理、防线搭建、机制运行、流程管控等方面，建立以风险管理为导向、以法治建设为引领、以合规管理为重点的“法务、合规、风控”一体化运行体系。

【培育鞍钢集团合规文化】 制定发布《鞍钢集团合规手册》，围绕合规文化理念、合规管理目标、合规基本原则、合规义务遵从、合规管理体系、企业合规责任、员工合规义务七方面，为全体员工诚信合规提供基本遵循。开展合规文化建设专项活动，组织合规宣誓，大力宣传“企业重视合规、全员主动合规、合规创造价值”的鞍钢特色合规文化理念。

（鞍钢集团有限公司法律合规部　王振东）

第十三部分

综合管理

·董事会工作·

【综述】 2020年，鞍钢集团以习近平新时代中国特色社会主义思想为指导，认真贯彻落实党中央、国务院方针政策，以及国务院国资委的决策部署，以建立健全中国特色现代企业制度为目标，积极推进各级董事会建设，有力推动了企业深化改革、加快发展。

【推进集团公司董事会有效运作】 1. 加强董事会建设，推进规范运行水平不断提升。依据《公司法》等法律、行政法规要求，以《鞍钢集团有限公司章程》为统领，进一步加强董事会自身建设，加快完善中国特色现代企业制度，不断完善各项规章制度及运行机制，为推进鞍钢集团董事会实现规范运作和有效运作，加快建设世界一流企业，提供有力的支撑和保障。

一是党的领导有效融入公司治理。把加强党的领导和完善公司治理统一起来，充分发挥党组织的领导作用，对董事会决策的重大经营管理事项前置研究讨论。规范治理主体议事规则和程序，制定下发重大事项决策清单。全年召开党委常委会33次，审议决策事项95项，前置审议董事会决策事项26项；召开总经理办公会24次，审议决策事项77项。

二是董事会规章制度不断完善。根据鞍钢集团授权体系的完善情况，以及《鞍钢集团总部业务审批权限》和《鞍钢集团核心业务权限规范》的修订情况，进一步完善《鞍钢集团董事会议事规则》《鞍钢集团总经理议事规则》，进一步明确了各治理主体的权责边界，规范了议事规则和决策程序，健全了以公司章程为核心的规章制度体系。

三是董事会构成持续优化。为了更好地推进鞍钢集团董事会建设，满足董事会建设的需要，国务院国资委2020年4月对鞍钢集团董事会成员进行了调整，使鞍钢集团董事会构成进一步优化，特别是5名外部董事都具有很强的决策判断能力、风险防范能力和开拓创新能力，具有丰富的企业管理、资本运营、财务法律、金融等方面工作经历或经验，为董事会规范运行高效运转提供了保障。

四是专门委员会有效运行。根据董事会成员的调整情况，按照《鞍钢集团有限公司章程》《鞍钢集团董事会议事规则》，结合外部董事的工作经验和专业特长，对董事会下设的战略与风险管理委员会、提名委员会、薪酬与考核委员会、审计委员会构成进行调整，满足了各专门委员会的工作需要，有效发挥了对董事会科学决策的支撑和保障作用。

2. 发挥决策作用，推进董事会高效运行。确保董事会运行的规范性和有效性，有效发挥“定战略、作决策、防风险”功能作用，促进出资人授予董事会各项职权有效落地，推动了企业改革发展取得成效。

一是董事会的决策作用有效发挥。规范会议召开程序和流程，推进董事会依法合规高效运行。适应疫情防控要求，创新会议方式，采取视频会议方式召开四届三次董事会。共召开董事会14次，审议议题33项，听取汇报13项，集体学习1次。

二是专门委员会支撑作用持续提升。发挥专门委员会提供咨询和建议作用，为董事会规范运作提供了有效支撑。共召开专门委员会6次，审议议题15项，听取汇报1项。其中：战略与风险管理委员会2次，审议议题6项；薪酬与考核委员会2次，审议议题5项；审计委员会2次，审议议题4项，听取汇报1项。

3. 强化执行落实，发挥董事会决策主体作用。

一是强化董事会决议事项执行。2020年召开的14次董事会共形成33项决议。其中：董事会工作方面6项，干部管理方面2项，战略风险方面3项，企业改革管理方面6项，投资捐赠方面1项，资产处置方面4项，财务管理方面6项，薪酬考核方面5项。董事会办公室积极组织各有关部门制定工作措施加快推进，确保了会议决议有效执行。

二是加强董事会决定事项落实。董事会定期会议结束后，董事会办公室将董事在会上提出的意见和建议，以及重点关注事项，及时形成落实方案，明确责任领导、责任部门，以董事会决定事项通知的形式下发。全年下发4期，形成需要落实事项50项，内容涵盖战略规划、深化改革、风险防控、资本运作、对标提升等。董事会办公室加强了跟踪督办和反馈工作，定期向董事会汇报。全年共向董事会汇报4次，共37项。

三是积极推进董事会评价意见落实。认真贯彻国务院国资委对鞍钢董事会2019年度评价意见，切实抓好改进提升工作，确保董事会规范高效运行。董事会办公室根据评价意见提出的需要董事会进一步加强和改进的工作，以及关注和推动解决的有关问题，形成了《落实国务院国资委对鞍钢集团董事会2019年度评价意见工作方案》，共6个方面，20项措施。工作方案经党委常委会前置审议、四届五次董事会审议通过后，积极推进有效落地，较好地完成了国资委评价意见的整改工作。

4. 勤勉履职尽责，推进董事会实现科学决策。进一步加强和规范外部董事支持服务工作，提高外部董事规范化、专业化履职水平，通过创新工作方法，多渠道开展调研，推动外部董事落实出资人意志，掌握企业生产和改革发展情况，为外部董事充分发挥作用提供强有力支撑。

一是认真履行决策职责。各位董事认真履行职责，会前全面了解、深入研究议案材料，会上充分交流研讨，发表意见。特别是外部董事认真代表国务院国资委履行股东职责，按时出席董事会及专门委员会会议，根据鞍钢集团实际情况，结合自身的专业知识和管理经验认真行使表决权。

二是认真开展调研工作。2020年，外部董事开展集中调研4次，共16家单位，分别到北京研究院，鞍钢矿业所属的齐大山铁矿和鞍千矿，鞍钢集团博物馆及鞍山钢铁所属的朝阳钢铁、鞍山基地生产现场，以及攀钢所属的积微物联电商孵化园和达海产业园、成都先进金属材料产业技术研究院、攀钢钒钛股份、西昌钢钒等调研，全面了解了鞍钢的发展历程、为国家经济社会发展作出的重要贡献，以及集团和重要子企业的运行情况。适应防疫要求，创新调研方式，将现场调研与书面调研相结合。董事会办公室按照外部董事的要求，先后报送了国内钢铁行业前10名主要指标对标、集团资产负债管理、铁矿石海运、钢材加工中心基本情况、“深海空间站”金属材料科技攻关项目进展情况等，满足了外部董事履行职责的需要。

三是积极开展沟通交流。加强集团党委与董事会的沟通，定期将集团公司党委下发的文件及党委常委会会议纪要报送外部董事参阅；加强经理层与董事会的沟通，全年向董事会报告公司工作进展情况4次。定期报送总经理办公会会议纪要，召开3次沟通汇报会，向外部董事汇报拟提交董事会审议事项，以及外部董事重点关注的战略规划编制、对外重组整合及卡拉拉运营、资产负债管理等事项。

5. 加强支撑服务，确保董事会规范有效运行。加强外部董事履职支撑和服务，及时报送国务院国资委下发的文件，通报国家审计署审计结果和国务院国资委年度评价意见及整改情况。推动董事会与党委和经理层有效开展沟通，按月报送党委常委会会议纪要和总经理办公会会议纪要，以及鞍钢集团下发的文件。总经理代表经理层全年向董事报告工作4次、沟通汇报工作3次。加强信息支撑，董事会办公室积极做好外部董事信息报送工作，全年编报《鞍钢董事会信息》52期、《董事信息参考》4期。

（鞍钢集团有限公司董事会办公室　赵　林）

【强化子企业董事会规范运作】 1. 推动子企业董事会规范有效运作。

一是完善公司治理体系，明晰各治理主体权责。深入落实两个“一以贯之”，完善党委发挥领导作用的有效机制，推动子企业按照本单位公司章程和《鞍钢集团核心业务权限规范》的规定，制定党委前置研究讨论的内容和重点，明确各治理主体权责边界，形成党委会前置审议清单，以及党委会、董事会、经理层等决策事项清单；组织推进二三级子企业开展党委会、董事会、总经理办公会议事规则和议事决策不规范问题自查整改工作，经过子企业自检自查和积极整改、集团董办和管信部联合检查，二三级子企业议事规则和议事决策边界得到有效规范。

二是有效开展董事会和专职董事评价工作。按照《鞍钢集团有限公司子企业董事会运作评价暂行办法》及新修订的《鞍钢集团有限公司派出子企业专职董监事履职评价暂行办法》有关规定，组织开展上年度子企业董事会及集团派出子企业专职董事的年度考核工作。共发放测评票400余份，涉及9个机关部门、16名专职董事和12家子企业，切实提高评价工作的全面性、针对性和有效性，评价结果纳入子企业和专职董事绩效考核内容。

三是加强监督指导，提升董事会运作水平。围绕子企业董事会机构运行、会议召集、材料提供、信息支撑等方面存在的不足，有针对性地提出改进工作的意见建议，促进子企业不断提高工作水平。

2. 不断提升专职董事队伍建设水平。

一是完善专职董事履职评价制度。制定下发《鞍钢集团有限公司派出子企业专职董事履职评价暂行办法》，强化派出子企业专职董事履职评价，促进专职董事充分履职尽责、有效行权。

二是及时开展专职董事岗位调整。年初以来，为加强集团派出子企业专职董事队伍力量，集团公司选派了8名同志任专职董事。董事会办公室提前谋划，结合子企业实际及专职董事业务专长，对专职董事进行18人次调整，涉及具体岗位52个。

三是推动专职董事积极建言献策。按照谭成旭董事长要求，董事会办公室组织集团公司派出子企业专职董事，对集团公司的战略和发展提出有参考性和可操作性的意见建议。董事会办公室对专职董事意见建议进行了分类汇总，形成了《关于专职董事推进鞍钢改革发展意见建议的报告》，报谭成旭董事长审阅。董事会办公室逐项分类确定落实专职董事意见建议责任单位，组织各责任单位认真落实并反馈情况。同时，持续深化专职董事日常调研和专项调研工作机制，深入了解和准确掌握企业运营管理情况，及时发现存在的问题和风险，形成调研报告，为企业改革发展提供参考、建议和支撑。

四是加大专职董事履职培训力度。年初以来受疫情影响，董事会办公室迅速调整培训计划，重新制定2020年培训方案，其中集团级项目3项，自主专题2项。通过与组织部、外部培训机构、集团教培中心多方沟通，制定具体项目的培训大纲，涉及5个专题、21项内容。强化经济法律知识学习，举办了为期5天的经济法律专题履职能力提升高级研修班，有效提升董事会规范运作和履行监管职责方面的能力和素质。

3. 强化专职董事履职支撑工作。

一是健全支撑制度。制定下发《鞍钢集团加强派出子企业外部董事履职支撑服务工作方案》，明确履职支撑服务工作总体要求，细化履职支撑服务工作内容。

二是完善支撑机制。构建鞍钢集团、子企业与派出董事之间联动工作机制，畅通集团职能部门与派出董事的沟通渠道，强化子企业对任职专职董事履职支撑服务，建立履职支撑服务工作台账，并将支撑服务工作情况纳入子企业董事会年度评价内容。

三是加强参会支撑。督促并指导子企业持续规范董事会会议流程，及时全面地提供议案材料，推动董事对任职子企业董事会决策事项的提前介入和过程掌握，为专职董事参会并有效决策创造良好条件。

四是加强决策支撑。开展集体研讨，甄选子企业董事会重要决策事项，并组织集团总部及子企业职能部门相关人员，与任职子企业专职董事共同进行研讨，向专职董事进行业务解答并提供专业建议，为专职董事科学决策提供有效支撑；通过组织开展政策形势和相关业务培训，以及定期向派出董事报送有关国家宏观政策、行业动态及发展趋势、市场变化及形势分析信息等，为其履职尽责特别是在董事会决策时提供有力的信息支撑。

五是加强调研支撑。每月定期编发专职董事调研计划并下发子企业，协调子企业做好调研工作具体安排。充分准备，确保调研工作顺利开展，切实提高专职董事调研工作实效。

（鞍钢集团有限公司董事会办公室　范泽刚）

·对外投资监管·

【综述】 2020年，鞍钢集团按照国务院国资委的要求，持续加强参股管理，自查与整改工作同步推进，已完成了参股经营投资有关监管制度修订、派出人员调整、产权登记办理、规范无形资产使用、加强内部监督等整改工作，取得了明显成效。集团参股企业117户，实现实收分红2.98亿元，同比增长17.8%；参股股权处置13户，获得股权转让收入2.64亿元，同比增长109.5%。鞍钢集团的典型做法得到国务院国资委充分肯定，先后在国资委网站、《国企业改革动态》、国企改革微信公众号上报道，在中央企业范围内交流。

【高度重视，统筹部署，积极推进自查整改】 一是加强组织领导，明确整改思路。集团主要领导高度重视整改工作，6月2日鞍钢集团总经理主持召开专题会议，确定了强化制度建设、完善监管体系、实施分类监管、健全长效监管机制的总体整改思路，并细化分解为11项具体整改任务。8月17日鞍钢集团召开整改推进工作会议，听取集团及重点子企业整改推进情况汇报，总结回顾和系统分析参股投资决策成功经验和失败教训，并从提高监管认识、严把决策关口、加快推进整改落实和健全长效监管机制等四个方面，对做好巩固提高工作作出部署。

二是加强同步推进，提高整改效率。坚持以查促改，注重实效。集团层面在3月底前全部完成了相关制度的修订工作；将参股投资、与参股企业关联交易等纳入投资主体责任人任期经济责任审计重要内容，并加强日常审计和专项审计。资本控股公司坚持边查边改，重点抓好整改，在自查阶段完成了全部整改任务。

三是加强检查指导，推进整改落实。贯彻落实中央企业加强参股管理视频培训会议精神，5月8—12日开展第一次集中检查指导。检查子企业自查工作的完成情况，指导制定整改计划和推进措施。6月18—23日开展第二次集中检查指导，重点检查落实集团总经理专题会要求及整改工作推进情况，指导子企业对11项整改任务进行细化和分解，形成详细整改任务分解清单。

四是加强协同配合，发挥整改合力。整改工作小组各成员单位积极协同，分析现状查找原因，研究制定整改计划。集团董事会办公室负责牵头抓总，制定总体整改方案，战略规划部、资本运营部分别负责产业类、金融类参股股权处置监管工作，并切实做好产权评估、进场交易和产权变更监管工作。各子企业增强工作协同性，攀钢将共同持股的深圳冶矿联合有限公司股权委托鞍钢矿业公司管理。

五是加强交流分享，共同整改提高。定期编发工作简报共11期，及时发布国资委和鞍钢集团的工作要求，通报各子企业自查整改工作进展情况，推动相互学习、互通有无。建立参股自查整改工作群，发布通知，反馈意见，答疑解惑，交流互动。加强与中船、中铝和中粮等兄弟企业沟通，相互借鉴经验和做法，取长补短，共同提高。

【多措并举，同步推进，不断增强整改实效】 一是推进立行立改，强化执行落实。推进低效无效参股股权处置工作，全年共退出13户。加强无形资产使用管理，对于使用鞍钢注册商标的鞍山冀东水泥有限责任公司，2020年起已停止授权无偿使用。加强派出人员管理，因职务变动对派出人员调整，共调整33人，实现了应调尽调、应派尽派。加强内部监督管理，全年共开展涉及参股企业的审计11项。加强产权管理，完成了4户国有参股股权产权登记办理工作。加强档案管理，将参股投资项目相关资料归档情况纳入档案检查范围。加强股东信息管理，查清了117户参股企业的股东构成及持股比例等基本信息。

二是推进制度建设，夯实监管基础。贯彻国资委加强参股经营投资监管的要求，结合实际将《关于中央企业加强参股管理有关事项的通知》规定全面落实到监管制度中，切实做到有章可循、依法决策、合规监督，以制度促进规范管理，以规范管理促进监管能力提升。鞍钢集团层面于3月底前完成监管制度的完善工作，共形成相关制度12项，编印了《鞍钢集团参股经营投资相关监管制度汇编》。各子企业也于6月底前基本上完成了监管制度的完善工作，共制（修）订相关监管制度30项。

三是推进体系建设，加强全面监管。鞍钢集团强化了监管体系建设，成立专职部门负责牵头抓总，初步搭建了横向加强监督，纵向加强评价的监管体系，“只投不管”得到有效规范，实现新增低效无效参股投资为零。加强决策审核，严控投资方向，确保始终符合鞍钢集团发展战略，纵向延伸产业链，横向扩展产业面，严控不熟悉领域的参股投资。注重投资收益，分红必须符合鞍钢集团关于投资回报的要求。健全退出机制，确保能够做到“全身而退”，有效规避和隔离风险。按照“谁投资、谁监管”的原则，推动投资主体切实履行股东权责。有效发挥专职董监事在大监督体系中的作用，认真履行出资人监督职责。各子企业董事会加强参股经营投资监管，从年初开始坚持每半年听取一次工作汇报。将参股经营投资监管情况纳入子企业董事会运行评价，完成2020年度评价反馈和整改工作。积极开展2019年度参股投资相关资料归档检查工作，2020年完成了评价反馈工作。

四是推进分类监管，健全长效机制。按照ABC分类监管的原则，加强A类参股企业分红监管，持续提升投资回报，全年实现实收分红2.98亿元，同比提高17.79%；加强B类参股企业运营跟踪，实施动态管理，确保2年内实现清零；将

C 类参股企业处置退出完成情况纳入 2020 年专项考核，并作为新增参股投资项目的前提条件，力争 2022 年底前实现清零。

（鞍钢集团有限公司董事会办公室　阎　强）

·档案管理·

【综述】 2020 年，在习近平新时代中国特色社会主义思想、党的十九大和十九届二中、三中、四中、五中全会及鞍钢集团第二次党代会精神指引下，按照《鞍钢集团有限公司 2020 年档案工作安排》（鞍钢办发〔2020〕1 号），紧密围绕两项改革、促进高质量发展等生产经营大局，拓展档案资源建设，档案管理水平稳步提升。其中，退休人员社会化管理档案移交顺利通过辽宁省核验并得到高度评价。

【紧密围绕两项改革开展档案工作】 一是退休人员社会化管理档案移交。鞍钢集团共有 23 万卷退休人员档案需要整理移交。面对时间紧、任务重及疫情带来的不利影响，按照先行先试、总结经验、建立三级质量审核体系的模式开展工作。12 月 8 日，接受辽宁省核验，评价鞍钢“无论是时间上还是效果上都找不出任何问题，高质量完成了此项工作”。二是厂办大集体改革归档工作如期开展。推进厂办大集体改革是党中央、国务院的重大决策部署，是鞍钢集团 2020 年工作的重中之重。鞍山钢铁办公室档案处细化归档范围，明确整理要求，培训 25 批次、341 个单位、518 人。截至 12 月 22 日，共接收进馆 101 个单位、3.6 万件档案，下发情况通报 1 期。

【夯实档案制度】 2020 年，依据国家法律法规及鞍钢工作实际，鞍山钢铁办公室档案处修订了《鞍钢集团有限公司国防科技工业固定资产投资项目档案管理办法》（鞍钢政办发〔2020〕23 号）等 5 个制度文件；新增制定《鞍钢集团有限公司电子档案管理办法》（鞍钢政办发〔2020〕32 号）。

【有序推进数字化工作】 一是数字档案馆项目有序进行。鞍山钢铁办公室档案处一手抓疫情防控、一手抓工作进度。全年累计上传图像 667.6 万页（折合 A4）、目录 65.8 万条、挂接图像 894.2 万页（折合 A4），完成数字化成品质量图像目录检查 200.2 万页（折合 A4）和一致性检查 333.8 万页（折合 A4），超额完成全年上传图像 600 万页目标。二是增量档案电子化取得新进展。实现鞍钢股份科研管理系统与档案管理系统对接，按科研项目进行电子归档。同时，实现鞍钢集团财务共享平台线上归档电子记账凭证。另外，鞍钢集团电子招标投标交易平台完成升级改造，新系统已与档案管理系统对接具备归档条件。

【加大档案验收力度】 一是重点工程档案验收。积极跟踪收尾工程，坚持先验后决。严格执行《鞍钢集团有限公司科学技术档案管理办法》，配合公司“一守两清三控四确保”工作，贯彻落实“未经档案验收或档案验收不合格的项目，不得办理项目竣工验收”的规定，鞍山钢铁完成炼钢一分厂板坯铸机大修改造工程等 37 项、4106 卷档案的竣工验收工作。同时，对未验先决工程进行补验。鞍山钢铁办公室档案处与鞍钢股份设备工程部共同梳理出未办理档案验收的项目 287 项，予以补验。全年累计验收鞍钢股份大型厂 800 轧机生产线搬迁改造工程等 88 项，涉及档案 8214 卷。二是国防固定资产项目顺利通过档案专项验收。2020 年 6 月，鞍钢股份有限公司××球扁钢研制保障条件建设项目通过辽宁省国防科技工业办公室档案专项验收。

【深入推进双随机检查】 按照三年全覆盖目标，2020 年，鞍山钢铁办公室档案处分别对矿业公司、绿源科技公司、热轧带钢厂、中厚板事业部、保卫部、化学科技有限公司、炼焦总厂、资本控股公司进行双随机检查。同时，2019 年接受双随机检查的 5 个单位已将整改情况反馈至鞍山钢铁办公室，对检查中出现的 124 个问题进行整改并举一反三、全面梳理和自查工作中存在的问题。

【拓展档案资源建设】 一是以《鞍钢日报》为主要线索，落实重大事件归档责任。跟踪《鞍钢日报》头版报道的鞍钢集团总部机关及下属 77 个单位有关重大事件 217 项，收集材料 268 份。二是加强对参股企业档案工作的监管。2020 年 4 月，国务院国资委在中央企业加强参股管理培训会议上对建立健全长效机制等提出了明确要求。鞍山钢铁办公室档案处及时对鞍钢集团 8 个子企业监管的 126 家参股企业进行梳理，并对矿业公司参股的 7 家企业归档情况进行核查。各监管主体归档公司章程、营业执照、派遣报告等材料 3869

卷/件。三是关注企业重大投资项目，确保金融类股权投资项目档案应归尽归。10月，鞍山钢铁办公室档案处对鞍钢集团资本控股公司2017年以来投资的14个金融类股权投资项目档案开展专项检查，针对归档不系统、利用不方便的问题提出整改要求并限期整改。

鞍钢集团全年累计归档各类档案9.6万卷、16.3万件。

（鞍山钢铁集团有限公司办公室　于安妮）

·保密与国家安全管理·

【保密管理】 2020年，鞍钢集团在国资委组织开展的中央企业保密工作对标管理中被评为“标杆企业”。4月1日，鞍钢集团下发了《关于设立保密总监及调整保密办公室岗位编制的通知》（鞍钢编制〔2020〕2号），设立集团公司保密总监，调整集团保密办岗位编制。建立完善保密规章制度，修订下发了《鞍钢集团有限公司保密工作对标管理考核评价办法》（鞍钢密委发〔2020〕1号）。促进保密工作责任落实，集团公司分别与总部机关部门、子企业负责人签订国安保密责任书。依托鞍钢党校、攀钢党校，举办了保密管理人员、国家秘密涉密人员、商业秘密涉密人员培训班，共培训2068人。

【国家安全人民防线建设】 2020年12月22日，鞍钢集团党委2020年第32次常委会会议专题学习“习近平总书记在中央政治局第二十六次集体学习时关于国家安全工作发表的重要讲话”，谭成旭董事长就贯彻落实习近平总书记重要讲话精神提出具体要求。建立健全制度，制定下发《鞍钢集团有限公司国家安全人民防线建设工作管理规定（试行）》（鞍钢委发〔2020〕29号）。按照国家安全机关的要求和部署，鞍钢集团在“4·15”“11·1”等重要时间，通过参观国安教育基地、组织国安知识答题、观看警示教育片等方式，开展国家安全教育，增强反奸防谍意识。

（鞍钢集团有限公司办公室　任　海）

·信访管理·

【综述】 2020年，鞍钢集团面对厂办大集体改革和退休人员社会化管理两项改革的艰巨任务，坚持把防控稳定风险作为重大政治任务，精心研究制定改革政策，从源头上化解矛盾，精心搭建党的领导、思想工作、政策培训、宣传引导、信访稳定“五位一体”的改革保障体系，全力保障大局稳定，改革中基本上没有发生不稳定事件。工作实践中形成了“三维度”大信访工作格局和“六个方面”信访工作机制，有效解决了诸多影响社会和企业稳定的矛盾问题，信访总量大幅下降，在央企排名取得了历史上最好成绩。

1. 信访总量大幅下降，为党和国家重大政治经济活动创造稳定工作环境作出贡献。在全国两会和党的十九届五中全会等重大活动期间，实现了职工群众进京集体访、个人登记访为零的目标，信访总量比上年同期大幅度下降，国资委央企排名，批次第六名，人次第十二名，是多年来进京访稳控效果最好的一年。

2. “两项改革”平稳推进，历史遗留问题妥善解决。鞍钢集团将“两项改革”作为“头号工程”，把稳定风险防控作为改革成功的前置条件，针对梳理出的矛盾问题和稳定风险，制定并实施了一系列防范化解措施，全力保障“两项改革”平稳推进。厂办大集体改革安置职工15.5万人，移交鞍山市政府111户存续企业，实现了与主办国有企业的彻底分离。退休人员社会化管理移交属地政府22.5万人。两项改革实现了平稳有序推进，解决了多年来想解决而未得到解决的历史遗留问题，得到了中央有关领导和辽宁省委省政府的高度评价，为国企深化改革树立了标杆。

3. 各级信访部门通过综合施策，多方努力，解决了大量信访突出问题，实现了大规模群体性事件、个人极端事件和去省进京集体访为零；有效化解了病退、军转干部、七岭子牧场混岗职工等群体访问题；上级交办信访案件按期结案率100%，网信按期回复率100%。

【畅通信访渠道，依法依规处理信访问题】 全年集团公司信访部门接待和受理职工群众来访共365批（案）次、1668人次，同比分别下降10.8%、66.9%；全年办理国家信访局、省民心网交办案件2125件，同比上升29.4%；国家信访局、国务院国资委交办信件407件，同比下降26.9%；全年处置鞍钢集团机关、厂门等重点部位上访共62（案）次、305人次，同比分别下降11.4%、

47.6%。受理的信访问题“件件有着落、事事有回音”，进一步增强了信访工作公信力。

【凝聚信访合力，形成“三维度”大信访工作格局和六个方面长效机制】 “三维度”信访工作格局即横向发挥公司各职能部门作用，纵向落实各级领导责任，对外与属地实施“双鞍”融合。

坚持实行信访联席会议制度，有效发挥部门职能，形成了解决信访问题的工作合力。集团公司分管领导作为总召集人，定期组织各业务部门召开会议，研究贯彻落实上级工作部署、分析研究企业稳定形势、协调解决信访突出问题，形成了矛盾调处协调联动、维权维稳齐抓共管的工作格局。全年共召开信访工作联席会议10次。

建立责任体系，压实各级领导责任，保证主体责任的有效落实。建立健全由各单位党政主要领导为第一责任人、分管领导直接负责、主管部门业务政策负责、重点领域区域包保、各级党组织融入进入的全方位责任体系。年初，集团公司党委与10个直管党委签订了信访维稳工作目标责任书，逐级落实责任。强化绩效导向，将信访稳定工作指标纳入党建绩效考核体系。全年共下发信访工作情况通报18期，表彰先进单位71个，通报批评15个单位，追责考核5个单位。

实施地企联动、推进“双鞍”融合，共促企业和社会和谐稳定。建立了地企联合工作机制，把“事要解决”作为共同工作目标，集成各方资源，形成信息共享、优势互补、协调顺畅、双鞍融合的工作体系，有效地把各种信访稳定突出问题化解在初级阶段，遏制上访群体超出政策底线的缠访闹访行为，取得了良好的效果。全年联合公安机关依法批评教育和训诫重点人22人，行政拘留1人，行政警告1人。

六个方面信访工作机制即信息排查机制、日常调处化解机制、源头治理机制、应急处置机制、困难帮扶机制、督导工作机制。

一是信息排查机制。坚持经常排查与集中排查相结合，及时了解掌握可能发生信访问题的领域和动态。在国家重大政治经济活动和鞍钢“两项改革”期间，实行日排查“零报告”制度。全年共收集网上重要涉稳信息61条，涉及95人，均超前得到化解处置。

二是日常调处化解机制。建立了业务部门联合接待调处工作制度，依法依规处理信访问题。先后化解了沈薄厂“压减”期间职工安置、工人身份幼教待遇等各类信访突出问题。

三是源头治理机制。建立了源头排查、预警研判、风险评估、化解处置相统一的治理机制，把稳定风险评估作为重大决策的“前置程序”，对梳理出的风险点，逐项制定防范措施。退休人员社会化11类群体及厂办大集体“4+N”类群体诉求，均未超出制定的化解措施和解答意见的范围。

四是应急处置机制。按照预防与应急并重、常态与非常态相结合的原则，制定了应急处置预案，强化业务培训和现场演练。全年成功处置了厂容绿化工程处退休人员、附企退休幼教、民企残疾职工等集体访14起。

五是困难帮扶机制。按照“三到位一处理”信访工作要求，与工会系统建立沟通机制，建立了困难职工档案和帮扶对子，在生活上帮扶解决困难，在思想上帮扶拉近感情，实现“两个帮扶”相融合。全年公司共投入70余万元以困难救助方式，化解了一批信访历史积案。

六是督导工作机制。定期开展信访稳定工作“四督”检查，即督方案落实、督问题解决、督预案制定、督责任落实，有效推动信访稳定各项工作落地落实。全年，共集中开展专项督查3次，下发督办通知24次。

【坚持稳字当头，压实两项改革维稳责任】 一是加强组织领导，健全维稳组织体系。成立“两项改革”信访维稳工作领导小组。建立了信息报告、应急处置、信访接待、督导检查、会议协调等工作机制。实施了党委书记维稳周例会制度，建立地企联合工作机制，发挥“双鞍”融合的有效作用，形成工作合力。加强党组织对信访维稳工作的领导，确保各级党组织担负起信访维稳工作主体责任。

二是实行网格化管理，压实各层级维稳责任。建立了信访维稳网格化管理责任清单，集团公司领导对责任区域、重点单位进行包保，逐级落实包保责任。对重点不稳定群体，由责任部门包保做好政策解释工作；对重点群体及人员，由基层单位落实责任包保，建立了责任清单。

三是精心研究制定政策，从源头上化解稳定风险。聘请第三方开展社会稳定风险评估，调查收集职工的各类诉求。集团公司组织相关业务部门反复研究，形成了厂办大集体“4+N”五类群体安置政策和退休人员社会化 11 类群体政策解读意见，作为统一干部思想和答复口径的重要依据。

四是宣传思想工作先行，全力做好政策引导工作。制定下发了《关于抓住思想工作的重点，群体压实“两项改革”信访维稳责任的实施意见》，实行领导干部分级谈话提醒机制，努力做到各级干部思想工作点对点、实打实。配备思想工作骨干力量 1500 多人，统一编写宣传提纲，线上线下开展分级分时的政策宣讲解读工作，努力让主流声音传导到每名职工。

五是完善应急处置机制，依法依规处置突发问题。制定了“两项改革”信访维稳工作方案，严格落实“三个报告”和“三个报到”的工作要求，组建三个层级 9 个微信工作群，实施每天信息日排查“零报告”制度。建立了与市委政法委、公安局、网信办、信访等部门的日常沟通机制，在 6 个改革管理平台主接访场所设置了 7 个警务工作站，安装了人脸识别系统。地企双方共同成立信访维稳工作专班，统筹做好信息收集、信访接待及应急处置和法制宣传教育等工作，做到本级信访本级化解，杜绝了越级上访。

（鞍山钢铁集团有限公司办公室　常铁军）

第十四部分

企业文化与公共关系

·企业文化·

【弘扬优秀历史文化】 组织召开纪念毛主席批示“鞍钢宪法”60周年会议，回顾历史、总结经验，明确新时代弘扬“鞍钢宪法”精神的目标、方向和措施。制作“鞍钢宪法”宣传片，在外部媒体加大“鞍钢宪法”宣传力度，外部媒体全年刊发“鞍钢宪法”报道314条次，进一步扩大了“鞍钢宪法”的影响力。深挖历史资源，在《鞍钢日报》刊载鞍钢历史故事，配合完成南京大学等开展的鞍山钢铁厂口述史访谈工作。

修订《鞍钢集团企业文化与品牌建设管理办法》，明确职能定位、管理内容、推进方式等。完善品牌价值发展指数考核评价体系，将子企业品牌价值发展指数纳入集团制度专项考核中。编制2020—2022年集团企业文化发展规划、企业文化“十四五”战略规划纲要。组织编撰《鞍钢集团品牌架构管理手册》。

【深度融合鞍攀文化】 在广泛调研和征求意见的基础上，制定了《鞍攀文化深度融合工作方案》，提出了以“131”为重点的文化融合工作思路，制定5项措施，明确19项工作标的和时间节点。启动《鞍钢集团有限公司品牌传播口径编制大纲》编制工作，印发实施了《鞍攀媒体融合发展工作方案》，召开了鞍攀媒体融合发展启动会，成立鞍钢集团新闻传媒中心。

【着力提升品牌价值】 制定实施《提质增效品牌专项工作方案》和任务分解计划。与中国宝武全面对标，制定了《品牌工作对标方案》。组织完成8家子企业2019年度品牌价值发展指数的评估和考核评价工作。组织参加中国国际服务贸易交易会、第八届中国慈展会，分别获得组委会感谢信和最具人气机构奖。“品牌价值发展指数的构建与应用”荣获鞍钢集团管理现代化创新成果二等奖。印制《鞍钢集团宣传画册》。鞍钢品牌以891.69亿元的品牌价值位列中国500最具价值品牌第55位，品牌价值比上年提升了16.47%。

（鞍钢集团有限公司党委宣传部　佟　力）

·公共关系·

【开展疫情防控系列宣传】 聚焦疫情防控，从党中央决策部署、科普知识、鞍钢集团群防群治、抗疫一线典型四个维度开展宣传报道，《人民日报》、新华社等主流媒体刊发鞍钢信息1232条次，《鞍钢日报》《鞍钢视讯》等内部媒体刊发稿件1036篇（条），单篇阅读量最高达7.5万人次。《在战“疫”中彰显“钢铁长子”的责任与担当》在国资委《企业文明》杂志刊发，《鞍钢集团：以“四讲”强化疫情防控舆论引导》在国资委宣传局《宣传工作》刊发。

【开展精准扶贫系列宣传】 制订下发《鞍钢集团2020年扶贫工作宣传方案》。在中央、省级媒体刊发稿件19篇，在网络平台刊发稿件102篇，累计转发1428条次。在《鞍钢日报》开设“履行央企职责　攻坚精准脱贫”“扶贫干部风采录”“图说扶贫故事”“老乡有话说”“扶贫日记”等栏目，推出专版4个，累计刊发稿件83篇。

【讲好鞍钢故事】 聚焦鞍钢复工复产、做好六稳六保、弘扬“鞍钢宪法”精神等主题，策划、讲好鞍钢作为大国重器钢铁脊梁的故事，中央主流媒体刊发、转发鞍钢稿件179篇。中央电视台播出的《“新基建”拉动鞍钢地铁钢轨销售》《雷锋曾经就职的央企，抗疫表现“钢钢的”》《坐着“高”铁看中国》，《人民日报》刊发的《拔河，在运动中感悟团结的力量》，《经济日报》刊发的《攀钢独家供货中国高铁整体出口“第一单”》等宣传鞍钢情况引起广泛关注。

【提高新闻宣传力度】 加强与外部主流媒体的沟通联系，2020年在《人民日报》、新华社等主流媒体刊发鞍钢信息1232条次。《人民日报》发布的《鞍钢集团捐赠3000万元用于疫情防控》累计转发288条次，阅读量近90.2万人次。新华网发布的《钢铁长子助力新疆塔县脱贫攻坚》阅读量达到91.7万人次。中央电视台播出的《“新基建”拉动鞍钢地铁钢轨销售》《雷锋曾经就职的央企，抗疫表现“钢钢的”》《坐着“高”铁看中国》引起广泛关注。

（鞍钢集团有限公司党委宣传部　吴先明）

【落实网络意识形态责任】 根据《落实党委网络

意识形态工作责任制责任分工方案》，对各子企业开展网络意识形态工作专项督查，形成《关于鞍钢集团有限公司2019年网络意识形态工作专项督查情况的报告》报集团公司党委，并指导有关单位进行整改提升。

【加强新媒体阵地管理】 坚持守好网络意识形态安全阵地，通过摸清底数、建档立册、统一管理，提升了网络媒体阵地信息化精准化管控水平。截至2020年12月，鞍钢集团在用各级官方网站29个，官方微信公众号109个，官方微博4个，官方抖音号5个。对内部网络媒体阵地中敏感信息进行排查、清理，持续打造清朗网络空间。

【强化舆情管控工作】 抓住网络意识形态管控重点，对疫情防控、全国两会、“两项改革”等重点时段实行24小时舆情监测和舆情日报告制度，第一时间发现、处置17起网络舆情事件，为企业稳定提供舆论保障。鞍钢“两项改革”思想舆论引导工作做法，在中央网信办辽宁座谈会上获充分认可。编发《鞍钢集团2019年度舆情报告》《网络舆情简报》22期、《“两项改革”网络舆情专报》20期，全面了解、掌握舆情情况。重建155人网络评论员队伍，壮大了网上舆论引导、疏导力量。

（鞍钢集团有限公司党委宣传部　马明铭）

第十五部分

党群工作

·党建管理·

【党内统计】 截至2020年末，公司共有党委207个，党总支101个，党支部1799个，党小组4291个；有党员54993名，其中在岗职工党员50464名，离退休职工党员677名，居家休息职工党员3095名，其他方面党员757名。2020年，新发展党员891名，有入党申请人4494名，入党积极分子1766名。专职党务工作人员1191名。

【加强党的政治建设】 一是认真贯彻落实《党委（党组）落实全面从严治党主体责任规定》，制定《落实全面从严治党主体责任清单》，明确了15项履责内容、103条履责措施和2020年重点任务清单。二是修订《鞍钢集团党委党建工作领导小组工作规则》，制定《鞍钢集团党委2020年党建工作要点》，严格执行请示报告制度，及时向党中央、国资委党委等上级组织报送了党建工作报告。三是制定印发《关于巩固深化“不忘初心、牢记使命”主题教育成果的实施意见》，不断巩固深化主题教育成果。四是通过调整编制、配备干部，大力推进67家集团所属三、四级非法人治理结构企业党委“双向进入、交叉任职”，对2019年以来所属三级、四级单位新任职的党委书记及“双向进入、交叉任职”的党委副书记、专职党委副书记119人次进行集中培训，不断强化党员领导干部政治理论水平、依法治企意识和党建工作能力。五是坚持把加强党的领导贯穿“两项改革”工作全过程，印发《关于进一步压紧压实鞍钢厂办大集体改革平台工作组党建工作责任的意见》，对鞍山地区530户集体企业设立的403个基层党组织进行摸底调查，实现了党组织、党员管理全覆盖。采取“两包保、四讲清”等措施，积极推进退休党员组织关系移交工作，确保了“两项改革”稳妥有序推进。

【压实党建工作责任】 一是贯彻落实《中国共产党国有企业基层组织工作条例（试行）》，修订鞍钢集团基层党委工作规则、党支部工作细则、党员教育管理工作细则等，制定加强和改进各级机关党建工作的意见等制度，进一步完善了党建工作制度体系。二是召开鞍钢集团党委常委会会议听取领导班子成员抓党建工作情况，建立鞍钢党委月工作计划制度，强化督查督办，推动责任落实。三是充分发挥考核“指挥棒”作用，大力推进党建与行政工作一体化考核，结合契约化考核和领导班子、领导人员综合考核，组建联合考评组，变多部门多频次考核为年度集中一次考评，减轻基层负担，实现了考人与考党建有效对接。在2019年度党建考评中，2个“优秀”党委被评为“好班子”，对1个“较差”党委的班子成员给予免职和降级使用处理。四是全面开展党委书记、党支部书记述职评议考核，坚持把党委书记抓年轻干部、人才队伍建设情况纳入抓基层党建工作述职评议考核内容，实现了基层党建和干部人才工作双提升。

【严格党组织换届选举工作】 一是健全基层党组织按期换届提醒机制，印发《关于做好2020年基层党组织换届选举工作的通知》，建立基层党组织任期届满换届台账，督促指导鞍山钢铁、攀钢等5个直管党委完成换届选举工作，做到“应换尽换”。二是严格贯彻《中国共产党基层组织选举工作条例》，完善基层党组织换届选举工作流程，确保选举工作标准规范。三是严格执行党代表任期制，制定《党代表参加和列席党内重要会议实施办法》和《党代表资格终止和职务停止实施办法》。

【抓实党支部标准化规范化建设】 一是持续开展党支部建设提升年活动，创建鞍钢“样板”党支部58个、党支部工作示范基地6个，申报第二批中央企业基层示范党支部1个、辽宁省基层党支部标准化规范化示范点5个。二是开展经验交流推动整改，组织召开党支部建设研讨会，研究部署鞍钢基层党支部建设工作，9家单位进行经验交流，2家单位作表态发言，发挥正反两个方面典型的示范警示作用，推动实现基层党支部建设全面进步、全面过硬。三是坚决整顿软弱涣散党组织，通过调研走访、谈话等方式，对“不忘初心、牢记使命”主题教育中查摆出的6个软弱涣散党支部进行了整改“回头看”，进一步查验整改成效，确保了整改落地落实不反弹。四是开设党建工作大讲堂，邀请中组部有关同志就贯彻落实《中国共产党国有企业基层组织工作条例（试行）》进行专题辅导讲座，700多名党务工作者以视频形式参加了专题培训。五是举办2020年上、下半年两批次新任职党支部书记培训班10期，培训486人，把党建制度学习作为重点内容，不断提高党支部书记的履职能力。

【强化党员教育管理】 一是制定《关于在坚决打赢疫情防控阻击战中充分发挥各级党委领导作用和共产党员先锋模范作用的通知》，压实责任、严密防控，实施基层党组织网格化管理，组织做好党员自愿捐款支持新冠疫情防控工作，累计捐款478.3余万元。二是贯彻落实鞍钢集团党员坚决打好生产保卫战“十项措施”，在全公司各级党组织深入开展“七个融入”活动，确定集团级共产党员工程100项、“践行共享理念、关爱一线员工”专项服务项目100项，推动党建工作与生产经营深度融合、同频共振。三是组织开展“守初心强党性、担使命、当先锋”系列主题实践活动，集中开展一次主题党日活动，重温入党誓词、重温入党志愿书，为党员过“政治生日”。持续开展“戴党徽、亮身份、树形象、作贡献”活动和第九届“钢花奖”党员教育电视片评选活动，评选“党课开讲啦”优秀党课99篇、优秀党员教育电视片110部，引导广大党员对标先进、见贤思齐、扎实工作。四是提升党建业务能力，把学习贯彻落实《中国共产党国有企业基层组织工作条例（试行）》作为鞍钢党校、攀钢党校教育培训的必修课，对党委书记、党支部书记进行重点培训。五是扎实推进实施党员分类管理，选取5家党委进行试点，起草了《加强劳务派遣人员中党员管理的实施意见》，不断增强党员教育管理的针对性、有效性。六是加强党内关怀帮扶，组织全公司各级党组织开展走访慰问生活困难党员、老党员、老干部活动，共走访1600余人，发放慰问金120余万元。

（鞍钢集团有限公司党委组织部　杨　松）

·宣传工作·

【加强政治理论学习】 把学习贯彻习近平新时代中国特色社会主义思想作为宣传思想工作的首要任务，在不断提升效果上下功夫。提升了及时性。第一时间学习贯彻习近平总书记最新讲话和重要指示批示精神，重要内容发布第二天就为党委中心组成员提供学习资料，全年累计36期。及时在鞍钢党建网“学习在线”刊发学习重点、学习资料102条。提升了系统性。制定党委理论学习中心组年度学习安排和专题学习计划，通过总体谋划和10个专题计划，全年组织党委中心组集体学习研讨6次，研讨发言30余人次。提升了实效性。坚持问题导向、实践导向，紧密结合鞍钢高质量发展中面临的挑战、存在的问题和重点工作任务，在习近平新时代中国特色社会主义思想中找方向、找思路、找方法。2次集中学习习近平总书记关于国有企业改革发展和党的建设的重要论述，研究讨论国企改革三年行动方案在鞍钢集团落实见效。提升了规范性。修订《鞍钢集团公司党委贯彻落实〈中国共产党党委（党组）理论学习中心组学习规则〉实施细则》，会同集团党委组织部、纪委，对子企业党委中心组学习开展专项检查。与航天科工、中国电科开展对标工作，不断提升组织学习水平。

【加强思想政治工作】 思想政治工作影响力创出了新高度。在中国思想政治工作研究会、中央企业党建思想政治工作研究会、中国冶金思想政治工作研究会获得15项奖励，创近几年最好水平，在中央企业和钢铁企业中名列前茅。鞍钢在中宣部举办的全国思想政治工作传承与创新培训班上作经验介绍，栗宝卿副书记的报告引起与会人员的热烈反响，大家认为鞍钢思想政治工作有传统、有创新、有成效。思想道德建设相关工作经验在国资委主办的《企业文明》杂志、国资委宣传局开办的《宣传工作》刊发。思想舆论引导在两项改革中发挥了不可替代的重要作用。紧紧围绕保障包含15万名大集体职工、22万名退休人员在内的“两项改革”重点工作，将思想舆论引导融入改革全过程，主动担当、积极作为，为改革平稳推进作出了贡献。编发4期《鞍钢厂办大集体改革宣传提纲》和27期两项改革舆情简报，引导职工正确理解改革、积极参与改革。制订工作方案，搭建宣传平台，建立159人的网络评论员队伍、301人的思想工作队伍，及时回应职工关切，实施信息日报制度，确保改革顺利推进。

（鞍钢集团有限公司党委宣传部　李　勇）

·纪检监察工作·

【召开2020年度集团党委党风廉政建设和反腐败

工作会议】　2020年3月27日，集团党委召开2020年党风廉政建设和反腐败工作会议，集团党委书记、董事长谭成旭出席会议，总结部署党风廉政建设和反腐败工作。集团党委副书记、总经理戴志浩主持会议。集团党委副书记栗宝卿部署“靠钢吃钢”专项整治工作。国家监委驻鞍钢监察专员，集团党委常委、纪委书记孟庆旸就贯彻落实会议精神提出要求。谭成旭在讲话中对2019年集团党风廉政建设和反腐败工作成绩给予肯定，明确2020年工作总体思路和重点任务，强调要突出政治引领，持之以恒用习近平新时代中国特色社会主义思想武装头脑、指导实践；强化政治监督，加大对落实习近平总书记重要指示批示精神和党中央重大决策部署的监督检查，加大对中央巡视反馈问题整改的督促推进，加大对统筹疫情防控和企业改革发展的监督，加大对集团生产经营、深化改革、创新创效和权力运行的监督；从讲政治的高度深入整治形式主义、官僚主义，持之以恒整治“四风”问题；深化政治巡视和巡视整改，完善巡视巡察工作格局；一体推进不敢腐、不能腐、不想腐，巩固和发展反腐败斗争压倒性胜利；压实党委主体责任、纪检监察机构监督责任，推动责任层层落实。孟庆旸要求各级党委要强化政治担当，构筑七方面责任体系；各级纪委要切实履行好职责使命，协助党委推进全面从严治党；要牢记初心使命，强化斗争精神，增强担当精神，提高进取精神，以实际行动推动新时代鞍钢纪检监察工作高质量发展。

【忠诚践行“两个维护”】　1. 学深悟透做实习近平新时代中国特色社会主义思想。深入学习领会习近平新时代中国特色社会主义思想和党的十九大、十九届四中、五中全会精神，增强“四个意识”、坚定“四个自信”、做到“两个维护”，在思想上政治上行动上始终同党中央保持高度一致。印发《十九届中央纪委四次全会精神学习手册》，组织专题学习，开展同步测试，两次召开直管单位纪委书记会专题推动落实。坚持边学习、边调研、边工作、边总结，深入基层单位开展调研51次，召开专项工作推进会27次，开展对标7次，及时总结报告20余篇。

2. 推进政治监督具体化、规范化。紧扣“国之大者”，围绕“两个一以贯之”，做实监督工作，推动党的理论方针政策及重大决策部署贯彻落实。督促严格落实“第一议题”制度，印发《关于进一步完善贯彻落实习近平总书记重要批示工作机制的通知》，建立《贯彻落实习近平总书记重要指示批示监督台账》。紧扣习近平总书记关于东北振兴和视察四川的重要讲话和重要指示批示精神、十九届四中全会精神、党中央重大决策部署、整改中央巡视鞍钢反馈问题和2019年鞍钢党委巡视巡察发现问题等重点内容，印发《强化政治监督，落实“两个维护”工作方案》，制定“108个是否”检查清单。组织专门小组开展政治监督检查，对发现的4个方面9项问题，下发纪律检查建议书4份。制定《鞍钢纪委（监察专员办）关于巡视整改日常监督办法（试行）》，创新性开展整改评估工作。坚持把纪律和规矩挺在前面，查处违反政治纪律案件16件，处分16人。

3. 推动“两个责任”贯通协同，形成合力。及时传达学习习近平总书记和中央纪委国家监委关于全面从严治党、党风廉政建设、巡视巡察等部署要求，常态化运用谈话提醒、发函提示等方式，督促鞍钢各级党委持续落实全面从严治党主体责任，加强党风廉政建设和反腐败等工作。制定全面从严治党主体责任方案和工作清单，压紧压实“两个责任”。每季度对纪律审查情况进行分析，及时向鞍钢党委通报发现的问题。从酝酿开始，全程参与选人用人工作，坚决把住“廉洁关”。

【一体推进不敢腐、不能腐、不想腐】　紧盯中央巡视反馈问题线索和重大案件，对案情重大、复杂的，采取提级办理、交叉办案等方式逐案突破，形成有力震慑。2020年，全集团处置问题线索651件，立案300件，结案302件，处分295人。联合地方监委对鞍钢集团原总工程师张大德，攀钢钒原董事长、总经理、西昌钢钒原董事长赵永平等10名涉嫌职务犯罪的人员采取留置措施进行调查。开展“靠钢吃钢”专项治理，坚决打击盗窃企业财物、业务往来中侵害企业利益等问题和收受贿赂搞利益输送的职务犯罪案件，立案115件，纪律处分和组织处理115人，挽回损失8534万元。指导二级单位开展“雷霆行动”“清风工程”等，对鞍山钢铁本部、鲅鱼圈分公司的物防、技防设施升级改造。组织开展化公为私专项整治，给予13名存在违规经商办企业行为的领导干部党纪处分和组织处理。强化以案促改，成立专项工作组深挖“2·23”案件背后的深层次原因。强化警示教育，在党建网通报112件典型案例，编发《久久为功紧盯“四风”问题》等评论员文章，拍摄袁雪峰案件教育片《脱轨》和“靠钢吃钢”微电影，用身边事教育身边人。

【持之以恒纠治“四风”】 坚持整治职工群众反映强烈的突出问题，进一步巩固“带钱”问题专项治理成果，对奖金分配不合理、徇私舞弊、侵害企业利益等问题立案101件，处分72人。深入整治形式主义、官僚主义，紧盯管理经营、服务职工、安全生产等环节持续发力，查处形式主义、官僚主义问题18件，处分18人。与地方纪委监委建立联合检查和信息共享机制，紧盯重要时间节点开展联合检查2次，印发《关于在鞍钢集团坚决制止餐饮浪费行为切实培养节约习惯的通知》，查处公款旅游、公款吃喝、私车公养等违反中央八项规定精神问题60件，处分60人。精准运用“四种形态”特别是第一种形态，开展为受不实举报的党员干部澄清正名工作，查处诬告陷害案件，为大胆干事创业的干部撑腰鼓劲。

【强化监督保障】 1. 强化对疫情防控工作的监督。面对突如其来的新冠疫情，集团纪委将疫情防控监督作为重中之重，以强有力的监督为鞍钢统筹疫情防控和生产经营、实现快速复工复产提供坚强保障。2月14日、3月5日两次召开专题视频会议，7次下发加强疫情防控监督通知。运用“四不两直”方式，突击检查10余家基层单位，直接约谈30余人次，指导处理发现的问题8件。组织开展疫情防控物资采购发放情况和疫情防控期间干部选拔任用、表彰奖励、发放补助及有关费用使用情况两项专项检查，严查贯彻落实中的搞变通、打折扣等行为。严肃处理疫情防控中不担当、不作为、形式主义、官僚主义问题和违反防疫规定等问题，立案5件，给予党纪处分2人、政纪处罚3人，批评教育498人次、组织处理6人次。

2. 监督保障重要改革项目稳步推进。印发厂办大集体改革和退休人员社会化管理工作纪律规定，正式行文明确“九个严禁”，对推进工作不力的相关单位进行约谈，就工作中发生的形式主义、官僚主义问题立案17件。强化教育监督，编写鞍钢厂办大集体改革纪律要求培训材料，到鞍山钢铁、矿业公司、工程板块等单位开展4次专题培训。成立鞍钢厂办大集体改革问题线索处置专班，督导大集体改革中新建的六家改革企业平台设立纪检监督组，开展相关政策措施落实、领导干部履职尽责等情况的监督。成立改革推进专项检查组，深入基层单位开展督查，推动解决改革责任落实不到位、措施执行不坚决等问题57项，现场解决8项。

3. 强化对重点领域的监督。加强对权力运行的监督，围绕企业“经营管理者”这个关键群体，制定《鞍钢纪委专项监督管理办法》，从制度层面对监督工作进行规范。加强对科技创新的监督，开展落实党中央创新引领决策部署情况专项调研，推动解决“卡脖子”技术难题。下发《关于强化监督“十项措施”、“保生存”工作落实情况的通知》，推动各单位深入贯彻落实《关于应对目前严峻形势坚决打好生存保卫战的十项措施》和“保生存”各项工作要求，确保目标明确、责任压实、措施精准、成效达标。强化安全防火再监督工作，压实各级领导干部履行包保责任，严查各类事故背后的形式主义、官僚主义问题11件，处分11人。加强对脱贫攻坚的监督，制定《关于聚焦脱贫攻坚强化监督的通知》《聚焦脱贫攻坚强化监督工作清单》，建立月度跟踪机制，确保政策走下去、资金拨下去。

【巩固拓展纪检监察体制改革成果】 持续深入巩固纪检监察体制改革成果，持续深化“三转”。发挥鞍钢反腐败工作协调小组统一领导、统一协调、统一部署的作用，拓宽问题线索来源渠道。指导攀钢与攀枝花市纪委监委建立工作协调机制，推动形成横向全覆盖、纵向全连接工作格局。加强对下级纪委的领导和指导，提升全集团纪检监察整体工作水平。以招标采购业务为试点，探索建立了“1+4+N”模式大数据监防平台，构建一个包含采购、销售、工程、人员、车辆等信息的大数据信息库，设立社会监督公示、业务信息查询、综合分析预警、纪检系统工作4个监督平台，将多项业务领域纳入监督范围。以规范化、法治化为目标，梳理68项现行制度。

【建设高素质专业化纪检监察队伍】 突出抓好党的政治建设这个根本性建设，组织纪检监察干部深入学习习近平总书记在统筹疫情防控和经济社会发展、制止餐饮浪费行为、中央党校中青年干部培训班等方面的重要讲话和重要指示批示精神，制定《鞍钢纪委工作人员行为规范》。以中央纪委《纪检监察干部培训系列课程》为载体，深入开展全员培训，就“如何做好纪律审查工作”“职务犯罪的构成要件及审查调查方向”“公职人员政务处分法”等内容，培训全集团纪检监察干部2000余人次。常态化运用以案代训、交流任职等方式，不断提升纪法双施双守能力。组织制定并严格执行直管单位纪委书记考核评价办法。坚持刀刃向内，严查纪检干部违纪违法问题，立案11件，处理处分11人。

（鞍钢集团有限公司纪委　吴　锋）

·统一战线工作·

【召开2020年统战工作会议】　12月24日，鞍钢集团党委召开2020年统战工作会议，深入学习贯彻中共十九届五中全会精神，通报鞍钢集团生产经营和改革情况，听取党外代表人士意见建议。鞍钢集团党委副书记栗宝卿出席会议，对做好鞍钢集团2021年统战工作提出要求，4名党外代表人士作交流发言。

【支持民主党派鞍钢基层组织加强自身建设】　6月9日，九三学社鞍钢委员会召开成立大会暨第一次社员大会。大会选举产生了第一届委员会主委、副主委、组织委员、宣传委员，那洪权当选主任委员。新成立的九三学社鞍钢委员会下设鞍钢综合支社、鞍钢技术中心支社、鞍钢矿山支社和鞍钢工程技术支社四个支社。

【加强统一战线队伍建设】　无党派人士、鞍钢集团钒钛（钢铁）研究院轨道交通用钢技术研究所一级专家邹明荣获“全国劳动模范”荣誉称号。组织鞍攀两地17名党外代表人士，围绕鞍钢“十四五”高质量发展建言献策，共征集意见建议33条。推荐王军生、林垚2名同志为欧美同学会（中国留学人员联谊会）全国会员代表人选。推荐盛玲玲、张丽妍2名同志为辽宁省第十次归侨侨眷代表大会代表候选人。

【深入开展“爱鞍钢、献良策、做贡献”主题活动】　印发《关于开展2020年鞍钢集团“爱献做”优秀成果评比表彰工作的通知》《关于表彰2020年鞍钢集团“爱献做”活动优秀成果的决定》，评选表彰2020年鞍钢集团“爱献做”优秀成果46项。

（鞍钢集团有限公司党委宣传部　秦永春）

·精神文明工作·

【精神文明建设】　用时代精神引领人。认真贯彻《新时代公民道德建设实施纲要》和《新时代爱国主义教育实施纲要》，《新时代鞍钢道德建设的守正与创新》在国务院国资委《宣传工作》和《企业文明》刊发。调整鞍钢集团有限公司精神文明建设指导委员会成员。组织创作7个社会主义核心价值观微视频，组织职工观看音乐剧《钢铁是怎样炼成的》，激发职工创新创业精神。用教育阵地凝聚人。开展鞍钢集团博物馆申报全国爱国主义教育示范基地工作，持续完善功能、提升效果，启动鞍钢集团博物馆改造工作。指导重机公司建设厂史馆，协调开馆仪式、内部参观等工作。组织雷锋纪念馆参加辽宁省学雷锋活动快闪视频制作。用先进典型带动人。广泛宣传第二届“鞍钢楷模”先进事迹。开展孟泰、王崇伦、郭明义等“最美奋斗者”“时代楷模”报告文学创作。组织1万多名职工观看大型话剧《孟泰》，增强职工弘扬孟泰精神的自豪感、责任感。用丰富活动感召人。开展志愿者助力疫情防控活动，21支志愿者团队捐款近50万元，捐赠价值30多万元的防疫物资，120名志愿者无偿献血4.3万毫升。组织郭明义爱心团队成员助力精准扶贫活动，先后帮扶20个省市6100个精准扶贫建档立卡户，协调资金近3000万元，探索出一条发动社会公益力量服务国家战略的有效渠道。

（鞍钢集团有限公司党委宣传部　曹德飞）

·党校工作·

【举行秋季开学典礼】　2020年10月29日，鞍钢党校举行2020年秋季开学典礼暨“一把手”政治能力提升研修班开班仪式。鞍钢集团党委副书记栗宝卿主持开学典礼。鞍钢集团党委书记、董事长谭成旭出席开学典礼，并作开班动员。鞍钢集团党委组织部、党委宣传部主要负责人，攀钢党委组织部、党委宣传部主要负责人；鞍钢集团

“一把手”政治能力提升研修班和“70后”中高级研修班学员，鞍钢党校相关负责人和教师代表、攀钢党校相关负责人等参加开学典礼。

【落实“四性”培训要求】 切实把政治性、系统性、精准性、实效性的培训工作要求，贯穿于培训全过程。完成了鞍攀两地各级党委书记、副处级以上领导人员、党支部书记十九届四中全会精神专题轮训班21期，轮训3645人。精心策划，组织实施了集团公司中高级研修班、80后和90后青年干部培训班，打造出课程设计合理、培训方式新颖、教学安排紧凑、课程质量较高的高端培训项目。支撑集团公司战略目标落实落地，开办了“一把手”政治能力提升培训班、国际化人才专项培训班、审计业务培训班等培训项目。突出精准对接子企业需求，开办了鞍山钢铁春苗培训班、众元产业青年干部培训班、矿业公司“三长一员”培训班等多个培训项目。

【发挥科研“智库”作用】 承担了中央企业党建政研会党建课题“中央企业党建智库建设问题研究”、省委党校协作课题“优化营商环境，助力辽宁振兴发展”、集团公司思政课题“做好疫情防控工作中的思想政治工作专题研究”、集团公司党建课题“中国共产党国有企业基层组织工作条例（试行）的实践研究”“关于加强和改进新时代党性教育研究”“加强混合所有制企业党建思想政治工作”等集团公司及以上重点课题13项。荣获央企党建政研会优秀成果一等奖1项；集团公司党建课题和思政课题优秀成果共10项，其中一等奖2项。在《社会科学》《继续教育》《教学与研究》等省市级杂志发表《深刻领会深化混合所有制改革的重要性》《新时代加强党性教育的核心内容》等理论文章近10篇。

【强化教学组织管理】 严格落实《中国共产党党校（行政学院）工作条例》《辽宁省委贯彻落实〈中国共产党党校（行政学院）工作条例〉若干措施》和集团公司党委的要求，坚持严以治校、严以治教、严以治学。建立培训质量评价机制，实施教学督导、听课评价、学员考勤、学员评估等培训全流程精细化管理，有效提升培训质量。积极克服新冠疫情对培训工作的影响，建立线上线下相结合的培训新模式，实施网络直播教学，保证了疫情防控、培训教学两不误。落实“逢班必考”“凡提必考”，使培训效果真正落到实处，全年有14273名学员参加了结业考试考评，有271名领导人员参加了“凡提必考”。

（鞍钢党校　刘允壮）

·工会工作·

【民主管理】 2020年，集团公司成功召开了一届九次和十次职代会，审议了行政工作报告，审议通过了《职工罚则》和《福利费管理办法》。各子企业根据集团公司职代会管理办法规定，规范召开各级职代会，积极发挥职代会民主监督作用，落实职工民主权利。攀钢获得“全国厂务公开民主管理示范单位”称号。各级工会积极参与集体企业改革和退休人员社会化管理工作，认真研究改革过程中如何履行民主程序、维护职工权益。特别是在党委领导下，制定了《鞍钢集团有限公司厂办大集体改革履行民主程序的指导意见》，与省市总工会反复沟通请示，指导监督集体企业成功召开职代会，全票表决通过了《职工安置方案》，为集体企业改革的顺利进行打下了基础，受到了集团公司党委的充分肯定。

【职工思想引领】 各级工会组织深入贯彻习近平总书记关于疫情防控和经济社会发展的一系列重要讲话和重要指示批示精神，在集团公司党委的统一领导、统一指挥下，坚持“两手抓、两手硬”，围绕企业中心工作，发挥工会组织作用，履职尽责、担当作为，各项工作取得了新成效。在《鞍钢日报》开设“弘扬劳模精神，创造崭新业绩”专栏，向《工人日报》《四川工人报》等媒体推荐发表专题报道等，多角度展示劳模工匠的优秀事迹。“摇篮鞍钢”微信公众号工会专栏推送260篇，攀钢工会“攀钢职工之家”微信公众号吸引“工粉”一万余人。落实习近平总书记重要批示，向全体职工发出《关于坚决制止餐饮浪费行为　弘扬勤俭节约美德的倡议书》。

【劳模管理】 鞍钢集团认真规范做好劳模推荐工作，注重引导发挥劳模的示范、引领、带动和桥梁作用，营造学习先进、赶超先进的浓厚氛围。表彰了20个先进单位，303名先进生产者。集团公司3名同志荣获全国劳动模范称号，6名同志荣获四川省劳动模范称号，6名同志荣获辽宁省五一奖章，1个单位获得辽宁省五一奖状，2个集体获得辽宁省“工人先锋号”。

【劳动竞赛】　鞍钢集团各级工会围绕落实集团公司“十项举措”，以对标挖潜、降本增效为着力点，持续深入开展“当好主人翁、建功新时代”主题劳动竞赛，积极营造劳动光荣的良好风尚和精益求精的敬业风气。各子企业全年开展各级劳动竞赛406项。鞍山钢铁开展“抗疫情，降成本，赢‘双跑’”主题劳动竞赛，攀钢开展“聚焦五‘升级’，实现双‘跑赢’”主题劳动竞赛，矿业公司开展成本极限挑战赛、“补点检短板　促效率提升”等专项竞赛，都各具特色，效果突出。在2020年6月辽宁省总工会召开的劳动和技能竞赛现场推进会上，鞍山钢铁被评为鞍山唯一的首批优胜单位。

【群众性自主创新】　鞍钢集团推进群众性创新活动，激励职工自主创新。各级职工创新工作室全年共确定1402个攻关项目，结题1057项，是集团成立以来历年项目最多的。集团公司表彰了106个优秀项目。鞍钢股份热轧带钢厂曲晓东的“大国重器舰船用钢不平度调整技术”项目获冶金科学技术奖一等奖，是唯一的一线工人获奖项目。2项成果获全国钢铁行业职工技术创新成果一等奖。组织参加第二十四届全国发明展览会，133个参展项目获金奖25个、银奖41个、铜奖34个，鞍钢集团获优秀展团奖，为2010年参展以来最好成绩。

【职工技能竞赛】　鞍钢集团组织了20个工种的职工技能竞赛群英赛，参赛职工1.1万余名，涌现出技术能手138名。在2020年四川省职工职业技能比赛中，攀钢工程公司梁恩荣获得焊工项目第一名。在2020辽宁省职工技能大赛中，鞍钢股份冷轧厂王亮获得全省无人机大赛无人机装配操作员第六名（二等奖）。众元产业城服公司朱晓菲、杜军分别取得辽菜烹饪技能大赛中式面点、中餐热菜第四名，获“金厨”奖称号。

【服务职工】　鞍钢集团建立信息化帮扶系统，完善结对帮扶机制，加大帮扶力度。各级工会协助党政开展大走访活动，全年累计走访慰问各类困难职工、离退休人员43385人次，发放救济金1800.65万元。审核发放医疗救济金1223万元，惠及2702人。对在档的全国级困难职工和内部标准困难职工精准帮扶，在申请中央帮扶资金的基础上，通过各级单位的积极救助，本年度实现了全部解困脱困。面对新冠疫情，集团公司工会第一时间安排了200万元防控专项资金，在补助各单位工会的同时，购买发放了疫情防控物品，并慰问了赴武汉参与疫情防控人员的家属，利用微信公众号、微信群等宣传疫情防控和复产复工信息。

【女职工工作】　2020年，鞍钢集团工会女工委紧扣新时代女性工作特色，积极搭建建功立业平台，打造成长成才平台，关注女性合法权益，团结动员广大女工立足岗位、务实创新，为实现鞍钢集团高质量发展贡献力量。鞍钢集团工会命名表彰100名2019年度三八红旗手、10名三八红旗手标兵和50个三八红旗集体。各单位工会评选三八红旗集体208个，巾帼文明示范岗139个，三八红旗手1092名，巾帼建功标兵457名。开展读书活动188次，评比“书香女性”最佳征文作品36篇，“女人有约·读书会”最佳悦读者33名，命名“最美家庭”10户，充分展现巾帼健康积极的工作和生活状态。鞍钢矿业广大女工在干好工作的同时，在和谐家庭建设、育子成才方面也表现突出，2个女工家庭在鞍钢最美家庭评选中被评为和谐家庭和模范家庭，5个女工家庭被鞍钢推荐为“鞍山市最美家庭”。各单位工会女工委开展女工专项集体合同检查93次，查出问题并整改问题53条。开展关爱帮扶行动，使患病困难女工切实感到组织的温暖和关怀。春节和三八、五一、六一、十一等节日期间，鞍钢集团工会各级女工委共计走访慰问4463人。

（鞍钢集团有限公司工会　杨　杨）

·共青团工作·

【搭建思想教育平台】　用先进的思想引领青年明智，开展青年大学习行动，每季度评选“青年学习之星”，在《鞍钢日报》刊发“牢记总书记寄语”“五四特刊”等专版，号召各级团组织和广大团员青年学习贯彻落实习近平总书记重要讲话精神。《中国共青团》杂志刊发《育青年建功新机 开组织变革新局 鞍钢团委以“辩”应“变”谋发展》文章，并推广到“学习强国”APP宣传交流。用社会主义核心价值观引领青年塑形，疫情期间，组建德邻陆港、人才公寓等多个疫情防控和复产复工青年突击队共同抗疫；推送多篇疫情防控原创作品，作品居央企共青团微信公众号前列。各子企业创新开展纪念五四运动101周年主题实践活动，带领团员青年为夺取疫情防控和改革发展双胜利作出贡献。以鞍钢人才公寓食堂为主阵地，开展“制止餐饮浪费行为 践行节约新风尚”网上有奖知识竞答、“光盘行动——我带头”等一系列活动，吸引近万人次参加，培养青年良好生活习惯。用表率的力量引领青年笃行，加强青年典型选树，推荐评选国家级荣誉4个、省级荣誉12个、市级荣誉12个，德邻陆港青年突击队荣获省级优秀“青年突击队”称号。

【搭建青年创新平台】 精准定位创新主题，将提质增效作为2020年创新登高计划的鲜明主题和重点立项内容，引导青年智慧提质、主动增效，激发青年提质增效“长尾效应”。实施“六位一体”创新登高项目管理，明确促进企业技术创新和科技进步的立项导向，累计立项1424项。培育选树创新典型，开展鞍钢集团第七届创新登高“双十佳”和2019年度“创新登高”金牌项目评选表彰，指导各子企业团委广泛开展形式多样的评选表彰活动，拍摄高质量的青年创新工作宣传片，挖掘、宣传优秀青年创新集体和个人，引导更多青年投身创新创效。稳步推进创新升级，以市场化的标准不断深入挖掘高质量、可孵化的创新项目，落实谭成旭董事长在创新登高大会上的议定事项，加大对好项目的奖励力度，推进创新登高计划提档升级。

【搭建综合服务平台】 实施“1+100”走进青年行动计划，开展鞍钢青年思想状况调查，编写《2020年鞍钢青年思想调查报告》，为集团公司“十四五”期间高质量做好共青团和青年工作提供有力支撑。举办住宿青年迎新春文艺沙龙和“鞍钢青年梦想心愿墙”活动，鼓励青年勇于追梦、敢于圆梦；明确鞍钢青年“青春合伙人”定位，与鞍钢青年“七点半梦响合唱团”签署融合发展合伙协议，疫情期间“七点半梦响合唱团”原创抗疫合唱作品《逆行》，被“学习强国”APP转载，观看量近百万次。推动青年全面发展。起草《鞍钢集团中长期青年发展规划（2021—2025年）》，明确未来5年鞍钢青年发展政策和路径。举办“振兴杯”计算机网络管理员专业大赛，与鞍山团市委联合举办“青年技能大赛”，提升青年职业技能素养。

【搭建开放交流平台】 推荐鞍钢青年创新领军人物参加辽宁科技大学“博雅讲坛”，为在校大学生开设网络课堂，讲述鞍钢故事，促进校企融合；支持青年自组织“钢蹦儿舞团”与广发银行联合举办“云斗舞”活动，促进银企青年交流互动。创新青年文化交流，集团团委原创表情包“钢小团”“钢小妹儿”上线微信表情开放平台，总下载量突破1.17万次，总发送量超30万次；推出鞍钢青年原创轻喜剧《青春那旮瘩》第二季，讲述鞍钢青年自己的故事，累计观看量超5万次。建成鞍钢人才公寓“青年之家”，面向各级团组织及青年开放使用，为鞍钢青年提供高品质开放交流场所。

【深化鞍钢共青团改革】 制定下发《关于加强鞍钢共青团的基层组织建设工作的实施意见》，全面完成基层团组织换届选举目标任务；加强人才公寓团组织建设，完成人才公寓团工委委员增补和楼层团支部换届工作。重新修订《鞍钢集团有限公司共青团工作管理办法》《共青团鞍钢集团有限公司委员会议事规则》《鞍钢集团共青团工作考核评价办法》《鞍钢集团2020年子企业共青团工作考核评价方案》，推动从严治团工作制度化、常态化。坚持“专、挂、兼”相结合工作机制，选调多名团干部到集团团委挂职培养，继续开展“钢铁之团园丁计划”团干部培训。

（鞍钢集团有限公司团委　王相宇）

第十六部分

鞍山钢铁集团有限公司

·生　　产·

【综述】 2020年1—12月，鞍山钢铁集团公司认真贯彻落实集团党代会、职代会精神，围绕疫情防控和生产经营目标，统一思想，认清形势，开拓创新，细化管理，注重系统协同和联动，加强鞍营朝三地生产互动，上下工序密切配合，刚性衔接，快速反应。产量规模保持高水平运行，部分成材产线创历史，两金占用及合同执行符合预期，生铁成本实现跑赢大盘，有力保障公司整体生产的稳定和高效，为公司完成生产经营预定目标提供强有力保障。在公司31项主要技术经济指标中，本部、鲅鱼圈分公司、朝阳钢铁分别有3项、4项、8项指标创历史最好水平。

1. 攻坚克难，变革创新，全力推进规模提升。面对新冠疫情、雾霾限产、大风雪等各种不利因素，在一季度高炉顺行差、铁钢欠产的不利情况下，公司通过强化产销融合、生产联动、基地互动、优化排产，充分发挥营销、采购、物流、生产、设备紧密协同优势，实时跟踪，预判调整，变革创新，攻坚克难，精益组织，较好完成了当期钢材产量目标任务，为公司完成既定利润目标提供了坚实保障。

炼焦：抓配煤，控指标，稳质降本。通过采取提质、降耗、控灰分、控硫分、提高干熄焦率等措施，全力组织焦炭稳质高产降本。全焦耗洗煤完成1303千克/吨，比计划改善17千克/吨；焦炭M40完成88.51%，比计划提高0.21%；焦炭灰分稳中有降，完成12.28%，比计划改善0.22%；焦炭成本完成1392元/吨，同口径同比降低180元/吨。

炼铁：抓操作，保稳顺，稳产控本。公司始终坚持以炼铁为中心，以高炉稳顺为重点。一是强化高炉生产操作，工序以大风量、高风压、少富氧、活跃炉缸、做炉型为工作核心，采取“两稳一降两提高”措施，坚持一机一炉、一炉一策。在2号、7号两座高炉年修改造的不利条件下，完成产量1784万吨，同比减产55万吨（扣除高炉检修影响产量持平）。2号高炉5月大修开炉一次成功，7月高炉利用系数2.563，创历史最好水平，10号高炉长期稳定顺行。二是烧结以提产保质为核心，深挖产能潜能，推进一机一炉。通过烧结机环保改造、加强环保设施维护等措施，先后完成西区两台烧结机大修改造，三烧除尘系统检修。西区两台烧结机改造后，四季度实现烧结机利用系数1.506，环比上年提高0.154，每日增产2400吨。2020年烧结机克服各种不利因素，利用系数完成1.320，环比提高0.016。三是精益调整应对，保证铁前系统用料平衡。因雾霾、环保等因素影响，烧结矿、球团矿、外购焦炭用料平衡都出现阶段性紧张，通过调整烧结矿碱度、外购球团矿、外购焦炭增量及本部和鲅鱼圈协同调配资源等多项措施，实现高炉保产运行。2020年外购球团矿38.75万吨，外购焦炭153万吨；调拨鲅鱼圈球团14.75万吨，烧结矿14.86万吨。四是建模配煤配矿，挖掘降本潜力，推进成本变革。3月开始，结合矿业公司市场化经营及系统降本工作，烧结调整配矿结构，优化配煤配矿，提高低价粉矿、块矿使用比例，建立低成本配矿模型、择机采购、精准配矿。增加低价非主流粉矿比例至80%，使用印度粉、FMG混合粉、超特粉等低价粉矿；混料配比由15%提高到18%；采用罗伊山块替代PB块；增加磁选粉用量1万吨/月。为降低喷吹煤配煤成本，根据烟煤价格优势，提升烟煤比例到53%；低价无烟煤比例提升到40%以上，引进昔阳、阳泉2号煤，与西山等低价煤共用。2020年生铁成本完成2323元/吨，对比同行业，降低42元/吨。

炼钢：重创新，保平衡，控耗降本。2020年，克服转炉和连铸接续改造、检修、兑铁温度制限等困难，统筹考虑定修、品种和炉机状态，根据废钢资源和市场形势，分阶段、分区域灵活控制废钢单耗，以不翻铁、不浪费产能、铁钢整体平衡为目标。上半年，针对无外购废钢，通过组织炼钢创新使用含铁冷料及其他降温冷料，既满足了转炉温度平衡要求，又实现加工成本的降低，炼钢金属钢铁料消耗大幅度降低，与2019年相比，炼钢一分厂降低7.1千克/吨、炼钢二分厂方坯降低7.6千克/吨、炼钢二分厂板坯3号线降低1.1千克/吨、炼钢三分厂降低11.2千克/吨、炼钢四分厂降低5.0千克/吨；同时进行耐材成本变革和熔剂减量替代探索，炼钢加工成本压降效果凸显。下半年，根据公司“提废增钢”精神，克服铁水质量波动大、兑铁温度低、检修频繁的困难，组织采购、运输、加工等各系统紧密协同，保障废钢结构，提高废钢槽重，加快运输效率，为“提废增钢”保驾护航。下半年废钢单耗完成156千克/吨，四季度废钢单耗完成170千克/吨，12月废钢单耗完成185千克/吨，创历史最高。

轧钢：抓机遇，精调整，产量规模创历史。抓住市场机遇期，加强轧线生产过程管控，强化质量管理，精心操作，精细点检，遏制各类事故；精细优化生产计划，合理安排出钢计划，强化上下工序衔接，及时跟踪调整，为生产厂创高产提供有利条件，保持公司钢材规模最大化，多条产线产量实现新突破。5月，小型线（13.10万吨）、线材厂1号线（9.76万吨）、线材厂2号线（5.05万吨）、无缝厂177线（2.2万吨）产量均创历史新高。12月，硅钢西线（0.9万吨）、硅钢东线（8.47万吨）、冷轧厂商品材（58.8万吨）、冷轧厂酸轧工序（59.9万吨）产量也创历史新高。通过加强产销衔接，优化资源配置，加大质量攻关力度，提高产品一次合格率。同时加大重点合同监管力度，1—12月公司本部合同执行率累计完成94.12%，其中冷轧厂5月合同执行创历史新高，达到96.24%；大型厂5月、7月、9月、10月、12月合同执行率达到100%；重点品种合同执行率完成100%。

2. 注重全局，基地互动，保证公司整体规模和“经济性”。1—12月，公司克服生产任务重、节奏快、原燃料紧张及三大节日生产组织困难等诸多不利因素，充分发挥“鞍营朝”三地整体规模和管控优势，积极主动应对市场变化，精心组织多基地原燃料、钢坯、钢卷等生产资源互动，实现多地生产有效衔接、资源合理配置，为公司整体规模提升和效益最大化提供强有力支撑。一是铁料调剂互补。1—12月，本部供鲅鱼圈磁铁精矿6.9万吨（进口矿阶段未到）；鲅鱼圈供本部球团、烧结矿分别为14.75万吨和14.86万吨。二是调坯提升规模。1—12月，本部供鲅鱼圈钢坯97.64万吨，供朝阳钢坯12.5万吨，充分释放三地产能。三是调卷调品增效。为保证本部硅钢、汽车钢、管线钢等品种钢生产，阶段组织从鲅鱼圈调拨钢卷，缓解本部RH生产压力。1—12月，共计从鲅鱼圈调拨冷轧和硅钢原料15.45万吨。

3. 成本变革，“双轮”驱动，推进系统降本工作。1—12月，系统降本坚持系统管、管系统的成本管理理念，在固化2019年系统降本成果基础上，2020年系统降本实行“双轮”驱动，给指标、定目标，组织立项攻关推进。坚持“成本倒逼、项目拉动”，标杆宝武或三地历史最好，对梳理查找的问题和差距进行立项攻关，确保完成公司吨材成本同比降低100元目标。1—11月，公司系统降本5大项115个课题指标累计降本35.55亿元；其中48个生产制造系统降本课题指标累计创效18.99亿元，吨材降本135.2元，均完成降本创效目标。

4. 控库存，防风险，较好完成两金占用目标。12月底，生产系统监管库存完成82.45万吨，比期初降低3.66万吨。一是大宗原燃料始终坚持低库存运行，从需求计划入手，控制大宗原燃料采购，最大限度降低高价物料库存，既保证生产需求，又完成压库目标。截至12月底，原燃料库存完成22.98万吨，比年初降低7.36万吨。二是轧钢原料在产品库存通过合理控制，最大限度地降低高价物料库存。

5. 产销协同，精准应对，确保公司总体生产稳定顺行。一季度，受疫情影响，原燃料价格波动，钢材市场低迷，下游行业需求不振，特别是本部2号高炉及配套西区炼钢、热轧2150线大修改造原计划2月初开始，由于疫情影响，施工人员、外方调试人员等组织困难，推迟延期到3月实施。面对复杂形势，公司迎难而上，生产协同营销，精准应对。针对疫情影响的不确定性，密切跟踪公司每周配煤配矿、市场形势分析例会，坚持以市场、营销为主导，以“稳顺、集约、高效、降本”为核心，实行月计划、周分析、日调整，精益生产计划安排。在过程管控上，严格按照公司效益排序及营销系统合同组织到达实际，动态调整，坚持有效益的产线满负荷生产，对效益较差的产线采取集约生产的模式，并坚持产量规模与设备年修改造相匹配，保证公司产销平衡、效益最大。同时密切跟踪大修、改造工期进度和调试变化，周密安排原燃料及品种钢备料，满足整体生产平衡和钢种、合同执行要求，确保公司总体生产稳定顺行。

（鞍钢股份有限公司制造管理部　张金栋）

·经　　营·

【指标完成情况】 2020年，鞍钢股份钢材销量2461万吨，产销率完成100%；资源计划完成率95.3%，超计划0.3%；直供比例完成75.9%，超计划5.9%；新产品、战略产品比例分别达到11.37%、68.55%，超计划2.37%和3.55%。

【推动营销改革发展】 打造高效营销体系。初步形成面向市场，以客户为中心，“对外快速反应，对内高效协同”的一体化营销体系。逐步形成两段式销售、为客户提供一站式服务的管操模式，营销工作效率和客户满意度得到提升。

【加强渠道能力建设】 系统策划客户走访，集团公司领导率队跑市场、拓渠道，走访战略客户29次。完善客户分级走访计划，明确走访层级需求，形成集中统一的分级走访规划，确保客户走访工作计划性、针对性、规范性和协同性。营销系统全年强化客户走访工作，建立了良好的沟通渠道和需求反馈平台。科学设计营销战略，构建形成“北斗望月，面向大海”营销战略布局。结合区域定位，剖析市场占有率、竞争对手、客户群体等客观因素，有针对性地实施“五位一体”营销策略组合。以拳头产品推进和深耕细作东北区域为切入点，抓全领域战略直供客户群建设，直供比例达到75%。聚焦“一带一路”，克服疫情、贸易保护带来的挑战，坚持走高品质、高附加值、高技术含量出口之路。重点突出工程渠道，以服务国家需求为己任，强调重点工程营销渠道拓展。组建区域化、网格化、责任化工程项目跟踪团队，做到横向相互配合，纵向互动支撑，形成工作合力。做强优势，加强与知名工程类企业合作，充分发挥鞍钢品牌和技术服务优势，借船出海，成功中标几内亚达圣铁路、孟加拉国帕德玛大桥、缅甸管线、中老铁路和沙特阿美管道建设等海外工程项目，不断提升行业影响力和美誉度。

【提升量价管控能力】 建立“三点四维度”机制。抓住核心关键，完善价格管理体系，提升价格管控能力，实现增益创效。持续更新价格模型，以市场为基础，提升品种价格。充分发挥产销协同作用。根据市场形势及疫情带来的影响，主动实施产销平衡的月计划、周分析、日调整。将优质资源合理配置给优质客户，将全部资源合理配置到高性价比区域，创新线上线下协同模式。

【提升客户满意度】 站在客户立场，关注客户体验，完善服务体系。对客户从利润、销量、稳定性、占有率、潜力等多维度实施量化评价，将客户划分为核心、重要、价值和一般客户四类，其中A类客户53家，B类客户32家，健全客户档案，实施差异化营销策略。从客户的视角设计服务流程，逐步建立了日常问题（普遍化）区域公司快速解决，各销售职能部门聚焦行业（专业化）解决方案，复杂性、前瞻性、个性化问题由专家团队提供个性化解决方案的三级服务体系。异议处理速度、问题改进效率持续提升。2020年异议结案率100%。对重点战略客户的异议处理周期实现了15天以下。

【夯实营销基础管理】 自管理与信息化整体提升项目启动以来，已完成管理导入、差异化对标分析报告、流程优化、需求分析报告、系统设计报告工作。营销信息化系统建设按照项目计划顺利进行。通过信息化系统项目的推进，营销中心也完成了产销体系改革实施方案，以系统促改革，以改革提管理，最终提升营销体系运行效率，提高营销系统一站式服务能力。

（鞍钢股份有限公司市场营销中心　王长宇）

·技术改造·

【技术改造综述】 2020年，鞍山钢铁集团公司共完成投资42.85亿元，投资规模与2019年基本持平。

一、投资结构分析

在完成的42.85亿元投资中，固定资产投资完成41.71亿元，占总投资的97.4%，长期股权完成1.14亿元，占总投资的2.66%。

在完成的41.71亿元固定资产投资中，新开工项目投资11.95亿元，占总投资的28.66%，续建项目投资完成29.76亿元，占总投资的71.34%.

全部投资为主业投资，占总投资的100%，无非主业投资。

二、重点项目进展情况

1. 炼铁总厂烧结机环保升级改造项目。项目总投资127000万元，在炼铁新烧分厂内，拆扒2号265平方米烧结机，新建600平方米烧结机，降低炼铁总厂烧结矿成本，提升烧结矿质量，满足高炉的用料需求，环保达到超低排放标准。项目内部收益率13.72%，投资回收期8.58年。投产后可关停东烧360平方米烧结机。2020年累计投资28983万元，完成工程招标与工程合同签订，开展施工前期工作，计划2022年投产。

2. 热轧带钢厂2150线升级改造。项目总投资26000万元，项目内容主要为新增2150产线精轧F7轧机，改造优化辊道等设施，升级电气传动和控制系统。工程投产后，可拓展高强钢品种、实现汽车钢品种全覆盖，全面提升产品质量，年增加高附加值专用材产品14万吨，项目税后内部收益率为8.23%。2020年项目投资8287万元。

3. 2150ASP产线铸机升级改造。项目总投资46800万元，项目内容主要为对1号、2号、3号板坯连铸进行升级改造。完成后铸坯清角比率由7.1%降到1.5%，非汽车板钢种具备直装条件比率98.5%。夹杂缺陷率由2.3%降至0.95%以下，200毫米铸坯生产的汽车板钢种铸坯经表面清理后，可满足2150线生产汽车钢的需求，1号、2号设计产能达到550万吨。2020年累计投资16685万元，完成前期设计、设备采购及工程承包合同签订，计划2022年底投入运行。

4. 管理与信息化提升项目。项目总投资75133万元，建设公司级智慧运营层的相关信息系统，实现钢铁主业一体化运营模式，在组织运作上体现运营管控下多制造基地制造与物流协同的效益，实现订单管理、质量设计和物流信息的共享对接与高效流转。2020年累计投资11498万元，预计2021年投入使用。

三、投资落实国家宏观政策和产业、区域发展政策情况

2020年，鞍山钢铁围绕优化产业布局，做精做强钢铁产业，全面提升创收创效能力的战略发展方向，重点投资了提质调品、工艺优化、环保节能和智能制造项目，其中提质调品及工艺优化项目投资111017万元，占总投资的26%；环保节能方面投资108733万元，占总投资的25%；智能制造及信息化投资51518万元，较上年同比增长415%。

在推进关键核心技术攻关、解决“卡脖子”问题等方面，鞍山钢铁2020年投资12137万元，推进实施了鲅鱼圈分公司5500毫米轧机增加预矫直机改造工程，鲅鱼圈分公司5500毫米厚板产线2号热处理炉增设温控机项目，鲅鱼圈分公司5500毫米产线在线自动探伤机升级改造项目，鞍钢股份炼钢总厂40吨电渣炉新增水处理系统项目，鲅鱼圈分公司5500毫米产线测宽测厚仪升级改造项目，中厚板厂4300机组加热炉大修改造项目，质检计量中心新建一、二炼钢全自动炼钢化验室，中厚板事业部4300产线精整辊道大修，技术中心海洋装备用金属材料及其应用国家重点实验室实验楼大修改造工程等9项投资项目，为突破关键核心技术、解决“卡脖子”钢材制造问题创造条件，有力支持了相关科研课题的研发进程。

2020年，鞍山钢铁服务东北老工业基地振兴的项目投资规模为399056万元。在长春、天津、郑州、武汉、杭州、广州等地布局钢加中心，聚焦客户驱动，实施服务引领，2020年投资18030万元。

（鞍山钢铁集团有限公司科技与规划部
郑　勇）

· 科技发展 ·

【科技创新工作综述】 2020年，是鞍山钢铁全面推进“践行‘集约、减量、智慧@客户’发展之路，实现高质量发展”战略的起步之年，全年大力推进科技卓越计划和科技领军计划，充分发挥科技在效率提升、成本变革、服务引领、智慧制造、生态融合能力等方面的引领作用，加快了行业前沿、关键、重大、核心、引领、节能减排和绿色制造技术的研发进程，为全面完成公司“一守两清三控四确保打赢五大战役”目标、提升核心竞争力、加快高质量发展步伐，作出了突出贡献。

1. 聚焦关键重大领域，研发高水平核心技术。下发科研计划8批，261个项目。组织四代快堆蒸发器用钢316H开发等4项技术入选国家“卡脖子”技术目录并形成1025专项计划，组织“极端环境海洋工程装备用钢关键技术及示范应用”入选辽宁重大专项，负责的国家重点研发计划“高强耐蚀车体和高铁转向架构架用钢关键制造与应用技术”课题通过中期检查。实现船用VL4-

4MOD 低温钢、深海管线用高应变 L485M 钢板全球首发，7 号高炉寿命创鞍钢高炉长寿新纪录。

2. 依靠科技支撑战略，加快高质量发展步伐。在关键核心技术上围绕 18 个领域、33 个项目，在关键共性技术上围绕 16 个领域、34 个项目，在“拳头产品”上围绕 10 个品种、34 个项目，在前沿引领技术上围绕 8 个领域、28 个项目，在颠覆性技术上围绕 11 个领域、13 个项目，完成了“十四五”重大研发项目布局。制定了科技领军重点行动 3 年计划，按系统、领域将 370 多个课题整合为 102 个大课题。

3. 构建高效研发体系，全系统释放科技效能。全面推出了科技卓越计划，给予汽车用钢等 6 个卓越计划团队年度立项、对外合作等权力。给予鲅鱼圈等成熟区域对外合作授权等，充分调动基层创新积极性。完成了《科研项目管理程序》等管理办法的制（修）订，形成了高效的制度管控体系。

4. 加快对外合作步伐，提高产销研检用水平。与东北大学等签订“高铝钢连铸保护渣的研制开发”等 18 个对外技术开发合同。完成与西安交通大学“高效换热器研制与应用项目”等合作科研项目结题验收。组织对外签订技术输出合同 70 项，金额 1638 万元。

5. 加强知识产权运营，深层次提升竞争能力。组织完成了《鞍山钢铁集团有限公司知识产权管理办法》等 7 项管理制度修订，获得国家受理专利 496 件，其中发明专利占比 69.9%。申请计算机软件著作权 5 项，在“高性能特厚 690 兆帕海工用钢”等 7 个技术领域形成了专利群，成为第一批辽宁省高价值专利培育中心。

【完成“十四五”科技规划项目布局】 全面按照“坚定不移建设制造强国、质量强国、网络强国、数字中国，推进产业基础高级化、产业链现代化，提高经济质量效益和核心竞争力”的战略部署，围绕炼铁、炼焦、炼钢、热轧、冷轧、中厚板 10 个工艺领域，汽车钢、造船用钢、海洋工程用钢、桥梁钢、管线钢、核电用钢、重轨、铁路车辆用钢等 13 个产品领域，资源利用与环境保护、智能制造、能源科技等 10 个非钢领域，完成涵盖 185 个重大研发专项的“十四五”科技发展项目布局。

【群众性创新工作】 召开年度科技创新大会和辽宁省金属学会换届大会，组织 14 个成果完成辽宁省金属学会科技成果评价，完成对 291 个重大合理化建议及技术改进项目、102 个优秀“讲、比”项目、645 篇辽宁省金属学会优秀科技论文、160 篇鞍山钢铁优秀科技论文的评审表彰，组织“鞍钢股份公司中厚板厂热处理设备 QC 小组”获国家优秀 QC 管理小组，组织 52 个 QC 小组、33 个班组分获辽宁省优秀 QC 管理小组、质量信得过班组；组织 2 个项目获全国创新方法大赛三等奖，组织鞍山钢铁代表队获得全国网络炼钢团体挑战赛金奖。

【召开科技创新工作会议】 2020 年 3 月 25 日，鞍山钢铁/鞍钢股份召开年度科技工作会议，总结过去一年科技工作成效，部署新一年科技创新任务，以科技创新引领“六大能力”提升，为打造高质量“钢铁旗舰”提供强大技术支撑。

（鞍山钢铁集团有限公司科技与规划部
李维兵）

【国家重点实验室建设】 充分发挥海洋装备用金属材料及其应用技术国家重点实验室在服务国家战略、参与国家创新体系建设中的引领作用。鞍钢集团党委书记、董事长谭成旭为国家重点实验室揭牌，召开了国家重点实验室一届五次学术委员会会议，完成《实验室学术委员会工作条例》等 13 项制度的制（修）订，完成“十四五”科技规划编制。承担“863 计划”、科技部重点研发计划、国防科工局及工信部等国家重大科技项目（课题）任务 30 项，承担鞍钢集团有限公司及鞍山钢铁公司横向课题 153 项。新承担国家项目（课题）2 项。发表 SCI 论文 7 篇，EI 论文 2 篇。

【产学研检用工作】 积极推进与东北大学、大连理工大学等重点院校所科研合作步伐。与东北大学等签订“高铝钢连铸保护渣的研制开发”等 18 个对外技术开发合同，完成与西安交通大学“高效换热器研制与应用项目”合作项目结题验收。依托与中集海洋工程研究院有限公司建立的海工钢应用联合实验室，成功获批辽宁省科技重大专项“极端环境海洋工程装备用钢关键技术与示范应用”项目；依托与天津大学建立的海洋工程用钢焊接与腐蚀评价技术联合实验室，完成了酸性环境下海洋工程用钢断裂韧性评价实验平台建设及相关验证试验，成为世界第三家可进行模拟酸性环境海洋工程用钢断裂韧性评价工作的单位。

（鞍山钢铁集团有限公司科技与规划部
王忠润）

【科协工作】 向全国炼钢学术年会、炼铁生产技术会、轧钢生产技术会等20个学术会议投寄论文200多篇。组织科技人员围绕新品种开发、工艺优化、技术创新、质量提升、节能减排、设备改进、资源综合利用等开展“讲、比”活动，攻关立项212项。参加TRIZ创新方法大赛。获辽宁省创新方法大赛一等奖2项、二等奖3项、三等奖7项。组织开展推优评优活动，获评辽宁省优秀科技工作者3人、冶金青年科技奖1人、辽宁好人·最美科技人1人。

（鞍山钢铁集团有限公司科技与规划部 曹新全）

【科技成果】 获各级科技奖励共计34项。“钢材热轧过程氧化行为控制技术开发及应用”获国家科技进步奖二等奖；有7个项目获冶金科学技术奖，其中“大型转炉洁净钢高效绿色冶炼关键技术”项目获特等奖，“大国重器舰船用钢不平度调整技术”项目获一等奖；有5个项目获辽宁省科技进步奖。

（鞍山钢铁集团有限公司科技与规划部 白玉璞）

【知识产权】 制订鞍山钢铁知识产权策略和年度知识产权工作计划。年度专利申请受理量612件，其中发明专利367件，发明专利申请比例达到60%；获得国家授权专利564件，其中发明授权专利284件，发明专利授权比例达到50.4%；公司累计拥有有效专利3283件，其中发明专利1764件，发明专利比例达到53.7%。

（鞍山钢铁集团有限公司科技与规划部 仉 勇）

·管理创新·

【企业改革】 2020年，鞍山钢铁深入学习贯彻习近平总书记关于国有企业改革发展的重要论述及相关重要指示批示精神，聚焦“集约、减量、智慧@客户”，以市场化思维系统谋划设计鞍山钢铁三年改革路线图，全面推进鞍山钢铁各层面改革落实落地。

1. 完善公司职能体系，提高专业管理与服务能力。以构建“核心突出、系统完整、协同高效、清晰规范”的职能体系为目标，坚持职能归口、流程导向，强化协同配合，正式出台《机关管理职能汇编》，明确了产销系统各单位的职能分工与运行界面。

2. 优化管控模式和授权体系，落实企业市场主体地位。出台《关于完善管控体系的实施意见》和《核心业务权限规范》，编制并下发公司《关于建立行权履职规范及评价机制的实施意见》，建立公司行权履职规范及评价机制，健全全周期授权体系，增强授权放权行权的系统性、科学性、规范性和实效性。

3. 推进产销研一体化管理，提升市场营销与服务能力。一是推进组建中厚板事业部，印发了《关于组建中厚板事业部的决定》（股份政发〔2020〕1号）与《鞍钢股份有限公司中厚板事业部运行规则（试行）》（股份政发〔2020〕21号），明确了中厚板事业部功能定位、机构编制、运行规则等事项。二是产品销售业务集中一贯管理。建立钢铁主业多基地统筹协同、营销体系集中一贯管理的体制机制，将无缝产品的销售业务集中至市场营销中心，实施集中一贯管理，打造具有竞争力的产品营销体系。三是建立钢轨产销研一体化运行机制。成立了钢轨技术营销服务中心，统筹协调股份公司钢轨产品的市场开发与销售服务。四是推进商务车产销研一体化运行。成立商用车产销研服一体化工作组，提高公司商用车市场销售与技术服务能力。

4. 变革组织模式，系统推进集约化管理。一是推进大型厂和无缝厂整合，构建纵向分类管控、横向高效协同的组织管理体系，全面提升各产线的运行效率与效益。二是推进厂管作业区模式。探索将作业区技术、质量、设备、成本等管理职能上划厂部/分厂，减少管理层级，优化基层管理技术人员配置，提升运行效率。

5. 推进企业市场化改革，激发企业活力。一是推进电气公司股权收购工作，完成了电气公司《章程》修订及《股权收购协议》签订工作。二是推进鞍信公司机构改革。强化鞍信公司的市场主体经营地位，依法依规实施授权放权，使鞍信公司享有同市场主体地位相适应的经营自主权。三是推进劳研所转企改革。明确了其功能定位、法人治理结构设置，并对未来发展方向做出了详细的安排。

6. 优化内部资源配置，提高业务运行效率。一是推进鞍钢化学科技有限公司市场化、产业化发展，将技术中心化工技术研究所划归化学科技公司，组建炭材研发中心，为做强做大化工产业提供研发基础。二是调整化学科技铁路运输业务。将化学科技公司所负责的焦化区域运输业务、铁路运输分公司所负责的苯加氢区域运输业务，以及相应资产进行置换，理顺管理，提高运行效率，确保生产运输安全。三是推进铁路运输分公司与冶金运输厂业务整合。将冶金运输厂全体职工成建制划入铁运公司。四是推进煤制气项目委托管理。将炼焦总厂煤制气项目资产委托鞍钢化学科技有限公司实施运营管理并签订委托管理协议。五是推进煤净化业务划归炼焦总厂。

7. 优化组织机构设置，规范编制管理。一是注销远东船检公司。按承债式注销其工商登记，其债权债务全部由鞍山钢铁承担。二是注销建设监理公司。终止监理公司经营，并注销其工商登记。三是调整退管机构及其编制设置。撤销托管中心、机关党委代管的机关离退休管理办公室建制，其相关业务、人员成建制划入人力资源服务中心；撤销各级基层单位的全部退管机构，其现有退管业务、人员统一纳入本单位人力资源管理机构。四是建立专业职能岗位序列。建立公司专业职能岗位序列，优先推进机关部门内设机构模块化管理及其主要负责人及以下岗位向专业职能岗位转换。五是深化“领导职数压减”工作。2020年，共压减领导职数96人，完成了鞍钢集团下达的压减目标。六是落实“双向进入、交叉任职”领导体制。调整公司内除拟混改以外的全部26个党委单位的领导班子设置，把党的领导融入公司治理各环节，把企业党组织内嵌到公司治理结构之中，明确和落实党组织在法人治理结构中的法定地位。

8. 完成电子商务中心公司制改革，打造独立市场主体。充分发挥“互联网+实体”协同效应，有效促进电子商务与采购、销售、物流、金融等的紧密融合，提升电子商务的经营创效能力与市场竞争力。鞍山钢铁与鞍钢股份分别出资9%和91%，合资组建德邻智联（鞍山）有限公司。

9. 完善中长期激励约束机制，推进投资项目契约化管理。选取中厚板厂4300机组加热炉大修改造项目实施契约化管理，确定契约化管理周期、评价指标、履约保证金额度、奖罚办法等，组建项目管理团队，并签署契约化管理合同，构建起投资项目管理团队与公司“风险共担、成果共享”的利益共同体。

10. 启动对标世界一流管理提升行动，有序开展相关工作。制定下发《鞍山钢铁对标世界一流管理提升行动工作方案》；收集对标企业做法，确定对标对象、对标指标，明确对标对象水平及自身对标前后水平，制定提升措施，落实责任单位，编制运营管理领域对标提升行动实施方案及工作清单，配合鞍钢集团完成集团层面对标提升工作方案和实施方案。

11. 妥善解决历史遗留问题，减轻企业负担。积极稳妥推进厂办大集体改革，完成总体改革工作。统筹使用中央财政补助资金和企业自筹资金，接续集体身份职工的医疗保险和养老保险，妥善安置职工。鞍钢附企改革平台共有90045人签署《和解协议》，占应签署人数的99.72%；341户集体企业通过集体企业性质界定，其中100户集体企业在完成公司制改革后将股权无偿划转给鞍山市政府，实现存续集体企业与主办国有企业的彻底分离。协调解决“三供一业”分离移交收尾问题。

（鞍山钢铁集团有限公司企业管理部
王　茹　王恩家）

【绩效考评】 坚持生产经营和党建工作同奖同责考核，推动企业与市场经济深度融合，以效益最大化和最优化为导向，打造各级市场主体，完善承包经营机制，“一企一策”制定符合企业经营发展的市场化运营评价机制，继续深化经营者契约化管理，有效落实各级企业市场主体地位。精准设置考核指标，全面承接鞍钢集团各项考核指标，按照“跑赢大盘、跑赢自身”原则合理设定绩效考核指标，重点关注客户、质量、成本，全面提升市场竞争力及产品覆盖能力。优化目标管理机制，客观真实反映业绩水平。

（鞍山钢铁集团有限公司企业管理部
李　莉　王洪涛）

【风险与内控管理】 面对新冠疫情冲击和国内外不稳定、不确定因素增多的严峻复杂形势，鞍山钢铁充分发挥全面风险管理对生产经营的支撑和保障作用，进一步强化经营风险意识，完善内部控制机制，提高风险防控能力，实现了重大风险可控在控，促进了企业持续健康稳定发展。全面梳理查找管控制度和流程缺陷，完成修订鞍山钢铁内控制度130项。发布《核心业务权限规范》《业务审批权限手册》。加强风险预警监控，实现风险事件为零。强化“5+X”联审机制，推进重大事项的专项风险评估与合规审查工作，先后完成钢绳公司混改、炉材科技混改等重大决策事项的专项风险评估与合规审查。

【管理创新成果】 荣获鞍钢集团级管理现代化创新成果8项（一等奖1项、二等奖2项、三等奖5项），荣获辽宁省管理创新成果5项（一等奖1项、二等奖4项），荣获冶金企业管理现代化创新成果2项（二等奖1项、三等奖1项）。利用《鞍钢日报》、微信公众号等宣传媒介，宣传、推广朝阳钢铁、鲅鱼圈市场化改革管理创新成果，充分发挥优秀成果的示范引领作用。

【规章制度体系建设】 进一步规范公司管理行为，构建内控有效、合法合规的规章制度体系，保持规章制度适宜性、充分性和有效性，组织开展规章制度立改废工作。在对现行规章制度进行全面梳理甄别的基础上，制定下发规章制度制（修）订计划并推进落实，2020年共制（修）订规章制度130项，集中废止29项，规章制度体系管理水平进一步提升。

（鞍山钢铁集团有限公司企业管理部
徐长维　杨新兵）

【管理体系认证】 坚持PDCA循环，管理体系有效运行并持续改进，持续提升企业管理水平和综合竞争力。出台《关于下发鞍钢股份有限公司2020年QEO管理体系目标的通知》《鞍钢股份有限公司2020年QEO管理体系内部审核方案》等体系管理文件。组织实施了2020年QEO管理体系内部审核，发现的不合格项共41项，其中质量24项、环境7项、安全6项、能源4项，均为一般不合格。加强持续改进管理，确定QEO管理体系及其过程有效性的改进、有关产品的改进、资源保障改进等年度改进项目10个。积极组织职业健康安全管理体系标准换版工作。形成《安全体系换版策划方案》。顺利通过管理体系年度外部审核。2020年8月通过IATF16949汽车产品质量管理体系外部认证审核。2020年9月通过QEO（含质量、环境、职业健康安全、能源）管理体系年度非现场外部认证审核。完成GJB质量管理体系认证及武装备承制单位资格换证（两证合一）工作。

（鞍山钢铁集团有限公司企业管理部
郭淳璞）

【投资企业运营监管】 加强子企业专职董监事队伍建设。配备4名具有钢铁冶金、化工技术、物流运输、企业管理等方面专业知识的高级专家担任部分投资企业的专职董监事。组织对重点投资企业开展实地调研，发现参股投资企业在生产运营、董事会运作、关联交易、经营风险中存在的问题，制定有针对性的整改措施。历史遗留问题投资企业股权处置。经鞍山钢铁党委常委会前置讨论，报请鞍山钢铁董事会和鞍钢股份董事会批准，对持有的大连船舶重工集团钢业有限公司、鞍山市焊丝厂、辽宁企联实业公司、钢海饮料厂、鞍山标准件厂股权实施财务核销；对持有的海南农业租赁股份有限公司股权实施账销案存处理。

（鞍山钢铁集团有限公司企业管理部
许国林　郭丽娜）

·战略管理·

【编制发展战略和规划】 做好顶层设计，谋划企业长远发展，组织编制《鞍山钢铁“十四五”发展战略和规划》。明确了公司“1361”发展战略，践行“集约、减量、智慧@客户”的发展理念，进一步优化空间、产品和产业布局，致力于加强效率变革、成本变革、服务引领、技术领先、智慧制造及生态融合六大能力建设，确立了把鞍山钢铁打造成让党放心，让职工满意，最具行业竞争力的“钢铁旗舰”的战略目标。同时综合考虑投资方向、投资额、效益、投资速度的关系，集中保优、有保有压，做到精准投资。着力推进产业结构调整、转型升级、科技创新和国际化经营等重点工作，打造产品、成本、服务模式等独特的竞争优势，注重质量、效益、效率，不断改善经济增加值、净资产收益率等关键指标，提升企业竞争力，严控战略风险。

（鞍山钢铁集团有限公司科技与规划部
赵　利）

【亏损企业治理】 2020年，鞍山钢铁高度重视亏损企业治理工作，建立“月度有跟踪、过程有督导、年度有考核”的工作机制，压实治理责任，圆满完成2020年度“完成国资委核定的1户重点亏损子企业阶段性治理任务，实现较2019年减亏20%以上的目标；按国资委的要求全面完成‘处僵治困’任务和国资委重点亏损子企业；完成集团公司认定的重点亏损子企业治理”的治理任务。

鞍山钢铁组织相关部门及治理目标企业，对各企业亏损原因进行系统梳理、研究，针对企业实际“一企一策”组织制定了亏损企业治理方案；组织建立了亏损企业监控体系，每月分析、汇总亏损企业治理进展情况，对发现的问题及时采取相应措施，并形成亏损企业治理进展情况报告；每季度召开亏损企业治理推进协调会议，通报治理工作进展情况，协调解决亏损企业治理中存在的问题；对全部法人企业的经营状况进行全面梳理和预测，针对可能趋于亏损的企业及时进行预警，确保不出现新增亏损企业。通过治理，圆满完成2020年度治理任务。

（鞍山钢铁集团有限公司科技与规划部　夏红斌）

【实施精准扶贫，圆满完成公司扶贫任务】 2020年，鞍山钢铁领导高度重视精准扶贫工作，带头深入基层扶贫点开展调研活动，看望慰问贫困立卡户，与当地干部群众座谈交流，解决扶贫工作中遇到的困难和问题，结合扶贫点的实际情况，充分发挥企业优势，开展精准扶贫工作，助力扶贫点全部实现脱贫摘帽，贫困人口实现全部“清零”。

1. 全面超额完成鞍钢集团下达的各项扶贫任务指标。按照鞍钢集团的要求，鞍山钢铁于2020年5月完成新疆塔县帮扶资金的拨付工作，为塔县扶贫项目早开工、早建设创造有利条件，全面完成了鞍钢集团下达的各项扶贫任务指标。2020年计划投入资金（物资）1750万元，实际投入资金（物资）1738万元。其中，计划投入扶贫资金1620万元，完成1620万元，完成率100%；计划捐赠资金30万元，完成30万元，完成率100%，计划捐赠矿渣（含运输费）100万元，依据台安县达牛镇（村）的修路实际需求，捐赠钢尾渣1.4万吨（含运输费）合人民币88万元，完成了乡间道路路面硬化。另外，鞍山钢铁通过鞍山市慈善总会于2020年初和年末向附企公司捐赠资金600万元，用于2020年、2021年元旦和春节救济附企公司大病、长病、特殊困难的职工生活。

计划指标完成情况是：2020年初，鞍钢集团公司与国务院扶贫办签订了《中央单位定点扶贫责任书》，鞍山钢铁全面超额完成了中央单位定点扶贫任务书确定指标。2020年投入扶贫资金1450万元，完成率121%，比2019年增加10%；引进帮扶资金37万元，完成率617%；培训基层干部527人，完成率878%；培训技术人员129人，完成率258%；购买贫困地区农产品577万元，完成率2309%；帮助销售贫困地区农产品22.6万元，完成率113%；引进企业1家，实际完成投资49.8万元；实施督促检查2次。

2020年帮扶塔县有8个资金投入项目，已完成7项，还有1项正在实施。因受新冠疫情影响，牦牛肉深加工项目于6月底完成了工程施工挂网招标工作，由于7月新疆出现新的疫情，开标无法进行，项目实施进度受到影响。经过驻塔县扶贫工作组的积极努力，协调、督促地方政府业务主管部门，牦牛肉深加工项目施工进度已过半。经与地方政府齐心攻坚，塔县实现贫困人口“清零”，2020年退出国家贫困县。

2020年安排辽宁省内扶贫资金170万元，已全部拨付到位。其中：建昌县投入资金100万元，完成率100%；岫岩县石灰窑村投入资金40万元，完成率100%；上桃村投入资金30万元，完成率100%。帮扶建昌县制衣车间项目、帮扶上桃村农机合作社项目已投入运营。建昌县暖棚项目、石灰窑村绒山羊养殖羊舍建设项目正在组织实施。

2. 选派优秀干部开展援疆和驻村扶贫工作。2020年，鞍山钢铁援派优秀扶贫干部19人，其中选派援疆干部13人，驻村干部6人。党委组织部进一步规范和强化援派干部的管理工作，关心关爱坚持一线的扶贫干部，解除其后顾之忧，让他们全身心地投入援疆扶贫工作之中。针对新疆塔县民族边疆地区的特殊性，突出推荐选拔政治能力强、政策水平高的优秀干部，常驻扶贫干部达到10人。选派2批4名优秀技术人员持续帮扶塔县颗粒饲料厂、供水供暖公司等，协助企业建立安全、生产、设备管理制度并持续开展培训，使塔县相关企业、部门的自身运营管控能力得到明显提升。驻石灰窑村和上桃村的村干部能够积极配合地方政府一手抓党建，一手抓村集体经济项目的谋划、实施，为脱贫摘帽后开展乡村振兴起到积极的推动作用。

3. 加大扶贫总结宣传力度，提升品牌影响。按照鞍钢集团公司的要求，宣传部进一步加大扶贫工作宣传报道的力度，为提升鞍钢品牌形象，为决战决胜脱贫攻坚营造良好舆论氛围作出了突出贡献。2020年，在《鞍钢日报》等内部媒体刊发新闻报道34篇（条）。在《光明日报》客户端、新华网、学习强国辽宁平台等中央、省级媒体发表扶贫动态新闻24篇（条），远远超出了每月不少于一篇扶贫报道的要求。

4. 消费扶贫超额完成目标计划。按照国资委的要求，中央企业消费扶贫额度力争比2019年实际完成值增加50%，鞍钢集团下达给鞍山钢铁的消费扶贫目标额度是1320万元，2020年购买贫困地区农产品1537万元，完成目标计划的116.44%。鞍钢电商中心组织厂家发货40余车，厂内外物流配送多达200车次，发放扶贫产品37万多件。特别是疫情期间，电商中心加强来货验收与消毒管控，为公司消费扶贫工作作出了突出贡献。

（鞍山钢铁集团有限公司科技与规划部
代显明）

·信息化管理·

【概述】 2020年鞍山钢铁集团有限公司遵循鞍钢集团有限公司《智慧鞍钢发展规划》，综合运用大数据、人工智能等新一代信息技术，以智慧运营和智能工厂为主导方向，重点实施信息化整体提升项目，全面增强企业信息化水平。

【夯实管理基础，健全制度体系】 2020年鞍山钢铁集团有限公司修订完善了《鞍山钢铁集团有限公司信息化项目建设管理办法》《鞍山钢铁集团有限公司网络和信息系统安全、保密管理办法》及《鞍钢股份有限公司信息化项目管理程序》《鞍钢股份有限公司信息系统备品备件修复管理办法》《鞍钢股份有限公司信息系统运行维护管理程序》等信息化规章制度文件，并正式发布执行，推进了公司信息化管理制度体系建设，为开展信息化职能管理工作奠定了坚实的基础。

【推进信息化建设，加大项目实施力度】 为全面推进企业智慧制造，不断提高整体运营和服务能力，2020年鞍山钢铁集团有限公司放行了信息化、智能化类固定资产投资项目42项，重点实施信息化整体提升项目及炼钢总厂三分厂、热轧带钢厂2150产线、冷轧2130产线、鲅鱼圈炼钢产线、鲅鱼圈热轧产线、鲅鱼圈5500厚板产线6条智能制造示范产线建设；实施信息化、智能化项目92项，上线投运46项，重点完成了热轧带钢厂2150产线操作室集控项目，冷轧厂三分厂自动拆捆、贴标、喷号及取样等机器人项目，冷轧厂1号线MES系统，炼钢总厂三分厂5号线连铸集控中心项目和5号线转炉集控中心项目、大型厂工业机器人应用项目、朝阳钢铁设备ERP系统项目、鞍山本部主要道路路口及重点部位增加视频监控设施项目、鞍山本部主厂区周界围墙监防系统等项目。此外，公司还加大了自主研发力度，努力降低项目成本，建设了热轧带钢厂EPS产线MES系统，节约项目实施费用170余万元；完成了热轧带钢厂2150产线二三级及托盘改造接口；设计开发了辅助工具软件，满足了热轧带钢厂1700产线现货物料标签定制化输出需求。

【保障信息系统运维，实现系统稳定运行】 鞍山钢铁集团有限公司对各级核心信息系统进行了日常性及季节性维护，切实保障了国家重大活动期间企业网络及信息系统稳定运行；全年实施各类变更1169项，其中数据变更442项、系统安装287项、权限变更359项、功能变更81项，实现了在线运行信息系统稳定运行率超过99.9%。

【加强信息安全管理，提高风险防控能力】 按照国家和鞍钢集团有限公司关于网络和信息安全方面的要求，2020年鞍山钢铁集团有限公司认真履行信息系统风险管控，累计完成风险处置1500余项；持续推进终端防病毒软件的安装部署，累计覆盖终端达8000余台；开展了63台网络安全设备运维，为网络安全提供了保障；完成了公司IPv6地址规划，全面实现较大及以上网络安全事件为零的目标；完成了鞍钢股份有限公司门户网站系统升级改造；完成了公司等保三级信息系统的年度等保测评。

【加强技术管理体系建设】 鞍山钢铁集团有限公司以国家和鞍钢集团有限公司信息化规范标准为指导，努力夯实IT技术规范标准体系基础建设，完善了9大类标准，共计30个规范文件，全面提高了技术人员的技术规范意识及开发运维能力；

加强了自主集成开发框架及 DevOps 理念的应用，提高了软件集成及部署效率，有效防范了信息化项目建设实施风险；持续强化信息化设备管理区域负责制，严格设备操作法、数据备份管理，防控设备出现故障的潜在风险。

【持续提升专业技术能力】 鞍山钢铁集团有限公司组织专业技术人员紧跟主流 IT 技术，搭建了微服务开发平台，完成了微服务注册中心集群化，开展了运维流程全自动化脚本研发；围绕信息化整体提升项目进行了开发平台技术培训，提升了信息化队伍的专业能力和技术水平。

（鞍山钢铁集团有限公司信息化管理中心
王述千）

·设备管理·

【设备管理】 2020 年，通过夯实设备基础、实施精细管理，主要经济技术指标均取得较好成绩，主要指标完成情况如下。

设备事故：2020 年，鞍钢股份有限公司本部实现重大设备事故为零。事故频次月均 11.17 起，同比上年降低 15.7%；事故时间月均 29.43 小时，同比上年降低 8.06%。月均事故频次、时间完成事故控制目标。

修理费：2020 年，鞍钢股份有限公司本部修理费实际发生 21.47 亿元，吨钢修理费 120.35 元，实现了预算全面受控。

库存指标：2020 年，鞍钢股份有限公司本部备件库存实绩 6.88 亿元，同比上年提高 2.02%；生产工具库存实绩 4.96 亿元，同比降低 10.91%。新品和生产工具库存同比上年下降 3.83%。

1. 聚焦基础，提精度。一是推进点检、定修标准化作业。刚性执行点检、定修计划，及时发现设备隐患并采取有效措施，有效避免 52 起较大事故发生，奖励点检人员 8.2 万元。二是抓实状态监测，加强 A 类机械设备和大电机运行状态监测，及时安排检修，避免事故。三是严格定修过程控制，完成定、年修 1189 次，定修实现率 99.18%。四是修订“一名录一明细三清单”，不断完成功能精度月报表，工艺技术点检及设备挂牌问题的整改率达到 100%；按周开展 52 次设备管理专项检查，发现并曝光典型问题 292 项，督促整改。五是防汛隐患部位排查整改、防汛物资储备、抢险队伍准备、预案执行均得到充分落实，确保了汛期职工生命安全及公司生产经营的安全稳顺。

2. 聚焦精细，稳保供。一是落实备件库存管理三年规划，盘活积压呆滞库存，消耗 5 年以上库存备件 3803 万元，占新品消耗 3.7%。二是推进轧辊库存回购，满足轧辊无库存管理需求，完成轧辊库存回购 7892.1 万元。三是继续推进备件全生命周期管理，按月汇总备件质量异议，及时跟踪处理情况，监督问题整改及评价。受理质量异议 37 起（新品 27 起，修复 10 起），落实封闭。四是强化修复管理，严格过程控制，确保修复质量。对 25 项投标价与标底价偏离较大的项目，实施专项检查评价。五是推进国产化、长寿化立项攻关，完成国产化项目 4 项，经济效益 144 万元，增强公司经营创效的核心竞争能力。六是开展机旁备件管理提升专项行动，发现问题 94 项，落实整改。

3. 聚焦技术，提能力。一是攻难关克难题。变压器、大电机、电缆头事故时间同比上年降低 14.78%。炉窑专业化技术小组开展技术攻关，煤气单耗显著降低，由吨钢 2.25 立方米降至 1.77 立方米。二是加强油脂品管理。油脂管理引发事故频次同比上年下降 40%，时间同比下降 63.11%。三是加强水质管理，水质化验合格率 98.53%。

4. 聚焦项目，提效能。一是规范投资制度。完成 7 个投资项目管理制度的修订，规范设备选型、规范过程控制、规范工程验收。开展专项培训，制度可执行性。二是严格投资放行。放行大修理项目 76 项，计划投资 4.66 亿元。三是强化过程控制。高效推进 318 项工艺装备改进、质量改进、环保项目的实施。四是精准资金管控。资本性投资项目付款业务集中管控，按月平衡，确保重点项目进展、投资项目支付现金流有效受控。

5. 聚焦管理，提效率。一是完善制度体系，优化业务流程。完成鞍山钢铁 12 个管理制度及鞍钢股份 8 个程序、10 个办法的修订工作。二是强化 OEE 管理，提高设备管理综合效率。推广冷轧四分厂 OEE 管理经验，4 月开始在炼钢连铸、热轧三产线、冷轧等 19 条主要产线实施 OEE 管理，19 条产线平均指标呈上升趋势。三是推进清患行动。清查工程215项（维修167项，技改48项），排查4612人。开展“四不两直”检查，发现问题165项。四是强化采购管理。计划按期审批率从年初的96.23%提升至100%。五是强化相关方管理。严格相关方准入，共审批准入工程相关方29家、修复项目相关方58家，评审不合格未准入相关方5家。严肃过程管理与评价，强化退出机制，约谈7家、处罚75家违约相关方，考核金额达323.45万元。六是严格现场整治。推进文明施工，严格质量标准，落实网格化管理，开展周检查、月评价机制，发现问题329项，考核4.55万元。完成三孔桥区域整治、西南门丁字路口道路、立山桥洞道路、柳西路道路维修、二烧防空洞等区域亮化。七是强化资产管理。完成沈阳薄板厂17项房屋等固定资产划拨及使用保管协议签订工作；完成退管服务资产19处房屋资产及鞍钢厂办大集体改革25处房屋固定资产划转工作。资产对外租赁年创效5803万元。

【设备年修工程】 2020年，鞍钢股份有限公司共63条主体生产线实施年修，其中3月、8月、9月、10月、11月、12月实施了各工序相互配合的集中同步年修工程。

（鞍钢股份有限公司设备工程部　李　哲）

·质量能源管理·

【标准工作】 参与完成4项国际标准的制修订工作，其中，ISO 630-3《结构钢　第3部分：细晶粒钢交货技术条件》已完成FDIS稿，ISO 439：2020《钢和铸铁　硅含量的测定　重量法》、ISO/TS 21826：2020《铁矿石　全铁含量的测定　EDTA滴定法》、ISO 4947：2020《钢和生铸铁　钒含量的测定　电位滴定法》已发布实施；取得ISO 630-5：2014《结构钢　第5部分：改进型耐大气腐蚀结构钢交货技术条件》、ISO 15633：2009《铁矿石　镍含量的测定　火焰原子吸收光谱法》、ISO 15634：2015《铁矿石　铬含量的测定　火焰原子吸收光谱法》等3项国际标准的主导修订权，实现公司国际标准化工作的重大突破。完成《耐火结构用钢板及钢带》等30项国家、行业、团体标准制修订项目的申报，积极抢占标准制定的话语权，其中《热轧绿色清洁表面处理钢板和钢带》等17项已成功立项。开展《核电站用双相不锈钢钢板》等29项国家、行业及团体标准制修订工作，已完成《工程机械用高性能耐磨钢板》等11项。鞍钢股份主导或参与制修订的《桥梁用耐海洋大气环境腐蚀钢板》等15项国家、行业或团体标准已发布实施。组织完成《汽车用高强度热连轧钢板及钢带　第1部分：冷成形用钢》等30项企业标准制修订，其中，制定的《普通结构用热连轧钢板和钢带》等7项产品分级销售企业标准，为公司降本增益创造了条件；完成271项企业标准复审并修订88项，换版161项，废止22项；确认及发布实施68项国外标准，90项国家行业标准，14项工艺规程；翻译校对70项国外标准；组织编制下发2020年两批公司标准制修订项目计划；主导完成的GB/T 714—2015《桥梁用结构钢》获得2020年度钢标委技术标准优秀奖一等奖，GB/T 24178—2009《连铸钢坯凝固组织低倍评定方法》等5项标准获得三等奖。

2020年发布实施的国家、行业标准一览表

序号	标准编号	标　准　名　称	标准类型	公司主编或参与	备注
1	GB/T 3286.10—2020	石灰石及白云石化学分析方法　第10部分：二氧化钛含量的测定+二安替吡啉甲烷分光光度法	国家	主编	制定
2	GB/T 38933—2020	汽车用冷轧钢板　磷酸盐转化膜试验方法	国家	主编	制定
3	T/CISA 073—2020	桥梁用耐海洋大气环境腐蚀钢板	团体	主编	制定
4	T/CISA 074—2020	桥梁用热轧不锈钢复合钢板	团体	主编	制定
5	T/CISA 075—2020	工程机械用高性能耐磨钢板和钢带	团体	主编	制定
6	YB/T 4872—2020	绿色设计产品评价规范　耐候结构钢	行业	主编	制定
7	YB/T 4875—2020	绿色设计产品评价规范　桥梁用结构钢	行业	主编	制定
8	YB/T 4845—2020	滑轨用冷轧钢带	行业	主编	制定

续表

序号	标准编号	标　准　名　称	标准类型	公司主编或参与	备注
9	YB/T 4847—2020	药芯焊丝用冷轧钢带	行业	主编	制定
10	GB/T 38713—2020	海洋平台结构用中锰钢钢板	国家	参与	制定
11	GB/T 4702. 18—2020	金属铬　钒含量的测定　钽试剂三氯甲烷萃取分光光度法	国家	参与	制定
12	GB/T 38877—2020	电工钢带（片）绝缘涂层	国家	参与	制定
13	GB/T 4334—2020	金属和合金的腐蚀　奥氏体及铁素体-奥氏体（双相）不锈钢晶间腐蚀试验方法	国家	参与	修订
14	GB/T 38719—2020	金属材料　管　测定双轴应力-应变曲线的液压胀形试验方法	国家	参与	制定
15	GB/T 38817—2020	大线能量焊接用钢	国家	参与	制定

（鞍钢股份有限公司制造管理部　管吉春）

【推进质量攻关管理】　2020 年针对公司前期质量攻关项目，进一步落实责任，深入推进，主要通过公司技术质量会议等方式，按计划推动攻关项目有效实施，全年组织完成 60 余个项目的结题验收，其中高强钢低磷工艺研究、冷轧材精轧拉窄问题改进等一大批攻关项目实施效果明显。同时，2020 年继续通过聚焦重点客户体验，对标先进，针对公司的重点和难点质量问题，组织完成新一轮质量攻关项目立项评审，新确立 30 余个项目发布实施。

【完善客户质量体验指标】　进一步完善公司重点客户质量体验指标体系，优化汽车钢缺陷 PPM 值、客户要求船板标识合格率等指标，共设立 10 项重点客户体验量化指标，每月按用户反馈评价结果持续改进，全年各项指标完成率控制在较好水平。

【提升质量设备功能精度】　持续推进公司工艺技术点检及设备挂牌管理工作，全年完成各单位质量设备挂牌及摘牌 380 余次，摘牌率达到 96. 9%；以品种质量提升为中心，组织协调进行现场紧急迫切的重点产线年修或改造效果评价，通过设备功能精度提升，促进了公司质量水平的持续提高。

【提升公司质量管控能力】　按照公司质量管控能力评价方法，从领导作用、质量工作落实、现场自检自查、产品包装及物流储运管理、质量持续改进等 10 个维度，组织完成各单位质量管控能力评价工作，进一步提升了公司全员的质量意识、质量执行力和质量管控能力。

【推进六西格玛质量管理】　经质量专家立项评审，选择对公司生产经营影响较大的质量、流程、效率等方面重点难点问题，充分发挥六西格玛黑带、绿带人力资源优势，组织完成第 11 期 20 余个六西格玛质量管理项目的培训、实施及评审，其中提高无取向硅钢合格率、降低热轧 1780 线尺寸封锁率等一大批攻关项目实施效果明显。持续的六西格玛管理项目推进，为公司质量效益双提升作出了应有贡献。

【推进产品质量认证管理】　2020 年，全面组织完成公司热轧耐蚀钢、重轨钢、螺纹钢、船板及容器钢等各类产品认证工作，实施了客户二方认证、国家许可证、中铁 CRCC、日本 JIS、欧盟 CE、韩国 KS、印度 BIS、泰国 TISI、马来西亚 SIRIM、印尼 SNI 等国内外认证 40 余项，产品认证证书范围动态更新，为公司拓展更为广阔的国内外市场和高端客户开发奠定了坚实基础。

【两项产品获评“金杯优质”产品】　冶金实物质量品牌培育“金杯优质”产品由中国钢铁工业协会组织评定，获评产品实物质量认定可达同类产品先进水平，是钢铁行业最具权威性的产品质量认定，2020 年，公司冷轧 DC03 低碳钢、集装箱用热轧钢板及钢带两项产品荣获冶金实物质量品牌培育“金杯优质”产品。

（鞍钢股份有限公司制造管理部　都青山）

【能源管理】　2020 年各项能源指标继续保持较好水平，其中自发电比例完成 66%，同比升高 6%；吨钢耗新水 1. 9 吨，同比降低 0. 1 吨；吨钢转炉煤气回收 120 立方米，同比升高 3 立方米；股份本部吨钢外购能源成本完成 225 元，同比降低 28 元；以上指标均实现历史最好水平，节能效果显著，为公司盈利增效提供了可靠能源基础保障。

坚持可持续发展理念，制定能源系统“十四五”规划，开展“以气代煤”，提升煤气利用水平，二次能源发电比例达到60%，煤炭消耗同比降低67%，夏季基本实现零煤耗。强化循环利用，实现水不外排。持续提升西大沟除盐水站处理能力，推进北大沟水处理系统整治等措施的落实，实现非汛期零排放。推进管线优化，降低能源损耗。全年共压减各类管线2万余米，废除水井6眼、煤气排水器53台，各类能源介质综合损失同比降低7%。完成电力市场化交易，积极与政府主管部门沟通协调，获得电力市场化交易准入。

强化绿色低碳，节能减排工作有效落实。一是开展节能技术交流。组织“高频电磁换热技术”“永磁调速技术”和“光伏发电技术”等20余项技术交流。其中“高频电磁换热”等技术已在冷轧、炼钢和炼铁等单位实施应用。二是推动节能项目实施。放行实施“炼铁总厂热风炉利用废气换炉改造”“厚板线2号加热炉节能改进”等厂级节能项目30项，总投资8000余万元，预计年效益超5000万元。三是组织节能项目评价。完成78项节能项目后评价工作，设计创效35467万元，投产后实际创效35166万元，创效达标率99.2%。四是推进碳核查工作。学习、开发、储备有实用价值的低碳工艺技术，积极实施碳减排，完成鞍山钢铁碳核查工作，为公司参与碳交易奠定基础。

（鞍钢股份有限公司能源管控中心　杨　东）

·安全环保·

【安全环保综述】 2020年，全公司杜绝较大及以上事故，发生全口径一般生产安全事故7起，死亡3起、重伤2起、轻伤2起。与上年相比，事故起数持平；其中：死亡事故增加1起、重伤增加2起、轻伤减少3起。千人负伤率为0.162‰，较大及以上火灾事故为零。

2020年发生企业事故5起，其中：工亡1起、重伤2起、轻伤2起；同比上年持平，其中：工亡增加1起、重伤增加2起、轻伤减少3起，死亡和重伤事故大幅增加。发生相关方事故2起，全部为死亡事故，同比上年持平。

【增强“四个意识”，严格履职】 2020年，公司党委召开3次常委会，学习贯彻习近平总书记关于安全生产工作的重要指示批示精神和鞍钢集团公司关于安全生产工作的部署，牢固树立“安全发展”理念，严格依法治安，深入落实安全生产责任制，夯实安全管理基础工作。

全年公司班子共计开展各项检查98次、提出210项问题，已全部完成整改。

【规范重大风险管控，防范重特大安全事故】 健全风险档案，强化技防措施，辨识重大安全风险31项，严格落实分级管控，保障重大安全风险的可控，坚决遏制重特大事故。深入持续开展隐患排查治理工作，排查各类生产安全隐患37907项，整改完成37220项，整改率98.2%。累计实施安全投资立项263项（投资6000余万元），有效整治了安全隐患；放行消防投资项目20项，投资1489万元。

【深刻吸取事故教训，开展安全专项整治及专项安全教育培训】 在全公司范围内开展了“清患”专项行动，组成5个专业组推进各单位大力整治和消除各类隐患、整顿作业现场环境，“清患”期间累计排查整改各类隐患8056项。编印《钢铁企业安全事故案例汇编》系列培训教材，举办了“落实安全主体责任 推进企业本质安全”培训班，对公司机关和各单位党政负责人、各级管理人员开展全覆盖式安全管理知识培训。

【贯彻落实“五清五杜绝”】 制定了“五清五杜绝”16项作业安全要素核查表；规范维检修作业现场动火作业管理，在工程和检修施工作业中全面落实一级动火和年修工程消防车现场备勤等措施，公司5个专业组持续开展督导检查，强化施工与维检修作业现场管控，狠抓违章作业，累计排查整改“五清五杜绝”问题3311项。

【开展安全专项评价，切实消除管理缺陷】 对各单位持续开展了季度安全管理绩效评价，共评价问题481项。委托国内相关安全生产专家对煤制气工程开展了专项安全评价，依据国家和行业标准辨识、评价出139项隐患，积极落实整改。聘请第三方对15家主要生产单位开展了深度隐患排查指导服务，对关键工艺设备设施进行了全面的隐患排查，共排查出各类隐患问题494项，全部落实整改措施并限期整改。

【完善应急管理体系，加强职业健康防护】 修订完善了鞍山钢铁安全生产综合应急预案，组织各单位修订了安全生产综合、专项预案，健全了有效适用的现场处置方案，形成了较完善的应急预案体系。举办了生产安全事故综合应急救援演练，开展5次苯、浓硫酸等危险化学品罐车泄漏专项应急处置演练；与鞍山市消防支队联合苯加氢作业区开展了综合演练，检验和提高了相关单位的应急联动能力。加强职业健康防护，依法加强建设项目“三同时”职业健康管理，持续开展职业健康评价，为接触职业危害因素的职工配备符合法规要求的防护用具。累计开展接触高温、噪声、粉尘等职业危害因素职工职业健康体检29287人次，职业危害因素检测率100%。

【加强辐射工作管理，消除辐射环境风险】 一是采取日常检查和重大节日专项检查相结合的方式，对鞍山钢铁范围内的110枚放射源和92个射线装置安全使用和防盗情况实行全覆盖检查，发现问题全部完成整改。二是组织完成中厚板事业部、炼钢总厂引进放射源的环评手续办理和股份公司辐射安全许可证增项工作。三是组织开展了辐射应急预案演练，提高了辐射工作人员应急能力。

（鞍钢股份有限公司安全管理部　刘宏舒）

【环保工作综述】 坚持践行生态优先、绿色发展理念，通过完善环保管理体系、大力推进实施环保改造项目、严格管控环境风险，使环保管理水平得到大幅提升，污染物排放总量同比进一步下降，厂区美化绿化水平进一步提升，环保工作取得明显成效。全年实现较大环境污染事故为零；建设项目环保“三同时”执行率100%；危险废物合规处置、放射源安全使用率100%；进入厂区机动车辆尾气检测合格率100%。

【环境管理体系持续完善】 印发《2020年环境保护工作要点》和《各工序污染物排放限值和总量管控指标》，明确了2020年的环保工作目标和计划，建立了污染物排放总量和排放浓度“双控”的管理机制。对重污染天气应急预案进行了系统修订，从单一的“减产减排”模式转变为“提升环保设施处理效率减排和减产减排”相结合的综合模式，形成了多情景的应对方案。进一步建立和完善环保规章制度，印发《鞍山钢铁集团有限公司环境保护约谈实施办法（试行）》，修订了《鞍山钢铁集团有限公司环境保护责任制》和《鞍山钢铁集团有限公司领导人员环保责任追究办法》。

【完成辽宁省生态环境保护督察迎检工作】 从制度体系、责任落实、风险防范、信访投诉、督察整改等方面开展全面自查整改工作。完成了灵山料场扬尘综合治理，炼铁西区筒仓项目按时投运，灵山煤棚项目按时间节点建设。在督察期间严格执行日例会制度对督察信息传达和反馈，实现了督察期间鞍山钢铁主厂区环境信访投诉为“零”。

【推进特别排放和超低排放改造项目按节点任务完成，打赢蓝天保卫战】 全力推进鞍山钢铁环保改造计划的实施，2020年计划放行实施53项超低排放改造项目，计划投资11.2亿元。截至年底已放行超低排放改造项目27项，放行投资2.9亿元。持续开展蓝天行动，将厂区内机动车冒黑烟专项整治活动进行到底，彻底消除了厂区内机动车冒黑烟现象。

【强化建设项目“三同时”管理】 强化项目经理环保履职监管，坚决执行了建设项目环境影响评价和环保“三同时”制度，在项目建设过程中严格落实环评和环评批复的要求，杜绝了“批建不符”等环境违法违规行为。全年完成了焦化废水氟化物治理等15个建设项目环评工作，全力推进600平方米烧结机环评工作，为项目按期开工建设提供保障。严把环保验收关，全年完成了炼铁总厂新烧成品整粒除尘改造等40个项目的竣工环境保护验收工作。

【推进危险废物规范化管理工作，化解环境风险】 组织实施了冷轧酸碱中和泥送灵山料场混料、冷轧生化污泥送炼焦配煤工作。疫情期间组织拓宽废油泥处置渠道，保证危险废物正常转移输出，为生产顺行提供保障。与辽宁省生态环境厅协调，取得了化学科技外购煤焦油环保手续。组织开展了对鞍山钢铁范围内所有单位危险废物全覆盖专项检查，针对发现的问题，各单位均已完成整改。

【完成绿化工作任务，在美丽鞍钢建设方面取得新进展】 以“三季有花、冬季有绿、特色突出、四季皆景”为绿化美化目标，鞍山钢铁本部重点组织完成了立山桥门内区域、正门外区域等景观区域和炼铁总厂、炼钢总厂、冷轧厂、中厚板厂等各生产厂园林景观和灵山料场防护林的绿化栽植工作，共栽植乔木28978株、灌木568751株、藤本植物140600株、草坪8550平方米。

（鞍钢股份有限公司能环管理中心　孙大鹏）

· 财务审计 ·

【强化价值导向，引领高质量发展方向】 一是发挥预算导向和引领作用，按时组织编制下达年度、季度及月份生产经营预算，制定效益保障措施，确保公司全年经营指标实现；二是通过预算严控成本，注重发挥系统降本成效，加强预算执行评价，精准发挥绩效评价作用；三是夯实关联交易管理、统计基础管理、保险赔付基础管理工作，各项工作取得新成效。

【大力实施成本变革，激发高质量发展内生动力】 一是积极推进成本变革，截至年末全流程系统降本创效25亿元，吨材降本102元，完成三年规划目标；二是发挥对标引领，成立对标委员会，持续开展三地相近产线成本对标及与行业、标杆企业对标，通过降采、调品、控耗等方式降本增效；三是统一鞍营朝三地焦化联产品系数，煤气、蒸汽和废钢回归市场价格，建立成本预算、预测、分析、考核、对标模型，形成PDCA闭环成本管理模式；四是推行成本体制改革，科学设置成本核算中心岗位，以成本决策模型为载体，发挥人力资源优势，成本管理精度与效率大幅提升。

【完善资金管理，积蓄高质量发展强大动能】 一是推进流动资产压降，流动资产周转率、存货周转率分别实现2.09次、8.02次，在千亿资产以上规模钢铁企业周转率指标排名前三名；二是压降有息负债利率，鞍山钢铁债务综合融资成本3.72%，比上年降低0.43个百分点，财务费用同比降低6.94亿元；三是强化经营现金流管理，及时更新收付款政策，大力压缩金融机构票据收取，加大融资期限结构调整，动态优化资金结构；四是通过择机发行多品种债券、开展银行无还本续贷等多措并举勇于创新，融资渠道持续拓宽；五是深入开展清理拖欠民营企业账款、对天冷留债利息清欠、票据债权申报工作，取得阶段性成果。

【完善资本运作，提升高质量发展战略协同】 一是强化股权投资监管，开展对参股经营企业投资监管全面自查，提高资本管控能力；二是积极收取投资分红，促进国有资本保值增值；三是坚持推进机制改革，组织对钢绳诊断问题整改实施，积极协同推进冶金炉材、钢绳公司混改项目财务评估、进场交易相关工作，组织鞍山钢铁厂办大集体改革资产清查、财务审计、股权划转、补偿金支付、费用计提等工作。

【加强规范化管理，筑牢高质量发展根基】 一是组织年度财务决算、财务报表外部审计工作，确保财务报表全面、完整、及时、准确反映公司生产经营成果，审计师出具标准无保留意见审计报告；二是组织开展年度会计核算专项检查，形成整改问题台账，跟踪各问题单位整改措施落实情况；三是加强风险管理，持续动态监控财务运营风险，定期组织对涉密计算机病毒库更新和国家机密人员培训考核，促进合规运营；四是加强税收风险管理，充分享受优惠政策，全年享受社保、金融等11项政策共计5.19亿元。

【信息化建设实现突破，打造高质量发展智能平台】 一是实施系统创新，通过先行在朝阳钢铁推行计划制管理、进行成本管理系统差异化分析、三地两线成本业务现状调研、制定财务管理提升方案及对朝阳、鲅鱼圈两基地开展信息化管理提升培训等措施，提升管理智能化水平；二是实现报表系统统一，组织各单位完成NC系统上线培训、财务人员系统权限配置和系统上线、数据补录工作，开发鞍山钢铁个性化报表，财务管控能力不断提升。

【持续推进队伍建设，加强高质量发展人才培养】 一是推进人才交流，多元化夯实干部锤炼；二是组织对口业务人员参加修订后《证券法》、上市公司信息披露指引等法规专项培训；三是优化外派财务人员管理与考评机制，强化外派财务与驻在单位管理联动，制定绩效考核细则；四是组织第三届财务系统“菁华杯”专业技能大赛——思维导图制作活动。

（鞍钢股份有限公司财务运营部　逄　宇）

【审计概述】 1. 审计项目情况。2020年共完成审计项目17项，审计发现和披露各类问题79个，提出审计意见和建议76条。

2. 内部控制评价情况。完成了2019年度鞍山钢铁、鞍钢股份两级公司的内部控制评价工作。

3. 固定资产投资项目后评价情况。完成了2个固定资产投资项目的后评价工作。

4. 违规经营投资责任追究工作。健全责任追究工作体系，完善责任追究工作流程，开展追责工作。

5. 完成2019年企业年度工作报告编报工作。

6. 完成各项配合工作。

【聚焦经济责任审计，促进权力规范运行和责任有效落实】 根据职责权限，2020年完成离任经济责任审计8项，发现问题30个，提出审计意见和建议26条。关注领导干部守纪、守法、守规、尽责情况，审慎评价领导人员在贯彻执行党和国家、公司的方针政策、决策部署，推动企业高质量发展，管理国有资产和资源，防控重大经济风险等方面的履职情况。

【开展工程管理审计，进一步促进工程投资高效、规范】 2020年完成工程审计5项，发现问题28个，提出审计意见和建议40条，审计工程投资额3.24亿元，审减工程投资额162.48万元。重点关注工程造价、工程财务结算、决算和竣工验收管理关键环节，节省公司工程投资，提高工程管理水平，规范工程建设行为。

【突出关键环节，强化对重点领域的监督检查力度】 2020年完成专项审计3项，发现问题21个，提出审计意见和建议10条，针对重点领域、关键业务、风险事项开展专项监督检查，深刻剖析内在动因，着重梳理制度与流程，及时揭示问题与风险，强化规范管理与内控认知，有力保障公司利益。

【持续开展后续审计】 对2019年7月至2020年6月完成的14个自审项目开展后续审计，54个问题中53个已完成整改，1个持续整改中，整改率100%，整改完成率98.15%。通过后续审计被审计单位对审计提出的问题和建议高度重视，认真整改，措施到位，整改效果良好。

【规范开展内部控制评价工作，提升公司内控体系有效性】 2020年完成对鞍山钢铁、鞍钢股份两级公司2019年度内部控制评价工作。围绕内部控制五要素，针对筹资投资、采购付款、销售收款、资产管理等重点环节、重要事项，关注制度制定和执行、授权审批控制和不相容职务分离控制，披露内控体系设计与运行缺陷。

【实施重大固定资产项目后评价，持续提高投资决策、建设、运营水平】 2020年完成投资项目后评价2项，发现问题12个，提出意见与建议12条，通过对项目进行全周期管理评价，明确投资项目管理不足之处，总结管理经验，提出具有可操作性的管理建议，为进一步提高公司项目决策水平、加强施工过程管理提供有价值的参考。

【健全责任追究工作体系、流程，严肃开展违规追责工作】 健全由领导小组、审计部、成员单位及下属企业构成的全面覆盖、权威高效、职责明确的责任追究工作体系。在已有追责实施办法基础上，完善了违规经营投资责任追究工作流程。夯实“实时+定期”报告机制，定期向鞍钢集团上报追责工作情况。完成“违规收取500万元重庆力帆财司票据”事件核查工作。

【全力落实问题整改，做好审计“后半篇文章”】 建立审计整改协调联动机制，形成横向协调、上下联动的整改机制。强化审计整改跟踪督导制度，实行主审负责制，建立审计整改管理员制度，设立审计整改总台账。重申审计整改一把手负责制，进一步夯实问题整改主体责任。

【高质量完成2019年企业年度工作报告编报工作】 准确把握国资委企业年度工作报告编报要求，高质量完成鞍山钢铁、鞍钢股份两级公司2019年企业年度工作报告的编报，完成下属10家单位的年度工作报告审核工作。

【圆满完成各项配合工作】 1. 鞍山钢铁高度重视配合审计署工作。安排专人协调配合审计署开展的中央企业及地方政府落实国家稳增长政策措施跟踪审计，对审计署提出的意见及时督促相关单位立行立改；选派2名骨干人员配合审计署中石油审计项目，充分展示鞍钢内审人员的专业能力与奉献精神。

2. 鞍山钢铁积极配合鞍钢集团审计部、审计中心开展各项工作，充分发挥承上启下的作用，在审计项目实施、意见征求、问题整改各个环节均由专人全流程跟踪配合落实，助力提升审计质量与效率。2020年配合集团审计部、审计中心开展的各类审计（评价）项目共计58项，同时积极配合鞍钢集团审计部完成其他各项工作。

（鞍山钢铁集团有限公司审计部　孙　齐）

· 人力资源管理 ·

【人力资源管理】 2020年，鞍山钢铁集团有限公司人力资源管理工作进一步加强。

1. 人力资源优化。按照《鞍钢集团有限公司关于开展2019—2020年人力资源优化工作的指导意见》，制定鞍山钢铁全口径人力资源优化方案。

2. 毕业生引进及管理。2020 年，鞍山钢铁引进毕业生 90 人，其中博士研究生 7 人、硕士研究生 40 人、本科生 43 人。制定下发《鞍山钢铁集团有限公司人才引进办法》，提高了毕业生入职薪酬水平和毕业生安置费，博士毕业生最高可发放安置费 20 万元。与大专院校深入合作，全面推行“2+1”新型学徒制培养模式，实现大学专科毕业生联合培养与前置引进。

3. 人力资源配置。形成了人力资源现状分析报告；修订《鞍山钢铁集团有限公司人员配置及员工岗位变动管理办法》，打破身份界限，全面建立以合同契约化管理为核心、岗位管理为基础的用工机制。

（鞍山钢铁集团有限公司人力资源部
刘东明　徐　琦）

【薪酬管理】 1. 继续实行在岗工资总额与公司效益联动机制，强化工资总额调控机制，全年工资发放水平与企业效益状况相匹配。制定了《关于进一步规范工资总额管理的通知》（鞍山钢人发〔2020〕10 号），吸取经验教训，严肃收入分配纪律，规范工资总额管理工作，杜绝超发工资现象。

2. 按照《关于国有企业退休人员社会化管理的指导意见》（厅字〔2019〕19 号）及有关退休人员社会化管理政策文件精神，制定了《鞍山钢铁集团有限公司退休人员社会化管理工作方案》，全面推进退休人员移交社会化管理，按计划完成了退休人员管理服务职能移交、统筹外费用梳理、协管人员派驻社区等工作。鞍山区域及外埠单位沈阳薄板厂、朝阳钢铁、鲅鱼圈分公司均按要求完成退休人员社会化管理工作。

3. 修订了《鞍山钢铁集团有限公司单项奖励管理办法》，进一步规范单项奖励的实施与管理，规范收入分配秩序，切实发挥薪酬分配的激励导向作用，实现激励的精准性与有效性。制定了《鞍山钢铁集团有限公司职工福利费管理办法》，修订了《鞍山钢铁集团有限公司岗位绩效管理办法》，建立科学合理的岗位绩效评价机制，持续优化岗位绩效管理工作。

（鞍山钢铁集团有限公司人力资源部
杨　澈）

【深入开展改革和考核评价工作】 按照“逐级贯通、分类指导、简便易行”的原则，制定《鞍山钢铁集团有限公司关于建立三项制度改革内部评估体系的实施意见》，建立和实施三项制度改革内部评估体系，统筹协调、整体推进。完成了公司直管 46 个基层单位领导班子、14 个机关部门和相关领导人员年度考核工作，共评选出好班子 5 个，较好班子 36 个，一般班子 5 个；优秀领导人员 16 人，基本胜任领导人员 10 人，不胜任领导人员 4 人，其余领导人员评价为胜任。

【高标准选拔配备领导人员】 调整部分子企业领导人员管理权限，进一步放权授权，激发企业内生活力。按照“双向进入 交叉任职”要求，对 18 家二级单位、5 家三级单位的 38 个岗位进行交叉任职。坚持党管干部原则，按照干部管理权限，公司直管领导人员提拔任用 36 人，平级重用 9 人。持续深化干部人事制度改革，安排 32 名领导从事专项工作，完成广州钢加、大连钢加职业经理人选聘工作，推进公司机关部门副职以下管理人员转入专业职能序列，进一步压减领导人员职数。新选派 5 名干部赴新疆援助开展帮扶工作，保证了援疆“四不摘”的要求，树立了鞍钢良好形象，擦亮了鞍钢品牌。选派 1 名干部到鞍山市岫岩县石灰窑镇石灰窑村任党支部第一书记、驻村工作队队长，积极开展扶贫工作。积极支持援疆、驻村干部开展扶贫工作，援疆、驻村干部勇于担当，积极工作，各项工作成效显著。

【着力年轻干部队伍建设】 精心设计并持续完善年轻干部“选育管用”规划方案和全链条机制，注重发现储备，实施动态管理，做到从严把关，重点掌握一批 80 后、90 后优秀年轻干部，择优确定 100 名年轻干部补充进入“春苗工程”储备库，分层次、分领域建立年轻干部梯队，确保数量足、质量优、用时有。建立完善了覆盖各层级年轻干部的培养锻炼体系，通过教育培训、实践磨砺，持续强化“入篮入苗”年轻干部的复合培养，实现精准培育。注重提拔使用实干担当的优秀年轻干部，看准一个培养一个，成熟一家配备一家。对敢担当善作为的年轻干部，打破隐形台阶，提供更加宽广的舞台，让优秀年轻干部在“学中干”、在“干中学”，促进提高解决实际问题的能力。提拔使用 30 名 80 后年轻干部，20 家基层单位领导班子配备年轻干部，5 家基层单位配备 45 岁左右正职，较好地完成年轻干部选拔配备任务指标。

【加强人才队伍建设】　印发了《鞍山钢铁集团有限公司研发岗位等级序列管理办法》和《关于规范技术岗位等级序列关键人才相关待遇的通知》，提升技术岗位等级序列关键人才的归属感和获得感。有序开展人才培养工作，评选鞍钢集团“英才计划”技术领军人才9人，技术拔尖人才21人，技术骨干人才60人，分层级、分工种开展培养计划。积极推荐选拔各层次优秀人才，4名优秀职工获评2020年度国务院政府特殊津贴，1名技术专家获“辽宁省优秀科技工作者”称号，1人入选“兴辽英才计划”青年拔尖人才。

（鞍山钢铁集团有限公司人力资源部　陈　宇）

【劳动合同管理】　截至2020年12月31日，鞍山钢铁集团有限公司在职职工41281人，劳动合同签订率为100%。2020年办理解除劳动合同手续92人。

（鞍山钢铁集团有限公司人力资源部
任佩剑　赵敬言）

【职工培训工作】　2020年，公司目标计划委托鞍钢教育培训中心年度专项培训14998人次，组织完成年度公司自办专项培训6386人次，基层单位岗位知识和岗位技能培训31995人次，职工特种作业持证上岗人员安全资质培训7875人次，全员计划完成率为93%。截至2020年12月末，全年计划完成率98.6%，全面实现培训目标计划。制定并下发《鞍山钢铁集团有限公司技能人才培养方案》，对未来5年技能人才培养工作精心规划、精湛培养、精细实施、精益管理、精确评价、精准激励，技能人才引领重培养。

（鞍山钢铁集团有限公司人力资源部　成　强）

【博士后工作站】　坚持制度创新和灵活务实相结合，制定《鞍山钢铁集团有限公司博士后工作管理办法》，完善培养机制，细化考核办法，固化工作流程，用规范化、制度化的管理来助推鞍山钢铁博士后科研工作站的高效运行。建立考核评价体系。制定了《鞍山钢铁博士后科研工作站综合评估工作安排推进表》，加强博士后研究人员培养质量动态跟踪。为博士后科研人员创造更加宽松的科研和生活条件，对于出站后选择留在鞍山钢铁工作的博士后科研人员，结合在站期间表现进行职业规划，让其到更合适的岗位上去，放开手、大胆用。提高博士后科研人员安家费标准，进一步吸引人才、留住人才。2020年，鞍山钢铁博士后科研工作站共有在站博士4人，分别为徐海健博士、庞宗旭博士、胡智评博士、利成宁博士，其中徐海健博士于2020年7月出站。

（鞍山钢铁集团有限公司人力资源部　顾　香）

·保密与国家安全管理·

【保密制度流程】　结合工作实际，修订完成《鞍山钢铁集团有限公司保密管理规定》《鞍山钢铁集团有限公司国家安全人民防线建设工作管理规定》等8项保密管理基本制度，制定完成秘密事项确定工作、保密对标管理等5项保密管理业务工作流程图。

【攻关项目管理】　强化关键核心技术攻关工作全流程保密监督管理工作，制定攻关工作专项保密方案和保密范围，召开关键核心技术攻关保密管理工作会议4次，开展专项保密检查8次，下发整改要求17项，确保了攻关项目秘密事项安全。

【专项保密管理】　完成鞍钢股份有限公司2020年度保密管理工作自检报告。向省国防科工办申请国家秘密机密级、秘密级定密权并获得批准。组织鞍山钢铁各单位开展国家秘密解密工作，解除国家秘密6项、延长保密期限5项。

【保密技防管理】　加强国家秘密计算机和信息设备技防管理，配备审计软件5套、防电磁泄漏设备5台。加强涉密会议技防管理，配置手机屏蔽柜2套、移动通信干扰器4台。规范互联网上网行为，组织完成上网行为审计项目验收，为60个单位安装上网行为监控审计设备计398台。

【国家安全工作】　组织开展“4·15”国家安全日宣教活动，切实增强广大干部职工国家安全意识，提升国家安全防范能力。组织参加省国家安全厅国家安全人民防线建设宣讲竞赛，鞍山钢铁参赛选手获得第三名的优异成绩。撰写的鞍山钢铁国家安全管理经验材料，被推荐到《国家安全通讯》发表。

（鞍山钢铁集团有限公司办公室　宋　丽）

·企业内保工作·

【“雷霆行动”取得显著成效】　压实监管责任，

全面推行资产安全区域网格化管理。运行公司、生产厂、作业区、班组和岗位“五级联动”资产安全风险防控体系，将22平方千米主厂区划分为64个区域网格，鲅鱼圈分公司和朝阳钢铁分设管控区域。创新工作理念，强化源头科学监管。修订下发了《鞍山钢铁集团有限公司物资持入持出管理办法》，着力做好物资持出管理。全面实行废弃物外排、再生资源、修复备件等重点易流失物资持出网上审批制度。实行了国有资产安全管理体检，发现督促基层单位整改各类问题42项，工作经验在公司“清患行动”中推广。举行了“雷霆行动”收缴作案工具销毁仪式，现场销毁盗窃分子作案用摩托车、电动车120台。出色完成鞍山钢铁二次党代会等重要会议、重要来宾入厂参观交通指挥、安保任务，协助公司纪委办案做好看守工作。

【强化源头治理和警企协作】 推行重点管控车辆安装北斗（BDS）定位系统和摩托车、燃油助力车、超标电动车入厂标识管理，安装标识7999个。加强相关方外来人员管控，由鞍钢公安分局审核劳务人员身份信息40213人，清理排除不合格入厂人员276人。清理整治鞍钢厂区周边废品收购站12家，取缔违法收购站1家。“雷霆行动”指挥部联合纪委、协同鞍钢公安分局共同查办“11·14”串通投标案，7名涉案人员被依法追究刑事责任，挽回经济损失366万元。2020年，纠正各类违规车辆7782台次，督促相关基层单位整改治安隐患77项，查获偷盗案件196起，抓获盗窃分子69人，收缴废钢铁36.6吨、有色金属2978千克、备件60千克，查扣涉案摩托129台、汽车2辆。全面净化了厂区治安环境，国有资产安全管理水平显著提升。

【推进技防物防智能升级改造】 完成鞍山钢铁主厂区北部东侧钢板围墙1.2千米建设；对保卫部指挥中心监控系统存储设备进行扩容，实现全部视频资料保存时间超过3个月，指挥中心、办证中心及主要门岗达到6个月；北斗（BDS）管控系统正式投入使用，不断完善了实时监控、应急管理、数据分析等功能，强化了主厂区智慧安防。主厂区视频监控点位数量已增至2821处，规范了视频监控回看制度，充分发挥指挥中心视频监控巡查、协调指挥作用，2020年指挥中心利用监控主动发现偷盗等问题345件。

【交通管理和道路扬尘治理】 创新实施了鞍山钢铁主厂区通行车辆实行12分考核制，规范了厂区车辆交通管理。强化厂区交通指挥和早晚高峰期交通疏导工作，改变交通管控模式，东北门南北小桥洞实现人车分流。重点区域重新进行了交通标识划线，在人车混流的14处重点区域安装了24个车辆右转弯太阳能式警示牌，排除重大交通安全隐患。主厂区交通事故较上年下降36%。同时，加强厂区货运车辆及面包车检查，纠正散流体扬尘飘洒、冒黑烟车辆1352台次，督促相关单位整改路面隐患105处。

（鞍山钢铁集团有限公司保卫部　蒋　珅）

·法律事务·

【深入推进依法治企 加强法治宣传教育】 制定下发《鞍山钢铁集团有限公司法治建设总结验收工作安排》和《鞍山钢铁集团有限公司“七五”普法总结验收工作安排》，紧紧围绕组织领导、依法治理、合规经营、规范管理、守法诚信、队伍建设等六个方面共50个子项组织开展自检自查，针对查找出的问题和短板，制定整改措施及责任部门，取得整改成效。鞍钢集团对法治建设及“七五”普法总结工作给予较好评价。完善法律管理制度。重新修订下发法律事务管理、合同管理、法律纠纷管理、工商管理和专用印章等5个管理制度，明确管理职责和管理流程，为开展依法治企奠定制度基础。加强法律风险预警防控。发布《鞍山钢铁应对新冠病毒疫情法律保障专项工作方案》《关于疫情期间合同“不可抗力”条款适用相关法律问题的提示意见》《应对新冠疫情法律问题汇编》等文件，指导各单位开展法律风险排查，为采购、销售、物流等重点业务提供法律支持。梳理评估法律风险，合同违法违规违约风险列为鞍山钢铁7项重大风险之一，制定加强合同全生命周期管理、加强合同签订人员法律培训等风险防范应对方案。组织梳理涉外业务风险事项，排查法律风险，逐一制定风险防控措施。加强法治宣传。按照集团工作部署，组织人员参加4期国资委法治讲堂、合同法律专项培训等。大力宣传民法典，向领导干部发放《民法典》《公司法》等书籍200余本。完成《鞍钢日报》两期“法治建设”专版。举办各单位负责人及合同管理人员参加的《民法典》专题培训会议。

【加强合规管理】 构建合规管理体系。制定下发《鞍山钢铁集团有限公司合规管理体系建设工作方案》，对构建鞍山钢铁合规管理体系工作进行全面部署。鞍山钢铁及鞍钢股份分别下发成立合规委员会的决定，组建了与依法治企工作领导小组合署办公的合规委员会，统一领导、统筹协调合规管理工作，明确了董事会、监事会、经理层对合规管理的组织领导职责。制定下发《鞍山钢铁集团有限公司合规管理办法》，合规纳入公司章程。建立并运行合规管理机制。建立完善规章制度审查评价、重大事项合规审查、合规风险防控、合规管理评价报告、违规考核追责及合规培训等六项合规管理运行机制，合规管理各项工作有序开展。参与公司差异化授权体系工作，将合规审查嵌入鞍山钢铁业务审批流程；法律合规部为“5+X”联审部门之一，对公司“三重一大”涉法决策事项80余项进行了合法性审查；参与规章制度立改废工作，对120余项制（修）订规章制度进行了法律审核。开展合规专项工作。参与投资经营自查整改工作，查找辽宁企联实业总公司等十几家企业工商档案，参与研究参股企业退出路径和处置方案，配合完成6家企业处置工作。配合鞍钢集团开展合同管理合规专项整治、知识产权专项检查等工作，梳理合同制度及合同文本。梳理近三年法律纠纷案件成因，形成分析报告，提出合规管理建议。完成商标注册及使用情况自检自查，分析存在问题，形成自查整改报告。

【加强改革法律支撑】 做好大集体改革法律保障。成立法律保障组，研究工作总体方案，在企业性质认定、资质接续、资产清查、职工身份确认等方面提供法律支撑，就债权债务处理、集体股权益、注销流程、职工安置等事项出具法律意见。配合完成附企员工签署《和解协议》，组织开展“三类人员”公证和失联人员公告，完成100家改制企业核名与变更登记等。做好炉料、钢绳混改法律保障。参与研究混改方案、合作模式、商标使用等问题，组织法律尽职调查，提起反垄断申报，起草审核相关法律文件。做好沈薄等企业注销保障工作。制定注销实施方案及法律保障方案，组织对职工安置方案进行法律分析并提出可操作方案，参与研究土地及房产过户等问题，落实注销登记所需文件及流程。做好重大改革法律保障。为股权激励改革、退休职工社会化管理、朝阳钢铁和鲅鱼圈市场化改革、两运合并、德邻系整合等数10项公司重点改革工作提供法律支撑。做好企业登记及信息公示工作。配合公司内部深化改革，配合德邻智联设立、电气公司股权受让、监理公司注销等企业设立、变更、合并、注销改革，做好预案，及时完成企业登记。组织相关业务部门和指导各单位按时完成企业信息公示工作，为企业经营管理奠定合规基础。

【加强项目法律保障】 全面开展法律尽职调查。法律尽职调查以投资项目目标公司为重点，扩展到目标公司股东及战略投资者的资信调查。法律尽调从重点项目扩展到所有合资合作项目。全部以招标方式选聘律师事务所开展尽调，保证尽调质量。针对尽调发现的问题，制定风险防控措施，为谈判及签署法律文件奠定基础。提升法律保障质量。按照从项目启动、全程跟踪介入、整体审核、分项研究风险排查、严格履职把关的工作模式，全程参加项目可行性研究、合作方案设计、商务谈判，制定法律风险防控措施，起草、审核合作意向书、合资合同、公司章程等各类法律文件，为项目顺利推进提供了法律支持。2020年，先后为参股迈格钠项目、中科北方工业尾气制无水乙醇项目、电气公司股权收购项目、高风塔合资项目、氧化铁粉股权收购项目以及与华润、美国空气公司、吉恩斯、安瑞科等10余个合资等项目提供法律保障。

【加强依法维权创效】 集中力量应对重大案件。协调法院推进海航、力帆、天物票据案。力帆案全部胜诉，全力督促法院尽快进入执行程序，争取已扣款项合法收回。会同财务部完成天物、力帆债权申报及重整方案审核。就天誉公司仲裁案申请撤裁、华海欠款和洛耐工程欠款等重大案件，会同律师分析案情，收集证据材料，研究应对策略。重大法律纠纷案件进展情况按要求向鞍钢集团报备。持续开展依法清欠工作。深挖依法清欠执行案件财产线索，不放过任何可供执行财产，巩固依法清欠债权清收工作成果，充分发挥法律创效功能。2020年12月底前，依法清欠又收回货币164.48万元。妥善处理各类法律纠纷。截至2020年10月底，组织处理鲅鱼圈职工劳动争议、人防工程山洞资产收回等各类法律纠纷案件28

件，有效维护企业合法权益。提前介入纠纷争议。对可能引发后续诉讼仲裁案件，指导涉案部门单位妥善处理纠纷争议，提出法律分析意见和建议。参与能源管控中心吸附制氧项目结算，组织研究诉讼风险，提出处理建议。妥善解决天冷公司欠息问题。参与财务运营部组织的与德龙磋商还款，论证留债协议签署及抵押变更等法律问题，收回6月底前全部欠息9793万元，受到公司表扬。参与民营企业欠款清理、对询证函所涉企业认定等提出意见，预防诉讼风险。

【加强合同管理】 完善合同联审机制。下发《关于进一步加强鞍山钢铁集团有限公司合同财务条款审核的通知》，将财务审核嵌入合同审核流程，落实公司收付款政策及财税要求，防控合同财务风险。建立合同签订人员持证上岗制度。制定《鞍山钢铁/鞍钢股份合同签订人员培训实施方案》，委托鞍钢集团教培中心，举办第一期合同签订人员合同专项培训，经考试合格获得证书的，按照委托权限，具有对外签订经济合同的资格。清理规范合同文本。组织各部门开展常规合同文本刚性条款调研，梳理出10个部门、中心对常规合同中嵌入涉及合同相关方的财务、安全、环保、纪检、保卫等方面的19项刚性条款要求。组织各单位重新修订合同文本，完善合同文本库。提升合同审核质量。下发《鞍山钢铁暨鞍钢股份合同审核指引》，对合同审核依据及内容进行规范，对10类常规合同审核要点进行提示，指导各单位开展合同审核工作。合同线上线下并行审核。重点关注技术、委托经营、业务外包等风险较大的合同，了解业务需求，分析法律风险，指导合同部门开展合同谈判。截至2020年12月底，审核鞍山钢铁、鞍钢股份常规合同共1264份，金额30.92亿元。审查重大合同249份。出具法律意见书116份。完善合同授权委托。完善常规合同授权委托制度，实行三级授权模式，严控重大合同签订权限，保证常规业务合同签订需求。根据各岗位变化情况，及时调整合同签订授权委托人，为174人办理了授权委托书，保证合同签订依法合规。严控合同专用印章授权使用，跟踪部门单位改革进展，随业务调整及时刻制和收回合同专用印章。

（鞍山钢铁集团有限公司法律合规部
史广娟）

· 医疗卫生 ·

【新冠疫情防控工作】 认真贯彻落实党中央、国务院及省市各级政府“外防输入、内防反弹”联防联控等各项防控措施，及时拉响疫情警报并提升突发公共卫生事件响应级别，迅速制定疫情防控预案及多项重大节日防控措施要求，持续不断地统计并逐级上报往返疫区人员情况，高频次回答各级各类人群的各种疫情咨询，多次化解或处理疫情突发事件。一是慎终如始抓好疫情防控工作。成立了新冠疫情防控指挥部，建立健全公司防控工作体系，制定了疫情防控实施方案，坚持不懈地开展疫情防控工作。二是严格落实企业防控主体责任。严把疫情输入关。全年累计统计除湖北武汉外黑龙江、北京、大连和沈阳等20多个中高风险区域返回人员共计8080人次，跟踪健康状况、落实隔离、核酸检测等防控措施，共计1600人次。三是强化重点环节疫情防控管理工作。加强鞍钢人才公寓等四地公寓返岗人员信息登记报告隔离等管理工作，加强食堂浴池管理，实行严格的人员管控和消毒措施，严防冷链食品及进口货物传播疫情。四是及时妥善处理各类突发事件，及时排除广大职工的恐慌心理。五是加强疫情防控的宣传工作。发放防控知识挂图400套、防控知识手册2000多册。深入开展送“防控知识、排查方法、消杀技术、防控信心”的四送活动，为鞍钢集团鞍山区域培训防控骨干200余人。开展疫情防控专项培训活动。六是开展疫情防控专项检查活动。采取“四不两直”督导检查方式，对鞍山区域疫情防控累计检查40次、252个点位，下发检查通报两期，限期整改12家。围绕冷链食品开展专项检查，共计抽查鞍山钢铁自管食堂10家，对存在问题的4家单位下发通报。

【工作要点及制度管理】 制定下发了《2020年爱国卫生工作要点》和《2020年红十字会工作要点》。及时调整了鞍山钢铁集团有限公司爱国卫生运动委员会组织机构，依据国家相关政策法规和公司要求，修改完善了《鞍山钢铁集团有限公司突发公共卫生事件应急处理预案》《鞍山钢铁集团有限公司食品安全应急处理预案》。

【企业补充医疗保险发放及医疗费的审核工作】完成异地医疗费审核和企业补充医疗保险发放工作。累计审核鞍钢职工住院及门诊医疗费总计35万人次，审核异地职工门诊医疗费及职工异地门诊急诊医疗费总计905人次。加强离休医疗费和企业补充医疗保险管理。累计审核离休人员门诊12万人次，审核离休人员住院1585人次。与10个企业离休医疗保险和20个补充医疗保险定点医院签订医疗保险协议。

【职工健康体检工作】鞍钢集团鞍山区域累计开展职工健康体检8.47万人，其中，男职工7.12万人，女职工1.35万人。所有体检职工中结果为正常的1.99万人，占总体检人数的23.5%。有指标异常职工人数为6.48万人，占总体检人数的76.5%。男职工检查出现异常前三位项目分别为：肾功能异常占45.1%、轻度脂肪肝占35.9%、血压偏高占24.4%。女职工检查出现异常前三位项目分别为：乳房增生占12.6%、子宫肌瘤占3.72%、乳房包块结节占3.4%。

【食品安全工作】召开鞍山区域暑期食品安全工作会议，就如何做好2020年暑期食品安全工作提出要求。开展鞍山区域暑期食品安全大检查活动，共检查职工食堂（含餐厅）174个。下发了《关于鞍钢集团鞍山区域2020年暑期食品安全检查情况的通报》，并依据集团公司专项考核细则对6家问题较为严重的单位进行处罚。

【计划生育工作】开展2020年度计划生育工作检查评比工作，评选出红旗单位46家、先进单位60家。

【爱国卫生工作】组织开展爱国卫生清洁月活动。鞍山区域共组织义务劳动921次，参加人数22798人次，清理卫生死角4251处，清理垃圾972吨，打扫浴池453处、卫生间1947处，维修生活设施945处，粉刷墙壁4.47万平方米，平整场地8.08万平方米。累计培训防鼠人员2602人次，检查要害场所1923个，维修防鼠设施2717处，设置毒饵站9802处，投放鼠药3056千克。积极参与全市爱国卫生运动进社区活动，矿业集团、众元集团、工程集团和鞍山钢铁所属共25家单位200余名职工，深入湖南街道办事处的东塔、热力、翠园和石河社区，对其217个单元的违法广告进行彻底清理，受到湖南街道办事处上述社区居民的普遍好评。

【红十字会工作】鞍山钢铁红十字会组织红十字会员单位救助困难职工41人，救济金额达1.12万元。开展红十字博爱送万家活动，救助因病致贫特困职工1398人，发放慰问金和米面油等救济物品，折合人民币69万元。组织开展鞍山区域第九次无偿献血活动。所属52家单位的1333名职工参与无偿献血活动，累计献血42.72万毫升，献血人数和献血量均创历史新高，为鞍山市急需救治患者的临床用血作出了突出贡献。鞍山钢铁红十字会获得鞍山市疫情防控期间无偿献血先进集体荣誉称号。王甫、刘冬书同志获得鞍山市无偿献血先进个人荣誉称号。鞍钢第10位造血干细胞捐献者矿业公司眼前山铁矿职工姜元魁同志和第11位造血干细胞捐献者股份公司炼铁总厂职工白旭同志，成功实施了捐献。截止到2020年末，鞍钢已有11名职工成功捐献造血干细胞。鞍山钢铁集团有限公司获得全国红十字模范单位荣誉称号。

（鞍山钢铁集团有限公司办公室　徐静滔）

·党群工作·

【组织工作】1. 党内统计数据。2020年末，鞍山钢铁集团有限公司有党委60个，党总支部39个，党支部550个（居休党支部20个，离退党支部21个），党小组1711个。有党员20936名，其中离休党员238名，退休党员64名，居家休息职工党员1268名，其他方面党员163名。全年发展党员286名，申请入党人806名，入党积极分子480名。党务工作人员967名，其中，专职党务干部432名，兼职党务干部535名。“样板党支部”112个，党支部工作示范基地20个，“样板”空白党委为零，无党员班组为零。

2. 发挥党委领导作用。持续巩固深化“不忘初心、牢记使命”主题教育成果，组织各级党员领导干部深入到“听得见炮声”的基层一线，通过“党课开讲啦”“七个融入”等载体，就学习贯彻十九届四中全会精神和国有企业基层组织工作条例情况调研走访，实地解决问题，各级党组织的凝聚力、战斗力在疫情防控阻击战、生存保卫战、“双跑赢”战役中得到充分体现。七一前夕，各级党委班子成员围绕“打赢生存保卫战，贯彻十项措施”上专题党课259次，讲清严峻形势，讲清“十项措施”，讲清“战危机、保底线、谋发展”的具体工作思路和应对举措，引燃“星星之火”，造好“燎原之势”。

3. 严肃党内政治生活。对33家直管党委（党总支）民主生活会进行督导，对一些单位班子成员相互批评“辣味”不足，制定措施可操作性不强等问题及时叫停，切实找出了存在的差距和不足，提出了有针对性的措施和办法，全面提升了民主生活会质量。通过严肃认真开展“双评”工作，切实抓好3个“未达标”党支部和19名“不合格”党员的教育整改工作，进一步提升队伍整体素质，增强了凝聚力和战斗力。

4. 压实党建工作责任。组织鞍山钢铁党委班子成员向公司党委报告2019年度抓党建工作情况专题会，从严从实履行管党治党“一岗双责”。完成33家直管党委（党总支）书记述职考核评议，将述职结果纳入党建责任制考核综合评定。同时组织基层党委开展基层党支部书记抓党建工作述职评议，将评议结果作为评先评优、选拔使用的重要依据。严格执行《鞍山钢铁直管单位党委党建工作责任制考核评价办法》，注重党建工作年度考评和日常检查监督相结合，以参加会议、查阅资料、访谈交流、实地核查、满意度测评等方式进行考评，评定为“优秀”的3家、“良好”的26家、“一般”的3家，形成并反馈了综合评价意见，肯定成绩、指出不足、提出要求。贯彻落实《党委（党组）落实全面从严治党主体责任规定》，制定下发了《鞍山钢铁/鞍钢股份党委落实全面从严治党主体责任清单》，进一步压紧压实各级党委全面从严治党主体责任。

5. 健全党的组织体系。召开了鞍山钢铁/鞍钢股份第二次党代会，选举产生了新一届党委和纪委领导班子，明确“11361”任务目标和未来五年规划发展战略。严格做好换届督办提醒工作，指导炼焦总厂等5家基层党委做好本单位党组织的换届选举工作，完成了19家基层单位“两委委员”增补工作。对电气公司、鞍信公司的党组织建制和隶属关系进行了明确和调整，切实做到“四同步四对接”。全力做好退休人员社会化党员组织关系移交工作，共排查出需要向鞍山市移交的退休党员20273人，动态跟踪每一名退休党员组织关系移交工作进展情况，退休党员组织关系转接20115人，完成率99.2%。推进厂办大集体改革组织保障工作，建立了厂办大集体改革组织保障体系，明确了责任部门和责任人，向厂办大集体企业指派了党代表，确保改革过程中党组织作用的有效发挥。

6. 推进党支部规范化建设。继续深入开展基层党支部建设提升年活动，围绕“强基固本”“晋位升级”“示范引领”三大工程，牢固树立大抓基层的鲜明导向，充分发挥先进典型的示范引领作用，推动基层党组织全面进步、全面过硬。2020年，获评鞍钢集团党支部工作示范基地1个，鞍钢集团“样板”党支部20个。坚持整顿软弱涣散基层党组织常态化、长效化。通过上级党组织巡视巡察问题反馈、基层党支部自查、本级党委复查、公司部门联合审查等措施，将2020年发生过重大生产安全责任事故和发生重大违法违纪问题的2个党支部纳入“软弱涣散”党支部整改清单，将8个党支部纳入“薄弱”党支部整改清单，着力抓重点、强弱项、补短板、建机制，实现滚动整改、巩固提高。

7. 加强业务培训和服务指导。修订完善了鞍山钢铁党建基础工作基层党支部“三会一课”常项工作模板、基层党委委员日常履职工作清单、党支部委员日常履职工作清单，为提升组织生活会质量、保证基层党委委员、支部委员履职尽责到位提供了有力指导。坚持开展“送课到基层”服务，对党建考核评价排名靠后的党委，针对反馈问题，点对点进行党建业务培训，加强指导、服务力度。积极组织党支部书记全员参加鞍钢集团党委举办的基层党支部书记集中轮训，及时督导新任职党支部书记进行上岗培训，做到全覆盖。

8. 党建工作进章程。落实党建工作进章程，明确党组织在决策、执行、监督各环节的权责和工作方式，重新梳理了鞍山钢铁所属设置法人治理结构的单位党建工作要求进章程情况，对所属法人治理结构的企业章程进行了全面规范，审核完善了《德邻陆港（鞍山）有限责任公司章程》《鞍钢集团房产物业有限公司章程》；及时明确或调整信息产业有限公司、工程技术有限公司的党组织隶属关系，切实做到“四同步四对接”，确保党的领导、党的建设在国有企业改革发展中得到加强。

9. 深化主题实践活动。坚持抓党建促改革强发展，以“战危机、激活力，争先锋、做表率”为主题，开展系列党内主题实践活动，进一步推动党建工作与生产经营深度融合。将“十项措施”和“123451”工作部署融入“三会一课”、政治理论学习、主题党日等党内政治生活，选树先进党支部典型和党员典型，让党旗飘扬在生存保卫战的最前线。坚持以“一有六无”和“六个先锋”为目标，强化党员教育管理，评选“党员责任区”26个、“党员先锋岗”26个。

10. 推进关心关爱、共建共享。加强党内激励关爱帮扶，七一前夕，组织各级党组织走访慰问困难党员、老党员、老干部730人次，发放慰问金50万元，切实帮助解决实际困难。持续深化“践行共享理念，关爱一线员工”专项服务行动，按照“量力而行、现场急需、布局合理、严格控制”的原则，经过三轮认真审查和反复研讨，梳理公司级项目21项，投入976万元，切实把关心关爱落实到一线员工的心坎上，凝聚企业改革发展的磅礴力量。

11. 树立党员先锋形象。发扬党员在战“疫情”中激发出的家国情、战斗力、实干风，全公司20871名党员自愿为支持疫情防控工作捐款136万元。扎实开展鞍钢集团“守初心强党性、担使命当先锋”系列主题实践活动，搭建党员迎难而上、建功立业、树立形象的有效平台，组织广大党员针对痛点、难点持续滚动立项攻关，确立鞍钢集团级共产党员工程26项、鞍山钢铁级党员挑战项目138项，征集“我为提质增效献一策”党员合理化建议1073条。

12. 党建课题研究。以“课题就是问题、成果就是办法、研究就是服务”为理念，以“重质量、出成果”为原则，聚焦基层党建工作的重点、难点和热点问题，扎实开展理论研究和指导实践，确定了辽宁省党建课题3项、鞍钢级课题26个、鞍山钢铁级课题58个。

（鞍山钢铁集团有限公司党委组织部　关贵威）

【老干部工作】 2020年，鞍钢集团共有离退休老干部4720人（离休680人，退休4040人）。其中，鞍山区域：离休509人，退休2645人；攀钢区域：离休171人，退休1395人。一是加强思想建设，在2020年突如其来的新冠疫情中，鞍钢离退休老同志纷纷以捐款捐物、志愿者宣传和服务、书法绘画等多种不同的表现方式彰显了老共产党员不忘初心、无私奉献的家国情怀和人间大爱。在一周时间里，2409名离退休老同志主动捐款交纳特殊党费37.5736万元（其中捐款1万元以上3人）。二是加强党组织建设，2020年，基层单位有10个离退休干部党支部、13个离退休干部党小组、67名老党员受到厂以上层级的表彰。基层党组织共上党课139次，有2228人次参加。三是开展走访慰问，以2020年是纪念抗战胜利75周年和抗美援朝胜利70周年为切入点，认真落实好老干部生活待遇，共对59名抗日战争时期及以前参加革命工作的老同志每人发放慰问金2000元，对861名老同志每人发放慰问金1000元并进行了慰问、佩戴纪念章。四是组织开展了“守初心　爱中华　助抗疫　发余热”优秀作品征集活动。共收到征文61篇、书画摄影作品44幅、视频作品1个，对各类优秀作品进行了表彰。五是在纪念中国关工委成立30周年暨全国关心下一代工作表彰大会上，鞍钢矿业弓长岭管理部关工委委员孟祥玉荣获“全国关心下一代工作先进工作者”称号。在辽宁省关工委召开“辽宁省关工委工作暨抗疫表彰大会”上，鞍山钢铁托管中心关工委、鞍钢股份炼焦总厂关工委荣获先进集体称号；鞍山钢铁托管中心离休干部周凯荣获突出贡献先进个人称号；鞍钢实业托管中心离休干部王其玉等5人荣获先进个人称号。矿业公司离休干部李昌言、托管中心徐福绵2名抗美援朝老战士的先进事迹得到新华社、《共产党员》等多家新闻媒体的关注，鞍山电视台、《党史纵横》和《鞍钢日报》等新闻媒体广泛宣传报道了他们的事迹。炼铁总厂抗美援朝老战士王发荣，坚持10年为鞍钢缝制小布垫，在纪念中国人民志愿军抗美援朝出国作战70周年当天，向炼铁总厂捐献4800块小布垫。以“三化建设”为抓手，真抓实干，用心用情做好老干部各项工作。各单位党委领导也走访慰问困难老干部和患病住院的老干部，全年走访慰问701人次，发放慰问金42.99万元。推进退休社会化管理工作，积极做好相关政策的宣传和解释工作，确保退休人员社会化工作顺利完成。

（鞍山钢铁集团有限公司人力资源部老干办
李　伟）

【宣传工作】 1. 坚持用党的创新理论武装头脑，把学习贯彻习近平新时代中国特色社会主义思想作为重大政治任务抓牢抓实。加强学习组织领导，制定印发了《2020 年鞍山钢铁集团有限公司党委理论学习中心组学习安排》《2020 年鞍山钢铁集团有限公司党委理论学习中心组专题学习计划》，对各级党委中心组学习政治理论作出具体部署和安排。修订《鞍山钢铁集团有限公司党委贯彻落实〈中国共产党党委（党组）理论学习中心组学习规则〉实施细则》，每半年对直管党委中心组学习情况进行检查和通报，提升全公司政治理论学习的科学化规范化制度化水平。2020 年共组织鞍山钢铁党委中心组集体学习研讨会 9 次，全公司各级党委中心组组织集体学习会 430 余次，编发鞍山钢铁《党委中心组学习参考与动态》20 期共 100 余份学习资料，跟进编辑习近平总书记最新重要讲话等学习材料 50 余份。

2. 全面落实意识形态工作责任制。把加强理论学习作为主流意识形态教育的有力载体，把学习贯彻习近平新时代中国特色社会主义思想作为重大政治任务抓牢抓实，巩固马克思主义在意识形态领域的指导地位。按照党委意识形态工作责任制实施细则和落实党委网络意识形态工作责任制责任分工方案，各单位和各相关责任部门压实意识形态工作责任。通过党委常委会专题讨论并向集团党委报送鞍山钢铁 2019 年、2020 年上半年意识形态工作报告。完成 2020 年网络意识形态督查工作，撰写关于鞍山钢铁 2020 年网络意识形态督查工作的报告上报公司党委。经过实时监测和基层单位沟通反馈，1—12 月没有发现在意识形态领域存在重大问题和突出问题的人和事，有效化解防范了意识形态领域重大风险。

3. 抓实思想政治工作，积极开展形势任务教育。积极做好职工形势任务教育。1—12 月，编发《形势任务教育宣传提纲》4 期，编发《班前五分钟教育宣讲材料》6 期到班组，编辑《战危机保底线谋发展工作简报》89 期。并通过每日编发微信、微博等方式发布疫情防控有关知识宣传，引导广大干部职工正确认识形势，为公司一手抓好疫情防控，一手抓好生产经营作贡献。做好企业深化改革中的思想政治工作。聚焦企业改革发展稳定的难点和关键，有针对性地开展思想政治工作研究，报送鞍钢集团 2020 年思想政治工作研究课题 8 项，分别获得一等奖 2 项、二等奖 3 项、三等奖 3 项，其中有 2 项课题成果分别获得全国冶金政研会研究课题一等奖、三等奖；1 项课题成果获得辽宁省 2020 年度思想政治工作优秀成果一等奖，1 项成果荣获“十三五”辽宁省思想政治工作研究精品奖，入选《心智——辽宁省思想政治工作研究优秀成果文集》。

4. 壮大主流舆论，党政中心工作宣传到位。强化对外宣传报道，提升鞍钢影响力。1—12 月，在新华社、人民网、中央电视台、《光明日报》、中国新闻网等中央媒体及其网络媒体，报道鞍山钢铁及各单位在生产经营、产品研发、深化改革、脱贫攻坚等的各类稿件 700 余篇（条）。在鞍山钢铁微信公众号发布信息 500 余条。微信平台拥有关注用户 33104 人，在鞍山钢铁微信公众号发布原创信息 150 余条。及时做好日常网络舆情监控，化解重大突发事件舆情风险。在冷轧厂一分厂冷轧 1 号线酸槽火灾、鞍钢股份环保事件等舆情处理工作中，做到第一时间监控到网络负面信息，第一时间到现场，第一时间准备新闻通稿，第一时间发声，正确引导舆论，及时化解公众疑虑。

5. 加强企业文化建设，持续擦亮鞍钢品牌。更换和平桥和厂区主干道 10 余处文化阵地展板，制作完成《战疫情拼效益　我们众志成城》等三部电视专题片在公司经营活动分析会上播放。完成对雷锋纪念馆升级改造，加强鞍钢博物馆和孟泰、雷锋纪念馆等文化阵地建设。指导市场营销中心成功举办鞍钢彩涂品牌推介交流会，扩大鞍钢彩涂品牌影响力；参加第十届中国（重庆）汽车技术展，提升鞍钢汽车钢品牌知名度。鞍山钢铁荣获“‘十三五’中国企业文化建设优秀单位”称号。

6. 深化精神文明创建和选树典型工作。完成鞍山钢铁国家级文明单位复审材料申报工作，评选出鞍钢股份炼焦总厂等优秀文明单位 7 个，鞍钢股份鲅鱼圈钢铁分公司厚板部等文明单位 28 个。完成了“最美奋斗者”孟泰、郭明义先进事迹报告文学和郭明义、李超先进事迹微视频的创作与报送工作。中厚板厂田宇被辽宁省委宣传部授予辽宁省“岗位学雷锋学郭明义标兵”。配合新华社到鞍钢采访拍摄《习近平讲述的故事——雷锋，永恒的精神坐标》专题节目，在 3 月 5 日公开发表。全年宣传各类先进典型 50 余名。开展培育和践行社会主义核心价值观工作。协助省委宣传部完成《牢记嘱托巡览“雷锋路”》直播节目。指导鞍钢博物馆完成了国家级爱国主义教育基地的评选申报工作。指导各基层单位规范社会主义核心价值观标语设置，完成了鞍钢英模文化展示墙和厂区社会主义核心价值观标语的维护与更新，进一步加强了社会主义核心价值观宣传教育的阵地建设。

7. 做好统战及史志编纂各项工作。发布了2019年统战人士“爱献做”活动成果。完成2018《鞍钢年鉴》出版印刷及发放工作，推进2019《鞍钢年鉴》编辑工作，完成2020《鞍钢年鉴》征稿工作。按照辽宁省党史研究室《关于征集雷锋同志在鞍钢有关资料的函》要求，整理新修建的雷锋纪念馆简介、解说词、照片、雷锋在鞍钢事迹等材料，报送辽宁省党史研究室。完成为辽宁省工信厅提供鞍山钢铁1986—2005年历史沿革等资料的编辑整理报送工作。

（鞍山钢铁集团有限公司党委宣传部　黄　辰）

【纪检监察工作】 1. 全力压实管党治党责任。深入学习贯彻十九届中央纪委四次全会精神，深化“不忘初心、牢记使命”主题教育整改督导，推动教育成果转化为坚定理想信念、砥砺党性心性、忠诚履职尽责的思想自觉和实际行动。协助公司党委制定《年度党风廉政建设和反腐败工作规划》，系统总结部署年度工作，组织制定《2020年党风廉政建设和反腐败工作要点及任务分工》和《纪委履行全面从严治党监督责任清单》，压实各级党组织履行全面从严治党主体责任，持续深化全面从严治党。贯彻落实《鞍钢纪委（监察专员办）强化政治监督 落实“两个维护”工作方案》要求，对照“108个是否”，形成《鞍山钢铁政治监督检查重点内容清单》，坚定不移推进政治监督具体化常态化，切实增强“两个维护”的政治自觉，政治监督检查发现的3项问题，2项已完成整改；持续深化廉洁地图建设，共排查出312项廉洁风险问题，完成整改297项，制定整改措施388项，有效规避企业管理风险。配合辽宁省公安厅和鞍山市“2·23”扫黑除恶专案组调取各类证据70余次，会同专案组召开各类协调会、调取证据研讨会90余场，经过共同努力，完成了“2·23”案件犯罪证据的收集整理、损失认定，为司法审判奠定了坚实基础。坚持问题导向，创新监督手段，主动监督、精准监督，以招标、采购、销售等业务为监督重点，充分运用大数据和信息化技术，探索建立了“1+4+N”模式大数据监防平台，为一体推进“三不”机制提供信息化支撑，形成了“四向到边，纵横成链”的立体化监督体系。

2. 深化巡视整改和巡察工作。以长效机制围绕深化中央巡视反馈问题整改、巩固主题教育问题整改成果下功夫，严格履职尽责，发挥督促协调职能，瞄准问题、盯紧措施、落实节点，实现了全面整改有序推进，重点问题整改效果显著；统筹“不忘初心、牢记使命”主题教育“9+1”问题、3项重点问题和7项滞后问题、政治监督反馈问题整改工作，针对未在既定时间节点完成的整改措施，加强主责部门督办，强力推进各项措施，确保问题整改完成率。落实鞍钢集团党委扶贫惠民专项巡视“回头看”总体部署和鞍山钢铁党委工作安排，将全力配合专项巡视“回头看”作为重要政治任务落实；针对反馈的5个方面53项问题、99条具体表现迅速分解责任部门和单位，召开问题整改工作动员会，传达巡视整改工作领导小组关于落实整改任务的具体要求，组织各主责部门根据分工充分认领问题、全面压实整改责任，明确整改效率、整改质量、整改效果等方面要求，注重边推进、边总结、边提高，切实提升整改工作质量。加大内部巡察力度，对14个党委开展常规巡察，对7个党委开展巡察“回头看”，指导3个二级党委开展巡察工作。巡察共发现问题685项，其中第一轮巡察发现问题整改完成率达到88%。截至2020年末，巡察工作已覆盖直管党委25个，占直管党委数的75.8%；巡察“回头看”已覆盖直管党委7个，占已被巡察党委的41.2%。组织召开“2·23”案件问题整改工作会议，深入贯彻落实鞍钢集团要求，深化案件暴露问题整改工作监督，从细从严确保制度体系完备，进一步强化制度约束，做到“笼子”牢固、执行有力、监管到位，确保整改工作不留死角，推进党风廉政建设和反腐败工作向纵深发展。

3. 持续加大监督力度。协助公司党委制定《开展“靠钢吃钢”问题专项治理实施方案》，选准工作载体、明确治理内容、细化治理举措、突出重点推进，形成专项治理调研材料56份，做到谈心谈话覆盖公司各级党组织负责人，4913名领导干部、关键重要敏感岗位人员申报了个人及其亲属、特定关系人经商办企业有关事项，组织各基层单位领导人员、关键重要敏感岗位人员签署

《拒绝违规经商办企业承诺书》共计 7823 份；强力整治职工群众身边腐败问题，优先查办各种方式侵害职工群众利益及优亲厚友、处事不公等问题，着力解决职工群众身边的反映强烈、急需解决的腐败问题。开展常态化疫情防控，对疫情防控措施落实及常态化坚持情况开展突击随机监督检查，坚决防范和纠正疫情防控中的形式主义、官僚主义。制定下发“清患”专项行动纪检监督组工作方案，将公司调度会通报问题整改作为重要抓手，积极跟进通报问题责任落实情况，及时组织基层纪委进行整改情况的核查及责任追究；强化对重点领域、关键岗位、薄弱环节的监督，组织各单位围绕权力集中、资产聚集、资源富集、资金密集领域，对关键岗位、薄弱环节确立专项监督项目 85 项，累计避免和挽回经济损失 4290.72 万元。同时，加强创新引领、脱贫攻坚、“两项改革”、选人用人等方面监督。

4. 扎实推进党员干部作风建设。以纠“四风”、正新风为导向，督促公司党委改变文风会风，改善工作作风，公司层级会议同比压缩 10%，业务审批事项由 434 项减至 415 项；扎实开展重大节日警示教育工作，不断增强党员干部廉洁过节意识，营造风清气正的良好氛围。系统开展“修身律己 廉洁齐家”主题教育活动，突出精准、分类、常态特点，切实提高党风廉政教育的针对性和实效性，全公司开展多种形式的活动 210 余次；在鞍钢集团党风廉政警示教育日之际，下发《关于在党风廉政警示教育日期间开展警示教育活动的通知》，以多种形式进一步教育党员干部坚定理想信念，强化廉洁从业意识，筑牢拒腐防变的思想防线。严肃查处各类问题背后的形式主义、官僚主义，对钢绳公司工亡事故暴露出的严重形式主义、官僚主义问题进行严肃处理，9 名管理者分别受到党内警告至撤销党内职务处分。

5. 不断加大执纪审查力度。严格落实监督执纪工作规则，拓宽线索来源渠道，精准研判、规范处置各类问题线索，完成中央巡视转办问题线索处置任务。全年共立案 60 件，党政纪处分 68 人，涉及 D 级及以上领导人员 16 人，释放了全面从严治党的强烈信号。把抓早抓小、防微杜渐作为工作导向，及时发现并纠正党员干部存在的苗头性倾向性问题，严格把握“四种形态”的综合运用，努力实现由“惩治极少数”向“管住大多数”的拓展。

6. 切实加强纪检队伍建设。系统谋划未来五年纪检工作思路和目标，注重领导人员结构，突出优势互补，配齐配强纪委班子，选举产生了新一届鞍山钢铁纪委领导班子，切实打造一支敢于斗争、善于斗争的纪检队伍。制定《所属各级单位纪检监察体制改革实施意见》，各级纪委与党政督查室合署办公，进一步推进纪检系统“三转”；严格落实纪委书记、副书记提名考察以上级纪委会同组织部门为主要求，对纪委书记、副书记选拔聘任进行考核评价；坚持刀刃向内，严防“灯下黑”，对 2 名违纪纪委书记给予党内警告处分。强化鞍山钢铁纪检系统调查研究和座谈交流，分三地组织召开基层纪委书记专题交流会议和特约监督员座谈交流会，指导工作方式方法，明确监督内容方向，提升纪委书记履职能力和特约监督员监督能力。组织本级纪委和各基层纪委深入学习贯彻十九届中央纪委四次全会精神，巩固主题教育成果和纪检系统“大讨论”“大练兵”效果；强化纪检系统练兵，以“三个结合”推动“以案代训”工作，即做到专项治理相结合、与问题线索处置相结合、与执纪审查相结合，抽调 24 名基层纪检干部参加实战，增强监督执纪问责能力。举办鞍山钢铁纪检业务能力提升培训班，引领纪检干部提升自身政治水平，切实解决“干什么”的困扰；鞍山钢铁纪委机关人员走上讲台，围绕“能力建设、案件管理、纪律审查、案件审理、专项监督、罚则运用”等开展“实操”培训，做到了“干什么学什么，缺什么补什么”，解决了“怎么干”的问题，为培养造就一支高素质专业化、忠诚干净担当、敢于善于斗争的纪检队伍奠定了基础。

（鞍山钢铁集团有限公司纪委监察部　梁　亮）

【工会工作】 1. 鞍山钢铁集团有限公司第十届职工代表大会第二十二次会议。鞍山钢铁集团有限公司第十届职工代表大会第二十二次会议于 2020 年 1 月 17 日召开，会议审议公司行政工作报告、2019 年福利费使用情况和 2020 年福利费使用方案（草案）、2020 年绩效与薪酬评价考核办法（草案）、2019 年企业年金运行情况报告、2019 年集体合同履行情况报告、2019 年社会保险缴费情况报告、2019 年业务招待费使用情况报告、第十届职工代表大会第二十次会议提案处理情况报告、

2019年教育经费提取使用情况报告、2020年员工教育培训实施计划、2020年财务预算报告；投票表决公司2020年福利费使用方案（草案）、2020年绩效与薪酬评价考核办法（草案）；民主评议、民主测评鞍山钢铁集团有限公司领导班子和领导班子成员；审议通过关于鞍山钢铁集团有限公司行政工作报告的决议（草案）。

2. 鞍山钢铁集团有限公司第十届职工代表大会第二十三次会议。鞍山钢铁集团有限公司第十届职工代表大会第二十三次会议于2020年3月3日召开，会议表决通过《鞍山钢铁集团有限公司职工罚则（试行）（草案）》《鞍山钢铁集团有限公司盗窃案件处理实施细则（试行）（草案）》《关于调整工作餐补助标准的意见（草案）》。

3. 专门委员会工作。于4月16日下发《关于审查鞍山钢铁职代会提案的通知》，对鞍山钢铁集团有限公司第十届职工代表大会第二十二次会议职工代表提案进行了审查，共立案7件。按照职工代表大会有关规定，转交公司办公室处理，并将提案处理情况提交职代会审议。

4. 民主评议工作。各单位严格按照《鞍山钢铁集团有限公司民主评议领导人员办法》规范操作，实行民主评议工作事先、事后报告制度，保证了评议工作质量。各级评议委员会成员参加民主评议的全过程，对被评议干部述职、职工代表民主测评、评议结果反馈等关键环节进行严格把关，民主测评全部采取无记名投票的方式进行。鞍山钢铁领导班子综合评价为“好”的430票，占97.5%。基层单位及其所属单位开展了民主评议领导班子工作，实现评议率100%，评议副处级以上领导干部432人，评议科级领导干部543人。民主测评厂务公开职工满意率高于或等于90%的有31个单位，占86.11%。

5. 工会组织建设。开展鞍山钢铁基层单位工会工作考核评价，考核结果纳入公司经营绩效考核评价体系。开展2019年度优秀工会工作者评选活动，命名表彰2019年度优秀工会工作者71名，2019年度工会积极分子893名。各单位在职代会期间，开展了会员评家工作，职工满意率高于90%的有33个单位，占91.67%。

（鞍山钢铁集团有限公司工会　刘　飞）

6. 群众性建功立业活动。以“一守两清三控四确保”为工作目标，启动“抗疫情，降成本，赢双跑”主题劳动竞赛，公司层面组织开展了10个专项竞赛。各基层单位承接公司和自主设计开展各种劳动竞赛223项，参与职工总数28000余人。实施双增双节项目1212个，创效7500万元。鞍山钢铁被辽宁省总工会评为首批主题劳动和技能竞赛优胜单位，是鞍山市唯一获此殊荣的单位。

7. 群众性经济技术创新活动。举办鞍山钢铁职工创新工作室沙龙“创新永动·智慧分享”主题特别活动，组织炼钢总厂等单位的20余名职工创新工作室骨干成员共同研究解决制约企业生产实际问题的思路和办法。鞍山钢铁有6项成果获2019年辽宁省劳模和职工创新工作室优秀成果奖。组织职工创新成果参评“第二十四届全国发明展览会”，获金奖12项、银奖23项、铜奖26项。林学斌创新工作室获评全国机冶建材行业示范创新工作室。鞍山钢铁荣获“2020年全国钢铁行业职工创新节优秀组织单位”。

8. 先进操作法推广评审和职工技术竞赛活动。积极搭建职工技能提升平台，组织开展第七个年度先进操作法推广季活动，共推广厂级先进操作法223项，培训职工8189人次。组织2019—2020年度鞍山钢铁先进操作法评选活动，命名表彰了25项操作法，其中有8项操作法被命名为鞍钢集团先进操作法。开展鞍山钢铁2020年度职工技能竞赛，共有483名职工参加了6个工种的技能竞技，其中有6名职工被授予公司“技术状元”称号，36名职工被授予公司“技术能手”称号。组织参加2020辽宁省职工技能大赛，在无人机大赛中，有1名职工荣获无人机装配操作员第二名；在职工创新大赛中，荣获3个二等奖和2个三等奖。炼焦总厂被辽宁省总工会命名为“省级职工职业技能培训基地”。

9. 工会劳动保护工作。加强职工劳动保护工作，注重加强源头参与，充分发挥工会劳动保护工作监督作用。深入开展“安康杯”竞赛活动，实现一线班组100%参赛。开展“送清凉、保安全、促发展”活动，结合生产一线职工的实际需要，为基层生产一线单位下拨了71.82万元，用于一线职工购买各类防暑降温用品，切实维护了广大职工在高温季节从事安全生产工作的劳动安全健康权益。

10. 典型选树与劳动模范管理服务工作。加大先进典型选树工作力度。2020年，鞍山钢铁有17

个单位被授予“2020 年度鞍山钢铁先进单位”，208 名职工被授予“2020 年度鞍山钢铁先进生产（工作）者”。能源管控中心钟山、铁路运输分公司马龙、炼钢总厂陈柏宇和柴帅、鲅鱼圈钢铁分公司路瑞飞等 5 人荣获“辽宁省五一劳动奖章”；鞍钢股份热轧带钢厂曲晓东荣获全国劳动模范。加大劳模服务工作力度。春节前夕，对鞍山钢铁/鞍钢股份各级在职劳动模范发放 339 份新春慰问品。以“弘扬劳模精神·助力鞍钢高质量发展”为主题，组织开展劳模走访慰问活动，共走访、慰问各级劳模 579 人。组织 40 余名劳动模范和优秀班组长参加上级工会组织的疗休养活动。

（鞍山钢铁集团有限公司工会　王剑峰）

11. 职工思想教育活动。把统一思想、凝聚力量作为工会思想政治工作的首要任务。指导基层单位工会利用各种学习宣传阵地、活动及网络载体，开展多种形式的思想教育活动，加强对职工的思想引领。定期印发《鞍山钢铁工会信息》，根据疫情防控要求全年相继举办鞍钢职工线上讲述我身边的故事演讲比赛、有奖征文、工会宣传干部学习党的十九大精神培训班、党的十九大知识竞赛答题等系列活动。弘扬劳模精神、劳动精神、工匠精神，召开线上劳模事迹报告会。

（鞍山钢铁集团有限公司工会　张金玲）

12. 困难职工帮扶工作。持续深入开展“温暖送万家”大走访活动，全年共走访、慰问救济困难职工、困难退休人员 23984 人次，发放慰问金 1042.51 万元。建立困难职工帮扶系统，制定一户一策的精准帮扶方案，针对每名困难职工制定详细的解困脱困实施计划，明确责任人和解困脱困时间。全面推进“一帮一”“群帮一”帮扶活动，充分发挥领导干部、职工群众及工会组织等多方力量，不断提高帮扶工作的针对性和实效性，建立“一帮一”帮扶对子 102 对，“群帮一”帮扶对子 92 对，实现在职建档困难职工帮扶结对全覆盖。组成专门审核小组，全面审查住院就医自负医疗费情况及收入情况，确定救济人员和救济金额。2020 年，全公司向 1100 名符合救济条件的职工发放医疗救济金 606.91 万元。2020 年“金秋助学”活动共救济困难职工子女 33 名，发放救济金 5.1 万元。

（鞍山钢铁集团有限公司工会　赵　贺）

13. 女职工工作。开展女职工维权行动月活动，指导基层各单位举办普法宣传活动 50 场次，发放宣传资料 3000 余份。推进女职工权益保护专项集体合同工作，2020 年各单位女工组织开展集体合同监督检查 30 次，履行情况较好，女职工权益保护专项集体合同履行率达到 100%。组织全公司女职工开展“两病”普查，减少和预防女职工“两癌”发病率。在国际妇女节期间走访慰问困难女职工 62 人，发放救济金 10.5 万元。开展第 110 个“三八”国际劳动妇女节纪念活动，评选表彰鞍山钢铁三八红旗岗 50 个、三八红旗手 104 人、文明女工 10 名、最美家庭 10 个。不断加强女职工组织自身建设，各级女职工组织举办了女职工干部业务培训班 20 次，培训各级女职工干部 280 人次。

14. 职工体育文化活动。2020 年，以“全民健身”和“全民健康”为主题，以服务、活跃职工业余文化生活和强健职工体魄为宗旨，开展各项职工文体活动。根据疫情防控实际情况，上半年陆续开展了视频跳绳、视频仰卧起坐、视频哑铃、线上文艺演出、线上书画展等活动，使职工在家中不忘体育锻炼，强健体魄抗击疫情；下半年在防疫措施严密的情况下开展了没有观众的乒乓球、气排球、六人制足球、羽毛球、篮球及股份公司职工户外登千山比赛等，并利用“一起走”APP 平台开展鞍山钢铁职工全体职工参与的一起走团队健身活动。全年举办了 5 场线上“鞍钢职工文化大讲堂”公益讲座，其中包括中医保健讲座、心理健康知识讲座、文学名著赏析讲座、文学创作、茶艺等讲座，并将录制好的讲座视频通过微信发送到职工手机，方便职工随时多次观看学习，满足职工多样化、多层次、多方面的文化体育需求。

（鞍山钢铁集团有限公司工会　张金玲）

【共青团工作】 1. 搭建青年思想教育平台，青年思想根基进一步夯实。有效运用“青年大学习”“三会两制一课”、主题团日、学习强国、“鞍山钢铁青春舞台”微信平台等多种形式，加强了青年理想信念、形势任务、志愿服务教育。一是开展“学讲话 提能力 比贡献”主题活动，以专题学习、征集体会、举办论坛等形式，推动习近平总书记重要讲话精神入脑入心并转化为实际行动。二是积极发挥新媒体影响力，以一图读懂的方式传达了鞍山钢铁党代会、职代会、团代会精神，使团员青年知形势、晓目标、明任务；积极响应鞍山钢铁党委要求，"激扬青春迎挑战 创新登高克时艰"等青春倡议，"抗疫中的青春风采"等专栏专题，引起了热烈反响；全年微信平台发布102期，268篇，阅读总量达59.6万次；在鞍山钢铁以上媒体发表宣传报道23篇，营造了良好舆论氛围。三是深入推进"跟着郭明义学雷锋"主题实践，组建文明城市复检青年志愿者团队，累计服务7800余小时；向岫岩偏岭镇中学和包家堡小学捐献图书1565册；各级团组织围绕环境治理、保产保供等开展敬业奉献513次，4609人次参与；12名优秀青年在创城、抗疫、奉献等工作中获评"鞍钢最美青年志愿者"，占评比总数的40%。

2. 搭建青年成长成才平台，青年能力素质进一步提升。围绕鞍山钢铁高质量发展任务要求，进一步发挥团组织桥梁和纽带作用，服务企业生产经营、服务青年成长成才。一是深化青年创新登高计划，完成攻关项目672项；开展"创客讲堂"389次，培训2086人次；评选第五届鞍山钢铁"杰出青年创新人才"10名、"青年创新人才"13名，在《鞍钢日报》专版宣传。二是深化青年人才成长积分制，召开纪念五四运动101周年暨青年人才成长积分制推进会，联合党委组织部下发《关于深入推进鞍山钢铁集团有限公司青年人才成长积分制管理的通知》，将挂职锻炼比例提高到B级以下青年总数的15%，2020年挂职青年498名，其中48名得到岗位提升或职级晋升。三是深化青年岗位建功，推进青年创新工作室和青年技能实训基地建设，为青年创新创业创效提供阵地；鞍山钢铁团委被推选为全国铁路行业团指委副主任成员单位，为青年拓宽视野、增进交流搭建了平台；10名青年在"振兴杯"鞍山青年职业技能大赛上获奖，占全部颁发奖项的83.3%；联合安全环保部开展了"双岗"创建活动，将青年在企业安全生产中的示范、监督作用落到实处，创建了全国铁路行业青年安全生产示范岗14个。

3. 搭建青年综合服务平台，青年文化生活进一步丰富。密切联系广大团员青年，强化团组织服务功能，用实际行动增强青年归属感和获得感。一是实施"走进青年"行动，组织公司领导与优秀青年代表座谈会2次；开展"5+1"青年大调研，集中座谈12场，与27个基层单位的151名青年面对面交流；网上青年思想状况调研参与率达99.56%，进一步明确了共青团工作方向。二是实施"精准服务"行动，建立完善未婚青年信息库，开展"青春之约 团团圆缘"联谊会，发挥"红娘团"作用，累计单线介绍264次，牵手60对；"双节"走访慰问住宿青年603人，基层团组织累计走访住宿和困难青年1313人次；举办鞍山钢铁青年"三人篮球"挑战赛，26支队伍参与角逐。三是实施"典型引领"行动，积极挖掘、选树、宣传优秀典型，获评鞍钢级以上（外）典型集体16个、个人15人，其中全国级2个、省/行业级19个、市级10个；推荐鲅鱼圈钢铁分公司金百刚参加2020年青年科学家峰会开幕式。

4. 搭建团的自身建设平台，团建基础工作进一步强化。聚焦团组织自身建设，强化问题导向、目标导向、结果导向，夯实团建基础，提升团干部能力。一是加强组织建设，优化了基层团组织设置，撤销各级团委28个，新成立直管单位团委筹建组3个、青年工作委员会4个；召开鞍山钢铁第二次团代会，指导18个基层团委完成了换届选举，将"应换必换"要求落地落实；严格共青团工作考核评价制度，每季度向基层党委通报共青团工作情况。二是加强基础建设，完善制度体系，制定修订《共青团鞍山钢铁集团有限公司委员会议事规则（试行）》等5项制度；作为集团"双推"工作试点，规范了团员"推优"入党程序，提升基础团建规范化水平。三是加强能力建设，提升团干部素质能力，开展党团知识等理论培训，配发学习书籍，组织团队意识拓展训练，举办团委书记论坛，64名团干部参加了团中央、鞍钢集团团干部培训班；探索实施挂职锻炼工作机制，选调5名基层团干部到两级公司团委以挂代训，提升业务水平，18名直管团干部转业到其他重要岗位。

（鞍山钢铁集团有限公司团委　王诏静）

· 人民武装工作 ·

【民兵工作】 2020年圆满完成了以鞍钢民兵为主体的鞍山军分区民兵应急营编兵整组工作。严格按照军事训练大纲要求，组织开展了310人、为期36天的军事训练工作，应急营全体官兵政治素质、军事素养均得到较大提升。在前后 3 期、每期 12 天的民兵军事训练中，组织人员严格测温，认真查验每一名参训民兵通信大数据行程卡、健康码、新冠疫苗接种码，并将测温、分餐贯穿训练每一天，将疫情防控常态化措施落到实处。2020 年鞍钢民兵参训人数、训练时间、训练考勤、训练质量、训练成效、后勤保障均为近年最好水平。在上级检查中，鞍钢民兵军事训练工作受到好评。

【人防工作】 2020 年人防基地保障作用得到有效发挥。鞍山钢铁人民武装部作为鞍山市人防训练基地，先后完成了鞍山市人防办组织的人防专业分队 2 期、共 40 人的集训保障任务，完成“9 · 18”警报器鸣放工作。按照鞍山市人防办工作指示，圆满完成了省人防办检查组对全市人防专业分队组织建设的检查验收。2020 年鞍山钢铁人民武装部获得鞍山市人防办授予的“人防专业分队应急点验先进单位”荣誉称号。

【基地建设】 2020 年鞍山军分区在鞍山钢铁人民武装部设立的鞍山市民兵应急营后勤装备库房建设得到进一步规范，实现了“六有”，即管理有制度、装备有账目、存放有货架、数量有明细、防盗有监控、消防有器材，保障水平得到进一步提升，成为鞍山各城区人武系统后勤装备库房建设“示范库”。鞍山钢铁人民武装部设立的鞍山钢铁集团有限公司民兵训练基地，2020 年先后完成铁东区人武部、立山区人武部组织民兵集结点验训练和辽宁省南部防空分区机动指挥通信演练等 3 期外埠接待保障任务。

（鞍山钢铁集团有限公司保卫部(人民武装部)
邱若彬）

· 所属单位简介 ·

全资子公司

鞍钢集团信息产业有限公司

【概况】 鞍钢集团信息产业有限公司（以下简称“信息产业公司”）是集自动化、信息化、通信和数字化技术于一体的信息技术企业。公司拥有专业配套齐全的自动化、信息化技术力量，在矿山、烧结、焦化、炼铁、炼钢、连铸、轧钢及钢材处理等冶金全流程自动化、信息化领域拥有多年工程业绩。公司机关设党委工作部（纪委、党政监查室、工会）、综合管理部、运营改善部、财务部、市场运营部（安全环保部），共 5 个职能部门。下设自动化事业部、数据通信事业部、智能制造事业部。下属 4 家合资公司：鞍信提迈克工业系统（大连）有限公司、北京鞍信天硕工程技术有限公司、北京鞍信科尔信息技术有限公司、辽宁大通智胜科技有限责任公司。2020 年，信息产业公司实现收入 5.32 亿元，新签合同 445 项，合同额 8.16 亿元，同比增长 26.9%；利润 2412 万元，同比增长 34.7%，完成挑战值，主要经营指标创历史最好成绩。实现跑赢自身、跑赢大盘，员工收入持续增长，生产经营持续向好。安全、环保事故为零。

【企业改革激发新活力】 精简机构编制。机关部门由 6 个减少到 5 个，5 个业务中心整合为 3 个事业部。D 级及以上领导岗位减至 31 个，压缩 18.4%。管理岗位从 61 个减至 41 个，岗位占比降至 8.4%。加大年轻干部培养力度。80 后年轻干部占比为 18%，70 后干部占比为 45%。加强人才队伍建设。7 人入选鞍钢英才计划，2 人成为鞍钢领军人才。大集体和退休人员社会化“两项改革”完成年度工作任务。

【科技创新增添新动力】 获批辽宁省 5G+冶金工业互联网工程研究中心，与中国工业互联网研究院合作建立智能钢铁联合实验室，入选 2020 年辽宁省互联网企业 20 强。与鞍山市合作共建“工业智能制造产业与技术创新中心”。成功完成机器视觉技术、设备状态检测技术等智能制造领域 10 项科技成果转化，新签订合同 42 项。2020 年获批工信部、辽宁省政府科技创新项目 5 项，获得国家创新资助 1087 万元，取得历史最好成绩。负责制定《钢铁行业 5G 工业数据接入设备服务规范》等中国钢铁工业协会团体标准 2 项，在 5G 应用、工业互联网、智能制造领域获得 2020 世界人工智能创新大赛三等奖、冶金科学技术奖三等奖、第三届“绽放杯”5G 应用征集大赛“工业互联网”专题赛三等奖，拥有专利 51 项，软件著作权 44 项。

【企业管理提升新效益】 优化法人治理结构。调整董事会、监事会，公开招聘3人进入公司经营团队，撤销鞍钢自动化公司董事会，设立执行董事。推进制度和授权体系建设。制修订101项制度，废止14项制度。强化风险管控，建立风险排查和预警机制，实行法律顾问制度，规章制度法律审核率达到100%。

【疫情防控取得新成效】 精心组织，确保公司未发生疫情传播。组建远程会议、移动办公、OA故障攻关、云视频会议研讨、远程办公攻坚等多个工作组，保障疫情期间鞍钢集团视频会议、日常办公顺利进行。公司广大党员干部慷慨解囊、献出爱心，累计捐款5.361万元，党员参与度达到100%。

【全面落实重要指示批示】 2020年公司党委召开党委会8次，党委理论学习中心组学习9次，认真传达学习习近平总书记重要指示批示精神。制定下发了《鞍钢集团信息产业有限公司党委关于进一步完善贯彻落实习近平总书记重要指示批示工作机制的通知》，从六个方面制定贯彻落实工作总台账，明确了22项工作措施、61个阶段目标。

【党的建设取得新成效】 深入开展党支部建设提升年活动，指导基层党组织规范确立党支部制度14项、党小组制度9项。完成公司级“共产党员工程”14项、集团级2项。荣获集团级共产党员工程三等奖2个、最佳红旗党员责任区1个、红旗党员先锋岗2个。开展“抗击疫情、党员先行”爱心捐款主题党日活动，捐款53610元。自动化业务中心第一党支部荣获集团公司样板党支部。加强新闻舆论引导。在“鞍信时讯”微信公众号发布稿件119篇，《鞍钢日报》及以上各级媒体发布稿件25篇。强化正风肃纪。开展廉洁教育活动76次，2411人次受到廉洁教育。

【关爱员工，群团工作助力企业新发展】 深入开展“践行共享理念、关爱一线员工”专项服务行动，已完成全部11项关爱员工项目。走访慰问困难职工、困难党员，发放慰问金11.92万元。加强团组织建设和青年队伍培养，组织召开信息产业公司第二次团员大会，扎实推进青年创新登高活动，2020年完成12个项目，创效49万元。

（国夫天）

鞍山钢铁集团耐火材料有限公司

【概况】 2020年，鞍山钢铁集团耐火材料有限公司（以下简称“耐火公司”）有职工779人，在岗职工635人，其中干部107人（高级职称7人，中级职称44人，初级职称45人），工人528人。居家职工126人，列编外14人，市场人员4人。离休人员3人。该公司机关设置党委工作室（综合管理室）、生产室、设备室、财务室、销售室、工会；下设冶金石灰第一作业区、冶金石灰第二作业区、机电检修作业区、原料运输作业区、生活服务作业区5个基层单位和居退管办。拥有固定资产原值7.71亿元，净值3.55亿元，厂区占地面积21.83万平方米，建筑面积10.02万平方米。主要设备有4座机械化石灰竖窑、4座气烧石灰竖窑、4座活性石灰回转窑，具有年产一级冶金石灰、三级冶金石灰等熔剂材料196万吨生产能力。

该公司2020年生产冶金熔剂136万吨，其中炼钢用石灰67.5万吨，炼铁用石灰68.6万吨；实现销售收入6.73亿元，利润4619万元；实现重大环境污染事故为零，污染因子合格率100%。

【坚持疫情常态化防控，确保新冠疫情零感染】根据新冠疫情防控的不同阶段，从单纯的防控向保产与防控相结合转变，在坚持对所属区域进行有效消杀工作的基础上，对正常上岗的职工加强宣传、检查、提醒。加强外来人员管控，做好防疫物资储备发放工作，严抓不懈，确保了新冠疫情零输入、零感染，有力地保障了职工生命安全和企业生产的正常运行。

【坚持全方位挖潜降本，确保完成利润指标】 实施峰谷平错时生产降低生产成本、原料运输作业区加强原燃材料验收、加大回收废旧物资力度，千方百计采取各种降本措施，全年降本1719万元。

【坚持管理提升不松懈，确保基础管理补短板】开展了“全面提升管理工作”专项行动，查找问题1014项，其中公司级171项、作业区级843项，2020年底已整改完成问题956项，未完成正在有序推进中。积极开展“靠钢吃钢”专项治理和“雷霆行动”，促进管理合规，织密了管理防控网。

【坚持改革稳步推进，确保释放企业新活力】 优化机构设置，将原“六部一会一办”压减为“五室一会”，合并了机电作业区和检修作业区，使机构更加精干，运行更加高效。在岗人数同比下降9.67%，劳务用工人数同比下降4.5%。

【坚持提升实物质量，确保用户满意度提升】 为满足用户对炼铁用石灰质量不断提高的要求，耐火公司系统梳理影响质量的因素，查找影响因素62项，逐一制定了整改方案，石灰质量得到显著提升。炼钢用石灰CaO合格率增长14.03%，炼铁用石灰活性度合格率增长18.11%，实物质量得到用户肯定。

【坚持环保持续投入，确保实现达标排放】 积极推进回转窑燃烧系统改造等4项环保技改项目。进行技术攻关，降低3号、4号机械化竖窑烟气除尘排放口氧含量，确保氮氧化物达标排放。开展“80天环保整治行动”，全面梳理环保问题，排查问题190项，解决问题173项，17项进入可研、立项阶段，主厂区作业环境、可视灰尘控制均得到有效改善。耐火公司排污许可证申领成功。

【坚持攻坚“两项改革”，确保高标准完成政治任务】 建立日调度、周报告、月总结制度，动态管控、统筹推进，最终历时8个月，圆满完成了3271卷的档案整理及移交工作。倾全公司之力搞好厂办大集体改革，以最高标准、最快速度推进《和解协议》签署，最终签署完成4115人，签署完成率99.83%，受到了鞍山钢铁公司的高度好评。

（高慧楠）

鞍钢集团房产物业有限公司

【概况】 2020年末，鞍钢集团房产物业有限公司（以下简称“鞍钢房产物业”）共有在职职工841人，其中干部227人（高级职称24人，中级职称121人，初级职称82人）。设党委工作部、纪委（党政督查室）、财务部、工程管理部、规划发展部、安全与生产部6个部室，下设15个基层单位。主要经营业务有：为鞍山市供热有限责任公司提供供暖和房产维修服务业务，负责鞍山钢铁集团有限公司商用房屋租赁经营管理业务，为鞍山钢铁集团有限公司厂区非生产用房屋提供工程施工服务业务，对鞍钢集团开展专项物业服务业务。

【生产经营工作】 2020年，该公司实现利润188万元，创历史最好水平。供暖和房屋维修服务工作顺行，全年共处理8890平台报修和投诉件8000余件。全年承揽厂内工程和维保等项目62项，实现利润100余万元。办理市政公用工程施工总承包、钢结构工程专业承包和施工劳务等3个项目建筑业企业资质增项。房屋租赁业务全年实现收入3725万元，全面完成鞍山钢铁下达的挑战任务指标。

【体制机制改革工作】 聚焦“效率、效益、品质”三个要素，重塑对内协同高效、对外优质服务的管理架构。机关部门由13个减少到6个，减幅为54%；基层单位由22个减少到15个，减幅为32%；班组由45个减少到40个，减幅为11%；管理和专业技术岗位定员由244个减少到163个，减幅为35%；中层干部削减38人。快速高效完成全员配置到岗。完成公司制改革，鞍钢集团房产物业公司更名为鞍钢集团房产物业有限公司。

【凝聚发展合力】 开展以“解放思想、转型发展、树立品牌，实现多领域发展”为主线的专题大讨论活动，从“树理念、提质量、抓管理、拓市场、转作风、强品牌”六个方面组织全员学习研讨，对标找差，凝聚了发展共识。共收集合理化建议35项，采纳推广4项，召开大讨论成果交流会，实现了学习讨论成果向工作实绩的转化落地。

【市场化经营机制逐步形成】 按照利润否决、企业效益与职工利益双赢、严格考核的原则，与物业中心、工程一公司、工程二公司3家单位签署了全成本核算契约化经营协议。落实管理层经济责任，通过实施增利奖励分成、明确违约处罚，实现了责权利的对等统一。契约化经营的试点实施，促进了生产经营压力在物业公司内部的有效传递，为市场化改革拓展延伸到微观主体奠定了坚实基础。

【企业管理工作】 开展安全大检查、“五清五杜绝”和“清患”专项检查等行动，整改各类隐患200余项，全年实现安全事故为零目标。建立健全全面风险管理体系，修订完善规章制度22项。推进岗位优化，劳务费支出比上年减少84.6万元，降幅 29.4%。压缩办公费用 8.7 万元，比上年降低 25.2%。完善工程材料采购流程体系，加强物料消耗监管，提高了采购效率。

【和谐企业建设】 落实集团公司退休人员社会化管理移交工作部署，完成 4240 卷退休人员档案的整理移交工作。选派 18 名干部到社区协助退休人员社会化管理工作。践行共享理念，关爱一线员工，投入资金 34 万元，实施惠民项目 8 项。全年发放救济金 14.98 万余元，发放金秋助学款 1.05 万元。建立联防联控机制，实现了新冠疫情为零目标。

（米　岩）

德邻陆港供应链服务有限公司

【概况】 德邻陆港供应链服务有限公司（以下简称“德邻陆港”）注册于 2016 年 8 月，主要从事电子商务、无车承运、仓储配送、钢材加工及贸易、汽车商贸、金融信贷、油品销售、汽车后市场服务等业务，为社会各界用户提供“柔性”供应链定制服务。该公司注册地址为鞍山市铁西区鞍刘路 3 号，在鞍山市拥有物流综合产业园和鞍钢股份物流园 2 个现代化物流园区，在全国重要销售和物流节点城市布局 61 个协议仓储库。该公司现为国家网络货运平台 5A 级企业，辽宁省智慧园区试点企业。基于“合作共赢”和“融合发展”的经营理念，德邻陆港致力于提升钢铁产业供应链运作水平，培育立足辽宁，覆盖东北，辐射全国的供应链生态圈。

【组织架构】 2020 年 9 月，德邻陆港推进市场化改革，重塑组织架构，推动经营机制变革，被授权对鞍钢汽车运输有限责任公司（以下简称“鞍钢汽运”）和德邻智联（鞍山）有限公司（以下简称“德邻智联”）实施委托管理。按照鞍山钢铁的要求建立了规范的法人治理结构，成立了董事会和监事会。机关设立综合管理部（纪委、党政督查室）、一体化运营部、党委组织部（人力资源部）、财务部、风险管理部 5 个部室；公司下设 4 个事业部，分别为鞍钢汽运（运输事业部）、德邻智联（电商事业部）、供应链事业部、技术部，其中鞍钢汽运和德邻智联为独立法人单位。截至 2020 年末，该公司共有职工 3606 人，其中鞍钢汽运 3303 人、德邻智联 12 人。

【企业经营实现新突破】 2020 年电商平台 GMV 实现 496.70 亿元；完成运量 6717.78 万吨，完成钢材贸易量 75.17 万吨，实现营业收入 62.53 亿元，实现利润 5049.28 万元，主要生产经营指标呈现跨越式增长。

【锐意改革，企业发展增添新活力】 顺利完成两级机关部室及基层单位的职能优化和岗位人员整合，实现德邻陆港、德邻智联和鞍钢汽运的一体化运营，企业自主经营决策能力进一步增强，产业发展焕发了新活力。全面推行职业经理人制度，对业绩贡献实施定向激励，精准驱动，充分激发员工工作热情和内生动力。“上”“下”依靠能力、“进”“出”全凭贡献、“增”“减”有据可依。

【赋能电商，平台经济取得新成果】 德邻智联持续夯实“1+6+N”服务体系，打造了基于钢铁电商为源头，新型供应链为支撑，大数据为增值点的新业态。2020 年平台累计实现钢材现货销售 306.65 万吨，成交金额 114.53 亿元；实现钢材期货销售 816.36 万吨，成交金额 371.57 亿元；大力发挥德邻循环平台功效，2020 年拓展上下游客户 1877 家，实现循环物资销售 944.43 万吨，交易金额 8.98 亿元。德邻循环平台已经成为东北区域最大的循环物资处置平台。

【创新驱动，市场开拓取得新成效】 筹划营销布局，积极“走出去”，谋划未来发展布局，2020 年新增东北三省及华东、华南等区域客户 40 余家；大力开展区域“桥头堡”建设，2020 年在国内重要节点枢纽城市新增 38 个协议仓储库，新增 1 个港口协议码头，供应链金融、仓储、加工和运输业务已经开展到山东、上海、福建、广州等地；2020 年钢材销售量同比增长 230%。大力拓展铁运业务，先后为社会客户完成省内至新疆、西藏、山西等多地的铁路运输委托；积极拓展海运业务，新增鲅鱼圈港→潍坊、鲅鱼圈港→无锡、秦皇岛港→无锡等多条海运线路；提高钢材加工营销能力，月加工量从 2019 年的 4000 吨增长到 2020 年的月均万吨以上，社会市场开发呈现多点开花的良好势头。

【攻坚克难，保产业务取得新进展】 始终把确保职工生命安全和身体健康放在第一位。坚持一手抓疫情防控，一手抓复工复产，积极克服疫情高峰期物流孤岛、货源减少，日常防控人员流动性大、来源四面八方、驻外员工较多等不利因素，确保重点防疫部位和重点人员的防控措施落地。利用互联网高效快捷优势，陆续为鞍山钢铁采购防疫物资 197 万元。强化管控，系统优化生产物流。强化了 13 家保产单位的资源匹配管理，2020 年度同比降低鞍山钢铁物流成本 1697.82 万元，成为鞍山钢铁保产服务战略支柱及降低物流成本的可靠力量。加强组织，提升运输作业效率。将此前的鞍山本部单向发车改变为鞍山与鲅鱼圈双向发车，运输车次提高了 20%，车吨日产提高 32.2 吨。

【多元融合，品牌创效实现新提升】 2020 年，油品经销和汽车后市场业务立足自身优势，通过推进联动经营，服务品牌誉满钢城。成功替代中石化，开辟了鞍钢股份鲅鱼圈钢铁分公司新市场，全年增加油品销售 1000 余吨，提高产值 570 余万元。园区业务联动实现新进展。鞍钢广达相继承办了中国人保、东风有限、一汽红旗和广汽集团的品牌车展，实现了公司、展商、消费者多方共赢。2020 年 7 月，鞍钢广达德邻店正式开业，鞍山园区、鞍钢广达及中钢油气业务板块迈入实质性融合阶段。2020 年 10 月，广达城市展厅投入使用，在新冠疫情等不利因素影响下，2020 年检车数量同比增长 2.4%，单日检测数最高达 296 台次，创历史新高。

【培育品牌，企业影响力喜迎新变化】 2020 年，德邻陆港和鞍钢汽运先后被国家权威机构评为“全国 5A 级网络货运企业”“2020 中国物流杰出企业”“全国物流行业抗疫先进企业”“2020 中国智慧物流十大创新引领企业”和辽宁省互联网企业 20 强，企业的社会影响力和行业地位得到显著提升。

【智慧供应链服务平台倾力满足社会各界个性化需求】 德邻陆港智慧供应链服务平台现有十大产品分别是：德邻钢铁、德邻畅途、德邻化工、德邻循环、德邻智园、德邻云仓、德邻 e 宝、德邻玛特、德邻加工及德邻大数据。平台以钢铁供应链为应用场景实践“互联网+”理念，彻底改变传统供应链服务模式中的不足，实现供应链全链路的信息化、可视化、数字化及智能化。

（胡竞文）

鞍山钢铁劳研所科技有限公司

【概况】 鞍山钢铁劳研所科技有限公司前身鞍钢集团劳动卫生研究所（以下简称“劳研科技”），始建于 1951 年，是新中国建立的第一家职业卫生专业机构，是冶金行业唯一一家获得国家职业卫生技术服务机构甲级资质的单位。2020 年末，劳研科技共有职工 75 人。设有综合管理室、运营管理中心、检测检验中心、职业评价室、安全评价室、安全教育室等重点专业科室，拥有先进仪器设备 500 余台（件）。全年完成经营收入 2531 万元，实现利润 421 万元，提前一个月完成挑战值目标。

【主营业务】 该公司具有国家“职业卫生技术服务机构资质证书”、辽宁省医疗放射领域“放射卫生技术服务机构资质证书”、国家“安全评价机构资质证书”、辽宁省“检验检测机构资质认定证书”“安全生产标准化二级企业评审单位资质”及鞍山市“安全生产培训机构和特种设备作业人员考核资质”等资质。主营业务范围涵盖职业卫生、放射防护评价技术服务，职业卫生、放射防护、环境因素检验检测技术服务，安全评价、标准化评审、应急预案编制及相关安全业务技术服务，业务培训和信息咨询，负责《工业卫生与职业病》杂志的出版发行工作。

【抢抓机遇，推进企业改革不断深入】 该公司将改革作为应对市场挑战、实现创新发展的重要抓手，进行结构调整，实施流程再造，激发内在活力。一是优化组织架构。将原有 14 个部门、科室核减为 7 个工作单元，核减比例 50%，将原有编制定员由 117 个压缩调整为 85 个，压缩比例为 27.5%。加速推进变更原有事业法人单位性质，于 2020 年 12 月 16 日完成新公司的注册，成立鞍山钢铁劳研所科技有限公司，变更为企业法人单位。二是调整运行体系。成立市场运营中心，形成“业务围着市场转”的管理架构。三是推动选智用贤。对全体中层以上干部重新进行聘任，40 岁以下 C 级人员占比达到 33.3%，其中 85 后占比达到 16.7%。四是模拟契约管理。实行承包制改革，对科室负责人试行契约化管理。

【延伸渠道，推进市场开发不断进展】 坚持对内服好务，对外重协作，实现开拓市场的“双轮驱动”。一是服务鞍钢市场。对鞍山钢铁全部关联方人员开展安全、职业卫生、消防培训和考试，2020年完成培训16027人。二是链接攀钢市场。与攀钢劳研科技公司主动联手，完成“攀钢钛白产品应用研究中心建设”等5个职业卫生评价项目。三是开拓外部市场。先后与本钢板材、大连英特尔等单位签订合作项目合同。2020年共签订合同2508.18万元，比上年同期增加800.64万元，增幅为31.97%。

【明确任务，推进科技创新持续发展】 坚持实施科技兴企战略，以人才培养作为根本保障，以科技创新促进转型升级，推动企业高质量发展。一是实施立体育才。放开专业限制，鼓励现有人力资源在不同专业领域进行业务培训、学历升格。4人攻读第二学历，2人取得研究生学历。二是注重科技创新。先后与中国人民解放军第六九零三工厂、中国航天科工集团第二研究院等单位建立联系，利用该研究院平台培育该公司发展新动能。积极参与辽宁省自然基金资助计划，一项研究课题已作为辽宁省自然科学基金项目申报公司。三是发挥行业优势。开展放射危害重点行业放射性危害因素监测及研究（非医疗）、重点行业职业病危害因素监测及研究（非放射性）、工业企业职业病危害现状调查及评估三部分内容组成的重点行业职业病危害监测及评估项目，并积极向辽宁省卫健委进行申报，项目总投资536.8万元，可争取政府扶持资金150万元。

【强化统筹，推进运营效能明显提升】 加强内部管理考核，严控财务指标，压降生产成本，全面提升企业管理水平，为企业发展夯实管理基础。一是完善工作流程。制定了8个职评、安评、放射、理化等相关业务的启动、运行、归档等操作分解流程。二是严格预算管理。制定《公司全面预算管理办法》，2020年各项管理费用较上年同期下降53万元，降幅为39%。三是加强“两金”管控。清回酒钢历史欠款18万元。四是强化安全管控。实行月安全培训制度，累计参加培训662人次。实施“清患”行动，投入物防、技防设施资金22万元。

（桂冰雪）

鞍钢铸钢有限公司

【概况】 截至2020年12月末，鞍钢铸钢有限公司职工总数711人（其中全民在岗职工462人、劳务职工249人），管理岗位人员81人，生产操作、服务岗位人员381人。公司下设：生产技术室、设备室、营销管理室、计划财务室、安全环保室、综合管理（党委工作室）和工会；三个作业区：炼钢作业区、铸造作业区、设备作业区。

【生产经营】 2020年利润目标值850万元、挑战值1500万元，公司坚持稳中求进，经过全体职工的共同努力，2020年铸钢公司完成利润2008万元，创历史新高，超额完成鞍山钢铁公司下达的挑战目标；公司实现轻伤以上事故为零、环保事故为零、安全隐患整改率100%的工作目标。

【深化改革】 公司薪酬分配改革继续深化，在2019年承包改革的基础上，对承包指标进行优化调整，对承包者进一步授权，打造内部承包经营2.0版。同时对工资总额进行承包，增人不增工资，减人不减工资，制定增效奖励办法，充分调动职工积极性。

2020年，公司管理和技术岗位压减编制20%，打破工人、干部身份界限，拓展人才发展空间，改革效果初步显现。2020年，铸钢公司先后在鞍钢集团和鞍山钢铁的改革经验交流会上进行经验介绍。

【技术创新】 公司结合实际，实施“四大战略”。一是铸锭产品实施“精品战略”。通过完善TG900质量评价体系及冶炼工艺，铸锭产品内部质量、表面质量稳步提升。钢锭全氧平均值2020年控制在0.0018%以内。二是电渣产品实施“科技战略”。成功研发ZY80-3、316H核电等产品，填补国内空白，其中316H解决了国家难题。2020年，电渣产品已成为公司新的利润增长点。三是铸坯产品实施“差异化战略”。发挥电炉炼钢优势，主要生产小批量、低合金、高质量、高附加值的履带、轨道、轮毂用铸坯及无缝管坯。2020年高附加值产品占比达到92%。四是铸件产品实施“专业化战略”。成功开发船用挂舵臂；成功开发 DZ 推进装置，船用艏部铸件、舵销承座、下舵承座。

【设备改造】 2020 年公司投资 879 万元，完成 5 项技措改造项目。其中 160 吨和 280 吨起重机进行安全整改，解决了起重机吊运钢水罐的重大安全隐患问题。新购百吨铸造起重机解决铸锭跨熔融金属吊运问题，同时提高了铸锭工序生产作业效率。完成了 20 吨燃气锅炉大修，为稳定生产运行和提高质量提供了设备支持。新建 40 吨电渣炉水处理系统，使设备老化问题得到改善，为铸钢公司未来发展奠定了良好基础。

【职工生产生活】 持续开展和推进“共享发展理念，关爱一线员工”专项服务行动。2020 年全面完成改善职工作业环境、修缮职工浴池、为职工值班室和休息室购置电冰柜等 12 项惠民项目。铸钢公司通过完善薪酬管理办法，使职工收入持续提高。2020 年在岗职工人均工资总额 7.17 万元/年（不含经营者），比 2019 年提高 20.08%。

（杨永宏）

鞍钢电气有限责任公司

【概况】 2020 年，鞍钢电气有限责任公司在岗职工 246 人，其中管理和专业技术人员 89 人（高级职称 6 人，中级职称 49 人，初级职称 33 人）。公司机关设置综合管理室（党委工作部、工会、党政督查室、董事会办公室）、生产管理室（安全环保部）、财务会计部 3 个部门，下设电机修理事业部、电机制造事业部、变压器事业部、电控事业部、工程公司、鲅鱼圈公司、销售公司 7 个基层单位。公司 2020 年全年共签订销售合同 275 项，合同金额 1.36 亿元，实现销售收入 1.27 亿元。

【主要工作】 2020 年对电气公司来说是十分特殊且具有里程碑意义的一年，这一年疫情贯穿始终，电气公司正视疫情带来的困难与挑战，在确保疫情防控的同时积极做好生产经营各项工作，保持持续健康发展的良好态势，并取得了新的突破。在集团公司及鞍山钢铁的总体改革工作安排下，电气公司顺利地完成了股权深化改革工作，成为鞍山钢铁的全资子公司，纳入鞍山钢铁管理体系，并在其大力支持下，继续落实新发展战略，全面推进市场化改革，通过全体职工的共同努力，完成了公司交给的各项任务，突破了鞍山钢铁下达的挑战指标，创利能力达到近 10 年来最好水平，实现了“双跑赢”。

（贾吉云）

控股子公司

鞍钢股份有限公司

【概述】 2020 年，面对复杂的国内外形势、艰巨繁重的改革发展任务和突如其来的疫情影响，鞍山钢铁/鞍钢股份党委以习近平新时代中国特色社会主义思想为指导，深入学习贯彻党的十九届历次全会和中央经济工作会议精神，全面落实鞍钢集团二届二次全委会和鞍山钢铁/鞍钢股份第二次党代会部署，一以贯之加强党的建设，统筹疫情防控和改革发展工作，努力争当深化改革、创新驱动、党建引领“排头兵”，完全依靠自己的力量，实施了新 2 号高炉大修、2150 产线改造，铁、钢、材产量分别完成 2587 万吨、2654 万吨、2457 万吨，实现产业收入 1271 亿元，利润 26.8 亿元，超额完成全年 18.5 亿元的利润目标，在鞍钢集团改革发展中起到了“压舱石”“顶梁柱”的作用。鞍钢股份荣获“中国上市公司社会责任奖”。

1. 疫情防控取得阶段性胜利。全面贯彻习近平总书记关于疫情防控重要指示批示精神，落实中央、省、市防控部署和鞍钢集团“四个确保”要求，闻令而动，迎难而上，全力以赴确保生产经营稳定和职工生命安全。严防严控实现“双零”目标。第一时间成立疫情防控指挥部，迅速启动应急预案，建立“日报告、零报告”制度，积极采购发放防疫物资，管好自己人，看好自己门，严守第一道防线，实施网格化管理，对 252 家单位外来劳务人员、技术人员进行筛查，对从中、高风险地区返岗的职工 9846 人次进行严格动态跟踪，确保防控不漏一人。服务社会履行央企责任。全力复工复产，充分彰显了特殊时期基础保供、稳定大局的大国重器责任担当。完成负压救护车、防疫炮雾车、北京新冠病毒实验室等紧急用钢生产任务。竭尽全力保产业链供应链稳定，

12 条钢加线三周内全部复产，及时协助 30 多家汽车企业恢复生产；扶助 350 多家小微企业渡过难关；提前放行产线年修项目，拉动备品备件需求，采购额达到 4.47 亿元，帮助地方民企缓解资金难题；用好疫情期间国家减税降费各项优惠政策，享受优惠 5.38 亿元；推出 e 通商票，为 108 家中小企业提供 3.05 亿元普惠金融支持。

2. 深化改革释放发展新活力。以授权放权为突破口，启动 8 个方面 22 项综合改革工作，当好深化改革排头兵。构建差异化管控体系。依据钢铁主业“多基地统筹协调、基地内集中一贯”、相关产业“一企一策”差异化授权原则，对所属 129 个成员单位实施分类施策。简政放权，核心业务事项由 434 项压减至 415 项。坚持做到权力放得开，更要管得好，切实加强全过程监管，确保精准行权、规范行权、高效行权。打造朝阳钢铁改革新样板。坚持以“授权+同利”为着力点，打造国资民营的市场化机制，进一步激发朝阳钢铁内在活力与动力。2020 年，该公司销售收入利润率 10.7%，达到行业平均水平的 2.3 倍，成为鞍钢集团改革典型，得到国务委员王勇的充分肯定，国资委将其经验作为中央企业改革先进经验，在《国有企业改革动态》《考核分配动态》上刊发推广。“e 考核”评价初见成效。实施鲅鱼圈分公司经营机制改革，建立“e 考核”岗位绩效考核系统，全方位客观、精准、及时评价同岗位职工的工作绩效，充分激发职工工作热情，全年利润同比增加 27.1%。重点改革项目落地见效。深化铸钢、电气、鞍信公司市场化改革，一举扭转经营不利局面，提升了企业竞争力。推进干部人事制度改革，完成广州钢加、大连钢加职业经理人选聘。完善差异化分配机制，建立企业与职工同利机制，使收入向创效单位和一线艰苦岗位倾斜。积极推进全口径人力资源优化，协力外包人员同比压缩 42.3%。实施鞍钢股份股权激励计划，对关键重要岗位和核心技术（业务）人员授予股权，激发其创新创业热情。炉材科技公司按照市场化机制实施混合所有制改革，以公开竞价方式出让 49%股权，溢价 99%，实现国有资产保值增值。“处僵治困”取得新进展。坚持“一企一策”制定扭亏方案，主动承担鞍钢集团新划拨亏损单位的扭亏任务，全面完成国资委核定和鞍钢集团确定的特困企业、重点亏损子企业治理任务。“两项改革”圆满收官。各级党委以高度的政治责任感和使命感，倾心倾力做好改革方案制定、政策宣贯和职工思想稳定工作，圆满完成了厂办大集体改革任务，提前实现了退休人员社会化管理。

3. 成本变革取得新成效。坚持“系统管、管系统”工作思路，以财务为核心，围绕炼铁、炼钢等重点生产工序，成立“1+6”对标委员会。以项目为牵动，开展三地相近产线成本对标，与行业水平和标杆企业对比分析，找差距、明目标、补短板。系统降本成效显著。落实鞍钢集团“十项举措”，明确提出“一守两清三控四确保”工作目标，推进 493 项降本措施，全年实现吨材降本 102 元，累计创效 36.1 亿元。多项指标成效突出。优化采购策略，拓展采购渠道，原燃料、设备资材分别降采 31.7 亿元、10.2 亿元。推进集约减量管理，与铁路总公司共同研发，创新提量运输新模式，C70 钢矿循环专组顺利运行，可提高运力 15%，物流成本同比降低 12 元/吨；强化能源系统管控，外购能源成本同比降低 28.8 元/吨。精益设备管理，强化点检定修执行率，设备事故频次、事故时间同比分别降低 15.7%、8.1%。压缩融资规模，压降贷款利率，全年压缩融资规模 118 亿元，财务费用同比降低 6.94 亿元。

4. 科技创新取得新突破。聚焦服务国家战略需求，强化关键核心技术攻关，形成具有自身特色的新技术、新产品，当好创新驱动排头兵。创新能力持续增强。入选国资委“1025”专项“卡脖子”工程的 4 个项目，取得阶段性成果。参与的“钢材热轧过程氧化行为控制技术开发及应用”项目获得国家科技进步奖二等奖，大型转炉洁净钢高效绿色冶炼关键技术等 15 个项目获得省级科技进步奖。国家重点实验室建设得到全面加强。获得国家专利 612 件，其中发明专利比例达 60%。在高性能特厚 690 兆帕海工用钢等 7 个重点技术领域形成了包括 50 件专利的专利群。鞍钢股份被认定为第一批辽宁省高价值专利培育中心。科研力度不断加大。实施科技卓越计划，授予汽车用钢等 6 个团队年度立项、对外合作、无合同试制、国际学术交流等自主决策权。坚持科技服务公司战略，完成“十四五”重大研发项目布局。强化科研项目顶层设计，完成引领性、系统性、高水平大项目的归集，共 102 项。深化“一厂一所一室”建设，将科研与现场紧密结合，围绕研发、技术服务推进66个重点项目，全方位解决生产现场“痛点”。加大科技降本力度，实现创效15.5亿元。与大连理工、东北大学等院校所签订18项技术开发合同，推动科研成果转化为核心竞争力。成功开发四代核电快堆项目316H不锈钢，深海管线用高应变钢实现全球首发，超高强海工钢实现国内首发，高铁转向架用钢成功用于350千米时速检测车。

5. 市场开拓取得新业绩。坚持以客户为中心，构建“北斗望月、面向大海”营销战略布局，建立“三点四维度”价格评价体系，推进产销研一体化协同，打造卓越服务品牌。战略合作持续深化。与家电、汽车、铁路车辆等19家下游客户企业沟通交流，议定事项100余项。推进鞍钢、本钢、建龙钢铁采销业务协同，区域内协同发展取得明显成效。重点产品市场占有率不断提升。以提高市场占有率为目标，加强战略直供客户群建设，拳头产品销量占比达38.6%，重点工程中标量同比增加89万吨。举办彩涂品牌推介交流会，与5家企业达成战略合作，彩涂板中标量同比增加12%，售价比2019年增加500元/吨、同比行业增长18%，提升了品牌价值和影响力。工业纯铁销量同比增长26%，创历史最高水平。积极响应“一带一路”倡议，成功中标几内亚达圣铁路等海外工程项目；X80M中厚板获得中俄东线天然气管道安平至泰安段9.5万吨订单，占该标段总量的45%；品种钢出口比例同比提升4.8个百分点。

6. 规划落地取得新进展。聚焦产地、产品、产业，科学规划布局，优化资源配置，培育高质量发展新动能。钢铁产业加快升级。推进鲅鱼圈二期项目论证，成立项目推进组，与地方政府建立定期沟通工作机制，推进环评、能评。聚焦产品质量提升和产线升级，重点推进炼钢总厂四分厂2号板坯铸机升级改造等19个项目实施。相关产业持续壮大。持续推进“双鞍”融合，以煤化工、新材料、现代物流和钢材深加工等六大产业园区建设为抓手，推动地企合作纵深发展。加快互联经济产业发展，发挥“互联网+实体”协同效应，成立德邻智联（鞍山）有限公司。加快推进项目落地，化学科技、绿色能源、冶金炉材等产业长足发展，全年实现产业收入254亿元。智能制造步伐加快。启动管理和信息化整体提升项目，实施ERP系统提档升级，炼钢总厂三分厂智能产线改造初见成效，热轧2150产线智慧集控项目等46个项目投入运行。自主研发的“5G工业专网+智慧炼钢”在炼钢总厂实现工业化应用，并荣获全国APP优秀解决方案奖。“钢铁全流程质量大数据解决方案”成功入围工信部工业互联网平台试点示范项目，鲅鱼圈分公司实现全流程能源介质在线远程数字化管控。鞍信公司信息化数字产业取得长足发展。

7. 管理水平得到新提升。坚持底线思维，突出精准发力，以更高站位、更大力度、更实举措，提高风险防控能力。资金风险有效防控。调整融资结构，降低融资成本，提升资金效率，优化收款质量，流动资产周转率、存货周转率分别达到2.09次、8.02次；综合融资成本降至3.72%，同比下降10.36个百分点；经营性资产负债率同比年初下降2.06个百分点；货币收款率76%，同比提高13个百分点，上述指标均创历史最好水平。建立“零”融资成本的100亿元风险专项储备资金，增强应对风险能力。强化安全防火管理。落实“五清五杜绝”要求，开展“清患”专项行动，强化领导干部包保责任，压实安全责任体系。环境治理成效明显。践行习近平总书记“绿水青山就是金山银山”理念，落实公司生态环境保护规划，实施36个特别排放和超低排放改造项目，重点完成了灵山料场扬尘治理和喷吹煤棚化封闭项目。推动固废综合利用，实现“热轧油泥”变废为宝。加大污染物排放治理力度，吨钢外排水、COD、二氧化硫分别下降58.8%、40%、4.9%。辽宁省生态环境保护督察期间，实现鞍山钢铁主厂区环保督察信访投诉为零。

8. 党的建设得到新加强。坚持以党的政治建设为统领，不忘初心、牢记使命，筑牢企业“根”和“魂”，当好党建引领排头兵。坚定正确的政治方向。把学习贯彻习近平总书记重要讲话和重要指示批示精神作为党委常委会“第一议题”，先后召开党委常委会30次、党委中心组学习研讨9次，学习重要讲话和重要指示批示36篇。成功召开公司第二次党代会。确定未来五年“11361”的战略规划，聚焦治理能力、产业发展、创新驱动、数字革命、绿色发展和党的建设，科学谋划“十四五”蓝图，开启了成为最具行业竞争力的“钢铁旗舰”新征程。夯实党建工作基础。以党建述职评议考核为抓手，推动基层党建主体责任落实。

持续推进党支部标准化、规范化建设，获评鞍钢集团党支部工作示范基地1个、“样板”党支部20个。加强党建品牌建设，围绕生产经营重点难点，实施共产党员工程项目28项，共产党员“挑战项目”攻关立项138项，真正实现党建生产“同频共振”。加强干部人才队伍建设。树立鲜明的选人用人导向，注重在疫情防控、“两项改革”等一线考察识别干部，对表现突出的11名干部推荐到鞍钢集团评先评优，其中3人提拔任职。大力培养使用年轻干部，完成20家基层单位领导班子年轻干部配备工作，择优确定100名年轻干部进入储备库，选派40名年轻干部到外埠企业、公司机关部门挂职锻炼，选派32名优秀干部赴朝阳钢铁学习改革经验。实施人才强企战略，评选鞍钢集团“英才计划”技术人才213人。坚守思想舆论主阵地。落实党委意识形态工作责任制，牢牢掌握意识形态工作领导权。深化形势任务教育，编发《战危机、保底线、谋发展工作简报》等材料90余期。加强文化和品牌传播，在各类媒体刊发宣传报道700余篇。公司荣获“十三五”中国企业文化建设优秀单位称号。加大典型培养选树，宣传各类先进典型50余名，5人荣获“辽宁省五一劳动奖章”，鞍钢股份热轧带钢厂曲晓东荣获全国劳动模范。

9. 纪检工作迈上新台阶。坚定不移推进党风廉政建设，营造风清气正的政治环境。深化问题整改。建立整改台账，实施挂图作战，主题教育“9+1”问题整改措施完成率达91.3%。强化政治巡察。对朝阳钢铁等7家单位党委开展巡察“回头看”，对炼铁总厂等14家单位党委开展常规巡察，巡察覆盖率达到76%。抓好专项整治。深入开展“靠钢吃钢”问题专项治理，认真剖析“2·23”案件产生的根源，切实堵塞管理漏洞。“雷霆行动”专项整治行动成效显著，全年实现较大以上刑事案件为零，厂区治安环境大为改善。加大监督执纪力度。深化运用“四种形态”，全年立案60件，党政纪处分68人。

10. 共建共享工作取得新成果。坚持以人民为中心的发展理念，发展成果与职工共享。职工获得感大幅提升。在岗职工收入同比稳势增长，夜班津贴、班组长津贴持续提高。完成23项公司级专项服务行动项目，切实改善一线职工工作和生活环境。提高技术岗位等级序列关键人才交通补贴、国内差旅住宿费、乘坐交通工具等待遇标准，提升关键人才的归属感。加大困难职工帮扶力度，发放救济金1042万元。职工创新创效成绩显著。广泛开展各种劳动竞赛223项，公司获得辽宁省总工会首批劳动和技能竞赛活动优胜单位。1212项双增双节攻关项目，实现创效7500万元。弘扬工匠精神，“林学斌创新工作室”被评为2020年全国机械冶金建材行业示范性创新工作室。在第24届全国发明展览会上，创新成果斩获12金23银26铜。公司荣获“2020年全国钢铁行业职工创新节优秀组织单位”。脱贫攻坚任务全面完成。投入扶贫资金1738万元，实施扶贫项目19项，消费扶贫总金额达1537万元，新疆塔县、建昌县等四个定点帮扶地区均实现脱贫摘帽。青年工作取得积极成效。公司第二次团代会明确了未来五年共青团工作方向。青年创新活力迸发，完成创新登高攻关项目672项。通过人才成长积分制挂职锻炼，48名B级以下青年实现职级晋升。

此外，法治合规建设、审计监督管理和问题整改、国安保密，特别是“两项改革”期间信访维稳等方面工作也取得新进展。

（鞍山钢铁集团有限公司办公室调研处　华玉佳）

【汽车钢营销（服务）中心】　2020年末，汽车钢营销（服务）中心有在岗职工76名，其中高级职称13人、中级职称52人。汽车钢营销（服务）中心是鞍钢汽车钢产品的专业销售服务平台，统一管理鞍钢汽车钢产品销售、客户服务、计划、价格、合同评审、产品认证、EVI管理及加工配送等相关业务；协调ANSTEEL、TAGAL、AHK、攀钢等与汽车钢相关的技术研发、产品发展、加工配送及客户服务等相关业务。该中心下设销售与市场部、供应链管理部、客户服务部、综合管理部等4个部门和长春钢加、一汽鞍钢、沈阳钢加、大连钢加、天津钢加、郑州钢加、武汉钢加、合肥钢加、杭州钢加、鞍钢金固、广州钢加、广汽宝商、长沙钢加等13个钢加中心。2020年，实现鞍钢集团汽车钢总销量437.6万吨，同比增长18.1%。鞍山钢铁全品种汽车钢销量289.5万吨，同比增长18.2%。累计实现利润5.2亿元。荣获东风日产乘用车有限公司“最佳采购伙伴奖”和“最佳营销合作奖”双重奖项，一汽解放“供应保障奖”，江淮汽车“合作共赢奖”，广汽乘用车

“十佳供应商”和“最佳供应保障奖”等多个客户奖项。

市场开拓成效显著。2020年共计开发6家高强钢一级配套企业，累计增订2.8万吨，实现冷轧高强钢销量23.2万吨，同比增长31%，指标完成率117%。1—11月汽车钢调品指数完成1134元/吨，比2019年1089元/吨提升45元/吨。

实施“走出去”特斯拉重点开发项目。通过推进ANSTEEL与TAGAL品牌协同一体化认证，获得鞍钢冷轧、酸洗、镀锌共21个牌号通过特斯拉材料认证的新成果，实施车型发包抢占份额。2020年，该中心完成特斯拉订货量共计3.6万吨，其中镀锌3.5万吨（TAGAL），冷轧、酸洗0.1万吨，指标完成率达180%。

产销研服一体化运营协同推动商用车开发。一体化团队重点开发热轧高强钢、EPS产品及改装车厂，实现商用车热轧销量61.43万吨，同比增长32%，指标完成率达102%；热轧高强钢销量18万吨，同比增长11%，指标完成率达100%；EPS产品销量1.4万吨，商用车市场竞争力显著提升。

鞍攀一体化协同不断深入。深入推进鞍钢集团汽车钢一体化工作，通过鞍攀品牌协同实现对主机厂一体化开发，以“组合拳”服务用户，形成鞍钢汽车钢品牌合力。对接信息系统，全面实现东风日产、钢厂、加工中心三者之间的信息化互通互联，鞍攀协同推进一汽大众、一汽丰田鞍攀一体化认证项目取得有效进展。协同开发长城汽车、长安汽车、通用五菱、东风日产等重点客户，取得实效。

信息化建设有效推进。实现钢加中心汽车钢智联云平台全面上线。2020年，下游用户通过客户自助平台服务开户174家。智联云平台有效对接一汽集团、一汽丰越、广汽本田、优尼冲压等主机厂及配套厂，构建起鞍钢汽车钢智慧供应链，形成汽车钢中心、钢加中心销售网络一体化，进一步提升客户体验。

用户认证收获新成果。立足长远市场，抢占先机，奋力开展汽车钢认证工作。推进ANSTEEL、TAGAL、AHK三品牌认证一体化，建立统筹协调的一体化认证客户服务体系。2020年协同推进认证项目5个，完成2个，新增1个，涉及牌号50余个。

供应链服务体系不断深化。推行“列车时刻表”保供管控，实行大客户服务经理制，建立全流程的供应链服务体系，确保订单按照用户需求时间交付。2020年共归并优化冷轧订单84.5万吨，占冷轧汽车钢总订货量的86%；“列车时刻表”式生产计划平均兑现率89%，重点用户交货周期同比上年平均缩短8天左右，交付率达到92%以上，完成2020年重点用户交付率目标。推进各生产基地供应链体系一体化，将供应链服务延伸到TAGAL和AHK的用户端。建立统一的协同平台，实现鞍攀两地四大品牌供应链全流程一体化协同服务。

钢加中心管理能力不断提升。实施钢加中心管理全面升级，围绕业务开展筹建管理部门，推动钢加中心管控科学化、规范化。深化技术革新，实施精细化管理，加强设备维护和改造升级，实施全系统降本，推动实现提质增效。2020年，钢加中心共实现盈利6418万元。

品牌影响力继续扩大。推动建设鞍钢汽车城市展厅，联合下游汽车用户来鞍举办大型文化活动，分别同一汽集团携手举办“再畅·红旗飘飘”——中国一汽红旗品牌入驻鞍钢品质展厅活动，同东风有限公司携手举办“融合梦想·创领未来”第二届汽车文化节活动，同广汽本田公司携手举办时尚精品展示活动，进一步增强客户黏度，提升鞍钢汽车钢品牌形象。举办中国（重庆）汽车钢展览，获评“实力先锋企业”称号。

携手用户抗疫，勇担央企责任。新冠疫情期间，充分发挥全体系应对市场的优势，有力调配各钢加中心及时复工复产，紧急为宇通和东风商用车用户分别提供了首批驰援疫区55台负压救护车用材料和1800台防疫炮雾车用材料，全力保障用户防疫车辆生产，展现了央企的责任和担当。

人才队伍建设得到加强。实施钢加中心职业经理人市场化管理，按照公司改革试点要求建立钢加中心市场化选聘、契约化管理和退出机制，完成了广州、大连职业经理人选聘工作。有3名年轻干部入选参加集团公司8090培训班。

党组织建设不断夯实。持续开展党建联盟活动，推动鞍钢股份同广汽本田公司签署党建联盟协议，推动各层次党建联盟联合创新攻关立项，依托钢加中心近地优势频繁开展文体互动活动。

（刘媛媛）

【市场营销中心】 2020年末，鞍钢股份市场营销中心共有职工332人，其中具有高级及以上职称39人，中级职称237人。该中心承担着对全公司钢铁产品的营销管理职能，大部分品种的销售单元职能，市场化运作的区域销售平台职能，也是客户服务中心，是鞍钢股份有限公司重要且主要的销售力量。销售产品涵盖热轧系列产品、冷轧系列产品、型材产品、线材产品、重轨等。该中心下设综合管理部（党委工作部）、纪委2个党群管理部门；营销管理部、供应链管理部、客户与产品技术服务部、海外与工程技术服务部等4个业务管理部门；热轧销售部、家电销售部、长材销售部等3个专业产品销售部；东北区域公司、华北区域公司、华东区域公司、华南区域公司、中西部区域公司等5个国内区域公司，各区域公司在部分城市设有办事处，营销业务实现国内市场全覆盖。

主要指标完成情况。2020年，鞍钢股份钢材销量2461万吨，产销率100.2%。钢材售价3764元/吨，较2019年降低0.5%，较钢协综合指数少降2.1%，实现跑赢大盘。钢材调品指数183元/吨，比2019年度提升59元/吨，12月单月达到291元/吨。调品指数拐点上升、持续向好，实现跑赢自身。建立“三点四维度”评价机制，完善更新价格模型，年实际售价较预算值高70元/吨。

聚焦四个转变，切实转变观念。聚焦“从量销向质销转变，从惰销向勤销转变，从平庸化销售向特色化营销转变，从流于表观认知向深挖潜在需求转变”四个转变，深入开展“守营销初心、担龙头使命，找工作差距、抓直供落实”大讨论活动，解放思想，转变观念，“直供就是企业生命线”的理念已深入人心，“坐销”现象从根本上杜绝，职工更有干劲，干部更加担当。

坚持市场方向，渠道拓展效果显著。一是强化区域营销。构建“北斗望月、面向大海”营销战略布局，结合区域定位，有针对性地实施“五位一体”营销策略组合，聚焦“一带一路”，克服疫情、贸易保护带来的挑战，坚持走高品质、高附加值、高技术含量出口之路。二是加快渠道建设。完善客户分级走访计划，明确走访层级需求，形成集中统一的分级走访规划，确保客户走访工作计划性、针对性、规范性和协同性。营销系统全年累计走访客户1900余次，建立了良好的沟通渠道和需求反馈平台。三是聚焦重点工程。以服务国家需求为己任，强调重点工程营销渠道拓展。组建区域化、网格化、责任化工程项目跟踪团队，做强优势，不断提升行业影响力和美誉度。

深化营销改革，市场反应更加高效。一是抓实体系建设。打造“对外快速反应，对内高效协同”的营销体系，建立面向市场，以客户为中心，一体化管控营销服务平台，形成两段式销售，为客户提供一站式服务的管操模式，营销工作效率和客户满意度得到提升。二是完善授权管理。进一步规范中心及区域公司业务审批权限及决策流程，借鉴朝阳钢铁成功经验，承接落实公司的各项授权，重点从价格、资源、策划、绩效、制定、风控、客户、合同等多个方面对中心部门、业务及区域公司业务事项进行梳理，规范审批流程。三是推进系统建设。自管理与信息化整体提升项目启动以来，已完成管理导入、差异化对标分析报告、流程优化及需求分析报告工作，并通过中心评审。营销信息化系统建设按照项目进度顺利进行，其中电商系统二期超计划进度进行。通过信息化系统项目的推进，中心完成了产销体系改革实施方案，以系统促改革，以改革提管理，最终提升营销体系运行效率，提高营销系统一站式服务能力。

提升服务水平，品牌形象有力彰显。一是实施客户分级管理。从采购量、占比、毛利润、行业地位、契合度等多维度考量，评价客户价值，将客户按价值大小划分ABCD四类，其中A类客户53家，B类客户32家，并基于分类结果实施差异化策略。二是建立三级服务体系。从客户的视角设计服务流程，建立了日常问题（普遍化）区域公司快速解决，各销售职能部门聚焦行业（专业化）解决方案，复杂性、前瞻性、个性化问题由专家团队提供个性化解决方案的三级服务体系。异议处理速度，问题改进效率持续提升。2020年异议结案率100%。三是强化品牌建设。举办鞍钢股份彩涂品牌推介交流会，来自北京、上海、广东等地80余家客户参会，展示鞍钢彩涂工艺技术和产品质量优势，提升鞍钢彩涂品牌价值和影响力。接连斩获海信集团战略互信奖、东风日产乘用车最佳采购伙伴奖、一汽解放供应保障奖等多个有影响力奖项。

发挥组织优势，党建支撑坚强有力。一是“党建联盟”效果凸显。以党建引领、业务支撑、市场穿透为着力点，充分发挥“党建联盟”重要载体作用，特别是在疫情期间，与联盟企业深化战略合作，有效应对市场波动带来的冲击。二是战斗堡垒作用增强。落实“基层党支部建设提升年”要求，狠抓标准化建设，天津公司党支部获集团样板党支部称号。开展“一站到底”七一党建知识竞赛，组织新任职党务工作者到示范基地对标学习，全方位提升党务工作能力。三是营销文化深入人心。坚持以人民为中心的发展理念，推进落实《驻外分公司企业文化工作方案》，深入推进“践行共享理念，关爱一线员工”活动，设立打造驻外健身运动区、公共区域读书角等专项服务行动项目。

突出监督职能，纪律保障作用凸显。一是开展廉洁风险防控。健全机制与完善制度相结合，动态排查廉洁风险问题。共发现资源管理、现货挂牌价格管理、仓储管理、售后服务管理等4个廉洁风险点，制定防控措施10项，督促业务部门修订完善《钢铁产品销售计划管理办法》《区域公司现货钢材销售管理细则》等各类制度9个。二是保持反腐高压态势。践行监督执纪“四种形态”，尤其是用好第一种形态，注重抓早抓小、防患未然。开展“靠钢吃钢”专项治理，逐级开展“一对一”谈心谈话；完成“监察对象及其亲属、特定关系人经商办企业有关事项报告”工作。

（王长宇）

【设备资材采购中心】 2020年末，设备资材采购中心有在岗职工196人，其中管理和专业技术岗位120人（高级职称15人，中级职称91人，初级职称14人），党员131人。机构设置为“七部一会一事业部”，即综合管理部、运营管理部、供应商管理部、生产备件采购部、工程设备采购部、资材采购部、市场开发销售部工会和仓储事业部。拥有固定资产4976.65万元，净值1087.81万元。仓储用库房15座，大型露天货场2个，区域库6座，有效仓储总面积19万平方米，主要设备有各类吊车27台，货运电梯4部。

2020年，设备资材采购中心以习近平新时代中国特色社会主义思想为指导，深入学习贯彻党的十九届四中、五中全会精神和习近平总书记重要指示批示精神，贯彻落实两级公司决策部署，在疫情大考面前践行初心，聚焦“保供、降采、创利”，加强和改进党的建设，团结带领职工主动担当作为，勇挑重担、锐意进取、攻坚克难，全面完成了降采、保供任务，实现了“双跑赢”目标。

优化机制，激发内生活力。抓好顶层设计，坚持“面向市场，专业高效”“人尽其才、才贵适用”“突出贡献，协同共享”原则，优化组织机构、人力资源和分配机制，干部岗位交流占13.6%；业务调整占69%。通过优化运行机制，突出了保供、降采、创效职能，形成“保供+降采+创利”一体化工作机制，设备备件采购同比下降9.13%。

抗疫保供，主动担当作为。面对突如其来的疫情，抢先抓早，在市场资源极度紧缺情况下，千方百计组织紧急采购各类口罩20余万只、测温仪130台，为守护职工身心健康及保证生产顺行作出贡献。贴近现场服务，配送备件30.95万台（件）。资材库存比公司指标多降库25.62%，实现低库存保供。2020年，完成了以炼铁2号高炉、热轧2150轧线及2150平整机改造为代表的同步年修及其他技改工程设备资材供应。

管理创新，助力降采创效。创新消耗管控模式，实施采购生产联动，联合14家重点生产厂共同开展“双降双跑赢”专项攻关活动，吨钢资材综合消耗完成挑战值目标。2020年，吨钢资材消耗同比降低15.47%。推进联合采购，发挥集采优势，确定西门子、ABB等进口备件实施鞍攀联合采购，提升议价能力。

精细管理，提升保障能力。组织修订完善现行管理制度和实施流程再造，修订完善核心采购制度13个。采取进一步向下授权，降低采购时限、减少审批层级和规范单一来源采购等方式，提高采购执行力。2020年，供应商现场评审否决率15.87%。抓好采购质量日常抽检与外委检测，组织抽检81次、不合格品批次同比下降24.33%。

党的组织建设取得新成效。制定《党委落实全面从严治党主体责任清单》，落实全面从严治党主体责任，提高履职尽责本领。制定《党建工作责任制考核评价实施细则》，突出党建考核与工作绩效联动。开展党支部建设提升年活动，对照党支部基础工作标准，扎实推进党建制度立改废工作，排查整改存在问题23项。开展党建课题研究，“关于在抗击新冠肺炎疫情中，如何发挥基层党组织战斗堡垒作用和共产党员先锋模范作用的实践和思考”荣获鞍钢集团党建课题研究一等奖。

党员先进性意识得到新增强。以共产党员工程活动为载体，组织党员开展“双降双跑赢”活动，“降低吨钢资材消耗专项攻关”荣获鞍钢集团“共产党员工程”三等奖。以“不忘初心、牢记使命”主题教育常态化、科学化为载体，引导党员立足岗位、攻坚克难，涌现最佳党员责任区7个、最佳党员先锋岗14个，1名同志荣获鞍钢集团最佳党员先锋岗。

宣传思想工作取得新进展。新冠疫情暴发后，中心党委利用OA系统、微信工作群、钉钉管理软件及时发布信息100多条，引导职工正确认识、有效防控疫情。坚持把舆情防控、意识形态作为一项重要工作来抓，围绕关键时点、重要事件，做到积极应对，主动回应，保证了职工队伍稳定。加强形势任务宣传教育，编发教育提纲2期、下发学习资料46篇。加强企业文化建设，作为组织者协调公司各单位成功参加上海进口博览会，现场签订合作协议2份，形成意向合作协议12份，提升了鞍钢和中心品牌形象。

党风廉政建设取得新成绩。召开党风廉政建设及反腐败工作会议，通报违纪违法案件，总结部署中心工作，签订廉洁承诺书196份。坚持全面从严、长期从严工作要求，制定了《纪委落实全面从严治党监督责任清单》《关于开展“修身律己、廉洁齐家”主题教育活动的实施方案》，做到严管和厚爱相结合。结合运行机制改革，全程监督全员竞聘及7名采购人员公开招聘工作，对23名新任职部门领导干部和7名关键重要岗位人员进行任职前廉洁谈话。开展“靠钢吃钢”及群众身边腐败问题专项治理和进口备件验收、供应商管理专项监督，谈心谈话143人次、整改问题20项，堵塞了管理漏洞。

和谐企业建设呈现新气象。压实安全管理责任，完善安全管理制度、操作规程等27个，隐患排查治理170余项，安全教育培训220人次，清理相关方不符合用工条件4人，安全生产实现事故为零。落实“雷霆行动”和“蓝天行动”要求，清运现场可燃物50余车，更换摄像头40余个、修补围墙300余米。开展“保供、降采、创利”主题劳动竞赛和“岗位练兵”“业务讲堂”等系列活动，涌现最佳集体4个、最佳岗位之星40名。加大资金投入，完成了“一站式”服务大厅建设等2个关爱一线员工项目和17个维修项目。加大困难帮扶力度，走访慰问员工196人次，发放慰问金救济款8.14万元。顺利完成退休职工社会化和厂办大集体改革工作，受到公司表扬。适时举办各类文化娱乐活动，凝聚信心，缓解压力。

（李永华）

【物流管理中心】 物流管理中心是鞍钢股份有限公司国内物流业务的管理和运行平台，是协调铁路、公路、港口的归口管理部门。该中心下设综合管理部、物流计划部、运输管理部、发货中心，代管鞍钢营口港务有限公司和营口新港矿石码头有限公司。2020年末，该中心在岗职工246人，其中，干部111人（高级职称6人，中级职称66人，初级职称39人），工人135人。

2020年，物流成本完成360元/吨，创历史最好水平；鞍钢营口港务公司实现盈利7997万元，超计划173%；物流效率、产成品资金占用、直付率、途耗、吨材物流费等关键指标均同比降低，各项工作扎实推进。

持续提升服务引领能力。通过派驻营销中心现场服务工作小组，直接与营销一线同事共同落实客户销售物流需求，特别是在重点工程项目上，通过物流运价对比，为销售提供可行的物流组合方案，有效满足客户个性化需求。2020年，扣除疫情影响，物流异议投诉减少2700吨，建立快捷通道，缩短理赔周期，客户投诉结案率实现100%，结案周期由平均46天，提高到31天，优质的服务让客户买得放心、用得安心。

有效降低物流运营成本。始终贯彻落实“一切成本皆可降”理念，持续跟进沿海散货运价指数变化，推行市场价格调整机制。内贸海运煤炭运价同比降低3.03元/吨，降低海运费1464万元。华东和华南主要目标市场海运价格同比下降1.23元/吨，降低海运费1590万元。推进科技降本变革，实施特种集装箱板在大连蒂森原料卷筒包装运输，降低物流成本25元/吨；鞍鲅矿钢循环专组的常态化运行，提高铁矿石回运效率10%以上，降低物流成本594万元。通过运用“北斗”导航系统，提高车辆运转效率，降低物流成本300万元。推进降本机制变革，确定“压缩内贸海运招标周期”等7项量化项目，制定工作措施21

项。采购物流费用比目标降低 2%，生产物流费用比目标降低 11%，资金占用同比降低 22%。

不断强化高效精益管理。聚焦标准化运营和制度体系建设，提升精益管理水平，培育高质量发展新动能，激发高质量发展新活力。在采购物流环节，严把水尺关，对港口作业提出 7 大类 22 项的清单化作业要求，严控原燃材料、废钢回运各个环节的基础管理、痕迹管理，大宗原燃料平均途耗同比降低 0.31%，废钢废物分离率由 0.3% 提升至 0.34%。在生产物流环节，严格按标准贯彻推行“一机对一线”的管控措施，严格按照生产物流费用预算控制成本，保证生产物流费用压降 5% 目标完成。在销售物流环节，加强产成品入库、出库、到港、仓储、交付环节的标准化管理，制定《钢铁产成品入库及发运管理细则》《装载加固材料（装置）管理细则》等制度，严格按照作业流程、质量标准进行作业。推行与生产厂联动装载加固材料定额管理机制，实现材料消耗受控。

积极推进三项制度改革。重新优化组织架构，合理定岗定编。结合关键岗位管理办法的要求，借鉴学习东烧厂三项制度改革“岗位是固定的，人员是流动的”工作思路，完成 44 名干部的岗位、业务调整；建立优秀年轻干部库，确定 8 名重点培养的年轻干部，在业务上压担子，在工作上给项目，为年轻干部成长创造良好条件。

突显党委政治引领作用。认真组织学习全国国有企业党的建设工作会议精神，有效落实《中国共产党国有企业基层组织工作条例（试行）》，以制度建设为抓手，修订了《物流管理中心党委工作规则》《物流管理中心党委会议事规则》等 10 项制度，对“三重一大”事项进行集体讨论、科学决策。抓好督导履责，有效落实党委主体责任、纪委监督责任和党委委员“一岗双责”，制定全面从严治党清单和工作任务清单，制定贯彻落实习近平总书记重要指示批示工作清单台账，将责任细化到部门到岗到人。打牢理论根基，认真学习贯彻党的十九届四中、五中全会精神，党委中心组集中学习研讨 13 次。

发挥支部战斗堡垒作用。深化“党支部建设提升年”活动，推进党支部标准化规范化建设，按照公司“一模板两清单”全面规范基础工作，检视整改问题 20 项。组织召开党支部书记抓基层党建工作述职评议会，点评问题 8 条，评议较好率 100%。加大培训力度，组织专题党课 20 场，组织党支部书记培训 20 人次，支委培训 56 人次，党小组长培训 42 人次，党员答题 186 人次。坚持与本溪货运中心共同推进党建联盟，双方精诚合作，紧密程度不断加深。加强与营口港二公司党建工作学习交流，以党建对标促进业务开展。坚持运用“学习强国”等平台，党员受教育全覆盖。党员先锋模范作用突出，推行共产党员工程项目 4 项，挑战项目 14 项，累计创效 1208 万元；表彰优秀党员 27 人，优秀党务工作者 6 人；评出党员先锋岗 64 个，模范党员责任区 24 个。

加大党风廉政建设力度。深入开展常态化主题廉洁教育、经常性警示教育、党规党纪宣传教育，全面加强对领导干部、重要岗位人员的监督和管理，建立并更新各类人员廉洁档案 57 份，139 人填报经商办企业事项报告，覆盖全体监察对象。全面推进廉洁风险辨识工作，以支部为单位，强力推进廉洁地图工作，全年共辨识岗位廉洁风险点 103 项，均制定了整改措施。坚持问题导向，突出重点，紧盯重点环节监督，开展了“靠钢吃钢”“群众身边腐败问题”、原料运输管理、疫情防控、制止餐饮浪费行为、规章制度贯彻执行、“2·23”案件专项检查、“清患”专项行动等 8 项专项治理工作，用实际行动全面落实管党治党责任。

（朱　宏）

【原燃料采购中心】 2020 年末，鞍钢股份有限公司原燃料采购中心有在职职工 52 人，其中：管理和专业技术岗位 43 人（高级职称 11 人，中级职称 32 人），生产服务岗位 5 人，居家休息职工 4 人；离退休职工 6 人。中心下设综合管理部、商情部、矿石废钢采购部、煤炭焦炭采购部、合金有色采购部 5 个部门。2020 年，鞍山钢铁三地实现原燃料采购总量 6015 万吨，中心实现外购原燃料与同期市场相比差异化降采 31.7 亿元，全品种战略采购率 83.4%，采购核心竞争力明显增强，全面完成两级公司下达的各项绩效考核任务。进口粉矿采购成本在行业重点钢厂中排名第 2 位，喷吹煤采购成本在行业重点钢厂中排名第 4 位，炼焦煤采购成本在行业重点钢厂中排名第 6 位，实现了“跑赢大盘、跑赢自身”的工作目标，保持了采购市场竞争力。原燃料采购中心荣获 2020

年鞍钢集团先进单位、鞍山钢铁先进单位、鞍山钢铁文明单位、鞍山钢铁保密工作优秀单位、鞍山钢铁公文先进单位等荣誉称号。

采取多方举措，降本增效实现新突破。原燃料采购中心结合公司配煤配矿结构优化，推进炼焦煤、喷吹煤的定制化供应。协调海关扩大鞍钢进口配额，组织港口现货寻源，引进高性价比资源。推进现有高成本进口矿资源的品种替代，加大印度粉等港口现货资源的采购量，减少进口矿长协用量。充分对标同行业废钢采购情况，合理选择采购时点，把握采购节奏，小步快跑，实现废钢经济采购。适时优化合金供方准入条件和采购技术标准，增加供方数量，构建有效竞争，实现采购性价比最优。

以需求为中心，不断夯实保供工作。以战略及重点供方为采购主渠道，扩大煤炭、矿石、废钢等重点品种的供方寻源工作，夯实清单式服务的渠道基础。应对进口原燃料通关受限，积极跟踪发运情况，协同相关部门合力确保进口原燃料均衡供应。协调生产、物流、质检、储运等相关单位，密切关注消耗和库存，提高异议处理效率，减少物流压卸车。制定各种应对措施，防控采购风险，提高应急生产情况下的保供能力。

积极变革创新，大力推进信息化建设。借鉴宝武集团先进理念，优化管理架构，再造采购信息化系统。抽调业务骨干专职全程参与公司管理和信息化提升项目，对比鞍钢与宝武在管控模式、组织职能、业务流程、信息化建设等多方面的差异，在深入分析的基础上，明确优化方向、确定未来需求，并对管理和信息化流程进行了详细设计。通过项目的推进与实施，强化了集中一贯管理思想，明晰了组织职能变革方向，加强了中心对采购业务全流程的管控，为实现多基地一体化运营提供强力支撑。

推进对标工作，拓展金融工具创效。原燃料采购中心强化与重点钢厂、行业对标及分析评价工作，形成6+1对标体系、国际先进企业对标体系、鞍本建协同采购、鞍攀融合等项目，把握市场，查找自身不足，采取相应措施补短板，提升鞍钢采购市场竞争力。深入市场分析研判，充分发挥智库作用。发布47期《原燃料市场信息综述》，480篇普氏报告摘译，成功举办“第三十六届十钢采购信息交流会”。充分拓展金融创效工具，积极开展铁矿石、炼焦煤、有色金属等大宗原燃料套期保值工作，制定下发《原燃料期货套期保值业务管理实施细则（暂行规定）》。2020年通过期货、掉期及基差点价操作共完成105.9万吨原燃料交易，累计为公司盈利903万元。

以目标为导向，促进管理水平提升。原燃料采购中心落实公司“一守两清三控四确保”工作目标，完成了库存资金占用清理、采购成本和管理费用控制指标，确保了安全、火灾事故为零。完善和优化相关绩效与薪酬分配体系，对中心降本贡献大的员工实施重点奖励，激发员工的降本积极性和创造性。全面跟进制度“立、改、废”工作，修订完善公司及中心两级采购相关制度，开展制度宣贯培训。加大保密工作体系建设，强化保密工作的部署和落实。对中心内部制度执行情况进行监督检查，对授权采购单位进行业务抽检，保证公司原燃料采购管理体系合规运行。

发挥核心作用，政治建设摆首位。原燃料采购中心严格执行党总支会议事规则和“三重一大”决策制度，同步决策部署党建与行政工作。建立“第一议题”制度，结合实际研究工作举措，完善工作台账与清单。建立全面从严治党主体责任与任务清单，明确“五个责任”，从严抓好责任落实。制定巩固深化“不忘初心、牢记使命”主题教育成果实施方案，全面完成、持续巩固“9+1”问题，将自我革命引向深入。制定贯彻落实鞍山钢铁/鞍钢股份第二次党代会精神工作方案。关注职工思想动态，确保意识形态安全。制定年轻干部培养方案，多形式培训、多岗位锻炼，打造复合型人才队伍。完成关爱一线员工项目1项，完成共产党员创新攻关项目8项，2020年创效9.86亿元。围绕中心保供降采工作，开展“发挥主人翁精神，争创新时代佳绩”主题劳动竞赛，促进降本增效取得新成果。开展“降成本、清库存，战危机、谋发展”合理化建议征集活动，充分调动广大职工、劳模为降本增效、中心发展献计献策，完成合理化建议成果11项，创效13.37亿元。加强党风廉政建设，研究确定领导班子党风廉政建设和反腐败工作任务分工，明确监督责任。围绕中心采购业务推进“靠钢吃钢”专项治理工作，围绕纠治“四风”问题“回头看”重点内容、疫情防控物资采购及发放情况组织专项监督检查。

（李井杰　兴　丽）

【能源管控中心】 2020年末，有职工2211人，其中管理和专业技术岗位259人（高级职称31人、中级职称169人、初级职称53人，副厂处级及以上干部9人、科级干部75人），生产、服务岗位1671人；离退休职工4496人。中心机关设置党委工作部（综合管理部）、生产技术部、能源管理部、设备保障部、安全环保部、工会（含居退管办公室）、调度中心，基层机构设发电分厂、供电分厂、氧气分厂、燃气分厂、给水分厂，分厂设置锅炉作业区、变电一作业区等23个作业区。厂区占地总面积2757435.3平方米，固定资产原值81.14亿元，净值28.25亿元。拥有发电机组18台、锅炉10台、鼓风机组81台，制氧机组7套、各类气体压缩机91套；49个水站；2套湿法高炉煤气洗涤系统、6套干法高炉煤气除尘系统、8套TRT发电装置、8座煤气柜；管辖运行变电所50座。设备总重500326吨。

着力十项举措，能源指标持续刷新。制定45项措施，完成能源保产保供，实现打赢生存保卫战的工作目标。全年吨钢外购能源成本完成225元，同比降低28元；自发电比例完成68%，同比提升9%；均创历史最好水平，实现“双跑赢”目标；吨钢耗新水等其他5项主要指标实现较好水平。

坚持严防严控，打赢疫情防控阻击战。全面贯彻习近平总书记关于疫情防控重要指示批示精神，落实中央、省、市防疫部署及两级公司“四个确保”要求，全力保证员工生命安全和生产经营稳定，实现“双零”目标。疫情期间，各单位组织对10家相关方单位共270余名施工人员进行日排查、测温工作，圆满完成2号高炉同步大修改造等工程项目。

推进深化改革，企业活力不断增强。一是推进干部人事制度改革。提拔任用经常被评定为A级的干部15人，80后、85后占C级干部的比例比年初分别增长10%和5%。二是推进劳动用工制度改革。通过工艺优化及在岗员工置换方式，压减劳务89人；通过居家、流转等共优化86人。三是推进专业优化整合。将节能管理部与产品销售部合并成立能源管理部，将发电、燃气、氧气电气专业优化整合。四是协同“两项改革”任务。退休人员社会化改革共完成4522人的档案数字化及移交工作，顺利完成行管单位的改革任务，得到了公司的好评。

强化绿色低碳，节能减排有效落实。一是开展节能技术交流。组织“高频电磁换热技术”“永磁调速技术”和“光伏发电技术”等20余项技术交流。二是推动节能项目实施。放行实施“炼铁总厂热风炉利用废气换炉改造”“厚板线2号加热炉节能改进”等厂级节能项目30项。三是组织节能项目评价。完成78项节能项目后评价工作，设计创效35467万元，投产后创效达标率99.2%。四是推进碳核查工作。完成鞍山钢铁碳核查工作，为公司参与碳交易奠定基础。

坚持夯基垒台，管理水平持续提升。一是制度体系管理水平持续提升。修改规章制度155项、废止5项、新增9项，组织制度宣贯培训201次，培训3730人次。二是基层管理水平持续提升。开展管理评价工作，从制度文件发放、培训管理等6个方面制定15项评价内容及标准，对作业区进行评价并督促整改。三是设备管理水平持续提升。全年共开展设备专项检查56次，设备事故频次比上年下降8%，事故时间下降53%。四是设备功能精度持续提升。全年检修工程立项153项，投资费用近6000万元；完成了新2号高炉干法除尘、供电112变电所电力设施增容、氧气高压空压机等重点改造项目。能源管控中心获得了鞍钢集团（鞍山区域）社会治安综合治理、交通安全管理、信访、档案先进单位等荣誉称号。

实施全员管理，风险管控扎实有效。一是管控安全防火风险。组织制定《安全风险控制清单》，确定共性和个性控制措施3613项；加强相关方管理，组织对中心64家相关方3054人次进行安全培训。二是管控保卫风险。在公司“平安建设”和“雷霆行动”年度验收检查工作B类单位中名列第一名。三是管控环保风险。排查环境风险点28个，制定控制措施140条，组织完成发电中央电站、北区电站超低排放改造项目，达到国家超低排放要求；在辽宁省生态环境保护督察期间，实现环保督察信访投诉为零。

深化科技引领，职工创新稳步推进。一是科研项目成果丰硕。新立课题6项，在研课题10项，正在结题20项，累计创效2亿多元；其中“特大型钢铁企业综合废水深度处理回用工艺及系统的研究与应用”和“鞍钢余热暖民工程集成技术”获鞍钢集团科学技术奖三等奖；9项QC成果分别获辽宁省、鞍钢优秀成果。二是职工创新活动成效显著。全年共完成技术攻关 335 项，创效达 1200 余万元；完成修旧利废 337 项，创效近 780 万元；12 项创新成果在两级公司获奖；刘加纯、郭凌的创新项目分获第 24 届全国发明展览会银奖和铜奖；开展岗位练兵活动 120 次，组织先进操作法推广培训活动 10 期，培训职工达 446 人次。三是创新攻关典型不断涌现。钟山同志被授予“辽宁五一劳动奖章”。赵伟、田作为同志被鞍山市委授予“新时代劳动标兵”荣誉称号，并获得“鞍山五一劳动奖章”。

加强组织建设，党建质量不断提升。一是强学习，树正气。建立《能源管控中心贯彻落实习近平总书记重要指示批示工作机制》，制定《能源管控中心党委落实“第一议题”制度实施办法》。开展党委理论学习中心组学习 14 次、集体学习研讨 6 次，建立贯彻落实习近平总书记重要指示批示精神工作台账落实措施 49 项。二是战危机，谋发展。组织开展“战危机、激活力，争先锋、做表率”主题实践活动，把党员干部和职工群众思想和行动迅速统一到党中央的决策部署和两级公司、中心党委的要求上来，在抗击疫情、提质增效、挖潜降本行动中作贡献。三是强标准，促提升。深化党支部建设提升年活动，促进支部工作与生产经营深度融合。四是抓党员，聚合力。强化党员学习教育，党委委员和支部书记讲党课 108 次；制作党员教育电视片《能源榜样》，荣获集团公司优秀奖。强化主题实践活动，开展共产党员工程、共产党员“挑战项目”攻关活动，组织立项 207 项。关心关爱困难党员，春节和“七一”前夕走访慰问困难党员、老党员、老干部 241 人次，发放困难救济金 14.63 万元。

全面从严治党，党风廉政建设不断夯实。制定党风廉政建设和反腐败任务分工，将 34 项党风廉政建设工作任务分别落实到中心班子成员和相关部门；将履行党风廉政建设“一岗双责”工作情况纳入中心部门和基层单位负责人月目标履职考评；组织 62 名部门长、分厂及作业区党政负责人签订《党风廉政建设责任状》，351 名关键重要岗位人员签订《廉洁承诺书》。

维护职工利益，切实体现以人为本理念。一是关爱员工落地落实。先后为 34 个一线班组更换了空调，为 29 个班站修缮了卫生间或值班室；安排 268 名女职工参加了“两病”和“两癌”健康普查。二是维护职工民主权益。征集职工代表提案 1 项，意见和建议 10 条，各类职工诉求 89 项，已经全部办结。三是开展扶贫帮困工作。全年走访慰问职工 1127 人次，发放救济金 44.09 万元、慰问品 438 份，特困和困难职工帮扶率 100%。四是丰富职工业余生活。组织开展登山、游园等大众体育活动，以及书画、摄影、微视频演讲等文艺活动，展现了中心职工队伍良好的精神风貌。

（赵春华）

【资源储运经营中心】 2020 年末，资源储运经营中心（以下简称“中心”）有职工 501 人，其中，生产和服务岗位 346 人，管理和技术岗位 70 人（高级职称 4 人、中级职 51 人、初级职称 15 人），居家职工 75 人，列编外 8 人，人力资源市场 2 人。机构设置为“五部一会一队”、五个作业区和一个代管单位（原料回收加工厂）。固定资产原值 39120 万元，净值 28103 万元。2020 年，实现了安全、环保、设备、质量、火灾、交通责任事故为零的目标。废钢加工 79.1 万吨，比计划多加工 7.1 万吨。废钢铁外销 1.72 亿元，比计划多完成 1.01 亿元；原燃料吞吐量 1477.34 万吨，同比增加 351.1 万吨；材料入库金额 5982.8 万元，入站金额 29666 万元。

生产运行平稳高效。强化同公司有关单位、部门和钢厂沟通协调，主动对接提高“废钢+单耗”需求，做到了生产稳顺高效。完成“提废增钢”阶段性目标，下半年废钢单耗平均达到 157 千克/吨，比上半年提高了 61 千克，月最大废钢单耗达到 180 千克/吨。下半年槽子单重平均达到 28.02 吨/槽，同比增加 2.18 吨/槽。优化流程，实现了配送准确率、及时率和用户满意率三个 100%的目标。

环境治理取得新进展。全力推进环保治理项目建设，在灵山料场新建面积 4.2 万平方米，储量 8.4 万吨的喷吹煤料场棚化封闭项目，至此灵山料场“四棚一网”环保建设项目全部竣工投产。强化污染源控制，全年苫盖 46 万平方米，喷洒固尘剂 418 万平方米，平整货位 3 处，清理残土废物 880 多吨，为公司打赢环保攻坚战作出了贡献。

营销管理和服务成效显现。中心克服疫情影响，认真履行公司再生资源管理职责，精确销售结算、精细物流发运管理，实现销售收入逆势增长，内销创造产值 9265.3 万元；外销金额 79471.73 万元。

设备管理水平稳步提升。大力推进点检标准化管理，夯实设备基础管理工作，落实主体作业区与相关方管理责任、优化业务流程，提高工作效率。严控电机烧损率，设备故障率持续降低，全年电机烧损台数 23 台，同比下降 7 台，降幅达 30.4%；实现设备开动率 99.65%，同比提高 0.06%。

安全环保工作得到强化。扎实开展“清患行动”和“五清五杜绝”专项检查，全年开展安全检查 1000 余次。认真吸取事故教训，组织对设备设施安全装置开展了专项排查，完成整改 58 项。开展隐患排查治理，消除控制危险，对排查出的 110 项安全隐患，全部实施封闭整改处理。强化了安全标准化红旗班组评选活动。全年 98 个班组被股份公司评为安全标准化红旗班组。做好了季节性防火工作。累计清除杂草 3 万余平方米，清理可燃物及易燃物约 1.5 吨。全年实现安全生产事故为零，被公司评为安全生产和防火达标单位。

防范保卫能力进一步提高。以“雷霆行动”为工作主线，完善防范国有资产流失管理体系，落实防范责任。“雷霆行动”期间，全中心累计开展治安防范巡逻 500 余次，处置偷盗事件 50 余起，抓获 7 人、驱离 32 人次、收缴被盗废钢铁 5000 余千克、作案工具摩托车 4 台。巩固发展“人防”网络，建立健全“物防”措施，实现了废钢、合金、有色金属等物资“零”丢失的目标。

党建思想政治工作取得新实效。巩固“不忘初心、牢记使命”主题教育成果，扎实推进主题教育问题清单的整改，31 项问题已全部完成整改。从强化“四好”班子建设入手，健全完善《党建工作责任制考核评价办法》，提高党委决策的科学性，全面实现中心生产经营任务和降本增效的目标。

企业管理不断加强。推进人力资源优化，压缩劳务用工，在岗员工同比减少 45 人，累计压缩劳务用工 120 人；积极推进退休职工社会化和厂办大集体划转工作，完成退休职工档案验收工作和厂办大集体划转的和解协议签订工作，4392 人签订了和解协议；推进三项制度改革，制定综合改革实施方案，明确六个方面改革任务。岗位编制定员压缩 5%，压缩劳动组织 10 个，优化班组长 14 人，同比核减人力资源 5%以上，实现了 10 人以下不设班组的目标。认真履行党风廉政建设监督责任，深入开展“靠钢吃钢”和群众身边腐败问题专项治理工作。共排查出中风险岗位 8 个，低风险岗位 31 个。

职工队伍和谐稳定。组织职工代表参与企业改革、生产经营、用工制度等重大决策事项审议，做到审议率 100%。深入开展群众性建功立业活动，组织开展“降本增效我先行”主题劳动竞赛活动，践行“厉行节约反对浪费”精神，分解落实“双增双节”项目 24 项，全年实现“双增双节”创效 81.34 万元。完成中心级创新项目 11 项，累计创效 32.5 万元。切实关心职工实际困难，深化“安康杯”竞赛活动，组织季度“群安之星”评选活动，充分发挥工会劳动保护检查员作用。全年走访慰问职工 824 人次，发放救济金 24.69 万元。丰富职工业余文化生活，开展职工登山、排球、羽毛球、乒乓球、踢毽、跳绳比赛活动，有力增强了企业凝聚力。

（马文莉）

【鞍钢化学科技有限公司】 2020 年末，鞍钢化学科技有限公司共有职工 1144 人，其中，在岗职工 1052 人，管理及专业技术人员 155 人，生产操作人员 897 人。机关设置为“五室一中心一会”，即生产技术室、设备管理室、安全环保室、综合管理室、党委工作室（党政督查室）、营销中心和工会，下辖 13 个作业区。固定资产原值为 39.85 亿元，净值为 23.93 亿元。共有煤气净化产线 4 条（40 万立方米/时）、焦油加工线 2 条（54 万吨/年）、粗苯加工线 1 条（15 万吨/年）、新产品中试装置 1 套及 4 万吨/年针状焦装置。煤化工产品年生产能力 75 万吨，生产的产品有煤焦油、硫酸铵、苯系列、萘系列、酚系列、沥青系列等 40 多种。广泛用于炭素、电极、树脂、炭黑、皮革、染料、医药、化肥等行业。2020 年，全年化产品处理量 59.2 万吨，实现营业收入 50.6 亿元。化产品处理量、焦油处理量、产品销售量均达历史最好水平。实现火灾、人身伤害、环保、厂内交通事故为零，三级以上生产操作、设备事故为零的目标。荣获鞍钢集团与鞍山钢铁先进单位、档案先进单位，鞍山钢铁安全生产、消防安全、计划生育等先进单位称号。

深化安全防火基础管理，安全生产管控水平

进一步提升。层层压实安全生产责任制，促进各级管理人员履职尽责。强化特殊作业安全措施落实，累计审核特殊作业计划8097处，有效防控运行风险及作业风险。多种形式开展安全隐患排查，累计查改隐患2425项，稳步提升本质化安全水平。扎实做好“清患”“五清五杜绝”工作，全方位强化作业过程风险防控。

深化体制机制改革，发展动力进一步提升。推进综合改革。完善规章制度88项，提高管理效率和执行效率。优化机构设置，精简机关部门，完成炭材研发中心建立、化检验体系制度改革、铁路运输业务优化调整。推进环保作业区“巡检制+工资总额承包”改革试点实施。打破干部工人界限，选聘2名优秀大专生到专业技术岗位。完善绩效考核评价体系，修订经营绩效评价办法。推进智能化信息化建设。实施产品自动包装系统项目，完成一回收硫铵自动包装系统安装调试，达到全自动运行效果。实施产销一体化系统建设，完成工程立项。

深化市场化经营理念，市场竞争力进一步提升。坚持市场导向，增强服务意识，核心用户份额保持在80%以上，纯苯直供占比80%，改质沥青直供占比82%。增加电商平台销售，累计成交产品4.8万吨，成交金额1.2亿元。加大与下游开工企业洽谈力度，扩大省内销售范围，降低物流费用237万元，同时提高了产品价格竞争力。加强采购渠道建设。通过直采客户开发与招标采购，拓宽采购渠道，解决原料不足问题。全年外购粗苯9万吨，直采比例77%；外购煤焦油21万吨，直采比例60%，为苯加氢、焦油精制提高加工规模创造了条件。

深化产业布局，行业引领力进一步提升。持续布局碳材料产业。推进恩德炉、500吨/年中间相碳微球中试生产线等重点项目建设，实现由沥青初级产品向下游负极材料产业的延伸。稳定工艺路线，逐步打造以针状焦、碳微球、活性炭为核心，沥青基碳纤维、高端负极材料为前沿的碳材料产业布局，探索化工产业发展新途径，为化工产业发展引领方向。

深化科技创新，科研能力进一步提升。落实创新驱动发展战略，推进与大连理工大学、中科院及辽宁科技大学技术合作，深入研究产业链延伸项目。推进科研成果转化。完成10项重大合理化建议评审，5项成果获鞍钢股份重大合理化建议一等奖。持续开展科技攻关，22项科技攻关成果已结题，在研科研课题24项；获授权专利22件、认定专有技术2件。

深化基础管理，生产管控水平进一步提升。加强环保管理。完成一三回收粗苯尾气、鼓冷尾气治理等9个建成项目的环境评价验收，保障环保装置合规运行。完成运输刷槽车站尾气治理、西部焦油尾气治理等6个环保项目，满足环保排放要求；危险废物100%合规处置。加强一三回收脱硫运行与提盐工序管控，运行状况处于近年最好水平。优化标定针状焦工艺，煤系针状焦质量达到国内同行业先进水平。西部回收新建蒸氨塔、苯加氢新脱硫实现一次性开工达标达产，解决制约生产瓶颈问题。自主完成苯加氢反应器催化剂器内硫化，节省费用400万元。推进“一守两清三控四确保”措施落实，存货资金占用降低6572万元。推进退休职工社会化、厂办大集体改革工作，全面完成既定目标。推进“雷霆行动”，实现案件零发生、物资零流失目标。

强化全面从严治党，政治核心作用有效发挥。加强政治理论学习，组织党委中心组学习会15次。推动利用“学习强国”平台学习，有82名同志超过2万分，被评为鞍山钢铁“学习强国”学习平台应用学习优秀组织单位。召开化学科技公司第一次党代会，选举产生了新一届党委委员和纪委委员，明确今后五年发展目标。全年对23名干部进行交流调整。大胆启用年轻干部，打破身份界限，畅通人才晋升渠道，公开选拔2名一线生产人员从事专业技术岗位。加强一线生产人员专业技术培养，全年共有5名同志获得中级专业技术资格。

工会工作凝聚力得到增强。选举产生了新一届工会委员会。多种形式的生产竞赛效果明显，有3项创新成果被评为公司级三等奖。申报第二十四届国家发明展参展项目5项，获得铜奖3项。13人获得职工技术竞赛技术状元称号，28人获得技术能手称号，10项操作法获得化学科技先进操作法。开展群众性合理化建议征集活动，征集合理化建议1163项，采纳实施817项。双增双节完成470万元。通过“一日厂长”“一日工人”及“总经理接待日”民主管理渠道提出的建议都得到了答复和解决。公司、作业区两级班子共走访慰问在职职工 90 人次，发放救济费 11.6 万元，救济 404 人次。

加强团组织建设。化学科技公司团委被评为鞍钢集团“五四红旗团委”。开展“纪念五四运动 101 周年暨五四精神传承有我”主题实践活动。推进“创新登高”项目实施，1 个项目被评为鞍钢集团金牌项目，17 个项目被鞍山钢铁表彰。组织青年参加“振兴杯”鞍山市青年技能大赛，1 名青年获得第一名，2 名青年获得第三名。完成团支部换届和优化工作，13 个团支部优化为 10 个团支部。

（王　鹏）

【鞍钢集团朝阳钢铁有限公司】 截至 2020 年末，鞍钢集团朝阳钢铁有限公司企业总资产 69.38 亿元。在职职工人数 2006 人，其中，管理技术岗位人员 290 人，岗位操作人员 1681 人；居家及列编外人员 35 人，退休职工人数 173 人。机关设 9 个职能部门，分别为综合管理部（党委工作部、董事会办公室）、市场营销部、物资采购部、制造管理部、安全环保部、设备工程部、财务运营部、纪委（党政督查室）和工会。下设 7 个基层单位，分别为焦化厂、炼铁厂、炼钢厂、热轧厂、能源管控中心、加工储运中心、计量化检验中心。

规划规模年产 400 万吨钢，一期产能 200 万吨热轧板材。现拥有 1 座综合原料场，2 座 50 孔焦炉及干熄焦等配套设施，1 台 265 平方米烧结机，1 座 2600 立方米高炉，2 座 120 吨顶底复吹转炉及 2 座 LF 炉、2 台单流板坯连铸机，1 条 1700ASP 连轧生产线，3 台 10000 立方米/时制氧机，1 座容量为 3×25 兆瓦的热电站，以及供电、供排水、燃气、热力、制氧、总图运输等配套设施。

2020 年，公司生产经营取得了令人瞩目的成绩，实现了“四个显著提升”。规模效率显著提升。全年铁、钢、材产量分别超计划 15.7 万吨、13.5 万吨、6.7 万吨，均创历史最好水平，产能利用率分别达到 112.3%、116.9%、126.5%。盈利能力显著提升。克服疫情影响，逆势盈利 9.44 亿元，超挑战目标 3.44 亿元，提前 1 个季度完成全年利润挑战值；销售利润率 10.7%，前 11 个月行业排名第 6，比 2019 年前进 9 名，创历史新高。行业地位显著提升。成本变革成效显著，全年工序成本压降 3.57 亿元，吨钢降本 146 元；35 项主要技经指标中，钢铁料消耗、综合成材率等 18 项指标同比改善，综合焦比、高炉利用系数等 15 项指标创历史最好水平。1—11 月，铁、钢、材成本全部进入行业前五。风险管控能力显著提升。全年实现轻伤以上安全、火灾事故和环保、疫情事件为零。

【坚持市场化改革升级，创新管理模式】 落实两级市场主体地位，成立董事会、监事会，引入外部和职工董监事，编制、修订决策文件 6 个，完善了公司法人治理体系。落实基层单位市场主体地位，下授五项权力，下沉经营重心，物资采购、副产营销、经营分析、设备运行等 20 个岗位带职入厂，使基层单位由“执行型”向“经营型”转变，让“拉车扛活的人”有更大话语权，让“听得见炮声的人”有更大决策权。深化选人用人。全员竞争上岗，不看身份看本领，不看资历看能力，为员工成长成才打通路径。运用“两去一分离”，20 人去台阶入围，7 人竞聘成功，10 名管理技术人员充实到生产操作岗位，17 名生产操作人员走上管理技术岗位，为有学历、有能力、有潜力、是主力的员工创造参与竞争、赢得竞争的机会。突破惯性思维，创新管理举措，取消身份定级限制，真正让岗位管理落到实处。强化绩效导向。细化存量绩效管理，实施工资总额预算制，基层单位分灶吃饭，不“吃瓜落”、不“搭便车”，独立核算；扩大了绩效评价区间，由 80～120 分扩大到 70 分保底到上不封顶，放大绩效激励约束作用；落实成本变革同利机制，不断激发职工创新、创效热情。创新增量绩效管理，按照“三层次两斜率”，发放增效奖励，实现了职工收入和企业效益同步增长；实施成本转移，三维度评价，按瓶颈触发，追溯各工序成本责任，让成本效益归位，鼓励各工序扩瓶颈，全流程提效率，全年共触发成本转移 44 次，转移金额 803 万元，奖惩 13.8 万元。

【坚持低成本战略方向，持续压降成本】 强化经营建模，聚焦销售围绕市场转，生产围绕销售转，采购围绕生产转，一切围绕效益转，长周期做压力测试，短周期保经济运行，实践“市场驱动，现场随动”。以周经营例会为平台，进一步缩短预算闭环周期，将月预算分解为周预算，以周保月，以月保年，确保预算逐级闭环。坚持用经营建模指导实践，全年共结构降本 2.6 亿元，调品增效

3367万元。深化成本变革。在精益、有组织创新的基础上，大力推进成本变革提档升级，聚焦全员、全要素、全系统创新，实施成本变革2.0。全员创新热情高涨，共梳理项目323项，是1.0项目的5.6倍；项目口径降本5.6亿元，吨钢降本229元，完成预算挑战目标的1.8倍，成本竞争力显著提升。强化生产提效。坚持以高炉为中心组织生产，外抓保供，内强操作，规模效益显著提升，利用系数提高3.9%，创历史最好水平。坚持以市场为导向，追求“早起晚落，能吃多吃”，动态调整铁钢比，积极探索低价粒钢压块和自产渣钢粒铁代替外购废钢，炼钢工序成本降低74元/吨。大力推进低温快轧快节奏，铸坯直装率提升13.1%，吨材电、煤气单耗分别降低9.5%、15.8%，都创历史最好水平。强化设备保障。夯实点检定修制、考核指标体系建设，制定、修订管理制度40个，进一步提升管理效率。以典型事故分析、一案双查为抓手，推进设备综合效率提升，全年设备事故时间降低52%，创历史最好水平。稳顺完成系统年修工程，整改缺陷846项，项目完成率、质量合格率、一次试车成功率完成100%。聚焦智能科技提效，完成电力调度集控、硫铵自动码垛机器人等智能制造项目9项，优化用工48人。

【坚持全周期风险防控，确保安全稳顺】 全面加强安全管理，全面修订《安全生产责任制》，建立安全生产网格化管理体系，安全责任全员全覆盖。强化安全履职，全年分析典型问题77个，追责293人次；定期开展安全履职专项评价，整改管理问题45项，“一岗双责”进一步得到夯实。全面推进“清患”行动，公司级排查整改隐患627处，基层单位自主排查整改隐患1079处，本质安全水平显著提高。狠抓“五清五杜绝”，作业前“停顿+确认”，作业中“主体监护+管理巡查”，作业后“相关方确认+三方验收”，作业过程管控进一步得到规范。全面加强环保管理。按照超低排放改造工作方案，投资1.7亿元，推进煤场棚化、焦化厂VOCs环境治理等超低排放改造项目建设实施，进一步提升无组织排放管理水平。全面加强过程管控，严格执行内控标准，坚决落实减排措施，厂区降尘量同比降低13%，环境污染因子合格率达到100%。全面加强质量管理。严把原燃材料入口关，加大原燃材料抽检频次和力度，全年共拒收不合格物料98车次、7313吨，确保原燃材料优质、稳定。强化关键工艺控制点运行管理，关键工艺设备摘牌率达到100%。充分辨识产品用途和客户体验，完成40Cr和L290M钢种的开发评审；全年质量异议率、吨材质量损失同比分别降低33.3%，产品实物竞争能力显著增强。全面加强单线运行管理。围绕高炉系统，全面排查单线运行风险，动态完善三级风险管控清单20项；梳理完善事故处理预案20个，将单线运行风险降至最低。全年主线事故时间、频次同比分别降低50%和64%，单线运行质量显著提升。

【坚持高质量共建共享，汇聚发展合力】 畅通民主渠道，职代会选举产生了公司职工董事、监事；审议通过了《鞍钢集团朝阳钢铁有限公司职工罚则（试行）》，高票通过了市场化改革系列方案，增强了职工群众的主人翁意识，调动了职工群众治企、建企、兴企的积极性。发挥职工主力军作用。围绕生产经营，大力开展劳动竞赛、双增双节、创新创效、“共产党员建功立业”等活动，全年共实现创效8519万元。聚焦生产经营瓶颈，各创新工作室集中力量开展技术攻关活动，全年共结题95项，创效2916万元。共建共享发展成果。深入开展“践行共享理念 关爱一线职工”专项服务行动，组织落实项目12个，实现共建共享。落实困难职工帮扶责任，帮扶困难职工、党员103人次，发放救济金9.14万元。积极推进扶贫项目落地，切实履行社会责任。

此外，在综合治理、维稳、保密、档案管理等方面也都取得了良好业绩，实现了与生产经营水平的同步提升。

（王　莹）

【鞍钢能源科技有限公司】 2020年，鞍钢能源科技公司共有职工34人，其中，在岗管理及专业技术人员26人。该公司机关设有安全运行室、党委工作室、市场开发室、计划财务室。

2020年，鞍钢能源科技有限公司紧紧依靠广大干部职工，全力以赴抗击疫情，深化企业改革创新，多措并举推进经营发展，企业高质量发展取得了显著成效，经营业绩再创新高，实现销售收入2.49亿元，同比增长35%；实现利润1520万元，同比增长75%，超额完成全年利润目标挑战值，被评为2020年度鞍钢集团先进单位、鞍山钢铁先进单位。

健全管理机制，筑牢安全防线。制定隐患排查治理清单，抓住重点环节，明确工作事项，推动全员参与自主隐患排查，累计辨识出安全风险151项，消防风险37项并整改完毕。全年安全火灾事故为零，获评2020年度鞍山钢铁安全达标企业和消防达标企业。

大力开发市场，提升创效能力。新开发11家新用户，提升了市场占有率，销售收入同比增加35%。提高能源产品创效能力，以“产品+服务”模式为客户提供增值服务，2020年外供蒸汽利润同比2019年增加287.26万元。落实鞍钢集团应对严峻形势“十项举措”和鞍山钢铁“一守两清三控四确保”的工作部署，攻关挖潜，制定10项降本增效措施，累计降本564万元。

激发改革活力，强化风险防控。以混改为契机，以合资合作为抓手，积极引入战略合作伙伴，扎实推进与美国AP、与中集安瑞科两项合资合作改革项目，完成鞍钢集团、鞍山钢铁立项决策程序。坚持“降两金、零负债”经营。运用法律手段加大陈欠清收力度，全年清回欠款61万元，占应外部收款37%。

优化资源配置，践行共享理念。启动薪改工作，以市场化为导向，进一步优化人力资源配置，2020年职工人均工资有较大提升。积极开展“践行共享理念，关爱一线员工”活动，投入8.5万元改善了职工就餐条件、修缮了浴池和操作室，2020年，共计走访慰问困难党员、困难职工4人，发放生活补助金4000元。

（周　赫）

【德邻智联(鞍山)有限公司】 德邻智联（鞍山）有限公司成立于2020年1月，注册资本6000万元，由鞍山钢铁集团有限公司与鞍钢股份有限公司共同注资成立，前身是鞍钢集团电子商务中心。该公司打造了钢铁期货销售平台、钢铁现货销售平台、循环物资销售平台、工业品及办公用品采购平台、大宗商品销售平台和基于区块链技术的供应链金融等六大平台，努力实现聚拢产业资源，构建产业链生态圈，实现供给端和客户端的精准匹配、全链条的一站式服务，2020年该公司GMV 590.3亿元，实现利润2096.11万元。

打造钢铁电商夯实服务体系。该公司秉承构建“共享生态圈、可持续共同发展”的理念，持续夯实“1+6+N”服务体系，打造了基于钢铁电商为源头，新型供应链为支撑，大数据为增值点的全新服务体系。经过孜孜不怠的努力，2020年钢材平台累计实现钢材现货销售293.83万吨，成交金额108.8亿元；实现钢材期货销售816.41万吨，成交金额371.61亿元；通过竞价销售为鞍钢创效2331.09万元。同时，积极适应市场变化，探索新的销售模式，依托鞍钢电商平台实现制管用钢的产能预售，提前将未来一段时间的制管用钢的产能以合理的市场价格通过鞍钢电商平台进行预售。

为进一步打造“钢铁电商+供应链”一体化服务生态，基于德邻陆港线下仓储、物流、加工等业务优势，鞍钢电商新推出一站式“找”功能服务专区。客户购买所需产品后，在线填写需求信息，平台有专业的人员为客户提供运输配送、仓储加工、融资等一站式服务。通过线上、线下深度融合，为广大客户提供更加便利的服务，解决客户痛点，提升客户满意度，打造完善的供应链生态体系。

处置非钢物资建设循环平台。该公司基于非钢物资交易运营经验，在帮助委托企业将非钢物资卖得掉、卖得好、卖得合规的同时，也为从事非钢物资处置的企业（个人）提供公开公平、规则统一的非钢物资网上采购渠道。特别在疫情阻击战期间，该公司以服务客户为根本，将以往购买商品前必须到现场审核资质的模式变为网上审核。在销售过程中，先把所销售的商品以图片、视频的形式在网上发布，一旦客户对某件商品感兴趣，便以点对点现场直播的方式展示商品细节，实况了解竞拍资源的各项详细信息。既避免了人员聚集，又避免了围标、串标等情况发生，在保护客户利益不受损害的同时，通过看货直播服务，能够帮助买家最大限度节省看货成本，发现更多的资源与机会，也能够帮助卖家扩大买家用户群体，拓宽废旧物资处置渠道，为企业争取了更大效益。

2020年，该公司全力推进非钢物资业务板块，利用自身技术、资源、品牌、渠道、物流等优势，基于聚焦社会客户拓展、竞价模式创新和用户体验优化等特点，在东北区域的非钢平台交易的行业中树立了一面旗帜，部分品种的销售价格已经成为地区的标杆。2020年底，循环平台已成为东北地区最大规模的循环物资交易平台，实现各类非钢物资销售 895.83 万吨，贸易额 8.29 亿元，累计创效 6254.6 万元。

聚拢采购资源 展现企业担当。从新冠疫情蔓延开始，该公司本着高度的责任感和使命感，以服务客户为中心，充分发挥互联网高效、便捷的优势，依托鞍钢采购商城和鞍钢商城小程序，积极与多家企业沟通，利用一切资源积极筹措包括口罩、测温枪、消毒用品在内的防疫物资，并与鞍钢快递紧密联系，本着“货不隔夜、当日配送”的原则完成线下配送，确保采购组织在最短的时间内收到防疫物资。疫情期间该公司共为 50 多家采购组织，提供口罩、测温仪、消毒液、手套等多种防疫物资共计 120 多万元、5000 余件商品，助力鞍钢集团各采购组织做好复工复产的相关工作。与设备资材采购中心进行合作，在鞍钢采购商城及小程序中销售鞍钢劳服公司生产的一次性口罩，累计销售口罩 13 万多只，金额 22 万元。

（辛兆东）

【鲅鱼圈钢铁分公司】 2020 年末，鞍钢股份鲅鱼圈钢铁分公司有职工 4074 人，其中，在岗职工 3756 人。厂区占地总面积 8.32 平方千米。拥有能源动力、焦化、烧结、炼铁、炼钢、轧钢及公辅配套设施，主要装备有 6.98 米 52 孔焦炉 4 座、405 平方米烧结机 2 台、4038 立方米高炉 2 座、260 吨顶底复合吹炼转炉 3 座、双流 1450 毫米板坯连铸机 2 台、单流 2300 毫米板坯连铸机 1 台、1580 毫米热轧带钢生产线 1 条、5500 毫米宽厚板生产线 1 条、3800 毫米中厚板生产线 1 条，以及原料仓储、成品码头、铁路运输、理化检验等辅助设备，其中 5500 毫米厚板轧机为世界之最。

生产经营。坚持以经济效益为中心，夯基固本，抢抓机遇、降本创效，稳顺运行，实现了“跑赢大盘、跑赢自身”目标。钢材销售利润率达到 7.99%，在中钢协规模以上（200 亿元以上）钢企中名列前茅。铁前保质提率稳产，炼钢降铁提废增产，轧钢优配精管提产，实现资源匹配最优化。炼焦、热轧实现超设计水平 2%增长。降本增效实现新突破。按照“三维五级”的目标管理体系，系统推进开源节流工作，实现内挖潜力降成本、外拓市场增效益。注重项目牵引，全年推进 108 项降本攻关项目，实现吨钢降本 102 元；注重降采优配，防控外采煤通关风险，生铁成本处于行业一流水平；注重价值创造，废钢挂牌降采 170 万元，外销化工副产、水渣等各类产品同比增收 10%，物流市场化经营创效 463.3 万元。同比提高 71.8%。运营效率实现新提升。贯彻“效率就是效益”的理念，系统提升企业内部运行效率。强化库存管理，研判市场变化，实施动态管控，存货周转率提高到 11.72 次；强化资金费用管理，统筹资金调配，财务费用和期间费用同比分别降低 364 万元和 1597 万元；强化物流运输管理，粉矿直通率提至 95%，外调钢坯 95 万吨。

品牌建设。热轧着力在全品种覆盖基础上，推进精、特、优产品开发，成功开发供货二代高强集装箱用钢 6 万吨；开发出口薄规格含 Cr 结构用钢，成功试制三个牌号高强汽车钢。中厚板着力高端精品发展路线，开发军工防护掩体用钢，成功实现替代进口，填补国内空白；开发特厚规格 800 兆帕水电钢，实现稳定供货；完成 100 毫米超厚止裂钢扩大认证，实现行业内首家具备整船全规格止裂钢供货钢企。调品提质达到新水平。热轧聚焦中高碳、薄材、硅钢产品提质增效，拓展中山中圣等硅钢客户渠道，推进出口刃具用 65Mn 表面质量提升攻关，利用炼钢头尾坯开发低碳薄规格花纹板，调品指数高于行业 17 元。中厚板聚焦客户需求，实施工艺技术攻关，开发管线三倍尺生产工艺，解决了多倍尺管线钢生产性能均匀性难题，成材率提高 1.5%；完成 600 兆瓦快堆核电用钢生产工艺开发，调品指数高于行业 26 元；深化质量管理，全年质量损失同比降低 13%。积极抢占国际市场，实现对国外 8 个国家和地区出口钢材，极大提升了分公司的品牌影响力和市场竞争力。

生态发展。强化能源精细化管控，以内部三地和行业先进企业能源对标为引导，推进压缩空气节能、35 吨锅炉改 65 吨煤气锅炉、制氧循环水泵节能等 8 项重点节能项目，强化外转供、临时用能管理，加强内部能源监察管理，提高能源利用功效。吨钢动力成本同比降低 4.4%；吨钢综合能耗、吨钢耗新水等主要能源指标处于行业先进水平。环保管理持续提升。积极践行绿色生态厂区建设，有序推进完成 15 项放行超低排放改造项目，以 BOO 模式推进实施焦化废水减量及中水回用项目，加强环保设施运行监管，实施厂区无组织扬尘网格化管控，二氧化硫、颗粒物、化学需氧量、氨氮排放量同比削减 5.8%、13.4%、

60.3%、66.7%。全年厂区绿化升级5000余平方米，厂区道路改造1.14万平方米，美丽厂区建设实现提档加速。

变革创新。管理体制持续再优化。实施职能集约化，对设备和信息化职能合一，质检和计量职能合并，机构由18个精简为16个。推进机构扁平化，机关部门模块化管理，取消25个专业室，基层单位全部实施厂管作业区管理，核减作业区27个，全面提高了管理的执行力、穿透力，有效提高了管理效率。落实市场化授权，实现“责权利”相统一、“放管服”相结合，授权基层干部任免权、薪酬分配权等6项权利，让基层拥有更大自主管理权。运营机制持续再变革。践行“契约+同利”，与内部9家基层单位经营者签订契约化责任书，推进实施岗位绩效e考核管理，实现岗位绩效精准、及时、科学、自动考评。推进实施“去台阶、去身份、去界限”市场化标准选人用人，实施项目优化、岗位优化和作业流程优化，主体实物劳动生产率同比提高3.7%。

和谐兴企。文化强企不断深化。坚持“创新驱动、共创共赢”的理念，开展群众性建功立业活动，搭建群众性创新平台，全年组织开展创新项目991个，同比增加17%，实现奖励100.6万元。大力弘扬劳模精神和工匠精神，培养和选树各层次先进典型，热轧部轧钢作业区被授予辽宁省“工人先锋号”，2名青年获评鞍山钢铁青年创新人才。开展“抗疫情、降成本、赢‘双跑’、增效益”主题劳动竞赛，全面助力降本增效。共享发展持续推进。深入开展“践行共享理念、关爱一线员工”专项服务行动，实施了44项关爱项目，投入资金370万元。扶贫帮扶490人次，发放慰问金60.2万元；为196名职工子女办理实验学校入学手续；稳步推进退休人员社会化工作，细致做好退休人员信息调查、档案整理、组织关系转接等工作，移交营口市429人，移交鞍山市830人。开展职工文体活动，举办职工长跑、健身“百步走”、篮球赛等文化活动，展现了广大职工蓬勃向上的精神风貌。特别是面对突发的新冠疫情，在各级政府和上级公司的坚强领导下，分公司迅速采取最全面、最严格、最彻底的防控举措，取得了“零输入、零感染”的阶段防控目标。

党的建设。全面贯彻党的十九大、十九届二中、三中、四中、五中全会精神和习近平总书记重要指示批示精神，两级领导班子成员带头学习研讨110余次。坚持正确选人用人导向，健全选人用人制度4项，破除资历、身份、单位界限，8名优秀工人竞聘到A级、B级岗位。建立分公司“332”优秀年轻干部人才库90人，新提拔13名领导人员中，80后占比达到61.5%，E、D级领导人员中80后占比由6.4%提高到19.2%，基层E级班子80后配备率达到100%，B、C级人员中80后占比分别提高至54.6%和32.8%。实施党政双维度同责评价，严格开展两级党组织书记抓党建工作述职，评议优良率80%，基层47名党支部书记100%述职。推进党建标准化建设，开展“基层党建提质增效年”活动，编写发展党员等4项操作规范，推行主题党日“5+X”活动模式，高质量发展党员47名，开展了“党支部工作论坛”、党小组长专题培训，组织20名新任职党支部书记参加集团轮训，2个党支部获评集团“样板”党支部，评选分公司级“样板”党小组9个。评比推广基层单位党建工作品牌11个，创造集团级优秀成果9项，其中一等奖3项、二等奖5项、三等奖1项。压实意识形态工作责任制，分析研判疫情防控和深化改革等重点时期舆论动态，定期编发《形势任务教育宣传提纲》和《班前五分钟》教育简报。在各类媒体发布稿件362余篇，微信发布文章230篇、《开拓》报发布23期，连续4个季度发稿量在鞍山钢铁排名第一。深化精神文明建设。深化“跟着郭明义学雷锋”活动，立足厂区开展敬业奉献活动32次，511人次参与活动。开展“练内功 促改革 谋发展”职工主题演讲活动，职工关注度达1万人次。分公司获评营口市精神文明单位、“十三五”中国企业文化建设优秀单位。响应国家号召，选派2名同志分别赴营口盖州和新疆塔县开展驻点扶贫；积极开展消费扶贫工作，购买大豆油、雪菊、腊肠等扶贫产品，为贫困地区产业发展贡献力量。

（乔秀权）

【炼焦总厂】 2020年末，炼焦总厂共有在职职工1474人，其中，在岗职工1312人，管理和专业技术人员133人（高级职称20人，中级职称85人，初级职称24人），生产操作人员1179人；居家休息职工129人，离退休职工2806人。该厂机关设置生产技术室、安全环保室、设备管理室、综合管理室、党委工作室和工会，基层设12个作业区。炼焦总厂现有大型焦炉12座，其中6米焦炉8座，7米焦炉4座及与之相配套的配煤系统；处理能力为190吨/时的干熄焦装置2座，处理能力为140吨/时的干熄焦装置4座。焦炭设计生产能力730万吨/年，干熄焦蒸汽回收1021.53万吉焦/年，年消耗洗煤968.84万吨。主要产品焦炭用于炼铁生产，回收焦炭显热产生蒸汽用于发电，同时为化学科技有限公司提供荒煤气。

2020年，面对复杂严峻的新冠疫情防控形势和艰巨繁重的改革发展任务，炼焦总厂干部职工紧紧围绕生产经营工作中心，变革创新、攻坚克难、锐意进取，统筹疫情防控和改革发展工作，圆满完成了公司下达的各项生产和降本增效任务，实现各项工作再上新水平。全年生产焦炭759.60万吨，完成公司计划。其中，M40提高0.2%，M10改善0.44%，硫分改善0.02%，灰分改善0.2%，CRI改善0.83%，CSR提高1.55%；全焦单位成本降低13.64元/吨，降低成本1.04亿元。

疫情防控取得新实效。全面贯彻落实中央、省、市和公司防控部署，坚持疫情防控与生产经营两不误，压实各级责任，成立炼焦总厂疫情防控指挥部，建立疫情防控网格化包保责任制，制定疫情防控方案和应急预案，严格执行测温、消杀、扫码、报备等制度，投入防疫抗疫物品七大类万余件。开展专项检查14次，推动疫情防控措施落实落地，全厂干部职工凝心聚力，严防严控，实现“双零”目标。

深化改革取得新发展。积极推进退休人员社会化和厂办大集体“两项改革”工作，每周跟踪工作推进情况，不断凝聚改革共识与合力，以高度的政治责任感和使命感，圆满完成两项改革任务。全面推进总厂契约化重点改革项目，设定重点考评指标，实行差异化分类考核，建立与业绩考核相挂钩的单位负责人激励约束机制，拉开收入分配差距，各项契约化指标全部完成公司计划。

科技创新取得新成果。发挥“一厂一所一室”优势，构建新型“研发+生产”科技创效模式，着力解决制约发展的瓶颈问题。开展公司级科研课题35项、厂级科技创新项目100余项，获得各类奖项23项，申请专利11项，科技成果创效9000余万元。持续推进“两化融合”项目。实施五炼焦干熄焦智能化管控系统研发与应用、焦炉自动测温项目，实现生产、设备全面数字化、可视化、信息化，全面提升科技创效能力。

安全管理取得新成效。认真贯彻落实安全生产责任制，层层签订安全防火责任状，全员签订安全承诺书。开展“清患行动”，排查整改安全隐患2868项。按照“五清五杜绝”工作要求，查改问题130项，有效管控工程、检修施工动火等危险作业471次，对18项典型违章进行严肃处理。强化安全培训，利用一月一课堂、生产经营例会等形式及时传达外部安全信息，提出管理要求，提升全员安全意识和安全技能。2020年实现安全防火事故为零目标，获得鞍钢股份安全生产先进单位、防火先进单位。

环保治理取得新突破。强化现场环境治理，加强现场扬尘整治，全面管控环保设施运行情况，全年检查整改焦炉冒烟、除尘器运行等方面问题137项。持续推进5台除尘设施升级改造、8台转运站除尘器实现提效达标，逐步实现各类除尘器合规排放。可视污染明显改善，所有焦炉和干熄焦烟气实现脱硫脱硝处理，主要污染物排放口在线监测指标全部合格。实现重大环境污染事故为零。省生态环境厅“四不两直”督察实现零案件。

稳定运行取得新提升。开展配煤结构技术攻关，推进“筒仓细化分组+”，实施分级供料，减少焦炭质量波动，实现质量异议率为零目标。全焦产量完成759.6万吨，焦炭质量M40完成88.5%，全焦单位成本完成1391.6元/吨，降低成本1.04亿元，主要指标均完成公司计划。认真落实设备预修定修，定修实现率100%。开展干熄焦零事故活动，完成一、二、四、五炼焦4套干熄焦年修。以设备“零缺陷”为目标，整改设备缺陷2382项，实现设备三级事故为零目标。

党建引领取得新作为。深入推进党支部建设提升年活动，修订完善10个支部制度，建立“6+1”党支部考核评价制度，提升党支部规范化建设水平。一炼焦党支部进入鞍钢样板党支部行列。坚持党建与打赢生存保卫战深度融合，扎实开展“党建+”特色活动，围绕生产经营重点难点，开展党员岗位创新创效活动，完成共产党员工程项目91项，创效936万元。围绕建党99周年，开展重温入党誓词、齐唱国歌、义务奉献活动。评选党员责任区82个，党员先锋岗414个。

正风肃纪取得新进展。召开党风廉政建设和反腐败工作会议，通报典型案例，进一步强化纪律和规矩意识。推进廉洁地图工作，查改廉洁风险和管理漏洞7项。深入开展“靠钢吃钢”问题专项整治，组织关键重要岗位185人签订杜绝“靠钢吃钢”行为承诺书，逐级开展“一对一”谈心谈话，精准运用“第一种形态”，坚持抓早抓小，提醒谈话61人次，批评教育8人次。开展“靠钢吃钢”问题专项治理监督检查，共查改各类问题69项，营造风清气正的良好环境。

企业文化取得新荣誉。通过党委委员上党课、下发倡议书、拍摄党员教育片等有效形式，激发广大职工战胜困难的信心和决心。制作VR版鞍钢雷锋纪念馆，组织网上参观雷锋纪念馆，学习强国总浏览量23475人次。开展学雷锋系列活动，评选表彰“我身边的雷锋”先进个人和集体，组织党员参观雷锋纪念馆，张允东、郭代义分别荣获第二届“鞍钢楷模”荣誉称号。总厂获评“十三五”中国企业文化建设优秀单位。

共建共享取得新成果。落实职工代表大会制度，深化厂务公开、“一日厂长”、职工代表视察活动，维护职工合法权益。开展大走访活动，全年走访慰问在职困难职工和离退休困难职工928人次，发放救济金54.06万元。深入开展“践行共享理念、关爱一线员工”专项服务行动，先后解决了四炼焦综合楼浴池修缮项目等4项问题。组织开展丰富多彩的文体活动和劳动技能竞赛，职工收入稳步增长，职工的凝聚力、获得感、幸福感大幅提升。

（王世纪）

【炼铁总厂】 2020年，鞍钢股份炼铁总厂共有职工3029人，其中，在岗职工2566人；管理及专业技术人员291人，生产操作人员2275人，居家休息职工403人；离退休职工4642人。该厂机关设置为“五室一会”，即生产管理室、技术管理室、安全环保室、设备管理室、党委工作室（党政督查室、综合管理室）和工会，下辖24个作业区。固定资产原值为120.98亿元，净值为55.37亿元。主体设备有大型现代化烧结机6台、带式球团焙烧1台、大型现代化高炉8座。主要产品是人造富矿和制钢生铁，副产品主要有水渣、高炉煤气、炉尘等。

2020年，炼铁总厂完成生铁产量1772万吨，人造富矿产量2260万吨。

强化生产操作，保规模、降成本。高炉工序以大风量、高风压、少富氧，活跃炉缸，做炉型为工作核心，采取“两稳一降两提高”措施（即稳平台、稳操作、降低中心加焦量、提高风容比、提高炉缸活跃性），实施一炉一策。烧结工序以深挖潜能，提产保质为工作核心，严格控制烧结54个质量关键点，实现一机一炉。烧结机利用系数提高到1.34吨/(平方米·时)；扣捡作业率提高至99.7%以上，延长烧结机检修周期由40天/次至60天/次，实施关键备件长寿化攻关，降低事故率。建立低成本配矿模型、择机采购、精准配矿，增加低价非主流粉矿比例，使用印度粉、FMG混合粉、超特粉等粉矿；采用罗伊山块替代PB块；增加磁选粉用量1万吨/月。低价配煤，根据烟煤价格优势，提升烟煤比例到53%；引进昔阳、阳泉2号煤，与西山、张台子等低价煤共用，低价无烟煤比例提升到40%以上。

强化智能制造，提高设备运行效率。强化定修、大修刚性管控，实施重点项目作业网络图化管理，精化作业线条，大幅提高检修效率。11号高炉炉顶除尘提标达效等43个项目，工期提前21.6%，全部实现安全优质一次性送风成功。实施备件精细化管理，梳理A类关键备件209项，完善329项技术协议，对技术要求、寿命约定、供货周期、质量考核红线等信息进行修改。完成炉顶、热风炉、主皮带等设备的储备定额核定。推进智能化工厂建设，完成高炉集控一体化中心方案设计，实施西烧堆取料机智能作业、精矿吊车无人作业、西区高炉智能点检，建立了电机智能库房，设备智能化水平显著提升。

强化风险管控，坚守安全环保底线。贯彻落实公司“五清五杜绝”要求，深刻吸取“6·9”事故教训，严格推进“清患”专项行动，规范检查标准及查改流程，实行日检查通报、周评价、月闭环，考核100多万元，有249人次安全管理人员因履职不到位被考核，约谈8个相关方单位，停工整顿3个作业项目。每月推进一个事故防范主题，通过实施跨专业部门的合并演练，演练频次减少30%~40%。实施五级安全网格化管控，落实6项安全强化措施，分级辨识整改3800项隐患，其中，较大以上隐患68项。

以“打赢蓝天保卫战，创建美丽铁厂”为目标，坚持改造与自主攻关相结合的原则，完成27台电除尘改布袋、布袋除尘升级改造超低排放项目的投产验收，立项实施球团脱硫脱硝等6项超低排放改造项目。2020年实现重大污染事故为零，污染因子合格率100%，“三同时”执行率100%，各项环保指标全部完成公司计划，96个排放口全部实现达标排放，近一半的排放口实现了超低排放。加大外环整治力度，清理杂草28400平方米，绿化补植16300平方米，维修17500平方米破损道路，组织清理6个违规活动房，拆扒2180平方米废旧建筑，对5条主干道能源介质管线进行规范，回收废钢铁11400吨，创效1744.2万元，危废合规处置率100%，辽宁省环保督察实现零信访，《创建花园式工厂实践》环保管理创新成果获鞍钢集团二等奖。

强化管理升级，提高劳动生产效率。梳理管理制度、学习核心管理制度，组织开展全厂规章制度大检查，查找管理漏洞，梳理存在问题105项，已制定整改措施，并按照时间节点全部整改。完善市场化管理体系。重点突出对可控成本考评，实现精准激励，将动力成本等关键绩效纳入高炉、烧结绩效考评；对固体燃耗、电耗、漏风率等关键指标完成情况动态跟踪，提高计划合理性和完成难度；制定烧结漏风率考核办法，对检修前后漏风率降低指标不达标实施考核，固体燃耗、电耗逐月降低，漏风率呈下降趋势。深入开展全口径人力资源优化工作，整合相关方作业界面，通过置换劳务保产作业项目，核减劳务费用974万元。扎实做好疫情防控工作。建立炼铁总厂新冠疫情防控指挥部，召开疫情防控工作专项会议，分阶段制定防控措施。利用“炼铁舆情维稳工作群”，以作业区、部室为单位，实行疫情“零报告”制度，对外来人员及外出返鞍人员及时报备。推进退休人事档案规范化整理工作，高质量完成4641名退休人员档案分类整理，并顺利地移交到所在的社区。厂办大集体改革工作。认真落实集团公司工作部署，协助对口6家集体企业积极稳妥地推进改革工作，明确了责任分工，跟踪重点群体动态，协调解决了八大类问题，充分发挥了作用。

强化全面从严治党，政治核心作用有效发挥。始终坚持把党的政治建设摆在首位，建立健全了《炼铁总厂党委贯彻落实习近平总书记重要指示批示精神工作机制》，形成贯彻落实习近平总书记重要指示批示工作措施73条，其中61项重点工作纳入台账动态推进。加强企业文化建设。大力弘扬和践行“孟泰精神”，传承“红色基因”，打造特色企业文化，将一大批先进典型的事迹进行系统收集和整理，编发了《新时代孟泰传人——优秀党员风采录》；在《孟泰报》开设“典型示范”专栏，持续报道先进典型事迹，有效地发挥了典型的示范引领作用。加强组织建设。制定下发《炼铁总厂党建创新工作管理细则（试行）》，做实、叫响、擦亮党建工作品牌，《初心最美》《温故激情岁月 砥砺奋进时代》党员教育电视专题片分别获得集团公司年度一、二等奖。“坚持和加强党的全面领导，把党的政治优势、组织优势转化为企业发展优势研究”获集团公司党建课题年度二等奖。持续深化“五比五看五争当”党内主题实践活动，评选红旗党员责任区、最佳党员先锋岗和明星党员，奖励党员677名。1363名党员干部在疫情防控中自愿捐款32831元。广泛开展共产党员工程、共产党员“挑战项目”立项攻关活动，组织党员工程立项34项、挑战项目124项，二高炉作业区党支部“高炉燃料比同行业领先项目”共产党员工程获集团公司共产党员工程一等奖。

（姚　晔）

【炼钢总厂】 2020年末，炼钢总厂共有职工4288人，其中，管理及专业技术岗位324人（高级职称75人，中级职称181人，初级职称49人），在岗职工3800人。总厂机关设五室一会，即综合管理室、党委工作室（含纪委、团委）、生产技术室、安全环保室、设备管理室、工会；划分四个分厂、下设23个作业区。

炼钢总厂主体装备有公称90吨转炉6座、150吨转炉2座、180吨转炉3座、260吨转炉3座、8台板坯连铸机、5台方（圆）坯连铸机、LF精炼炉10台、RH精炼炉6台、VD精炼炉1台、ANS-OB精炼炉2台。具备年生产2000万吨钢、坯能力。产品近千种，涉及工业、国防、科技、民用等各领域，行销70多个国家和地区，是世界上规模最大、品种最全的单体炼钢厂。2020年，炼钢总厂主体和全口径劳动生产率分别提高到4755吨/(人·年）和3425吨/(人·年)，较2019年分别增加85吨/(人·年）和254吨/(人·年)。

1. 各条产线打出新效率。2020年炼钢总厂迎难而上、自我加压，打赢了“再降成本2亿元”大决战。一分厂板坯铸机完成改造，连浇罐数高达55罐，日产高达6278吨；二分厂小方坯5月创产26.37万吨，相当于年产316万吨水平，超设计产能12.86%；三分厂圆满完成长达32天的D、E炉年修改造，彻底解决了除尘系统的瓶颈问题，为转炉稳产、高产创造了条件；四分厂IF钢41级合格率创下70.32%的新纪录，最高月产59.20万吨。总厂最高日产5.71万吨，超历史纪录398吨，最高月产167.20万吨，铁水单耗达到948千克/吨水平。2020年实现加工成本572.18元/吨，较2019年降低66.82元/吨，降本额一举突破10亿元“大关”，吨钢综合能耗完成-7.88千克标准煤，吨钢能耗成本完成48.71元，持续实现全工序负能炼钢。

2. 调品提质达到新层次。2020年，炼钢总厂钢坯质量合格率99.77%，一次合格率95.66%，为近年最好水平；重轨钢伤轨率降至0.22%，为历史最好水平；四分厂克服排产及铸坯外发困难，形成稳定生产200毫米厚GA汽车板管控体系，供TAGAL和广州镀锌线汽车板缺陷率分别完成3.99%和6.14%，较2019年降低1.86个百分点和3.80个百分点，降幅达30%以上。开展公司级科研课题47项、厂级创新课题236项、提交专利和专有技术125件、25篇科技论文在各学术期刊发表，“大型转炉洁净钢高效绿色冶炼关键技术”获冶金科学技术奖特等奖，“RH智能调控关键技术开发与应用”鉴定结果达到国际先进水平；在洁净钢指标控制方面，碳、磷、硫、氮元素和全氧分别最低可控制到$8\times10^{-4}\%$、$20\times10^{-4}\%$、$4.4\times10^{-4}\%$、$7.4\times10^{-4}\%$和$6.2\times10^{-4}\%$。在开发新工艺新钢种试制方面，突破多项工艺瓶颈，全年累计开发新钢种186个。一分厂成功试制出超高强海工钢AS110，批量生产液化石油气（LPG）运输船用4-4低温钢，实现全球首发；二分厂成功试制液化天然气（LNG）储罐用超低温奥氏体高锰钢，锰元素达到24%；三分厂成功生产高氧搪瓷波纹钢，铸坯各项指标良好；四分厂成功开发高级别管线钢X90、高强汽车结构钢和双相车轮钢并批量稳定生产，为鞍钢占领市场提供了有力支撑。

3. 装备水平再上新台阶。完成四分厂3号铸机水处理新增除氟设施、C炉副枪自主调试等投资2.06亿元的6个改造项目；在三分厂年修期间，同步实施2号RH真空系统提效改造，极限真空度由32帕提升到15帕，预抽时间从7.95分钟缩短到6.66分钟。紧跟智慧鞍钢步伐，完成5号线炼钢、连铸集控中心建设，实现5号线倒罐间插拔机器人应用3D线扫技术精准定位，插拔成功率大于99%，达到行业先进水平；5号线LF炉自主研发的一键造渣、一键合金化投入生产运行，提高了精炼作业效率，降低了炉长工作强度，填补了行业空白。

4. 安全环保打牢新基础。深入开展“清患”行动，排查、完成整改隐患392项，考核16.69万元，实现了工程全程管控、隐患挂牌督办、违章严厉打击；随机抽样、实地勘测、明察暗访，按规定叫停工程6次，约谈相关方管理人员4次，考核工程款42万元；评价动火部位503处，评价构、建筑物304处，考核不合格项136项，考核3.96万元。推进环保设施升级改造，完成三分厂1号和2号连铸水处理新增一体化处理装置、四分厂转运站除尘器使用新式滤料等环保工程项目，颗粒物及二氧化硫外排总量较上年分别降低5.31个百分点和11.52个百分点，外排水悬浮物、化学需氧量、氨氮等全部达标，顺利通过中央环保专项督察，实现全年环境污染零事故。

5. 劳动效率攀升新高度。加大年轻干部培养选拔力度，全年提职交流80后骨干20人，85后骨干5人。制定《炼钢总厂2020—2025年人力资源优化规划实施方案》，深入三支队伍情况调研，广泛开展全员岗位操作规程、新技术应用等培训5.6万人次，在作业区层面，通过导师带徒、专题讲座、微课堂及聘请教培中心教师授课方式，共开办培训班75个，培训1120多人次，900多人次通过职业技能资格认证。刘铁获全国技术能手称号，柴帅获国务院政府特殊津贴，彭东东“转炉风机大切问题研究”项目获得辽宁省创新大赛一等奖。

6. 全力助推公司两项改革。在历时9个半月的退休人员社会化工作中，57名炼钢职工通力协作，历经260个日夜，先后整理录入退休人员人事档案5763卷、76.28万页，目录38.05万条。在厂办大集体改革工作中，先后抽调45名同志参与12家附企单位的改革实践，按时完成厂办大集体职工身份认定工作，共查阅档案8400余本，签订集体职工《和解协议》8900余份。

（蒋紫薇）

【热轧带钢厂】 2020年末，热轧带钢厂共有在职职工1550人，在岗职工1303人，其中管理及专业技术岗位170人（具有高级职称23人，中级职称117人，初级职称30人），生产及服务岗位1133人；离退休职工2102人。全厂设“四室一会”（生产技术室、安全环保室、设备管理室、党委工作室、工会）和12个作业区。厂区占地总面积52.06万平方米，建筑面积33.11万平方米。固定资产原值76.84亿元，净值19.33亿元。拥有1780线、1700线、2150线三条热轧带钢生产线。三线可生产集装箱板、管线钢、汽车梁、船板等25个系列、487个品种、一万多个规格的钢板产品。

2020年，生产经营指标跑赢历史。全年产量为1062.7万吨，超计划11.98万吨，相当于年1185万吨产能，创造历史新高；吨钢加工成本224元，同比降低14元，累计降本1.5亿元，突破新低；完成利润4.65亿元，实现同口径“双跑赢”。

提效率稳运行，效益最大化迈上新台阶。生产效率和产能规模逆势突破。克服新冠疫情冲击和升级改造年修等不确定因素影响，生产效率持续提升，产能规模进一步释放。22毫米×1500毫米管线钢X80和4毫米×1800毫米JG钢等13个极限规格产品具备批量生产能力；高强汽车大梁用钢JTM800ZYM、高磁感取向硅钢AK27AG、双相车轮钢DP600等11个品种成功开发供货，填补了鞍钢热轧产品空白。

装备升级和技术改造成效显著。践行“逢修必改、服务生产”的理念，全厂实施升级改造和年修工程129天，工艺装备水平、设备保障能力大幅提升。2150线升级改造高标准自主完成，在疫情期间、外方专家缺席的情况下，提前10天21小时一次热负荷试车成功，跑出了“25天立轧机、44天出钢卷”的热轧速度，实现了ASP产线对常规机组产品生产能力的基本全覆盖；1700线和1780线年修、2150分卷线大修实现了精度恢复和技改目标。

综合能耗和降本增效历史最好。全力推进成本变革，1700线、1780线和2150线煤气单耗分别完成0.98吉焦/吨、1.24吉焦/吨、1.13吉焦/吨，同比分别降低0.01吉焦/吨、0.06吉焦/吨、0.02吉焦/吨。通过采取提高效率、集中启停、投运节能设备等措施，1700线电耗完成99.09千瓦时/吨，同比降低2.33千瓦时/吨；1780线电耗完成115.65千瓦时/吨，同比降低3.06千瓦时/吨；2150线电耗完成106.61千瓦时/吨，低于预期；三线吨钢综合能耗47.27千克标准煤，同比降低3.04%，为历史最好。

提质量降事故，管理精细化迈上新台阶。综合成材率、一次合格率分别完成97.33%、93.46%，同比提升0.41%、0.54%；吨材质量损失、外异率、现货率、非工艺分卷返修量分别完成10.08元/吨、0.26%、0.72%、4.21万吨/月，同比改善23%、31%、15%和14%。

严格系统管控，做强质量改善实效性。完善三级工艺点检和设备挂牌制度，严格执行工艺设备“监”和“控”两手抓，确保工艺执行稳定受控；充实质检队伍，增配表检设备系统维护人员，增加实物质量评价频次，强化过程管控，6项重点质量指标全面提升。

抓管理控风险，治理效能化迈上新台阶。全面梳理、系统制修订《备品备件管理细则》《“三废”资源管理细则》《盗窃案件处理实施细则》《薪酬管理细则》等制度性文件88个，热轧治理共同体建设更加充实完善。

借力“清患、雷霆”，筑牢安保防线。按照公司“清患行动”“雷霆行动”和“五清五杜绝”工作部署，深入隐患排查治理，提升设备本质安全，全年整改隐患881项，安全投入330多万元；狠反违章，清理不合规劳务人员148人。

凝人心汇合力，共享获得感迈上新台阶。热轧“十四五”科技发展规划编制完成，智能示范线建设顺利启动。申报专利、专有技术94项，全国发明展获奖4项；申报公司级科研课题25项，厂级课题82项，创效5500万元；获得集团科技论文一等奖2项，辽宁省创新方法大赛二等奖1项。全国劳动模范曲晓东及其团队负责的“大国重器舰船用钢不平度调整技术”项目，荣获冶金科学技术奖（工人组）一等奖，实现鞍钢一线工人项目获奖零的突破。此外，群创工作也取得显著成果，创新工作室成果23项，创效2908万元。

聚焦生产经营开展劳动竞赛。针对关键经济技术指标，开展了“大指标创优，小指标夺冠”

“控事故保顺行，争当优秀点检员”等劳动竞赛10多项，助力生产经营指标持续提升；组织岗位练兵和职工技能竞赛，参赛1074人次，实现技能等级提升93人次，4人获得鞍钢集团“技术能手”。

统筹推进“两项改革”，实现圆满收官。先后挖潜投入280余人，全面梳理完善基本信息140053条，数字化扫描电子档案296523张，一次性“零缺陷”移交退休人员人事档案2093卷，顺利通过鞍山市和鞍钢的实体档案和电子档案验收，得到公司表扬。完成退休党员组织关系调转752人，实现应转尽转。在厂办大集体改革中，设立《和解协议》签订工作组4个，组织签订《和解协议》7154份，完成率99.7%。

统筹推进“三项制度”改革，赢得发展“先手盘”。精减组织机构，机关部室压缩38%，作业区压缩40%。深化三项制度改革，打破职工身份界限，突破“上下”难题，4名“工匠型”一线职工走上技术主管岗位，削减C级管理岗位15个；盘活现有人力资源，完成公司下达的劳务压减任务，职工岗位竞争流动率12.8%；构建起以单元绩效、竞争绩效、契约绩效、科研绩效、同利分红为主的“五位一体”多维度分层绩效评价与薪酬分配体系。

组织建设能力进一步加强。落实“第一议题”制度，强化学以致用。贯彻落实习近平总书记重要指示批示精神，建立学习贯彻落实台账与清单。深化党委中心组学习，集中学习12次。持续开展“不忘初心、牢记使命”主题教育，全面对照“9+1”清单，深入推进41个整改项目落实。

开展“战危机、激活力、争先锋、做表率”主题实践活动。贯彻落实两级公司“十项举措”和“123451”整体工作要求，全年立项55个，制定措施158条，实现了党总支、党支部全覆盖，组织党员、凝聚人才、动员群众的能力得到提升。2020年，全体党员自愿捐款59650元用于新冠疫情防控。

思想建设能力进一步强化。加强形势任务教育，组拍宣传片《2150升级之路》《这就是热轧力量》，《这就是热轧力量》荣获鞍钢集团第九届“钢花奖”优秀党员教育电视片奖。全年“热轧之声”“支部e生活”和“50先锋”累计发布稿件147篇。对外宣传报道68篇，其中国家级4篇、省级3篇、市级5篇、公司级56篇。曲晓东被授予“全国劳动模范”称号。

服务职工能力进一步改善。持续推进关爱服务行动凝心聚力。新增防水防爆充电桩27组，彻底解决了1780线食堂、2150线食堂下水堵和1700线食堂灶前地面下沉的问题。协调城服公司增设副食菜品，1780线食堂早餐品牌得到职工认可。全年共走访慰问困难党员和职工642人次，发放救济费和慰问金35.39万元，大病医疗救济9人次4.35万元。

发挥劳模引领作用推动群众创新。组织创新工作室立项34项，取得成果23项，创效2908万元，获得实用新型专利3项；获得公司创新工作室创新项目成果奖7项；获得鞍山钢铁先进操作法4项；参加第24届全国发明展览会，获得1金2银1铜的优异成绩；曲晓东带领团队研发的特殊船板用钢项目荣获2020年度钢铁行业最高奖——冶金科学技术奖一等奖（工人组）。

加大青年人才培养力度。全年新提拔使用青年人才11人，占新提拔任用人员的73%，16名优秀青工走上挂职助理岗位，新引进10名本科生研究生充实到一线锻炼成长。实行青年人才成长积分制。青年创新登高立项29项，完成结题27项，完成率93.1%。

（刘　晟）

【冷轧厂】 2020年末，冷轧厂在岗职工总数2231人，其中，干部354人（高级职称26人，中级职称255人，初级职称64人），工人1877人。居家职工270人，列编外职工19人，市场人员17人，离退休职工1614人。冷轧厂设四室一会，5个分厂，3个工区，2个直属作业区；党委下属4个党总支，23个党支部，党员1211人；团委下属团支部4个，团员46人。

2020年，冷轧厂深入贯彻落实党的十九大和十九届历次会议精神，克服新冠疫情带来的不利影响，各项工作取得突出成绩。2020年，冷轧厂生产规模达到639万吨，完成利润1.08亿元，成材率完成94.47%，突破历史最好水平。全年在围绕实施精细化调品管理、致力于新产品开发、重点产品实现批量供货方面取得新突破，进一步提升冷轧产品的市场竞争力。

变革创新激发新活力。一是管理变革取得突出成效。深入推进契约化管理，建立季度绩效面谈机制，保证精准激励及有效约束。试点推行彩涂分厂承包经营，通过“授权+同利”机制进一步激发员工活力，改革初见成效，实现四季度全面盈利。建立值长制，夯实关键机组基础管理，得到基层普遍认可。精简组织机构，整合设备保障工区下设东、西部检修作业区，减少管理界面，提高效率。

二是创新驱动取得突出成果。成立技术专家委员会，加速项目推进，完成“资源节约型高耐蚀镀层产品应用技术体系研究与高耐蚀镀层技术产业化应用”国家示范任务。完成省级项目1项，对外合作项目2项，公司级科研项目15项。完成厂级重点技术创新项目45项，创新创效8123万元。获冶金行业和鞍钢集团科学技术进步奖各1项。建立海信-鞍钢家电用钢联合实验室。李超等创新工作室获得5项鞍钢集团公司优秀职工创新成果。完成一厂一所一室8个攻关项目，创效1000余万元。新增自动点焊机器人等11套智能设备，无人吊车项目启动。制定《绿色设计产品评价技术规范家电用冷轧钢板和钢带》等团体标准1项，企业标准6项，获授权专利30件。

生产经营取得新发展。一是提升机组效率，降本增效再上新台阶。推进36项工艺优化、设备功能精度提高及成材率提升项目，多维度攻坚克难，降本增效成果显著，成材率、综合能耗等关键指标达到历史最好水平，连退直下比例提升至70%。二是推进质量体系建设，质量管理取得新进展。完成16项厂级质量管理制度、251个《岗位作业标准》修订。以用户需求为导向，包装质量、剪边质量及设备功能精度均有显著提升，异议数量降低23%，日产缺陷率连续四年持续下降，实现零缺陷供货。三是强化设备保障，机组运行指标提升取得新成效。以“抓变革、提效率、促品质”为工作主线，形成设备运行、改革改造、智能工厂三大战线齐头并进的良好发展势头。全年三级及以上事故次数降低5%，联合机组标准作业率同比提升0.7%。

管控能力取得新提升。一是完善安全管理体系，防控重大安全风险。强化安全履职，修订、完善安全管理制度19个，完善安全条款168条，进一步明确岗位安全管理职责。加大安全生产投入力度，全年投入资金872.59万元。落实维检修作业“五清五杜绝”要求，共检查问题214项，全部实现闭环整改，清退相关方人员144人，严把相关方准入关口。二是建立严密监督体系，有效防范管理风险。开展疫情防控及制止餐饮浪费行为监督、“靠钢吃钢”问题专项整治、群众身边腐败问题专项治理及安全防火生产再监督等工作。三是树立红线意识，环保、防疫工作稳顺开展。顺利通过省环保厅环保检查，实现全年环保事故为零。阶段性推进东区废水站改造及冷轧厂建立危废库项目。坚持发展成果与职工共享，落实关爱职工项目，更换各分厂食堂空调16台，维修淋浴设施150套，更新办公桌椅58件。建立“一帮一、群帮一”帮扶体系，全年走访、慰问困难职工498人次，发放救助慰问金30.69万元。关注职工成长，大力推动职工技术创新，在第二十四届全国发明展中，冷轧厂获银奖3项、铜奖1项。

提高政治站位，把稳前进航向。贯彻落实“第一议题”要求，把学习贯彻习近平新时代中国特色社会主义思想和党的十九届五中全会精神作为重要政治任务，不断增强“四个意识”、坚定“四个自信”、做到“两个维护”，把党的政治优势和组织优势转变为企业的竞争优势和发展优势。

夯实党建基础，促进作用发挥。以开展基层党支部建设提升年活动为载体，坚持问题导向，对查找的问题全部进行整改，进一步提升党支部基础工作。开展“四好”领导班子创建活动，评选出季度“四好”领导班子26个。彰显党员先锋模范作用，开展“戴党徽、亮身份、树形象、作贡献”活动，共评出季度党员先锋岗290个。

充分发挥工会职能作用。利用“厂长接待日”“网络问企”“职工代表视察”等有效沟通平台，倾听职工诉求。收集各类意见建议94项。充分发挥创新工作室优势，获评公司创新支持资金项目9项，获得资金支持28.2万元。完成职工先进操作技能成果转化，3项操作法被评为公司级先进操作法。坚持把关心职工生活疾苦、建立帮困长效机制作为一项主要工作来抓，在元旦、春节、五一、十一节日期间，对住院和特困职工进行走访慰问。

（于　游）

【冷轧硅钢厂】 截至2020年末，冷轧硅钢厂职工总数为1058人，其中，在岗922人；管理及专业技术岗位106人（高级职称9人，中级职称85人，初级职称9人，其他3人），生产及服务岗位

816人（高级技师30人，技师80人，高级工396人，中级工240人，初级工70人）。下设综合管理室（党委工作室）、生产技术安全室、设备管理室、工会（居退管）三室一会，东区生产作业区、西区生产作业区、机械作业区、电气作业区、公辅轧辊作业区、检修作业区、运转作业区等7个作业区。

2020年，冷轧硅钢厂认真学习贯彻习近平新时代中国特色社会主义思想和党的十九届四中、五中全会精神，全面贯彻落实鞍山钢铁集团公司二次党代会精神，以完成全年任务目标，实现“双跑赢”为工作主线，生产经营取得显著成效。全年完成产量92.77万吨，实现利润7511万元（去除鲅鱼圈来料影响）。东区成材率92.94%，创历史最好水平。

强化生产组织管理，生产指标明显提升。优化生产组织模式，通过提高东西区连退线运行速度，产线效率提升明显，降低成本效果显著。全年推进降本攻关立项33项，重点推进中牌号不切边生产，通过降低剪边量、降低头尾切损长度等措施，东区成材率同比提高0.89%，原料损失实现降本27.89元/吨。大力推进功能承包，完成东区精整工序整体功能承包、东区酸再生机组协力业务总包工作，完成东区废水处理站运营承包的合同起草工作，承包后运行成本大幅降低，全厂加工成本完成692.64元/吨，同比降低90.18元/吨，成本变革取得显著成效。

强化质量体系管理，产品质量明显提高。通过优化轧机辊形、窜辊插入量，在降低剪边量情况下，同板差不大于8微米的合格率保持85%以上；通过开展劳动竞赛，实施精益化生产，涂层命中率提高到94.75%；通过持续提升成品剪切宽度、精度，满足中山大洋用户提出的成品宽度零公差极限要求。针对近年来存在的异议问题，冷轧硅钢厂积极主动地解决了2015年8月的合肥凯邦锈蚀异议、2018年的意大利不涂层产品异议、西区轧机厚度波动等相应遗留问题，实现企业轻装上阵。

强化调品提质升级，品种结构实现新突破。大力推进东区调品，品种结构实现升级，西区高牌号无取向硅钢转东区的工艺路径成功打通，东区高牌号高效材年产15万吨布局已初步形成，全年高牌号高效材实现占比2.1%，同比提高1.41%。通过积极牵动研发，50AW470H高效产品性能升级取得了突破，鞍钢高效产品正式重返主流市场。全力支持取向试制，成材率实现较大突破。取向钢试制取得一定突破，电磁性能和表面质量均有明显进步，保证了取向硅钢具有边际利润，为取向硅钢未来继续生存、发展，维护鞍钢品牌效应提供了强力支撑和充分依据。

强化售后服务管理，市场开发取得新进展。全年走访客户50余人次，推进品种开发和市场推广，获得积极反响。美的、万宝、松下等客户均明确表达与鞍钢硅钢继续扩大合作的愿意，客户满意度持续提升。克服疫情不利影响，鞍钢硅钢团队先后6次拜访中车集团永济电机和株洲电机，终于叩开中车集团大门，与中车集团株洲电机有限公司签订技术合作协议，实现了鞍钢硅钢首次应用在牵引电机领域，为下一步市场应用领域拓展奠定了坚实的基础。

强化设备改造升级，运行效率和功能精度大幅提升。强化设备状态点检，做到逢修必改，有效降低事故影响，东区事故时间大幅降低，酸轧、连退工序月均标准作业率完成89.13%和97.17%，同比提升2.64%和1.35%，运行趋势更加平稳受控。提升设备功能精度，消除制约生产隐患。通过对酸轧轮盘卷取机2号卷轴进行更换，对五架减速机输出轴镗孔进行修复，消除A类设备运行风险。推进产线改造升级，智能化建设见成效，完成东区连退1号、2号线操作室集中控制，2号线实现入口自动上卷。完成公辅东西区站所室改造，实现集中管控。配合“修配改代”等技术措施，实现库龄10年及以上备件降库248万元，降比为21.32%，有效减少了库存和在途合同两金占用。

强化人力资源管理，企业保障功能不断增强。落实改革举措，企业管理实现升级，三项制度改革得到有效承接。通过完善经营绩效评价和专项管理评价，规范各项管理制度，人员能进能出、给基层放权得到有效落实，全年作业区内部职工岗位调整共计50余次，30名三级及以下高技能人才由各作业区独立完成评聘工作。人力资源置换有序进行，在推进东区酸再生、东区包装线承包项目过程中，完成了22人的人员置换，还具备30人置换的能力。

强化关键重点工作，圆满完成全年既定目标。

强化防风险防控，高效完成既定目标，严防疫情输入风险，压实防控责任，确保全年疫情零输入、零感染；开展专项整治行动，按照要求落实“五清五杜绝”“清患”专项行动工作举措，及时排查并整改现场各类安全隐患，全年实现安全、火灾零事故目标；加强环保自查力度，各类危险废物、废气均合规排放，实现了全年环保事故、辐射事故为零、群众信访事故为零。

强化共建共享，职工满意度持续提升。积极开展“践行共享理念，关爱一线员工”活动，针对职工重点关注的热点、难点问题，组织公司级立项1个，厂级立项6项，均按照计划完成。关注女工健康，为80名女职工办理团体安康保险。全年走访慰问各类困难职工、居退休人员等225余人次，发放救济金11.16万元。开展“金秋助学”活动，专项帮扶1人救济2000元，解决了困难职工子女上学资金问题。

（高　瑞）

【中厚板事业部】　2020年末，中厚板事业部职工总数1044人，其中，在岗942人；管理及专业技术岗位195人（高级职称及以上32人，中级职称125人，初级职称36人，其他2人），生产及服务岗位747人（高级技师31人，技师81人，高级工306人，中级工202人，初级工114人，其他13人），离退休1087人。固定资产原值23.16亿元，净值4.81亿元。

主要产品分为十二大类：普通碳素结构钢、低合金高强度结构钢、锅炉板容器用钢、优质碳素结构钢、造船用钢、桥梁钢、工程机械用钢、管线钢、军工钢、汽车钢、刃模具钢、新成品。广泛应用于造船、桥梁、工程机械、锅炉压力容器制造、电站、海洋采油平台、石油与天然气输送和军工等行业。产品规格为厚度4~180毫米，宽度1200~3950毫米。所能生产的钢板品种规格可达1000多种。

2020年该事业部主要生产经营指标完成情况：全年完成产量439万吨，同比增加9万吨。累计利润3.71亿元，同比增加0.82亿元。吨钢利润84元，同比提高17元。其中5500产线产量创9年来最好水平，利润创投产以来最好水平；2500产线产量创10年来最好水平。

1. 推进营销变革，市场开拓取得新突破。一是改革强化营销队伍建设。以事业部成立为契机，重新整合营销队伍，建立以销售为“龙头”、“技术+供应链”为两翼支撑的营销模式，实施“赛龙舟”机制，充分发挥品种团队优势。二是建立健全新的营销模式。以提高客户合作体验为中心，将客户服务贯穿到产品生产和交付的全过程，与客户进行全方位深度合作，客户满意度得到显著提高。三是巩固提高市场营销能力。全年吨钢平均售价3830元，其中5500产线、4300产线吨钢平均售价分别排名行业第三、第五。全年战略产品订货量274万吨，占比64.1%，同比提高4.2%。

2. 推进成本变革，生产管控取得新成效。一是科学制定产线发展规划。坚持对标先进，与宝钢股份、宝钢湛江、南钢、湘钢、营钢等具有行业代表性的产线开展对标交流，定点突破现有瓶颈，补齐短板。二是全力提升合同执行率。全年合同执行率为94.6%，比计划提高0.6%。三是大力推进系统降本。紧抓产能模型关键因子进行提产增效，2500产线煤气单耗、5500产线吨钢小时产量等多项指标创近年来最好水平。

3. 树立卓越品质，产品质量取得新进步。一是提升质量管理能力。荣获全国优秀质量管理小组1个，辽宁省质量信得过班组6个，辽宁省优秀质量管理小组4个。荣获鞍钢优秀质量管理小组一等奖4项、二等奖1项。二是提升质量保障能力。优化二级模型横轧道次压下量分配规程，复合板结合率由90%提高到100%。

4. 坚持调品升级，品牌建设取得新业绩。一是聚焦“卡脖子”问题加强攻关。强化高端产品和核心技术开发，打造产品、技术领航型中厚板企业，保持行业领先地位。首次完成调质态海工钢EQ51合同生产，LPG船用VL4-4MOD低温钢、深海管线用高应变L485M钢板实现全球首发，其中船用VL4-4MOD低温钢具备国内唯一资质。全年累计开发高端品种16个，核心技术20项。二是加大科研和创新成果转化力度。完成2500产线、4300产线、5500产线32千克和36千克高强船板合金减量化9国船级社认证，成本竞争力不断增强。全年申报专有技术33项、专利18项。获鞍钢集团优秀科技论文10篇，获辽宁省金属学会优秀论文奖8篇；获鞍钢集团科学技术奖一等奖2项、二等奖2项；获冶金科学技术奖二等奖1项。

5. 强化设备管理，设备保障取得新进展。一是推行备件集中管理。落实“机旁备件管理提升行动”，对机旁备件存放场地数量按减少50%进行重新核定，提高机旁备件管理集中度。二是大力提升设备作业率。以实现90%作业率为核心，优化四线定修周期及定修时间，使定修效率稳步提升。全面排查设备系统重大隐患，防控重大设备事故，排查整改重大隐患及风险14项。

6. 推进精益管理，管理水平取得新提升。一是扎实做好疫情防控和安全生产工作。实现零输入、零感染，确保生产经营稳定和职工身体健康。全面开展“安全履职年”活动，完成“双重预防”体系建设。开展安全防火“清患”行动，落实“五清五杜绝”管理，共排查整改各类隐患问题212项。二是推进产销研一体化运行。高质量完成中厚板事业部筹建工作，《中厚板事业部运行规则》完成制定和下发，基本建立产销研一体化运行和集中一贯管理体系。机关设置4个职能机构；区域设置2个生产厂，按照“厂部直管倒班作业区”模式重塑生产组织架构，压缩管理层级，实施集中一贯和扁平化管理。三是着力加强职工队伍建设。大力推进三项制度改革，科室设置着力去行政化，技术岗位占比达到62%。强化年轻干部队伍建设，80后科级干部占比32%。开展“抗疫情，降成本，赢‘双跑’”等专项竞赛和主题活动10项，完成项目181项，降本增效1200万元。深化职工创新工作室建设，发挥技术技能带头人示范带动作用，完成职工创新攻关项目275项，降本增效6576万元。荣获第24届全国发明展金奖1项，辽宁省职工技能大赛暨全省职工创新大赛优秀奖1项，鞍钢集团职工创新项目成果奖三等奖1项，鞍山钢铁三等奖3项。荣获鞍钢集团技术能手1人，鞍山钢铁先进操作法1项，鞍钢股份标杆液压站1个、星级液压站6个。四是强化共建共享构建和谐企业。全面完成退休人员社会化管理和厂办大集体改革各项工作任务，解决了历史问题。强化信访稳定工作，扎实做好矛盾纠纷排查，促进职工诉求解决到位，信访积案实现清零。健全完善服务职工机制，实现企业发展成果惠及广大职工群众，全年通过困难救济、金秋助学、大病医疗救助等多种途径累计救助职工496人次、发放救济费43万元。完成“践行共享理念、关爱一线员工”专项服务行动项目10项。开展“送清凉”活动，发放慰问品11.1万元，组织职工参加文体活动，职工获得感幸福感不断增强。

（张　璐）

【大型总厂】 2020年4月，原鞍钢股份大型厂和原鞍钢股份无缝钢管厂整合为鞍钢股份大型总厂。两厂整合后，大型总厂共有在职职工2103人，其中在岗职工1610人，居家职工429人，列编外职工64人。整合后管理技术岗位定员215人，占在岗职工12.6%。大型总厂拥有轨梁、无缝钢管两个分厂，型材、连轧、小型三条生产线，热处理、轧辊、检修三个直属作业区，具备年产368万吨生产能力，是集重轨、无缝钢管、大中小型材、方圆钢生产于一体的一流精品长材生产基地。

企业改革有序推进。退休人员社会化和厂办大集体改革工作按时间节点推进并取得实效。妥善安置了159产线396名职工，解决了177产线漏工序问题，置换了40名劳务；从大型总厂未来发展和快速应对市场实际出发，增设了工艺技术研究所、技术服务中心，进一步发挥了产、销、研、服一体化协调作用，为企业高质量发展积蓄了力量；合并后的大型总厂进一步优化了机构和人员，将作业区由原来的17个精简为11个，实现了总厂直管作业区的扁平化管理目标；大力推进基层班子年轻化，为2/3以上的基层班子配备80后年轻干部，两厂整合后共有12名80后年轻干部选拔到重要管理及技术岗位。

生产经营稳定顺行。从恢复设备功能精度入手，先后对无缝钢管厂177生产线、轨梁分厂进行年修，加强设备点检与维护，不断提升设备保障能力，设备事故时间比计划降低了19.36小时，为生产稳顺创造了条件；加强生产全过程控制，全面梳理并优化工艺路径，全力释放产能。无缝钢管厂177生产线采用$\phi 210$代替$\phi 185$管坯生产，实现产能提高17.8%。小型生产线产能利用率和负差利用率大幅提升，全年打破月产纪录3次、班产纪录5次。2020年，大型总厂商品量达到206万吨。

有效管控各类风险。管控经营风险，每月召开一次生产经营分析会，随时对偏离目标值的指标进行预警和修正，确保有效规避经营风险。开展“决战四季度、冲刺双跑赢”活动，各单位针对实现全年目标提档增速、全力奔跑，全厂共制定“双跑赢”活动42项，措施102条。小型生产线在四季度能源成本吨钢上调 22 元情况下，扣除 1.4 亿元保值因素仍然依靠自身努力实现了产线不亏损；管控质量风险，从完善工艺制度入手，加强产品售后服务，提升客户满意度。围绕制约产品质量的关键环节开展科技攻关，轨梁分厂针对如何实现成材率和合格率双提升成立 4 个技术组开展攻关，5 月实现了 50 千克/米、50N、60 千克/米、60N 钢轨全万能轧制工艺生产，钢轨高低点差稳定控制在 0.25 毫米以内，重轨成材率达到 90.64%，同比提高了 4.28%，百米轨合格率从 5 月起一直稳定在 90%以上；管控安全风险，以打造专业安全型员工为目标，提升员工自我防护能力。积极落实"清患"和"五清五杜绝"要求，认真整改安全隐患。将相关方安全管理纳入总厂考核体系之中，全年对相关方作业进行专项检查 27 次，检查问题 56 项、考核 6.15 万元。开展全员安全隐患大排查，共排查隐患 976 项并全部整改完毕，整改率达 100%。全力推进污染项目治理，持续深化"雷霆行动"，确保国有资产不流失。

对标提升成效显著。以同行业优秀企业为目标，选定攀钢 950 线、福建三明钢厂螺纹生产线、衡阳钢管 180 线三条产线作为对标目标，各产线按照合并后的总厂提出的"亏损产线要减亏、盈利产线要多盈利"要求，对标找差距、赶超定方向，全面改善企业经营指标，实现降本增效，全年共制定降本措施 8 项，增效 7324.9 万元，除无缝钢管厂全力实现减亏外，轨梁分厂、型材生产线、小型生产线等全部实现盈利，型材产线盈利 492.75 万元，结束连续 4 年的亏损历史。

新产品转化步伐加快。科研项目取得良好成效，在 2020 年辽宁省金属学会优秀科技论文评选中，《控制 28CrMoB 非开挖钻杆料调质裂纹的方法》和《钢管控制冷却工艺的试验研究》论文分别获二等奖和三等奖；新产品创效能力增强，无缝钢管厂加大新产品开发和推广力度，全年新产品计划 20549 吨，实际完成 22493 吨，比计划增加 1944 吨，其中起重机臂架管产品首次达到 7624 吨，占新产品 33.9%，成为无缝钢管厂唯一创效品种。专用材比例不断提高，轨梁分厂顺利完成 QU100 AB1 及 75 千克/米 U22SiMnH 生产任务，大型线成功开发 36 号双球并实现批量生产，全年大型线完成专用球扁钢生产 2656 吨，中型线完成专用球扁钢生产 1599 吨，专用材生产比例实现 100%，使大中型线创效能力进一步增强。

企业凝聚力不断增强。开展劳动竞赛，激发职工生产热情，有 9 个班组荣获公司"冠军班组"、21 名点检员获得公司"优秀点检员"称号，有 2 个站所获得公司"星级液压站"称号；命名厂级先进操作法 21 项，推广 15 项，其中 1 项操作法获鞍钢集团先进操作法；王军创新工作室完成技术攻关立项 71 项，创效 1000 余万元，其中有 2 项创新成果获得第 24 届全国发明展银奖和铜奖；深化"践行共享理念、关爱一线员工"专项服务活动。开展职工代表见面会 10 余次，解决实际问题近 20 项，积极开展"网络问企"活动，征集平台建议 648 项，已实施 430 项；加大困难职工帮扶力度，发放慰问金 114.89 万元，救助 2986 人次。

（王 旭）

【线材厂】 2020 年末，该厂职工总数 419 人，在岗职工 318 人，生产及服务岗位职工 264 人。设 3 室 1 会、4 个作业区。固定资产原值 13.11 亿元，净值 6.25 亿元。厂区占地面积 12.58 万平方米。主要设备：摩根高速线材轧机 1 套，达涅利高速线材轧机 1 套，步进梁底组合式加热炉 1 座，步进梁式加热炉 1 座，PC-2500 打包机 2 台，PHC-4SBH5/5500 打包机 2 台。2020 年，该厂以习近平新时代中国特色社会主义思想为指导，深入贯彻落实两级集团公司工作部署，紧紧依靠广大党员干部职工，开拓创新、攻坚克难，克服新冠疫情影响，使生产经营各项工作取得新成效，开创了企业高质量发展新局面。

生产运营稳中求进。2020 年，该厂完成产量 152.96 万吨，比计划超产 0.96 万吨，比 2019 年增产 12.32 万吨，创历史最好水平；成材率 97.22%，实现累计计划目标，创 2015 年以来最好水平，比 2019 年提高了 0.42%；特别是 4 月、5 月连续创月产纪录，其中，5 月产量达到 14.81 万吨，创该厂开工以来月产最高纪录；成材率实现 97.46%，创 2014 年该厂 1 号线方坯增重改造以来的最高月产纪录。

成本管理分级稳控。细化成本管控指标分解，明确责任单位及控制措施，运行"月初合理计划、月中初步梳理、中下旬时时跟踪"管理模式，实现各类费用进账可控。定期组织钢坯冷回收，清理两线成品库，协调销售合理处置现货产品，实现效益最大化。截至 11 月底，该厂原料及成品库存实现 1.5 万吨，比 2019 年底降低 0.4 万吨。大力降低变动成本消耗，通过充分利库，严控采购，确保备件质量，降低生产工具消耗，比 2019 年压缩费用 408 万元，降低加工成本 2.6 元/吨，降低包装材料费用 64 万元，降低加工成本 0.4 元/吨。

品种质量逐步稳控。根据公司质量提升规划对“表面缺陷、漏检、质量异议”等项目的管控要求，制定 25 项技术及管理措施，涵盖标准执行、预案优化、工序间联合质量攻关、基础数据收集、坯料问题反馈等 5 个方面，逐月推进改善，实现废次降率、一次合格率、线材责任异议率全部完成计划指标。与贝卡尔特形成战略合作关系，合作开发免酸洗帘线钢 80 级低强帘线钢，经过批量试验，满足了用户要求；对冷镦钢分类形成缺陷图谱，并建立反馈机制；开发一汽富奥、浦项世亚、上海业浩等 10 余家汽车钢用户并形成批量合同；弹簧钢累计订货量达 3364 吨，为 2019 年的 8 倍，用户使用情况整体达到稳定状态；焊丝钢 AER70S-G 产品获得用户较好评价，订货量稳定；确定了导电钢开发“板切方”全新工艺路径，为进一步拓宽市场奠定基础。

创新体系机制稳控。完善创新项目负责制，实施项目分级管理和创新项目经理制，按照产品、技术、质量、管理分类，组建创新攻关团队，将科研项目分解到班组及个人，实施滚动立项，实现责、权、利有效结合。运行创新积分制，与职工持续性绩效评价相结合，并将创新积分作为创新评先和奖励主要依据。充分发挥技师力量，有效解决了现场生产难题。科研创新项目立项总数 113 项，申报专利 5 项，专有技术 12 项，1 个项目获全国发明展览会金奖、2 个项目获铜奖。持续开展对标一流活动，内部对标以 2019 年为基准，按照加工成本构成逐项分解落实；外部对标通过与先进企业对比，挖掘工艺设备、品种质量、管理方法等方面差距，制定各项改进措施，有效促进管理水平持续提升。

设备保障体系稳控。以夯实设备基础、稳定设备运行为目标，开展设备基础专项检查、优化定修管理、强化监督检查、优化事故管理等工作，设备基础工作明显提高；开展四大标准梳理和完善、关键设备档案完善及技术培训等工作，有效提升了设备技术管理水平。全面推进精密点检，提升事故预知能力。全面推行 OEE 管理，有效促进问题分析和整改，设备事故率比 2019 年降低 53%。稳步推进智能化建设，与辽宁科技大学就“分线识别系统”进行 4 次交流，形成高、低配版 2 套方案，已申报公司级信息化项目，待批复后跟踪实施。与系统创新部就新三级、四级网络建设及基础软件进行交流，确认了公司级项目实施内容，完善了实施细节，推进了物料跟踪系统上线使用进程。

企业管理持续稳控。落实《鞍山钢铁集团有限公司综合改革实施方案》要求，稳步推进企业改革，优化机构设置，形成“3 室 1 会 4 个作业区”机构模式，对管理技术岗位重新定编定员，减少管控界面，提高工作效率。夯实制度体系建设，完善 QEO 目标管理体系，顺利通过 QEO 管理体系内部审核。夯实培训基础，克服疫情影响适时调整培训计划及培训形式，通过微课堂、钉钉在线、聘请教师到厂等方式，收到预期效果，共有 28 名职工通过职业技能鉴定，创近年来技能鉴定工作最好水平。王广军技能大师工作站获评市级工作站，王广军荣获第二批“辽宁工匠”称号，2 人获公司技术能手称号，2 人分获 2020 年“振兴杯”鞍山青年职业技能大赛二、三等奖；8 名职工入选“鞍钢英才计划”技能人才库。圆满完成了退休职工社会化及包保单位厂办大集体改革相关工作。公共卫生、综合治理、计划生育、信访稳定、档案、保密等工作持续推进，实现预期目标。

（刘　丹）

【技术中心】 2020 年末，技术中心现有在职职工 450 人，其中，在岗职工 440 人，包括管理及专业技术岗位 403 人、操作岗位 37 人。中心下设党委工作部（人力资源部、工会）、综合管理部、科研管理部 3 个管理部门，研发保障中心、汽车与家电用钢研究中心、海工用钢研究所、厚板产品研究所、环境与资源研究所等 13 个基层单位。中心固定资产原值 4.2 亿元，净值 1.655 亿元，占地面积 2.87 万平方米，建筑面积 4.69 万平方米。

全面完成各项任务。全年承担科研课题 679 项，其中，国家课题 54 项；课题合同收入 3.29 亿元，同比增长 25%；科技降本增效 4.52 亿元，同比增长 31%；技术贸易实现利润 760 万元；新产品全球首发2项；申请发明专利274件、专有技术112件，形成专利群13个；SCI、EI收录论文9篇；科研成果获省部级奖8项、获鞍钢集团科学技术奖9项，专利获第24届全国发明展览会奖12件。

科研创新取得新成果。产品研发成果丰硕。最大厚度60毫米低温钢VL4-4MOD全球首发，应用于中集LPG极地运输船；最大厚度31.8毫米深海管线用高应变钢L485M全球首发；轻量长寿特种绳产品应用于DCZL航保装置；高热输入货油舱用耐蚀钢AH36RCW应用于中船30万吨级超大型VLCC油船；大厚度低屈强比超高强海工钢EQ51应用于中集海工平台；100毫米高止裂韧性超宽特厚钢EH40BCA/EH47BCA应用于中船建造的全球最大24000标箱集装箱船；ϕ14毫米极限规格包覆铜包钢盘条应用于高精端高电导率产品制造领域；4810毫米超宽电渣高强调质态钢应用于国家重点型号建设；1380兆帕级高强韧性无碳化物贝氏体钢轨首次示范应用于大秦铁路重车线；80毫米极地低温海工钢S420G2+M示范应用于亚马尔二期项目。工艺研究扎实推进。持续优化新型绿色纳米混凝土配比方案，完成在重点工程1.6万立方米的工业化应用；继续推进高效换热器现场应用技术研究，实现首台套高效换热器在鞍钢加热炉上稳定运行；加快双层烧结新工艺技术研究，形成氧气喷吹强化双层烧结技术，完成双层富氧烧结工艺工业化应用方案；鞍钢高炉炉缸内衬侵蚀可视化系统实现在线应用，成为国内首家应用可视化技术监控炉缸侵蚀状态的钢铁企业。技术服务支撑有力。强化市场服务，完成华晨新V5、一汽大众捷达316、东风岚图科技H56、广汽A88等4种新车型轻量化项目。强化产品认证，完成EPS表面处理大梁钢、U71MnH钢轨、合金减量型系列高强船板、100毫米止裂钢板、1.8毫米QSTE420TM热轧酸洗钢板、造船用奥氏体不锈钢板、低温钢VL4-4MOD和新一代铁路车辆耐蚀钢板S450AW和S550AW等8类新产品的用户或第三方认证。强化技术营销，解决用户焊接及高温强度问题，实现安全壳用钢SA-738Gr.B独家供货"国和一号"反应堆。

保障能力取得新提高。手段建设日臻完善。落实《2020—2022年手段建设规划》，完成2020年度手段建设计划，42台（套）新增设备投入使用；完成"1025专项"急需设备的采购工作；完成电梯更换等14项设备功能提升、设施改善工程项目；研发大数据项目一期工程竣工，开始试运行；焊接与腐蚀评价技术联合实验室完成酸性环境下海洋工程用钢断裂韧性评价实验平台建设，并通过验证试验，成为世界第三家可进行此项评价工作的单位。支撑能力稳步提升。理化分析检验准确率、及时率100%；冶炼试验钢618炉，同比增加15%；轧制试验钢1733块，同比增加8%；采取优化工序流程、实施全员轮岗、改进工装卡具、开展专项培训和劳动竞赛等措施，机加和化验效率分别提高10%和20%；开展冶炼成分精度和纯净度控制技术攻关，试验钢中残余氧、氮含量大幅度降低；加强专利信息研究，完成关键核心技术项目信息调研等工作。

重点实验室建设取得新进展。验收工作准备就绪。走访先进国家重点实验室，对接国家部委，邀请科技部、辽宁省科技局领导现场指导，明确验收程序和标准；完善验收评估材料，形成《工作总结报告》报送科技部；制定重点实验室未来五年发展规划，通过学术委员会评估。交流合作深度拓展。主办高水平学术会议3次，举办高水平学术交流会议5次；规范对外合作项目管理，开展对外技术合作27项；举办公众开放日等科普宣传活动。

基础管理取得新提升。科研管理不断优化。落实公司《2019—2021年科技创新发展规划》，坚持重大项目推进制度，集中优势研发力量，全力推进4项"1025专项"、8项重点项目和12项重点关注项目；积极申报政府项目，新增国家项目5个，省级项目8个；优化课题结构，压缩课题总量15%，A、B级课题占比分别增长3%和12%。人力资源管理更加完善。拓宽人才引进渠道，全年接收新入职毕业生33人，新签约毕业生21人，引进社会成熟人才1人，返聘退休专家3人；加强后备人才培养，实施"青年创新支持基金"项目，落实鞍钢"英才计划"，入选技术领军人才5人、技术拔尖人才3人、技术骨干人才14人；加强职工现场实践锻炼，选派21名员工进驻驻厂技术室；强化国际化能力，选派26名研发人员参加辽宁省外事系统翻译技能培训。

（孙艺娜）

【质检计量中心】 2020年末，该中心共有在职职工912人，其中，在岗职工787人；管理、专业职能及工程技术岗位119人（高级职称29人、中级职称84人、初级职称7人），生产及服务岗位668人；居家休息113人，市场人员3人，列编外9人。该中心下设“四室一会”及11个实验室/作业区。现有工作面积约6.36万平方米，拥有冶金企业最大的洗精煤全深度取样车、冲击试样加工中心、各类先进光谱仪、ZWICK全自动拉伸试验机、国家二等标准测力机、水流量室等取制样、计量化检验设备7100余台（套），其中具有国际先进水平的进口检测设备200余台（套）。固定资产总原值39139.40万元，总净值8857.71万元。

指标完成情况。2020年，各项指标再创历史新高。完成检验件数1197万件，超计划177万件；检验抽查准确率99.9%，比计划提高0.17%；检验及时率98.43%，比计划提高0.73%；用户满意率100%；产成品责任质量无异议（败诉）；业务收费完成25691万元（化检验收费完成16776万元、计量收费完成8915万元），超计划1529万元；完成利润6952万元，超计划1418万元；计控设备事故考核频次与时间为零；计控设备准确运转率99.95%，比计划提高0.15%；仪表抽查合格率100%，比计划提高2%；计量器具周检计划完成率100%。全面完成该中心人力资源优化指标。

通过优化组织机构，整合实验室/作业区2个；削减B、C级岗位5个，占比13.2%；提拔年轻干部、调整管理技术岗位27人，占比21%。结合机构变化，梳理管理短板，完善修制订管理细则65个，进一步提升该中心管理水平。

生产组织优化。质量检验把控能力不断增强，以问题为导向，规范基层实验室/作业区管理类文件175份、技术类文件589份。一是优化物料取样、制样、加工流程，贯彻过程控制理念，优化外购生石灰、生铁、洗煤取样流程。二是强化异常数据上报核验管理，累计发现、上报异常数据600余项。三是利用多维度、多层次措施强化操作纪律管理，通过样品追溯、录像回放等多种方式检查工艺纪律执行情况，全年考核18次。

落实质量督查全方位管控，全年发现不合格煤2912批，301万吨；不合格合金84批，0.50万吨；不合格炼钢辅料130批，0.15万吨；不合格外购石灰石13批，2.67万吨。全年为公司避免和挽回经济损失5313.7万元。

加强计量结算管理。完善《物资计量管理细则》，做到计量前确认、计量过程跟踪、计量数据监管。全年计量数据共抽查38万车次，计量图片共抽查36万张，编制、审核新增物流代码共365个。建立符合新版认可准则的实验室管理体系，实现17025检测与校准实验室整合。建立管理类文件175份、技术类文件578份，核查方法34份，溯源方案334份。CNAS认可项目理化检验类27项139个参数、校准类80项。

设备管理升级。完善设备功能状态精度，提升设备保障能力。一是建立适合该中心员工能力、设备状况、管理水平的新管理思维和设备管理新体系。调整设备管理功能，促进质检和计量设备管理进一步融合，推动实现事后管理向事前管理转变。二是实施备件和材料统一管理，将鞍钢厂区内1800个机旁备件全部移到质检计量中心院内，逐步建立主要生产材料使用与储备定额管理，管住管好备件和材料。三是强化重点设备风险防控。编制标准18个，修改295条。加强仪控系统点检定修工作，完成专项协力定修计划3000余项，完成校准工作计划1.4万项，完成关键点调试6035项。四是改善设备运行环境，推动设备系统5S活动。完成缺陷整治400余项。五是推进设备改造升级。完成301、304皮带秤数字化改造；完成实验室能谱仪、光谱仪、滴定仪、硬度计等18台设备更新升级。六是挖掘内部技术潜力，组织点检员自主修复荧光仪、拉伸试验机等大型设备，节省修理费144万元。

安全生产管理。全面推进安全标准化工作，扎实开展安全、防火、环保等各项工作，职业健康检查率和职业危害因素检测率达100%。动态修订、完善安全管理制度126条款。成立5个专项业务组，排查清除隐患110项，整改完成109项。全年实现安全事故（含相关方）、火灾事故、环境污染事故为零，中心被评为2020年度鞍山钢铁安全生产达标单位。

创新引领工程。持续开展导师带徒、高技能人才讲堂等活动，建立人才数据库，申报公司骨干人才14人。申报专利17项，专有技术9项；获得鞍山钢铁重大合理化建议和技术改进成果一等奖1项，二等奖2项；中心级创新项目99项实现纳标验收，其中61项入选鞍山钢铁2020年度科技降本增效攻关项目计划表，共实现科技创效1323万元。命名表彰中心级先进操作法11项。

廉洁风险教育。持续推进专项治理。一是成立“靠钢吃钢”问题专项治理工作领导小组，下发《质检计量中心党委开展“靠钢吃钢”问题专项治理实施方案》，组织制定推进措施15项。二是成立“群众身边腐败问题”专项治理工作领导小组，组织制定整改推进措施12项。三是贯彻落实鞍山钢铁《关于开展“2·23”盗窃案专项检查工作的通知》，共梳理7大类14项问题，均已有效整改。

党建工作。强化“两级”班子建设，党委委员认真履行“一岗双责”，带头落实抓党建工作。认真贯彻执行“三重一大”制度，坚持领导班子周例会、周调度会、党委会制度。强化党建考核评价，进一步优化考评指标。设立“共产党员工程”45项、“挑战项目”23项，其中集团级工程1项、鞍山钢铁级挑战项目4项，均已结题，共计创效138.91万元。

群团工作。2020年双增双节立项15项，均已完成，创效约100万元。关爱职工，盛夏送防暑降温药品50套、盐汽水430箱、茶饮料430箱。做好困难职工帮扶工作，春节、五一、国庆节救济困难在职职工174人次，发放救济款10.56万元；走访慰问59人次，发放慰问金3.58万元。推进青年创新登高项目实施，2020年共立项24项，累计创效70余万元。

（徐晓霞）

营口市鞍钢水业有限公司

【概况】 2020年末，营口市鞍钢水业有限公司在岗职工71人。公司设有综合管理部（党务工作部）、生产运行部、技术设备部、财务部四个部门，下设玉石水库、杨家店净水厂两个基层单位和经营事业部。玉石水库位于盖州市矿洞沟镇，2020年汛限水位201米，最大库容8852立方米；杨家店净水厂位于盖州市徐屯镇，设计日净化水能力为12.6万立方米。水库水厂自2003年6月开始向营口市及鲅鱼圈区供水，2020年平均日供水10.96万立方米，满足了营口市鲅鱼圈区及鞍钢股份鲅鱼圈钢铁分公司的用水需求。2020年实现销售收入6854.54万元，实现利润3203.85万元，超额完成利润203.85万元。至年末水库蓄水达到7749.65万立方米。

【保产保供工作】 保产保供一直是该公司各项工作中的重点。2020年保产保供能力不断增强，加强对输配水管线的看护管理，对主要输水管阀门定期养护；加强供水调配，调测最大供水能力，深入挖潜，确保供水运行平稳；对供水管线及老旧设备进行维修维护，实施零固更新项目，做好供水保障工作。加强水质监测保证达标，提高化检验水平，合理配置化检验设备，及时提供化检验器具、药品，保证供水质量。对国家相关部门有要求的检测项目，委托有资质的机构进行检测，出厂水质全部达到国家饮用水标准。

【度汛防洪工作】 根据水库现阶段的运行情况及对2020年以来水量及雨情的分析，编制2020年《玉石水库防洪抢险应急预案》和《玉石水库调度规程》。强化设备的点检、维护与检修，保证全部设备完好率100%。对防汛所需的物资提早储备，提高对突发事件的应对能力。2020年玉石水库经历了百年一遇特大洪水，实现了建库以来两个最大，一是入库流量最大，达到了1520立方米/秒，二是泄洪量最大，达到了800立方米/秒，累计入库量5553万立方米。公司上下同心协力抗洪防汛，有效调节水位，拦截洪峰，成功将水库水位调整到201米汛限水位以下，保证了水库下游群众安全转移和人民群众生命财产安全。

【设备日常管理】 日常管理落脚点就是设备的岗位日常点检，通过点检发现设备存在的问题，随时发现、随时解决。全年发现并解决问题56次。

【制度体系建设】 根据鞍山钢铁规章制度立改废释计划，全面开展管理流程梳理，结合实际制修订各项规章制度86个，形成内容科学、程序严密、配套完整、运行有效的制度体系，确保生产、安全、绩效等管理工作全部做到有规可依、有章可循。

（张媛媛）

鞍钢冷轧钢板(莆田)有限公司

【概况】 鞍钢冷轧钢板(莆田)有限公司（以下简

称“莆田公司”）成立于2010年2月5日，当时注册资本8亿元，为鞍钢股份有限公司独资设立，2011年增资至12亿元。2012年莆田市国有资产投资集团有限责任公司、福建三钢闽光股份有限公司进行了增资、入股，增资后注册资本为15亿元，其中：鞍钢股份出资12亿元，占比80%；莆田市国有资产投资集团有限责任公司出资1.5亿元，占比10%；福建三钢闽光股份有限公司出资1.5亿元，占比10%。2012年11月20日鞍钢股份将股权转让给鞍钢国贸，2015年4月28日鞍钢国贸又将股权转让给鞍山钢铁集团有限公司。

莆田公司现有酸轧联合机组、冷轧连退机组、热镀锌机组各一条，生产用于家电、汽车行业的高质量冷轧和镀锌产品，产能规模100万吨，其中，冷轧70万吨、镀锌30万吨。2014年1月正式投产。2015年7月末，鞍钢集团决定莆田公司实施重大技术革新，于2015年8月起暂停生产，只保留少数人员留守。2017年1月，鞍钢集团决定莆田公司恢复生产经营，2018年度经营为亏损2995万元，2020年度实现扭亏为盈，经营利润1464万元。

截至2020年末，莆田公司在职职工人数227人，其中，管理技术岗位人员70人，岗位操作人员157人。公司组织架构设有6个部门、2个分厂，分别为：综合部（党务工作室、工会）、设备部（安环部）、产品研发部、生产部、财务部、市场部6个部门；生产分厂、设备分厂2个分厂。

2020年，主要产品冷轧、镀锌产品共完成90.01万吨，主要应用于家电、汽车、五金冲压件、焊管、制桶、工程结构等领域。发货量89.46万吨，销售量88.6万吨，利润1464万元。

【夯实基层管理，企业运营能力不断增加】 坚持以“多元化”经营模式，精准聚焦、狠抓落实，2020年产量较比上年提高5.2%，综合成材率提高0.9%，连退、镀锌作业率分别提高1.1%、0.7%，加工成本降低36元/吨，以上四项指标创复产以来最高水平。深化对标挖潜。与国有和民营等先进企业开展全面对标，学习借鉴先进经验，明确6项、35条提升措施。加大对标找差力度，实现全年降本1965.4万元，吨钢降本21.8元。优化采购策略，创新采购模式，全年降采150万元。强化生产保障能力。加强设备运行管理，做好设备维护保养工作；全面落实工艺挂牌督办，全年完成工艺挂牌问题整治10项；事故频次、事故时间同比分别降低60.5%、9.94%。

【推进变革创新，企业发展活力不断增强】 坚持“层级清晰、事权明确、权责一致、运转高效”原则，根据自营开发、高新认定、计量管控等业务开展需要，适时调整组织架构。全面推进薪酬绩效改革，建立各部门经济责任制指标，以指标定薪酬，实现薪酬差异化、精准化。给予分厂薪酬包，让分厂真正成为企业内部自主经营的主体单元。设置部门月度嘉奖权限，建立员工年度经营结果激励机制；同时设立员工薪酬晋升空间，充分调动全体员工工作的主动性和积极性，实现按劳分配，多劳多得。

【强化创新驱动，企业核心竞争力不断增强】 突破单一代加工模式，拓展探索自主经营模式，实现公司“多元化”经营历史性转折。成立市场部，联合市场营销中心厦门分公司锻炼培养销售队伍，实行市场化绩效机制，为规模化开拓自营模式奠定基础。灵活购销策略，以市场为导向，对销售模式改革创新，对当期原料、成品价格进行双买断锁价，保证加工利润，提升市场竞争力。全年共组织自营订单3.76万吨，增利436万元。强化科技创新驱动。建立健全科研体系，完善管理制度和流程，通过开展以“科研项目+技术创新+QC小组活动”为主要形式的科技创新活动，立项51项，完成验收20项，总结提炼了科技创新成果，顺利通过福建省高新技术企业认定。强化质量管理。通过狠抓质量基础管理、严抓现场工艺纪律、积极推进工艺设备功能修复、强化A类原燃材料质量管控，大力开展质量改善活动、科学分解管控各单位质量指标，综合成材率达到94.8%。超额完成指标，获得嘉奖566万元。

【注重文化引领，企业凝聚力不断增强】 围绕生产经营，充分发挥宣传作用。创建“职工小简报”微信公众号，刊发“班前五分钟”时事宣讲材料8期，拍摄企业宣传片1部，树立正确的舆论氛围。强化纪检监察和作风建设。扎实开展廉洁警示教育，坚持在重大节假日开展廉洁教育，发送廉政短信，组织领导干部签订廉洁协议47份；落实群众身边腐败问题和“223”专项治理活动，查出21类问题，完成整改17类，推进整改4项；查处3起事故，落实责任17人，有效构筑反腐倡廉思想防线。共享发展成果。连续三年持续提升员工收入，员工平均收入同比上年提升4.6%。深化“践行共享理念、关爱一线员工”专项服务行动，组织15次工会文体活动；加大帮扶救济力度，看望病休职工7人次，发放慰问金4300元；丰富职工活动设施，新建篮球场地1个；改善后勤保障条件，修缮员工住宿问题327项、浴室衣柜393个，使职工共享企业改革发展成果。公司荣获2020年度福建省五一劳动奖状。

（郑金喜）

鞍钢钢绳有限责任公司

【概况】 截至2020年12月末，鞍钢钢绳有限责任公司在职职工总数344人。管理机构设置按照职能分工调整为7个部室，2个作业区，1个中心。通过人员优化配置，实现扁平化管理，流程快速高效运行，更加满足了企业发展和生产经营需要。

【创新经营模式，激发内部活力】 按照鞍山钢铁统一部署，推动混合所有制改革，以优化股权结构，转变体制机制，激发企业活力。从6月开始，钢绳公司积极与龙煤集团、山西凯嘉洽谈混改合作意向，经过多番洽谈，反复磋商，针对混改事宜三方基本达成一致意见，在年底完成混改工作。

【拓展销售渠道，打造精品钢绳】 一是持续开展EVI活动，推介高端钢绳。1—9月开发新用户65家，实现合同量2170吨。加大三角股、扁绳、线接触等精品钢绳的市场开发力度，1—9月精品钢绳销售量占钢绳总量的34.6%，精品钢绳比例同比提高2.7%，提升了产品创效能力。二是加大招投标工作力度。受疫情影响，人员出差减少，钢绳公司加大了网上投标力度。共计投标109项，中标41项，中标合同量5846吨，占合同总量的37.4%，投标量和中标量均创历年最好水平，为销售工作的稳定打下了坚实基础。

【加大研发力度，提升产品档次】 组织科研课题立项，下发2020年度科研立项通知，并设立“港口机械用钢丝绳的产品试制及推广”等11个科研项目。整理分析精品钢绳项目进口设备操作说明书。确定非标扁绳生产方案，制作股绳压瓦对子绳股、子绳、纬线、编织全过程进行跟踪调试，安排制作放线架。召开关于捆扎绳、卸船机绳专题工艺、生产研讨会，编制下发了索道绳、扁绳、压实股钢绳等8个新工艺技术规程，生产了6×K41WS-68毫米我厂目前最大直径、生产难度最大、质量要求最高的压实股钢绳，拓展了新产品市场。

【强化质量管理，提升实物质量】 以“强化质量管理，严把产品质量关”为工作主线，重新梳理和修订各工序关键质量控制点，强化过程控制，严格跟踪、管控落实；完善质量异议考核办法，加大质量异议考核力度，制作质量工艺看板，完善现场工卡具制作；开展岗位练兵活动，组织技术培训14次。重视生产操作流程等中间环节的质量控制，加大现场检查频次和考核力度。顺利通过ISO 9001年度监督审核，中国船级社（CCS）、英国船级社2020年度监督评审，安标年度认证工作。向集团公司上报实用新型专利两项。通过狠抓管理，年底钢丝绳综合合格率达到98.50%，质量水平稳中有升。

【维护职工利益，凝聚和谐发展动力】 积极“践行共享理念，关爱一线员工”，改善职工办公和生活条件，全力为职工谋福祉。一是深化帮扶机制，开展走访活动，实现“温暖送万家”活动常态化。全年走访慰问职工311人次，发放救济金12.71万元。对职工子女上大学给予鼓励，今年20人享受到福利。二是维护职工利益，将收入向生产一线岗位职工倾斜。开展了多项劳动竞赛和技能竞赛，参加人数4500多人次。三是关心职工生活，组织588名职工参加了健康体检，为171名职工接种了乙肝疫苗。对厂区厕所进行了修缮，加大了绿化面积，进一步改善职工工作和生活环境。四是加强防疫防控物资发放，全年下发防疫口罩十万余只，消毒液260千克，为全厂职工战胜新冠疫情提供了物资保障，确保厂区环境和防疫工作安全。

（李　拓）

鞍钢汽车运输有限责任公司

【概况】 截至2020年末，该公司现有在岗职工3287人，在职职工683人。公司机关设：综合管理部（董事会办公室）、人力资源部（党委工作部）、计划财务部、市场运营部、运营保障部、安全保卫部和工会；独立法人基层单位：广达（鞍山）汽车服务有限公司、中石油鞍钢油气销售有限公司；其他基层单位：第一运输分公司、第二运输分公司、第三运输分公司、修理场、特种设备保产服务中心、鲅鱼圈分公司、朝阳分公司、天津分公司、广州分公司。总资产 5.41 亿元，净资产 3.94 亿元。厂区占地面积共 18.62 万平方米，房屋建筑面积 3.69 万平方米。有各种运输设备及工程机械 1461 台，载重吨位 2.22 万吨。汽运公司目前股权结构为鞍山钢铁集团公司 48%、大连中远海运集装箱运输有限公司 20%、鞍钢国际贸易有限公司 17%、营口港务集团有限公司 15%。经过多年不懈地探索与实践，汽运公司已发展成为以公路运输业为主，集物流运输、设备维修、物流商贸、汽车检测、油品经销、汽车后市场服务等相关服务功能为一体的综合性国家 AAAAA 级物流企业。2020 年，汽运公司完成运量 6483 万吨，较上年增加 1.53%；完成周转量 14.54 亿吨·千米，较上年增加 4.54%；实现营业收入 13.85 亿元，净利润 2284 万元。

【克服疫情影响，确保经营顺行】 2020 年初新冠疫情发生以来，汽运公司坚决贯彻落实两级集团公司决策部署，始终将职工生命安全和身体健康放在首位，以高度的政治自觉和从严细实的扎实作风，坚持一手抓疫情防控，一手抓复工复产和经营发展，认真落实鞍钢集团应对严峻形势“十项举措”，加快建立与疫情防控相适应的生产运行秩序，使企业经受住了疫情“大考”。在抓好常态化疫情防控工作的同时，公司通过“提效率、控成本”，积极挖掘“开源”与“节流”经营两端潜力，以确保生产经营稳定运行。

【细化要素管理，激发内生动力】 强化运输管理，实现提质增效。为有效应对“公路治超”政策影响，三公司在二季度成立了六中队，由此前的鞍山本部发车改为鞍山与鲅鱼圈双向发车，使运输车次提高了 20%，车吨日产提高 32.2 吨；二公司通过优化运力配置，参与周边区域配送，弥补货源减少对其经营的影响；朝阳分公司通过挖掘备用驾驶员潜力，增加运输作业台次，全面提高了劳动生产率；经反复研究筹划，修理场为提高集疏港车辆满载率而特制的小型冷轧卷架如期投入试用，单车平均载重增加约 6 吨，有效提高了单车效益。面向外部市场，优化经营单元。为拓展经营领域和业务范围，汽运公司分别在广州和莆田注册成立了分公司，以更好地同中远海运股东在华南地区开展集装箱卷板运输业务合作。从适应市场化发展需要出发，将广达发展分公司、检测公司和综合服务站进行机构优化整合，成立了具有独立法人资格的市场主体——广达（鞍山）汽车服务有限公司，实行自主经营，自负盈亏，独立核算，市场化考核。广达汽贸还适时在德邻园区成立了业务分店，将卡车后市场服务复制至物流园区，实现了线上线下的业务联动。

【注重品牌建设，提升创效能力】 2020 年，汽运公司立足自身产业优势，通过加大对外经营创效思路引导，油气经销和汽车服务板块相关业务得到进一步优化和拓展。开拓市场空间，提升创效能力。公司充分利用与中石油辽宁分公司间的战略合作关系，挖掘经营合作潜能，通过加强业务沟通与协调，积极争取油品采购优惠政策。依靠综合服务保障能力，油气公司还拓展了鞍钢股份鲅鱼圈钢铁分公司油品经销市场，年增加油品销售 1000 余吨，提高营收 570 余万元。为方便异地职工、完善非油业务服务，油气公司分别在鲅鱼圈分公司和德邻陆港鞍山园区建立了昆仑好客便利店，收到了较好成效。

【提升企业形象，助力转型发展】 2020 年，汽运公司立足经营主业，通过实施商业创新、管理创新，加快转型发展步伐，借力国家、省、市各级行业协会，企业的社会影响力和行业地位得到显著提升。全年，省、市及鞍钢各级领导先后到广达汽车产业园区，就打造新业态、推进市场化等课题进行调研考察，对企业运营模式给予了高度肯定。年底，汽运公司先后被国家行业权威机构评为“全国物流行业抗疫先进企业”和“公路货运行业金运奖及社会责任奖”；还先后与国内同行业的安钢、重钢、攀钢、昆钢、马钢、宝钢、莱钢等企业进行对标交流，在全面掌握行业发展动态的同时，不断学习行业先进模式，补齐自身经营短板。

【汇聚发展合力，营造和谐氛围】 汽运公司始终坚持“依靠职工办企业”，用和谐的人文环境，汇聚企业发展正能量，将企业发展红利惠及职工。2020 年，公司继续加大对困难职工的救济力度，全年走访慰问困难职工 1603 人次，发放各类救济金合计 61.3 万元；继续对考入大学的在岗职工子女提供优教奖励，其中向 2 名困难职工子女发放“金秋助学金”2000 元，向 54 名职工发放优教奖励 18100 元。关心职工身心健康，继续为特殊工种人员进行了职业病健康检查，为全体在岗职工进行了健康体检，为在岗女职工进行了专科体检。针对夏季高温天气，工会积极开展送清凉活动，为每名职工发放清凉包及防暑降温用品。继续为全体职工发放了生日蛋糕券，向光荣退休的职工发放了《职业生涯鉴定》和退职纪念品。工会通过组织开展形式多样、健康向上的文体活动，丰富了职工业余文化生活。公司驾驶员张强和李震宇被交通运输部授予“全国交通技术能手”称号。公司充分发挥宣传工作的舆论导向作用，利用“学习强国”、《汽运通讯》、“汽运微信公众号”等载体，弘扬企业文化，传递正能量，助力企业向好发展。信访工作总体稳定，一些历史遗留问题得到有效缓解。

（赵　阳）

鞍山钢铁冶金炉材料科技有限公司

【概况】 截至 2020 年末，鞍山钢铁冶金炉材料科技有限公司有在岗员工 237 人，其中管理和专业技术岗位人员 93 人；办理正式退休手续 28 人。公司设置生产部、技术质量部、销售部、安全监察部、设备部、采购部、财务部、综合管理部、研发中心、党委工作部、工会。公司有不烧砖、铝硅质不定型耐火材料、镁质不定型耐火材料、铝硅质预制件、镁质预制件、透气砖六条生产线，主要生产转炉、钢包、中间包及炼铁用各种定型及不定型耐火材料，产品主要销往鞍钢股份公司。固定资产原值 1.64 亿元，净值 0.3 亿元。主要设备 60 米隧道干燥窑、DDWK-1000 全自动配料车、HC2100 液压压砖机、J67 系列摩擦压砖机、R19 倾斜式混炼机、RV15 倾斜式混炼机、干式筒磨机等。

【生产经营】 据统计，该公司从 2020 年 1 月至 12 月，共生产耐火材料 11.2 万吨，其中机压耐材制品 4.3 万吨，散料产品 8.1 万吨，预制产品 0.8 万吨，2020 年实现销售收入 8.76 亿元，实现利润 909 万元。

【安全管理】 该公司 2020 年继续贯彻落实“0123”安全管理模式，修订完成公司《安全生产管理核心制度》29 项，制定“清患”行动计划，组织开展安全防火隐患排查治理工作，落实集团公司“五清五杜绝”工作要求，开展安全隐患排查活动，排查各类隐患 134 项，并对隐患进行逐项整改。2020 年实现安全生产、事故为零，环保工作取得新成效，为公司生产经营起到了保驾护航作用。

【升级管理】 该公司 2020 年按照耐材消耗成本 55 元/吨指标进行层层分解，建立以分厂为利润中心，由 4 个分厂和炼铁单元为承包经营团队的绩效管理体系。以市场产品价格为依据，设定绩效承包指标，积极与行业先进企业对标，倒逼公司主动创新。通过对标交流积极引导炉材公司职工积极参与到创新发展中来，倒逼炉材公司从多维度、深层次、全方位等各个方面找差距、查问题，主动开展创新活动，促使炉材公司从质量管理、现场管理、成本控制、装备水平等多方面积极思考、主动创新，切实提高炉材公司综合竞争力。通过对标挖潜、加强管理降低消耗、消耗呆滞库存、加强设备检修、延长备品备件模具使用寿命及资源再利用等措施，增利约 3858 万元。

【技术改造】 该公司 2020 年对 6 台摩擦机压砖机进行升级改造，提高压砖机的自动化水平，现已完成 2 台的改造交付现场正常运行，通过评审各项指标达到《技术协议》要求，其中操作人员由原来的 3 人/台减少为 2 人/台；单机生产能力提高 30%以上；节约电能 25%以上；产品质量稳定，降低了工人的劳动强度。此次改造，为炉材公司进一步完善设备功能，提升设备精度，稳定设备运行状态，提供了有力保障。

【科研攻关】 2020 年该公司针对产品使用状况和用户需求，在研发新技术、新材料、改进关键产品使用性能、提高耐材使用寿命降低消耗及低成本配方等方面确立了 14 项重点课题项目，逐步开发新品种，形成科学合理的“产、销、研”一体化机制。同时在稳定使用寿命和维修模式的基础上，不断优化各部位产品配套及产品设计，达到高寿、稳定、经济、绿色的最佳运行模式，持续推进炉材产业高质量发展，通过产品创新、工艺优化改进增利约4696万元。

（刘翰林）

分公司/分支机构

第二发电厂

【概况】 2020年末，第二发电厂共有职工558人，其中，干部83人（高级职称8人、中级职称58人、初级职称17人），工人475人；离退休职工641人。下设党委工作室（综合管理室）、生产技术室（安全环保室）、设备管理室、工会4个职能部门，北部、运行、机械、电气、燃料、化学综合6个作业区。

2020年，该厂干部职工凝心聚力，攻坚克难，全年完成发电量37.7亿千瓦时，其中300兆瓦CCPP机组发电量23.04亿千瓦时，创历史最好水平；实现利润2.12亿元，为鞍山钢铁完成目标任务作出了积极贡献，荣获鞍钢集团先进单位。完成电厂组织机构改革。落实《鞍山钢铁组织机构改革方案》部署，将8个作业区整合为6个作业区，精简25%；将“四部一会”整合为“三室一会”，精简20%。初步构建了高效的组织管理体系，为实现电厂集约管控和高质量发展提供了组织保障。

【全面加强党的建设，充分发挥党支部战斗堡垒和党员先锋模范作用】 打造5个融入中心工作平台，即党员科技创新平台、党员指标领航平台、党员目标管理平台、党小组专业团队平台和党员岗位竞赛平台，征集设立3号机组超低排放、CCPP机组超低排放、创建CCPP创新工作室等融创项目12项。组织开展“五个十佳”评选活动，引领、激励党员主动参与电厂改革、改造和发展。开展“戴党徽、亮身份、树形象、作贡献”活动，全年设立共产党员工程和共产党员“挑战项目”23项，创效373万元。

【以作风建设为保障，扎实推进党风廉政建设】 组织召开了厂党风廉政建设和反腐败工作会议，制定了《第二发电厂2020年党风廉政建设和反腐败工作任务分工》及工作指引。落实“两个责任”及“一岗双责”，层层签订责任状；组织9名作业区、部门党政负责人签订党风廉政建设责任状，组织60名关键敏感岗位人员签订《廉洁承诺书》。督促党员干部带头文明节俭操办婚丧事宜。下半年围绕生产经营，开展了“3号机组超低排放改造项目工程管理专项监督”等3项厂级专项监督项目，监督范围包括维修工程、安全生产及劳动纪律等管理工作，对发现的管理中的薄弱环节或漏洞，及时提出完善管理制度、工作流程等建议，降低或消除管理风险。

【夯实基础，强化安全管控能力】 以落实安全生产专项整治三年行动规划为切入点，建立健全“业务部门负主责、安监部门综合监督”的安全管理机制，进一步明确各岗位的安全管理与监督职责。积极开展“清患”行动，建立“1+5+N”管控模式，实行“一单位一工程一档案”。成立安全专家检查组，以专家视角对全厂进行排查。对“五地互检”“电气事故排查”等排查出的隐患开展“回头看”。全年实现安全、火灾事故为零，荣获公司安全达标单位、消防先进单位称号。

【精益管理，提升企业经营活力】 结合公司大生产变化，以经济高效为原则，坚持日调整、周预测、月分析、季评价，将压力和责任转化成可量化指标，推动生产经营指标持续提升。克服人员少、操作多等困难，精心精细优化操作调整，圆满完成55次启停机操作，机组发电利用小时数大幅度提升。紧盯创效重点，结合煤气发生量及机组状况，细化各机组间煤气平衡，最大程度释放机组发电潜力。

【重点关注，增强设备保障能力】 以设备保供能力提升为出发点，先后组织开展了厂房结构、特种设备、消防设施、开关柜、直流系统、继电保护、防雷接地等专项排查整治，提高了设备本质化安全。坚持事故“四不放过”原则，杜绝重复事故的发生，机组非计划停机次数、机组缺陷影响发电量均创历史新低。

【提升意识，实现环保达标排放】 强化指标日常管理，按日分析考核，确保达标排放，全年实现环保事故为零。全面梳理排查，整治环保风险点，顺利通过辽宁省环保检查。重点整治煤场、灰库等场所，严惩冒黑烟、飘洒等行为，厂区扬尘现象明显好转。组织对催化剂等危废进行合规处置，杜绝二次污染。

【落实要求，提升企业管理水平】 强化青年人才培养培育，发挥工程师、技师的传帮带作用，165名职工通过职业技能水平认定，评聘高技能人才23人，荣获鞍山钢铁首批技能大师工作站。组织开展规章制度的立改废工作，持续开展“雷霆行动”，完成智能保卫管理系统和门禁系统。

【创新驱动，发挥科技创效潜力】 弘扬劳模精神，发挥职工“创新工作室”技术引领作用，培育推广职工创新成果，全年确立并完成攻关项目11项，年创效500余万元。开展“百岗百法创效、万人技能登高”活动，征集先进操作法18项，推广先进操作法9项。征集合理化建议143条，创效230万元。持续开展“践行共享理念，关爱一线员工”专项服务行动，投资174.5万元完成厂级项目31项。

关心职工思想和生活，促进职工队伍和谐稳定。为困难职工排忧解难送温暖，全年走访慰问困难职工174人次，发放慰问金9.89万元；走访慰问离退休职工111人次，发放慰问金3.8万元。持续开展“践行共享理念，关爱一线员工”专项服务行动，征集关爱项目101项，其中确立厂级项目31项，投资174.5万元，已全部完成。

（张　鑫）

铁路运输分公司

【概况】 铁路运输分公司始建于1949年，是鞍山钢铁紧密协作板块大型物流企业。2017年2月27日，鞍山钢铁集团有限公司决定对所属相关机构名称进行相应变更，鞍山钢铁集团公司铁路运输公司更名为鞍山钢铁集团有限公司铁路运输分公司，简称“铁运分公司”。2017年5月2日，鞍钢股份有限公司冶金运输厂纳入鞍山钢铁集团有限公司铁路运输分公司管理。

2020年末，铁路运输分公司在职职工3535人，其中，管理及和专业技术人员349人，生产和服务人员3186人。居家职工401人，列入编外管理29人，退休职工6330人。铁运分公司机关设6个职能部门，分别为生产经营部、安全环保部、设备保障部、纪委（党政督查室）、党委工作部（综合管理部、党委办公室、机关党委）和工会。下设4个基层单位，分别为运输总站、机车厂、修建厂、机械化装卸厂。

【安全管理】 全年实现轻伤及以上生产安全事故、三级以上生产（行车）事故、责任路外事故和三级及以上火灾事故为零的目标，非责任路外事故环比减少20%。运输总站荣获鞍钢集团先进单位、鞍山钢铁安全生产先进单位，修建厂和机车厂分别获鞍山钢铁安全生产、消防安全达标单位。

【生产经营】 普通车运输量6039万吨，超计划166万吨，周转量73972万吨·千米，超计划3222万吨·千米；冶金车运输量6425万吨，超计划885万吨，周转量39440万吨·千米，超计划5328万吨·千米；普通车运输收入52029万元，超计划2429万元；装卸、仓储及灵山料场合计收入7028万元，超计划558万元。机装厂实现扭亏为盈目标。

【技术设备】 2020年，铁运分公司购置筛分机2台、挖掘机4台。完成2高炉线岔大修，组织了新桥干线、新华区域铁路线路等大修工程。完成新华调车场、西区筒仓配煤和新建灵山煤棚铁路等技改工程。整治更换耐火11号、崔家屯和启明道口道床，大修灵山驼峰缓行器三缓制动，更换2542台减速顶。排查整改起重机械、厂房结构、工业民用建筑和升降类设备隐患18项，办理31台起重机械使用证，解决特种设备证照不全问题。排查鱼雷罐车轴质量缺陷，升级改造55辆鱼雷罐车钩缓装置。精准投入维检工程100项，改善设备状态和功能精度。全年更换各类枕木32126根，大架修内燃机车25台，大年修电力机车12台，大中修车辆191辆。

【科技创新】 完成技术改进和合理化建议项目成果鉴定9项，科技创效649万元。积极推进“检修工具及工装设备的研制与应用”等20项科技攻关项目。坚持创新驱动，探索研究铁路运输设备金融租赁模式和机装厂“e考核”系统建设项目。授权专利4项，获得省优秀质量管理小组3个。

【企业改革】 完成6337名退休人员档案整理、数字化扫描和移交工作，退休党员组织关系转出比例达到99.8%，派驻社区管理人员16名，组织70人协助21家集体企业开展《和解协议》签订工作，圆满完成鞍钢集团“两项改革”任务。完成“两运”深度整合，实现“六个统一”。推行集中一贯制管理，总调度室与运输总站生产指挥中心集中一贯，优化岗位48个，向厂管作业区过渡。分公司机关部门集中一贯，优化岗位18个，实现协同高效办公。实施综合改革，变革组织机构，分公司和各单位机关部门数量分别压减14.3%和20%。调整管理和专业技术岗位编制，削减编制定员18个。根据专业管理特点，整合削减作业区7个，合并班组10个。积极参与鞍钢集团管理与信息化整体提升项目，为分公司低成本、低风险、高效率、高质量发展奠定基础。

【综合管理】 加强制度内审，新增制度41个，承接修订41个，废止29个，修订岗位说明书76份。承接"三重一大"决策制度，编制业务审批权限手册，防范决策风险。加强全面风险管理，分析评估11项风险，制定45条举措。加强备件资材管理，整改问题29项，库存资金占用压缩26万元，清理低质低效存货41万元。持续深化"雷霆行动"，细化反盗窃、防物料流失措施，维护国有企业资产安全。

【共建共享】 注重职工民主管理，加大提案处理工作力度，处理满意率达到100%。持续开展"践行共享理念、关爱一线员工"专项服务行动，实施惠民工程5项，加装空调35台，修缮浴池、休息室等生活设施19处，改善了职工生产生活条件。持续开展帮扶救助活动，全年走访慰问各类困难职工2262人次，发放救济金84.4万元。组织参加各类文体活动，分公司青年篮球队勇夺鞍钢集团冠军，全面展现了分公司职工顽强拼搏、健康向上的精神风貌。坚持共建共享，经营业绩稳步提升，职工收入逐渐提高，提振了员工士气。

（苑晓川）

工程质量生产监测管理中心

【概况】 2020年，鞍山钢铁集团有限公司工程质量生产监测管理中心在全体职工的共同努力下，全面超额完成了公司下达的生产经营目标。2020年利润目标为300万元，实际完成利润688万元，超额388万元；环保检验监测收费、特种设备检验收费均创历史最高水平。

【坚持迎难而上，面向未来，布局人才战略发展】

为了加强梯队人才培养，提升管理中心运行效率，调动职工工作积极性，全力打造高素质职工队伍，管理中心从人才培养和梯队建设角度入手，结合现状，从根源上打通了专业技术人员发展通道。岗位编制定员优化为65人，其中，F级1人、E级1人、D级4人、C级10人、B级11人、A级38人，并在管理和技术岗位编制总量保持不变的情况下，合理布局岗位阶梯序列，其中，B级增加9人，C级减少2人，A级减少7人。

【夯实基础管理，推进管理中心高质量发展】 2020年度，管理中心梳理内部管理体系，捋顺管理脉络，夯实基础管理，重新修订管理制度31项，做到日常管理有理可依，有章可循，牢固树立科学、规范、法治的现代管理理念，为管理中心的生产经营提供了有效的保障。

【工程质量多维度监督、抓重点项目，严把工程项目质量监督关】 1. 建设项目工程质量监督全覆盖，总体受控。2020年，管理中心主要监督的工程项目共405项。其中，主要包括鞍钢股份炼铁总厂新2号高炉大修工程等鞍山本部工程项目303项；朝阳钢铁能源管理系统项目、鞍钢股份鲅鱼圈1号烧结机增设活性炭烟气脱硫脱硝装置改造项目等外埠工程项目102项。均未发生任何质量事故，质量总体受控，态势平稳，竣工工程一次交验合格率100%，在建工程质量监督覆盖率100%。

2. 针对重点工程，制定专项检查制度，严把检测关口。一是工程开工前必须办理质量监督手续；二是隐蔽验收要通知甲方、设计单位、质监站进行质量验收；三是施工过程使用材料要按照批量及施工进度进行送检；四是加大了对钢构件的质量管理力度；五是严格控制检测单位准入制度，要求检测单位必须在市场是声誉良好、检测结果真实的才允许进入鞍钢工程进行检测并进入鞍钢市场。

3. 加强对建筑法规宣贯和五方责任主体质量行为的管理。以质量监督工作强制性促进工程质量管理标准化，提升监理检查的全过程施工操作规范化。根据国家"谁执法谁普法"的精神，加强普法宣贯工作，要求参与工程建设各方在法律法规的范围内进行工程质量活动，并要求监督工程师跟踪项目，督促建设单位依法依规办理工程质量监督委托手续，做到了无委托不办理开工报告。

4. 加强了对施工单位资质、主要管理人员资格的管理。在影响工程质量的诸多因素中，人员素质是至关重要，因此，管理中心从此入手，主抓建筑行业经营资质管理和各专业从业人员持证上岗工作。对全部项目中施工单位资质和主要管理人员资格进行了系统检查，发现在技术、质量管理人员资格存在问题，在办理开工报告审查时发现的问题都已经整改合格，进行封闭。

【践行“绿水青山就是金山银山”的发展理念，做实做严环保节能监察工作】 1. 人机结合，局部实现24小时实时监控，开启环境监测新篇章。2020年有环境空气自动监测子站5个，废气自动监测子站145个，废水自动监测子站7个，环境噪声自动监测子站8个，视频监控摄像头4个。全年环境空气质量自动监测取得有效数据449万个，废气污染源自动监测取得有效数据35598.22万个，废水污染源自动监测取得有效数据1166.26万个，环境噪声自动监测取得有效数据2431.89万个，自动监测系统共计取得有效监测数据39645.37万个。

2. 2020年，依据《鞍山钢铁集团公司环境保护管理办法》的规定，按照公司安环部要求对所属18家单位环保设备运行状况、脱硫设施运行情况进行日常监察。监察炼铁总厂、炼钢总厂等单位污染物排放情况，计708家单位次，检查脱硫设施84台次，检查环保除尘设施642台次，监察西大沟水系、北大沟水系各单位排水情况，全年共检查水处理设施119台（套）次。对鞍山钢铁各单位危险废物、排污许可证管理等进行专项检查。对炼铁、炼焦、炼钢等单位环保设施技改工程进行环保验收监测，全年完成17个废气除尘设施改造项目和2项水处理环保工程验收监测报告。

3. 组织辽宁省环境保护专项督察的迎检配合工作。根据鞍山钢铁集团有限公司《关于做好辽宁省环境保护专项督察迎检工作的通知》，管理中心召开了专题会议，制定方案，落实责任，明确督察配合工作的思路、措施、方向和目标，建立信息传递和沟通联络机制，设立问题和工作动态清单。

【践行生命至上发展理念，做好特种设备检验服务工作】 2020年，定期检验起重机械1475台，其中1474台合格，1台因未安装大型监控系统，出具了特种设备检验意见书并要求整改。全年锅炉内检9台，锅炉外检19台，全部符合要求。压力容器定期检验395台，对于保温层脱落、压力表量程偏小、未安装测温仪表的1台压力容器，出具了特种设备检验意见书并要求整改。压力容器年度检查796台。压力管道年度检查484条，压力管道定期检验604条。

强基固本，人才培养取得初步成效。2020年，管理中心鼓励全员参与特种设备检验资质取证考试，其中顺利取得相应检验员资格5人次。参加检验师换证考试12人次。另外全年组织38人次环保监测国家标准样品检验考核，考核结果均合格。

（王志洋）

资产经营中心

【概况】 资产经营中心是鞍山钢铁集团有限公司直属单位，负责鞍钢集团总部和除攀钢外的鞍钢集团各子企业的资产转让、招租、资产抵押债权、资产（融资）合作经营等资产处置业务归口管理；负责鞍钢集团有限公司理顺产权关系、内部改革重组后，剩余到鞍山钢铁的资产管理与处置等业务。现有管理、专业职能人员17人（高级职称8人，中级职称7人，初级职称2人）。

【资产处置额创新高，高质量发展取得新提升】 2020年，该中心在克服市场不景气、疫情叠加困难，实现资产处置额2.61亿元，溢价3705万元，溢价率16.56%，创该中心成立以来历史新高；资产评估处置率、处置工作质量达标率、资产处置工作依法合规率、收支差均超额完成公司考核目标指标。

【制度建设日臻完善，企业管理取得新提升】 该中心把健全完善的规章制度、科学合理的管理体制、顺畅运行的管理机制，作为提升管理水平、保障经营工作高效运行的关键。修订完善中心职能和权限手册。制定《资产经营中心2020年绩效与薪酬评价考核办法》及《岗位绩效管理办法》，关键绩效指标实施差异化设置，对关键绩效指标完成结果实施评价考核，全面提升经营管理水平。

2020年，按照公司《关于做好规章制度修订工作的通知》要求，该中心从完善制度建设，推进管理创新入手，对现行21项规章制度进行系统梳理，重点开展了《鞍山钢铁资产处置管理办法》

《部门工作标准及岗位说明书》《“三重一大”决策制度实施及监督办法》《业务审批权限手册》《薪酬管理办法》《岗位绩效管理办法》等8项制度的制（修）订工作。其中代公司起草、制发的《鞍山钢铁资产处置管理办法》，填补了公司制度空白，为全面规范资产处置行为，进一步固化该中心职能，提高资产处置的依法合规性和公开透明度，确保国有资产保值增值发挥了积极作用，产生了良好效果。通过不断优化制度体系，有效保障了各项工作的高效运行。

【夯实资产管理，实物资产管理工作取得新突破】

该中心在履行鞍钢集团授权，负责鞍钢集团总部和除攀钢外的鞍钢集团各子企业资产转让、招租、资产抵押债权、资产（融资）经营等资产处置业务同时，还负责鞍钢集团理顺产权关系、内部改革重组后，鞍山钢铁及所属单位账销案存资产、改制（解体）企业剩余资产及其债权债务、改制企业交回资产，鞍山钢铁军工项目资产、纪委办案移交资产、法判清回资产（含债权）的管理和处置。按照“管理规范、账物准确、权责清晰、快速处置”的原则，对管理的1061项，涉及22个单位，原值6.38亿元固定资产精准盘点，形成盘点报告，签订委托保管、安全防火协议。2020年，该中心克服时间紧、涉及面广、工作量大的困难，完成了对无偿使用该中心资产的股份公司等10家单位172项固定的认证工作，以及对原值2679万元的145台在账车辆的盘点工作。对鞍山区域生产用油、废油量及含油废物量进行系统调研，先后走访10多家使用、处置单位，全面了解情况，在对生产用油、废油处理ERP数据库1万多条数据进行梳理分析基础上，形成调研报告，为高效处置打下基础。对大型球扁钢军工项目、实业铝粉军工项目资产、原东北风房屋资产、原国贸公司办公楼资产情况进行调研，为上级提供决策依据。完成对原国贸公司车队房屋租赁及127项工业建（构）筑物火灾危险性分类统计工作。

工作中提前介入、重心前移、服务基层。2020年，先后走访了朝阳钢铁、莆田钢铁、广州联众、营口水业、众元产业、鞍钢股份、耐火公司、资源储运中心等单位，掌握第一手资料，开拓思路、拓展业务。针对外埠和基层单位主动服务，围绕规章制度、定价规定、处置流程等进行宣贯指导。

2020年，共提交169项进场挂牌、网络竞价决定。

【拓展创新销售渠道，实物资产销售工作取得新成果】 该中心在充分利用传统媒体和发挥互联网优势的同时，对市场价格波动较大的物资销售精心策划方案。先后对鞍钢冷轧板（莆田）有限公司的废钢可利用材项目，采用期货销售的形式，使销售价格与市场价格无缝衔接，使收益达到最大化，2020年，实现处置额9154.87万元；对废次材项目从提高服务质量、处置质量效率角度高度重视，进行了综合研究、权衡销售方案，2020年，该项目销售额实现了1148.18万元，溢价57.45万元，溢价率5.27%。对股份公司中厚板事业部再利用价值高的不锈钢废次材项目有针对性地制定“定价原则”，扫清定价盲区盲点，实现了国有资产增值最大化，2020年，处置不锈钢废次材共计610吨，处置额708.35万元。对鞍钢冷轧板（莆田）有限公司锌渣销售方案策划，以销售期货购买权的形式处置，2020年，该项目处置386.02吨，处置额659.26万元。

开拓新市场，打造新的竞争格局，寻找新的利润增长点。2020年3月，克服疫情及新市场、新业务、新要求带来的诸多困难与沈阳产权交易所顺利合作对接，在最短时间内熟悉、适应了新的业务环境，一次又一次地圆满完成了烦琐的委托材料的编写、装订和传递工作。2020年，通过沈阳产权交易所处置资产141项，实现销售额9060.13万元，溢价906.24万元，溢价率为11.11%；针对鞍钢股份12家单位水浮油进行公开竞价销售，实现了效益最大化。因水浮油属于危险废物，过去是通过招标方式出售的，均以底价成交，2020年，该中心在通过翔实调研基础上改变销售方式，针对鞍钢股份所属12家单位产生的692吨水浮油进行竞价销售，平均起拍单价为25.2元/吨，实际成交平均单价为350元/吨，综合溢价率为1287.27%，单项最高溢价率高达4788%；适时调整一般固体废物和危险废物环保资质审核程序，收到较好效果。过去一般固体废物环保资质审核程序在竞价结束后组织，这种做法的初衷是避免竞价前审核出现泄密，但其弊端也不断显现出来，一是容易出现恶意竞争；二是效率低。该中心适时将事后审核调整为事前审核，并实现了资质审核与竞价工作的无缝衔接。

2020年，该中心获北京产权交易所最佳实物资产交易组织奖。

（白振云）

直属单位

保卫部（人民武装部）

【概况】 保卫部（人民武装部）是鞍山钢铁直属单位。由鞍钢集团授权，代行鞍钢集团鞍山区域治安保卫、交通安全管理及厂区道路扬尘治理、综合治理、武装人防优抚等专项管理职能。主要承担鞍山钢铁/鞍钢股份主厂区门卫警卫，各重点部位治安保卫，突发事件应急处置及维稳，重大集会、活动安保，重要来宾来访警卫职能。

保卫部（人民武装部）现设保卫管理处、武装人防处、党委工作处（综合管理处）和内保一大队、二大队2个大队。2020年在岗职工604人，其中，管理岗位51人，生产服务岗位553人。党委下设4个党总支，13个党支部，党员总数380名，其中，在岗365名，离休、居退党员15名。

【“雷霆行动”取得显著成效】 压实监管责任，全面推行资产安全区域网格化管理。创新工作理念，强化源头科学监管，实行了国有资产安全管理体检，发现督促基层单位整改各类问题42项，工作经验在公司“清患行动”中推广。推进物防技防设施升级换代。完成北部东侧钢板围墙1.2千米建设，对指挥中心监控系统存储设备进行扩容，实现全部视频资料保存时间超过3个月，强化了主厂区智慧安防。主厂区视频监控点位数量已增至2821处。强化警企协作，2020年，查获偷盗案件196起，抓获盗窃分子69人，收缴废钢铁36.6吨、有色金属2978千克、备件60千克，查扣涉案摩托129台、汽车2辆。全面净化了厂区治安环境，国有资产安全管理水平显著提升。

【疫情防控取得阶段性胜利】 针对突发新冠疫情，按照鞍山钢铁党委和“雷霆行动”指挥部的要求，及时调整工作主攻方向，筑牢疫情防控头道防线。多方筹集测温检疫设备和口罩、消毒液等防疫用品，第一时间建成外埠返鞍人员体温检测站7座，全体党员、干部放弃休息深入门岗一线主动参与体温检测，制定落实了多项具体举措，严把鞍山钢铁厂区防疫第一道关口，累计检测外埠临时人厂人员6.5万人次，为实现外埠返鞍人员“零发病”“零报告”作出了贡献。针对疫情形势变化，下发通知强化了冷冻食品、冷链运输车辆管控，克服侥幸心理和麻痹思想，按照两级公司有关指示，落实落细各项防控措施，着力提升常态化疫情防控工作质效。

【党建工作全面规范强化】 2020年，坚持把政治建设摆在首位，围绕加强宣传思想工作、夯实党建工作基础、强化党风廉政建设等方面，全面夯基固本。夯实党建工作基础，配齐基层党支部书记，重新划分党小组40个，无党员小队（班组）为零。制定承接党建工作制度55个，形成《党群工作制度汇编》。制定印发了《保卫部（人民武装部）党委落实全面从严治党主体责任清单》，切实扛起从严管党治党责任。加强领导班子建设，增强了党委班子在全面提升内保工作水平和党的建设等工作中把方向、管大局、保落实能力。加强党风廉政建设，开展了“靠钢吃钢”问题专项治理，实施常态化“背靠背”岗位廉洁互评，岗位廉洁互评526人。开展了涉费业务工作流程、绩效奖节余管理、办证管理等6个方面的专项监督检查，党建工作的加强为保卫部高质量发展提供了坚强的政治保证。

【保卫队伍建设得到加强】 面向鞍山钢铁招聘服务岗位人员30人，充实了一线岗点力量。组织128人次参加公司各类培训，有69人通过职业技能考试取得初级工证。对敏感重要岗位人员实行轮岗，先后对小队长调整18人次，其他服务岗位人员交流调整252人次。对46个管理岗位和21个生产服务岗位说明书进行了修订，明确岗位职责，规范工作流程。

（蒋　珅）

消防应急救援中心

【概况】 2020年，鞍山钢铁消防应急救援中心共接出警23次，其中火警21次、救援2次，在“5·25”冷轧一分厂火灾事故、“9·1”炼铁总厂皮带通廊生产事故等灭火救援任务中表现突出，挽救了国有资产，使企业损失降至最低。全年实现出警及时率100%，灭火救援成功率100%。

【党建工作融入中心作用凸显】 落实“第一议题”制度。组织党员干部系统学习习近平总书记重要指示批示精神，增强“四个意识”、坚定“四个自信”、做到“两个维护”。深化阵地建设。完善党建工作制度体系，健全党支部组织架构，选好配齐党支部班子。组织党支部与冷轧二分厂和炼钢三作业区党支部示范基地对标学习，推进党支部工作季度考核评价。加强党员队伍建设。开展党员“戴党徽，亮身份、争先锋，做表率”主题实践，中心代表队荣获2020年度鞍山市多种形式消防队伍综合业务比武竞赛第一名。全体党员自愿捐款3800元助力武汉防控新冠疫情战役。

【深化消防安全管理方式变革】 按照公司提出的从“等火灭”向“找火灭”转变的工作要求，将防火工作由分散管理改为区域管理，增配防火监督检查力量，加大检查力度和频次。对重点工程、年修工程、一级动火作业实施24小时备勤监护，全年共出动备勤车辆807台次、备勤人员3307人次，检查消防安全隐患268起，整改268起，通报181起，促进了消防安全管理水平的提升。7月，按照公司的工作部署，鲅鱼圈消防中队整建制划归鲅鱼圈钢铁分公司管理。

【锤炼过硬消防应急救援队伍】 按照“火怎么灭，兵就怎么练，火场需要什么就练什么”的原则，调整作训方式，抓好应用性训练和战术训练，全体消防员以练为战，开展常态化大练兵活动。中心与鞍山市钢都消防大队结成共建对子，建立共训共练、灭战救援合作机制，时刻保持队伍“枕戈待旦”的应急状态。

（毛国涛）

人力资源综合服务中心

【概况】 2020年，该中心克服新冠疫情突发、“两项改革”任务艰巨复杂等因素的影响，团结带领全体职工出色地完成了疫情防控、退休人员社会化管理、鞍钢厂办大集体改革等各项工作任务，荣获集团公司档案管理先进单位、鞍山钢铁文明单位等荣誉称号。

【完成改革工作目标，成效显著】 2020年，该中心按时完成公司的“两项改革”任务。一是退休人员社会化管理顺利移交。完成了直管5000多名退休人员的社会化管理移交工作，而且还对7家改制托管办3万余名退休人员的社会化管理移交工作进行了有效督办。二是为厂办大集体改革提供有效保障。作为鞍钢附企铸造厂、鞍钢附企劳服铸管综合厂和附企机关等3家集体企业改革的组织保障单位，从2020年4月开始介入并建立组织保障体系到完成《和解协议》的签订、相关材料归档、返回主办国有企业的全民职工的安置。在《和解协议》归档材料审核阶段，组织专业人员全程指导、逐页进行初核，为顺利通过公司审核、进馆归档提供了技术保障。

【完成机构改革目标，初见成效】 退休人员社会化管理过渡期结束后，原退管机构的业务势必将大幅缩减，给该中心的可持续发展带来了新的挑战。2020年9月，随着公司《退管机构编制调整及人员安排方案》的下发，中心不仅变更了名称，同时也肩负起退管机构实现业务转型、拓展新的历史使命。机构改革后，单位的职能定位由托管服务向人力资源交流转变，向搭建人力资源双向交流平台、完成转岗培训安置等新生业务转移，经过该中心上下共同努力，成功完成了第一批105人（在岗71人，居家34人）的转岗安置工作，跨出了转型的第一步。

【完成管理服务目标，秩序井然】 中心管理工作。强化安全管理，成立专门的安全管理工作小组，排查风险、整改缺陷、消除隐患，将安全管理工作提升到新的高度。整合办公场所、完善办公设施、改善办公条件，完成了办公系统综合布线，实现了无线网络全覆盖，最大限度地满足了工作需要。

老干部管理工作。全年组织参与公司老干办开展的“守初心　爱中华　助抗疫”等活动3次，走访老干部206人，发放慰问金27330元。在疫情最严重的时期，组织302名老干部为抗疫捐赠64340元，购买口罩、洗手液、84消毒液、酒精及一次性手套等物资支援鞍钢一线复工复产。

退休管理工作。到2020年12月末，该中心调整退休人员基本养老金等各种待遇6189人次；走访救济各类人员1299人次，发放救济金57.67万元；发放慰问品折合人民币45.21万元；发放退伍军人纪念品585份，为42名军转干部发放慰问金8400元；为148名新中国成立前老干部和老工人发放了纪念章和慰问金18.6万元；为41名抗美援朝老战士发放了勋章和慰问金4.1万元。

居家管理工作。一是充分运用“退管在线”微信公众号、退管系统微信工作群、座谈会和片组长联络员工作网络，广泛宣传退休人员社会化管理的目的、意义、步骤和政策。先后召开4次集团公司有关部门领导参加的退管人员专题座谈会，消除退管人员后顾之忧。二是以“提高政治站位，确保政策宣讲到位、确保工作职责到位、确保稳定工作到位”为工作目标，加强对退管人员责任意识教育，确保各单位做到人员力量不弱化、服务内容不减少、工作标准不降低。三是排查出住房货币化补贴发放、病退人员纠偏等6个方面的潜在风险，形成《实行退休人员社会化管理存在的不稳定因素排查报告》，为集团公司分管领导和信访部门进行风险评估和研判奠定坚实的基础；建立稳定工作日排查零报告制度，全年为信访办提供预判性信息48次，在全国两会期间到车站24小时值守控访，共劝返21人次。

信访稳定工作。拓宽信访渠道，寻求多方帮助，制定个性化解决方案，让多年的信访积案越来越少。关注特殊群体，了解居家、工伤、病退等群体的最新动态，因人施策，实现居、伤、病队伍持续稳定。

（尚　峰）

第十七部分

攀钢集团有限公司

·概　　述·

【生产经营】 2020年，攀钢集团有限公司（以下简称“攀钢”）面对新冠疫情的严重冲击和异常严峻复杂的市场形势，坚持以习近平新时代中国特色社会主义思想为指导，全面落实鞍钢集团党委的决策部署和攀钢第九次党代会精神，紧紧围绕三届七次职代会确定的目标任务，坚定信心、沉着应对、众志成城，全面落实鞍钢集团“十项措施”，启动实施“4711”专项行动，努力把疫情造成的损失降到最低，较好地完成了鞍钢集团下达的主要经营指标。全年实现营业收入810.27亿元，利润19.04亿元，铁、钢、钢材分别完成1065.26万吨、1018.14万吨、942.72万吨，钒渣完成47.41万吨，高钛渣、钛白粉、海绵钛、钛材分别完成20.58万吨、23.55万吨、2.28万吨、0.4万吨。强化资源和品种结构调整，重点效益产品产销规模发挥较好，综合售价优于目标值。积极开拓国际市场，成为“一带一路”标志性工程印尼雅加达至万隆高速铁路唯一的钢轨供货商。

2020年，钢铁钒钛27项重点关注的技经指标有17项同比优化，9项创历史最好水平。其中，攀钢钒综合焦比、高炉利用系数等5项指标均优于上年，西昌钢钒质量降级改判率、攀长特炼钢金属损失率、电炉综合电耗、吨钢综合能耗及氧化收率、东钛钛白粉收率、酸渣电耗、海绵钛电耗等同比优化；攀钢钒综合焦比、吨钢综合能耗、氧化钒收率、酸渣电耗等创历史最好水平。

2020年，攀钢降低质量损失及节约成本2700万元。获“国优”QC小组2个，获国家质量信得过班组2个，省（行业）优QC小组15个，省（行业）质量信得过班组6个。金杯奖产品7个，省名优产品6个。

【新冠疫情防控工作】 2020年，攀钢坚决落实主体责任，多次组织专题会、指挥部碰头会和调度会、中心组学习会、党委常委会，认真传达学习习近平总书记在中央政治局常务委员会、在统筹推进新冠肺炎疫情防控和经济社会发展工作部署等会议上的系列重要讲话精神、国务院国资委统筹推进中央企业新冠肺炎疫情防控和复工复产等改革发展工作电视电话会议等精神，以及攀枝花市委、市政府相关文件和会议精神，先后制定下发《关于做好新型冠状病毒感染的肺炎疫情防控工作的紧急通知》《新型冠状病毒感染的肺炎疫情防控工作方案》《攀钢集团公共场所预防性消毒技术方案》《关于加强成渝等疫情较重地区单位疫情防控工作的通知》《关于进一步做好新型冠状病毒感染的肺炎疫情防控工作的通知》等文件，不折不扣将上级的决策部署落到实处。

强化组织领导。建立攀钢疫情防控值班室、指挥部微信群、值班群，实行24小时值班值守，电话、手机双线联络，全面掌握疫情动态，实时分析研判，编写《攀钢疫情防控信息快报》《值班日志》；形成“1+6+1”（1个指挥部、6个工作组、1个值班室）工作机制，构建攀钢、直管单位、基层厂矿、作业区四级网格化疫情防控体系。

强化精准施策。坚持“十到位”的精准防控措施，即落实责任到位、溯源清查到位、人员严控到位、区域严管到位、卫生消杀到位、严防聚集到位、物资保障到位、宣传引导到位、值班值守到位、督导检查到位。

做好统筹协调。制定特殊时期生产经营工作方案，成立由总经理任组长的特殊时期生产经营工作领导小组，下设销售保障组、供应保障组、物流保障组、生产协调组、资金保障组，及时协调处置生产经营紧急情况，重点产线保持连续稳定生产，实现利润19.04亿元，特别是西昌钢钒入选四川工业企业复工后疫情防控典型案例。

强化央企担当。西部物联（CⅢ）在其他同类企业全部停运的情况下，坚持24小时正常运营，累计为800多家企业提供仓储服务，发运车辆近9万辆次，为130余家企业提供一站式运输服务，提高了客户的黏合度，树立了良好品牌形象，荣获四川省优秀国家A级物流企业称号。

强化监督检查。攀钢领导班子成员以“四不两直”的方式深入基层一线开展监督检查100余次，党政督查办、安全环保部等部门开展专项检查100余次。

【精准扶贫】 2020年，攀钢坚决贯彻党中央和鞍钢集团决战决胜脱贫攻坚的工作部署，克服疫情影响，强力推进扶贫项目，先后派驻5名扶贫干部，共计投入扶贫资金2786.05万元，实施帮扶项目45项，完成消费扶贫2685万元，中央企业定点扶贫责任书指标完成率100%，助力8县15

村如期实现脱贫摘帽；攀钢连续两年在四川省直部门及中央在川单位定点帮扶工作成效考核中综合评价为“好”。

为确保完成定点扶贫任务，攀钢党委召开2次专题学习、4次党委常委会，研究部署定点扶贫重点工作；公司领导班子成员共计深入盘州市刘官街道瞿家庄村和淹五寨村等定点扶贫村社调研10余次，看望慰问建档立卡脱贫户，督导援建项目建设。同时，制定下发《攀钢进一步落实脱贫攻坚“四个不摘”工作方案》，巩固拓展脱贫攻坚成果，助力乡村振兴。

坚持因地制宜，“一村一品”开展产业扶贫。投入945万元援建盘州市淹五寨年产猪仔超2万头的大型养猪场顺利竣工运营，吸纳20余人就近就业，获得首笔租赁收益260万元。投入60万元继续在稻城县援建智能大棚项目，通过技术引进等方式，在高原地带种出了草莓、西红柿等蔬菜水果，经济效益显著。投入22万元帮助喜德县乐武乡达洛村和里柯惹村开展蜜蜂养殖试点，预计产生收益约30万元/年。投入18万元帮助江油市青杠林村猕猴桃产业基地修建道路堡坎及排水沟，助力当地猕猴桃产业发展。

民生扶贫。聚焦改善民生，投入320万元为盘州市刘官街道8个村建设标准化卫生室，2.2万余人看病远、看病难的问题得到缓解。投入340万元在盐边县和盐源县援建高标准通组路，大大改善了农产品运输和群众出行条件。向盐源县泸沽湖镇贫困户捐赠生物质炉381台，向格郎河村贫困群众捐赠饮水机62台，捐赠电饭煲、电磁炉等厨具30余套，帮助当地开展移风易俗工作。投入26万元援建盘州市刘官街道瞿家庄村老年活动室暨关爱留守儿童中心。投入42万元帮助格郎河村新建50立方米水窖5口，并配套6千米供水管路，140亩优质土地灌溉得到保障，直接受益群众41户158人。

教育扶贫。坚持“志智”双扶，投入40万元并配套政府资金，援建盘州市丹霞镇森林小学操场等项目，改善了全镇800余名学生学习条件。捐赠喜德县甘哈觉莫安置点幼儿园100万元教学、生活设备设施，保障了幼儿园定期开园，安置点内1451户贫困户子女按期入学。持续开展“攀钢·圆梦助学金”和金秋助学活动，为706名建档立卡贫困家庭学生发放助学金106.76万元。依托机电职业技术学院，开展农业养殖技术、电工等培训10余期3000余人；举办“治蜀兴川·基层干部综合素质提升”培训3期，帮助稻城县、木里县培训青年干部200余人。

【退休人员社会化管理】 2020年，攀钢根据党中央国务院、四川省、属地政府政策要求及鞍钢集团的统一安排，按照“三到位”（思想认识到位、责任明确到位、工作落实到位）的工作要求，推进攀钢退休人员社会化管理工作。

攀钢退休人员社会化管理工作共涉及攀枝花、成都、重庆、江油、西昌及昆明6个区域，涉及攀钢19家单位，需移交退休人员86262人、退休党员20294人、人事档案86232份；涉及移交专用于退休人员的服务活动场所共32项，其中，攀枝花区域15项、重庆区域1项、成都区域16项；设E级专职退管机1个，B、C级专职机构共27个，专职退管工作人员153人，其中管理人员134人，服务人员19人；退休人员统筹外费2019年支出约1.7亿元。

截至2020年10月14日，攀钢共对接攀枝花、成都、重庆、西昌、江油及昆明6个区域的51个区（市）县、327个街道社区，共计签订21份整体移交协议、112份退休人员管理职能移交协议、84份档案移交协议、49份党组织关系移交协议及8份资产移交协议，已全面完成退休人员社会化管理移交工作。

【战略与规划管理】 为将攀西战略资源创新试验区建成世界级钒钛产业基地，打造世界一流新材料企业，推动攀钢在“十四五”期间高质量发展，建设“新攀钢”，编制了《攀钢“十四五”发展战略和规划》（初稿），并于11月底报送鞍钢集团。

科学编制三年滚动规划，承接鞍钢集团“631”产业发展战略，结合攀钢实际组织编制了《攀钢2020—2022年发展规划》，明确了攀钢“1144”的产业发展目标；同时，为推动规划执行，围绕产业升级，制定了重大事项行动计划，并有序推进，为攀钢发展及年度生产经营任务的完成奠定了良好基础。

充分发挥自身优势，建立战略合作关系。坚持以“优势互补、资源共享、务实求效、合作共赢”的原则，充分发挥自身优势，积极寻找战略合作伙伴，并签订战略合作协议，全力为公司战略发展提供有力支撑。攀钢分别与贵州贵能投资股份有限公司、云南省能源投资集团有限公司、四川德胜集团钒钛有限公司、四川银行、重庆川仪自动化股份有限公司（续签）签订战略合作协议建立了战略合作关系。

【投资管理】 鞍钢集团批复同意攀钢2020年投资计划规模为330000万元，攀钢以规划为指引，结合生产经营情况，在年中多次向鞍钢集团申请并取得同意对年度投资计划进行了调整，确保了重大投资项目和节能环保等重点项目按计划推进，最终完成投资325181万元，完成率98.54%。

组织对《攀钢集团有限公司发展战略和规划管理办法》《攀钢集团有限公司固定资产投资管理办法》《攀钢集团有限公司产业类长期股权投资管理办法》《攀钢集团有限公司工程项目勘察、设计管理办法》《攀钢集团有限公司工程项目实施管理办法》《攀钢集团有限公司固定资产投资项目契约化管理办法》《攀钢集团有限公司新设项目公司跟投管理办法》《攀钢集团有限公司投资项目后评价管理办法》《攀钢集团有限公司土地、总图与矿业权管理办法》等9个办法进行了修订，形成了较为健全的投资管理制度体系。

认真组织开展投资项目审查、修编确认及立项相关工作，组织开展了攀钢钒1450毫米热轧生产线技术改造工程、攀钢钛渣电炉技术升级改造与煤气回收利用项目、攀钢海绵钛分公司镁电解升级改造项目、攀钢钒铁路运输管控一体化系统建设项目、攀长特特冶能力提升改造项目——新建1.5吨真空感应炉及12吨真空自耗炉等项目的可研报告审查工作，全年分批次下达了106个项目投资计划（放行/备案）。

组织对攀钢钒焦化酚氰废水处理系统升级改造工程、钒业公司钒氮合金扩能改造工程、攀钢西昌钢钒炼铁厂焦炉煤气精脱硫项目、矿业公司选钛厂MES系统及配套系统建设等8个项目开展了后评价工作，完成了攀钢西昌钒钛资源综合利用项目冷轧工程等18个项目审计，开展了马家田尾矿库接替库一期工程等3个项目过程审计工作，通过评价和审计工作的开展，对投资决策、实施及达产达效等情况进行全方位检查、总结，为下一步投资工作改进提供经验和建议。

【工程管理】 2020年工程项目按计划开工项目101项，已完工项目90项（含2020年前开工项目），其中矿业公司马家田尾矿库接替库一期工程、矿业公司尖山采场露天转地下开采工程设计变更后续项目、攀钢钒公司炼铁厂三号高炉节能环保改造工程、成都板材新建连续热镀铝锌机组工程、攀长特新建3吨电渣炉（一期、二期）、昆明达海物流园一期工程、重庆钛业钛石膏资源综合利用等项目已建成投产，为公司生产保供、高端特种材料发展等创造条件。矿业公司白马铁矿及及坪采场物流优化工程、西昌钢钒高炉炉料结构优化升级改造项目、攀钢高端钛及钛合金生产线项目、攀长特锻轧厂锻造生产线新建31.5兆牛快锻机组项目等重点项目正按计划稳步推进。

【股权管理】 2020年，攀钢按计划稳步推进参股经营投资自查整改工作，完成了富源县龙蟒矿产品有限责任公司、四川江油科海仪表公司等4家参股企业的处置，同时四川科达金属制品厂、成都蓝风（集团）股份有限公司、成都丽雅纤维股份有限公司、四川华天集团股份有限公司、四川天华股份有限公司等参股股权已完成评估备案并在产权交易机构公开挂牌。

进一步加强对参股企业的监督管理，通过加强与参股企业股东的沟通协调，有效维护公司权益。2020年获得参股企业分红10364万元。

【资产管理】 2020年，对攀成钢资产处置工作进行了全面梳理、统筹安排。攀成钢钢管区159管加工生产线、钢管加工第4生产线、石油套管接箍线、210平方米烧结机、转炉及连铸机及高炉区域、电炉区域、棒材区域等多区域多产线资产已完成处置。

推进攀钢各区域的退休人员社会化资产移交工作，与各属地政府主动协调，顺利完成了资产移交工作；积极研究厂办大集体改革政策，依法合规推进厂办大集体资产无偿划转工作，为厂办大集体改革创造条件；加强与地方政府的联系、沟通与协调，持续跟进银江水电站、乌东德水电站建设及棚户区改造涉及攀钢资产的征收补偿，确保国有资产管护安全，处置依法合规。

2020年，全力推进重点单位、重点项目的资产处置工作，超额完成公司资产处置目标。攀钢实现闲置资产处置收入4.62亿元，超目标2.62亿元。

【科技管理】 在2020年全球钢铁企业创新（专利）指数排名中，攀钢位列中国161家钢铁企业第3名，被评为“最具专利创新力企业”，获得2019年四川省专利实施一等奖1项（一种道岔轨的热处理方法和道岔轨），获得2019年中国专利优秀奖1项（一种含钒物料钙化焙烧的方法），完成四川省第一批知识产权重点保护名录的申报（专利2项，商标1项）。

2020年，攀钢编制并发布《攀钢集团有限公司科技创新发展规划（2020—2022）》《攀钢集团有限公司产品发展规划（2020—2024）》，制定了《攀钢拳头产品实施方案》。

“基于攀西钛资源的 Ti_4O_7 纳米材料的可控制备及其燃料电池高值应用研究”和“基于区块链的西部物流系统安全关键技术的研究”两项国家自然科学基金项目获批立项；完成了“高性能铁路轨道用钒钛微合金化新产品研制及应用”“航空用钛合金薄壁复杂结构件精密制造技术研究”等4项攀西试验区项目财务验收审计及通过了省科技厅组织的预验收；开展了四川省高新类到期项目“钛及钛合金无缝管产品开发”“大卷重纯钛卷成套生产技术产业化”等5个项目验收材料准备，通过了省科技厅组织的验收；完成了四川省成果转化项目“高炉渣提钛及氯化钛白系统集成技术转化应用”、定向财力转移支付项目“攀钢高炉渣提钛产业化关键工艺及装备技术升级研究”财务验收审计及验收。

“红格南矿资源综合利用关键技术研究”“攀西钒资源绿色高效利用关键技术与应用”项目通过中钢协组织的科技成果评价（鉴定），达到国际领先水平。获国家科技进步奖1项，获全国行业协会科技成果奖8项，其中二等奖1项、三等奖7项；获省级科技成果奖8项，其中一等奖2项（共同完成）、二等奖3项、三等奖3项。评定2019—2020年度攀钢科技进步奖项目成果29项，其中授予一等奖2项、二等奖7项、三等奖20项，奖励总额265万元。

全年受理专利962件，其中发明专利699件，发明占比72.7%。取得授权专利583件，其中发明专利260件，发明占比44.6%。当年弃权专利6件，其中发明专利2件。截至2020年底，累计拥有有效专利3925件，其中发明专利2299件，发明占比63.4%。全年PCT专利申请4件，海外专利授权8件，累计有效海外专利104件，其中美日欧专利28件。

完成《钒氮合金》（GB/T 20567—2020）等四项国家标准修订并发布；完成《钒氮合金钒含量的测定硫酸亚铁铵滴定法（英文版）》（GB/T 24583.1—2019(E)）等3项国家标准英文版项目报批。

【企业管理】 以新攀钢建设为统领，构建“战略、预算、考核、薪酬、职位”一体化评价考核体系，建立“跑赢大盘、跑赢自身”的双跑机制，将双跑双维度评价结果划分为五档，对应得分为90~130分，纳入经营业绩考核得分，进一步深化契约化管理，同时，制定下发了《攀钢2020年战略绩效与薪酬评价考核办法》《攀钢2020年专项考核细则》。按照“一企一策”原则，与22家单位签订了《各单位契约化经营业绩目标责任书》，与公司副职签订了《契约化经营业绩目标责任书》，进一步健全完善了绩效考核体系。

为适应新的管控模式和组织架构，按照符合性、合规性、全面性和可操作性原则，开展规章制度立改废释，完善制度管理长效机制，为企业高质量发展提供制度保障，2020年公司累计发布制度78项。

持续推进《攀钢集团有限公司“总部机关化”问题专项整改工作方案》落实落地。在职能调整方面，结合行业和企业实际，进一步明确总部职能，优化管控模式，明晰总部定位；在运行机制方面，通过信息化手段集成共享各类信息，通过修订授权体系，加大授权放权力度，优化审批流程，促进层层“松绑”，激发市场主体企业的活力；在组织体系方面，深入推进组织机构改革，进一步减少集团部门及人员编制。

推进五制配套基层管理模式。攀钢制定下发了《2020年五制配套管理推进工作方案》《攀钢A级示范作业区评定细则》，涵盖了安全本质化、管理规范化、环境整洁化、行为标准化等四个方面；通过召开基础管理工作推进会、推进办会议、作业长研修会等，及时了解掌握各单位工作进展情况，对好做法、好经验予以宣传推广，促进相互学习、相互提高，使公司五制配套管理工作更加持续有效；组织对攀钢钒、股份公司、矿业公司等单位五制配套及A级示范作业区推进情况进行了调研督导；经组织有关部门现场验收、评审，西昌钢钒维修中心、西昌钒制品分公司、攀钢钒冷轧板厂等3家单位获得五制配套管理推进一等奖；攀钢钒提钒炼钢厂板坯连铸作业区、金属制品公司棒材作业区、西昌钢钒板材厂酸轧作业区、西昌钢钒能动中心发电作业区、西昌钒制品分公司焙烧浸出作业区、西昌钢钒维修中心轧钢作业区、股份公司重庆钛业成品作业区等7家单位获得攀钢A级示范作业区称号。

扎实做好管理创新成果申报工作。2020年，攀钢共有4项成果获冶金企业管理现代化创新成果三等奖、10项成果获鞍钢集团级管理现代化创新成果，其中，集团公司“老三线国有钢企非钢产业平台建设与管理”、西部物联“积微物联大数据应用分析平台的构建与运营”等2项成果获一等奖，攀钢钒金属制品公司“以‘优质、高效、低成本’为目标的精益管理”获二等奖，股份公司“提升企业基础管理‘合力’与‘活力’的探索及实践”等7项成果获三等奖。

【信息化管理】 围绕数字化智能化转型持续加强顶层设计，攀钢组织开展了“十三五”信息化发展规划的回顾评估，完成“十三五”期间规划执行及建设情况总结，发布网络安全和智慧物流2个支撑性规划和《攀钢集团两化融合总体规划（滚动修编2020—2022）》，编制完成《攀钢“十四五”信息化发展规划纲要》。

推进数字化智能化转型工作。发布攀钢数字化智能化转型升级工作推进计划，组织编制完成攀钢在用系统情况及系统建设建议报告和攀钢IT基础设施现状调研和升级改造项目建议报告，发布《攀钢推进数字化智能化转型实施方案》，组织编制完成14条产线工艺技术调研及智能化建议报告，攀钢数智化营销、攀钢IT硬件基础设施升级改造项目启动实施，攀钢数智化采购项目完成立项审查报鞍钢集团审批，攀钢数智化物流项目完成初设方案初稿编制，攀钢数智化生产和攀钢IT基础应用平台升级改造项目开展初设方案编制。

持续强化网络安全管理。2020年，攀钢实现了重大及以上网络安全事件为零，组织相关单位参加攀枝花市“护网2020”网络安全攻防实战演习，攀钢荣获演习一等奖。

有序推进“两化融合”项目建设。2020年，攀钢在建项目29个，其中，上线投用9个，竣工验收11个。组织各单位完成10个项目自我评价工作，委托第三方专业机构开展了3个项目后评价工作，总结项目建设经验和存在问题，为后续项目建设提供借鉴。

【安全环保工作】 2020年，攀钢共发生全口径安全事故8起8人，同比增加2起2人。其中，内部职工工亡事故4起4人，同比增加3起3人；轻伤事故4起4人，同比持平；相关方事故为零，同比减少死亡事故1起1人。实现危险化学品、较大火灾事故和特大道路交通事故为零。职业危害监检率100%，职业健康体检率100%，重大事故隐患整治率100%。SO_2排放量5567吨，NO_x排放量10410吨，COD排放量225吨。均完成鞍钢集团下达给攀钢考核指标。

辨识法律法规936部，细化完善了《安全管理办法》《生产安全和火灾事故管理办法》等6个安全管理制度和9个公司级应急预案，确立“重结果又重过程、看目标又看管理”原则，制定了《安全生产绩效评价管理办法》；推进“隐患排查治理年”工作，排查各类隐患9977项，整改9803项；开展风险辨识并实施分级管控，辨识各类风险点5850个。开展相关方安全管理清理与整治，系统清理出五大类、653家相关方单位及15000余名务工人员，补充完善合同或协议、修订完善作业制度。

开展职业安全技能提升行动，培训人员30000余人次，建设VR安全实景体验馆，开展“VR虚拟体验培训”+场景式培训+专项培训，形成了15个专业工种安全教育培训标准化模式。

强化汛期隐患排查和严格汛期24小时值守，加强职业健康管理，完成职业健康体检18780人，发现职业禁忌人员27人，未发现疑似职业病病例；职业病危害因素检测完成12939点次；完成职业卫生培训7151人；开展各类评价项目56个；全面完成矿山、冶金、化工行业领域尘毒危害专项治理目标。

2020年实施了攀钢钒新2号烧结机脱硝等36项环保项目，估算投资8.97亿元，其中超低排放改造项目15项，投资5.55亿元；多渠道引导各单位提高环境风险意识，强化现场管控，加大考核力度，2020年攀钢取得了环保行政处罚次数、处罚金额均为零的好成绩；积极组织申报，强化指导及沟通协调，公司参评的17家单位中，6家为“诚信企业”，11家为“良好企业”，无“警示企业”及“不良企业”。

完善督查检查工作机制，编制环保督察检查

手册，制定环保督察计划，全年共督察检查 33 次，下达督办通知 3 个，发现问题 36 项，均已完成整改；组织开展中央、省环保督察及“回头看”问题及整改情况排查梳理，公司所涉及的相关问题均已按要求完成整改。

【财务管理】 2020 年，攀钢利用 AAA 评级，累计发行各类债券 47 亿元；利用金融支持政策和银行新增授信额度，增加中长期融资 26.4 亿元，12 月末，中长期融资占比 63.85%（含权益类融资），较年初提高 14.03 个百分点；通过采取沟通会商、书面发函、提前归还、提前置换等一系列措施，有效降低资金成本，12 月末全口径综合资金成本 4.39%，较年初下降 0.64 个百分点，较上年节约利息支出 2.43 亿元；全年累计处置低质低效存货 2.63 亿元，处置非正常存货 1.09 亿元，办理抵账 24.43 亿元，收回老欠 0.95 亿元；督促各销售单位制定全面高风险票据的退出收取计划，12 月末，攀钢持有潜在风险票据 100 万元，较年初 490 万元减少 390 万元，持有《鞍钢集团票据风险专项审计报告》提及的高风险票据 0.09 亿元，较年初 2.59 亿元下降 2.5 亿元，票据风险总体可控。

建立和完善预算突发事项应急机制和预算调整论证机制。2020 年，攀钢实现报表利润 19.04 亿元，实现考核利润为 26.67 亿元，超鞍钢利润指标 6.67 亿元，实现考核净利润 24.65 亿元，超鞍钢指标 7.38 亿元，完成营业收入利润率 3.23%，完成鞍钢年度目标；完成经济增加值 26.75 亿元，超鞍钢指标 7.42 亿元。

制定全公司系统量化降本总体实施方案，建立全要素、全流程、全员参与的成本控制体系，清理制定 35 亿元降本措施；构建“总经理+业务主管领导+业务主管部门+子分公司”的成本管控模式；建立月度监控、季度通报的监控制度；2020 年降本方案从供、产、运、销四个环节着手，制定了 15 亿元采购降本措施和 20 亿元工序降本措施；2020 年，攀钢完成系统降本 26.25 亿元，其中工序降本 18.2 亿元，折合吨材工序降本 193 元；制定《攀钢集团有限公司关于应对目前严峻形势坚决打好生存保卫战的十项措施落实方案》，对 11 项专项费用实施超常规压降措施，总降幅达到 18%，2020 年，超常规压降费用取得阶段性成效，11 项专项费用较上年降低 2.82 亿元。

利用三项社保和运输、用能等优惠政策全年降本增效约 5 亿元；争取钒钛磁铁矿资源税优惠政策，维持铁精矿资源税率 4%不变，钛精矿按 4%税率减半征收，钒在冶炼环节不征资源税，攀钢每年预计增加钛资源税约 0.3 亿元，较预计情况节税 0.22 亿~3.15 亿元；争取攀成钢棚改补贴税收优惠政策，节约增值税及附加税 1786 万元。

全力以赴推进降杠杆减负债工作，分解经营增利、盘活土地、混改等 11 项具体措施，截至 12 月末，资产负债率为 62.82%；共享平推业务基本实现全面上线，共享平台功能平推工作已基本完成；初步完成部分单位共享审核角色业务上收：已完成鸿舰重机、冶材公司及传媒中心等七家共享审核角色上收业务。

【审计管理】 2020 年，攀钢实施了股份公司、工程公司设计院、东方钛业、重庆钛业等 9 家单位领导人员经济责任审计，重点对被审计单位的经营决策情况、“三重一大”制度执行及影响企业运营质量和经济效益发挥的重要事项、内部控制制度执行情况、财务收支、资产状况等开展审计，促进了领导人员更加规范地履行经济责任，落实国有资产经营责任。

坚持问题和风险导向，突出关键环节，强化重点领域监督，完成了扶贫项目和资金、“两金”清理、民企账款拖欠清理、退休人员社会化统筹外费用、公司重大经济决策落实情况等专项审计；开展公司重点领域管理专项审计，完成了公司研发费管理、两化融合项目管理、矿业公司备品备件管理评价、重大固定资产投资效果、绩效考核、重点工程项目跟踪审计等审计项目，维护公司制度刚性执行，促进公司业务管理持续优化和提升，提升经营管理效益和效率。

完成了票据风险管理、股份公司经营风险审计、股份公司重点租赁经营项目、攀钢钒公司轧钢工序成本管理、成都零部件公司经营管理、物贸公司财务收支、昆明物业财务收支等审计，促进公司及二级单位依法治企、合规经营、提高风险防范能力。

对每份审计报告编制审计问题整改责任清单，明确整改目标、时间和措施，持续跟踪督促审计问题整改，按季度通报审计整改结果，公司全年完成了 198 个审计发现问题整改，避免或挽回损失 2227 万元。当期审计问题整改完成率 92%，超过鞍钢集团考核指标 7 个百分点。通过审计整改，修订完善制度14项，促进问题源头治理，提升管理能力。建立完善审计问责机制，对审计发现的违规和整改不力事项，加大考核，全年经济考核相关责任人124人次、金额17.78万元，发挥了警示和预防作用。

【人力资源管理】 2020年，攀钢结合内部各单位的行业特点、资产规模及管理难度等因素，按照“一企一策”制定实施年度差异化工效联动办法；强化企业与员工业绩共享、责任共担的激励导向，建立超额利润分享激励机制，实现超额利润分享5656万元；强化人力资源效率提升导向，对人力资源效率提升单位奖励金额3479万元；制定实施项目收益分红实施方案，对41名关键人才项目分红激励兑现248万元；推进落实关键人才中长期激励机制，对4名符合条件的人员进行奖励兑现71万元；持续推进上市公司实施股权激励前期相关工作，为推进员工持股激励奠定基础。

结合产业特点，对标先进企业，制定实施“一企一策”差异化人力资源优化计划，全年优化精简在岗职工1906人，压减劳务用工2178人，降低劳务费1.03亿元，全员劳动生产率同比提高5.1个百分点；制定下发《关于规范办理职工内部退养的通知》，拓宽在岗职工优化通道、措施，全年办理职工内部退养497名，人力资源结构进一步改善；规范高效完成退休人员社会化管理交接工作，共向属地政府移交退休人员管理服务职能86262人，移交纸质档案86262卷、电子档案32159卷，移交党组织关系20294人，移交服务活动场所32处，建筑面积约17313平方米。

修订《攀钢集团有限公司专业技术职务任职管理办法》，改善专业技术职务评价方式，其中助理级和中级采用以考代评，高级采用业绩评审和面试相结合；拓展职称评审人员范围，打通高技能人才与工程技术人才职业发展通道。组织首次初、中级职称考试，考试合格676人，其中，中级538人，助理级138人。工程、政工、经济、会计高级职称评审通过人员192人。

加强人才引进管理，拓展引进渠道，规范引进工作，2020年引进高校毕业生61名，其中，博士8名、硕士29名、本科24名；引进成熟人才11名。推荐并入选“鞍钢英才计划”技术技能领军人才培养对象17名、拔尖培养对象30名、骨干培养对象118名；推荐省市学术和技术带头人及后备人才111名，享受国务院政府特殊津贴人员、中华技能大奖、天府工匠、“青年科技奖”等候选人21名；韩振宇等7名同志获首届攀枝花市英才奖；刘勇等4名同志获得攀枝花市“本土人才成长奖”；完成昆明理工大学陈菓博士后科研项目“攀枝花钛渣改性调控机制及制备钛系焊材应用研究”出站鉴定工作，目前在站博士5名。

选送118人次参加大连高级经理学院、中钢协组织的各类管理、技术、技能培训项目；先后组织开展优秀年轻管理人员素质能力提升培训、2020年高校毕业生入职培训和两级机关优秀年轻管理人员专项培训，参培155人；与专业部门联合举办网络安全专题、设备管理及年轻领导人员廉洁教育专题等16个培训项目，参加人员2200余人次；组织相关人员参加鞍钢中高级研修班、80后、90后青年干部培训班、党的十九届四中全会精神集中轮训和鞍钢集团全面深化改革专题培训班，参培968人次；组织200人次管理人员参加中国大连高级经理学院、国资委干部教育培训中心等各类网络培训班。

【法律事务】 2020年，攀钢实现重大决策、重要规章制度、重大合同“三项”法律审核率100%。

实行总法律顾问制度，聘任了公司总法律顾问，进一步完善了公司法律管理组织领导体系；组建了一支由21名公司律师组成的攀钢公司律师队伍，为提升集团公司法律专业化管理水平、统筹法律人才资源打下坚实基础；制定发布了《攀钢集团有限公司合规管理办法》；修订《攀钢集团有限公司法律事务管理办法》，对公司2020年度制修订并发布实施的《董事会议事规则》《股权管理办法》《保密管理办法》等91项规章制度全部进行了法律审核，深入落实所有规章制度必须经法律审核的工作要求，确保制度依法合规。

公司法务人员全面参与攀长特厂办大集体改革，退休人员社会化管理移交，西昌医院合资合作，工科咨询公司、积微物联、眉山冷弯混合所有制改革，富源龙蟒公司股权处置，中航特材破产，昆明物业住宅产权处理，冶材公司持有新立特耐公司股权转让，新钢业股权网络拍卖、股份公司股权激励、国钛科技股权收购等重大项目，全程提供法律服务，保障项目依法合规，并对41项重大决策事项进行了专项风险评估与合规审查，防范法律风险。

对公司战略合作、投融资、对外担保、资产处置、三供一业移交、退休人员社会化管理移交等59份合同进行法律审核，防范合同风险。

对2020年新发生的诉讼纠纷案件，主要由公司律师代理，共代理诉讼纠纷案件20件，涉及环保公益诉讼、票据、合同、劳动争议、历史欠款等纠纷，涉案金额1.7亿元，避免/挽回经济损失1.2亿元，执行回款8898万元，节约律师代理费1000余万元。同时，派专人加大对外委案件跟踪督办，确保外委案件的办案质量。

组织完成了攀钢“七五”普法及法治央企建设总结验收工作；加强领导干部带头学法，攀钢党委中心组开展2次法治专题学习，重点学习了习近平总书记在中央全面依法治国委员会第三次会议上的重要讲话精神和民法典；开展专项法治学习宣传活动，组织164人参加民法典专题学习，组织21人参加2020年第一期企业法律顾问履职能力网络培训班，举办5期国务院国资委法治讲堂视频学习活动，开展了民法典法治电影、微视频大赛；做好疫情期间法律风险提示，通过微信等方式发布《关于新冠肺炎疫情期间企业合同风险应对指南（商事）》《关于新冠肺炎疫情引发的法律问题指南》《新型冠状肺炎疫情期间法律风险提示》，防范新冠疫情对公司生产经营可能产生的法律风险；承办2期《鞍钢日报》“法治·鞍钢”专栏，发布专题文章，分享实时热点和经典案例，丰富报纸法治宣传内容。

【党群工作】 2020年，攀钢制定《攀钢党委贯彻落实中国共产党国有企业基层组织工作条例（试行）责任清单和问题清单》，明确了49条事项、16条问题的整改落实责任。制定《攀钢集团有限公司党建强企工程实施方案》，提出22项重点任务；制定《攀钢集团有限公司直管单位党委（总支）党建工作责任制考核评价办法（试行）》，组织开展2019年度党委书记述职评议及党建工作考核评价工作，反馈了考评结果，督导了反馈问题整改，根据鞍钢反馈意见，制定《攀钢集团有限公司党委书记2019年度抓基层党建工作述职评议考核评价意见整改方案》；结合鞍钢党委扶贫惠民领域专项巡视“回头看”整改要求，在全公司范围内开展专项服务行动项目实施情况和机关党建工作情况专项检查；结合《鞍钢集团直管单位党委换届选举工作“两请示、一报告”审批流程》，强化审批制度落实，规范换届选举工作流程；召开攀钢第九次党代会，选举产生第九届两委委员，确定了打造世界一流新材料企业的新攀钢建设目标；完成攀钢团委换届改选相关审批；持续深入整顿2019年度民主评议未达标党支部、排序末位党支部，实现滚动整顿、查缺补漏、巩固提高，成功创建鞍钢党支部示范基地1个、样板党支部14个，并下拨19万元专项经费，加强了基层党支部建设。

2020年，攀钢持续深入学习贯彻习近平新时代中国特色社会主义思想，切实推动党中央决策部署和上级党委各项决策部署在攀钢落实落地。认真落实集团公司党委书记专题会要求，进一步提升学习实效性；优化学习制度，修订攀钢中心组学习实施细则，全年组织集团党委中心组集体学习会9次，围绕学习贯彻《党委（党组）落实全面从严治党主体责任规定》《习近平谈治国理政》（第三卷）等主题，开展研讨6次；注重集体学习和个人自学有效结合，印发学习通知单30期，编发《中心组参考》8期，发放学习读本8000余册；注重学习实效，协同办公室将中心组学习会安排部署的27项重点任务，录入《攀钢学习贯彻习近平总书记重要讲话、指示批示精神台账》，并跟踪落实情况；将各单位中心组学习落实情况纳入年度党建联合考评。2020年，攀钢党委常委会专题研究意识形态工作2次，向鞍钢集团党委书面报告2次，开展“实施‘1+3·3·3’工作法，推进国企意识形态工作责任制落实——攀钢党委构建意识形态工作体系的探索与实践”课题，获得中国冶金政研会和鞍钢集团优秀课题一等奖。

2020年，攀钢党委将学习传达习近平总书记重要讲话和重要指示批示精神列为常委会“第一议题”，制定落实措施58条，完成52条；建立纪检系统暗访监督机制、专责监督和业务监督联动机制，立案4件、处分4人，通报批评2人，组织处理6人，诫勉谈话3人，考核686人，26万元，解除劳务合同15人；开展安全生产领域“形式主义、官僚主义”专项监督，立案11件，给予党纪处分、政纪处罚11人。运用“第一种形态”处理1132人次，立案109件，结案109件，党纪处分、政纪处罚108人，移送留置6人，收缴违纪款和挽回损失2994万元，其中1242万元入攀钢财务账；

开展线索大检查，处置19件暂存时间较长的问题线索；对监督检查发现问题集中筛选，发现线索36件；指导办理问题线索5件，立案4件；审核基层纪委拟了结问题线索335件次，立案16件。用好“两书一函”，向分管领导发提示函3份，下发专项治理监督建议书10份，检查建议书2份；人力资源部开展培训费使用管理专项检查，发现问题27项，清退多发的培训费、考核相关责任人。550人次分别参加中央纪委培训、鞍钢纪检培训、攀枝花市纪检监察学院培训；向鞍钢集团纪委专项报告工作13次，督促各级党委、纪委主要负责人向上级纪委报告重大事项和重大线索，各级纪委书记建立工作日志；抽调下级纪委纪检人员16人次参与问题线索处置、初核等工作，“以案代训”；选送2人到攀枝花市纪委监委轮岗培训，选送2人到四川省纪委监委参与案件查办；6人以“临时监察员”身份参与留置案件办理。开展攀钢工会经费专项治理，查出问题421项，制定整改及防范措施286项，清退133024. 2元。

2020年，攀钢工会指导、督促16项集团重点劳动竞赛项目扎实推进，各级工会320项竞赛项目蓬勃开展；新立项四川省重点劳动竞赛1项、市级重点劳动竞赛3项，鸿舰公司智能制造劳动竞赛成绩显著荣获四川省五一劳动奖状。制定下发了《攀钢职工创新工作室运行管理办法》；命名2019年攀钢先进操作法6项，推选鞍钢集团职工先进操作法7项；评选2019年度“金、银、铜”点子、自主管理创新成果各60项和46个优秀职工创新工作室并进行了表彰。14个群创项目获省总“改革创新当先锋、提质增效保增长”职工技术创新成果和合理化建议一、二、三等奖，列四川省企业集团第一。2020年，攀钢成为四川省总工会产业工人队伍建设改革的试点单位之一。制定下发了《攀钢职工（代表）大会操作指引1.0版》，组织召开了集团领导与职工代表民主座谈会，28条意见建议全部落实。攀钢2020年获评“全国厂务公开民主管理示范单位”称号。修订下发《攀钢工会经费收支管理实施办法》，制定下发《攀钢工会采购管理办法》，对400人次工会干部进行了制度宣贯和专题培训。

2020年，攀钢新成立由党委书记为组长、分管统战工作的党委副书记为副组长的攀钢党委统一战线工作领导小组，推荐攀钢为首批23家四川省国有企业联席成员单位，并出席首次联席会议。向鞍钢集团推荐党外人士重点人选55名；推荐37名党外领导干部（含C级）进入全市党外干部重点人选，已有4名党外干部入库，推荐7名党外代表人士列席攀钢第九次党代会，推荐3名党外代表人士列席鞍钢集团常委会有关议题，4名政协委员撰写《关于治理龙珠路交通拥堵的建议》等提案获市政协九届一次会议以来优秀提案；市政协立案办理攀钢政协委员3件集体提案、17件个人提案，全国两会期间，全国政协委员孙朝晖提出提案3件、联名8件、1条社情民意，全国人大代表吴洪英提出议案4件。

2020年，攀钢总结表彰第三届青年技创节项目，启动第四届青年技创节。2020年青年创新登高项目立项515项，青年覆盖面达80%以上；征集青年科研论文196篇，举办攀钢优秀青年科研论文发布会，评选出优秀论文17篇；表彰第三届青年技创节创新登高优秀项目69个、青年岗位能手25名、青年创新能手17名、“青年安全生产示范岗”14个、“青年文明号”10个、“十佳突击队”10个、“攀钢青年创新工作室”7个、青年技创节“优秀组织单位”4个；举办攀钢第二届青年技能大赛，设电工、钳工、焊工、程序设计、CAD建模五个竞赛项目，发掘27名青年技术技能人才。开展主题教育实践活动30余次，开展形势任务教育24次，编发《攀钢共青团系统2020年形势任务教育安排意见》。召开攀钢第十一次团代会，选举产生新一届委员会和书记，打造“青攀钢211工程”，团的工作科学化水平迈上新台阶；制定《攀钢集团有限公司共青团经费收支管理实施办法（暂行）》等6项管理制度；攀钢团委书记带头每月2次参加基层团支部组织生活会。

2020年，攀钢获“十三五”中国企业文化建设优秀单位、四川省企业文化建设优秀奖。攀钢党委先后5次召开专题会研究并印发《攀钢集团有限公司“文化浸润”工程实施方案》；开展攀钢投产50周年纪念活动。在第七届汽车用钢年度峰会上，作了《攀钢汽车用高强钢研究及轻量化应用进展》主旨演讲；央视《坐着高铁看中国》大型主题报道通过《新闻联播》《朝闻天下》和《新闻直播间》等新闻栏目，全面讲述了攀钢攻克钒钛磁铁矿冶炼世界难题，打造世界顶级钢轨品牌的英雄历程；钒钛产业方面，借力2020攀西钒钛论坛，利用会场展板、主旨演讲、集中报道、实地参观等形式，全方位展示钒钛产业优势。

· 所属单位简介 ·

攀钢集团攀枝花钢钒有限公司

【概况】 2020 年底，攀钢集团攀枝花钢钒有限公司（以下简称“攀钢钒公司”）总资产 258.09 亿元，较上年上升 4.77 亿元；净资产 113.45 亿元，较上年上升 5.53 亿元；在岗职工人数 9986 人，较上年减少 379 人。2020 年，攀钢钒公司面对新冠疫情的严重冲击和复杂多变市场环境的严峻挑战，全面贯彻党的十九大和十九届二中、三中、四中、五中全会精神，深入学习贯彻习近平总书记重要指示批示精神，坚决落实集团公司决策部署，攻坚克难、砥砺奋进，各项工作取得了来之不易的成绩。

【生产经营】 2020 年，攀钢钒公司紧盯目标任务和市场变化，强化产供运销协同，实现营业收入 249 亿元、利润 10.5 亿元，同比分别增加 10 亿元、5.4 亿元，同口径利润创历史最好水平；实现销售利润率 4.22%，同比上升 2.08 个百分点，比行业多提高 2.11 个百分点，跑赢大盘、跑赢自身。狠抓以高炉稳定为核心的高水平生产，铁钢产能充分释放，全年生铁产量 637.9 万吨，铁、钢、钢（坯）材规模分别比奋斗目标高 7.9 万吨、8.2 万吨、8.3 万吨，均创历史最好水平；技术经济指标全面优化，高炉利用系数等 7 项重点指标创历史纪录。供产销紧密衔接，采购降本 6.6 亿元；踩准市场节拍，抢抓市场机遇，全年涂镀完成 105.1 万吨，棒线材首次完成 100 万吨，异型轨完成 7.2 万吨，同比分别增加 16.9 万吨、11.3 万吨、2.4 万吨；全年调品指数 288 元，优于上年 21 元。

【成本竞争优势实现新突破】 2020 年，攀钢钒公司坚持“一切成本皆可降、人人皆可降成本”理念，制定了五年吨钢降本 300 元的低成本战略目标，加快构建“4·4·4·4”成本变革工作体系，着力形成全员、全要素、全过程铁血降本工作格局。坚持“四个到位”抓落实。以“十项措施”“4711”专项行动为抓手，采用“公司领导牵头+各单位主动开展+专业部室督促推进”的工作模式，实行清单式管理，狠抓“四个到位”，实施了 12 个公司级项目和 76 个厂级项目。建立“四大机制”促保障。建立了快速联动反应机制、预算偏差率评价机制、降本专项考核机制、绩效排名通报机制，形成齐头并进降本局面。全年降本 8.8 亿元，超目标 1.3 亿元，量化降本完成率 117%。各工序成本全面下降，折合吨钢降本 150 元，比行业多降 70 元，其中生铁成本较上年降 75 元，中钢协排名由上年 27 名提升至 11 名。

【可持续发展能力跃上新水平】 2020 年，攀钢钒公司高炉钒钛磁铁矿强化冶炼技术取得重大突破，四号高炉利用系数月度最高达 2.93 吨/(立方米·日)，创高炉投产以来最好水平，2020 年产量超计划 17 万吨，增加规模效益约 9000 万元。高温碳化示范线连续 7 个月产量突破 1 万吨，碳化渣全成本实现攻关基本目标。完成了高品位钒钛磁铁矿高炉冶炼工业试验。产线装备升级加快推进。成都板材新建铝锌线提前 52 天热负荷试车成功，并于次月实现快速达产。30 兆瓦发电机组建成后一个月实现达产达效，全年累计发电 1.44 亿千瓦时，公司自发电量同比净增 8000 万千瓦时，创效 2400 余万元。重点技改项目能动分公司锅炉烟气超低排放改造，炼铁厂焦炉煤气精脱硫，提钒炼钢厂提钒转炉除尘、脱硫系统改造等建成投运。智能制造稳步推进。万能二线产线数字化项目通过了四川省经信厅验收，数字化设备管理系统、铁区生产管理系统等 3 个项目上线运行，冷轧原料库无人化吊车投运。

【品牌建设取得新进步】 2020 年，攀钢钒公司成功开发贝氏体钢轨、60E1A5 系列出口道岔轨等；过共析钢轨（PG5）目前在美国 TTCI 测试排名第四；攀钢钢轨独供雅万高铁，实现长定尺钢轨批量出口，成为中国高铁整体出口“第一单”；强化攻关，快速适应铁总“39 条”质量标准加严要求，全年道岔轨无质量异议；钢轨国内市场占比由 2019 年的 37.9%上升到 39.9%，其中道岔轨占比 98.5%，出口轨占比持续保持 70%以上。家电及电器用钢品牌效应进一步提升。成功开发新一代高耐蚀涂镀产品锌铝镁，为海尔等重点用户批量供货；通过质量攻关，供美的镀锌产品万吨不良品排名相比 2019 年上升 6 位；彩涂产品成功应用于云南区域医用净化板，并用于新冠疫情期间的方舱医院建设。建筑用钢筋和制品材西南第一品牌地位进一步夯实。仅以 5 个月的时间成功开发完成 SWRH82B 制品材，月供货量达 1 万吨以上；抗震钢筋钢成功用于天府机场、乌东德水电站等大型工程项目。全年独有领先钢铁产品推广 298 万吨，占比 56%。

【管理效能有了新提高】 2020 年，攀钢钒公司坚持以见贤思齐、闻过则喜的态度与朝阳钢铁、福建三明、湛江钢铁等先进企业对标找差，建立了一以贯之、持之以恒的对标机制，聚焦战略管理、运营管理、财务管理等重点内容，围绕效率、效能、质量等核心指标，从标杆企业借鉴经验 83 项。精益管理有效拓展。在炼铁厂等单位探索开展精益管理，精益管理理念深入人心，效果初显，炼铁厂和冷轧厂已打造 5S 管理样板区 40 个，炼钢厂已完成流程地图绘制并梳理识别标准作业流程 2077 个，金属制品公司开展 5S 和 TPM 改善新闻总数 386 项、标准修改总数 569 条。持续深入开展以五制配套为核心的基层管理，创建集团公司 A 级示范作业区 2 个。坚守安全红线、环保底线不放松。深刻反思安全事故血的教训，痛定思痛，举一反三，以超常规手段开展全员安全再教育、操作规程再熟悉、隐患治理再深入等专项行动。坚守环保底线，全年重点环保项目建成 6 个；坚持日常精细化管理，重点排口稳定达标。依法治企全面落实。持续推进落实法治建设第一责任人职责，加强合同管理，强化法律风险管控，公司依法合规经营能力和水平有效提升。

【和谐攀钢钒展现新面貌】 2020 年，攀钢钒公司始终坚持把党的领导贯穿各项工作全过程，坚持以政治建设为统领，深入学习贯彻习近平总书记重要讲话和重要指示批示精神，增强“四个意识”、坚定“四个自信”、做到“两个维护”，以实际行动巩固了“不忘初心、牢记使命”主题教育成果，持续推进上级巡视整改，坚决把思想和行动统一到党中央决策部署上来，保证了公司改革发展始终沿着正确的方向前进。各级党组织广泛开展“党建+”“联创共建”等活动，为生产经营提供了强大助力。扎实开展“清风工程”专项行动，46 人主动向组织说明问题；加大执纪力度，处置问题线索 37 件，立案 17 件，处分处罚 B 级及以上干部 13 人，形成了零容忍反腐败的强震慑。队伍凝聚力更加稳固。坚持照顾好职工，确保职工收入与公司效益同步增长。加大人文关怀力度，注重价值观正面引导，鼓舞职工士气。持续加强年轻干部培养和各类技术技能人才素质提升，努力锻造与公司高质量发展相匹配的干部职工队伍。干部带头大力践行“严、细、实”的工作作风，努力提升服务水平和管理效能。勇担央企使命，在盐源县投入帮扶资金 300 余万元，帮助格郎河村退出贫困村，村集体经济实现首次分红。广泛开展各类帮扶送温暖活动，全年发放助学款、救助金、慰问品 167 万元。开展“微服务”370 项，受到职工好评。

【优化管理流程】 2020 年，对公司职能管理界面做出调整，攀钢钢轨技术服务中心与制造部合署办公，实行一体化管理。根据集团公司核心业务管理要求，完成 313 项核心业务审批流程的清理和完善。根据集团公司第三次管理变革的发展要求，制定《攀钢钒公司 2021—2023 年深化管理变革工作方案》。持续推动公司系统量化降本等重点改革任务。推进“去行政化”改革，建立公司专业职能岗位序列，实行模块化管理。

【打造最优工厂（产线）】 2020 年，攀钢钒公司结合生产情况，每个单位设立 1~4 个标志性指标予以关注，公司重点关注高炉利用系数、重轨头腰报警率、百米轨合格率、热轧综合能耗、镀锌产品一次合格率等 30 项标志性指标。累计有高炉利用系数、燃料比、炼钢吨钢综合能耗、热轧综合能耗、酸轧机组日历作业率、成都板材铝锌机组小时产能等 15 项实现目标。制定下发《攀钢钒公司 2020 年“深化对标管理打造最优工厂（产线）”工作方案》，明确工作目标、工作重点和工作要求，11 家二级单位分别制定了打造最优工厂（产线）三年规划，以标杆值为指引，分年度确定每年目标值，明确追赶进度。下发《2020 年对标计划》，确定 73 项深化对标的主要方向，从提升作业效率、降低成本、改善产品质量、减少设备故障、工艺改进、提升装备水平、降低能源消耗、减少物料消耗、降低废弃物排放、提升劳动生产率、推进两化融合、提高精度控制、打造绿色工厂等方面明确对标目标和内容。加强专项督导，促改进提升。对炼铁厂、提钒炼钢厂等 7 家单位实施专项督导 9 次，组织学习集团公司要求及先进材料。畅通内外交流，发挥示范作用。公司对标办到股份公司进行对标学习，就打造最优工厂、精益六西格玛管理、五制配套、A级示范作业区建设等管理内容开展深入交流，学习借鉴股份公司好的做法。到炼铁厂、提钒炼钢厂、冷轧厂、能动分公司、金属制品公司等5家单位就打造最优工厂（产线）进行指导交流，进一步理清二级单位思路，释疑解惑，明确工作目标和方法。炼铁厂组织其余高炉到四高炉进行对标学习。深化对标学习，重塑标杆意识。制定下发《攀钢钒2020—2023年系统对标工作安排》，建立了一以贯之、持之以恒的对标机制。2020年开展实地对标30余次，其中公司层面归纳总结40项经验，借鉴30项。协调各方力量，做好管理融合。将六西格玛立项工作与打造最优工厂（产线）结合起来，相关单位在板材板型、尺寸精度、成材率、设备精度、生产效率等方面进行选项，以项目成效促进指标提升。提钒炼钢厂选取“一方重轨LF出站成分精度”项目，合格率从91%提升到95%。金属制品公司选取“提高制品材的成材率”“减少棒材机组故障时间”“提高棒材成材率”等项目实施，制品材SWRH82B成材率由92.6%达到96.93%，机组故障时间由42.3时/月降低到32时/月，棒材三切分规格成材率由94.23%提高到95.43%。“提高汽车结构酸洗板的厚度控制精度”“提高机车作业效率”等项目也都实现目标。全面总结分析，做好评比推优。热轧板厂荣获集团公司打造最优工厂推进奖二等奖。

【夯实基础管理】 2020年，攀钢钒公司开展综合管理体系管理评审，为评价公司综合体系的适宜性、充分性、有效性和完整性，围绕公司质量、职业健康安全、环境、能源和测量方针及目标的实现情况，公司组织从产品研发、生产制造（包括采购、质量控制、职业健康安全、环境、计量管理、能源管理、人员培训、改进等）过程和市场与产品的营销管理等改进活动的状况和结果开展了公司综合管理体系管理评审。明确了5项需要重点改进的方向。通过管理评审表明公司的综合管理体系是适宜的、充分的和有效的，已形成了持续改进的自我完善机制。顺利通过职业健康安全、环境管理体系到期复评，质量、能源、测量管理体系年度监督审核。2020年6月15—19日，北京国金衡信管理体系认证有限公司对公司职业健康安全、环保管理体系开展了复评审核，对质量、能源管理体系开展了年度监督审核，共发现7项一般不合格项。8月20—21日，中启认证有限公司对公司测量管理体系开展了年度监督审核，发现2项次不符合项。组织完成了不符合项的整改，取得了质量、职业健康安全、环境、能源、测量管理体系证书。组织完成公司质量、职业健康安全、环境、能源管理体系内审。11月5—8日，组织完成了公司质量、职业健康安全、环境、能源、管理体系内审，发现问题69项，其中一般不合格项3项、改进项66项。各单位完成了问题的整改，确保了公司质量、职业健康安全、环境和能源、测量管理体系持续有效运行。加强体系标准培训，提升体系管理人员能力。组织了公司质量、职业健康安全、环境、能源管理体系内部审核员和ISO体系领导作用力培训。公司42人取得质量体系内审员资质、49人取得职业健康和环境体系内审员、40人取得能源管理体系内审员资格证。

【推进五制配套管理模式】 制定《攀钢钒公司2020年五制配套管理推进工作方案》，明确五制配套管理推进工作计划。2020年冷轧厂荣获集团公司五制配套管理推进一等奖。发挥跨厂协作平台联系、沟通、协调作用，持续运行炼铁厂新三号高炉与物流中心炼铁站、炼钢厂方坯作业区与轨梁厂一轧钢作业区等7对跨厂协作平台，59项重点工序服从指标年均值完成率91.5%；新构建提钒炼钢厂（聚钛科技）与氯化钛白厂跨公司协作平台，支撑高炉渣提钛产业化示范线达产达效攻关。创建攀钢A级示范作业区。选定炼铁厂四高炉作业区、提钒炼钢厂板坯连铸作业区等6个作业区为重点创建区域，经过一年努力，提钒炼钢厂板坯连铸作业区和金属制品公司棒材作业区被评为攀钢A级示范作业区。

【精益六西格玛管理】 2020年，攀钢钒公司实施黑带项目30个、绿带项目43个，29个六西格玛黑带项目达成目标，12个超过标杆水平；通过黑带考试33人，注册黑带评价4人；2个项目获得中国质量协会项目发表赛一等奖，8个项目获得优秀项目。扩大精益管理范围，在金属制品公司成功试点精益管理的基础上，从2020年9月开始，在炼铁厂开展5S、提钒炼钢厂开展SOP，冷轧厂开展TPM。累计打造标准5S区域180个，编写SOP初稿876篇，开展培训200次，累计培训4000余人。提钒炼钢厂荣获精益六西格玛管理推进二等奖。

【外协业务管理】 建立了以公司企业管理部为综合管理、各专业部门为归口管理的公司新的协力管理体系，制定发布公司《协力业务管理办法》《协力供应商管理办法》2项协力综合管理制度，制（修）订了《生产协力管理办法》《后勤协力管理办法》《车辆管理办法》《辅助材料管理办》《设备维修工程管理办法》等5项协力专业管理制度。审核10批检维修外委项目，审核办理新增协力供应商1个，参与审查人力资源部3个项目的协力合同，审核6个单一来源外协项目，组织专业部门开展外协项目绩效考评工作。

【完善制度体系】 2020年，攀钢钒公司制定《攀钢钒公司规章制度立改废释工作方案》，完成制（修）订制度70项，作废2项，直接执行集团公司2020年版管理制度16项。全面优化、完善公司制度发布流程，新增法律审核节点、分管领导审核节点、制度作废流程和评审记录模块，在OA系统制度库中实现新版制度自动覆盖旧版制度。

【依法治企】 2020年，攀钢钒公司持续推进落实法治建设第一责任人职责，法律事务部每半年向公司党委会、总经理办公会汇报法治建设进展情况，推进落实第一责任人定期专题研究法治建设工作，将法治专题学习作为党委中心组学习的重要内容。加强法律风险管理，确保公司依法合规经营。建立完善合同签订授权体系，明确授权权限，发布了《关于公司交易转委托授权的通知》，对公司领导、厂部级领导共31人进行以任期为期限的职务授权，对物贸公司等3家单位组织授权；对超授权范围、授权额度的25个事项办理单项授权。规范办理工商变更登记事务，完成公司法定代表人工商变更登记，领取新的营业执照；完成总经理、董事、监事工商登记备案。加强合同管理，防范事前法律风险，对《提钒炼钢厂脱硫系统改造工程EPC总承包合同》《5、6号焦炉节能环保改造项目总承包合同》等11个重大合同及《长钢轨座架合同》《测绘地理信息服务合同》等50余个特殊合同进行合法合规性审查。“控”“堵”结合，强化风险管控。加强疫情期间法律风险防控。下发《关于加强新型冠状肺炎疫情期间法律风险防范的通知》，要求各单位、部门清理本次疫情中可能存在的合同履行等方面的法律风险，并采取相应的应对措施；按照两级集团公司要求，开展无股权关系企业使用鞍钢、攀钢字号问题排查工作。强化法律纠纷案件管理，维护公司合法权益，法律事务部门、各业务归口管理部门、合同承办单位密切沟通，有效应对和处置各类法律纠纷，维护了公司合法权益；对潜在的案件纠纷及时与对方沟通、协商，避免进入诉讼程序；对重大案件，成立由公司领导组织、集团法律事务部、公司法律事务部和相关专业部门、单位参与的应诉小组，建立工作台账，充分发挥团队配合、分工协作的效能，并且根据具体情况及时调整策略，确保案件妥善解决。加强法治宣传教育，提升法律素养和依法治企能力，公司领导、法律事务部相关人员参加国资委举办的每2个月一次的《法治讲堂》视频学习；10名合同管理人员参加集团公司举办的《民法典》法治专题培训；公司领导、相关部门负责人及相关人员13人参加鞍钢集团《民法典》专题培训；举办《民法典》、合规管理专题培训，合同管理人员、拟兼职合规管理人员、各单位综合室主任或副主任及其他管理人员59人参加培训；各基层单位充分利用内部局域网、宣传栏、横幅、内刊等宣传工具，在干部职工中广泛宣传法律知识。

【风险辨识和评估】 在全面风险管理领导小组的督导下，公司全年战略风险、运营风险、财务风险、市场风险、法律风险总体受控。组织各单位广泛收集与本部门、本单位、本行业风险管理相关的内外部风险初始信息，通过对风险初始信息逐项梳理，辨识出相关风险事项并进行分析、评估。经评估，公司2020年所面临的重大风险有钢轨风险、安全环保风险、高炉失常风险、能源动力系统运行可靠性风险共4项，重要风险有设备运行维护风险、工程投资及管理风险、现金流风险共3项，并印发《攀钢集团攀枝花钢钒有限公司2020年度全面风险管理报告》。

【绩效考核】 以公司战略绩效目标为指南，持续优化公司绩效管理体系。完善了公司年度绩效考核办法、专业考核实施细则、契约化经营业绩目标责任书、专项奖励实施办法和各二级单位绩效考核办法等制度，为公司实现全年经营目标提供了制度保障。增强市场化导向，深化契约化管理。结合生产经营实际，承接好公司负责人与集团公司签订的契约化经营业绩目标，与各二级单位领导班子签订《契约化经营业绩目标责任书》，层层压实主体责任。科学设置绩效评价指标，实行分类激励原则。主体生产单元重点关注成本、规模、综合成材率等，保障性生产单元严控费用支出，成都板材重点关注利润；机关职能部门突出对部门工作目标完成、专业预算执行、纵向与横向协同、管理效率及效果提升等履职考核。引入“双跑”评价机制，客观反映生产经营状况，选取7家单位试行“双跑”双维度评价方式，进一步强化对标意识，找出差距，借鉴优秀管理经验，不断提升业绩。同时，更好地反映企业在行业中的竞争情况和自身努力情况。根据公司内外经营环境变化，实施月度绩效评价动态管理，适时优化和调整了绩效指标体系。

【全面预算管理】 2020年，按照集团公司和攀钢钒公司全面预算管理要求，编制了《攀钢钒公司2020年全面预算工作报告》，组织各部门、各单位制定了详细预算分解方案和保障措施，将指标分解到各部室、各厂、作业区及班组，落实负责人员，健全预算保障体系。推行滚动预算运行机制，每月初根据公司生产经营计划和供销价格预测编制当月利润预算，并通过公司例会进行跟踪通报，及时反映月度预算偏差及执行过程中存在的问题，及时纠偏。完善预算考核模式，合理调整考核指标，提高市场关联度，进一步调动生产单位降本增效积极性。强化预算分析，根据市场变动和公司各阶段工作重点，对月度经济活动分析内容进行补充完善，以更好地反映公司经营结果和经营状况。

【价格管理】 2020年，攀钢钒公司制定《2020年攀钢钒公司交易价格》，为公司内部价格管理和二次资源销售提供了制度支撑。加强与物贸公司、国贸公司信息沟通与交流，每旬更新《公司主要产品盈利状况表》，每日更新《边际贡献日报表》，实时跟踪公司主要产品、矿石、煤炭、合金等价格变动情况。定期编辑《信息简报》（每月两期），为公司品种结构和资源配置优化提供市场信息和边际效益情况支撑。优化价格模型，完善了与钢城集团公司渣钢渣铁价格模型，按市场化原则及时进行资源价格调整，2020年同比增利2348万元。按照市场化原则进一步优化了内供坯料价格模型（包括供棒线材、长钢等），为公司争取最大效益。每季度对原燃料采购、钢铁产品销售、煤焦化副产销售、废旧资源销售等业务进行专项后评估，对发现的问题及时提出整改意见，提高了价格过程控制和风险管控水平。

【资金管理】 2020年，攀钢钒公司做好资金筹集，确保了资金链安全，在巩固公司银行授信额度和实际融资规模的同时，积极协助集团公司及集团内部单位办理票据融资贴现业务。强化公司资金运营管理，将公司富余资金，按照管控流程，向集团公司、攀长特分别发放统借统还62.96亿元、0.93亿元，全年降低了财务费用2.85亿元。购买西昌钢钒内永续债24亿元，全年实现投资收益1.15亿元。开展专项融资降本和优化融资负债结构工作。2020年实现存量借款利率下浮并与LPR挂钩浮动调整，综合融资成本由年初4.93%降至4.72%。专项融资降本0.1亿元。实现存量银行短期借款转为中长期借款9.6亿元，新增工行中长期借款3亿元，优化了公司融资负债结构，保障公司长期资金来源。完成政策创效工作，申报2020年度公司债券政府奖补资金500万元。跟踪收到2018年度应收账款融资核心企业政府奖补资金400万元。

【资产管理】 2020年，攀钢钒公司建立“以财务为主线，贯穿产采销”的存货监控联动机制和“2·3·4”工作体系，构建两个维度预测指标体系，对存货库存实行全类别动态周滚动预测和快速预警，以及月联动分析与纠偏，建立快速联动反应、预测偏差率评价、信息交流反馈及“两金”长效压控等四项管理机制，推动各项降库措施及时落实落地。借助鞍钢集团招标中心、产权交易所等内外部交易平台，采用资产出租、转让（含进场交易）等方式，盘活闲置资产。完成3号烧结机原烟气脱硫系统，炼钢4号、7号转炉锅炉改造等24项固定资产报废处置；利用产权交易所平台完成了第二批闲置备件电气包次的对外转让，降低库存854万元；完成双流闲置房产、炼钢转炉除尘改造设备和北海钢管产线等3个项目的资产评估、挂网公告；完成第三批闲置备件资产评估与备案。推进“一站式”财产保险理赔专项工作，不断完善与保险公司的沟通联系机制，提高保险赔付谈判技能，最大限度获得保险赔付，2020年共收到保险赔款663万元，赔付率76%，创历史新高。

【税收管理】 2020年，攀钢钒公司2020年，攀钢钒公司积极开展财税政策研究工作，做到税收优惠应享尽享。持续做好能动发电增值税即征即退相关工作，2019年共收到退税3400万元；完成了2019年度所得税汇算工作，争取各项税收优惠3.38亿元，其中研发费加计扣除2.77亿元、资源综合利用减计收入0.45亿元；专用社保抵免税额0.06亿元等。

【会计基础工作】 认真开展财务决算工作，总结以前年度决算工作经验，认真组织、积极协调、抓好落实，全体财务人员及相关业务人员克服了时间紧、任务重等困难，按时保质地完成了2019年决算工作，同时做好了工序成本审计、财政资金专项审计等内外部审计的资料提供与沟通协调工作。

【设备基础管理】 2020年，攀钢钒公司主要生产设备可开动率96.84%，事故故障时间752小时，设备事故故障停机率1.56‰，保持在历史较好水平；完成费用化项目62727万元、生维备件消耗68751万元、备件存货44989万元。全年未发生设备运行、安全、环保等重大事故，设备本质化安全、智能制造水平进一步提升，有力保障了生产经营目标完成。一是完成《设备维修费管理办法》《设备维修工程管理办法》《设备通用管理办法》《固定资产管理办法》4项管理制度修订发布，完成两化融合贯标体系第一次管理评审。二是研究建立了122个设备管理评价指标与数字化设备管理系统11月29日同步上线。三是提升点检专业技术能力，570名点检员，评定首席点检13名，增加5名；评定三级点检27名，增加7名；开展跨单位顶岗交流6人次，开展工程管理、招标、造价、数字化设备系统、液压、电气等培训1000余人次。四是持续更新四大标准，全年完善维修技术标准777个（调整率2.97%）、点检标准3926个（调整率17.68%）、给油脂标准144个（调整率1.4%）、维修作业标准3554个（调整率2.83%），量化点检标准占比26%。五是试点推进标准化作业，完成炼钢厂点维作业区部分点检、维护、检修标准化作业流程编制。六是与宝武湛江、鞍钢股份、朝阳钢铁、西昌钢钒开展全面对标工作，制定并落实16项对标成果推进计划。

【装备技术攻关】 2020年，攀钢钒公司推进铁钢界面优化攻关，实施老脱硫改造、铁水罐扩容升级改造及加盖94个，推进“一罐到底”。开展高温碳化装备技术攻关，已连续5个月实现月达产，月产最高达1.28万吨。开展棒线材达产达效攻关，年产量已突破100万吨。开展焦炉热维修技术研究，延缓焦炉劣化趋势，完成焦炭产量305万吨。开展设备用油脂整合研究，2020年设备用油同比，存货降低36.8%，消耗金额降低26.6%，单耗降低29.5%。

【两化融合】 2020年，攀钢钒公司开展管理信息系统建设，完成了数字化设备管理系统、铁区生产管理系统、废旧物资管理系统建设。

开展现场智能装备应用，实施热轧自动喷印、自动打捆，冷轧轧纸筒机器臂、无人吊车与智能安全管控等项目。打造重轨全流程智能产线，完成万能二线产线数字化项目，搭建钢轨数字化管理应用的大数据平台，推行机器人自动贴标签、表面智能检测；炼钢一方大包智能下渣检测、中包智能恒温浇注等项目。推行集控系统建设，实施炼铁皮带系统、高炉除尘系统、炼钢板坯操作室、4/5号转炉操作集控、物流铁区管控一体等项目。

【备件降储增效和安全保供】 2020年，攀钢钒公司备件计划准确率99.55%，应急追加计划率0.12%。完成了“4711”专项行动存货目标49165万元。52项单一来源整改计划完成40项。对4655个备件品种进行全生命周期管理。持续推进零库存和功能承包，零库存备件（含轧辊）品种9986个，结算19813万元，较去年同期增加品种2672个，增加3968万元；功能承包项目48项，结算11990万元，较2019年新增2项，增加106万元。备件修复率23.75%，较2019年提高了5.8个百分点。合同降本6955万元，降幅7.55%。结算降本2435万元，降幅2.53%。备件“三化”及“三新”项目29项，结题10项，创效482.2万元。

【投资与设计管理】 2020年，攀钢钒公司以国家相关政策为准绳，以市场为导向，以产品结构调整、改善产品质量、环保治理、节能减排、装备技术升级为措施，提升公司可持续发展能力，积极开展项目前期研究，创新设计管控模式，优化技术方案，强化设计质量，合理控制投资，为工程建设顺利推进提供了强力支撑。2020年度向集团申请获批能动分公司冷轧废水处理系统提质改造等环保项目2个，热轧1450轧机技术升级改造项目等产线升级项目4个，成都板材高端家电用复合板带生产线建设产品结构优化项目1个，铁路运输管控一体化系统建设信息化项目1个，炼铁厂铁焦烧综合实验平台建设科研配套项目1个，总投资计划123385万元；2020年向集团申请获批零固计划共计145项，总投资5530万元。开展了炼铁厂建设储煤筒仓项目，炼钢厂板坯连铸系统升级改造工程、6/7号转炉二次除尘改造，能动分公司能源集控中心建设、100兆瓦余热余能利用发电机组建设、4号高炉汽鼓改电鼓项目、电力系统新增负荷及网架优化等2021年新建项目的前期技术交流及前期设计工作。

【重点工程建设】 2020年，攀钢钒公司推进实施技改工程38项（续建30项+新建8项），投资计划总计61545万元（不含零固、资本化），全年累计完成技改工程投资66515.55万元（占年度投资计划61545万元的108%）。其中，以成都板材新建镀铝锌、炼钢转炉除尘等为代表的品种质量调整、节能环保改造项目顺利建成投用。以5/6号焦炉节能环保改造、荷花池110千伏输变电、冷轧废水处理系统提质改造、热轧板厂高压水除鳞系统改造、1450热轧生产线技术改造工程、金属制品高品质制品材升级改造、成都板材高端家电用复合板带生产线建设等为代表的品种质量调整、节能环保改造项目按总体网络计划有序推进，为公司可持续发展奠定了坚实基础。

【房地权证更加完善】 2020年，攀钢钒公司对43宗注资土地开展转移登记工作，已完成转移登记33宗，完成万立桥、枣子坪道路、发电厂进场和运灰公路等三供一业资产的实物移交。五十一土地收储谈判取得新进展，完成收储土地评估（19万元/亩），仁和土储中心提出的收储价格由3万元提升至6万元。完成环业公司实际使用巴关河及西渣场土地核实，实际使用土地面积约26万平方米。

【科技管理与新产品开发】 2020年，攀钢钒科技工作以第三代技术体系构建为抓手，加速推进关键环节核心技术取得重大突破，加快产品开发和工艺技术及质量提升，持续提升全工序技术经济指标，进一步完善科技创新体制机制，为公司实现生产经营目标提供了有力科技支撑。1. 2020年，公司共设立科研项目104项，其中A类项目6项，B类项目18项，C类项目80项，项目计划完成率创历史新高，达95.19%。2. 累计实现科技创效5.63亿元，创近五年来最好水平。3. 高温碳化示范线达产达效、高炉强化冶炼技术、重轨生产技术攻关、高品位钒钛磁铁矿高炉冶炼试验等重大工艺技术攻关取得实质性突破。4. 公司独有领先产品产量达298.7万吨，新试产品推广量15.74万吨；进行了18个新产品试制，其中全新开发锌铝镁镀层产品、70号优质碳素钢盘条、ML35Mn冷镦用钢盘条等8个新产品。5. “钢轨万能生产线技术升级研究与应用”获中国钢铁工业协会科技进步奖三等奖，“半钢转炉含铁物料的再资源化炼钢关键技术研究与应用”获省科技进步奖三等奖，获鞍钢重大科学技术奖1项、攀钢科技进步奖9项。6. 群创工作持续深入开展，全年共提合理化建议10360余条（完成率101.27%），采纳8798条（采纳率84.92%），实施6742项（实施率76.63%）。7. 申请专利121项，其中发明专利50项；获得专利授权104项，其中发明专利20项。

【“十四五”发展规划编制】 明晰了“十四五”期间中国经济发展方向，即科技创新引领中国经济进入高质量发展阶段，“以国内大循环为主体、国内国际双循环相互促进”的新发展格局将推动国内市场需求持续升级和供给侧结构不断优化，把握了钢铁产业绿色、智能、高质量发展方向，判断出西南地区在今后较长时期内对钢材的需求将保持总体增长态势。准确定位，明晰公司发展思路，按照“强长项、补短板”的原则，明晰了公司“推进品牌建设，以成本竞争力为核心，坚持绿色制造底线，走智能制造转型升级之路”的发展思路。明确了“把攀钢钒公司建设成为高质量发展的绿色智能制造新基地”的战略定位，即建设世界一流铁道用钢制造基地、国内一流家电用钢制造基地、西南区域最佳的建筑用钢制造基地、西南区域第一的金属制品用材制造基地。汇聚共识、打造精品，通过自上而下、自下而上、反复酝酿、多层级讨论方式，历经30余次专题讨论、10余次专项规划讨论及10余次总体规划讨论和审查，最终形成《攀钢钒公司“十四五”发展规划》。

【重大工艺技术】 高温碳化示范线产量实现月达产，连续7个月产量突破1万吨，全年达10万吨；炉龄突破1000炉（1149炉），碳化渣完全成本实现攻关基本目标，冶炼电耗创历史最好水平。四高炉强化冶炼技术取得突破，利用系数最高达2.93吨/(立方米·日)、燃料比最低降到550.2千克/吨、铁损最低降到2.16%，创历史最好水平。初步形成以十大工艺技术为代表的新一代孔型工艺体系，钢轨轨高、头宽稳定性优于新日铁、平直度控制达到国铁集团不大于0.25毫米内控要求，轨底划痕控制达到国铁集团不大于0.03毫米要求。完成高品位钒钛磁铁矿高炉冶炼工业试验技术方案制定和现场试验，形成了不同高品位钒钛矿用量条件下的高炉冶炼技术。

【产品开发】　PG5过共析钢轨实现国内大秦线上道，在国外TTCI试验线及力拓西澳公司使用效果良好，推广量达2820吨。贝氏体道岔轨实现向山桥等批量供货，推广量1028吨，加工道岔后续主要铺设于北京地铁、太原地铁及大秦线铁路，为贝氏体道岔轨线路上推广应用奠定了基础。打通万能一线采用2号方坯生产国铁轨生产工艺，具备批量生产能力，试制量达3.1万吨。打通60E1A5出口道岔全流程生产工艺，具备批量生产能力。高强汽车结构用酸洗板QStE420TM等具备批量生产能力，推广量1100吨，实现对成都茂腾及五菱汽车等用户稳定供货。成功开发新一代涂镀产品——锌铝镁，为海尔等重点用户批量供货，累计推广量8688吨。82B钢绞线等高品质制品材开发取得突破，工艺及质量控制进一步稳定，实现扩量生产及向贵绳、云南春鹏、玉溪玉杯等用户稳定供货，推广量9.06万吨。70号优碳钢具备批量生产能力，推广量8100吨。初步打通45号、75号优质碳素钢盘条、ML35Mn冷镦钢盘条等生产工艺，具备推广应用条件。开展了采用200方生产600兆帕级高强钢筋成分体系研究，初步打通冶炼、连铸等生产工艺，具备了生产能力和认证送检条件。

【技经指标优化和产品质量提升】　炼铁高炉利用系数和焦炭日产量较2019年分别提高0.065吨/(立方米·日)、180吨，烧结矿固体燃耗（以标准煤计）较2019年降0.89吨。板坯钢种综合改判率较2019年降低0.52个百分点。道岔轨生产效率提升，平均班产提高10支/班，合格率由91.5%提高到95.0%以上。热轧产品综合成材率创历史最好水平，最高达97.83%，累计达97.77%。打通HRB400E盘螺控轧控冷新工艺，ϕ8~12规格降本20~30元/吨。重轨钢质量提升，C类夹杂评级不大于1.0级的比例提高到93.8%，A类不大于2.0级的比例提高到88%。重轨钢铸坯均质化技术研究，实现了PG4钢轨接头轨腰区域马氏体与渗碳体组织的改善控制，改善了SS深硬化层钢轨轨头中上部的宏观均质性。家电产品质量提升，供美的镀锌产品不良品量降幅70%，供应商排名升至第6名，家电用热镀铝锌产品成为广州松下独家供应商。H08A生产工艺进一步稳定，向云南大西洋等用户推广量达3288吨。

【试用料项目】　2020年，攀钢钒公司策划并实施了试验（试用）料项目20项。锌铝镁锌锭项目，为公司锌铝镁镀层产品成功开发奠定了基础。FTT-1水性钢轨专用高温防脱碳涂层材料项目，为公司降低重轨脱碳层提供了重要支撑。GT-1高碳钢专用精炼渣，优化了重轨钢精炼化渣效果，减少了萤石用量，改善了重轨钢夹杂控制。酸轧机组用IBITNH-D缓蚀剂项目，提升带钢表面质量效果明显，能有效降低酸洗损失，改善停车斑缺陷。铁水罐整体浇注料项目，罐皮减重2.21吨，平均罐容增加5.48吨，为铁钢界面攻关提升满罐率提供了有力支撑。钢筋钢专用精炼渣项目，实现吨钢降本1.28元。

【二次资源综合利用技术】　高炉瓦斯泥提锌技术取得突破，完成了高炉瓦斯灰（泥）提取锌的半工业化试验，脱锌率达85%以上，该技术在公司推广应用可使高炉锌负荷降至吨铁1.3千克以下。开展了烧结机头灰综合利用技术实验室研究，试验工艺可获得铅含量30%以上的富铅料和含铁45%左右的富铁料，铅回收率约90%，铁回收率大于80%。

【科技攻关】　围绕公司当前难点、痛点问题，设立七个专题攻关队，多方协同发力，全力推动全工序技经指标优化。七个攻关队，共计76项攻关指标，累计完成或达到进度要求52项，完成率68.4%。

【第三代技术体系构建】　深入学习领会集团第三代技术体系技术方案、科技创新发展规划、产品发展规划文件精神，准确把握体系构建工作要求，在充分结合2020年体系构建工作实际推进情况的基础上，确立以“1核心+2平台+4产品+3专项技术”为内核、项目为驱动、保障能力建设为支撑的第三代技术体系构建攀钢钒的工作思路，重新布局，策划 16 项重点科研项目和 32 项支撑科研项目，全面推动体系构建工作开展。

【科研项目管理】 按照“策划先行、目标先进、过程量化、及时纠偏”的工作思路，以 23 项重点科研项目为核心，细分项目进度目标，跟踪重点试验进展，强化协同与沟通，切实提升科研项目推进效率，2020 年，公司重点科研项目计划完成率达 95.65%。按照“统筹质量与数量、统筹内部与外部两个平台、统筹平衡研究院各所与各单位合作项目、统筹当期经营与长远发展、统筹项目与费用相结合”原则，策划 2021 年科研项目，共确立六大类 75 项科研项目，其中 A 类项目 7 项，B 类项目 17 项，C 类项目 51 项。

【研发费核算统计】 按照“年初定计划、年中抓控制、年末重核算”的工作思路，以重大试验项目为重点，做好全过程费用支出情况跟踪、核实，按期完成月度研发费用核算工作，2020 年研发直接投入累计为 4.75 亿元。

【技术团队建设】 编制了《第四届首席工程师任期目标责任书》《终身首席工程师工作目标》，完善《首席工程师考评细则》并进行了任期工作考评。制定了 17 个首席工程师团队年度工作计划，共承担科研项目 60 余项，技术改进项目 48 项；申请（获得）专利 46 项，获得科技成果奖励 16 项；发表论文 22 篇，其中中文核心期刊 6 篇。进一步加强技术人员“三个能力”提升培训，组织了 2 次共计 16 学时的专利培训班，参加学员总人次 30 余人，派员外出参加学术交流（会议）13 批次，共计 27 人次，参加集团公司邀请外部专家开展的学术讲座 10 人次。会同人力资源部、企管部等部门开展了公司产品首席工程师设置探索。

【扶贫工作】 2020 年，攀钢钒公司按照习近平总书记关于脱贫攻坚的重要指示精神，根据鞍钢集团和攀钢的安排部署，高度重视，系统策划，围绕完善基础设施、充实集体经济、养成好习惯形成好风气等方面，在盐源县直接投入帮扶资金 331 万元，为助力地方政府打赢脱贫攻坚战作出了积极努力。2020 年 6 月，格郎河村顺利通过国家扶贫办抽查，同时被盐源县评为“四好创建”“巾帼行动计划”“移风易俗”“文明创建”示范村。

深刻学习领会习近平总书记关于扶贫工作重要论述，认真落实党中央、鞍钢、攀钢的重要部署，将脱贫攻坚作为最大的政治责任来抓。加强组织领导，公司领导多次到格郎河村指导推动扶贫工作开展；先后 3 次召开扶贫工作会，传达上级精神，听取工作汇报，安排部署重点工作；加大与地方政府的沟通协调力度，明确协同监管具体事项和方式；加大与生活公司、医院、机电学院等单位的沟通协调力度，继续做好以购代捐、医疗扶贫和教育扶贫；按“扶贫+专业部门（单位）”的思路，调动专业部门、党组织和团组织，做好扶贫项目的实施，形成整体联动、通力合作的工作体系。严肃工作纪律，要求在扶贫项目实施过程中，坚持文明施工，尽量避免对施工场地外村民生产生活造成影响，不接受当地村社、村民的请吃及土特产等礼物，不以任何理由索要或收受各种礼品、礼金和有价证券。关爱驻村干部，落实生活补助、差旅费、保险等待遇，为驻村干部提供保障；经常与选派驻村干部谈心谈话，指导其开展驻村帮扶，让其感受到组织的关怀和温暖；定期到县、村了解干部的思想、工作、生活等情况，开展作风纪律教育；对实绩突出、群众公认度高的驻村干部韩文朝提拔为副科级干部。

聚焦疫情所造成的农产品滞销难题，扎实开展消费扶贫。2020 年，以购代捐购买盐源县农特产品价值 184 万元，盘州、武汉、木里等其他地区 787 万元。同时还在全公司开展职工爱心购买（以购代捐）活动，共有 3871 名职工和家属自愿购买了 50 多万元的农特产品。聚焦帮扶地区群众生活条件和习惯改善，捐赠生物质炉 381 台，惠及 1300 余人。聚焦集体经济持续壮大，带动帮扶地区群众稳定增收。一是引进专业养殖户开展科学养殖，同时带动饲料种植等相关配套产业发展。截至目前，养殖场实现跑山猪养殖 150 余头，促进村集体经济每年稳定增收 2 万元以上。二是实现集体经济首次分红。2018 年来，帮助格郎河村贫困群众解决农产品土豆销售 45 万余斤、荞麦面 11 万余斤，市场总价值 180 余万元，促进集体经济增收 40 余万元，有效盘活村级专业合作社，村集体经济从人均 10.69 元增加到 201.26 元。两年来，带动群众 40 余人参与农产品分拣、打包等，促进增收 6 万余元，激发了群众脱贫奔康的内生动力。2020 年 6 月，指导格郎河村两委根据彝区情况，以 500 元/户进行集体经济分红，分红金额达 21.6 万元。

【基建扶贫】 2020年，攀钢钒公司投入近200万元，实施村内道路硬化项目，对格郎河村烤烟和花椒产业发展区域内的2千米多村道进行硬化，项目由攀钢钒公司出资，并负责规划设计和实施，于2020年6月3日通过验收并移交地方政府使用和管护。项目投用后，极大地改善了农产品运输和群众出行条件，直接受益群众146户739人，间接受益群众88户357人。投入10万元，实施党群服务中心厕所环保改造，将格郎河村党群服务中心的旱厕改为带化粪池的水冲式环保厕所。项目由攀钢钒公司出资，并负责规划设计和实施，于2020年6月3日通过验收并移交地方政府使用和管护。该项目投用后，改善了格郎河村党群服务中心周边环境和卫生条件，同时使基础配套设施更加完善，直接受益群众334户1524人。投入42万元，实施格郎河村生产用水建设项目，帮助格郎河村新建50立方米水窖5口，并配套约6千米供水管路。项目由攀钢钒公司出资，盐源县水利局负责规划设计，黄草镇人民政府负责组织实施，于2020年6月3日通过验收并移交地方政府使用和管护。项目建成后，使区域周边140余亩土地灌溉得到了保障，并开始发展烟草种植产业。直接受益群众41户158人。

【开展“养成好习惯、形成好风气”活动】 2020年，攀钢钒公司投入资金22万元（含省国资委2万元），在格郎河村开展了“养成好习惯、形成好风气”活动。项目由攀钢出资，盐源县黄草镇负责实施，项目直接受益群众334户1524人。

【开展党建“联创共建”】 强化党员群众脱贫致富意识，制作安装宣传窗6个，开展村组党员干部培训班10期112人次，开办农民夜校12期360人次，组织村组干部群众外出参观考察2期9人次，同时创新开展党员素质能力测试，增强党员对各项政策的理解。扎实开展“联创共建”党建活动，攀钢钒公司炼铁厂党委到格郎河村开展了以“坚决打赢精准扶贫攻坚收官战”为主题的党课辅导、庆“七一”主题党日活动知识竞赛等，并走访看望了8名困难党员。助力提高村党支部管理水平，指导村支部开展“三会一课”，规范党内组织生活；指导村支两委学习森林防火、河道防汛、安全生产等村组管理知识；指导村组建立健全民主议事制度。加强村支部组织建设，2020年，指导村党支部培养预备党员1人、入党积极分子1人，开展党员先锋旗帜活动3次。格郎河村党建“联创共建”工作得到了盐源县委的高度评价。

攀钢集团钒钛资源股份有限公司

【概况】 攀钢集团钒钛资源股份有限公司（以下简称“股份公司”）于1993年3月成立，1996年11月在深圳证券交易所主板上市（股票代码：000629），是我国主要的国有钒钛资源企业，总部坐落在被誉为“钒钛之都”的四川省攀枝花市。股份公司坚持依靠科技创新驱动，探索出独具特色的多金属共生的钒钛磁铁矿资源综合利用道路，形成了钒氮合金生产技术等一批国际领先、拥有自主知识产权的专有技术，其中钒氮合金生产技术获国家技术发明奖。经过历次重大资产重组，股份公司已发展成为专营钒钛、致力于钒钛产品开发的上市公司，公司拥有以五氧化二钒、高钒铁、钒氮合金、钒铝合金为代表的钒系列产品，以钛白粉、钛渣等为代表的钛系列产品，具备年经营钛精矿100万吨和年产钒制品（以 V_2O_5 计）4万吨（含托管企业）、钛白粉23.5万吨的综合生产能力，是世界主要的钒制品供应商，中国主要的钛原料供应商，中国重要的钛渣生产企业，中国重要的硫酸法、氯化法钛白粉生产企业。公司产品广泛应用于钢铁工业、电子工业、有色金属及涂料油墨等领域，畅销国内外市场。

【信息披露】 2020年，股份公司通过深交所信息平台累计发布正式公告及各类文件共计84项，主要包括季报、年报等定期报告及股东大会、董事会、监事会决议公告和其他重大事项的公告。

【资本市场】 2020年，股份公司获第十一届中国上市公司投资者关系天马奖“最佳董事会”奖。由证券时报社主办，中证中小投资者服务中心担任指导单位的“第11届中国上市公司投资者关系天马奖”经过六大环节层层遴选，攀钢钒钛脱颖而出，荣获第十一届中国上市公司投资者关系天马奖“最佳董事会”奖，同时公司董秘罗玉惠女士荣获“最佳董秘奖”。本届是新《证券法》实施后的首次评选，是上市公司的公司治理、战略规划、企业文化、品牌口碑、投资价值与投资者保护等多方面工作的集中体现。

获“第14届（2020）中国上市公司价值评选社会责任奖”。由人民日报金融传媒集团指导、证券时报社主办的“第14届中国上市公司价值评选”榜单揭晓。价值评选采用定量与定性的方法，通过对上市公司各个财务类、投资类等维度指标梳理、比对、演算，结合行业机构评委对公司治理及财务等方面的研判，评选出本届获奖公司。攀钢钒钛位列其中，斩获中国上市公司社会责任奖。根据《四川省上市公司协会关于表彰2019年度四川上市公司优秀董事会秘书的决定》（川上协〔2020〕47号），由四川上市公司协会评选的2019年度“四川省上市公司优秀董事会秘书”，共评选出18名四川上市公司优秀董事会秘书，公司董秘罗玉惠女士获此殊荣。

【股东大会、董事会】 2020年，股份公司共召开1次股东大会，共审议并通过议案11项。

2020年5月14日，公司以现场和网络投票相结合的方式召开2019年度股东大会，现场会议地点为四川省攀枝花市南山宾馆会议中心多功能厅。会议审议并通过了《2019年度董事会工作报告》《2019年度监事会工作报告》《2019年度财务决算报告》《2020年度财务预算报告》《2019年度利润分配预案》《2019年年度报告和年度报告摘要》《2020年度投资方案（草案）》《关于续聘信永中和会计师事务所（特殊普通合伙）的议案》《关于确定独立董事津贴的议案》《关于选举第八届监事会股东代表监事的议案》《关于补选第八届董事会非独立董事的议案》共计11项议案。

2020年，股份公司共召开董事会7次，审议并通过议案32项。

【疫情防控】 面对突如其来的疫情，股份公司第一时间成立疫情防控指挥部，先后召开7次专题会、40余次碰头会、3次党委会安排部署疫情防控事宜。组建专业工作组进行制度和物资保障，累计发放150万元防疫物资，加强人员管控和场所消杀等常态化防控措施，组织检查出问题427项并完成整改。践行企业责任担当，党员在关键防控阵地冲锋在前，组织志愿者参与社区群防群治，发动党员为疫情防控捐款13万余元。

【经营成果】 2020年，股份公司产权口径实现营业收入105.79亿元、利润总额3.87亿元、归属于上市公司股东的净利润2.25亿元。2020年底资产负债率为15.90%，较2019年末下降9.77%；净资产收益率为2.40%、总资产报酬率3.38%。持续深化对标挖潜，扎实推进成本费用压降，实现降本增效3.99亿元。

【钒产业生产经营】 2020年，股份公司生产钒产品（折合V_2O_5）4.25万吨（含托管企业），超计划1007吨，同比增产165吨，创历史新高，继续保持全球第一。公司重点管控的11项指标，同比优化9项，优化率为81.8%，创年度历史最优9项，创月度历史最优6项。如攀枝花钒厂氧化钒收率年累计达到81.95%，较去年累计提高0.46%，10月达到82.04%；西昌分公司氧化钒收率达到81.29%，较去年累计提高2.31%，12月达到82.06%，创历史最好水平。钒产品市场主导作用进一步增强。国内外市场占有率分别达34.1%、12.9%，实现了海外市场占有率、国内出口份额“双提升”。

【钛产业生产经营】 2020年，股份公司生产钛白粉23.55万吨、钛渣20.58万吨，均创历史最好水平。东方钛业持续保持稳定高产；重庆钛业4月产量创月历史新高并实现年度达产；氯化钛白厂低温氧化对接创历史纪录，实现8个月达产；钛冶炼厂9月实现自建厂以来首次月达产（15008吨）。公司重点管控的13项指标，同比优化8项，优化率为61.5%，创年度历史最优4项。如东方钛业钛白粉收率年累计达到93.01%，较去年累计提高1.61%。钛白粉产品市场开拓成效明显，积极修复、重建硫酸法钛白粉销售渠道，终端直供、出口比例分别达30%、28%，同比分别增长2.7%、6%，恢复油墨领域市场；氯化法钛白粉开发国内外客户21家，出口比例达27%，同比增长19%。巩固钛渣市场与战略客户的合作关系，打造钛渣品牌优势，构架及品牌优势突显。

【资本运营】 2020年，股份公司针对攀钢集团及攀长钢持有股份公司的26.97亿股权分置改革形成的股改限售股，在整理自2005年股改至今的股权变动、攀钢钒钛、攀渝钛业、长城股份三家上市公司股改方案及承诺事项等工作的基础上，经与所涉四家券商、深交所、中国登记公司充分沟通，股权分置改革限售股于2020年4月17日成功解除限售，恢复上市流通。

【战略并购】　2020 年，根据公司钛产业发展战略需要，股份公司收购了攀枝花国钛科技有限公司（简称“国钛科技”）51%股权，使其成为股份公司控股的子公司。此次收购审计、评估基准日为 2020 年 5 月 31 日，交割基准日 2020 年 10 月 31 日，最终以 3191.26 万元收购国钛科技的 51%股权。此次收购后国钛科技股权结构为：钛业公司持股 51%，钢城集团持股 27%，王世金持股 20%，张利民持股 2%。

【设备管理】　2020 年，股份公司以现场生产稳定压倒一切为目标，设备系统坚持以点检定修为核心，设备事故控制为切入点，深入强化现场设备点检和维护，持续增强设备保障能力，有序推进重点工程项目，全年主要设备平均可开动率 98.4%，同比提升 0.59 个百分点，设备事故 15 次，同比减少 30 次，事故故障时间 239.98 小时，同比降低 153 小时，未发生三级及以上设备事故。一是持续完善设备管理体系，将原设备保障部和产业发展部整合为装备部，确立了点检点修+点维作业区的设备管理模式，对设备管理流程和业务进行了优化调整，管理更侧重于时效性、规范性。二是夯实基础，全面开启智能点检体系建设工作，形成了“跑、冒、滴、漏、渗”长效整治机制，2020 年共制定整治计划 326 项，整改完成 322 项，持续整改 4 项，整改率约 99%。三是推进装备技术攻关项目 14 项（其中集团公司级 2 项，股份公司级 12 项），达到攻关目标 7 项，促进了装备技术升级和设备保证能力提升。四是专项降本工作取得了一定的成绩，维修费合同降本 208.51 万元，同口径比较降幅约 15.1%；累计备件再生修复降本 547.39 万元，机旁库备件利用 1697.47 万元，备件零库存采购合同金额 1451.85 万元，占比 10.6%，实现了零库存的“零”突破。五是工程项目整体按计划稳步推进，建成投产项目 7 项，完成技改投资 21900 万元，完成零固投资 725 万元。

【风险管理】　2020 年，股份公司优化完善点面结合的风险防控体系，坚持季度跟踪和报告、半年专题研究、年度向公司董事会审计与风险管理委员会汇报，以及对重大事项专项风险管理实行“6+X”联合监督审查的机制。巩固常态化风险防控工作机制，下发《股份公司 2020 年风险信息库》，完善更新风险表现 266 项；梳理 2020 年风险管理专项工作任务清单 37 项，季度跟进风险管控情况；根据近年来审计指出问题，形成股份公司风控案例库 90 项；坚持问题导向，针对工程项目、合同管理等关键业务流程，抓好专业部门对各单位风控工作的检查和指导，下发检查通报并纳入季度整改督促。确保风险管控合规运行，制定《股份公司着力防控重大风险工作组提质增效工作方案》《股份公司内部控制体系建设与监督工作方案》《违规经营投资责任追究工作体系建设有关事项的通知》，整合公司内控与监督工作资源，协同公司职能部门配合，统筹推进内控、风险与合规管理整体运行，强化责任追究工作力度，完成年度工作标的 25 项，发布有效制度目录清单 176 项。2020 年全面风险管理总体受控，无重大风险事件发生。

【基础管理】　2020 年股份公司聚焦薄弱环节和重点、难点问题持续推进“基础管理提升年”活动，一体化统筹推进“五制配套、六西格玛、最优工厂、6S 管理”基础管理工作。推进五制配套基层管理模式，建立从公司各部门到各子分公司（单位）的五制配套推进组织和科学体系，西昌钒制品分公司焙烧浸出作业区和重庆钛业成品作业区荣获集团公司 A 级示范作业区。实施六西格玛项目 26 个，通过黑带考试 65 人，黑带注册认证合格 7 人，参加中质协六西格玛项目交流发表赛获得 4 个示范奖和 2 个专业奖，参加集团公司展示赛获得 1 个一等奖和 1 个二等奖。完善最优工厂（产线）“4+3”指标体系，强化对标体系常态化管理，实现基层生产单元基础能力全面提升。开展 6S 定拍并整改 653 处，编写《基础管理工作简报》23 期。

【企业管理】　2020 年，股份公司深化管理变革，优化总部核心业务审批流程 386 项，修订子分公司（单位）授权业务事项 257 项；实施设备体制改革，合并职能部门，撤销 31 个 C 级机构，精简管理岗位 31 个，打造精干高效服务型机关；建立双跑评价机制，构建差异化考评体系，发挥绩效导向作用。压缩法人层，重庆钛业、东方钛业、国钛科技提升为鞍钢集团四级法人企业，减少报表合并层级，提升管理效率。推进人力资源优化，在岗职工较 2019 年减少 207 人，劳务费比 2019 年下降 2099 万元。

【技术开发】　2020 年，股份公司加强研发平台建设。成功创建了一个省级技术创新平台及一个创新团队，即：四川省企业技术中心、重庆市英才·创新创业示范团队；推进钒产品应用协同创新，由股份公司牵头与河钢集团承钢公司等五家钒生产企业及钢铁研究总院共同组建了钒应用技术推广中心，深化钒在钢铁和非钢领域的基础研究、品种开发和应用推广，引领和带动钢铁及相关产品品质升级，促进钒的消费和产业健康发展。科研机制创新驱动体系逐步完善，科技创新创业取得新成绩。投入直接研发费用1.39亿元，实现科技降本创效3.37亿元，新增授权专利74项，获得省部级科技奖项6项，金桥奖1项，鞍钢重大科学技术奖2项；与相关单位合作修订国际标准1项。重大关键工艺技术实现新突破。低温氯化产线攻克了氯化氧化对接、氯化炉温度稳定控制等技术难题，建立了关键核心控制技术模型，基本实现长周期连续稳定运行；西昌钙化工艺深度浸出技术取得较大进展，氧化钒收率突破82%，创历史最好水平。新产品研发实现新成效。生产钒铝合金577吨（折合AlV55），实现高端领域销售26吨；形成电池级、99.5%、99.0%级高纯氧化钒成套技术，推广215.5吨，创历史最好水平；R5567钛白粉质量显著提升，成本同比降低500元/吨；生产耐高温钛白粉R-249产品1223吨，塑料专用氯化钛白粉CR-340产品571吨，形成稳定客户。

【财务管理】 2020年，股份公司财务管理一级核算信息系统上线运行，成功实现从二级核算向一级核算转型，集成销售、采购、生产、工资、设备、物流、人力资源、物资仓储等17个系统数据，打通了业务与财务信息传递通道，实现了业财融合“零”的突破；通过自动归集业务数据，将财务凭证抛到NC系统，自动凭证比例达到90%以上。开展系统降本工作、打好生存保卫战“十项举措”、应对特殊时期“4711”专项行动，扎实推进成本费用压降，全年累计实现降本增效3.99亿元。强化资金预算调控能力，保障资金安全。严格按照资金预算组织协调资金调度，确保资金及时支付，实现资金的合理占用和营运的良性循环。持续强化“两金”占用管理，提高运营效率。加大存货采购周期、库龄和库存结构分析，不断完善消耗定额、库存定额，优化库存量和库存控制额，及时纠偏，提高存货周转效率；严格执行“先款后货”原则，适时监控赊销合同执行情况，落实应收款的清收责任，加速资金回笼。加强债权债务清理，积极清偿民营企业欠款，2020年逾期民营企业欠款清零。充分利用疫情防控期间国家金融优惠政策，全力争取贷款利率下浮，制定了提前归还银行贷款、提高银行存款利率、调整钛精矿结算模式等多种压降措施，全年节约财务费用0.84亿元。

攀钢集团西昌钢钒有限公司

【概况】 攀钢集团西昌钢钒有限公司（以下简称“西昌钢钒公司”）是国家攀西钒钛战略资源创新开发试验区的重要骨干企业，坚持绿色、高效、低成本开发战略，总投资约280亿元，具备年产钒渣24万吨、钒制品2万吨、铁450万吨、钢400万吨、热轧材400万吨、冷轧板210万吨、热轧酸洗板70万吨的制造能力。

西昌钢钒公司拥有世界一流的技术装备和国内独创的氧化钒清洁生产工艺，始终致力于精品汽车用钢、高端家电用钢、高级别管线钢、清洁钒、钛板五大系列产品的高端研发和制造，打造国内最有效率的精品板材和国际一流的钒制品制造服务企业。

西昌钢钒公司信息化基础设备设施完善，精益生产管控能力突出。积极围绕“提升用户体验，提升产品质量品牌，提升绿色制造水平，提升管理及作业效率，降低工序及管理成本，降低劳动强度”等重点方向，有序推进智慧西昌钢钒建设，实现数字化产线、数字化工厂和数字化公司，打造稳定、安全和高效的数字化智能平台，树立智能制造新标杆。

西昌钢钒公司坚持“绿水青山就是金山银山”发展理念，环保投资40亿元，约占总投资的14.3%；实现了生产过程用水全循环利用零排放，固体废物循环利用，大气排放指标均低于国家允许排放标准，处于国内一流领先水平。

【疫情防控】 2020年，面对突如其来的新冠疫情，西昌钢钒公司坚持把疫情防控作为压倒一切的头等大事，深入贯彻落实两级集团和地方政府的各项要求，强化责任领导，保证措施落实。公司第一时间成立了以党政主要负责人为组长的疫情防控工作指挥部，制定下发了疫情防控工作方案。公司班子成员各司其职，靠前指挥，迅速进入“战时”状态；广大干部职工奋勇争先，战斗在前。公司先后召开疫情防控指挥部会议14次，统筹推进各项工作，全力做好各项措施落实，不断巩固疫情防控成果，确保了公司疫情防控工作稳定受控。应急时期疫情防控的主要做法被收入《四川工业企业复工后疫情防控措施典型案例集》，供全省其他企业学习借鉴。

【安全环保】 2020年，西昌钢钒公司创新性地提出安全“三大支柱”建设思路，夯实安全基础管理，健全安全防控体系，落实安全生产责任，提升安全保障能力；完成焦化酚氰废水提标改造、烧结烟气超低排放改造（第一套）、原料场矿仓及混匀料仓两端封闭、烧结混合机湿式除尘改造等主要环保项目建设，顺利通过各级政府环保部门现场督查及环境管理体系外部审核工作，全面完成“双达标”排放。

【和谐共建】 2020年，西昌钢钒公司坚持以人民为中心的发展思想，持续改善民生，完成了两个公寓生活设备设施改造等12个项目，解决职工急难愁盼问题，提升职工获得感幸福感安全感；与广西柳州五菱等11家上下游企业开展“党建联盟”，推动党的建设、生产经营“共促进、互提升”；全年开展“共产党员工程”项目134项，为生产经营提供了坚强保障；通过深入推进“群创”“班组双提升”“网上练兵”技术比武、劳动竞赛等工作，获集团职工创新工作室“提档升级，创新引领”专项劳动竞赛一等奖1个、二等奖5个，公司获攀钢集团劳动竞赛优秀组织单位；组织推荐7个项目参加第二十四届全国职工发明展，获得银奖3项、铜奖1项；大力弘扬劳模工匠精神，杨林荣获全国劳动模范、郭庆荣获“凉山工匠”、程金生工作室评为攀枝花市级劳动（工匠）创新工作室，刘关洪获“全国钢铁行业职工创新成果”三等奖。深入开展送温暖工程、困难职工帮扶、金秋助学等活动，全年发放各类慰问金和物资共计255万元。

【生产经营】 2020年，西昌钢钒公司强化供产运销研各个环节无缝衔接，全面落实鞍钢集团“十项措施”、攀钢集团“4711”专项行动，扎实有效开展各项工作，较好地完成了集团公司下达的经营目标任务，全年完成生铁产量427万吨、钢404万吨、热轧材400万吨、冷轧材200万吨、钒渣21.4万吨、发电量16.2亿千瓦时；实现营业收入234.02亿元，利润2.92亿元，其中钢铁板块实现利润0.82亿元，是公司自成立以来首次实现盈利；公司在2020年四川大企业大集团100强名单中排名第41位，在2020年凉山州企业50强名单中排名第1。

【降本提效】 全年系统量化降本完成4288万元，折合吨钢11元，其中下半年完成2.47亿元，折合吨钢110元，“4711”专项攻关实现全年降本增效9.01亿元，全面预算管理、系统量化降本、资金管控、政策创效和财务基础管理多点发力。炼铁厂坚持以高炉稳定顺行为中心，持续优化煤矿结构和生产技术指标，超常规压降费用，加强成本过程控制，加大二次资源回收力度，提升非钢经济效益；炼钢厂坚持效率就是效益，聚焦首要降本单元“全流程钢铁料消耗”，精准施策，钢铁料消耗同比降低1.25千克/吨，加工成本同比降低13元/吨；板材厂按照“质量优先、成本为王”的思想指导降本增效工作开展，实现热轧、冷轧加工成本同比合计降低48元/吨。

【基础管理】 2020年，西昌钢钒公司全面承接攀钢第三次管理变革，持续深化三项制度改革，从经营综合价值、成本增量价值、离岗研修学习等八个方面开展全方位的管理变革；平稳托管新钢业，逐步推进新钢业转型升级；三大主体厂最优工厂（产线）指标不断优化，其中板材厂荣获攀钢集团专项奖励；完成精益六西格玛黑带项目20项，获得中国质量协会一等奖2项，注册黑带考试通过率超全国平均水平；“五制配套”基层管理见成效，维修中心获得集团公司专项奖励，板材厂酸轧作业区、维修中心轧钢作业区、能源动力中心发电作业区获评集团A级示范作业区。

【优化机构】 2020年，西昌钢钒公司深入推进“四定”，优化在岗职工159人，压减劳务费用2775万元，截至2020年末，人均劳动生产率达到1302吨/年。

【管理体系运行】 2020年，西昌钢钒公司质量、环境、职业健康安全、实验室、测量管理和能源管理体系顺利通过监督审核，IATF16949管理体系通过换证审核，“两化融合”管理体系取证工作进入公示阶段；完善规章制度，修订制度84个、废除22个、新增35个，有效运行制度项。

【依法治企】 2020年，西昌钢钒公司贯彻落实全面依法治国战略部署，有效推进企业法治建设，认真履行依法治企第一责任人职责，开展党委中心组法治专题学习2次，专题研究法治工作2次。完善依法合规经营管理体系，实现重大经济合同、规章制度和重大生产经营决策法律评审3个100%全覆盖，有效防控经营决策的法律风险，法治建设取得阶段性成果，并通过集团公司2020年法治建设验收。

【财务管理】 2020年，西昌钢钒公司各项财务指标大幅改善，生产经营步入良性循环，存货周转率、应收账款周转率、流动资产周转率等指标处于行业先进水平。覆盖财务费用经营现金流量21.47亿元，实得大于应得5.76亿元，实得率137.88%；流动资产周转率7.5次，同比加速2.27次，比行业快5.65次；公司资产负债率持续下降，从年初52.13%降至44.22%；全年财务费用同比下降1.2亿元。

【装备管理】 2020年，关键设备事故故障停机总时间较2019年降低80.89小时；故障次数较2019年降低86次。共申报备品备件计划同比减少2417项8822万元。加强备件在途合同及计划管控，降低库存资金占用。每月根据现场设备状态、劣化趋势及消耗周期，对在途计划持续进行全面清理。

【智能制造及信息化管理】 全面推进智能化装备系统迭代建设，强化设备在线监测管理，实现现场686台旋转类设备2132个设备状态监测点的24小时在线监测，策划完成OPC2服务器数据采集工作。优化智能化装备管理平台基础管理，实现从信息化向数字化、智能化转换，完善物料计划单一来源、事故件在线审核功能、IEMP系统中配送、周转库调拨等功能，实现制度管理“数据不落地”。完善智能化装备管理平台管理模块，做到数据互联互通，进一步消除数据孤岛，为下一步实现数字化、智能化奠定了基础。提出计量设备、特种设备的“双属性”思路，并完成了软件固化工作。公司副总经理周敏因在推动公司数字化发展中所做出的卓越贡献，被InfoQ评为“2020年数字化发展风云人物”。

【项目工程建设】 2020年，西昌钢钒公司续建及新建工程项目13项，其中炼铁厂1号高炉新建一座热风炉项目、炼铁厂原料场堆煤场环境整治项目、新增热轧4号加热炉项目、煤气发电机组烟气脱硝改造工程、炼铁厂WSA制酸烟囱项目等5个项目已完工投用，待竣工验收；焦化酚氰废水提标改造BOT项目、烧结烟气脱硫脱硝超低排放改造BOT项目、智慧板材建设——全自动数字化轧钢项目、炼铁厂7米顶装焦炉机焦侧除尘项目、炼铁厂3高炉新增4号热风炉、西昌钢钒炉料结构优化升级项目、西昌钢钒炼钢厂新增铸坯修磨机项目、烧结超低排放改工程造配套能源供应项目等8个项目正在建设。按照“四个一批”的管理理念，开展固定资产投资项目的前期工作，已完成立项待集团批复共计2项，待集团公司审查3项，完成设计文本待审查项目共计4项，正在完善文本4项，另外2项在进行设计前准备工作。

【产权办理】 积极与政府部门沟通，推进土地取证工作，完成公司铁路专用线及取水泵站等土地的宗地红线测量；球团项目土地分宗已完成讨论，工程建设和预备项目的前期储备工作稳步推进。

【科技创新】 2020年，西昌钢钒公司坚持“科技强企”战略，持续完善科技创新体系，不断加强自主创新能力，被省经信厅认定为“四川省技术创新示范企业”，并再次被认定为“国家高新技术企业”。2020年全年实现科技创效4.8亿元，取得受理专利110项，授权专利96项，其中发明专利26项；获得四川省科技进步奖二等奖1项，鞍钢科技进步奖4项，攀钢科技进步奖16项；在“2020年四川企业技术创新发展能力100强”名单中排名第19位，“2020年四川企业发明专利拥有量100强”名单中排名第2位。“洁净钢铁水预处理‘五脱’技术开发”“基于工业互联的热连轧高品质用钢工艺质量管控技术应用”获得中国质量技术与创新专业级成果奖；“攀钢2050毫米热连轧极薄规格轧制工艺技术研究与应用”通过凉山州科技局验收；2号高炉利用系数实现单月2.66吨/(米·日)的历史纪录；炼钢全流程物流时间较2019年降低9分钟；汽车面板合格率较2019年提高9个百分点。

【产品结构与开发】 以市场为导向、效益优先原则，重点抓好品种结构调整，强力推进品种研发、认证及市场开拓，打造公司优势产品，2020年累计调品指数完成215元/吨，创年度最优。同高等院校、科研院所合作交流，推动行业新技术的使用与重点产品的合作开发，公司高强汽车钢、汽车面板等重点创效品种较2019年同比大幅提升，并成功新创建3项“四川省名优产品”、4项“金杯优质产品”。

【品牌质量】 大力实施“精品”战略，强化过程控制，质量指标不断优化，2020年顾客满意度同比提高1.97，质量降级改判率同比下降0.05%，批量质量事故同比降低6次；积极推进品牌建设，公司全年汽车用钢推广量150万吨，同比增长20万吨，增幅15.38%。其中，汽车面板钢5.3万吨，同比增长3.47万吨，增幅为189.6%；700兆帕以上冷成型高强钢7.8万吨，同比增长4.25万吨，增幅为119.7%；拳头产品、高端产品开发取得重大突破，石油天然气输送管用热轧宽钢带X80M、冷成型用冷轧低碳钢板及钢带DC03、汽车制管用热连轧及酸洗钢带E355、铁道车辆用耐大气腐蚀钢热轧钢带Q450NQR1等4个产品获中钢协“金杯优质产品”称号，高成型汽车结构用热连轧及酸洗钢板和钢带SAPH310-B、冷轧低合金高强度结构钢板及钢带HC260LA、冷成型用冷轧低碳钢板及钢带DC01等3个产品获四川省技术创新服务中心“四川省名优产品”称号，薄镀层1500兆帕热成型钢、2吉帕热成型钢、1000兆帕大梁板等产品实现国内首发。

【扶贫工作】 编制印发《西昌钢钒公司2020年对外捐赠（扶贫）工作计划》的通知，先后投入资金1500余万元，对凉山州喜德县、西昌市周边乡镇实施精准扶贫。其中，投入100万元资金，开展喜德县乐武乡39户贫困户安全住房建设及蜜蜂养殖扶贫项目；投入82万余元，帮助安哈镇开展党群服务中心建设、黄联关镇开展蓄水池修建、经久乡开展安全饮水工程建设、佑君镇开展贫困户电视机捐赠项目；继续跟踪2019年扶贫项目实施情况，组织乐武乡村民对300亩花椒基地里的花椒苗进行补种5000株；多渠道实施以购代捐共计采购凉山农副产品1050余万元，激发贫困户生产脱贫、自我发展的动力，为凉山州全州如期脱贫摘帽贡献力量。

攀钢集团矿业有限公司

【概况】 攀钢集团矿业有限公司（以下简称“矿业公司”）始建于20世纪60年代中期的三线建设。1973年5月1日，冶金工业部决定成立攀枝花冶金矿山公司。1993年6月并入攀钢（集团）公司，1994年更名为攀钢集团矿业公司。2008年4月，改制为攀钢集团矿业有限公司。公司经营范围为矿石采选及其技术开发、咨询服务；碎石、矿产品加工；矿产品质量检测；金属制品、机械设备制造；机械设备修理；场地及设备租赁；停车服务；普通货运；一类：大中型客车维修、货车（含工程车、危险货物运输车）维修；销售：矿产品、机械设备、电器设备、汽车配件、摩托车及配件、五金、交电、日用品、化工、建筑材料、仪器仪表、金属材料。

作为攀钢高炉冶炼的主要原料供应基地，矿业公司拥有钒钛磁铁矿、白云石矿等矿山。截至2020年底，境界内可采资源量约3.49亿吨。其中，攀枝花矿区0.79亿吨（露天0.62亿吨，地下0.17亿吨），白马矿区2.70亿吨。主要生产钒钛磁铁精矿、钛精矿、石灰石、生石灰粉、高镁石灰等矿产品。经过40余年的发展，已形成年产钒钛磁铁矿精矿1221万吨（品位54%～57%），钛精矿123万吨（品位不小于47%），冶金辅料矿89万吨的实际生产能力。铁精矿产量位居全国前三，钛精矿产量持续保持全国第一。公司目前正在积极争取红格南矿区矿权，拟通过对红格南矿区开发建设，进一步提高资源优势和保障能力。

矿业公司现有6个生产单位，1个生产辅助单位，1个科研单位，1个全资子公司，2个综合管理处室，9个机关部室，在岗职工5967人（截至2020年12月末）。公司自成立以来先后荣获首届全国矿产资源合理开发利用先进矿山企业、第二届全国冶金矿山“十佳厂矿”、钒钛磁铁矿资源综合利用示范基地、全国冶金绿化先进单位、四川省名牌产品称号——攀枝花牌钛精矿、四川省创先争优活动先进基层党组织等荣誉称号。

【生产经营】 2020年，矿业公司克服新冠疫情、资源条件变差、生产不均衡、选钛干燥线因环保要求限（停）产、白马建矿以来最大强降雨、西昌钢钒1号高炉工况异常等诸多困难，坚持放量生产，保障了集团公司原辅料需求。攀枝花铁矿完成采剥总量3560.11万吨，输出铁矿石1573.93万吨。白马铁矿完成采剥总量6578.57万吨，输出铁矿石1806.95万吨。白马选矿厂、选钛厂、兴茂公司钛精矿产量再创历史最好水平：白马选矿厂生产铁精矿 490.04 万吨、钛精矿 18.02 万吨，密地选矿厂生产铁精矿 483.05 万吨，选钛厂生产钛精矿 56.51 万吨，兴茂公司生产钛精矿 26.63 万吨，外委加工完成铁精矿 212.45 万，钛精矿 22.54 万吨。2020 年公司全年完成采剥总量 10139 万吨，为年计划的 103.46%；输出矿石 3381 万吨，为年计划的 96.87%；铁精矿 1221.18 万吨，为年计划的 101.77%，同比增产 20.66 万吨；钛精矿 123.70 万吨，为年计划的 107.57%，同比增产 9.95 万吨。铁、钛精矿产销率分别为 98.94%、100.62%。钛精矿产、销量均再创历史最好水平。石灰石粉矿 38.1 万吨、生石灰粉 46.1 万吨、高镁灰 5.1 万吨。石灰石矿克服了由开发自有资源转为依靠外购原料生产的困难，确保了集团公司的辅料需要。矿研院坚持创新驱动，为依托科技持续发展提供了有力的技术支撑。动力厂认真为生产筑牢能源保供根基，确保了水电系统安全稳定运行。生产运营部（质量计量管理部）全面加强质量计量数据的检测和反馈，为产品质量计量稳定受控作出了积极贡献。

【企业管理】 2020 年，矿业公司完成退休人员社会化管理工作，采集退休人员信息 11434 人、转移党组织关系 2093 人、整编和移交人事档案 11433 份，涉及相关资产全部移交到街办。完成宜宾公司注销工作，达到了国资委下达的“处僵治困”目标。实施公司机关改革，剥离机关后勤服务业务，成立生产服务中心，压缩机关定员编制，管理技术人员精简 36 人。攀枝花铁矿、白马选矿厂、兴茂公司等单位完成内部检修业务整合，专业化集中度进一步提高。稳妥推进人力资源优化，通过岗位业务整合、实施内部退养等措施，在岗职工累计减少 360 人。极限压减劳务，通过收回自营、岗位合并、调增岗位工作内容等措施，累计压减劳务 490 人、降费 1707 万元，超额完成人员、费用“双降 50%”的目标。深化干部人事制度改革，加大年轻干部培养选拔力度，按照“一人一师一图一表”培养等措施，选拔 75 后 E 级领导人员 4 人，80 后 D 级领导人员 6 人，B、C 级管理人员 34 人。B、C 级转 A 级管理技术岗位 29 人，11 人退出领导岗位从事专项工作。

建立完善了矿业公司核心业务授权体系，管理制度从 165 个优化整合至 155 个。举办法治教育培训 11 期，重大合同等“三项”法律审核率 100%，处理历史纠纷案件 20 件，挽回和避免损失 593 万元。深入推进“五制配套”管理，通过建机制、强督导等措施，初步建立了倒班作业长制，基本形成了“权力委让、工序服从、专业搭接、横向协作”工作局面，促进了管理重心下移，提高了基层管理效率和执行力。强力推行精益六西格玛管理，坚持自主培训、自主管理，通过注册黑带考试 27 人、资格认证 3 人；完成黑带 8 项；首次推荐 2 个黑带项目参加中质协组织的发表赛，都获得专业级称号。深化对标管理打造最优厂矿，与太钢、包钢、朝阳钢铁、太和铁矿等企业进行了对标学习，修订完善了“4+3”指标体系，强化指标改进，选钛厂粗粒生产线作业率由 96.8%提升到 97.6%。“两化融合”建设方面，全年投资 4000 余万元，推进项目建设；财务一级核算管理信息系统已上线运行；选矿厂磨选工序智能控制系统进入试运行阶段；白马选矿厂精矿管道两化融合改造已投入使用。

【财务管理】 2020 年，矿业公司财务管理按照集团公司“4711”专项行动要求，克服新冠疫情带来的重大不利影响，以降本增效、成本倒逼、降耗压费、盘活资源为重点，制定各项措施积极开展降本创效、提效工作，全面清理外协业务。其中工序外协业务全年降本 6162 万元。生产经营成本稳定受控，铁精矿完全成本 310.31 元/吨，较年初预算下降 1.68 元/吨。2020 年 12 月末存货原值 1.98 亿元，存货增长率为 3.73%，营业收入增长率为 14.54%，存货增长幅度低于营业收入的增长幅度，完成了集团公司指标。2020 年累计应得经营活动现金流量 6.87 亿元，实际完成经营活动现金流量 7.79 亿元。12 月末，外部债权实际 487 万元，较年初集团下达的外部债权指标 512 万元下降 25 万元。2020 年累计实现营业收入 58 亿元，实现报表利润 7.93 亿元，创历史最好水平；剔除分析因素后实现考核利润 3.8 亿元，较基本目标超利 1.92 亿元，较奋斗目标超利 1.5 亿元。

【设备与工程管理】 2020 年矿业公司通过强化点检定修和严格管控非计划检修，主要设备可动率 96.84%，较计划提高 0.34%；通过大力开展备件清理、利库，全年降低采购成本 3355 万元。

完成了对攀枝花铁矿、白马选矿厂、兴茂公司等厂矿级单位的检修业务整合，矿业 8 个主体生产厂矿均实现集中检修管理模式，有效缓解了检修人员不足的矛盾；积极引进外部专家团队，结合点检状态分析，科学、系统制定白马选矿厂2号半自磨机基础隐患治理方案。8月完成治理后，2号半自磨机运行性能参数良好，振动数据优良，隐患得到彻底治理；会同鸿舰公司积极开展球磨机扩能攻关，完成对选矿厂5台磨机的改造。通过增加筒体容积，单台设备产能提升约15%，设备综合效率得到充分发挥。

2020年，矿业公司重点工程有序推进，尖山采场露天转地下开采工程、马家田尾矿库接替库一期工程、白马铁矿万年沟尾矿库溢洪洞续建工程——9号溢水塔、选矿厂尾矿坝阿署达9号溢水塔建设项目、白马铁矿4号矿石破碎站建设工程均顺利建成投产；白马铁矿及及坪采场物流优化工程按进度计划正常推进；朱兰采场东北帮扩帮工程相关工作按计划持续推进。积极推动实施环境提升规划，散排治理、厂区环境整治，排土场植绿复绿、堆场覆盖等取得明显进展。选矿厂噪声深度治理工程、兴茂公司尾矿综合利用分公司堆场规范化整治——钛精矿堆场封闭、矿业攀枝花铁矿及选钛厂堆场整治项目、矿业公司白马选矿厂堆场扬尘治理完善工程、矿业白马选矿厂破碎作业区湿式除尘器改造工程、攀枝花铁矿朱兰片区生活废水规范化整治工程均按期完工，并投入运行；攀枝花铁矿尖山和肖家湾排土场2020年复垦—肖家湾排土场复绿工程已完工，进入养护期；攀枝花铁矿尖山排土场地质环境恢复按进度计划正常推进；密地选矿厂磨选工序智能控制系统、矿业公司财务一级核算管理信息系统均已上线运行。

【科技管理】 2020年，矿业公司完成《攀钢集团矿产资源产业“十四五”发展规划》编制工作；红格选矿新工艺及装备研究完成了阶段试验任务；白马一期铁精矿提质完成4号系列改造和调试；“大型高尾矿坝深部勘测及其预警控灾评价关键技术与应用”获中国有色工业科学技术奖一等奖；“攀西地区露天矿山边坡安全监测与云平台远程预警关键技术研究”获得冶金科技进步奖三等奖；“低品位橄辉岩型钛铁矿选钛工艺及装备产业化集成技术研究”获得鞍钢科学技术奖一等奖；“攀西钒钛磁铁矿选钛工艺装备升级及产业化研究”等四个项目通过四川省评价；朱兰采场露天+地下联合开采进入方案规划阶段；全年共申请专利48项，其中发明专利23项；获授权专利37项，其中发明6项；大力开展群创活动，累计提合理化建议3330条，实施2490条，创效9817万元。全年科技创效2.08亿元。

【扶贫工作】 2020年，矿业公司认真贯彻落实鞍钢集团、攀钢集团公司扶贫工作部署，努力克服新冠疫情防控对于生产经营的影响，扎实开展消费扶贫工作，通过攀钢生活公司吉靓轩购货平台，采购凉山州、贵州省六盘水市盘州区等攀钢对口帮扶地区大米、食用油、辣椒油、粉条、香菇酱等扶贫物资245万元，党员干部采取以购代捐方式，购买新疆塔县、凉山州喜德县扶贫产品27万元，超额完成扶贫任务。

【新冠控疫】 2020年1月，面对突然暴发的新冠疫情，矿业公司迅速贯彻落实鞍钢集团、攀钢集团、攀枝花市应对新冠疫情的工作部署，立即启动一级应急响应，坚持疫情防控与生产运营两手抓、两不误，明确目标，落实责任，强化督查，为公司顺利完成2020年生产经营任务创造了有利条件。据统计，2020年1月28日至12月31日，公司从外地返攀职工28359人次，返攀职工家属、亲属、客户5420人次，从美国、英国、法国、意大利等4个国家返攀的职工子女4人，因政府排查可能与疑似病例乘坐公交车、餐馆就餐等职工17人；因家属、亲属从外地返攀导致自身居家隔离的职工45人，以上职工、家属和退休职工均按照要求自行隔离14天，体温无异常，解除隔离。截至2020年12月31日，公司职工及家属均未发生新冠肺炎确诊病例与疑似病例，疫情防控工作取得阶段性成效。

攀钢集团成都钢钒有限公司

【概况】 2015年以来，攀钢集团成都钢钒有限公司（以下简称“攀成钢”）响应国家环保治理要求和化解过剩产能号召，认真落实四川省、成都市城市区域发展规划，按照集团的决策部署，实施重大改革调整，关停青白江主厂区的钢铁生产，全面实施企业转型升级。到2020年底，公司在岗职工857人，二级机构10个。

2020年，面对多重困难叠加、多条战线攻坚的复杂局面，攀成钢以非常之举应对非常之时，用非常之力推进非常之事，迎难而上，主动拼争，在确保疫情防控到位的基础上，推动经营实体扭亏、土地运作、资产处置、历史问题化解等工作全面完成目标任务，取得了近年来最好的经营业绩，在连续亏损11年后首次实现盈利，为集团公司全面完成年度目标作出了积极贡献。

【业务经营】 2020年，攀成钢不断拓展受众地域区域和市场客户范围，通过网络媒体加强宣传推介，尤其是在疫情期间，采取直播看货视频方式开辟踏勘通道；通过签订廉洁诚信承诺书、收取用户廉洁诚信保证金等措施强化风控和有效监督，资产处置的效率和效益大幅提升，高炉、转炉、烧结、电炉、159连轧管机组等资产相继实现处置。全年完成固定资产处置39.28亿元、存货资产处置1.62亿元，实现4.4亿元现金收入，创效2.17亿元。累计收取履约保证金8531万元，利息增效212万元。资产经营稳中有增。盘活了凤凰大厦、镏金岁月、一区39栋等资产，新增租赁面积0.44万平方米。开展一区34栋整体运营管理项目前期准备，推进火车北站、后子门等房产拆除补偿工作。全年实现非生产性资产租赁收入1444万元。同时，加大了盘活闲置厂房资产力度。及时跟进现场资产处置进度，腾退出生产性厂房资源近10万平方米。全年厂房出租总面积同比增长近20%，租金收入2228万元。

攀成钢把金堂钢管分公司列为市场化改革重点单位，调整班子，配强干部，充分授权，契约化管控。集合从事钢管生产的骨干力量，充实分公司技术、销售、质量等专业队伍，清退劳务人员45名，62人转岗金堂。同时，改革激励机制、优化生产组织模式，对部分工序推行计件工资模式，对76机组试行工序承包，对销售员实行保底工资+绩效工资的分配办法。全年金堂钢管分公司产量同比增长43%，销量同比增长38%。尤其是品种管销售同比增长403%，经营效益同比减亏830万元，一举扭转了经营被动局面。

主动出击，“三个服务平台”建设全面展开，充分利用政府直购电优惠政策，及时调整基本电费计费方式，合计降低购电成本超过1200万元；发挥成都慧联电力有限公司作为全集团购售电业务的平台作用，实现购售电业务收入超过500万元，尤其是加大检验检测、科研试样加工及能源设施运维服务市场开拓力度，全年创收530万元，同比增长39%。围绕产线岗位操作、维修维护、仓储管理、挂吊装卸、项目管理咨询等拓业务、提服务。全年110名职工从资产管护走向工业服务新岗位，实现对外创收501万元，同比翻番，同时在年末拓展承接了龙港仓储库管和达海行车维保业务。在巩固现有物业服务标杆项目的基础上，拓展板材二期、开源智创、大数据等物业服务项目，主动对接客户，挖掘潜在需求，提供绿化花卉、会议组织、防疫等增值服务，年增收入30万元，全年创收553万元，同比增长23%。

【园区开发】 2020年，攀成钢有效提高了二期棚改补偿范围、面积、标准，创效1.74亿元；蔡家庙土地、向阳土地分别与政府达成补偿协议，收回全部补偿款，累计创效7060万元；三利公司和物流公司140亩土地已实物移交政府并具备上市条件。系统解决土地产权遗留问题。与区政府就新二区土地权属争议问题达成共识，长达十多年的历史遗留问题取得突破性进展，为下步该片区发展新兴产业的土地权属办理打通了瓶颈。该区域大数据项目一期用地取得不动产权证，企业的核心利益得到有效保障。完成了工益酒家宗地确权并取得不动产权证，实现土地增值1800余万元。

青白江片区概念性规划设计方案得到了政府相关部门认可，该方案成果将导入相关城市规划。推进积微钢材电子交易展示区项目改造工程，2020年10月竣工运营。加快推进大数据项目一期工程建设，预计2021年4月投运。同时，积极开展场地清理，为眉山冷弯、鸿舰钛管等后续项目及时入驻创造了良好条件。

积极争取优惠政策，减免房土两税5400万元，实现棚改项目免征增值税及附加共计约2000万元，申请普惠型稳岗补贴等335万元，实现企业稳岗返还760万元。同时，通过争取国家应对疫情出台的一系列政策，减免税费2049万元。

圆满完成退休人员社会化管理工作，面对时间紧、任务重、协调难的局面，公司建立了“分片包干、任务到人、日清日结、全程督办”工作机制。一方面，全面清理统筹外费用并制定解决方案，完成了大量的退休人员信息采集、录入、核实及开展档案清理和整理工作。另一方面，成立10个区域工作组，与23个区县（市）、204个街道、519个社区直接对接，打通堵点，畅通渠道，全时段开展党组织关系转接、档案移交、人员移交、资产移交等工作。经过近6个月攻坚，如期实现党组织关系转落3246人、档案移交15497卷、人员社会化管理服务协议移交15673人，完成率100%，全过程做到了平稳有序、无信访、无维稳事故。

攀钢集团江油长城特殊钢有限公司

【概况】 攀钢集团江油长城特殊钢有限公司（以下简称“攀长特”）2020年末资产总额38.44亿元，净资产8.92亿元，资产负债率76.8%。在岗职工3196人，其中技术研发人员293人。公司主厂区占地面积5128亩，主厂区厂房114万平方米，固定资产净值28.7亿元。2020年，公司钢产量25.81万吨，材产量39.61万吨，降本增效1.84亿元，主营收入31.56亿元，实现利润504万元。

作为国家大型特殊钢科研生产基地之一，建厂以来，完成国家下达的军工及民用科研项目近350项，国家级科研课题2800余项，先后研制生产了50多个牌号、300多个规格品种的新材料，为我国各行各业提供了近600项工程和特殊材料，为民用工业领域提供了超过400项新材料，多项材料填补国内空白。目前，公司拥有特种冶炼、锻材锻件、大型材、扁平材、薄板、热挤压管、精密钢管、棒线材连轧等8条生产线。精密无缝钢管生产线处于世界一流水平，棒线材连轧生产线和锻钢生产线处于国内先进水平。拥有40吨电炉、LF炉、VD（VOD）炉、电渣炉、真空感应炉、非真空感应炉、自耗炉等特种冶炼设备和初轧机、挤压机、棒线材连轧机、快锻、1精锻等专业化成套加工设备，具备年产特殊钢70万吨的生产能力。公司拳头产品为高温合金、特种不锈、高强钢及高合金模具钢，居于国内前三甲。产品广泛应用于装备制造、石化、能源、家电、汽车、铁路、模具等行业。与北京科技大学、辽宁科技大学、钢铁研究总院等院校、科研院所开展深层次合作，2020年，公司有3项科研项目获省部级成果奖，申报专利25项、专有技术5项。

【生产经营】 2020年，面对新冠疫情和洪灾的不利影响，攀长特成立自炼钢、优钢市场拓展工作组和产销研用一体化工作组，深挖细分市场潜力，推进应用技术服务，抓好渠道建设，全面推行“列车时刻表”生产组织模式，2020年产钢25.8万吨，同比增长14.5%；产材39.61万吨，同比增长4.7%；自炼钢成材18.34万吨，同比增长6.6%；特种材料销量、销售收入同比分别增长15.36%和26.4%，创历史最好水平。

【质量管理】 2020年，攀长特推进“工艺卡”和工艺评价制度，完成13个工序、54份生产工艺优化，工艺升级项目58个，全年万元产值质量损失同比降低33.8%，其中表面缺陷同比降低28.9%。

【产品结构】 2020年，攀长特坚持特钢精品路线，积极推动产品升级，全年特种材料产品销量同比增长15%，收入同比增长26%。重型燃机叶片钢、轨道岔芯用钢等产品开发取得良好进展，全年品种结构增利达到2645万元。

【降本减费】 2020年，攀长特全面压降成本费用支出，大力推进经济供应链建设，压实降本主体责任，全年系统量化降本1.84亿元，采购降本1.52亿元，均创近年最好水平。

【安全生产】 2020年，攀长特认真学习贯彻习近平总书记关于安全生产的系列重要论述，强化安全责任落实，严肃考核问责。强力推进“隐患排查治理年”工作，将隐患排查治理和风险防控贯穿始终。推进安全生产专项整治三年行动计划，确定两个专题和五个专项。落实“五清五杜绝”管理要求，针对相关方人员流动性大，安全技能较低，作业危险性较大，对作业环境不熟悉等特点，严把准入关，并建立退出机制。

【绿色发展】 履行国企环保责任，完成了炼钢渣场整改、西南钢管酸洗改造、中坝生活污水改造等环保项目，重大环境污染事故为零，综合能耗同比下降23千瓦时/吨，降幅为3.7%。

【新冠防控】 2020年初，突如其来的新冠疫情打乱了正常的生产生活节奏，国家经济社会面临严峻考验。值此关键时刻，公司坚决响应党中央号召，在两级集团统一部署和地方政府的关心下，沉着应对，统筹谋划，精心安排，及时成立疫情防控指挥部，建立疫情防控工作机制，加强疫情防控组织领导，压实疫情防控责任，全年未发生1例新冠肺炎感染者，有力地支持了地方经济社会的稳定。与此同时，公司积极履行国企担当，开足马力生产用于熔喷布和口罩机材料使用的 D2、SKD11、CR12MOV、40CR13H 等钢种近 10000 吨，其中 SUS630、SUS431 高端产品替代进口，缓解了原料短缺对防疫抗疫的影响，受到国务院国资委表扬。

【机构改革】 2020 年，攀长特实施“集约、瘦身、提效”体制改革，按照“横向到边，纵向到底”及“大部室、大科室办公”原则，将锻造厂、连轧厂合并成立锻轧厂，将西南钢管有限公司生产经营委托锻轧厂管理；将四川长钢机电建设发展有限公司、四川长钢房地产有限公司、物流分公司合并成立长钢物流；将安全环保部（武装保卫部）、能源动力中心合并成立安全环保部（武装保卫部、能源动力中心）；将质量计量部与制造部合并成立制造部（质量管理部）；将综合管理部（党委办公室）与党群工作部（机关党委）合并成立综合管理部（党委办公室、党群工作部、机关党委）；将企业管理部（法律事务部）与人力资源部（党委组织部）合并成立人力资源部（党委组织部、企业管理部、法律事务部）；撤销了各委室全部科级机构，重新设立了科级机构。改革后，处级机构由 20 个精简为 12 个，减幅 40%；科级机构由 123 个精简为 82 个，减幅 33%；管理岗位精简 85 人，减幅 17%；基层班组由 506 个精简为 367 个，减幅 27.5%。

【厂办大集体改革】 2020 年，攀长特根据鞍钢、攀钢两级集团统一部署，在江油市、绵阳市两级市委、市政府及相关部门的指导下，攀长特按照“坚持和加强党的领导，依法依规稳步操作”等“6 个坚持”工作要求，以“四个确保”为工作目标，如期完成职工安置和改制企业股权划转工作目标。成立地企联合工作组，研究、培训和宣贯大集体改革政策法规，就厂办大集体产权界定、关闭注销流程及相关疑难问题处理、税收政策、相关社会保险及医疗保险政策、工伤人员处置、资产处置等进行协商，落实相关政策。认真做好企业性质界定、职工身份认定和资产审计评估，研究制定了厂办大集体改革实施总体方案、改革工作指导意见、职工安置指导意见、资产处置指导意见及履行民主程序指导意见等系列配套政策文件；组织制定、审核、实施了 35 家集体企业改革实施方案和职工安置方案。成功完成 7 家厂办大集体企业改制或重组改制，党组织关系实行了属地化管理；28 家厂办大集体企业关闭；安置职工上岗 968 人，协商一致解除劳动合同 112 人，主办企业安排上岗 2 人。与江油市人民政府签订了厂办大集体改制企业股权移交意向书、备忘录及股权划转协议，成功实现改制企业股权无偿划转江油市人民政府。

【基础管理】 2020 年，攀长特持续深入推进打造最优工厂（产线）专项工作，三个专业厂 103 项核心指标（一级指标）优化率为 83.74%；85 项核心指标（一级指标）完成率为 69.11%；46 项核心指标（一级指标）达到或超过标杆值。有序推进精益六西格玛管理，全年六西格玛黑带立项 25 个，结题 23 个，结题率 92%，创效 1200 余万元，其中 2 个项目分获中国质量技术与创新成果发表赛专业级、改进级奖项，1 个优秀黑带项目在集团六西格玛项目展示赛中获第 7 名。五制配套管理持续深入推进，确定 26 项重点工作推进计划，整合、优化作业区 4 个，修订岗位说明书 616 个，修编通用规程 6 个、岗位操作规程 105 个、岗位作业标准 120 个，进一步提升了标准化作业水平。

【教育培训】 2020 年，攀长特结合生产实际需求，建立了电气、液压、焊接、钳工等四个工种实训场所，实训基地全年办班 15 个，培训高技能人才 600 余人，全年培训 7870 人次，培训率达 230%。4 人通过初级专业技术职务任职资格评审，59 人通过中级专业技术职务任职资格评审，12 人推荐至集团公司参加高级专业技术职务任职资格评审。

【改革创新】 2020 年，攀长特打造微观市场主体，非钢单元发挥特色优势，积极开拓外部市场，实现对外创收 3897 万元，其中铁路对外运输服务量同比增长 12.19%，食品加工创收超过 700 万元。

攀长特下发《关于公司相关职能划转及科级机构设置的通知》《公司经营管理、专业技术岗位改革工作指导意见》《关于开展公司科级岗位改革竞聘工作的通知》，开启两级机关机构优化改革工作。此次改革由各单位（部室）根据公司科级机构定岗定员设置方案，发布具体岗位信息，公司统一组织竞聘。改革后，两级机关科级机构将由 123 个减至 82 个，科级岗位职数由 162 个减至 137 个，同时管理技术岗位结构有效优化，人员编制减少 83 人，减幅 16.2%。

【人力资源管理】 2020年，攀长特聚焦重点技改和新上项目，通过员工内部流转盘活存量，全年内部转岗93人次。按照“精一会二懂三”的思路，持续推行操检合一、大工种作业，充分挖掘人力资源潜力，提高人力资源配置效率。继续加强劳动力项目管控，全年劳务用工同比压降286人，劳务费用同比降低797.37万元。

【退休人员社会化管理】 按要求开展退休人员人事档案整理及数字化加工，20046份退休人员人事档案通过江油市社会保险服务中心验收，并签订《江油市国有企业退休人员人事档案移交代管协议》《江油市国有企业退休人员人事档案交接协议》，实现移交。

【法制建设】 2020年，攀长特利用“七五普法”收关契机，开展民法典宣贯、宪法宣传周等专项活动，共组织培训学习、法律知识答题10余次。办理各类诉讼案件37件，涉案总标的11966.84万元，通过判决、调解、裁定等方式，诉讼案件减损金额1187.65万元。出具法律意见（含报告）29份；提供法律咨询及服务近100次。审核（评审）合同577份，重大涉法事项和重点专项项目法律保障率100%。2020年6月获得绵阳市国资系统法治工作先进单位荣誉；2020年7月通过集团公司法治建设工作检查验收；2020年11月获得四川省2018—2019年度省级“守合同重信用”企业。

【资金管理】 2020年实现攀长特国拨资金转增资本2.98亿元，新增鞍钢财务公司签发银行承兑汇票0.6亿元，新增贷款2.43亿元，综合资金成本从年初5.39%降至4.52%。开展“两金”专项清理，“两金”增长幅度未超营业收入增长幅度。根据市场变化及时调整票据差异化贴息政策，促进销售回款货款结构优化，货币占比达到25%，同比上升5个百分点。核销已过诉讼时效且无需支付债务1396万元。

【股权管理】 2020年，攀长特加强参股投资清理，完成科海股权清退并在北交所公开挂牌转让，全额收取转让款91万元。强化对参股投资企业的日常管理，取得投资单位现金分红97万元。协调保险共保体、集团保险办、受损单位、共估公司就公司“8·16”洪灾资产受损情况开展保险理赔，保险理赔共计1189万元。

【预算和成本管理】 2020年，攀长特深入贯彻“生存保卫战十项措施”和“4711专项行动”的要求，压降费用指标，强化主体责任，确保费用均衡受控。强化预算管理，构建滚动预算跟踪体系，按月制定滚动预算目标，按周监控分解完成情况，实现动态纠偏。强化企业治理，治困评分逐月提升，全年累进综合评分98分，双评口径均达到一般企业评级目标值，基本完成国资委下达的困难企业治理目标；完成法人单户核能公司的控亏目标。对标抚顺特钢、宝武特冶，为公司经营出谋划策。

【会计管理】 2020年，共享平台建设推广工作顺利开展并按期上线运行，提升了财务信息化水平，促进了业财融合。全年争取政策创效3954.39万元，实现了社保入税并绑定扣款。开展财务知识技能培训考试，有效衔接新准则执行，持续提升财务人员业务素养、职业技能。

【设备管理】 2020年，攀长特强化设备运行前瞻管理，完善主要设备运行管理指标及定修模型，重点产线和主机设备定修模型执行率100%，全年设备事故故障月均41.56小时，同比降低7.3小时；六级及以上设备事故32次，同比降低10次；事故故障次数同比降低72次。在能动中心率先推行自主维修，在西南钢管、连轧精整工序和产品加工中心等单工序作业岗位开展“操维一体化”作业模式，减少了外委维修项目，TPM推进实现新突破。

【技术改造】 2020年，攀长特共开展新建1台6吨真空自耗炉、新增2台罩式炉和一生产区生活污水改造等29个建设项目，其中技改项目14项，资本化改造项目15项；累计完成8个技改项目的交工验收，10个项目的竣工验收，2个项目进入试运行及功能测试阶段；全年技改项目投资13685万元，零固购置600万元。针对装备保障短板，广泛开展设备本质化改善活动，完成特冶电渣和双真空设备OEE提升攻关、提高连轧精整线磨光材表面质量等57个技术攻关项目。大力开展节能降耗攻关，制定22项节能项目及短平快节能整改项目，完成101电炉配置炉壁喷碳系统、锻造产线中坝区4号炉大修加蓄热式改造、连轧产线新建5T电阻退火炉项目等14个项目，年节能创效近300万元。

【资产管理】 2020年，攀长特处置闲置资产811项，收入2753万元，利润1665万元。收回二厂资产处置第二批资金 2300 万元。与地方政府达成 3100 亩用地留用土地范围、管线搬迁费用分摊、村组占用土地补偿；钛材二期 2338 万元专项资金置换设计文件已经省政府批复；土地办证 16 宗，超额完成年度任务。

【降库减费】 2020 年，攀长特贯彻落实“4711”专项工作，全面清理备品备件，备件一级库存从年初 6360 万元降至 12 月末 5890 万元，降幅为 7%；二级库存从 2820 万元降至 1350 万元，降幅为 52%。推动采购降价谈判，与意向单位达成采购降价 4934 万元。深挖内部潜力，主动承接部分 AB 类维修项目等业务 115 项，节约外委费用 300 万元。加强技改及维修项目费用控制，签订技改合同 40 份、金额 10420.26 万元，较预算下降 12%；审核维修合同 431 份共 2217 万元，审减率 28%。

【两化融合】 2020 年，攀长特推进冶炼 MES 系统、能动中坝作业区能源集控系统项目建设，开展锻轧 MES 系统、质量判定服务器、公司 OA 系统的运维升级，完成锻轧厂精整作业区在线表检及半自动点磨改造、酸洗用蒸汽改电自动控制改造、轧钢厂油库无人值守改造、客户服务信息系统、智能仓储管理系统等“两化融化”攻关项目，优化岗位 17 个。

【油品治理】 2020 年，攀长特持续开展“治理设备漏油、实现清洁生产”专项劳动竞赛，纵深推进液压润滑专项管理，6 个液压站达到优秀站所标准、2 个液压站达到明星站所标准。研究应用润滑智能管理技术，实现了 TMB、BGV 油品在线处理。持续开展油脂整合工作，油品从 28 个品牌 110 个规格减少到 18 个品牌 71 个规格，减幅分别为 36%和 35%。全年油脂单耗吨材 0.85 千克，较计划降低 0.5 千克，为公司降耗工作作出重大贡献。

【抗洪抢修】 “8 · 16”特大暴雨造成三生产区严重受灾，攀长特克服受灾设备抢修面广、时间紧、任务重、道路受阻等困难，积极组织开展设备抢修工作，特冶产线、锻钢产线、薄板产线从 8 月 20 日起陆续恢复生产。

【科技研发】 2020 年，攀长特科研立项 120 项，进度完成率 96%，同比提高 2%，投入研发费 14970 万元，其中直接研发费投入 4006 万元，GH4169 等重点项目取得实质性进展。

【新品开发】 2020 年，攀长特确立新产品开发项目 28 个，特种用不锈钢、超高强钢完成率分别为 172%、197%，高端无磁护环钢及液压阀用不锈方扁钢完成率 141%。

【科技管理】 2020 年，攀长特规范科研项目立项管理和验收管理，全力推进长期未结题或已结题未验收项目的整改，切实做好结题科研项目归档，完成了两个历史遗留科研项目的整改。

【科研成果】 GH3128 突破关键冶炼技术，K500、GY910、2169N 等产品实现科研交付，大船用 SLG 项目研制成功并应用，低温用 S-03 等产品实现独家供应，模铸改连铸的 H13 等产品获得市场认可，新增资质认证 7 项。全年申请专利 25 项，申报专有技术 5 项，申报成果 3 项，获奖 3 项。全年维护专利 92 项。对标同行先进，梳理 31 项重点科技降本和质量提升项目，实现科技降本 1340 万元，质量改进降本 960 万元。

【内部管理】 攀长特举办了国家秘密和商业秘密涉密人员保密知识培训。公司全体涉密人员及钛业公司江油分公司的涉密人员参加培训。培训邀请绵阳市国家保密局技术科的两位专家进行授课，观看了网络密战警示教育片。22 名新上岗涉密人员和 36 名到期换证人员进行了考试。

【党的建设】 2020 年，攀长特强化阵地建设，深入开展基层党支部建设提升年活动，贯彻落实《国有企业基层组织工作条例（试行）》，发挥鞍钢党支部工作示范基地和样板党支部的引领和辐射作用，积极推进“样板”党支部创建工作，33 个党员活动室全面升级，创建鞍钢“样板”党支部 1 个、绵阳市示范党组织 2 个，开展主题实践活动 12 项、“共产党员工程”48 项、党委书记抓基层党建 13 项。创新党建载体，围绕公司降本增效目标，系统性地组织开展 12 项主题实践活动，全年创效 2850 余万元。扎实开展“践行共享理念、关爱一线员工”专项行动项目 34 项，投入资金 50.5 万元。抓好党员队伍建设，切实做好“双向培养”和党员培训工作，发展党员 12 名，组织党员及党务干部参加了各类培训 326 人次。打好精准扶贫攻坚战，落实“四个不摘”要求，加大定向扶贫和消费扶贫力度，全年投入项目资金 47 万元，消费扶贫 240 余万元。

【反腐倡廉】 2020 年，攀长特深入开展“清风行动”，健全“八项规定精神+”模块化监督机制，重点开展外协业务管理、被盗案件“一案双查”等7个专项监督，拓宽“一对一”谈心谈话范围，实现B级以上人员谈话全覆盖。

【群团建设】 2020年，攀长特联合攀国贸开展“做大自炼钢、重点品种放量”攀钢级劳动竞赛，围绕阶段性重点工作和瓶颈环节组织“短、平、快”各类专项劳动竞赛14项。成立自主管理创新小组44个、立项47个课题；实施合理化建议841条；职工先进操作法申报13项，7项进入终评。强化职工素质工程，建成职工文体中心和设备维修实训中，胡波荣获四川省劳动模范荣誉，弥寒冰班组获“四川省工人先锋号”等称号。开展“送温暖”活动，慰问各类困难职工133人次，累计发放慰问金5.2万元。加强“青字号”品牌建设，持续开展青年科技节、青年创新登高等系列活动。推进统战工作，申报“爱献做”主题活动13项，获得集团表彰二等奖1项、三等奖1项、优秀奖1项。

攀钢集团研究院有限公司

【概况】 攀钢集团研究院有限公司（以下简称“研究院”）是鞍钢集团三大研究院之一，是攀钢的核心研发机构，是中国最具影响力的以钒钛为主的国家级综合性研究开发机构。研究院现拥有以国家级技术中心、钒钛资源综合利用国家重点实验室为核心的技术研发平台，以国家钒钛质检中心、CNAS、CMA为代表的分析检测平台，以钒钛磁铁矿资源综合利用产业技术创新战略联盟、四川省院士工作站、博士后工作站为代表的智力共享平台，以系列钒钛中试线为特色的工程转化及产业孵化平台。

2020年，研究院坚持疫情防控和科研经营“两手抓”，勠力同心、拼搏实干，各项工作取得了来之不易的成绩。研究院现有在岗职工605人，其中外聘院士专家、国家有突出贡献中青年专家、新世纪百千万工程国家级人选、国务院政府津贴专家等50余人，博士、硕士研究生332人，高级技术职称人员241人。现有总资产14亿元，仪器设备3300余台（套）。全年承担各类合同项目241项，重点项目完成率达到94%，支撑公司科技创效19.3亿元。荣获国家科技进步奖二等奖1项、省部级科技进步奖12项。授权发明专利186项；获得中国专利优秀奖、四川省专利一等奖各1项。制定国家（行业）标准14项。科技创新指数连续四年稳居鞍钢集团首位。完成“跑赢大盘、跑赢自身”的双跑目标。创新支撑攀钢位列中国钢铁企业专利创新指数排名第三，获评“最具专利创新力企业”和“国家技术创新示范企业”

【企业管理】 2020年，研究院坚持以激发内生动力为重点，制定年度改革任务清单，成都材料院成功申报并入选国资委科改示范行动；引入攀成钢等3家股东，设立董事会、监事会等现代企业治理机构，完成股份制改造；设立创业孵化部，完善“三部一中心”机构和岗位职责，推进科技创业规范高效运行，全面完成科改示范行动年度目标。聚焦“互联网+科研”，启动数字化研究院建设，与华为共同完成现状诊断和需求调研分析，形成建设架构和实施方案，向打造“产、学、研、资、用”高度融合的创新创业平台迈出关键一步。正激励持续激发创新活力。按照“全成本核算、内外有别”基本原则，开展效益分红激励先行先试，2020年钛精密铸造等6个项目分红总额达到248万元，有效调动了科研人员的主动性和积极性。制定知识产权评估奖励并作价入股和员工跟投激励方案，持续推进纳米二氧化钛项目机制改革。授予创业育成和重大专项项目团队线外自主采购权，进一步提升了资源配置效率。推动检测业务内外发展，设立攀研检测新公司。推行机关部门首办负责制，主动协调的责任意识和服务意识进一步增强。

深入贯彻落实市场化经营理念，以契约化经营业绩目标责任书为抓手，切实压实科研生产经营主体责任。2020年，聚焦产业产线技术服务、重大创新技术攻关、应用基础研究和前瞻技术探索，全力以赴抓创新创业，实现营业收入5.02亿元，全年利润1913万元，研究院及各法人实体均实现盈利，全面完成了公司下达的契约化经营目标。

持续深入推进规章制度立改废释，构建三级制度管理体系，颁发合规管理办法，建立健全法律事务管理制度体系，完成规章制度制（修）订34项，形成系统更加完备、科学规范、运行有效的规章制度体系。深入推进合同法律审核、规章制度和重大事项合规审查，将规章制度、文件合规性审查纳入公文发布流程。充分发挥法律顾问作用，加强重大合同和重大事项的合法合规性审查，为企业依法合规经营提供更加坚实的法律保障。持续开展全面风险管理，制定风险预警指标与风险管理策略，强化源头控制和过程监督，全年无风险事件发生。

【重大科研项目】 攀钢与北科大共建钒钛研究院情况。2020 年 12 月 15 日，攀钢—北科大钒钛研究院在北京科技大学揭牌成立。攀钢与北科大共同组建钒钛研究院，是双方深入贯彻党的十九届五中全会精神、践行创新驱动发展战略，全面落实鞍钢集团与北科大合作框架协议的重大举措。钒钛研究院将面向国家钒钛资源保障及绿色高效利用的经济主战场，面向钒钛、钢铁领域的国家重大需求，融合攀钢科技创新需求和北科大优势学科供给，充分发挥各自互补优势，以市场为导向，以平台为载体，以项目为依托，强化科技创新与产业发展的高效协同，全面推进钒钛钢铁产业技术升级，为国家钒钛战略资源开发利用提供有力技术支撑。

高炉渣提钛产业化。高温碳化实现年达产，炉衬寿命达到 1149 炉，主要技术指标明显优化并达到目标值。2020 年低温氯化稳定生产 245.4 天，实现 8 个月达产，其中 10—12 月连续 3 个月达产，低温氯化与 1.5 万吨/年氯化钛白对接稳定生产周期突破 20 天，各项技术指标显著优化。开展提钛尾渣在免烧砖、水稳层、土工填料、素混凝土等领域的工程应用研究，2020 年实现工程用量 2.4 万吨。形成提钛尾渣水洗粗脱氯工程化方案。制定提钛尾渣高效深脱氯制备矿渣微粉工艺技术路线，完成公斤级放大试验，氯离子脱除到 0.06%以下，制备的矿渣微粉达到 S75 级以上。开发了提钛尾渣制备泡沫陶瓷和微晶玻璃实验室配比工艺技术。

酸浸提钒尾渣深度浸出工艺研究。采用“低液固比—低 pH 深度浸出—回用水调 pH”工艺实施路线，有效解决了西昌钒制品分公司尾渣深度浸出工业应用过程中暴露的浸出系统酸平衡和水平衡问题，现场应用试验残渣钒含量平均降至 1.16%，达到尾渣 TV 小于 1.2%的预期目标。通过焙烧—浸出系统优化，2020 年度，外发尾渣平均 TV 为 1.28%，较 2019 年外发尾渣 TV 1.41%有明显降低，氧化钒收率逐步提升至 81.27%。

钒渣低钙焙烧—碳酸化浸出提钒技术研究。建成钒渣低钙焙烧—碳酸化浸出提钒工艺的扩大试验平台，完成全流程扩试，实现了钠、铵、碳酸根、工艺水等介质循环利用，钒产品满足标准要求，钒渣至五氧化二钒的钒收率为 86.35%，将进一步开展中试研究，考察技术、经济、环保可行性。

小粒度海绵钛生产技术开发。开展小粒度海绵钛（粒径 0.83~12.7 毫米）生产技术研究，掌握钛坨疏松性改善及海绵钛粒径控制技术，确立了小粒度海绵钛生产工艺。满足小粒钛生产的炉数比率由 19.0%提高至 75.0%；小粒度海绵钛产能达 63 吨/月；年销售量达 345.9 吨，较上年度增长 211%。

金属钛材产品研发。开展纯钛卷加热及轧制工艺优化研究，建立双加热炉加热钛坯工艺方法，轧制状态平稳，钛卷纯轧制时间缩短近一半，生产组织时间由原有方式的 16~18 小时缩短至 12 小时，生产效率提高近 30%；开展国内首卷钛钢复合卷探索性工业试验，成功轧制出规格（6+1×2）×1700 毫米×8000 毫米钛钢复合板 10 张，剪切强度满足国标要求。突破 8 毫米厚度规格钛合金装甲板材有效防御 7.62 毫米钢芯弹垂直侵彻的“瓶颈”问题，完成多规格、高品质 Ti555 板材工业制备，成功应用于首台套不同特种车型样车上。自主研发设计的厚度规格为 3~4 毫米的新型高强耐磨近 β 型钛合金 HRC 值达到 51，适用于专用匕首产品的开发。攻克 Ti80 合金铸锭成分易偏析，塑性变形能力差，热加工工艺复杂等关键技术问题，开发的 Ti80 六角型材通过武昌船舶重工集团的认证。完成 ϕ20 毫米×1.5 毫米和 ϕ12 毫米×0.9 毫米两个规格高强 TA18 钛合金管材工艺路径的优化，试制产品性能、尺寸公差满足协议要求。

航空航天、医用零部件 3D 增材制造产品。攻克钛粉流动性技术难题，打通球形钛粉生产工艺流程，制备球形钛粉 1.8 吨。获得-15 微米注射成型粉、15~53 微米激光粉、53~105 微米电子束粉末试用报告。对外签订销售合同 145 万元，包括 120 万元 15~53 微米激光打印用 TC4 粉末和 25 万元注射成型用 0~15 微米 TC4 粉末。参与《增材制造金属粉末性能表征方法》（GB/T 39251—2020）的制定。增材制造领域实现点阵结构零件增材产品销售。针对飞行器摇杆、纯钛首饰个性化、小批量特点，实现快速、精密3D打印制造。

高品位钒钛磁铁矿高炉冶炼技术研究。针对钒钛磁铁精矿提高品位后粒度细、烧结性能差，对烧结技术经济指标影响大等问题，开展高品位钒钛铁精矿烧结、造球及炉料冶金性能等实验室研究；掌握高品位钒钛铁精矿的烧结、球团的造块技术，提出了高炉冶炼的工业试验方案。并于2020年7—9月，采购近12万吨的高品位钒钛铁精矿，在企业公司球团厂、6号烧结机及4号高炉上开展全面工业试验。试验期间，烧结机整粒矿利用系数从1.351吨/(平方米·时)提高到1.427吨/(平方米·时)；高炉炉况稳定顺行，入炉品位从50.4%提高到52.38%，利用系数从2.822吨/(立方米·日)提高到2.94吨/(立方米·日)，燃料比从吨铁553千克降低到541千克，铁水［V］从0.302%提高到0.344%，取得了较好的技术经济指标，形成了高品位钒钛磁铁矿高炉冶炼成套技术，为公司下一步提高入炉品位提供了坚实的技术支撑。

基于煤岩显微结构的配煤技术。推进煤质评价由工业分析、黏结性等表观分析迈向了表观分析与微观组成、镜质组反射率分布及其标准偏差相结合的综合评价；推动了炼焦用煤采购技术条款的修订，来煤质量改善显著；西昌钢钒基本杜绝严重混煤，根据配合煤反射率分布，优化配煤结构，焦炭CSR年平均提升1.2个百分点，结构降本创效3000余万元；攀钢钒主焦煤混煤比率下降20个百分点以上，三期焦炭CSR年平均提高约1个百分点，且针对攀钢钒焦炭质量异常下滑、顶装焦炉出现罕见的推焦困难的问题，利用煤岩技术结合40千克小焦炉实验，及时为现场解决问题提供了支持。

基于低碳烧损的转炉深提钒技术。通过对200吨提钒转炉氧枪喷头的优化，建立适合于大型转炉提钒的供氧制度，解决大型转炉动力学条件差的问题，实现了大型转炉半钢钒含量小于0.035%的目标。充分利用转炉提钒过程的温度变化特性，开发快速氧化提钒保碳工艺，在保证半钢碳含量不降低的前提下，实现了半钢钒含量的有效降低。结合钒氧化过程的变化规律，开发适合转炉提钒的氧氮混吹提钒优化工艺，应用后在保证半钢钒含量不增加的前提下减少了碳的烧损。整体技术集成应用后，转炉提钒过程钒氧化率达到了90%以上，同时减少过程碳烧损0.04%~0.08%。

新一代高强高韧贝氏体钢轨及道岔轨研制。采用独特的低碳Si-Mn-Cr成分体系，结合精准在线热处理工艺，研制出60千克/米（60N）、75千克/米（75N）、60AT1三项钢轨PB2贝氏体钢轨及道岔轨新产品并具备批量稳定生产能力。打通75千克/米贝氏体钢轨移动闪光焊及铝热焊工艺，产品在铁科（北京）东郊环线上道试铺。协助中铁山桥等用户打通60AT1贝氏体道岔跟锻及热处理工艺，产品在北京地铁、太原地铁实现上道试铺，首次实现千吨级推广应用。

高品质金属制品线材产品开发与市场开拓。围绕钢绞线、优碳钢、冷镦钢和焊接材料用线材四大系列品种，系统研究高碳钢的铸坯偏析、组织均质性、免时效、氧化铁皮分类等控制技术，低碳低硅钢的冶炼技术，以及冷镦钢的高表面质量和冷顶锻成型性控制技术等，并取得突破。其中SWRH82B钢绞线用线材实现设计开发和量产推广，全年推广量达到9.1万吨；45号电梯钢丝绳在贵绳一次性通过70万次疲劳性能测试；70号、75号钢丝绳和35K冷镦钢用线材的产品质量及使用性能获得用户的高度认可，具备了批量供货条件。

热连轧超高强汽车用钢开发及应用。针对Ti微合金化高强钢析出与相变规律复杂，工艺控制难度大，导致钢板强度波动大、脆断开裂、拉伸分层、板形不良等行业内普遍存在的共性技术问题。通过系统研究Ti在连铸—热连轧过程中的溶解析出行为，揭示了液析TiN尺寸、钢板厚度方向的组织均匀性和晶界渗碳体对热连轧高强钢韧塑性的影响规律，成功开发出700~1000兆帕热连轧超高强汽车用钢，国内首次建立形成基于“冶炼Ti高收得率和稳定控制—连铸液析TiN控制—奥氏体TiC溶解控制—热连轧奥氏体形变诱导析出—前段集中冷却—卷取TiC过饱和析出控制”理论的热连轧钢带钛析出相精准控制成套关键工艺技术，制定了成型工艺和焊接工艺等应用技术规范。

超高强度先进冷轧高强钢开发。针对超高强（780兆帕及以上）汽车用双相钢普遍存在的性能和质量稳定性控制难题，在深入研究成分、工艺和使用性能、质量相关性研究的基础上，根据用户对双相钢成型性能的个性化需求，对化学成分、热轧卷卷取温度及其冷却模式、冷轧/热镀锌退火工艺进行优化控制，提高了产品力学性能合格率和综合合格率，780 兆帕、980 兆帕级双相钢实现批量供货，1180 兆帕级双相钢实现小批量供货。

第三代低膨胀 GH2909 合金棒材制备关键技术。针对 GH2909 合金棒材联合持久缺口敏感性难点问题，研究阐明合金缺口敏感性产生原因，并系统研究合金晶粒再结晶及长大、Laves 相析出和回溶、ε 和ε″相析出、弯曲晶界形成等规律，揭示 GH2909 合金在热变形和热处理过程组织演变规律，提出“快锻+精锻”过程合金组织精细化调控方法和具体优化工艺，获得组织与性能优异的 GH2909 合金棒材产品，解决了该合金缺口敏感性问题。

MonelK500 合金制备技术研究。明确 MonelK500 大型电渣锭中心裂纹产生机制，克服材料在凝固过程中易产生中心裂纹问题；建立 K500 锻造变形过程的数学模型，分析应变速率、变形温度等对应力应变场、温度场的影响规律，建立完整的变形工艺制度；拟定 ϕ320 毫米和 ϕ650 毫米的锻造加工工艺，并对其进行数值模拟仿真并结合热模拟变形组织研究。最终，攻克低偏析微缺陷大型 MonelK500 铸锭冶炼难题，首次突破大尺寸 MonelK500 构件锻造成形制备瓶颈，实现材料国产化，满足我国 JC 关键零部件对材料高强度、强耐蚀及无磁性等严苛需求。

精密无缝钢管关键共性技术研究。项目针对高压精密某油管的小口径厚壁、高尺寸精度、高表面质量、高强性能要求，以及国产化战略急需要求，开展制备关键工艺及模具工装核心攻关，设计出具有自主知识产权的拉拔模具工装与配套工艺，形成了高精密高压无缝油管游动拉拔制造技术；提出的中间高温完全退火和成品控温析出强化的退火工艺参数，使成品性能比热处理前提升 300 兆帕左右，产品性能稳定在平均抗拉 950 兆帕、屈服 925 兆帕、延伸 17%（强度波动范围 30 兆帕以内），形成了高强组织均匀性及性能调控技术。批量试制产品通过国家钢铁材料测试中心检测，产品尺寸精度及表面质量全达到 P 级要求，具备了批量生产能力。承接的国家“××油管自主化研制”项目主导工艺通过了某集团为首组成的国家项目专家组评审，取得重大阶段成果。该核心技术成果实施将实现高品质高压精密油管国产化率达 96%以上，打破进口依赖，项目的后续经济效益和战略意义重大。

熔盐氯化渣资源化处理工程化技术研究。氯化废盐资源化利用中试线连续稳定运行突破 10 天（10.7 天），处理后形成 NaCl 产品、碱式碳酸镁和终渣。NaCl 干基纯度达 97%～99%，达到设计指标，现已成功应用于钢城集团欣宇化工离子膜烧碱生产试验；碱式碳酸镁除 CaO 含量外，其他指标达到工业水合碱式碳酸镁一级品标准，现已批量用于 MAC 复相材料生产；终渣符合一般废弃物排放要求。

攀钢集团工程技术有限公司

【概况】 攀钢集团工程技术有限公司（以下简称“攀钢工程公司”）系攀钢集团下属全资子公司（法人独资），注册资本金 17 亿元，2020 年底在岗职工 2900 人，其中二级专家和首席工程师 12 人、中高级职称 549 人、高级技师和技师 259 人、高级工 1046 人，注册一、二级建造师 197 人，注册结构工程师、建筑师、机械工程师、冶金工程师等 125 人。

【主营业务】 攀钢工程公司是一家集设计、施工、服务为一体的工程总承包一级企业，具有建筑、矿山、冶金、机电 4 个施工总承包一级资质，拥有检测中心和省级企业技术中心；配置 800 吨压装机、300 吨汽车起重机等各类施工机械设备 1770 余台（套），H 型钢生产线、数控相贯线切割机等钢结构制安配套设备及机加工设备 120 余台（套），大直径反井钻机、双臂凿岩台车、全液压履带式锚固钻机、SR250R 旋挖钻机等成套齐全的地下采掘、井下矿建装备；主营业务涵盖冶金、建筑、机电、矿山、市政公用、公路、通信与广电、水利水电等多个专业，在钒钛工艺设计及装备、冶炼工艺设计及装备、节能环保工艺装备等核心业务方面形成了系统专业化集成优势；承揽过大量房屋建筑、冶金矿山、钢铁冶炼、钒钛资源综合利用、市政等工程项目，曾荣获鲁班奖、国家优质工程奖、中国安装之星、冶金优质工程奖、天府杯奖等众多奖项，是西南地区有较强实力的工程技术服务企业，具备产值规模40亿元/年以上的施工组织和工程技术服务能力。

【生产经营】 2020年，攀钢工程公司一以贯之践行精致服务理念，以诚恳的态度、优良的服务，获得了兄弟单位广泛认可，内部市场稳中有升。同时，以集团公司和攀枝花市联合打造“攀钢航母舰队”为契机，着力布局区域市场，全年合同签约量31.3亿元，同比增加1.1亿元。其中，外部市场签约量达4.6亿元，同比增加1.5亿元，尤其是合同值1.99亿元的攀枝花市天星中小学EPC项目中标签约，标志着公司开发外部市场取得重大突破。同时，加强与中冶焦耐、四川德胜集团、水钢集团、中国通号工程局等设计总包单位和国企的营销渠道建设，通过“啃硬骨头”方式承揽了一批专业分包、检修保产、产品贸易和检测等项目，施工进度及质量均受好评。

结合新攀钢“1+1+4+4”产业体系建设，攀钢工程公司稳步实施《2019—2021年战略发展规划》，持续做强三大品牌。一是注重发挥设计引领作用，重点在冶金和钒钛资源综合利用工程设计及总包、工艺及装备集成、市政民用建筑设计、绿色建筑设计等方面提升专业化程度，打造极具特色、实力超强的“工程大脑”，做强工程设计服务品牌。二是在冶金、钒钛工程技改、检修、维护保产等方面，注重提升整体方案解决能力，形成行业竞争优势，做强钒钛冶金工程修建品牌。三是在矿建工程、矿山生产、隧道工程等方面，注重提升专业创新能力，打造“专精强优”品牌，形成区域竞争优势，做强矿建交通工程品牌。2020年，三大品牌总计完成市场签约量27.64亿元，贡献了全公司80%左右的产值和利润，市场影响力、竞争力得到进一步提升。

攀钢工程公司以钢结构和建材产品为基点，大力发展提钛尾渣、矿山废石等固废资源综合利用等新兴产业，着力构建集绿色设计、绿色施工、绿色运营于一体的绿色建筑全产业链，强力推动绿色建筑规模化发展。2020年，装配式建筑用材基地建设有序推进，提钛尾渣资源化利用渐次展开，装配式钢结构业务成功开发万达广场过街天桥、米易湿地公园栈道等市政项目，攀枝花铁矿、石灰石矿边坡复绿等绿化工程广受好评，以银江水电站等周边工程建设需要大量砂石为契机，建立了利用攀钢矿山废石生产天然砂石的生产线。

攀钢工程公司迅速承接集团公司“4711”和提质增效专项行动，结合行业特点制定落实《系统量化降本创效工作方案》，有效传递降本压力，资产减值资金创效、变动费用压降等10项公司级系统量化降本指标全部完成。2020年，分包招标降本1665.6万元、降幅为2.15%，采购综合降本6847万元、降幅为8.2%，变动费用同比压降12%，资产盘活创效748万元；疫情优惠政策应享尽享，享受社保减免等优惠1321万元；做细做实研发费加计扣除工作，当期抵减税金152.4万元。

攀钢工程公司以全面预算管理为中心，持续加强清欠、资金、税收、会计管理，全年累计回笼资金28.36亿元，清收外部3年以上老欠6427万元，资金运作创效1147万元；严格现金流量管控，全年经营活动现金流实得1.18亿元，超应得955万元，连续第4年为正；全面推进财务共享系统建设，业务板块综合上线率达到90%以上，较上年度大幅提升；严格落实国务院《保障农民工工资支付条例》，全年按合同支付民营企业款项13亿元、代发农民工工资3.5亿元，实现了应付尽付零拖欠，全年无重大上访、群访事件，树立了诚信履责的社会形象。

2020年，攀钢工程公司深入开展系统量化降本创效工作，超额完成全年奋斗目标，职工总体收入稳中有升，“十三五”规划圆满收官。全年合同签约量31.3亿元，同比增加1.1亿元；营业收入24.77亿元，比预算增加7700万元；利润总额首次突破亿元大关，超奋斗目标2806万元，创近年来最好水平；经营活动现金流实得1.18亿元，超应得955万元，连续第4年为正；外部应收款项4.53亿元、存货1.99亿元，“两金”压降优于集团公司考核指标约8个百分点。

【改革与管理】 2020年，攀钢工程公司坚持和加强党的全面领导，以两个“一以贯之”为根本，推动生产经营、改革发展。2020年，召开第二次党代会，为今后五年的发展描绘了蓝图、明确了措施、凝聚了力量；全年召开党委会32次，领导班子累计前置审议重要议案45项，督查督办重点工作300余项次，较好地履行了党委“把方向、管大局、保落实”的职责。坚持“同权重、同考核”的原则，修订完善《党建工作责任制考核评价办法》，与各分子公司党组织签订了《2020年党建工作目标责任状》，完成党委书记抓基层党建工作项目5个、“共产党员工程”29项，创建鞍钢“样板”党支部2个，推动了党建工作与生产经营的深度融合；制定下发了生产经营白皮书、全面预算书和战略绩效与薪酬评价考核办法等三大纲领性文件，进一步优化了运营模式；严格实行工效挂钩，加大绩效考核力度，全年兑现超利奖1805万元、实施绩效考核35.7万元，做到了绩效从严、奖惩逗硬。

攀钢工程公司全面推行契约化管理，构建一级抓一级、层层抓落实的经营指标保障体系，与分子公司签订了2020年度契约化经营业绩目标责任书，授权、监管、考评等契约化管控制度更加完善。在基层单元全面推行自主经营承包，把责任、指标、考核分解落实到了最基层的业务单元直至岗位，干部职工全员参与生产经营、个个关心绩效指标、人人监督企业管理，“契约化”经营的群众基础全面夯实。2020年，8家签约分子公司全部完成经营指标，65个基层单元同比增利597万元。

根据集团公司改革工作会议精神，制定了攀钢工程公司《三项制度改革实施方案》，建立了三项制度改革内部评估体系；对照“三级企业改革项目台账”，启动了“法人管项目”改革，白马物流优化等9个项目完成了目标责任书的签订；混改单位——拓为建材公司竣工投产，迈出了混合所有制、股权多元化改革的实质步伐。

2020年，攀钢工程公司承接集团公司制度流程，全年完成《工程项目经营管理办法》等37项规章制度的制定、修订工作，并进行了相应的培训宣贯，提升了制度保障能力。持续深化“质量提升行动”，稳步推进重点项目质量策划、质量管理APP上线运行等工作，开展质量攻关33项、完成标准工艺实物样板29个、实施质量突出问题治理方案169个，隐蔽工程与关键过程图片化管理实现“全覆盖”，全年无重大及以上质量事故，工程合格率100%，彰显了质量管理能力。完成证照年检12项、换证15项，住建系统业绩录入100余项，提升了资质保障能力。持续推进“‘三位一体’抓基础、打造最优基层单元”工作，全年创建“双提升”样板示范班组（团队）17个；7个精益六西格玛黑带项目全部结题，创效660万元，2个项目被评为“国字号”示范级和专业级成果，提升了基础管理能力。

2020年，攀钢工程公司突出抓好作风建设，坚决纠治“四风”，不断精文简会，进一步减轻了基层负担。坚持党管人才，落实“一人一师、一表一图”后备人才培养计划，将31名后备人才培养为B级以上干部，将4名技术后备人才培养为首席工程师。健全“内训赋能”体系，把开展“每周一学”与职业技能提升行动相结合，累计申报攀枝花市培训补贴230万元，利用“大师工作室”等载体弘扬工匠精神，探索相关方骨干“一体化”培养途径，干部职工从“要我学”到“我要学”的良好学风基本形成，全年在省部级以上刊物发表科研论文132篇。坚持把培训作为最大福利，83名职工实现职称晋升，1名职工被评为省劳动模范，2名职工分别获得省市技能大赛焊工组冠、亚军。实施“践行共享理念、关爱一线员工”专项服务行动项目14个，精准帮扶2名建档困难职工实现脱困，为53名职工申办大病救助金11.9万元、为988名职工办理意外伤害团队保险、为2名女职工申办大病赔付金4万元。同时，坚持文化引领正面激励，攀工微信公众号推送信息近700条、《攀工文化》刊发稿件300余篇，在《中国冶金报》《鞍钢日报》《攀钢日报》和攀钢电视台刊（播）稿件400余篇，在《攀钢经济管理》刊发文章23篇，传播了攀工形象、凝聚了共建力量。

攀钢工程公司结合行业特点，加快推进市场化经营体制机制改革，建立健全基于契约化管理、自主经营承包的干部考评、劳动用工、利润分享机制，突出超利奖、专项奖的“强激励”，突出责任书、抵押金的“双约束”，被集团公司主要领导誉为“攀钢独一无二的创举”。2020年，承接攀钢“双跑”考核体系，攀钢工程公司结合市场化的行业特点，继续在8家分子公司和具备条件的65个基层单元推行契约化经营与自主经营承包，延续了生产经营连年上升的良好势头。同时，深入宣贯国有企业退休人员社会化管理相关政策，认真收集退休人员基本信息、思想动态，落实各项推进措施，按进度要求完成了退休人员社会化管理移交任务。

【安全管理】 2020年，攀钢工程公司全力推进双重预防机制建设，逐级签订安全环保目标责任状，层层落实“安全生产责任清单”，全年约谈5家基层单位和相关方单位，召回 6 名项目经理离岗学习，查处“三违”448 起，累计考核 36.01 万元，督促各级人员切实履责。认真开展隐患排查治理年工作，切实推进安全生产专项整治三年行动，提炼编发了《安全履责十大假动作》等安全教育材料，常态化开展建筑施工、维护检修、矿山建设、相关方管理及消防、道路运输和特种设备安全隐患整治，全年排查整改隐患 2032 项，累计投入安全生产费 3558 万元，提升本质化安全水平。持续探索相关方“等同化”管理，将相关方人员纳入基层单元安全管理体系，一体化开展安全教育、技术交底、班前会、检查考核等工作；对 93 家相关方进行评审，清退 13 家，对合格相关方进行集中约谈，签订了安全管理承诺书；组织相关方岗前体检 6213 人次，清退不适宜上岗人员 28 名，纳入“黑名单”49 名，压紧压实安全管控责任。

【法治建设】 2020 年，攀钢工程公司坚持依法治理、依法经营、依法管理共同推进，深入实施“法治攀工”建设三年行动方案。发扬斗争精神，用好法律武器，全年执行回款 3015 万元，办结 12 例应诉案件、减少诉讼损失 1100 余万元；认真落实“三项”法律审核制度，全面加强项目投标及合同评审、过程监控，强制推行 19 类常用业务合同示范文本，进行两级合同评审 2730 项，合规管理得到了持续加强；编写 13 个法律案例及相关资料，广泛开展“工会说法全员普法”微信答题活动，举办总包管理法律风险管控专题讲座，组织参加集团公司《民法典》法治专题培训，提高了干部职工的法律风险意识和应对技能水平。

【冶金设计】 攀钢工程公司设计院围绕“打造极具特色实力超强的‘工程大脑’”，持之以恒做强工程设计服务品牌。强化设计过程控制管理，推动质量把控重心前移，把专家、首席融入分院、嵌入项目、发挥作用。强化质量意识教育，组织开展“质量反思日”系列活动、质量管理体系内审、管理评审，通过 QES 体系外审及北京中设认证质量体系监审。把集团公司关注的重大紧急项目、资源综合利用和环保工程设计作为重点任务，发挥技术参谋作用，提供优质技术服务，全年完成设计、测量项目累计 278 项，总包项目 11 项，其中紧急、重大项目 20 项。

设计院围绕打造核心实力，不断加大应用技术的研究、开发和储备，2020 年开展科研项目 17 项、申报专利 12 项，获全国冶金行业优秀工程设计二等奖 1 项、四川省优秀设计一等奖 1 项、全国优秀 QC 成果一等奖 1 项，承担的“高炉渣提钛产业化原创设计研究团队”等 4 项省市级科研项目完成验收，建成“轧辊激光再制造”项目试验场地，“160 吨熔盐氯化炉装备集成”项目获全国设备管理与技术创新成果一等奖。

设计院坚持实施“走出去”战略，牢固树立“四维”营销理念，强力开拓内外部市场。2020 年，在攀钢内部承接了新 3 号高炉大修、白马物流优化、选矿厂噪声治理、海绵钛镁电解升级改造等项目，在外部开发了高端钛合金熔炼及精密铸造、江西金德还原炉烟气脱硫等设计项目，中标了广西钢铁防城港燃气制氢 EPC 工程，实现外部总包市场的突破。

【设备检修】 攀钢工程公司服从服务于攀钢生产大局，全力克服疫情影响，在人力资源非常紧缺的情况下，优质高效完成攀钢钒炼钢厂 4 号、5 号转炉大修及重庆钛业抢修等项目。牢固树立“甲方思维”和“诚信服务”意识，通过精心策划、科学组织，圆满完成了西昌钢钒 1 号高炉 2 号热风炉大修、攀钢钒 2 号及新 3 号高炉系统检修、攀钢钒各厂隐患整治等 500 余项检修任务，为确保攀钢生产顺行作出了积极贡献。

按照“4711”专项行动安排部署，攀钢工程公司设备检修系统深挖内部潜力。一是坚持项目不分大小，均精心策划施工方案，强化过程控制，降低工地成本，提升项目经营水平。二是建立材料、机工具统筹使用平台，增强劳务用工使用效率，在保值和增值使用上下功夫，着力实现经济检修。三是坚持创新工艺，引进高空曲臂升降作业平台、高炉炉壳自动焊接机等新设备，引进双脉冲焊接、激光切割等新技术，通过热风炉大修上料系统、电修厂主体设备等升级改造，大幅降低人工成本和检修能耗。

对外拓展，做强修建品牌。一是依托优质检修，滚动开发外部市场。以驻外检修工程处、西昌检修工程处为窗口，积极开发水钢、威钢、德胜钢厂等外部工业检修市场，外部检修市场合同签约量同比大幅提升。二是发挥专业优势，拓展新的业务领域。发挥变频器修理专业特长，与 ABB、西门子、施耐德等知名厂家协作，开发了炼钢电磁搅拌器及5号、6号干熄焦提升机等变频器设备升级换代业务，增加产值200余万元。三是加强质量控制，做强修建品牌。坚持“干一项工程、树一座丰碑”理念，严格过程质量控制，优质高效完成各项施工任务，3项工程获四川省用户满意工程，修建品牌成为西南工业检修行业的靓丽名片。

【项目施工】 2020年，攀钢工程公司坚持把重点项目管理纳入总经理办公会议事范畴，及时掌握项目施工组织、资源平衡、重要节点（事项）等过程信息，协调解决影响项目推进的设计、采购、设备租赁等问题，并通过项目专题会、生产调度会、督查督办、现场指导等形式，对重点项目的施工情况进行跟踪督导，抓细抓实项目策划、责任分解及设计优化，做到每项工程都有施工网络，重要节点按计划严肃考核。2020年，在建项目工期正常率同比提高17%，尖山转地采、马家田尾矿库接替库一期重点工程按期完工，白马物流优化及5号、6号焦炉拆还建等重点项目进展顺利，项目施工全方位服务水平提到持续提升。

攀钢工程公司修订发布了《工程项目经营管理办法》，全面规范工程项目经营管理，开展了项目策划、合同工期、竣工资料、分包管理等方面的突出问题专项治理；加强项目资源配置、组织设计、安全管理、质量管理、网络节点、风险控制等全要素的策划，公司层面组织完成了10项重点项目策划书编制与评审；按照项目分级管控原则，将合同值不小于1000万元的项目及攀钢重点项目纳入公司级管控台账，党委会定期听取项目施工情况汇报，制定落实相应措施，加快项目推进，有效地防范和化解了项目经营风险。

攀钢工程公司开展了项目管理突出问题专项治理工作，规范了设备设施日常管理标准，制定了逾期工程资料年前清零计划，切实纠正各级管理人员重施工、轻资料的现象；及时通报、协调解决项目实施过程中存在的问题，定期清理项目收尾工作，及时组织项目消缺和资料整改，具备竣工验收条件的，督促项目部及时办理交（竣）工验收并质保备案，为项目结算、形成收入创造条件；每月下达结算工作计划，制定措施，落实责任人。2020年，累计结算项目1493项，其中工程项目303项，检修服务项目1190项，结算金额24.46亿元。

【产品制造】 2020年，攀钢工程公司稳步实施转型升级战略，秉持以质取胜、服务到位的原则，做精做实相关多元产业，不断扩大天然砂石、装配式钢结构、电气成套、商品混凝土、环保设备和液压元件、压力容器、金属波纹管等产品的市场份额，全年签订销售合同超过2亿元。与攀枝花华润水电开发有限公司签订了《金沙江银江水电站砂石料料源合作框架协议》，砂石供应量约400万吨。

【疫情防控】 2020年，攀钢工程公司把新冠疫情防控作为一项重要的政治任务，深入贯彻习近平总书记重要指示批示精神和党中央的决策部署，在集团公司和地方政府的统一领导下，抓好防疫物资保障、重点区域消杀、人员动态管控、防疫科普宣传、严格督导检查等措施的落实，突出疫情防控“严细实”、相关方管理“一体化”，3000多名自有职工、5000多名相关方员工实现“零感染”，既确保了员工身体健康，又确保了攀钢产线维检和工程建设正常进行、不受影响，取得了疫情防控与生产经营的“双胜利”。

【科技创新】 2020年，攀钢工程公司毫不放松地抓好“科学技术是第一生产力”，围绕新攀钢建设和主业发展立项攻关，重点开展钢铁、钒钛、环保工艺及装备技术集成研究，二次资源及能源综合利用技术研究，全年启动科研项目83项，完成科研成果转化49项，实施工程优化124项、技术改进80项，实现科技创效4039.34万元；全年科研投入5455.41万元，自主研发成果丰硕，先后获得冶金科学技术奖三等奖、鞍钢科学技术奖一等奖、四川省科技进步奖二等奖各1项；获得部级工法2项、省级工法5项；获得专利授权45项，其中发明专利11项；获政府资金支持287.99万元；分专业开展对标工作，推广应用“建筑业十项新技术”中的17个子项，引进大直径反井钻机、隧洞喷浆台车、撬毛台车、高精密激光放线仪全数字化逆变交直流方波焊机、多功能筛分破碎机等先进设备及工机具77台（套），为持续推进科技创新、产业升级提供了有力支撑。

【风险管理】 2020年，攀钢工程公司经营班子深刻吸取案例教训，不断学习市场经济与法律知识，着力提升合规管理水平，有效防范化解各类重大风险。一是落实落细党委工作规则，每月定期分析风险项目运行情况，2020年集体决策“三重一大”事项45项，防范了重大决策风险。二是全面加强项目投标及合同评审、过程监控，强制推行19类常用业务合同示范文本，进行两级合同评审2730项，防范了重大合同风险。三是2020年排查整改隐患2032项，清退13家不合格相关方单位，将49名相关方人员、2台相关方设备纳入“黑名单”管理，防范了安全及治安管理风险。四是坚持依法治企，用好法律武器，2020年执行回款3015万元，办结12例应诉案件、减少诉讼损失1100余万元，解答法律咨询、出具法律意见书、发出催款律师函等共170余件次，防范了法律风险。五是严格落实国务院《保障农民工工资支付条例》，全年按合同支付民营企业款项13亿元、代发农民工工资3.5亿元，实现了应付尽付零拖欠，全年无重大上访、群访事件，有效防范了维稳风险。

攀钢集团国际经济贸易有限公司

【概况】 攀钢集团国际经济贸易有限公司（以下简称“国贸公司”）是攀钢集团有限公司全资子公司，前身为中国冶金进出口公司攀钢分公司；1992年6月变更为中国冶金进出口攀钢公司；1994年6月，组建成为攀钢集团国际经济贸易总公司；2003年12月，在原攀钢集团国际经济贸易总公司的基础上整合攀钢国内贸易资源组建而成，注册资本5亿元，2017年2月，注册资本变更为10亿元。国贸公司是承担攀钢钒、西昌钢钒钢铁产品、攀长特非军工产品、钛金属产品等销售的专业化公司，现有在册职工364人。历经30余年的创新发展，国贸公司已建立了覆盖国内主要市场的营销网络，依托攀钢集团技术、产品、服务的优势，与客户建立了长期、广泛的合作关系。

2020年，面对新冠疫情的严重冲击和复杂变化的市场形势，国贸公司坚持以习近平新时代中国特色社会主义思想为指导，深入贯彻党的十九大和十九届二中、三中、四中、五中全会精神，高举“鞍钢宪法”旗帜，以新攀钢建设为统领，大力传承弘扬“艰苦奋斗、勇攀高峰”的攀钢精神，积极践行“自尊、敬畏、创造、有为”的营销文化，坚持“打造行业顶级营销平台，让顾客满意、让集团放心、让员工幸福”的发展理念，坚决落实鞍攀两级集团公司决策部署，积极应对市场竞争形势变化，主要营销指标在国内同类可比企业排名居于前列。国贸公司党建纪检、市场研究、管理创新、风险控制等保持较好水平，在不平凡的岁月中取得了非凡的业绩，为攀钢生产经营稳定顺行奠定了坚实的基础。

【企业管理】 压实责任严控风险，加强全面风险管理工作。2020年，国贸公司围绕年度经营目标，结合公司内外环境变化，共辨识出资金安全风险、价格风险2项重大风险，以及合同风险、存货风险和信息系统安全风险3项重要风险。重点做好存货风险、法律风险、货款风险防控和安全隐患排查，特钢超期库存较年初下降1557吨，为国贸公司接收特钢销售业务以来的最低水平。当年业务无法律诉讼和不良货款。实施安全分片包保，确保公司全年无安全事故。全年风险受控，未发生重大风险事件。

积极推进改革创新，激发营销队伍活力。2020年，国贸公司实施三项制度改革，修订完善干部管理及岗位序列管理办法，营销岗位序列全面落地，构建了“能上能下”机制，6名中干转（提）聘营销序列，营销系统与生产基地挂职交流13人次；深化激励机制变革，完善市场压力有效传递的绩效考核体系，分类承接集团公司下达的关键任务指标，试点市场化激励机制，设计差异化评价指标体系，完成全员KPI覆盖；围绕营销热点、难题和痛点，深入开展创新创值攻关项目活动，扎实推进实施管理现代化创新项目33个、创值项目48个、市场研究项目32个。

完成钛金属产品销售承接及销售机构设置、人员配置。组织钛金属产品市场深度调研，形成《钛金属发展思考》报告，被集团公司主要领导誉为“奠定攀钢钛金属发展的里程碑”。与四家重点顾客达成年度合作协议，开创了国内钛金属供需合作的先河。

强化管理制度“立改废释”，保障各项工作规范运行。2020年3月，国贸公司启动了近年来最大规模的规章制度“立改废释”工作，共修、编发布管理制度33个、换版发布6个。截至2020年底，国贸公司有效管理制度共54个。修订完成后，国贸公司开展了核心管理制度的培训。

【数智化营销项目建设】 2020年7月，集团公司下发攀钢数智化营销项目投资计划，由国贸公司牵头投资建设。项目包括销售信息系统拓展及完善、客户管理与技术服务系统、攀钢公共服务平台和营销大数据中心及决策支持系统等4个信息系统，项目建设工期自2020年7月开始至2022年6月。该项目旨在构建以顾客价值为中心的共享共赢商业模式、服务模式及供应链协同模式，着力提升供应链执行效率、提升客户与技术服务效率、改善顾客服务感知、提升营销决策智能化。项目建成后，将大力提升攀钢技术营销能力、营销协同保障能力、市场竞争能力。

【营销贸易】 2020年，面对新冠疫情的严重冲击和复杂变化的市场形势，国贸公司制订了特殊时期工作措施，深化顾客合作，推动产销提速，营销工作逆流而上，经受住了疫情大考。全年实现钢材销售957万吨，利润3552万元，年度产销率100.06%。全年应收账款周转率行业排名第3位，比上年上升1名，存货周转率、综合销售价格行业排名保持在第5位和第4位，存货周转率、应收账款周转率、综合销售价格同时进入国内行业前五的仅攀钢一家。

始终坚持以调结构、优品种为主线，六大战略品种不断实现历史新高。2020年，攀钢六大战略品种销量433.8万吨，同比增长8.4万吨。其中，钢轨在总体需求下降的情况下，市场占有率同比提升两个百分点，达到39.9%，在线热处理珠光体道岔轨被授予中国钢铁工业产品开发市场开拓奖；汽车用钢销量首次突破160万吨，同比增加20.4万吨；电器用钢销量97.5万吨，同比增加5.3万吨；特钢销量16.74万吨，同比增加1万吨。

聚焦“6+1”市场研究，及时做好资源优化配置和价格引导，西南核心区域主导地位得到不断巩固。2020年，西南核心销售区域销售685万吨，同比增加1.6万吨，热轧和冷轧产品在西南区域的占有率分别为37.1%和55.3%。其中，云南区域同比增加2.5万吨，重庆区域同比增加22.4万吨，贵州区域同比增加2.9万吨。

根据市场竞争情况、新冠疫情防控形势及顾客需求变化，国贸公司通过开展专题调研、市场对策分析会等措施，群策群力，加大资源和价格协同力度，有效规避了4月市场价格大幅回落的风险。2020年5月，研判出后期冷系产品市场和效益会回升，又迅速调整资源流向，全力做大冷系产品规模。2020年钢材综合售价高于行业平均水平，超额完成调品指数目标。

攀钢集团物资贸易有限公司

【概况】 攀钢集团物资贸易有限公司（以下简称“物贸公司”）是攀钢集团有限公司全资子公司，主要服务攀钢集团有限公司下属的攀钢集团攀枝花钢钒有限公司、攀钢集团西昌钢钒有限公司、攀钢集团钒钛资源股份有限公司、攀钢集团矿业有限公司、攀钢集团江油长城特殊钢有限公司等子分公司物资、设备备件的采购供应。同时，独立经营产业链贸易业务，主营物资贸易、设备备件贸易、金融服务等，营销客户主要分布滇西、川渝、华东、华南等地。为供应链上下游企业提供一站式、整体解决方案，全力打造共享、共融、共兴的攀钢产业链贸易GⅢ平台。

2020年，面对新冠疫情和复杂严峻的市场形势，物贸公司深入学习贯彻习近平新时代中国特色社会主义思想，全面落实集团公司第九次党代会精神，紧紧围绕公司二届五次职代会确定的目标任务，全力应对风险挑战，高质量推动产业链贸易GⅢ平台发展，实现营业收入148亿元、利润6851万元，超额完成契约化经营奋斗目标。

【新冠疫情防控】 物贸公司面对年初突发新冠疫情，积极贯彻落实集团公司决策部署，成立疫情防控工作领导小组，奋勇承担集团公司防疫物资保障重任，紧急采购口罩56万个、体温测量仪1047支、防护服5064件、消毒酒精1.9万升、免洗手液10万余瓶。全面筑牢疫情防控网，领导干部靠前指挥，坚持责任落实到位，坚持措施细化到位，严格实施隔离管控、外出及返攀人员审批制度，为办公区域配备消杀物资190千克、手消577瓶，为职工发放口罩12566个、手套2220双、消毒纸巾480包，发放方便食品632件、配送工作餐3300余份。通过统筹推进、快速应对，新冠疫情有效防控、经营工作有序开展。

【低成本供应链建设】 2020年，物贸公司完善资源管理台账和资源地图，实施全覆盖、网格化的寻源溯源管理，全年开辟新资源点274个，为“保总量、调结构、降成本”打下了坚实的基础。深化战略合作。战略供应商增至105家，同比增加14家，原燃料战略采购占比73%、资材备件14%，资源基本面进一步夯实。强化资源兑现。积极协调属地政府助力供方复工复产，维护了供应链稳定；合同履约质量持续提升，路局协作力度持续深化，资源兑现能力经受住了疫情防控、成昆线断道等突发事件的检验，全年计划兑现率101%，采购资材备件100亿元、合同兑现率99%。优化炉料结构。矿石全力做大国内资源，外购钒钛矿同比增加9万吨；外委加工球团543万吨，减少外购21万吨；进口矿进货144万吨，同比减少26万吨。煤炭实施南北资源切换，弥补了区域资源缺口，保障了焦炭质量。

物贸公司落实“4711”专项行动，2020年2月底成立降本专项领导小组，实施全员参与、全品种覆盖、全方位推进的铁血降本策略，通过抢抓机遇轮番刚性降价、不留死角追溯降本等措施。大宗原燃料成本跑赢主流市场。全年外购矿成本同比上涨2%，优于矿石综合指数10个百分点，国产铁精矿成本在中钢协排名提升至第3位；炼焦煤成本同比下降11%，与国产炼焦煤指数持平，综合到厂成本低于昆钢16元/吨。资材设备深入开展单一来源和指定采购清理，推进耐材专项降本和油脂品牌整合，持续向上游传导压力，全方位倒逼市场，实现整体降幅8%；对4月1日前已签合同和交货未结算合同全部重新议价，追溯降本3200万元。在倾力降本的同时，积极捕获市场机遇，全年进口矿、纯碱、合金有色等择机采购实现创效6136万元。全年降本19.82亿元，超额完成集团公司下达的15亿元降本目标。

【产业链贸易】 2020年，物贸公司做优做强矿石、煤炭跨界跨区域贸易，全力开拓冶金辅料、化工产品及基建用钢贸易，大宗物资贸易销售额达到23亿元，同比增长1.8倍；外部贸易销售额占比提升至84%，同比增长16个百分点。2020年6月组建卓峰供应链公司，逐步推进供应与贸易业务分离，完善了贸易运营机制；充分发挥资源渠道优势和路局合作优势，深挖供应链上下游企业的供需商机，积极开拓市场，全年实现贸易销售额27.25亿元，同比增长150%，盈利8861万元，同比增长40%。全力支持内部新兴产业发展。与积微物联开展矿石、煤炭等撮合交易88万吨，交易额13.24亿元，同比增加1.77亿元；协调供应商在天府惠融融资和办理惠信业务27.71亿元，同比增加6.37亿元。

【精准扶贫】 2020年物贸公司投入扶贫资金324万元，新建8个标准化村级卫生室，选购扶贫点农特产品24万元；开展“同舟工程”行动，为贫困户发放慰问金4万元；引进战略供方帮扶资金12万元，安装太阳能路灯38盏；支持湖北疫后经济重振，采购湖北地区物资9627万元。

成都西部物联集团有限公司

【概况】 成都西部物联集团有限公司（以下简称“西部物联”）于2016年5月16日在成都市青白江区注册成立，注册资本3亿元，法人代表杨秀亮。

西部物联由攀钢集团有限公司、攀钢集团攀枝花钢钒有限公司、攀钢集团成都钢钒有限公司三个股东共同出资设立。按照“总公司+专业化子公司”的模式和扁平化管理的要求来设置组织机构，下设成都积微物联集团股份有限公司（控股50%）、成都星云智联科技有限公司（控股100%）、攀钢成都汽车零部件有限公司（控股50%）、攀中伊红金属制品（重庆）有限责任公司（控股36%）、攀枝花达海物流有限公司（控股51%，2020年10月31日成立）和成都网新积微云数据科技有限公司（参股16%）。

西部物联旗下积微物联获得工信部制造业“双创”平台试点示范项目、工信部2019年新型信息消费示范项目、软件和信息技术服务综合竞争力百强企业等荣誉。

西部物联致力于打造集现代化实体物流园、产业互联网平台、IT服务提供商等为一体的物联综合体，发展成为中西部极具实力的大型现代物联集团公司，是集团公司核心产业发展战略的重要支撑极。

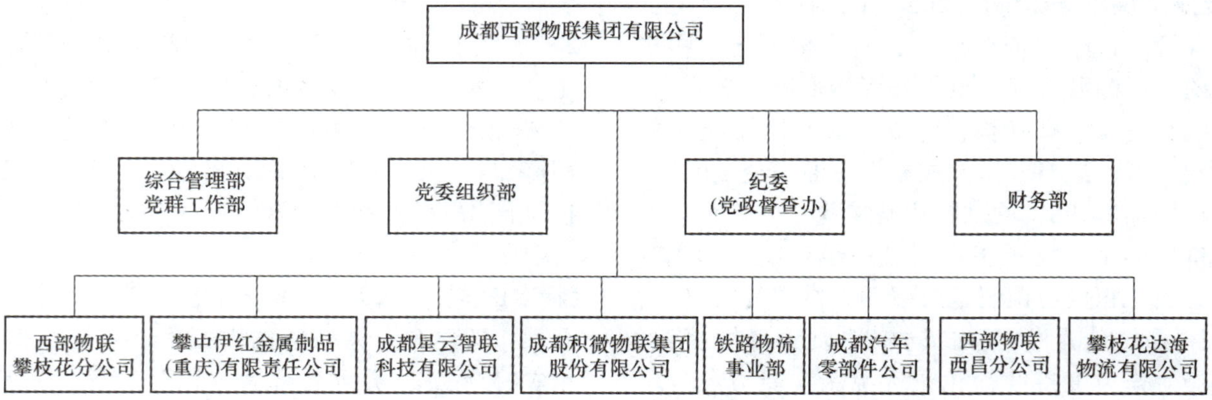

2020 年成都西部物联集团有限公司组织机构图

【主业范围与功能界定】 西部物联的主业范围包括仓储、加工、物流、供应链业务、电商交易及计算机技术服务等。

仓储：主要为顾客提供大宗物资（钢铁、有色金属、木材等）的仓储服务。

加工：主要为顾客提供钢材类（以板材为主）的加工服务。

物流：通过“无车承运人”平台运营模式，为顾客提供大宗物资（钢铁、有色金属、矿石、煤炭等）的“公铁水”多式联运服务。

供应链业务：主要为顾客提供大宗物资（钢铁、有色金属、矿石、煤炭等）的供应链服务，包括但不限于采购服务、仓储配送加工一体化服务、零售分销服务。

电商交易：主要为企业提供电子商务平台交易服务。

计算机技术服务：主要为企业提供计算机技术、“两化融合”等服务。

循环物资交易平台：主要为企业提供废旧物资、可循环利用物资等产品的平台交易服务。

【企业管理】 2020 年，西部物联坚持以“平台、服务、跨界、产融、生态”为发展理念，主动适应新形势，创新管理举措。开展战略管理工作，厘清发展商业模式、业务架构及实施路径，梳理业务板块发展定位及商业模式创新。成立创新工作小组，发布《创新孵化管理办法》，在组织架构和激励机制方面进行创新尝试。完成了西部物联下属子公司积微物联的组织架构调整，新设了董事会办公室、结算中心，增加一体化运营部平台管理职能，重塑职能组织职能边界与定位，推进西部物联和积微物联绩效指标设计和组织绩效指标库建设工作，为公司平台化、资本化战略转型奠定基础。

【投资并购】 2020 年，西部物联发布了《产业类股权投资管理办法》，积微物联下属子公司云南达海实现利润总额 350 万元，净利润 183.54 万元，按照股权比例，西部物联形成投资收益为 87 万元。攀中伊红金属制品（重庆）有限责任公司 2020 年实现净利润 1327 万元，按照股权比例成都西部物联集团有限公司形成投资收益为 478 万元。2020 年，西部物联与西区政府、钢城集团及金沙江水运局合资组建攀枝花达海物流有限公司，公司注册资本 4082 万元；西部物联出资 2082 万元，占比 51.0044%。

【改革改制】 2020 年，积微物联“双百行动”综合改革全面完成。积微物联混合所有制改革实施方案于 2020 年 3 月 13 日经鞍钢集团审核通过，3 月 24 日下发正式批复，3 月 31 日积微物联增资引进战略投资者项目在北京产权交易所挂牌。9 月 8 日积微物联原股东、各战略投资者和员工持股平台签署《增资协议》，9 月 25 日完成增资后工商变更登记，12 月 25 日完成职业经理人选聘；成功入选了 2020 年“双百企业”三项制度改革专项评估 A 级企业名单，获得了国务院国资委的通报表扬。实践经验被收录入国务院国资委编撰出版的国资国企改革经验案例丛书《改革样本：国企改革“双百行动”案例集》。

【党建与纪检工作】 2020 年，西部物联积极开展对标交流、联创共建活动，积微物联加入了新材料党建联盟和成都市现代物流产业生态圈党建联盟；攀中伊红党支部与柳州五菱公司党委通过“激光拼焊件合作开发项目”，获得了“广西汽车集团-攀钢集团党建联盟 2020 年度团队贡献奖”。

2020 年 5 月，积微物联同步成立了两委筹建组，按照行政机构设置新增党支部6个。2020年5月，铁路物流事业部党支部通过鞍钢党委验收，成功创建鞍钢集团“样板”党支部。

2020年，西部物联以健全管党治党责任体系为抓手，持续深化“三转”为目标，不断优化完善内部管理，实现监督体系全覆盖。全年，给予党政纪处分7人，收缴违纪款和挽回损失累计人民币1019178元。

2020年，西部物联在“清风工程”专项行动中重点查办了积微物联张某、肖某利益输送案，星云智联方某盗窃案等“靠钢吃钢”一批典型案件，坚持全面从严治党贯穿始终，将监督执纪成效作为重要标准，形成并持续释放惩治腐败高压震慑信号。

2020年创新监督工作模式，在总结“线上查找线索+线下精准核实”双维度监督模式经验的基础上，着重突出了公司大数据系统和海量数据资源优势，全面启动“清风预警”系统建设。

【工会工作】 2020年聚焦固本强基，着力提升工会组织活力度，西部物联工会、积微物联工会均荣获“成都市四星级基层工会”称号。公司5人分别荣获成都市防疫保产专项“五一劳动奖章”“蓉欧工匠”“成都工匠”和“蓉贝”人才荣誉称号。

【内部控制体系建设】 2020年，西部物联持续推进德勤内控体系建设项目，推进内部控制体系优化升级，降低操作风险，为施行全面风险管理夯实基础：西部物联对照公司风险管理要求及COSO企业内部控制评价标准，对西部物联内部控制体系进行评估、改进，为进一步加强风险管理及内部控制创造良好条件。通过搭建业务前台、风险控制中台（风险管理+管理风险+业务执行）、财务后台相结合的架构形式，对组织、部门职责、业务流程进行梳理、优化，实现有效定位风险管控、厘清权责边界、明确业务审核规则、完善分级授权及优化操作流程等目的，使各参与主体各司其责，提高决策效率，分别于2020年6月完成供应链事业部内控体系优化、9月完成成都达海内控体系优化、11月完成运网事业部内控体系优化。2020年度共下发37项管理制度和规范性文件。

结合对内部控制风险的梳理分析，2020年，西部物联对成都达海、积微电商、积微云南、云南达海等多家单位进一步厘清内部控制现状，建立、完善了西部物联《OA系统运维操作规范》，积微物联《系统数据修改及查询管理制度》《总经理业务工作会议事规则》，成都达海《价格管理办法》《园区车辆、交通管理办法》等十余个关键控制制度。进一步增强了公司在价格管理、资产管理、业务管理、财务管理、技术项目管理等方面的内控管理能力，保障公司业务合规运行。

【内部监督体系建设】 2020年，西部物联通过制定《事中项目管理办法》《事中项目检查报告标准模板》，实现信用风险量化监测；将授信、用信流程进行独立设置，对风险进行隔离；通过下发《授信业务管理办法》《核心客户准入管理办法》，并建设完成6个评级模型，全面覆盖各类供应链业务的客户信用评级体系；通过编制产品制度，完成业务标准化，建设完整的授信业务体系。制定《货权风险管理办法》《存货盘点实施细则》《积微商品目录》等管理制度；推动现场管理工作优化及提升，开展年度盘点及专项盘点工作，确保货物安全风险可控，构建完善仓储、加工、配送货物风险体系。

风险管理端口前移，实现业务事前、事中、事后全流程管控。实行风险经理平行尽职调查制度，以业务事前尽调为业务风险管理的触发点，并在业务运行的事中进行实时监控及预警，事后进行及时评价，实现业务全流程的风险管理。

重点项目实行风险管理专项制、常态化持续跟踪。建立重点项目跟踪台账，形成日报制、周报制、月报制；建立市场行业分析制度，每日对行业及政策进行跟踪通报；形成产品解构小组，每周对市场同类业务及各类金融产品进行解析；组织参与每月重点项目复盘会。

加强对创新项目的支持及建立特殊事件的应急机制。全流程参与创新业务的模式设计，识别风险点，优化控制措施。包含：预加工业务、抵质押存货业务、仓库托管模式、煤炭基地模式等。以《年度营销政策纲要》为统领，制定了《一体化业务管理办法》《小额信用管理办法》等管理制度，支持公司创新业务发展。针对年初国内疫情暴发及国庆长假，成立风险应急处置小组，建立“总部—事业部—业务中心”三级应急反应体系。

严格管控安全生产风险，杜绝各类生产安全

事故，保障公司生产经营稳定顺行。2020 年，攀中伊红金属制品（重庆）有限责任公司及成都零部件公司全面加强对安全生产运行的风险管控，针对生产经营管理实际运行情况修订了安全方面相关管理制度及工作细则，并按要求落实和开展工作，全年无重大安全生产风险。

【指标完成情况】 2020 年，西部物联实现营收 228.66 亿元，实现利润总额 2.03 亿元，年末公司资产总额 51.37 亿元，负债总额 40.47 亿元，净资产 10.9 亿元，完成年度预算目标。

主要财务指标情况表

序号	项　目	单位	2020 年预算	2019 年实际数	2020 年实际数	比　较	
						比预算	比上年
1	营业收入	万元	2000000	1926489	2286631	286631	360142
2	利润总额	万元	20000	16746	20325	325	3579
3	经营现金流（剔除供应链影响）	万元	16154	19354	25243	9089	5889
4	资产负债率		≤82%	76.12%	78.77%	3.23%	2.65%
5	净资产收益率		>8%	17.23%	17.58%	9.58%	0.35%

【主要业务板块经营情况】 2020 年，西部物联主要业务板块经营情况均好于上年，其中增长最快的前 3 项分别为供应链业务、智慧物流业务和 IT 业务。

各业务板块经营情况表

序号	业务类型	单位	营　业　收　入			毛　利		
			2019 年	2020 年	较上年	2019 年	2020 年	较上年
1	数码仓	万元	20511	22689	2178	2728	2789	61
2	云加工	万元	61305	71980	10675	6907	6936	29
3	智慧物流	万元	92360	121392	29032	9928	12112	2184
4	供应链	万元	1304776	1662853	358077	12854	17212	4358
5	循环业务	万元	48444	51435	2991	1497	2245	748
6	商城业务	万元	268263	311616	-56647	4083	3575	-508
7	IT 业务	万元	25959	32976	7017	4801	7567	2766
8	其他	万元	4871	11689	6818	2925	2937	12
合　计		万元	1926489	2286630	360141	45723	55373	9650

【仓储业务】 成都达海 2020 年吞吐量 1534.09 万吨，在 2019 年的吞吐量 1294.4 万吨基础上再增长 18.52%。其中 3 月 5 日静态仓储能力接近 120 万吨、7 月入库量 79.91 万吨、12 月出库量 79 万吨、吞吐量 157.27 万吨，创历史新高。2020 年，成都达海轧钢站改造工程顺利完成并投入使用，成都龙港投资有限公司入驻成都达海园区，开拓了公司建材市场建设新领域。取得集装箱运营资质，积极开展集装箱接卸业务，丰富了园区经营业态。西昌达海通宇库代运营仓库成功运营，成为达海卫星仓布局的开端。智慧数码仓的升级成果显著，客户自主下单率达到 65%以上，司机自主办单率达到了 88%以上。2020 年，成都达海监管业务实现突破创新：组建成都达海监管中心，完成智慧监管系统建设，实现了监管库数据集中处理和远程查看；2020 年新增了煤炭、矿石、硅铁等监管物资和代加工模式监管库。

2020 年，云南达海在稳定攀钢产品到发货的同时，积极引进云南德钢、柳钢、涟钢、敬业、天高镍业等外钢厂资源，使非攀产品业务量占比从 2019 年不到 35%提升至近 40%。引进涟钢热轧耐酸钢仓储业务，并进行铁路外发，丰富了园区资源品种，实现了业务增量。

【加工业务】 2020 年，成都汽车零部件公司大力开拓市场，努力向吉利汽车、领克、一汽大众、比亚迪、银隆汽车等主机厂及其配套厂竭力推广攀钢汽车钢产品，其中成都吉利配套厂（铭博、泰鸿、地通）市场占用率超过 90%，成都大众配套厂华翔、世润冷轧产品市场占有率超过 75%，同比增加营业收入 2.0 亿元，同比上升 169%；积极开拓中建五局商品混凝土供应链业务，新增营业收入 0.3 亿元。

2020 年，攀中伊红公司在汽车行业和家电行业深挖拓展。在汽车行业，攀中伊红公司获得了长城永川基地新车型 P01 供货资质，累计供货 1200 吨。与吉利汽车合作，吉利湘潭基地一级配套厂地通有吉利 SX11 拼焊件需求，攀中伊红已通过首批 50 套试模验证。2020 年攀中伊红公司加工送货材料占五菱（卓通）总使用量的 95%。攀中伊红目前向长安汽车供货 15 个车型 62 个零件，并在 2020 年向长安配送汽车零件坯料 3.5 万吨，同比增长 34.6%。在家电行业，攀中伊红公司 2020 年新增重庆海尔热水器事业部主机厂加工配送业务，加工配送量 4355 吨。新增主机厂重庆美的通用制冷设备有限公司加工业务，加工量 1936 吨。

2020 年，积微南充分公司加工中心获得四川日上板材（SRS650）、眉山冷弯（P700L）、营山五四厂桥壳钢板（LG600QK）等加工订单，加工质量精益求精，获得客户信赖。全年累计实现加工量 1.1 万吨，较 2019 年增长 123%。

【供应链一体化业务】 2020 年，西部物联通过严把立项关口，实施业务现场尽调，强化监控，下发预警等多项措施严控项目风险，全年无一起险肇事件发生，业务整体运营风险可控。

推进非计划业务标准化。通过规划定价，建立分区专场，在资源透明情况下定价挂牌销售，实现客户线上支付、自助下单、提货等功能，客户成交数量由 101 家增加到 276 家，增长 173%。

围绕基地，上下游延伸。开拓威钢、越钢、青海、盘州基地等，2020 年创新项目累计结算量为 68.50 万吨，实现营收 13.51 亿元。

大宗物资非攀业务布局面向全国。2020 年大宗物资非攀端总供货量 116.31 万吨，同比增长 401%；非攀收入 8.75 亿元，同比增长 303%；累计非攀占比 44.88%，同比增长 27.47%。

通过供应链业务切入、带动资源入达海。引入陕钢、威钢、山西建龙、华鑫源、双友等钢厂资源进达海、培育市场，2020 年建材钢厂资源入园量新增 84.71 万吨。

2020 年，积微云南分公司新开发涟钢、重钢和敬业钢铁 3 家上游钢厂，增加非攀业务占比及一体化业务总量。参与云南建投物流工程项目投标并中标，为后续业务开展奠定基础。

【工程项目建设】 2020 年，西部物联完成达海产业园龙门吊雨棚改造工程，改善作业人员工作环境及进一步提升室内仓储能力。完成积微钢材电子交易展示区项目——轧钢编组站改造工程，于 2020 年 10 月 16 日正式投用，确保达海产业园顺利迎接冬储。完成积微钢材电子交易展示区项目——攀成钢原 159 厂房技术改造工程室内部分改造，确保合作伙伴及成都达海顺利迎接冬储。完成昆明达海物流园一期工程第三步项目建设，自此昆明达海物流园一期工程全面施工完成。推动企业转型发展，培育新的增长点，打造央企合作典范，为进行后续资源整合其他大宗物资、实现跨界发展创造条件。

【铁路运输】 2020 年，铁路物流事业部实现营收 15401.7 万元，连续三年刷新纪录，较同期增加 137.5%。物流降本完成约 3.4 亿元，其中铁路运费节约 2.5 亿元。成都局管内铁路钢铁、大宗原燃料运输 1540 万吨，创历史新高。

2020 年 7 月，黄瓜园专用线开通集装箱敞顶箱在线装车业务，为园区多元化拓展货运业务提供支撑。2020 年 9 月，弯丘专用线建成货物装载新货场并投入使用，为新拓展的中禾球团矿货物运输业务提供保障，同时为后期的铁路专用线货物运输业务拓展打下基础。2020 年 11 月，完成攀钢钒公司热轧卷钢 L 型卷钢立装座架试装试运，该项新型运输装载方式以“卡扣”将座架与车体、货物与座架进行相互固定，无需绳索装载加固，不产生一次性加固材料成本，也不需人工进行加固捆绑，座架可循环使用，具有装卸载安全、作业效率高及环保经济等突出优势。

【积微运网平台】 2020 年，积微运网平台实现运量 3281 万吨，平台实现营业收入 12.02 亿元，其中外部运量 2521 万吨，非攀收入占比 64%，市场拓展取得明显成效，平台规模和社会影响力明显提升。积微运网积极开展物流降本工作，2020 年为攀钢集团降低物流成本 3336 万元。

2020年4月，完成积微运网智慧物流平台升级改造建设，实现上线试运行。2020年6月，完成成都达海汽修厂建设，全年新增积微运网汽车驿站8处，累计13处，为后端产品植入运输业务创造了条件。2020年8月，积微运网智慧物流平台被中国物流与采购联合会评为“AAAA网络货运平台企业”。2020年9月，调整了运网组织机构，新成立综合管理部、数据服务部、营销运营部、成渝区域营运中心、攀西区域营运中心等，为业务更好拓展奠定了组织基础。2020年12月28日，启动攀钢集团公司排土场运输业务，为落实集团公司颗粒归仓要求、提升运网运量规模奠定坚实基础。

【积微循环平台】 2020年积微循环平台交易额20.6亿元，同比增长36%，其中非攀交易额占比达到64.41%，同比增长7%；截至2020年底累计完成平台交易额46亿元，交易量154万吨。从2017年至2020年底，攀钢各单位通过循环平台累计处置再生资源99万吨，成交金额17.7亿元，总溢价金额1.98亿元。

2020年，完成西昌区域合作基地的比选工作，确定基地合作方，就西昌钢钒废钢供应相关标准、定价、运营等达成一致；完成重轨制品加工利用项目和废棒线材加工利用项目的落地实施，其中重轨制品加工成板簧被公司认定为创新项目；推进昆钢废钢供应业务和大连废旧轨道预付项目落地实施，为开拓外部钢厂废钢供应业务积累了宝贵经验。

利用互联网技术实现直播带货和视频看货；开拓西昌钢钒四大渣、TRT布袋除尘灰等新资源上线；通过买断自营实现氯化镁和硫酸钠的保产；建立专业化互联网营销、地推和电话销售团队推介平台及平台所属资源，重点开发大数据与产业互联网平台的运用，提升对客户的服务价值，扩大平台影响力和实用性。

【积微化工事业部】 2020年，化工事业部全面完成了年度经营目标，营业收入、物流运输量、供应链业务量、社会化业务量均创历史新高。其中营业收入完成5.06亿元，同比增长30.4%；运量130万吨，同比增长29%；供应链业务收入21亿元，同比增长106%，带动运量增加超过10万吨；社会化业务占比52.35%，实现毛利258万元；一体化业务比例超过95%。

2020年，化工事业部协助股份公司完成了钒钛产品出口工作，全年完成钒钛产品进出口代理业务6.5万吨。12月16日，正式上线运行海川化工平台。

【产业互联网生态建设和运营的落地情况】 2020年，积微技术事业部打造了从交易、支付到加工、仓配、金融全流程一体化生态服务，丰富了产业互联网前端应用。在用户自助方面，建设和推广了PC仓储协同、自助加工申请、自助运输需求提报等，极大化地方便了用户，提升了工作效率。重点打造了创新项目“海螺协同平台”，通过协同平台建立多系统、多业务端之间的协同关系，并基于海螺的PC端、移动端等多终端，实现了人与人、企业与企业之间的实时连接。建设了一系列通用化的电商平台服务，包括海川化工平台、仓储货主一键上架卖货服务、仓小白金融产品、满帮运输能力对接等工作，为完善产业互联网生态圈建设目标打下了基础。

在2020年突发疫情影响下，积微技术团队积极利用技术手段来减少疫情给业务带来的影响，在初期率先复工复产，数码仓为减少人员接触，降低传染风险，通过升级数码仓系统PC端、PDA移动端、一体机自助端，实现仓储业务提货司机自助办理流程全闭环，完成仓储、加工等费用改造重构。快速开发出疫情报备系统，为集团管控疫情提供保驾护航。创新搭建了直播看货平台，避免了业务中断。开发了疫情车辆轨迹查询，实现了车辆轨迹实时情况及车辆是否经过疫区的预警。

【“两化融合”项目建设】 根据攀钢集团“两化融合”总体规划，以及支撑攀钢“推动数字化智能化转型”新要求，截至2020年底，星云智联公司按照“建平台、补短板、推样板”的决策部署，稳步推进两化融合项目建设，牵头及参与集团“两化融合”项目初设方案编制200+，已实施52个，其中已上线项目41个（其中树样板3个，补短板38个），在建项目17个（树样板2个，补短板15个）。

【星云智联运维服务】 2020年，星云智联公司通过标准化服务、规范化运维，运维服务质量显著提升，运维工单满意率持续保持95%以上。已形成成都+西昌+攀枝花三地为区域的组织架构和系统平台专业+网络安全专业+视频会议专业+基础设施专业的技术团队。全力做好疫情期间保障，助力远程办公，新建硬件视频会议室 7 个，引进 Welink 软视频会议系统，新开账号 9800 个，保障集团、二级单位及项目团队会议共计 9000 余次；新增 VPN 等远程网络接入设备，新开 vpn 账号 358 个，助力居家远程办公需要。

【平台业务孵化建设】 截至 2020 年底，攀钢工业云平台已运行 229 台虚拟机，97 套系统，覆盖攀钢集团及攀钢钒公司等二级单位，初步完成云平台的推广工作。

用智能威胁感知平台对集团公司多家单位进行安全扫描，及时通知用户单位进行整改，保障各单位网络安全整体受控。

统一建设了攀钢集团云视频会议平台，实现集团级视频会场、二级单位级视频会场、移动会议终端之间的互联互通，为集团及各单位异地办公、远程会议等提供方便。截至 2020 年底，集团云视频会议平台共计接入硬件视频会场 108 个，注册移动会议终端 320 个；完成攀钢钒等 4 家单位视频会议系统接入改造。

四川机电职业技术学院（攀钢党校）

【概况】

类　目			数量
学生情况/人	1	普通高等教育在校学生总数	9538
		普通专科生数	9538
	2	普通高等教育招生数	3838
		普通专科生数	3838
	3	普通高等教育毕业生数	3495
		普通专科生数	3495
	4	成人教育学生数	407
	5	网络教育学生数	463
学科及专业设置/个	专科专业数		

类　目			数量
教职工构成/人	1	总数	457
	2	专任教师数	308
	3	正高职职称数	9
	4	副高级职称数	166
办学条件	1	年末固定资产总值/万元	23671
	2	校园占地面积/平方米	629140
	3	年末校园（舍）面积/平方米	251090
	4	教学科研仪器设备总值/万元	8242.23
	5	图书馆面积/平方米	7752
	6	年末纸质图书量/万册	56.54
		年末电子图书量/吉字节	9140
	7	教学用计算机数/台	1592
	8	各类实验室总数/个	385

【党建工作】 2020 年，四川机电职业技术学院（攀钢党校）上下巩固“不忘初心、牢记使命”主题教育成果，切实推进主题教育常态化、制度化；把创先争优活动与学校重点工作相结合，在基层党组织和广大党员中广泛开展创建先进集体、争当优秀党员活动；深入推进基层党组织标准化规范化建设，努力把基层党组织建设成为坚强的战斗堡垒，切实发挥了党员的先锋模范作用。认真落实中央八项规定及其实施细则，严格遵守廉洁自律准则，切实履行党风廉政建设“一岗双责”；完成了巡视反馈问题整改工作。应急机制进一步完善，平安校园建设成绩突出。聚焦师生操心事烦心事抓整改，在校园卫生、食堂管理、安全维稳等方面精心布置、全面安排、通力合作，保证了学校的和谐稳定。

【教育教学工作】 2020 年，学校切实加强文明行为养成教育，学生行为进一步规范。“爱惜粮食、制止餐饮浪费”活动成效明显；开展校园控烟巡察、纠察，强化了校风建设；学生资助工作扎实开展，全年共有 7700 余人次获得各项资助，总金额为 3000 余万元。全年 163 个班 6512 人次参加学校劳动课，劳动育人功能进一步发挥。

教学方面，建立了常态化的内部质量保证体系，完善了可持续的诊断改进工作机制，对专业、课程实行了分级管理；加强教风、学风建设，开展了教学督导、稳定教学秩序、提高教学质量等专项整治活动，效果明显；大力推行1+X证书试点工作，完成首批6个工种证书培训、认证考试工作，有效提升了学生技能水平、拓展了学生就业创业本领；完成了省高教质量工程及教学改革项目5个，通过了教育厅验收；开展了“铁路行车组织”“思想道德修养与法律基础”等6门课程线上线下混合式教学改革试点；成功立项“机械类创新通识教育”“单片机电子产品创新设计与制作”等2门省级创新创业示范课程；立项并通过认定2门省级思政课程。

【师资队伍建设】 为加强教师队伍建设，提高教师教学水平，学校举办第十八届“耕耘杯”教学竞赛。选送教师参加“四川省职业院校教师素质提高计划国培项目”的培训。每年寒暑假开展以提高教师专业素养和教学能力为重点的校内师资技能培训。举办辅导员“育人杯”竞赛、思想政治工作研讨会及师德师风大学习大讨论等活动引导教师遵守师德规范，提高师德素养。

【招生与就业工作】 2020年，普通专科生报到3838人。2020年，虽受疫情影响，学院采取线上线下相结合的招聘方法，开拓就业市场，联系京东方、成都铁路局、攀钢集团、瑞星时代等优质就业单位到校招聘，成都铁路局录取我们学生162人。同时，鼓励学生参军入伍、专升本，2020年专升本录取440人。组织校园招聘会，全年共提供就业岗位数4700个，充分保证学生有更多岗位可选，就业率达93%，就业率居于四川省前列。

【学生工作】 构建“四二四”学生综合素质教育体系，打造思想道德、人文素质、身心素质、职业素质四个教育平台，完善六育人机制及学生综合素质评价机制，强化思想政治理论课教师、辅导员、学生管理、校外综合素质教育导师四支队伍建设。重视辅导员素质能力培养，明确了学院德育工作理念和“三要、四能、五有”的德育队伍素质要求，辅导员职业能力竞赛每年开展，“育人杯”竞赛三年一届，长期推行主题班会制度并编印优秀德育教案选集《德渥群英》。扎实落实国家资助政策，完善学生帮困体系，确保不因一名学生因家庭困难而辍学。

学校重视学生人文素质教育，制定实施《关于加强学生人文精神培养工作的指导意见》《新生入学教育大纲》《学生素质拓展激励办法》。“五·四”文化月、迎新晚会、技能大赛、校运会等校园文化活动已成为培养学生综合素质的重要平台和特色品牌。1600人的大型团体操“金宴”“绿耕”参演四川省少数民族运动会开幕式，学生女篮在四川省第二届高职院校篮球联赛中问鼎冠军、男篮荣获亚军。

构建平安校园。采取有效措施积极应对2020年新冠疫情等重大突发事件带来的巨大压力，确保了校园安全稳定。在疫情期间，带领学校全面落实国家、省市和集团公司有关新冠肺炎疫情防控安排，通过“青柠疫服”平台，精准摸排师生健康状况，形成全方位健康监测工作体系。制定防控“七案七制三流程”等制度21个，建立和完善联防联控机制；严格督促检查和落实责任追究；开展疫情防控培训4期，春节及延长假期间安排值班12个，领导带头与安保部门一线值班300余人次，统计数据2万余条，坚决打赢疫情防控整体战、阻击战、攻坚战。

【社会服务】 2020年，开展攀钢短期岗位技能提升培训23152人次；组织在校大学生就业技能培训2520人、技能鉴定3554人；组织特种作业培训考试5700余人；承办了首届“攀西工匠杯”职业技能大赛电工、装配钳工、数控铣、数控车床4个竞赛项目；深化盐边县劳务品牌技能培训项目，培训学员120人；与攀枝花市退伍军人管理局签订了战略框架协议，学校成为省市退伍军人就业培训基地；全年外部培训收入大幅度提升，占比49%以上，服务攀钢、服务社会工作取得引人注目的成效。

服务学校工作逐步提升。简化维修工作流程，明确责任人和分工，提高了工作效率，维修效能大幅改观。全年完成零星维修6000余次；实施基建维修30余项；投入维修费用200余万元。全面清理处置废旧物资3.8吨、废钢资源8.42吨，残值收入2.48万元。

【教育扶贫】 根据省教育厅、攀枝花市和攀钢集团有限公司的部署，学校利用职教资源优势，开展教育扶贫和产业扶贫，助力甘孜州稻城县、凉山州盐源县和木里县、攀枝花市米易县和贵州省盘州市打好脱贫攻坚战。圆满完成盘州、稻城、木里、盐源4个扶贫点的17个扶贫项目，培训各类人员3511人。2020年11月，在全省扶贫工作考评中，稻城县和木里县扶贫点以满分成绩通过省级考核验收，在省委省政府脱贫攻坚成效考核中被评为“好”，扶贫工作评比名列前茅。

【校园建设】 落实主题教育成果，马家田校区修建职工停车场、一二教学楼之间公共区域铺设大理石，金江校区办公楼阶梯教室装修、运动场露天舞台整改、学生洗澡堂空气能改造、教学区铺设大理石砖和透水砖，两校区消防系统改造、网络安全建设，全年基建维修50余个项目，投入资金450余万元。

【内部管理】 学校聚焦“育人中心”，深挖内部潜力，多维统筹，出台了对5个系的二级管理和考核方案，已试行并取得一定成效。抓住关键、重点突破，在提质增效、三项制度改革、规范合同管理与风险防控上下功夫，取得了显著成绩。围绕定岗定员推进薪酬改革，绩效工资的激励导向功能初步显现，优化了人力资源配置；推进领导人员交流，退出领导岗位3名，新选拔领导人员3名，交流2名。退休人员社会化管理631人。开展人才招聘，全年招聘、引进新员工5人，充实了学校员工队伍。

明确责任，严格管理，强化执行力，切实提高工作效率，促进养成优质高效工作作风。坚持目标导向，围绕契约化绩效目标和收支差，通过顶层设计、统筹规划、分类指导，强化过程监控。全年扣减绩效工资1.12万元。进一步细化财务管理，资金使用效率大幅提升。学校严格财务制度、严肃财经纪律、严控资金预算，切实发挥资金最大使用效能。按学生收费比例的99%强化了清收力度，通过政府部门备案调整了学生住宿费标准，为学校带来新的增量。

成都天府惠融资产管理有限公司

【概况】 成都天府惠融资产管理有限公司是攀钢集团布局产业金融而打造的一级子公司。公司成立于2016年6月，注册资本5亿元，旗下拥有商业保理、融资租赁、金融科技等业务板块，拥有钢铁行业内第一家内资试点融资租赁牌照，是首家将区块链技术运用于供应链金融的中央企业。

天府惠融作为攀钢集团产融职能承载主体，牢记服务实体经济使命，深入践行产融结合经营策略，努力打造全国一流的产业金融服务平台。公司以产业链闭环交易为场景，利用云计算、大数据、区块链等先进技术赋能平台，全面构建“攀钢智慧产业金融服务平台”，助力攀钢生态产业圈构建，驱动集团战略产业可持续发展，实现永续经营，永续发展。

【企业管理】 严格执行民主决策，投资决策及风控委员会对总经理经营管理授权范围内的重要事项集体商议决策，确保公司做出重大决策过程中的民主性、科学性，风险可控性。

有效提升管控效率，根据天府惠融业务流程、职责体系和管理制度变化，修订完善了《天府惠融核心业务审批权限》，法定代表人对部分交易合同进行充分授权，有效提升管控体系运行效率。

夯实完善基础管理，根据部门职责和业务管控要求，对公司现行规章制度进行全面梳理和甄别，按“立、废、改”原则，修订了14项制度，新增了25项制度，废除了12项制度，确保公司经营管理有章可循、有规可守。

建立统一领导、分级管理、相互制衡、相互监督的风险控制治理架构。实现风险管理的事前防范，事中控制，事后监督和纠偏，全年未发生风险事件，公司风险管理规范受控。

风控实现智能化管理，智慧风控系统1.0版上线，通过智慧风控系统的搭建，达到从线下审核向线上审核的升级，降低项目、业务风险，减少人为操作风险，提高公司风控管理水平。

纵深推进三项制度改革。建立管理人员能上能下，员工能进能出，收入能增能减的市场化机制，实现人力资源要素优化配置。

【业务经营】 充分发挥商业保理、融资租赁等金融牌照的优势，形成以系统服务+咨询服务+资金服务为主的供应链金融综合服务方案，高效便捷地服务于供应链上下游企业，累计服务企业超1300家，累计服务金额达72亿元，公司运营迈上新的台阶。

疫情期间彰显央企担当，天府惠融利用线上化平台提供为小微企业提供远程融资服务，受到了四川省疫情应急指挥领导小组的持续关注与肯定，被政府评为“疫情防控与支持实体经济的先进单位”。

保理业务规模快速增长，全年完成保理业务规模 17.11 亿元，较去年同期业务量增长了 68.07%。全年惠信签发量为 22.18 亿元，其中融资 8.51 亿元，占比 38.37%。与去年同期相比签发量增长 29.48%，融资量增长 56.43%。惠信累计签发量共 42.17 亿元，融资量 14.73 亿元。累计注册用户达到 1132 家。

深圳惠融诚通商业保理有限公司通过深圳市金融管理局对商业保理公司的审核排查。4 月 21 日收到深圳市金融管理局前海商业保理清理规范专项工作小组的核查结果通知：公司经营情况与报送材料基本一致，业务稳定，风控机制较为完善，经营情况基本符合 205 号文相关监管要求，拟审核通过。

深圳惠融诚通商业保理有限公司获评 2020 年钢铁产融优秀企业。

融资租赁业务稳步拓展，全年完成 1.78 亿元项目投放，在向集团上游企业提供金融服务的同时，实现公司自有资金及银行授信的有效利用。并且通过联合租赁方式盘活攀钢集团各子公司内部固定资产，为集团提供累计 7 亿元资金新渠道授信，满足集团融资多元化需求。

下游融信产品首单试点，为全面打造供应链下游“融信”产品建设，天府惠融与攀钢国贸等销售单元合作，为经销商提供钢材等产品的订单融资试点服务，累计融资金额约 8244.28 万元。

银票在线秒贴服务展业，为解决产业链小微企业流动性差的银票贴现难问题，天府惠融相继开通多家银行银票在线秒贴服务，目前支持可贴现银行及财务公司已超过 200 家，累计完成贴现量 4.25 亿元。

供应链金融服务系统首次对外输出，为川威集团建设的供应链金融服务系统于 2020 年 4 月 1 日上线运营，该项目是公司金融科技服务能力的首次对外输出，这标志攀钢智慧供应链金融服务系统已具备市场竞争力。

银行线上化直贷业务形成标准范式，2020 年 5 月与中信银行的全线上化直贷业务正式展业，标志着通过金融科技手段直接对接金融机构引入外部资金，线上化高效开展供应链金融的新兴模式成功落地，为对端银行机构提供了“标准范式”。

智慧供应链金融服务平台更新迭代，以“管理层级化、功能模块化、操作人性化、数据标准化、技术先进化”为目标持续完善“攀钢智慧供应链金融服务平台”，通过了信息系统三级等保备案、取得了天府惠融 ICP 许可证。

创新体外循环融资模式，引导银行资金通过系统对联直接放款至融资方账户内。中信银行作为首家与攀钢智慧供应链金融服务平台直联的资金机构，通过平台直接为产业链中小企业提供融资服务，中信银行现已服务小微企业 144 家，发放融资 515 笔，放款金额合计 2.85 亿元。

拓展境内境外银行资金，加强与各金融机构对接，积极引入境内外银行资金，为公司开展供应链金融业务提供资金支持，2020 年取得境内人民币授信额度 25.15 亿元，境外美元授信额度 2500 万元。

2020 年天府惠融实现融资交易额 24 亿元，利润总额 3537 万元，超额完成集团公司下达的契约化目标，公司创效能力较去年大幅提升。

四川鸿舰重型机械制造有限责任公司

【概况】 2020 年，四川鸿舰重型机械制造有限责任公司深入贯彻党的十九大和十九届二中、三中、四中、五中全会精神，认真落实鞍钢集团第二次党员代表大会、攀钢集团第九次党员代表大会和两级集团职代会决策部署，坚持党的全面领导，坚持稳中求进工作总基调，紧紧围绕契约化经营和“新鸿舰”建设两大核心任务，推进“8·1·5”战略实施，在夯实发展基础和消化解决离退休费用的情况下，公司全年实现营业收入 62193 万元，增幅为 6.25%；实现盈利 1199 万元，同比增加 580 万元，增幅为 93.69%，比基本目标多盈利 549 万元。年末存货占用 11756 万元，比年初下降 1687 万元，降幅为 12.55%；外部应收账款占用 661 万元，比年初下降 83 万元，降幅为 11.16%；经营活动现金净流量 2130 万元。对照契约化经营业绩目标责任书，公司各项指标全面完成，实现了“跑赢自身，跑赢大盘”的目标。

【生产经营】 在抓好传统产业的同时，持续抓好新兴产业发展，促进产业创效增收，磨球，全年实现销售 7650 万元，圆满完成保供任务；铝粒，全年实现销售 7184 万元，创历史新高；半自磨机衬板，全年实现销售 158 万元；铁路物流，全年实现产值 677 万元；小型耐磨件，全年实现销售 329 万元；高分子材料，全年实现销售 352 万元；泡沫产品外销 46 万元；完成各类急件、事故件 643 项，实现各类检修、技改工程兑现率 100%，为集团的生产顺行作出了积极的贡献。

扎实推进降本增效，全面承接生存保卫战的十项措施和“4711”专项行动工作内容，全年完成降本 1950 万元。

【企业管理】 聚焦三项制度改革，深化“准事业部”运作机制，按照集团公司“四定”工作目标要求，在引进 6 名新分大学生的基础上，在岗职工从年初的 1237 人减少至 1201 人，减少 36 人；劳务用工人员从 248 人减少至 178 人，减少 70 人，费用较 2019 年同期减少约 400 万元，全面完成了压减指标。

扎实推进退休人员社会化管理工作，完成 3493 名退休人员移交信息采集，完成 5378 份档案整编，移交档案 3136 份，完成 381 名党员党组织关系转移。

持续深化精益六西格玛管理，实施黑带项目 4 个，6 人通过黑带资格考试。

构建学习型人才队伍，通过线上、线下多维度组织开展职工技能提升培训，举办各类内部培训班 89 期，参培 4756 人次；全年申报劳动竞赛 49 项，发放竞赛奖金 15. 15 万元。

积极为职工做好事、办实事、解难事，扎实开展“践行共享理念、关爱一线员工”专项服务行动，为职工安装空调、增添书报栏等设施设备，其中，安装净水器 9 台，加热器 16 台。

2020 年，面对突如其来的新冠疫情，在集团公司的坚强领导下，公司第一时间成立领导小组，建立疫情防控工作机制，制定下发《鸿舰公司关于做好新型冠状病毒感染的肺炎疫情防控工作方案》和《鸿舰公司新型冠状病毒肺炎应急预案》，开展防治知识宣传，科学解疑释惑，努力筹备防疫物资，加强预防和消杀工作，坚持应势而变，适时调整工作重点，全力推进复工复产工作，生产经营秩序迅速恢复，未发生职工感染情况。

【科技与技改】 研发中心“准事业部制”改革初见成效，通过四川省企业技术中心认定，全年新产品研发设计实现产值 4130 万元，实现设计收入 225 万元；全年公司科技创效 2274 万元，其中工艺降本 1403 万元，新产品创效 971 万元，发放科研奖励 21. 5 万元。

公司申报专利 14 项，获得授权专利 11 项，其中“一种用于钒钛铁水脱硫的旋转进料装置”获得全国发明展金奖；“方钢挤球生产系统”“冷轧内罩单波成型的轧机”获得全国发明展银奖。

全年公司科研投入 1958 万元，占营业收入比例的 3. 15%，共开展了重点科研、改进提升、新品开发、专项攻关等科研项目 12 项，其中，“攀钢炼铁厂 6 号烧结机台车优化设计与实践”获得集团公司重大技术改进项目二等奖；“攀钢轨梁厂 310 乙字钢夹板复合铸造设计”获得集团公司重大技术改进项目三等奖；废钢增碳工艺研究，已成功生产 877 吨，产生效益 79 万元。

智能制造项目稳步推进，其中，机电分公司新上 1 套桁架式机器人柔性单元、成套分公司新上 1 套轴承座柔性加工单元和 1 套桁架式机器人柔性单元、特种分公司新上 2 台焊接机器人和 12 千瓦数控激光切割机床。

新增 4 条钛焊管产线，钛焊管产能及生产自动化程度全面提升；钛带生产线全流程打通大于 0. 377 毫米轧制工艺，推动产线达产见效，目前已做到日达产、周达产。

布局钛铸件，推动钛合金精密铸造项目实施；布局钛锻件，推动 2000 吨水压机改油压工作；布局钛结构件加工，推动钛冷作加工车间建设，目前试制的炼钢厂拉矫机钛水箱效果明显好于预期，已取得正式订单 30 套。

攀钢集团生活服务有限公司

【概况】 截至 2020 年末，攀钢集团生活服务有限公司（以下简称“生活公司”）在岗职工 1107 人。产业涵盖连锁超市、餐饮团膳、贸易、宾馆酒店、工业服务、园林绿化、食品加工、幼儿教育、物业管理等。业务分布于攀枝花、西昌、成都、昆明、重庆等地。

2020 年，生活公司经营收入 7. 5 亿元。在消化社会职能分离移交涉及费用等非生产经营支出后，实现利润 973 万元，超额完成攀钢集团下达的考核指标，被攀钢评为 2020 年度“先进单位”；入围“2020 年四川服务业百强企业”，排名第 95 位，为全省从事后勤产业唯一入选服务业 100 强的国有企业。

【疫情防控】 面对突如其来的新冠疫情，2020 年 1 月 28 日，生活公司党政联合下发《关于做好新型冠状病毒感染的肺炎疫情防控工作预案》，成立疫情防控组织机构，启动新冠疫情防控工作。安排所属矿招宾馆做好返攀职工集中隔离和服务，做好食堂、超市、宾馆、宿舍等重点区域的现场消杀和人员管控。筹集发放 100 余万元防疫物资，召开疫情防控专题会 96 次，开展“四不两直”督导检查 68 次，整改问题 200 余项。吉靓轩超市千方百计拓展物资采购渠道，疫情期间坚持营业，采取线上下单、免费配送的方式，确保了民生商品供应，被四川省商务厅列为“第一批省级应急保供骨干商贸流通企业”。老食匠食品分公司疫情期间加大糕点、面条等物资的生产力度，满足了特殊时期市民生活需求；老厨匠餐饮分公司员工疫情期间坚守岗位为重庆钛业提供后勤服务，受到被服务单位表扬；商贸部千方百计稳定厂区食堂原材料供应，为攀钢职工就餐提供了可靠保障。南山宾馆分公司、幼教中心等单位职工积极支持超市等兄弟单位做好疫情防控和生产保供，用实际行动诠释了生活公司职工“一方有难，八方支援”的团队精神和大局意识。

【改革与管理】 根据《国务院国资委、民政部、财政部、住房城乡建设部关于国有企业办市政、社区管理等职能分离移交指导意见》，按时间节点将生活公司管护范围内的道路、路灯、堡坎、沟渠、挡墙等市政设施的资产及管理职能移交属地政府。

2020 年 2 月，下发《生活公司退休人员社会化管理工作方案》，成立公司党政领导任组长的退休人员社会化管理工作领导小组，领导小组下设办公室和 8 个专项工作组。通过努力，按时完成退休人员社会化管理移交，其中，攀枝花区域移交退休人员 4372 名、人事档案 4372 份、退休党员 841 名，退休人员活动场所资产 10 项；昆明区域移交退休人员 429 名、人事档案 429 份、退休党员 59 名。

炳三区店经营管理改革是公司 2020 年重点改革任务，生活公司制定下发《吉靓轩超市炳三区店经营管理改革方案》，向炳三区店下放用工权、分配权、采购权及自主营运管理权，强化激励和考核措施落实，充分调动员工的积极性，门店的经营指标大幅优化，利润、人均劳效较改革前分别增加 35.42%、15.30%，运营成本同比下降 7.95%，达到了改革预期。

牢固树立“安全+”理念，严格落实“安全生产专项整治三年行动计划”和“五清五杜绝”，强化“隐患排查治理年”“公司领导安全防火责任区域包保”相关工作。落实专项费用 356 万元，重点整治线路老化、老旧电梯等安全隐患 16 项。安全检查 82 次，督促隐患整改 41 项，考核 84 人、金额 23.5 万元，考核相关方 2 次、金额 1700 元。全年实现安全零事故目标。

修订公司级管理制度 46 项；完成 2018 年审计“回头看”项目 2 项，完成 4 个基层单位负责人离任审计；坚持端口前移，严控税收风险、信用风险、合同与资金风险。公司风险管控水平得到提升。

完成“老食匠”“攀钢老食匠”商标注册及老食匠食品分公司质量管理体系和食品安全管理体系认证；积极参与“区长带货”“消费促进月”“四川省消费品精品展”等大型营销活动，攀钢馒头入选新华社“小康中国、千城早餐”。公司“老食匠”“老厨匠”“荷塘月色”等品牌的影响力持续扩大，为公司生产经营和市场拓展注入了新的力量。

完成老食匠食品分公司“ERP 入库系统”、攀钢钒发电厂食堂、攀成钢金堂分公司食堂一卡通系统平台建设和公司资产管理系统上线，公司信息化管控水平得到进一步提升。

【连锁超市】 吉靓轩超市注重青年人才培养，择优安排 4 名高校毕业生到店长、采购等重要岗位历练；根据工作需要，交流、调整店长及采购 9 人。加大源头采购力度，全年自采商品 1826 万元，同比增加 1049 万元。多渠道开展营销工作，获得攀枝花学院食堂、仁和区幼儿园、攀枝花市市场监督管理局等市政单位食堂生活物资供应资格。抓好谋点布局，新开米易阳光水岸店、攀枝花学院店、青年路店。实施门店调改 3 家，顾客购物体验明显提升。全面推行自动抛单，超市的管控水平和竞争能力稳步提高。2020 年实现营业收入3.9亿元，同比增加5300万元，继续保持攀枝花超市行业规模第一。

【餐饮服务】 强化“老厨匠”餐饮品牌打造，与成都电子科大后勤中心对标，学习餐饮团膳经营管理经验，“老厨匠”品牌的影响力、竞争力明显提升。新拓展市场监督局食堂、市邮政食堂、市七中第二食堂等多家市政单位团膳业务。实施攀枝花本部食堂原材料统采统配，千方百计降低生活物资采购成本，增加食堂饭菜花色品种。餐饮人才培养成效突出，参加“攀西工匠杯”职业技能大赛，包揽烹饪项目前五名；首次参加四川省总工会主办的四川省第五届机关企事业单位（团餐）烹饪技术技能大赛，获得“团体赛银奖”“团体赛最佳造型奖”。2020年餐饮系统经营收入超1.4亿元。

【幼儿教育】 幼教中心坚持疫情期间组织幼儿线上教学，组织教师开展教材培训、园所维修、环境美化等工作。5月疫情防控常态化后及时组织复工复学，幼儿返园率达92%，生源防流控辍取得较好成效。开展幼儿园结对帮扶，整体提升幼儿园的师资队伍素质和办园质量。强化教师技能提升，选送的教玩具作品被攀枝花市推荐参加四川省教玩具制作比赛。开展亲子早教、日常公益早教，较好发挥了攀钢幼教在教学创新中的示范引领作用。

【食品加工】 加大食品生产线技术改造力度，提高工作效率。实施面条生产线大修；月饼生产线增加自动吸托机、自动理料线，更新自动包装机，月饼包装工效由60个/分提高到100个/分；糕点产线增加曲奇机、自动分割滚圆机、自动包装机设备，降低劳动强度，平均每日缩短员工工时0.5~1小时。加大新产品开发力度。推出20余个新品，深受市场好评。强化质量管控。全年开展现场质量检查6次，迎接上级主管部门质量抽检9次；完善质量体系建设，顺利通过ISO 9001和ISO 22000的认证工作。加大营销力度。开发团购单位47家，同比增加17家，团购销售金额4022万元。销售端午粽子260万元，中秋月饼348万元。2020年老食匠食品分公司经营收入5202万元，利润107万元，利润同比增长71.5%，创历史最好水平。

【宾馆酒店】 南山宾馆分公司对宾馆人行栈道、礼堂、会议中心三楼会议室进行装修改造，完善服务功能，拓展培训业务，会务和培训收入同比增加10万元。5月8日“荷塘月色”重装开业，通过加强菜品创新和服务水平提升，营业收入较改造前提升约20%，“荷塘月色”品牌影响力和竞争力明显提升，成为攀枝花市餐饮的一张名片。在集团公司党委统一领导和专业部门的指导下，严格按照疫情防控要求，出色完成攀钢第九次党代会等重要会议的会务服务。积极做好营销工作，通过微信公众号、拜访大客户等方式大力宣传菜品和各项服务，争取到机场大巴将南山宾馆作为始发站。南山宾馆分公司全年实现经营收入2114万元。昆明物业管理中心认真研究拆迁政策，争取到马街一号、二号地块建筑物拆迁补偿316万元，确保了集团公司利益最大化。疫情期间积极采取措施稳定茶城商户，全年租金收入590万元。推进历史遗留问题解决，昆明物业管理中心诉袁桂华侵权诉讼案原告终审胜诉，历史遗留诉讼案件全部结案。昆明物业管理中心全年实现经营收入910万元，利润33万元。

【房改办工作】 完成地垄井8号楼所有房屋个人不动产权证、芳草苑经济适用房不动产权证单位大证办理；办理1户尾矿新增住宅不动产权证。办理房改房上市交易683套，二手房交易手续费收入4万元，收取土地出让金50.89万元。争取疫情期间住房公积金缓交7512万元。

【扶贫工作】 制定《生活公司消费扶贫管理办法》《生活公司2020年消费扶贫工作方案》，规范扶贫物资采购和配送程序。借助吉靓轩超市和食堂供销平台，为贵州省盘州市等对口扶贫县，以及湖北省累计销售特色农产品2685.85万元；引导攀钢党员职工在扶贫专柜购买扶贫产品187万元，超额完成集团公司下达的消费扶贫任务。组织幼儿教师“送教到盘州”，完成180名来攀的盘州幼儿教师顶岗学习和现场教学培训任务。进一步完善公司困难职工帮扶体系，开展精准帮扶活动。

攀钢集团攀枝花坤牛物流有限公司

【概况】 2020年末，攀钢集团攀枝花坤牛物流有限公司（以下简称“坤牛物流公司”）在册职工784人，息岗职工126人，长病及工伤职工4人，实际在岗职工 654 人（退二线领导干部 36 人）。机关管理部门 5 个，有综合管理部（党群工作部）、人力资源部（党委组织部）、运行发展部、财务部、安全环保部（技术设备部）。下属生产经营单位 12 个，包括客运 3 个、货运 3 个、西昌公司、物贸公司、检修公司、检测公司、轿车公司及驾校。公司现有车辆总数 418 台，其中，客车 208 台，货车、乘用车及生产辅助用车 210 台。2020 年，实现营业收入 9.62 亿元，增幅为 42.5%；利润 2684 万元，增幅为 98%，超集团公司下达奋斗利润指标 484 万元；非攀钢收入 4.26 亿元，同比增长 102.8%。安全环保工作稳定受控，交通事故发生率创历年最低。全面完成集团公司下达的指标。

【安全管理】 2020 年，坤牛物流公司持续推进“管住人、检好车、看清路”交通安全九字方针为核心的安全文化建设，打造“一核四极”安全管理体系。通过“全员风险抵押金制度”“100 万公里行车无事故荣誉金制度”等重奖重罚措施，强化责任落实。事故总起数、事故损失较往年大幅下降，安全环保形势稳定受控。针对新冠疫情形势制定防控措施，开展环境消杀、通勤防控、人员登记等工作，坤牛物流公司疫情防控态势良好；加强消防管理，开展防火工作专项整治活动，共排查出隐患 15 项；认真组织防洪抢险工作，在机关食堂及停车场被淹的危急时刻，2 小时内完成了物资抢运，保障了职工的生命财产安全。将坤牛物流管理机制推送到相关方，同时加强对相关方的检查，引导相关方按照公司的安全管理机制进行管理；及时召开安全总结会议，让相关方了解公司状况，传达相关要求；对相关方车辆进行归口管理，统一保险；推行雇主责任险的投保工作，提高相关方的抗风险能力。

【机制创新】 2020 年，坤牛物流公司大力开展全员营销工作，充分调动职工的能动性，提升企业的创收效率，下发了《坤牛物流公司全员营销奖励办法》，根据各单位和个人创造产值的大小进行奖励，2020 年全员营销 267 项，实现产值 1.6 亿元。建设完善客运智能管理平台，实现车辆智能调度；建成攀钢钒原料智慧转运场，实现厂内物流高效运转；推进汽车综合服务 APP 和网上商城建设，实现货运和后端服务线上运行；加快与积微物联的深度融合，建设积微运网坤牛专场。和宇通客车积极探索经营性租赁模式，解决客车更新投资不足问题；采用业务代理的方式，创新非攀钢市场开拓渠道，增加创收点；根据业务发展需要，推行区域经理制，进一步提升管理精细化水平。创新性地利用驾校场地，并根据学员需求举办车展，实现创收增效。加快开放合作共赢步伐，与物流相关企业合作开展园区建设、新能源运用、信息化建设、汽车销售、汽车检测等项目，实现公司产业多元化发展；与比亚迪商用车事业部签订了攀西区域一级代理商协议，并围绕电动货车试用数据研究，共同开发攀西定制版，破解运用和推广难题。

【改革管理】 2020 年，坤牛物流公司圆满完成离退休人员社会化工作：稳步推进退休人员社会化移交工作，共完成 1989 人的档案、人员移交，515 人的党组织关系清理移交。根据集团公司下达的在岗员工指标，利用“法五”内退、列编外等渠道优化人力资源，全年共优化职工 62 人，完成了集团公司下达的指标，为公司轻装上阵提供了人力保障。对公司现有的管理制度进行认真全面、系统地清理，开展“废、改、立”工作，2020 年新发布制度 57 项，开展了规章制度宣贯工作，建立起了完整的坤牛公司规章制度体系。根据集团公司统一部署，成立坤牛物流特殊时期专项行动工作推进领导小组，全年在为生产基地降本 1635 万元的基础上，内部生产性变动费用同比下降 524 万元，超目标 432 万元；非生产性变动费用降低 68 万元，超目标 32 万元。

【和谐坤牛建设】 2020 年，坤牛物流公司落实全面从严治党主体责任，促企业高质量发展：根据企业发展的难点、热点开展 18 项共产党员工程项目，创建党员责任示范区、共产党员示范车等，进一步促进党建与生产经营高度融合。落实全面从严治党主体责任，认真开展清风工程专项行动，做实油料专项监督，促使多名司机主动向公司说明油料异常情况，共收缴违纪款 4.06 万元，对 32 名管理人员进行问责，为企业发展营造了风清气正的经营环境。不断强化思想政治工作，提升干部职工担当意识：通过报纸、微信、内刊等载体宣传刘洪波、吴国军、陈晓东等先进人物典型，打造具有坤牛特色的企业文化和标识，引导干部职工为建设西部地区最具竞争力的智慧物流企业贡献力量。加大关心职工力度，提升职工获得感：

认真落实“践行共享理念，关爱一线员工”活动，完成了澡堂等 5 个项目的实施改造；及时开展“三送”工程，送清凉物品到基层，送文化组织春节观影活动、“三巧”迎三八、羽毛球比赛等系列活动，提升企业凝聚力；开展了春节、抗疫、国庆、中秋慰问活动、金秋助学活动，走访看望困难职工，慰问金额达 52.7 万元，有温度的关怀提升了职工对企业的认同感。

【业务经营】 2020 年，坤牛物流公司发挥市场优势，做强西部货运，始终把保障攀钢货运顺畅作为首要政治任务，在疫情期间，出色完成了酒精、消毒液等防疫物资抢运、集团公司生产急需的湿矿、铝锭、氯化法钛白粉初品抢运等棘手任务，确保了用户单位生产顺行，助力了攀钢防疫抗疫，赢得了用户的良好口碑；更新改造马坎智慧转运场硬件设施和服务软件，解决了环保问题，极大地提高了工作效率，深受用户单位及市交管部门肯定。

通过艰苦付出，确保疫情期间客运通勤安全；同时，进一步强化智能管理平台的功能运用，让坤牛物流精品客运形象深入人心。先后完成了攀钢第九次党代会、攀枝花市中高考及市内各大型活动的用车任务，坤牛物流精品客运的“金”字招牌更加闪亮。

以技术为支撑，市场为导向，公司修理板块的业态进一步丰富。建设密地桥、炳草岗大桥两个轿车修理厂，业务覆盖整个市区；在西昌、白马周边布局 12 个修理店，22 个换胎点，5 个积微坤牛驿站；投建泵阀维修中心，成为攀西地区实力最强、功能最全的液压设备维修中心；与相关方合作，建设汽车综合检测线，具备年检测 4 万台车的能力。

新建弄弄沟撬装加油站，开展了油卡、保险、轮胎、驿站等物流后端服务，成功复制到成都、昆明、西昌，为区域内的货主企业降低约 5%的物流成本，实现了线上线下融合发展；与国网四川电动车公司开展战略合作，西昌、白马、攀枝花建设充电站 5 个，充电桩 22 个，标志着公司正式进军新能源产业；依靠公司强大的企业品牌，与中石油、人保、国网联合举办了“攀钢坤牛车展”，三天卖出 337 台车，交易额突破 4700 万元，创近年攀枝花本土车展业绩新高。

深入践行“品牌+服务+创新商业模式”经营策略，创新了“零管理费”“应收担保”“全员营销”“业务代理”四种商业模式，业务内容和业务范围不断扩大。

攀钢集团攀枝花钛材有限公司

【概况】 攀钢集团攀枝花钛材有限公司前身为攀钢集团成都钛材有限公司，成立于 2008 年，现为攀钢集团子公司，下设江油分公司、EB 炉生产中心，是攀钢集团适应国家产业结构调整要求，深化品种结构调整，做大做强钒钛产业，实现转型升级，奋力打造成为世界级钛企业目标的重要支撑企业。

2020 年公司已具备了年产海绵钛 20000 吨（连续 4 年保持国内第一）、钛锭 6000 吨，钛材 4000 吨的生产能力，可按 GB/T、GJB、ASTM、ASME、AMS、JIS 等先进标准生产厚规格、薄规格钛钢复合板、钛及钛合金板（卷）、管、棒、丝、线、带、锻件及其他异型材。产品适用于医疗器械、化工、体育、生活用品等领域。

公司不断优化、创新技术，通过海绵钛生产全流程工艺及装备技术优化等攻关工作，解决了低品位高钙镁钛渣熔盐氯化、镁电解流水线稳定运行等难题。先后获得了中国有色工业科学技术奖三等奖 1 个，四川省科技进步奖 3 个，攀枝花市科技进步奖 4 个，其中，四川省、攀枝花市科技进步奖一等奖各 1 个；两级集团公司科技进步奖 3 个，开发出了超软海绵钛、小颗粒海绵钛、钛钢复合板、热轧板等一批特色的钛及钛合金产品。

“十四五”期间，公司围绕攀钢集团“打造最具竞争力的钛及钛合金新材料企业”的战略目标，保持发展重点与国家的战略决策高度匹配，依托攀钢集团独特的资源优势、技术优势、全产业链优势、钢钛结合优势，不断加强钛材新产品、高端产品的开发力度，把公司建设成中国产品大类最全、生产规模最大的钛材生产企业。

【生产经营】 2020 年，钛材公司面对新冠疫情及产品结构调整等困难，坚持放量生产，努力克服解决生产中薄弱环节，确保了全年各项产量指标超额完成集团公司要求。2020 年钛材公司海绵钛产量 22768 吨，同比提升 3752 吨，提升比

19.73%，其中，海绵钛分公司产量 19031 吨，同比提升 1027 吨；欣宇经营部产量 3737 吨，同比提升 2725 吨。钛材产量 4009 吨，同比提升 2 吨。与此同时海绵钛在新产品领域也取得了新的突破，超软钛 1532.5 吨，同比提升 441 吨；专用小粒钛产量 384.2 吨，同比提升 234.2 吨。专用小粒钛在克服堆密度不满足客户技术要求的前提下，通过科技攻关、技术革新等多项措施下提升新产品在海绵钛产量中占比，销售量持续攀升。

【企业管理】 钛材公司于 2020 年 9 月管理关系变更为集团公司直管，公司全体干部职工，上下一心主动与集团公司相关部门做好了相关业务工作的衔接，顺利完成了各项工作的有序开展。一是加强对外合作，创新发展路径。2020 年公司加快实施“走出去、引进来”战略，与西部材料签订战略合作协议，双方开展小粒钛、超软钛、钛材等方面合作，形成了产销研服机制，推进合作成果共享。与江苏希诺成立联合实验室，进一步拓展公司钛材在生活领域的推广应用。参加“中国钛锆铪年会暨高峰论坛/钛锆铪新产品新技术展”“首届中国·攀西钒钛论坛”，提升了在行业中的影响力。二是夯实管理基础，提升发展质量。按照公司统一要求，完成了加工作业区现场及参观通道的设计改造、氯化原料库现场等重点区域整改提升；五制配套、六西格玛、最优工厂打造等工作按计划稳步推进，六西格玛黑带注册通过率首次达到 72.2%。三是深化人力改革，优化人力资源配置。深入挖掘内部潜力，向 EB 炉生产中心、欣宇经营部输送 17 名骨干人才，优化在岗员工 28 名；深入开展劳务压减工作，通过两化融合、合并岗位等措施，减少劳务用工 55 名。

攀钢冶金材料有限责任公司

【概况】 攀钢冶金材料有限责任公司（以下简称“冶材公司”）系攀钢集团全资子公司，地处四川省攀枝花市，是攀钢从事冶金材料和辅助材料研发、生产的专业化子公司。

冶材公司布局攀枝花、西昌两大生产基地，占地面积 20 万平方米，总资产达 3.75 亿元，截至 2020 年末共有从业人员 706 人。下辖运营管理部、机械动力部、人力资源部（党委组织部）、财务部、安全环保部（武装保卫部）、创新发展部、综合管理部（党群工作部）7 个部门；西昌分公司、技术研发中心、耐材分公司、辅料分公司、贸易公司、销售公司、机电分公司、无机固废资源综合利用事业部 8 个分公司（单位）。

2020 年，冶材公司高举习近平新时代中国特色社会主义思想伟大旗帜，全面贯彻落实集团公司加快做好非钢产业战略部署，科学应对新冠疫情严重影响，积极化解用户及市场传递的巨大降本压力，实现营业收入 8.26 亿元，利润 1989 万元，各项工作取得了新的成绩。

【生产经营】 2020 年，冶材公司持续推进产供运销精细化管控，加强产品、市场、技术协同和服务融合，在石灰生产方面，攀枝花区域设备作业率达到 95% 以上，活性石灰氧化钙平均含量达 90%，活性度达 360 毫升以上，处于行业先进水平。在耐材方面，重点协调好德阳新立、攀枝花区域耐材生产，攀枝花、西昌区域耐材销售平衡，产品库存有效降低、生产运营有序推进。全年累计产销石灰系列产品 118.51 万吨，耐火材料 3.87 万吨。

紧跟市场节奏，有效抓好采购降本工作，2020 年物资可比采购成本下降 1691 万元，完成对外贸易利润 330 万元；对外拓展了德胜钢厂铁水罐总包业务；在攀钢钒市场增加了攀钢钒 2 号、3 号炼钢转炉、1 号板坯中间包耐材总包，对高温碳化炉等项目进行长期总包，免烘烤铁沟捣打料供应份额由 60% 提高至 80%；在西昌钢钒市场新增 1 个脱硫枪工位、2 个铁水罐总包项目，新增叠闸泥 20% 市场份额和一座高炉免烘烤铁沟料供应份额；按照两级集团“十项措施”和“4711”专项行动部署，全年累计完成降本增效 3984 万元；全公司全年无重大及以上设备事故发生，大吨位压砖机总停机时间、回转窑故障停机时间较同期大幅下降；实现交通、消防、危险化学品、核与辐射事故零；环境污染事件零，连续两年获得“四川省环保诚信企业”称号。

【企业管理】 2020 年冶材公司编制了“十四五”产业发展规划，提出 2021 年至 2025 年五年发展策略及主要措施；高端耐火材料产线升级及资源循环利用项目获批开工建设；污水站无人值守项目顺利完工，有效降低了人工成本；完成了公司

"十四五"信息化发展规划的编制，公司仓储物流信息系统成功上线，有效降低了物流成本。

编制了《冶材公司市场化改革三年行动方案》，形成三年市场化改革重点工作清单；在集团公司主导下，实现了新立特耐股权平稳、有序退出，提前9个月完成了国资委下达的处僵治困目标；加快建设精准考核激励约束机制，初步形成了"全员绩效评价+专项奖惩"为核心的薪酬分配体系；开展了市场化改革大讨论，实施了以全员竞聘上岗为核心的劳动用工改革，压减基层机构20个，精减率23%，人员精简比例达到14%，人工成本利润率上升18.16%，人事费用率下降6.29%；年轻干部配备完成率100%；从七个维度设置了111个评价指标动态评价、动态考核、一体化实施，有效提升了企业基础管理水平；全年制（修）订规章制度23个，完成46个制度培训，共计培训146人次，确保"用制度管人，用流程管事"落实到位。

【科技创效】 2020年，冶材公司以无机非金属固废资源综合利用平台建设为主线，以无机固废资源综合利用研发中心为基础，持续加大科技投入，新购置X射线荧光分析仪等新设备，提升研发检测装备水平，通过攀枝花市企业技术中心认定。联合攀钢研究院、川大、北科大、辽科大等科研院校，强化研发软实力建设，有序推进9项新技术、新成果研发和落地工作。全年累计完成科研投入1888万元，科技创效2371万元，申报专利5项，受理4项，授权5项。持续推进专业创新人才队伍建设，完成了2名首席工程师、6名主任工程师、6名主管工程师选聘工作，初步打造了产品工程师团队。持续推进"双创"平台建设，大力发挥1个劳模工作室、2个技能大师工作室作用，充分调动广大职工的创新创业激情，一年来职工提出合理化建议482条，采纳实施363条，开展劳动竞赛15项，推动产运销各环节高效运转。围绕企业运营和转型发展关键环节，开展精准科技创新。聚焦公司重大战略，利用高温碳化中试线生产AMC复相材料，贯通工艺流程生产出高质量产品；加快AMC复相材料的工业应用研究，其中高温碳化炉专用耐材使用寿命达到1149炉，创历史最好水平；利用海绵钛废盐碱式碳酸镁合成MAC复相材料技术研究取得成功，利用该材料试生产的含碳钢包砖具有较好的抗渣性和良好的高温体积稳定性，具备了工业化试生产的条件；镁钛新型建材板性能优化和产品多样化研究取得新进展。

攀钢集团有限公司传媒中心

【概况】 2020年，攀钢集团有限公司传媒中心（以下简称"传媒中心"）以习近平新时代中国特色社会主义思想和党的十九大及十九届二中、三中、四中、五中全会精神为指导，认真贯彻落实攀钢三届七次职代会和第九次党代会精神，牢牢掌握意识形态工作领导权、主动权，坚持突出新闻宣传核心职能，不断提高新闻舆论传播力、引导力、影响力、公信力，为高质量推进新攀钢建设营造了良好舆论氛围。

截至2020年底，传媒中心在册职工人数为69人。其中，中心领导1人，攀钢日报社23人，攀钢电视台8人，新媒体科5人，文化服务部门15人，综合室17人（含内部退养和退二线人员9人）；男职工43人，女职工26人。

【新闻宣传】 各媒体平台紧密围绕新攀钢建设和集团公司全年生产经营目标，按照攀钢新闻报道方案，加强新闻策划工作，确保把攀钢党政声音及时传达到全体职工。

2020年，传媒中心努力提高政治站位，全体新闻采编人员树立强烈的政治意识、责任意识、大局意识，从新闻报道的总体策划到具体实施，从采访、编辑、版面等方面，做好正面宣传、热点引导等各项工作，传播攀钢党政声音，反映职工诉求，提高新闻报道质量，增强《攀钢日报》、攀钢电视台、攀钢集团微信的综合实力。面对管住管好攀钢新闻宣传主阵地的重大职责，传媒中心坚持以习近平新时代中国特色社会主义思想为指导，全面落实鞍钢、攀钢两级集团公司党委的决策部署，以新攀钢建设为统领，不断增强政治意识；坚持"政治家办媒体"原则，牢固树立"意识形态工作无小事"的思想，保持清醒的政治头脑，保持敏锐的政治观察力和鉴别力，真正做到"守土有责、守土负责、守土尽责"，在新闻宣传工作中做"政治上的明白人"，确保了新闻舆论导向正确。

聚焦提前谋划、统筹策划这一核心要务，以攀钢党委2020年工作要点、攀钢三届七次职代会报告为策划依据，进一步拓展新闻策划的眼界和视野、思维和思路，强化沟通，把准信息，先后策划推出“贯彻落实职代会精神在行动”“喜迎党代会阔步新时代”等16个重点栏目，强化形势任务教育，激发干部职工高质量推进新攀钢建设的磅礴伟力。同时，有序做好公司重要会议、重大活动报道统筹，进一步加强《攀钢日报》、攀钢电视台、攀钢集团微信等媒体平台的融合联动，形成宣传声势和舆论氛围，增强宣传实效。以鞍钢集团新闻传媒中心成立为契机，加强与《鞍钢日报》编采人员的联系沟通，确保鞍钢集团重大新闻报道在《鞍钢日报》与《攀钢日报》同步刊发。

各媒体平台协同发力，全力以赴做好统筹疫情防控与生产经营、攀钢第九次党代会、攀钢投产50周年等重大战役性报道。《攀钢：以“4711”专项行动应对疫情大考》《攀钢：坚决打赢疫情防控和生产经营保障两大战役》等优秀原创作品先后登陆中央电视台《新闻联播》、新华社客户端、学习强国、《中国冶金报》、四川电视台《四川新闻》等媒体平台，并被多家网站和公众号转载报道。《攀钢快速生产口罩机专用模具钢》被新华社客户端采用后，阅读量达79万+。《中国高铁整体出口“第一单”钢轨全部攀钢造》先后被人民日报官微及客户端，央视六个栏目及香港《大公报》等媒体转发，让全国乃至全世界又一次聚焦攀钢钢轨。中心全年在各类外部媒体平台刊发新闻570篇（次），15篇（次）报道在中央级媒体刊播，44件（次）新闻作品在各类评比中获奖。

【服务创效】 通过创新设计理念、提高设计水平，整合中心在企业文化工程项目上的优质资源，不断提升广告设计业务的核心竞争力。尤其是在新冠疫情防控期间，积极对接客户在广告横幅、广告标识、产品标牌、电视专题片等方面的需要，多方采取措施，按时优质完成合同项目。同时，积极主动开拓内外部市场，凭借文化创意和创新设计，成功拓展了劳研科技整体环境文化建设及软装、攀枝花市中心医院统战之家、仁和医院老年医学科环境整体打造等一批文化工程项目，工程质量及服务均得到客户充分肯定。2020年，传媒中心顺利完成了集团公司下达的全年利润指标。

精心制作以《攀钢》形象片（客商版、政府版）、攀钢第九次党代会专题片、反腐教育片《清“蝗”记》为代表的电视专题片，制作能力再次得到各方认同和高度赞扬。向鞍钢党委报送的党员电教片《战“疫”——以初心之名》获鞍钢集团第九届“钢花奖”优秀党员教育电视片一等奖，《柔肩挑重担巧手绽芳华》等其余四部作品均获二等奖。参加中国电视艺术家协会和新华社新媒体中心共同发起的“站在一起”抗疫主题视频征集活动的专题片制作，共完成MV《白衣战士》、诗朗诵《钢城的坚守》、微视频《战疫情　抓发展　展作为——攀钢在特殊战役中彰显央企担当》等作品。

【攀钢日报社】 攀钢日报社下设总编室、记者科和编辑科三个科室，其中总编室5人，记者科9人，编辑科9人。

2020年，《攀钢日报》坚持以新攀钢建设为统领，持续加强和创新，引领正确舆论导向，按照“坚持巩固壮大主流思想舆论，弘扬主旋律，传播正能量，激发攀钢全体员工强大力量”的总体要求，内宣外宣主动出击亮点突出，取得了较好成绩。攀钢日报顺利出刊244期，确保了政治安全。报纸要闻版刊发时政报道（领导活动等）250余篇。顺利完成了攀钢三届七次职代会、攀钢第九次党代会两期8个版的扩版攻坚任务。围绕攀钢战疫情保生产、战高温抢目标，顺利完成了报纸两期4个版的专题报道、攀钢“4711”4个图片专版、攀钢党代会成就报道9个图片专版和扶贫、环保等图片专版报道任务，营造了良好的生产经营氛围。

【攀钢电视台】 2020年，攀钢电视台紧紧围绕攀钢新闻宣传报道要点分阶段、有重点地开展新闻宣传工作，共计播出《攀钢新闻》131期，鞍钢视讯97期。对各单位实现“开门红”、冲刺“双过半”、战高温、夺高产等生产经营主题进行集中报道。对攀钢三届七次职代会、攀钢第九次党代会、抗疫保产、“4711”专项行动等重大主题进行全方位、多角度报道。展示攀钢认真贯彻落实上级党委安排部署的实际行动，展示攀钢积极履行央企责任的良好形象。2020年全年在攀枝花电视台播出新闻98条，在《鞍钢视讯》播出203条，《首批攀钢供印尼雅万高铁钢轨起航出海》《创新引领攀钢推进制造业转型发展》《攀钢夯实长江上游生态屏障不松劲》等12条新闻在四川电视台播出，《攀钢：坚决打赢疫情防控和生产经营保障两大战役》在新华社等中央新闻媒体平台刊播，《我国出口雅万高铁50米钢轨装船启运》在中央电视台8个栏目播出，参加2020全国企业电视好新闻评选2件作品获奖。

【网络舆情管理】 在抓好新闻宣传的同时，传媒中心加强对网上舆情的搜集、分析、研判，准确把握舆情走势，提出舆情应对意见和建议。落实网络舆情监控每日值班和重要时期、重点舆情24小时值班制度，实现了舆情监控无遗漏、无死角。全年监控涉及攀钢的网络舆情300038条，其中敏感信息25863条。新冠疫情期间、鞍钢集团进行“两项改革”以来，每天报送《攀钢网络舆情引导日报》。2020年共报送《攀钢网络舆情引导日报》248期；《攀钢网络舆情简报》27期；《年度网络舆情报告》1期。在舆情处置过程中做到主动引导、及时引导、深度引导，塑造理性平和的公众心态，及时处置了钛冶炼厂“1·7”爆炸工亡、重庆钛业聚集性疫情、赵永平被监察调查等重大紧急舆情，确保了全国两会、疫情期间集团公司舆情平稳受控。攀钢退休人员社会化管理改革、厂办大集体改革、攀钢混改、疫情防控等敏感话题未出现负面舆情。

四川劳研科技有限公司

【概况】 2020年，四川劳研科技有限公司（以下简称“劳研科技”）克服新冠疫情影响收入大幅下降、外部市场萎缩、内部市场降价等诸多困难，承受住了严峻市场压力，聚焦契约化经营、提质增效、增强能力，尽最大努力把疫情造成的损失补回来，举全力追赶目标，最终跑赢自我。全年实现经营收入8530万元，利润822万元，超基本目标222万元，超奋斗目标102万元，创历史最好水平。劳研科技各项业务在既要抗击疫情又要努力拓展市场双线作战情况下取得了较好成绩，其中医疗收入1629万元，较2019年增加13.1%；职业卫生收入1169万元，较2019年增加33.8%；环境监测收入3090万元，较2019年减少16.1%；评价咨询收入1742万元，较2019年增加6.7%；公共卫生收入336万元，较2019年增加47.5%；其他收入564万元，较2019年增加2.6%。超额完成契约化经营目标。

【疫情防控】 2020年1月26日攀钢集团公司疫情防控工作会议召开后，劳研科技立即行动，成立了组织机构、制定了防控预案，全力以赴投入疫情防控。作为集团公司疫情防控的技术支持和工作协调单位，劳研科技成立了5个工作小组，实行24小时工作制。特别是在疫情防控关键期2—3月，劳研科技把防疫工作作为重中之重，迅速行动，共收集疫情防控信息2万余条，上报政府部门报表和信息1000份，建立了4万余名攀钢职工管控跟踪机制，电话回访追踪接触疫区人员1500余人，指导各单位做好人员隔离工作100余次，组织专家开展流调10余次，现场指导各厂矿单位30余次，检查现场消杀100余次，采购发放防疫物资1200余万元。圆满完成了形势研判、疫情流调、疫情处置、信息收集统计、防疫物资发放、防疫工作总体协调等工作，出色完成集团公司疫情防控任务，为攀钢疫情防控作出了突出贡献。随着疫情防控工作常态化，劳研科技仍然在继续承担集团公司疫情防控物资的贮存管理和发放、信息收集等工作。

【市场开拓】 面对突如其来的疫情，劳研科技全体职工不等不靠，靠创新增收入、向市场要效益。开展技术和业务创新，增加收入来源。新取得计量参数认证22项，完善了环境监测和体检业务能力；创新体检服务，开发推广“职普合一”新业务，取得较好效果；成为四川省认定的职业病危害行业（冶金、有色行业）工程防护支撑机构，为打开新市场提供了必要条件。大力开拓市场，做大营业额。依靠优质服务扩大健康体检市场，产值较2019年增加150万元；对接政府需求，建立职业卫生教师队伍，全年职业卫生培训8500余人次，市场开拓取得良好进展；积极配合四川省卫健委对成都区域447家企业开展职业健康调研，为开拓成都市场奠定良好基础。

【企业管理】 坚持以改革推动劳研科技发展。优化调整了科级干部队伍，达到“四定”编制要求；加强科级干部和技术骨干培养，提升管理能力和专业素质；通过压担子、派任务、勤指导等方式，加强年轻干部和技术人才的培养；强化科级干部考评和结果运用，实现能上能下。全年开展管理和业务培训 5 次，培训 200 余人次。形成了管理干部和技术序列双线运行管理机制，既精干了管理团队，提高了管理效率，又发挥了专业技术人才的特长。开展了“构建专业人才激励体系，提质增效，增强核心竞争能力”重点改革项目，取得较好成效。核心骨干人才得到了锤炼成长，职工队伍整体素质有明显提升，职工获得感、幸福感明显提升，队伍凝聚力持续增强；苦练内功，狠抓全流程质量管控和工作效率提升，安全评价、环境监测、健康体检等各类报告的质量和时效显著增强，客户满意度持续提高。

强化党风廉政建设，提供坚强纪律保障。开展警示教育 2 次，学习党内法规 10 余次，加强廉洁教育。开展普法教育和知识竞赛，提升全员合规意识。开展了党建经费、工会经费、差旅费、招待费专项检查，加强监督。运用监督执纪“四种形态”，全年提醒谈话 16 人次。扎实开展“清风工程”专项行动，促进全员遵纪守法。新承接制定规章制度 6 个，修订 16 个，建立长效机制。

【文化建设】 坚持以职工群众为中心，深入推进共建共享，采取多种形式强化形势任务教育，广泛宣传鞍钢第二次党代会、攀钢第九次党代会精神，认真落实领导干部联系基层“四个一”制度和落实意识形态工作责任制，认真落实意识形态工作责任制，加强公司网站、职工微信群、QQ 群等管理。制作了一部宣传片，加强公司形象宣传。全心全意服务职工群众，组织开展技术比武 8 项，实施“关爱”专项服务行动 2 项，“送温暖工程”费用达到 17 余万元。公司装修改造基本完成，职工办公条件得到彻底改善，为职工配发了新的工作服，职工工资收入稳步提高，职工享受到了发展带来的实惠。

【职业卫生】 2020 年，职业健康检查 45538 人次，健康体检 6763 余次；接收住院病人 230 人次，门诊接诊 873 余人次；劳动能力鉴定 114 人次，接受职业病诊断咨询 12 人次，受理并诊断职业病 7 例；报出化学因素检测数据 7327 个，粉尘检测数据 9463 个，物理因素检测数据 2521 个，完成日常检测报告 795 多份，报出职业健康监护总结报告 900 余份，职业健康监护个人报告 45538 万余份，为 1 家单位编写了职业健康监护评价报告。

2020 年，完成建设项目职业病危害评价报告 58 份。其中，职业病危害预评价有 16 份，职业病危害控制效果评价有 14 份，现状 22 份，专篇 6 份。出具放射检测报告 138 份，报出个人剂量检测 104 份，防护检测数据 870 多个，医疗放射设备性能检测 5 台。

2020 年，安全评价工作完成预评价 11 项，现状评价 14 项；完成车间安全评价报告 32 份、危险岗位安全评价报告 5 个；完成 3 家公司的标准化建立，4 家企业安全应急预案编制工作。

【环保监测】 2020 年，废水监测 15161 项次，废气监测 17907 项次，固废监测 580 项次，土壤监测 6721 项次，环境空气监测 3684 项次，噪声监测 1855 项次；完成 8 项环境应急预案编制工作，土壤污染调查 12 家，完成 12 家企业的排污许可证申报办理；完成环评监测 35 次；出具报告 1041 份，报表 123 多份；通过的计量参数共计 6 项。

攀钢集团有限公司综合服务中心

【概况】 攀钢集团有限公司综合服务中心（以下简称“服务中心”）是攀钢集团有限公司直属二级单位，为集团公司公共事业管理与服务平台。2020 年 12 月 30 日之前，综合服务中心机构设置为综合管理部、人力资源部（党委组织部）、财务部、老干部服务部（自管会办公室）、退休职工服务部 5 个职能部门，设攀钢档案馆、文化艺术馆、集团机关服务部、集团机关车队、向阳离退休职工管理所、大渡口离退休职工管理所、南山离退休职工管理所、东风离退休职工管理所、高峰离退休职工管理所、枣子坪离退休职工管理所、清香坪离退休职工管理所、密地离退休职工管理所、成都离退休职工管理所、温江干休所 14 个业务机构。

2020 年 12 月 30 日，随着社会化工作的推进，根据《关于攀钢退管机构调整及人员安置的通知》（攀钢管理创新部〔2020〕136 号）文件精神，综合服务中心下发了《关于撤销综合服务中心退管机构的通知》（攀钢综合发〔2020〕44 号）文件，决定撤销综合服务中心向阳离退休职工管理所、大渡口离退休职工管理所、南山离退休职工管理所、东风离退休职工管理所、高峰离退休职工管理所、枣子坪离退休职工管理所、清香坪离退休职工管理所、密地离退休职工管理所、鞍山干休所、温江干休所、成都离退休职工管理所和退休职工服务部。同时下发了《关于成立综合服务中心社会化事务部的通知》（攀钢综合发〔2020〕45号）文件，成立了综合服务中心社会化事务部，主要负责集团公司退休人员社会化未移交事项的统一管理。为平稳过渡，协助政府做好攀钢退休人员社会化工作，综合服务中心成立了大渡口街道社会化工作组、炳草岗街道社会化工作组、东华街道社会化工作组、弄弄坪街道社会化工作组、弄弄坪街道社会化工作组、瓜子坪街道社会化工作组、成都区域社会化工作组、社会化事务引导工作组。

截至2020年底，有在岗职工262名，其中，干部173名，工人89名。

2020年，服务中心坚持以习近平新时代中国特色社会主义思想为指导，深入贯彻党的十九届四中、五中全会精神，全面落实鞍钢第二次党代会、攀钢第九次党代会及攀钢三届七次职代会精神，全力推进共享平台建设，实现了“三中心”党群、综合共10余项业务同平台办理。突出党建强企，着力高质高效，为攀钢实现重点改革目标，体现了责任担当，贡献了中心力量。

【改革与管理】 2020年，服务中心强化系统思维，积极担当作为，退休人员社会化工作高质量完成。遵循“早思考、早启动、早完成”的工作思路，采取劳动竞赛、大力实施“共产党员工程”等举措，安排业务骨干加强对攀钢各单位的督促指导，确保了攀钢攀枝花区域12353名党员组织关系移交、53118卷人事档案移交、52390名退休人员管理关系移交、15处用于退休人员活动的场所及配套设施移交“四个百分之百”。这场攻坚战的胜利，攀钢、鞍钢两级集团均给予高度评价和充分肯定。

强化成本管理，全面压降费用，“4711”专项行动取得明显成效，变动费用系统量化降本较上年降低1045万元。强化基础工作，融入变革发展，管理与服务实现全面进步。坚持把发展作为第一要务，全力推动管理与服务提档上品质。数字化智能化水平显著提升；服务保障更加精准高效，做好了老干部和退休人员服务工作，办理退服业务共25000余人次，实现无差错；攀钢工程质监管理更加严谨规范；助力脱贫攻坚措施有力；信访维稳工作扎实有效，认真审定《攀钢综合服务中心退休人员社会化工作稳定风险评估报告》《攀钢综合服务中心维护稳定（群体性事件）应急处置预案》，加强信访接处，全年接待来人来电7000余人次，接处转办信访9件，化解信访突出矛盾5起。

【机关服务】 2020年集团机关车队加强安全生产源头防范和风险防控，自下而上、全系统、全车队开展危险因素辨识、隐患排查治理及防控工作，强化隐患治理责任落实与过程闭环管理，构建零隐患、零违章的双零管理机制，严格落实一日三检、周检、月检制度，坚持驾驶员自检与技术人员专业检查相结合的做法，共同消除隐患，以天保月，以月保年，确保安全全年，集团机关车队为集团、钢钒两级机关提供公务用车3.28万台次，其中长途用车2700余台次，完成公务用车接待316批次，安全行驶200万千米，无一列安全生产事故，消灭轻微交通责任事故，实现年初安全事故零的奋斗目标。

2020年，集团机关服务部为集团公司提供各类大小型会议服务2397场次，参会人数25575人次，对多个集团级视频会场部分设备进行了升级，确保了全年无较大以上会议事故。物业完成零投诉奋斗目标；做好办公服务保障工作，全年完成办公物料、劳保用品等19823样，约308万元的费用采购计划。确保了集团公司文件制作无误。全年完成公司各项文件、材料的制作1600余份，装订约3300余份，印制约10万余页，分发各类报刊及各类信件32790份，各类报刊订阅费用210348元，各类办公收发快递1252个，快递费用23722元，收发机要件、带号件321封，机要收发费用2378元。

办公用电全年（按12个月）节约了37万余元收支差额。集中更新计量装置和电流互感器，使电损从原来65%控制到6%。

攀钢集团有限公司人力资源服务中心

【概况】 2020年，攀钢集团有限公司人力资源服务中心紧紧围绕公司生产经营和改革发展工作重心，坚决贯彻执行公司“4711”专项工作精神，聚焦服务于人力资源劳动生产率提升、优化人力资源配置、员工职业技能发展等重点专项工作，全力争取因疫情阶段性减免企业社保缴费政策，大力协同退休人员社会化移交，积极推进人力资源数字化建设，不断开创工作新局面，推动工作效率新提升，干部职工凝聚力和战斗力显著增强，圆满实现公司下达的各项工作任务目标。

【员工关系及系统支持工作】 2020年，HR系统主动适应业务环境变化，高效完成多项改革的业务调整在系统中的配套流程设计与应用，延伸“退休预报”功能开发，启动退休人员社会化移交后存续退管社保事项HR系统一体化管控模块设计；完成16家单位50名委员的机构和岗位（职位）在系统中的构架创建及信息维护；配合两家混改单位因管理关系调整联动的人事管理关系处置。优化HR系统功能，主动为用户提供业务需求解决方案，优化完善系统功能56项，开发投用新增业务功能11项；实现《退休人员信息表》《岗位用工结构情况表》等7个报表的系统自动提报；清理51家三级单位13064条职位编码信息；完成16家二级单位14907名特殊工种人员初始化信息；开展法五内拟退休人员关键信息档案预审，更正HR系统员工“出生日期”错误1356人次、“参加工作时间”448人次、“特殊工作履历”66700余条。强化HR系统管理和业务培训指导，坚持系统授权管理六项原则，授权账户1308个，办理新增13个，变更591个，冻结31个；处理HR系统各类故障1390起；举办“鞍钢集团内部单位主数据维护规则专题培训班”、采取“线上一对一”单独培训模式，处理任务件4265件，一次成功率达97.6%，较上年同期提高近4.2%。

【薪酬业务】 2020年，人力资源服务中心积极拓展银企直联代发工资银行范围，与工商银行攀枝花分行开发银企直联工资代发系统并于2020年10月成功上线。薪酬模块新增业务功能陆续投入使用，新增《个税申报表》《职工工资明细表（全年）》等4项表单功能；优化调整工资发放明细表、汇总表打印等功能。精细化做好集团公司劳动工资统计报表汇总统计工作，及时完成因年度社保、公积金高低限基数变化的个人工资代扣缴数额调整；指导各单位按时间节点完成《SAP-HR系统工资发放报表》1—7月的补录及后续月度上报工作。

【劳动及社会保险工作】 2020年，阶段性社保缴费减免工作成效显著，减免缴费方式做到最优，攀枝花、成都、重庆等14个参保地享受社保减免3.93亿元；稳岗补贴收益最大化，获政府稳岗补贴1700余万元。社会保险费征缴工作稳步进行，按时完成职工“五险”费用征缴工作。职工退休审批、劳动能力鉴定等工作规范有序。审核办理退休手续1138人、工伤保险费用687人次、新参保人员手续117人次、职工生育保险待遇资料1761人次；本埠发放统筹外费33.73万人次，发放离退休人员2020年春节慰问金5.4万人次；审批死亡人员善后待遇861人次；组织劳动能力等鉴定134人（完全丧失劳动能力52人）、复工体检鉴定36人次、办理病残津贴18人次；接待来电、来信、来访200余人次，上访群访事件零。积极争取市政府政策支持，及时沟通汇报攀钢协商解除劳动合同职工退休后续问题、长病（重病）人员社保基金支持问题、特殊工种管理问题、攀钢补充医保管理、高级职称享受社保待遇、金保系统上线等问题，获市里支持和解决。

【职业技能发展工作】 2020年，人力资源服务中心积极发挥企业在技能人才评价方面的主体作用，完成攀钢职业技能等级认定115个职业240余工种试点备案；组织113个工种936人职业资格复审考试；开展冶金行业及四川省职业技能鉴定工作质量自查，编印上报《攀钢职业技能鉴定质量检查材料汇编》，鉴定站获2019年度全国冶金行业职业技能鉴定先进单位称号。打造“攀钢职工技术运动会”品牌，完成四川技能大赛2020年攀钢集团有限公司职工技能竞赛6个工种567人、“首届攀西工匠杯”2个工种152人、攀钢第二届青年技能大赛5个工种559人的竞赛组织工作，其中22名参赛人员获得技能等级晋升。有序开展职称评审工作，完成2019年高级专业技术职务任职资格答辩评审工作，164人获得高级专业职务任职资格；组织开展初、中级共53个专业技术职务任职资格题库建设，首次组织初、中级专业技术职务任职资格统一考试，862名职工参考；完成233人高级专业技术职务任职资格论文鉴定、答辩和评审工作。特种作业持证上岗率100%，共组织特种作业（特种设备作业）人员新取证书和复审换证开班培训1935人（应急管理局管辖工种218人、市场监督管理局管辖工种1717人）；主动争取上级主管部门特种作业（特种设备作业）人员疫情期间证书时效延期；攀钢安全生产培训中心获2019年度四川省安全生产协会先进单位称号。认真落实《四川省特种作业安全技术实际操作考试点建设标准（试行）》和攀枝花市应急管理局相关要求，在对原有实操考试点进行整合完善的基础上，组织开展电工作业（低压电工、高压电工）、煤气作业、熔化焊与热切割、高处作业、危险化学品（氯化工艺）作业、金属非金属矿山安全作业（尾矿作业）7个特种作业实操考试点建设工作。

攀钢集团有限公司财务共享服务中心

【概况】 2020年，攀钢集团有限公司财务共享服务中心深入学习贯彻习近平新时代中国特色社会主义思想、党的十九大及历次全会精神，党支部积极践行综合服务中心党委开展的“六好”党支部创建和党员“两亮两比”主题竞赛活动，在全体党员中开展了“百日回访、服务基层”的实践建功活动，打赢筑牢基层的堡垒战。党员同志牵头收集整理各单位提出的问题150余条，制定问题清单，限期解决，回访率达到100%，问题解决完成率达96%，以实践实干实效向建党99周年献礼。

截至2020年底，财务共享服务中心职工人数为24人。其中，中心领导1人，主数据组5人，销售应收组4人，采购应付组3人，总账报表组6人，费用报支组5人。

【业务工作】 2020年初配置本年度25户上线单位的入账规则和审批流程4360余条并完成测试，为平推业务按时完成提供了有力保障。5月底前攀钢平推上线单位（不含合谊地产）全部完成，采购及销售等业务系统与共享平台接入测试工作基本完成，开始试运行，全集团上线户数综合完成率达到85%。12月末NC凭证自动化率达到70.08%，比1月末提升23.06%；共享平台上线率达到87.5%，超进度目标7.5%。

合同内采购和销售业务系统完成测试，进入运行阶段，2020年4月起开展攀钢钒、股份公司、西昌钢钒、矿业公司及攀长特一级核算对标，8月上旬完成了采购和销售系统共享平台基础数据配置工作，并在9月10日开始试运行，比计划时间节点提前了21天。

开展共享审核角色上收，2020年7月起开始实施鸿舰重机、冶材公司、传媒中心等七家共享审核上收工作，有效提升了共享平台与鞍攀NC凭证转换效率，凭证传输故障处理时间从原来两天缩短到2小时以内。

矿业公司、劳研科技、综合服务中心等九家单位12月全套月报表进行机器人自动编制计算，在攀钢NC系统正式系统中，每家单位共设八个批次，共927张报表，平均耗时49分钟。

测试完成“一键删除凭证”功能、会计期间默认本月及“两票制”表单提醒设置等功能。新增惠信业务、攀钢的质保金管理模式、自动和多方抵账、收入确认单、工资及社保直付业务、生育保险发放和冲销、生成多借多贷凭证、融资租赁业务、预付款退回无法核销等十余项功能表单并推广实施。解决了一笔业务在一个账套内生成两张凭证等核算需求，在制度允许范围内逐步减少鞍攀核算差异。

到2020年9月末，上线用户回访率达到100%，同时积极开展业务知识培训，参培人数达500余人次，并编制完成总账、费用、应收及应付等各类操作手册34份，有效提高了各单位的实际操作水平。

NC6.5切换到云平台运行以来，共处理各类事项4896件，解决历史数据NC5.7系统SQL注入漏洞和NC6.5远程管理IP未做限制安全问题，完成了股份及矿业公司一级核算账套新增、初始核算数据切换工作。持续开展修改或完善会计科目、收支项目、现金流量项目之间对照匹配规则相关工作，使系统配置更加适用和准确。新增成都积微物联集团股份有限公司南充分公司、西昌攀新炉料有限公司、四川卓峰供应链有限公司账套，与之相关配套的共享平台静态数据采集及配置已于四季度完成，并上线运行。12月已完成基础数据同步工作系统测试。

合谊地产有限公司

【概况】 合谊地产有限公司（以下简称“合谊地

产”）是鞍钢集团在深化改革、推进转型发展的历史进程中，为有效盘活鞍钢、攀钢旗下各个历史时期的存量土地资源，经国务院国资委批准同意，于2016年4月整合鞍钢、攀钢下属房地产公司资源，经股权无偿划转并变更注册成立。经营法人单位12家。

作为鞍钢集团按照新的发展理念设立的全资板块公司，合谊地产于2017年上半年正式实施市场化改革，充分发挥市场在资源配置中的主导作用，率先推进“三项制度”改革，实行契约化管理，完善现代企业治理结构，健全市场化运行机制，夯实内部管控基础；加强党的领导，坚持党管人才原则和市场化选人用人机制有效结合，打造高素质专业化职工队伍，坚持市场化发展、平台化管控、产业化布局、资产化运作，做实收储、开发、运营“三大核心业务”，有效推进成都“合谊·乐湖”“合谊·同华”“合谊·万璟台”，重庆“合谊·理想城”“合谊·榕府”，江油“合谊·江城公馆”等项目相继落地，各项经营指标显著改善提升，以优异的市场化改革发展成就向股东、社会交出了一份满意的时代答卷。从规模质量上看，合谊的资产从16亿元持续跃升到59亿元，是5年前的3.7倍；盈利从潜亏2.6亿元到累计盈利超过5.4亿元；公司现金流充足，资产利润率、营收利润率等核心指标均达到行业标杆水平。公司已经彻底从过去的福利型辅助企业转变为市场化创效企业。从人才组织上看，公司从仅有30多名员工，逐步发展到150余人的职业经理人、各类专业人才队伍，“以奋斗者为本”的文化日益形成。从管理提升上看，通过持续推进组织变革和管控提升，建立了“八横八纵”的流程管理体系、日趋完善的大运营体系，实现了组织管人、流程管事、绩效分配价值。

【业务经营】 合谊地产通过市场化运作打造精品，产品全部面向外部市场销售。2020年，合谊地产实现营业收入8.95亿元，目标达成率133.58%；实现经营利润1.27亿元，处理西昌历史遗留问题0.37亿元，最终报表利润0.9亿元，目标达成率112.5%；年末经营性现金流量净额6.39亿元，同比增长20.41倍。“两金”增长率低于营收增长率24.7个百分点。根据国资委企业绩效考核评价标准，合谊地产处在良好水平。

【企业管理】 合谊地产落实集团管理创新关于“去行政化、契约化、完善市场化运营机制”的要求。推进“三项制度”改革；规范公司法人治理结构，形成党组织、经营团队、技术委员会组成的集体议事机制；建立矩阵式管控模式，做强做专总部，做精做实项目，有效促进资源向一线聚集；用大运营体系促进该公司权责清晰、有效制衡、高效运转。

合谊地产打通部门壁垒，理顺业务关系，按照开发全阶段、全专业、全过程价值链建立了“八横八纵”管理体系，形成128项核心制度，17个专业板块、121条流程、461套表单，管控节点从过去125个细化到439个，实现公司效益和效率双提升。管理创新项目——大运营体系及信息化应用，首次获得鞍钢集团改革创新奖。

合谊地产推行管理数字化，实现业务闭环、阳光公开经营。从一体化平台、核心业务管理、决策管理、大数据挖掘和分析等方面，长远性、结构性构建信息管理系统。面向客户坚持“科技改变生活”，发展“端侧、网侧、云侧”一体化数字地产，打造智慧人居体验，不断满足客户对高品质生活的需求。

合谊地产基于工业服务事业定位，围绕百年住宅广泛开展创新，掌握健康建筑科技制高点，培育和打造土地整理、项目开发、低效资产盘活等业务平台。坚持以市场为导向、客户为中心，以现金流和利润为核心，强化运营平台管理，实现全项目、全周期和全专业的高效运营，提升各项资产价值，确保国有资产保值增值。

合谊地产秉承“鞍钢宪法”精神和企业光荣传统，用工匠精神精心打磨高质量的人居产品，创造更美生活，用真心换真金。响应国家《“健康中国2030”规划纲要》号召，用健康建筑关爱客户健康，满足客户对美好生活的需求。汇聚行业精英人才，营造组织管人、流程管事、绩效分配价值的良好氛围，形成全员认同的“诚信、合作、变革、业绩”的价值观和“智慧生活、知行合谊”的理念。

（攀钢集团有限公司综合服务中心　张凤池）

第十八部分

单位简介

·板块公司·

鞍钢集团矿业有限公司

【概况】 2020年末，鞍钢集团矿业有限公司有在岗职工16111人，其中管理专业技术岗位3403人（高级职称511人，中级职称1966人，初级职称759人），生产服务岗位12708人；离退休职工33873人。拥有固定资产原值280.60亿元，净值105.82亿元，新增值11.44亿元。公司下设32个基层单位。机关设置办公室（董事会办公室）、党委组织部（人力资源部）、战略发展部、安全环保部、生产管理部、企业管理部（法律事务部）、海外事业部、财务运营部、工程设备保障部、纪委（党政督查办公室）、审计部、党委宣传部（团委）、工会等13个部门。

在极不平凡的2020年，公司上下深入贯彻集团公司各项决策部署，积极克服生产条件变化、成本工艺性升高、环保约束加大和疫情带来的不利影响，通过优化产能布局，强化科技创新，深化综合改革等一系列举措，全面完成目标任务，各项工作取得显著成绩。

【疫情防控取得重大成果】 坚决贯彻习近平总书记关于疫情防控和经济社会发展的重要指示批示，把疫情防控作为一项重大政治任务，坚持综合施策，系统防治，常态化管控，统筹推进疫情防控和经营发展，境内境外职工无感染零病情。疫情防控工作得到省政府第13督察组、鞍山市卫健委的高度肯定。

【两项改革保持集团领先】 直面矛盾，攻坚克难，举全公司之力强力推动，退休人员社会化工作提前完成。大集体改革任务基本完成，与44682名集体职工签订和解协议，工作进度始终保持集团领先，形成极强的引领和带动效应；完成存续企业改制工作，有效化解了集体企业积累几十年的矛盾和问题。

【矿权办理实现新突破】 在集团的大力支持下，经不懈努力，多方协调，克服重重困难，多年未解决的矿权办理难题取得重大突破，完成齐大山、东鞍山、大孤山、弓长岭露天矿和井下矿五座铁矿山采矿证办理工作，制约矿山可持续发展的瓶颈问题得到有效解决，为“十四五”矿山项目建设奠定了坚实基础。

【绿色生态矿山保持国内行业领先】 深入践行习近平生态文明思想，制定并发布生态修复三年规划。与鞍山市共建绿色矿山复垦示范园。组建绿化复垦志愿者团队，协同各方力量，完成矿山绿化复垦73公顷。绿化复垦工作持续保持国内同行业领先地位。着力推进环保达标工作，开展尾矿库扬尘治理，对料场、煤场实施全封闭，停运2台75吨燃煤锅炉，完成8台20吨及以下锅炉拆扒、19台燃煤锅炉特别限值排放改造。

【生产经营实现“双跑赢”目标】 在集团生存发展的关键时刻，公司上下勇挑重担，强化生产运行增产增效，盈利能力持续提升，对鞍钢的效益贡献更加凸显，用硬指标硬实力为鞍钢实现“双跑赢”目标作出了重要贡献，成为集团无可争议的利润中心。全年实现降本增效13.6亿元。完成铁矿石5846万吨、铁精矿2091万吨、烧结矿320万吨、球团矿514万吨、石灰石644万吨，实现利润53亿元，超预算目标2亿元，同比增利12.8亿元。铁精矿完全成本480元/吨，持续保持国内同行业领先水平。

【安全责任有效落实】 安全责任进一步压实。建立主要领导负总责、分管领导抓具体、干部职工相应负责的安全生产责任体系，逐级签订安全生产责任状16700余份。推行安全包保和管理者月履职考评机制，对31名责任者进行问责，促进安全责任有效落实。管理基础进一步夯实。制定完善安全制度10项。编制涵盖3类属性、62种要素、94项内容的“五清五杜绝”清单。对1100余名“三长一员”进行了专题培训，对2200余名干部职工开展线上培训，举办实战演练77场次。风险防控进一步强化。对14个重大风险源点制定了点对点控制措施。建立五级隐患排查治理体系，围绕防火防爆、安全用电、相关方管理等开展11次专项检查。全年排查隐患10938项，整改10916项，视频曝光747项。标准建设进一步提升。建立标准化动态达标评价机制，星级作业区达标率91.3%。爆破作业实行“区域+作业方”双重管理模式，在维检修作业推行“五清五杜绝”工作清单。制定并发布《带式输送机安全防护技术规范》。污染防治进一步加强。通过多管放矿、池田放矿、人工造雪、湿式作业等措施进行扬尘综合治理，喷洒抑尘剂365万平方米，治理效果达到历史最好水平。料场、煤场实施全封闭管理，对2台75吨锅炉停运，8台小锅炉拆扒，19台燃煤锅炉进行特别限值排放改造，为鞍山市碧水蓝天贡献矿业力量。依法合规进一步规范。眼矿露天转井下安全设施设计通过验收，6个矿山和4座尾矿库安全生产许可证延期获得批复，成功办理20家单位28个工序排污许可证，大球、大矿和齐矿锅炉煤改气和瓦矿水渣堆放获得环评批复，弓长岭两矿环评办理取得阶段性成果。

【资源发展优势凸显】 完成2020—2022年三年发展战略规划编制和“十四五”规划初稿。在合理开发利用现有资源的同时，按照时间优先、效益优先、技术先进、绿色智能的原则，系统梳理并形成实施一批、储备一批、规划一批项目。眼矿转井下、弓长岭井下延伸、鞍千二期等能力接续项目稳步推进，鞍千许东沟岩破系统、眼矿1号主井和弓长岭井下矿中央区主井提升系统建成投产。弓长岭露天矿何家采区西扩、齐矿二期优化开采、眼矿西矿段自然崩落法开采、东部尾矿再选和张家湾铁矿等项目的前准工作有序推进。加快三期征地动迁，通过与政府部门多次对接，签订完成606公顷土地出让合同，部分未动迁企业已被高新区政府纳入司法程序，依法对其中一家选矿厂进行了拆迁，这些都为解决征地问题奠定了基础。

【改革管理成效显著提升】 坚持以提升效率效益为导向，加强顶层设计，制定了“3+2+N”综合改革指导意见。在13家单位进行市场化改革，东烧厂被集团定为改革示范工程，改革经验在国资委《国企改革动态》刊发，其他12个单位的内部市场化运营机制正在建立，企业效率效益明显提升，发展动力和经营活力显著增强。混合所有制改革取得实质性突破，矿建公司已完成股权改革并按新体制运行，设计研究院混改工作进入最后签约阶段。

加强制度建设，制修订规章制度130项、废止16项。严格按照“四个一刻也不能放松”和“五清五杜绝”要求，实施安全责任逐级包保，促进了安全生产。强化设备管理，构建设备全寿命周期信息化管理模式，提升了设备经济运行管控能力。强化采购管理，在市场化改革单位授权采购新模式，提高了采购质量和效率。强化财务管控，拓宽融资渠道，积极争取国家政策支持，享受社保费等优惠2.09亿元。1项成果获全国企业管理创新成果二等奖。

深入贯彻习近平法治思想，加强法治矿山建设，健全法治工作组织体系，修订合规管理办法、公司章程。对2134件经济合同、34项重要事项、67件规章制度进行了法律审核，对35件重要经济合同提出修改建议，提升了依法治企的能力和水平。推进合规手续办理，眼矿露天转井下安全设施设计审查通过验收，6座矿山和4座尾矿库安全生产许可证延期获得批复；成功办理20个单位28个工序排污许可证，大球锅炉煤改气等7个项目获环评批复。

【科技创新成果丰硕】 完成科研项目34项，5项成果获省部级以上科技进步奖。累计实施科技增效项目229项，科技创效2.3亿元。国家重点研发项目“金属非金属矿山重大灾害致灾机理及防控技术研究”8项子课题基本完成，“盐碱地改良关键技术及改良效果评价标准研究”稳步推进。主导制定4项国家和行业标准。取得国家受理专利184件，授权专利84件，获第24届全国发明展览会金奖2项、银奖6项。推进全员创新，职工创新工作室完成创新项目285项，创效7570万元。

智慧矿山建设加快推进。矿用钻具生产线完成智能化改造，管理效率大幅提升。弓长岭球团厂泵站及胶带运输等关键环节实现无人化值守，降低了人工成本。齐矿智慧矿山与关宝山智能工厂项目完成方案设计，建成后将成为国内采选智能化生产的新标杆。

【职工获得感显著提升】 坚持全心全意依靠职工群众办企业。深入开展“践行共享理念、关爱一线员工”专项服务活动，完成大球厂职工休息室改造、齐选过滤西区浴池修缮等专项工程，职工作业条件和福利设施进一步改善。企业发展成果惠及全体职工，在岗职工收入进一步增长。职工餐卡补助每人月提高84元。发放救济金564万元，救助困难职工3318人次。

【党群工作】 2020年，公司各级党组织以习近平新时代中国特色社会主义思想为指引，全面贯彻党的十九大和十九届二中、三中、四中、五中全会精神，紧紧围绕中心工作，团结和带领广大干部职工，解放思想，转变观念，凝心聚力，攻坚克难，为完成公司各项工作任务提供了坚强政治保证。

1. 政治建设坚强有力。坚持把学习贯彻落实习近平总书记重要指示批示作为首要政治任务，完善工作机制，压实工作责任，制定工作台账，细化落实具体措施 33 项，实行专人盯办，监督检查，保证阶段目标按计划推进，确保习近平总书记重要指示批示在矿业贯彻落实。严格落实“第一议题”制度，及时学习传达习近平总书记重要指示批示精神，切实增强“四个意识”、坚定“四个自信”、做到“两个维护”。制定学习宣贯党的十九届五中全会精神工作方案，迅速学习传达，并结合实际系统谋划矿业“十四五”发展，以实际行动推动全会精神落实落地。

强化两级党委中心组学习，突出学思用贯通、知信行统一，确保学习实效。各级党委中心组集体学习研讨 600 余次，完成学习实践课题 31 项。弓长岭露天矿党委建立“雁阵式”学习机制，提升了全员系统学习能力。东烧厂党委“打造独立市场主体，推动老企业浴火重生”、弓长岭球团厂党委“优化生产组织模式，打造标杆球团企业”等学习实践课题促进了企业改革发展。

2. 党建工作质量全面提高。深入推进实施“四化五联”党建工作模式，“大党建”工作体系进一步完善。齐大山铁矿党委推行的“党建+”模式，大球厂党委实施的“管理+专题”工作法，设备检修协力中心党委构建实施的“系统化思维、项目化推进、动态化管控”党建模式都取得明显成效。严格落实党委班子成员基层党建工作联系点制度，班子成员全部到联系点党支部调研指导工作、讲专题党课。建立基层党组织换届台账，11 家基层党委按期完成换届选举。制定党建工作责任制考评办法，完成 34 家基层党委、直属党总支年度考核评价，对评价结果为“一般”的基层党委书记进行了约谈。持续推进党支部建设提升年活动，2 个党支部被评为鞍钢党支部工作示范基地，12 个党支部被评为鞍钢样板党支部。齐矿修路作业区党支部被命名为中央企业基层示范党支部。东矿党委建立的“三有”模式、关宝山矿业党委开展的“特色党支部”、弓长岭井下矿党委开展的“强基础学规范”、能源管控中心党委开展的“三加强三带头”、弓长岭动力厂党委开展的“大学习、大检查、大规范、大提升”等活动，有力推动了党支部标准化规范化建设。深入开展“守初心、担使命、当先锋、促发展”系列主题实践活动，完成鞍钢级共产党员工程项目 15 项，矿业级 61 项。供销公司党委开展的“四比”争创目标、弓选厂党委开展的“争当四个排头兵”、质计中心党委开展的“三深入、两服务”等活动，都取得一定成效。全面完成退休党员组织关系移交工作。发挥各级党组织、广大党员在疫情防控及安全生产中的战斗堡垒和先锋模范作用。武装保卫部党委实施的“三个保障”机制，齐选厂党委成立的 12 支党员突击队都取得很好效果。

3. 干部和人才队伍焕发新活力。加强领导班子建设，突出政治标准，选优配强领导班子，推行“双向进入、交叉任职”领导体制，增强班子整体功能。完成直管单位领导班子和领导人员差异化多维度考核。加强干部作风建设，开展了“守信践诺抓落实，全面提升各级干部执行力”专项活动。加大年轻和复合型干部培养选拔力度，制定“矿业菁英”人才培养工程实施方案，构建“四位一体”年轻干部培养使用体系，动态更新“摇篮计划”信息库，确定优秀年轻干部 168 人。全年交流提任领导人员 191 人次，其中提任 80 后年轻干部 31 人，28 人进入基层领导班子，全面完成集团考核指标。举办两期“矿业菁英”创新发展论坛。拓宽人才晋升通道，建立“英才计划”人才库，入选集团“英才计划”78 人。在 16 家单位评聘工程等级序列 138 人。

4. 宣传思想文化建设取得新成果。落实意识形态工作主体责任，强化疫情和两项改革期间的舆情引导和管控，提升新媒体下舆情处置能力。深入开展形势任务教育，各级党委开展“四讲”活动 186 次。开展以“谋战略、守底线，坚决打赢打好生存保卫战和改革攻坚战”为主题的形势任务大家谈活动，下发宣传提纲 245 篇。眼前山铁矿党委开展的“线上+线下”形势任务教育，引导职工认清形势、凝聚共识。全面深化“三位一体”思想政治工作模式，加强人文关怀和心理疏导。公司构建“五小”思想政治工作模式的研究与实践成果获辽宁省政研会创新成果一等奖。公司推进高度文化自信落地落实的探索与实践、鞍千公司党委“引领+服务+保证”党建思想政治工作机制，分获中国冶金政研会创新成果二、三等奖。大孤山铁矿党委实施的“五项联动”及生产服务中心党委创建的“五要素三维度”等思想政治工作模式，在企业改革中发挥了政治保证作用。加强企业文化和精神文明建设，公司荣获“十三五”中国企业文化建设优秀单位称号，“战略+管理+技术”智慧矿山建设经验在集团纪念毛主席批示“鞍钢宪法”60 周年会议上作经验介绍，提升企业核心竞争力的经验在鞍山市企业文化建设会议上交流。加大宣传报道和典型选树力度，在国家和行业等媒体刊发稿件 400 余篇；宣传各类典型 23 名，3 名同志被评为第二届“鞍钢楷模”，3 名同志获提名奖。持续抓好信访稳定工作，建立网格化责任体系，积极化解矛盾，为公司改革发展营造了稳定环境。

5. 党风廉政建设得到新加强。深入贯彻中纪委四次全会精神，落实“两个责任”，逐层签订党风廉政建设责任状。压实管党治党政治责任，制定全面从严治党工作任务清单，细化明确 50 项具体履责措施。构建大监督体系，建立了联合监督运行机制。开展“两个责任”、疫情防控、“十项措施”落实情况等监督检查。强化巡视问题整改，制定中央巡视鞍钢反馈问题整改措施 157 项，完成 147 项，完成率 93.6%；推进鞍钢党委巡视问题整改措施 212 项，完成 201 项，完成率 94.8%。对弓长岭区域开展了扶贫惠民专项巡察、历次巡视巡察“回头看”专项巡察工作；对 6 家基层党委开展了常规巡察。加大案件查处力度，受理各类线索 155 件，查结 129 件，立案 40 件，给予党政纪处分 39 人，组织处理 105 人。开展“靠钢吃钢”和群众身边腐败问题专项治理，对问题线索严厉查处，立案 7 件，给予党政纪处分 7 人，组织处理 28 人，下发建议书 9 份。深入开展廉洁教育，召开案例警示教育大会，各级党委开展典型案例专题学习 32 次，广大党员干部廉洁从业意识不断增强。

6. 群团工作呈现新局面。坚持“促进企业发展，维护职工权益”原则，加强民主管理和厂务公开，全过程监督厂办大集体改革民主程序履行情况。深化双增双节活动，创效 9626 万元。创建公司级职工创新工作室 8 个，2 个创新工作室被评为辽宁省职工创新工作室。1 名职工获得辽宁省职工创新大赛专业组一等奖。开展职工创新成果交流推广活动，激发了广大职工创新创造的积极性和主动性。大力弘扬劳模精神、劳动精神和工匠精神，鞍千公司荣获辽宁省五一劳动奖状，眼前山铁矿出矿作业区生产乙班获辽宁省工人先锋号，1 名职工被评为全国机械冶金建材行业工匠，2 名职工被授予辽宁省五一劳动奖章，19 名职工被评为鞍钢劳动模范。以职工技术大练兵活动为载体，营造学技术、争能手、夺状元的浓厚氛围。深化“践行共享理念、关爱一线员工”专项服务行动，完成鞍钢级项目 15 项。开展精准帮扶，发放救济款 564 万元，救助困难职工 3318 人次。消费扶贫 562 万元，超额完成目标任务。

共青团组织坚持项目化推进，开展了青春抗疫保产主题实践以及杰出青年评选活动，创新登高创效 450 万元，充分发挥了青年生力军和突击队作用。科协、民兵、统战、女工等组织也发挥了重要作用。

（关荣生）

【齐大山铁矿概况】 2020 年末，齐大山铁矿在岗职工 1598 人，其中，干部 179 人（高级技术职称 24 人，中级技术职称 125 人，初级技术职称 30 人），工人 1419 人。拥有固定资产原值 55.7 亿元，净值 15.04 亿元。

全年完成采剥总量 7452 万吨；铁矿石 1065 万吨；铁精矿 368 万吨，铁精矿输出量 369 万吨，分别比计划提高了 9.85%和 10.15%；实现收入 34 亿元，利润 10.8 亿元，其中铁精矿产量和输出量超计划幅度创近年新高。实现了轻伤以上责任事故为零，重大设备、火灾事故为零的目标，为矿业公司做强做优做大资源产业作出了突出贡献。

疫情防控工作实现零的目标。坚决贯彻执行国家、省、市和两级公司的疫情防控要求，把疫情防控作为一项重大政治任务，坚持底线思维，落实防控责任，严格加强内控和外防的风险管控，持续增强“安全生产、疫情防控两手抓两不误”的工作意识，有力有效科学地做好疫情防控工作，保证了全矿职工及家属的身体健康。

安全环保工作实现稳步推进。牢固树立“四个一刻也不能放松”和“五清五杜绝”安全生产理念，实施安全清单化管理，做到全覆盖、全方位、全过程排查整治隐患，进一步促进“双无”工作向纵深发展。全年累计检查整改各类安全问题 532 项，直接经济考核 36.85 万元。践行绿色发展理念，重点推进排岩场复垦绿化工作，采取排岩场及精矿堆抑尘网全封闭，调整局部电铲作业位置和时间等措施，强化扬尘及噪声治理。为推动安全、绿色可持续发展提供有力保障。

生产运营能力实现显著提高。以保证生产能力接续为主线，加快3号矿体部位循环调整和南下盘扩帮推进速度，保证当期矿石生产能力稳定和长远能力接续。强化综合配矿，合理组织难选矿石入选，以选破市场化指标为核心，加强供破矿和磨矿分级管理，磨机台时效率319吨/时，实现高效运行。优化选别系统操作，提高选别效率，稳定精矿生产和精矿指标，精矿输出一级品率为99.41%。

设备管理水平实现明显提升。不断深化以点检定修为核心的设备管理体系，通过夯实基础管理，合理安排计划修，保证设备可开动率，主体设备实现高效运行。同时，圆满完成了选矿动力系统全停检修、燃气锅炉建设、集中供暖改造和智慧采矿项目设计等重点工作。

企业综合改革实现重要突破。全面落实公司"3+2+N"综合改革指导意见，通过整合、撤销作业区及重构岗位等方式，将原有21个作业区减至13个，C级和B级岗位压减10个，管理技术岗位压减12.5%。同时，推行工程技术等级序列评聘和全员竞聘上岗，全面打通了干部能上能下的通道。

科技创新潜力实现充分激发。以推进科研项目成果转化为目标，全年完成科研、四新项目16项，专利专有技术16项，各类学术论文10篇，公司重大合理化建议11项，创效6264万元。"胶带系统安全技术、控制技术研究"获得辽宁省技工技能大赛一等奖，"矿山破碎系统控制关键技术研究"获得第二十四届全国发明"创业奖"金奖。

职工切身利益实现大幅增长。深入开展"践行共享理念、关爱一线员工"专项服务活动，完成钻机驾驶座椅、浴池电锅炉改造等重点工作，职工作业条件和福利设施得到进一步改善。全年晋升高级职称2人、中级职称3人、高级技师7人、技师3人。救济困难职工352人次，发放慰问金12.51万元。全矿在岗职工月人均收入比上年提高1148元。

基层党组织建设迈上新台阶。践行矿业公司"四化五联"党建工作模式，实施"党建+"工作思路，大党建工作体系初步形成。修路作业区党支部被评为鞍钢集团党支部工作示范基地和中央企业基层示范党支部。扎实开展"守初心、担使命，当先锋、促发展"系列主题实践活动，党员提合理化建议311条，实施共产党员工程56项，累计创效2600万元。

干部和人才队伍建设实现新突破。拓宽人才晋升通道，开展工程等级序列和高技能人才评聘工作，聘任工程等级序列15人，高技能人才等级序列43人。加强年轻干部培养，选派7名年轻干部到基层挂职锻炼，其中3名走上重要工作岗位。对外输送7名人才，其中2人走向领导岗位。推荐6人参加两级公司80后、90后后备干部培训班。组织开展干部全员竞聘，"三项制度改革"实现新突破。

宣传思想文化建设取得新业绩。落实意识形态工作责任制，强化疫情和改革期间的舆情引导和管控。开展以"谋战略、守底线，坚决打赢打好生存保卫战和改革攻坚战"为主题的形势任务大家谈活动。加大宣传报道和典型选树力度，在矿业级以上等媒体刊发稿件135篇；刘振陆同志被鞍山市委、市政府授予"新时代劳动标兵"荣誉称号。持续抓好信访稳定工作，积极化解矛盾，为矿改革发展营造了稳定环境。

党风廉政建设得到新加强。深入贯彻中纪委四次全会精神，落实"两个责任"，与所有党支部书记签订党风廉政建设责任状。压实管党治党政治责任，制定全面从严治党工作任务清单，细化明确33项具体履责措施。深入开展"靠钢吃钢"、群众身边腐败问题专项治理，精准高效做细做实日常专项监督工作。严肃认真抓好巡察整改工作，巡察反馈的47项问题，已全部完成整改。深化廉洁从业教育，开展任前廉洁谈话16人次、提醒谈话45人次。开展典型案例学习及专项监督工作，广大党员干部廉洁从业意识不断增强。

群团组织建设彰显新活力。深入开展双增双节和生产劳动竞赛，双增双节创效1340.13万元。发挥职工创新工作室作用，全年申报专利12项，获得公司技术大练兵状元4人、省创新大赛一等奖1项、第二十四届全国发明展金奖1项，北破作业区中控室岗位荣获辽宁省妇女联合会巾帼文明示范岗荣誉称号。刘振陆创新工作室被评为

2020年矿业公司职工创新工作室。组织开展职工代表劳动保护专项巡视工作，倾听职工诉求，解决问题12项。救济困难及患病职工352人次，发放救济金12.51万元。共青团组织充分发挥青年在高质量发展中的生力军作用，创新登高创效200.62万元，汽运作业区青年职工王天龙获得鞍钢集团“十佳”创新领军人物，齐大山铁矿团委获得鞍钢集团“十佳”青年创新登高优秀组织单位。科协、武保、统战、女工等组织能够充分发挥自身优势，为企业高质量发展作贡献。

（邓兆成）

【大孤山铁矿概况】 截至2020年末，大孤山铁矿在职职工522人，其中，干部101人，生产工人366人，居家休息职工47人，长病列编外8人；离退休1734人。矿下设“四室一会”（生产技术室、综合管理室、设备管理室、党委工作室、工会）、8个作业区。矿区占地面积1027.67万平方米，建筑面积4.64万平方米。拥有主体设备电铲4台，牙轮钻机3台，生产汽车8台，推土机5台，破碎机3台。全员劳动生产率18879吨/（人·年）。

2020年，面对突如其来的新冠疫情，全矿上下齐心协力，综合施策，系统防治，疫情防控取得了重大成果。确立了露天转井下开采的远景改造思路，为大孤山铁矿未来发展之路奠定了基础。该矿积极开展打赢生存保卫战，努力克服露天开采末期面临的各种矛盾和困难，坚持统筹部署、科学组织、克难攻坚，高质量完成了公司下达的各项生产经营任务，实现了持续盈利，荣获矿业公司先进单位称号。

生产经营品质不断优化。有效运行“柔性化”生产组织，强化工序衔接、管控质量，实现了准时化生产。科学把握生产节奏与平衡，妥善处理当期生产和转型过渡的关系，精细安排新水平开拓，动态调整矿石生产输出，完成保产供矿任务。加强综合配矿工作，克服矿岩混合部位增加、矿石界线缩小等多重困难，确保了矿石指标的稳定。2020年采剥总量完成1059.1万吨，超计划159.1万吨；矿石完成547.2万吨，超计划47.2万吨；矿石品位完成27.11%，超计划0.41%。

经济效益指标再攀新高。加强全面预算管理，开展成本分析，落实成本目标考核，确保工序成本可控受控。深入贯彻两级公司打赢生存保卫战要求，全面筑牢成本意识、推进“精益化”管理，通过采取优化生产组织方式、深挖修旧利废潜力、严格控制各类消耗、实施工程外委转自营以及精细安排高能耗生产区域“躲峰填谷”运行等系列措施，保证了生产效益最大化，全年实现降本增效1649万元，实现利润6356万元，超计划2146万元。

安全环保工作平稳有序。以习近平总书记关于安全防火工作的重要指示批示精神为指导，认真贯彻“四个一刻也不能放松”和“五清五杜绝”工作要求，制定了《大孤山铁矿“五清五杜绝”工作实施细则》。按三个管理层级组织410人签订了安全责任状和安全承诺书。落实安全生产责任制，完善了岗位安全责任清单评价体系，全年累计通报各类问题346项，考核3.85万元，连带考核各级管理人员2.05万元。推进绿色矿山建设，全面防控环保风险，坚持规范采掘和湿式作业，加大控尘力度，推进排土场绿化复垦治理项目实施。实现了安全、环境污染事故为零目标。

科技创新驱动作用凸显。全年申请专利9件，获授权专利8件，鞍钢集团认定专有技术12项，获奖合理化建议3项，发表科技论文3篇。完成了“基于多种监测数据融合的大孤山高危边坡地表位移监测系统的研究”项目评审验收。“大孤山铁矿采场边坡稳定性评价及西端帮楔形滑体演变控制对策研究”正在有序推进。深入开展职工创新创效活动，以张忠威为代表的职工创新工作室团队和以张海为代表的优秀工匠群体充分展示了大矿职工务实创新能力，全年实现科技增效1680万元。开展了新工艺、新技术培训，按计划为转型过渡培养后备人才。

企业综合改革稳步推进。推动集团公司深化改革总体部署及矿业公司“3+2+N”综合改革方案指导意见深入落实，构建内部市场化架构和运行体系，经营效果达到了最佳投入产出比。实施市场化生产运营模式，优化全链条、全要素资源配置，压减作业区、班组机构8个，优化转岗165人，置换劳务用工58人。实施市场化激励机制，通过“产量定基数，效益定浮动”，使作业区工资基数、薪酬与效益指标挂钩，充分体现了多劳多得分配原则。完成了两项改革任务，聚集全矿骨干攻坚档案整理、移交组织关系及协助签订和解协议等难点重点工作。

设备保障能力持续改进。加强设备基础管理，修订完善专业管理制度 26 项。加强设备点检工作，利用 EAM 平台及时做好消缺管理，全年检查并督促整改设备缺陷等问题 516 项，考核 99 项。着力整治了西井巷道支护等 6 项重大隐患类设备设施问题。完成了 1 号钻机大修，57 号、58 号电铲中修和 56 号电铲调拨任务。加大能源管控力度，电能单耗比计划降低。推进备件全生命周期管理，主体设备故障率普遍保持低位。进一步规范了备件物资采购模式、库房管理和质量管理，满足了供应需求。

职工幸福指数不断攀升。坚持以职工群众为中心的发展思想，积极维护职工切身利益，开展“践行共享理念、关爱一线员工”专项服务行动，对休息室、浴池、职工休息室取暖等福利设施及时进行了修缮、更新。高度重视困难职工帮扶工作，全年共计走访救济困难职工及退休人员 466 人次，发放慰问品、救济金合计 30.67 万元。开展了“晒幸福生活、晒岗位风采”等丰富多彩的群众性文体娱乐活动，全矿职工参与率达 95%以上。2020 年全矿职工人均工资水平持续提升，同比增幅达 17%。

（孙成标）

【东鞍山铁矿概况】 2020 年末，东鞍山铁矿在岗职工 465 人，其中，干部 79 人（高级职称 7 人，中级职称 50 人，初级职称 20 人），工人 386 人，离退休人员 1575 人。矿下设“四室一会”（生产技术室、综合管理室、设备室、党委工作室和工会）、6 个作业区。固定资产原值 81756 万元，净值为 22042.41 万元。矿区占地面积 11.17 平方千米，建筑面积 5.64 万平方米，主要生产设备有钻机 5 台，电铲 13 台，大型生产汽车 20 台，破碎胶带系统 2 套，振动放矿系统 2 套。从业人员劳动生产率达到 27459.96 吨/(人·年)。

2020 年，全矿广大干部职工紧紧围绕生产经营中心，激发职工干劲，细化工作措施，努力克服成本压力和疫情影响，较好地完成了降成本、保供矿、促改革任务，各项工作取得了新进展。

疫情防控取得重大成果。认真落实省市、鞍钢、矿业对疫情防控的要求，加强职工教育引导，狠抓更衣室、休息室、会议室等重点部位通风、消杀，严格落实职工测体温、戴口罩、一米线、错时就餐、错时洗浴、职工及家属外出请示报备等具体措施，积极组织防疫物资采购供应，确保了疫情稳定受控。

安全环保管理强基固本。认真贯彻“四个一刻也不能放松”“五清五杜绝”工作要求，加大日常安全监管和专项检查力度，切实提高职工安全防护意识和本质安全管理水平。加强安全标准化建设，穿采作业区进入公司二星级安全标准化作业区行列，矿运甲班等 4 个班组被命名为公司星级标准化班组。严格落实湿式作业、喷淋降尘措施，铺设抑尘网约 2 万平方米，增设洒水喷头 10 余个，有效控制了扬尘发生。全年共绿化复垦采场、排岩场 144 亩，打造了矿山绿色长廊。

生产经营质量稳步提升。全年采剥总量完成 1351 万吨，超计划 1 万吨；输出铁矿石完成 562 万吨，超计划 22 万吨；矿石输出品位完成 31.99%，超计划 1.19%。强化采场循环调整，加强采场西环和南帮外委剥岩生产组织，矿石能力紧张局面得到有效缓解。加强采场综合配矿，稳定矿石输出结构和可选性，为东烧精矿超产提供了有力保障。优化生产运行模式，严抓准时化生产和标准化作业，努力克服大车司机整体调拨影响，生产经营指标全面超计划完成。强化重点工程施工组织管理，岩破系统 1 号胶带机工程延伸顺利完成。强化经济运行增产增效，全年完成降本增效 5470 万元，超计划 2440 万元。实现利润 5556 万元，超计划 3620 万元，创历史最好水平。

设备保障能力显著增强。加强设备基础管理，完善点检定修管理体系，合理安排计划检修项目，设备状态逐步改善，设备故障率 2%，较上年下降 0.3%，矿运系统故障率实现全年为零的工作目标。采用信息化技术手段，增设电流监控报警系统、通信功能自检测系统，实时监控、判断皮带系统运行状态，保证了设备安全稳定运行。加强备件全生命周期管理，确保备件计划、采购、入库、使用、修旧、报废、回收全过程闭环管理，降低了备件物资消耗。加强生产汽车劳务司机岗位点检、自检自修培训，设备状况和产量水平稳步提高，为实现全年产量目标奠定了坚实基础。优化备件采购模式，通过电商采购、零星采购等措施，提升了采购效率，满足了备件需求。

企业管理创新彰显活力。完善绩效考核指标体系，在大型生产汽车和部分辅助业务单元实施工序外包运营管理新模式，有效解决了岗位人员短缺难题，降低了人力资源成本。优化人力资源配置，全年压减管理技术人员11人，缩减生产服务人员78人，2020年末劳动生产率达到15914吨/(人·年)，比上一年提高633吨/(人·年)。深入开展职工技术大练兵活动，1人获矿业公司技术状元，9人获鞍钢和矿业公司技术能手称号。加强合规管理体系建设和法制建设，职工法制意识和企业依法经营能力得到加强。妥善处理法律纠纷，维护了东矿合法权益。落实矿业改革要求，出色完成1579卷退休人员人事档案规范整理、数字化扫描和移交，以及厂办大集体企业改革工作任务。开展品牌创建，我矿荣获第七届冶金矿山“十佳厂矿”称号。

技术创新能力持续提升。“智慧矿山之破碎胶带无人值守管理平台研发”项目完成验收、评价，技术水平达到国内领先；“大型露天矿智能操控及虚拟化生产技术研究”有序推进，智能化生产能力得到进一步增强。充分发挥创新工作室引领示范作用，职工创新工作室完成创新项目34项，创效1000余万元，马志刚创新工作室被授予鞍山市职工创新工作室。深入开展群众性创新活动，全年申报专利3项，软件著作权7项，获得授权专利2项。

职工幸福指数不断攀升。践行共享发展理念，职工月平均收入由2019年的7249元增加到2020年的8609元，增长18.8%，实现了与企业效益同步增长。深入推进“践行共享理念、关爱一线员工”专项服务行动，投入资金69.9万元，整治职工作业场地、修缮职工休息室、职工浴池等项目7项，职工作业条件和福利设施进一步改善。开展职工劳动保护监察、《集体合同》履行情况视察，有效维护了职工合法权益。全年救济困难职工141人次，发放救济金6.4万元。积极组织开展登山、羽毛球比赛等职工喜闻乐见的文体活动，企业凝聚力进一步增强。

2020年，东矿各级党组织以习近平新时代中国特色社会主义思想为指引，深入学习贯彻党的十九大和十九届历次全会精神，围绕中心，解放思想，凝心聚力，攻坚克难，为完成各项目标任务提供了有力的保证。

党的建设取得新成果。成功召开东矿第十七次党代会，提出“一体四翼两驱动”的发展战略，部署了党的建设重点工作。强化政治理论学习，党委班子开展专题研讨4次，集中学习24次，制定和落实具体措施21项，完成学习实践课题6项。开展党支部建设提升年活动，完成共产党员工程项目23项，创效310万元。矿运党支部被评为鞍钢集团“样板”党支部。开展特色党建活动，采检党支部“三快三满意”、汽运党支部“两加强三到位”、穿采党支部“三带头两促进”等活动成效显著。

思想文化创造新成绩。开展形势任务“大家谈”活动，增强了职工的责任意识、危机意识和创新意识。开展灵活多样的宣传活动，刊发《东矿时讯》61期，在《鞍钢日报》《鞍钢视讯》《鞍钢矿业》等媒体发表稿件37篇。开展“坚决制止餐饮浪费行为，切实培养节约习惯”主题宣传活动，张贴节约宣传画56张，营造了浪费可耻、节约为荣的良好氛围。东矿被公司评为2020年度宣传工作先进单位。

队伍建设焕发新活力。开展“加强作风建设，提高管理水平”专题讨论活动，运检作业区加强“三个一流”建设，巷运作业区开展“两保两创五带头”活动，促进了干部作风转变。严格选人用人，有4名管理和技术干部公开选聘到新的岗位。组织开展高技能人才评聘工作，有13名优秀职工评聘到高技能岗位，马志刚获鞍钢特级技师称号。推荐8名优秀管理、技术和技能人员入选“矿业菁英”青年人才培养平台。

监督执纪体现新成效。召开东矿党风廉政建设和反腐败会议，层层组织签订了党风廉政建设责任状。针对公司党委常规巡察提出的59项问题，制定98项整改措施。组织开展“靠钢吃钢”和“群众身边腐败问题”专项治理工作，开展废旧物资回收、疫情防控物资采购发放情况专项监督，发现问题10项，提醒谈话5人、批评教育5人、开除党籍1人。

群团工作呈现新局面。开展“三赛三保”专项劳动竞赛，排查整改安全隐患31项，组织抢修会战14次。加强职工创新工作室建设，马志刚创新工作室获鞍山市职工创新工作室。完成各类技术攻关项目34项，制定双增双节、修旧利废措施83项，创效288.45万元。深入开展职工技术大练兵活动，2名职工获鞍钢技能群英赛技术能手，1名职工获矿业技术状元。共青团、科协、武装、统战、女工等组织在生产经营中发挥了积极作用。

（由继宏）

【眼前山铁矿概况】 2020年末，眼前山铁矿有在岗职工484人，其中干部84人（高级职称10人，中级职称48人，初级职称25人），工人400人。下设四室一会一部和5个作业区。固定资产原值15.45亿元，主要生产设备共有72台（套）。全年铁矿石输出330万吨，比上年提高41万吨。全年实现轻伤以上人身事故和重大设备、交通、火灾事故及较大环保事故为零。

生产经营指标取得新成绩。2020年，全矿干部职工坚决克服产量压力大、系统环节能力不足及疫情带来的不利影响，持续推动五年发展规划落地，建立“高度融合、高度一体化”相关方管理模式，通过改造铁运站场和倒装场铁路，实现汽运双方式输出等多种措施，生产运行质量显著提升。

安全环保工作持续稳定。全面推行“五清五杜绝”安全管理。排查各类安全隐患1223项，修订完善安全管理制度26项，组织安全技能教育培训662人次，举办持证上岗培训考试113人次，开展应急救援知识培训及应急预案演练10次。加强粉尘、水质及噪声危害监测及井下排水治理，实行帮顶板四级管理。

主体设备稳定高效运行。开展了采掘、破碎、提升、干选、倒装、铁运等设备能力匹配攻关，整改设备隐患221项，设备改造15项。开展设备管理和操检人员培训160人次。深化设备TnPM管理和健康运行管理考核。

井下工程建设取得新进展。完成1号主井提升系统及破碎系统的土建工程和设备安装工作；综合楼封顶；-321米水平东区铺轨架线进入收尾；六大系统建设已完成。一次性顺利通过省露天转井下开采工程建设项目安全设施竣工验收工作。

改革工作取得新突破。探索了西区建设FEPC+O运营新模式。推进了“3+2+N”改革措施落实。完成与大矿三运作业区班组人员、铁路线路、设备设施整合优化。实行主体设备操作岗位累计计件和部分检修岗位随件工资考核。厂办大集体和退休人员社会化改革主要工作如期完成。

经营管理再上新水平。全年完成科技创新项目8项，申请专利6项，专有技术1项，申报管理创新成果7项。辨识评估12项重大风险。顺利完成安全生产许可证的办理工作。成功入选中国冶金矿山企业协会第七届冶金矿山“十佳厂矿”。

共建共享服务取得新成效。改善职工作业环境94处，增加职工福利设施14处。开展技术培训1217人次，有78人技术等级晋级，15人获得技术状元，30人获得技术能手。走访慰问救济困难职工394人次，医疗救助8人。在岗职工人均收入比上年增长15%。疫情防控工作实现了职工零感染、无疫情。综合治理、信访、保密、档案等工作也取得了新成绩。

（芦鸿雁）

【大孤山球团厂概况】 2020年末，全厂在岗职工835人，其中，干部106人（高级技术职称13人，中级技术职称65人，初级技术职称28人），工人729人。下设4室1会、10个作业区。固定资产原值13.3亿元，净值3.76亿元。球团生产线采用目前国际较为先进的链箅机–回转窑氧化球团生产工艺，其设计能力为年产酸性氧化球团矿200万吨。选矿主要设备有球磨机34台、破碎机11台。全年铁精矿产量完成297.9万吨，超产9.9万吨；球团矿产量完成209.8万吨，超产9.8万吨；铁精矿单位完全成本达到467.7元/吨，比计划降低24.07元/吨，球团矿单位完全成本达到650.87元/吨，比计划增加20.46元/吨，总成本比计划降低4985万元；实现利润98222万元，比计划多完成50175万元。全员劳动生产率选矿区域13329.4吨/(人·年)，球团区域9160吨/(人·年)；千人负伤率为零。

2020年，大球厂干部职工经过艰苦努力，克服了难选矿增多、降本增效难度增大、新冠疫情影响较大等困难，全面完成了全年生产经营任务，各项工作取得了显著成效。一是生产经营实现了“双超”目标。坚持以高质量发展战略推动生产经营方式转变，贯彻落实两级公司应对严峻形势“十项措施”和坚决实现“双跑赢”目标要求，着力抓好生产组织优化、设备运行高效、技术攻关创效、降本措施落实，提升了增产创效能力，实现了铁精矿、球团矿产量和利润“双超”目标。二是疫情防控取得了阶段性成果。疫情发生以来，厂启动快速反应机制，分为防疫和保产两条战线积极应对。迅速组建了疫情防控领导小组，及时下发了厂做好疫情防控工作紧急通知，建立了责任分工、精准管控工作机制，坚持节日领导值班、每日人员排查、强制休假隔离、公共区域环境消杀、部门日检查通报等制度，切实加强常态化管控工作，形成了联防联控、群防群控的决战态势，确保实现了零疫情报告，实现了疫情防控与生产经营两不误、两稳定。三是安全环保保持了稳定发展。认真贯彻落实全国安全生产电视电话会议精神及谭成旭董事长“四个一刻也不能放松”和“五清五杜绝”工作要求，防范重大安全风险，强化重点部位安全管控，层层压实安全责任，开展安全隐患排查整治，确保了安全生产稳定发展。坚持多措并举，加强环保工作，进一步加大了尾矿库扬尘治理的力度，有效控制了环境污染。5月9日，鞍钢集团公司董事长谭成旭到大球厂尾矿库进行安全检点和现场实地调研时，对尾矿库安全管理和抑尘工作给予了高度评价。四是科技创新取得了新进展。积极推进科研课题立项、专项技术攻关、工艺技术改造和新技术成果转化应用。全厂共完成技术攻关项目4项、双革项目53项、科技增效项目13项，累计创效2200万元。主要是采场矿石可选性预报及现场操作策略研究、高质量复合有机膨润土配加球团工业试验、尾矿库渗水回收利用、新型选矿回收机安装调试、双层复振筛推广应用、球团矿造球智能控制与优化配料研究、降低尾矿中磁性铁含量、降低球团煤耗等项目，实现了科技增效目标。五是企业管理得到了有效提升。强化管理提升，核心做到六抓，即干部抓考评，推行了岗位交叉任职、轮岗见习、课题立项三项制度，突出日常考核与年度多维度差异化考核相结合，提高工作绩效；工人抓纪律，严格作业行为规范，落实“五清五杜绝”要求；管理抓制度，强化执行力，完善规章制度体系，落实部门每月检查通报、作业区一周双查制度；考核抓激励，建立和完善契约化考评机制，制订了《大球厂创效项目奖励办法》；人力资源抓优化，完成了优化组合和岗位设置目标要求，提高劳动生产率，按公司要求完成了退休人员社会化和厂办大集体改革相关工作任务；职工队伍抓素质提升，在技术大练兵中评选厂技术状元14名、厂技术能手78名，获得矿业公司技术能手21名，在鞍钢职工技能群英赛中有3人获得技术能手。开展高技能人才等级序列评聘，共聘任32名。六是幸福大球建设迈出了新步伐。深入推进了“践行共享理念、关爱一线员工”专项服务行动，积极改善职工生活福利设施，为职工办实事解难题。开展了送温暖救助活动，走访慰问困难职工245人次，发放救济金20.68万元。组织了全厂职工健康体检，为923名职工办理重大疾病保险续保金额25.38万元，为53名退休职工发放了退休纪念品，为职工发放生日蛋糕券933张价值9.33万元，发放健康度假疗养卡541张，为一线职工岗位购置了电热水壶，增强了职工获得感、幸福感和安全感。

（张明洪）

【齐大山选矿厂概况】 2020年末，齐大山选矿厂有在职职工715人，其中，干部83人（高级技术职称11人，中级技术职称54人，初级技术职称16人），工人632人。下设4室1会、7个作业区。拥有固定资产原值18.89亿元，净值9.5亿元。

2020年，在受新冠疫情影响的大环境下，齐大山选矿厂上下齐心协力，深入贯彻落实上级各项决策部署，克服整体供矿结构变化，原矿品位和可选性大幅度下降，岗位人员持续减少等诸多不利因素，全力推进市场化改革，深挖内部潜力，全面完成了各项目标任务，为公司高质量发展作出了重要贡献。

党组织的领导核心和政治核心作用充分发挥。该厂党委深入学习贯彻习近平新时代中国特色社会主义思想和党的十九届四中、五中全会精神，以及矿业公司2020年工作会议精神，深度推进“五项工程”，全面开创党建工作新局面，为全面完成全年生产经营任务提供了坚强政治保证。坚决落实两级公司部署，全力完成了退休人员社会化和厂办大集体改革承担的各项工作任务。开展了“守初心强党性、担使命当先锋，加快推进齐选发展新跨越”系列主题实践活动。实施党员工程7项，党员微创新48项，创效360万元。党支部主动扛起疫情防控任务，成立疫情防控党员突击队12支，在疫情防控战役中党员的先锋模范作用得到凸显。管理计财党支部在鞍钢集团基层党支部建设研讨会上介绍经验。推进年轻干部培养选拔，8名年轻干部走上重要岗位，关键岗位交流16人，17人走上工程等级序列岗位。落实“守信践诺抓落实，全面提升各级干部执行力”专项活动，完成78项承诺重点工作。强化高技能人才培养，组织高技能人才等级序列评聘，有28人受聘。谷安成被授予辽宁省大工匠，被公司聘任为首席技师。荣获公司技术状元2人，技术能手15人。充分发挥职工群众的主力军作用，双增双节创效605.56万元。谷安成创新工作室完成创新项目61项，创效240万元。走访救助在岗、居家和离退休职工434人次，发放救济金17.23万元。共青团组织通过开展青年安全主题教育、青年创新登高等活动，创效24万元。

安全环保工作取得新进展。严格落实“四个一刻也不能放松”和“五清五杜绝”工作要求，细化检修维护项目“五清五杜绝”落实清单，以全员安全生产责任制落实为中心，以相关方一体化建设为重点，持续深化全员、全系统、全专业安全教育培训、风险分级管控和隐患排查治理、安全标准化（星级）作业区再评价，厂总体安全管控水平持续提升。疫情防控期间实施“三个明确、五个落实”工作方法，确保了安全工作有序进行。严格落实环保限制排放标准，锅炉完成脱硝、除尘改造，尾矿库实施多管放矿、铺设抑尘网等综合抑尘措施，破碎除尘系统继续保持矿业公司标杆形象。全年实现轻伤及以上事故、火灾事故为零目标。

生产经营取得新业绩。构建选矿三级联动管理体系，矿石适应性得到显著提升。进一步优化两选运转模式，联动运转优势得到充分发挥。严格做好精矿配矿管理，确保了输出两率指标的完成。开通精矿外销，为完成全年输出任务目标提供了保障。面对供矿不足，可选性和原品大幅下降的情况下，依然全面完成生产经营任务，实现圆满收官。铁精矿产量247.05万吨，一级品率、合格率均超计划完成，实现销售收入20.74亿元，完成利润7.81亿元，报表利润超计划2.94亿元，铁精矿完全成本523.25元/吨。

设备管理取得新成就。以提高设备稳定高效运转周期实现率为工作主线，以降低设备运行成本、保障生产顺行为目标，克服备品备件短缺、新冠疫情等带来的不利影响，运用科学管理手段，强化三级点检，加强重点项目落实，实现了设备平稳运行，各作业区实现率均达到98%以上，全部超额完成考核标准，破碎、一选、二选三个主体作业区实现率分别超计划1.52%、1.66%、1.50%，为生产高效稳定运行打下了基础。

企业管理迈上新台阶。疫情防控期间，切实做到措施落实到位，监管到位，确保了职工身体健康和生产经营稳定顺行。从内部选矿工序链条特点出发，在破碎作业区率先实施了模拟工序市场化改革，以产品质与量为核心指标，突出对工序环节贡献度的评价，进一步调动了职工生产积极性。在磨选工序初步形成了市场化量价模型体系，完善了配套生产运转和配矿方案，最大限度实现了指标优化。根据实践摸索，形成了选厂综合改革实施方案，推进改革不断深化。对人力资源进一步系统分析、整合，优化岗位60人，实现了减人增效。不断完善法治工作体系，制定下发了《鞍钢矿业齐大山选矿厂合规管理办法》，对合规经营进一步规范，确保法治建设不断完善。严格执行公司保密工作对标管理考核评价标准，确保保密工作绝对安全。对照公司重大经营风险事件报告操作规范，梳理选厂涉及重大经营风险，做好风险内部控制管理工作。保质保量完成了退休人员社会化和厂办大集体改革工作任务。

科技创新取得新成果。持续推进全员创新工作有序开展，全年征集课题41项，实施完成27项，完成受理专利11项，其中发明专利8项，上报专有技术2项。鞍钢重大合理化建议9项。开展了尾矿库增高扩容、分级排尾研究等技术攻关和实践应用，取得了突破性进展。强化全员培训，通过实际模拟，现场演练，生产和检修实际操作模型应用等培训方式，不断提升全员实际操作技能和实战水平，自主培训131项，培训5690人次。

共建共享取得新成效。继续深化民主管理工作，发挥好职代会的民主管理主渠道作用，重点围绕深化改革过程中涉及职工切身利益的重大问题，广泛征求职工意见，切实维护职工合法权益。完成了二选作业区职工更衣室木门维修，过滤西区浴池卫生间维修和集控室地面修复三项“践行共享理念、关爱一线员工”专项服务项目，切实改善了职工生产生活条件。

（郑百效）

【东鞍山烧结厂概况】 截至2020年末，东鞍山烧结厂在职职工1077人，其中，管理技术岗位128人，生产服务岗位879人，居家休息职工64人，列编外6人。下设四室一会、6个作业区。拥有固定资产原值16.24亿元，净值4.88亿元。厂区总占地面积为475.6万平方米，总建筑面积26万平方米。

2020年，该厂以推进市场化改革为工作主线，加快技术进步，提升管理品质，全年铁精矿、烧结矿、活性灰三大产品分别生产207.1万吨、320.2万吨、26.6万吨，质量增效1170万元，销售收入29.42亿元，利润4.38亿元。

坚持发展战略高起点布局。召开了东烧厂第十七次党代会，明确了坚持“一条主线”，拓展“两个市场”，明确“三个定位”，实施“四动”工程，构建“五化”格局，建设“六型”企业，推进“七高”发展，实现“一个目标”的总体战略，清晰了未来发展定位，为东烧厂生存发展提供了有力的战略支撑。

提升设备保障能力。实施了选矿系统检修和为期一个月的烧结系统年修。完善了设备定修模型，强化设备周期管理与点检定修，设备技术状况持续改善。

推进科技创新。实施了浮选系统增容改造，破碎大架子粉矿仓改造、烧结机点火器微负压点火改造投入生产。13项专利获得国家授权或受理，2项技术获得鞍钢专有技术认定。两项科研项目分获矿业公司科技创新一等奖、二等奖。全年科技创效2828万元。

深化市场化改革。完善市场化经营管控模式，全面实施契约化管理，建立了以“ABC业绩分级评价与双百分考核”为核心的契约化考核评价体系。选矿产量、成本和烧结台时、系统运行周期等指标全面刷新了历史，全年自营创效600多万元。东烧改革经验被集团公司列为样板工程。

推进绿色文明生产。实施了烧结220平方米、260平方米除尘大修，锅炉烟气排放治理和烧结噪声治理，加强了尾矿库、料场的抑尘治理，强化环保设备设施运行，有效保证了污染物达标排放。

推进管理升级。完成制度“立改废”121项。1项管理创新成果荣获全国冶金行业二等奖、鞍钢集团一等奖。2人荣获公司明星状元，2人夺得公司技术状元，评聘厂实用人才8人。

该厂全年党委中心组专题学习24次。将厂办大集体和退休人员社会化两项改革作为全年党委头号工程，共签订和解协议3558份，退休党员组织关系转接405人。推进实施“五化”党建管理，开展党日活动42次。征集党员合理化建议28项，实施共产党员工程6项，创效340万元。全年下发宣传提纲12期，基层班子成员跟班讲形势286次，开展大讨论26次。对外发稿76篇，编发《东烧快讯》323篇。双增双节创效615.88万元。全年救济职工222人次，发放救济款和医疗救助金29.98万元，为2名职工办理大病保险理赔。

（王宝中）

【鞍千矿业有限责任公司概况】 2020年末，鞍千矿业有限责任公司共有职工918人，其中干部87人（教授级职称2人，高级职称10人，中级55人，初级16人），工人831人。下设四室一会、10个作业区。该公司实行精干高效的扁平化管理体制，检修、后勤服务、保卫等实行协力机制。企业固定资产原值24.87亿元，净值9.86亿元。厂区占地面积695万平方米（选厂44万平方米），建筑面积5.48万平方米。主要设备有4立方米电铲12台，10立方米电铲9台，牙轮钻机11台（YZ35型9台，YZ55型2台），生产汽车86台（沃尔沃32台，卡特15台，小松10台，TR10029台），推土机16台，PXZ1216粗破机3台，H8800中碎机2台，H8800细破机2台，MP800细破机2台，ϕ5030毫米×6400毫米球磨机6台，ϕ9150毫米×5030毫米半自磨机1台，SLon2000立环脉动磁选机18台，SLon3000立环脉动磁选机6台，72平方米过滤机15台。

2020年，鞍千公司深入贯彻落实矿业公司各项决策部署，克服疫情冲击影响、改革发展任务繁重、内外部矛盾叠加等不利因素，取得了安全生产强基固本、产量效益稳中向好、改革任务稳步推进、创新发展初见成效的良好成绩。获得了辽宁五一劳动奖状等荣誉称号。全年完成采剥总量6954.21万吨，矿石1747.23万吨，铁精矿258.51万吨；入选原矿品位26.01%、精矿品位67.75%、尾矿品位10.18%。铁精矿单位制造成本333.11元/吨，比预算降低11.45元/吨。采、选从业人员劳动生产率分别为4.72万吨/(人·年)、2.47万吨/(人·年)，均处于同行业领先水平。

生产组织科学稳定高效。组织实施精细化采选生产，各工序稳定顺行高效，产量效益规模凸显。采矿方面，通过加强穿孔爆破工序管理，强化供矿生产组织，提升磨矿分级管理能力等有力措施，有效加快了采场生产格局和循环速度，减少破碎待矿时间，为提高球磨系统效率和后续选别作业稳质降尾创造条件。选矿方面，针对制约选矿产能发挥问题，组织细破机改造调试，有效降低破碎系统循环负荷，提高破碎系统生产能力。同时，制定实施湿式预选“3+1”生产运行方案，通过南北半场差异化操作，保证精矿质量稳定、产量增加。

安全环保工作稳步提升。牢固树立安全发展理念，全面开展安全生产专项整治三年行动，着力安全、环保、防疫三抓三不误，各项工作取得长足进步。认真吸取“2·14”事故教训，组织开展经常性的事故案例宣讲和形势任务教育，做好特殊时期、特殊天气，以及重点人员等管理。大力狠抓相关方管理工作，把好资质、管理、监管、警示“四个关口”的专项治理，收到了良好效果。大力开展环境污染防治攻坚，按照“扬尘不生产、生产不扬尘、扬尘必须受罚”的管理原则，对扬尘措施落实不到位问题进行了严肃考核。严密跟踪锅炉烟气排放指标变化，采取不断监测等手段，有效防控环保风险。

设备管理能力全面提升。持续推进设备零缺陷管理，对设备运行、两级点检、基础管理、工程管理等多方面设备管理工作进行统筹安排，全面提高管理水平，保障设备运行始终处于可控状态。对1-2号、2-1号球磨机大、小齿轮进行同步更换，对2台HP800细破机进行了升级改造，集中整治了一批主体设备技术缺陷问题。对9项在建维简工程、8项新开工项目实施精细管理，保证了施工进度和施工质量。

全员自主创新能力持续增强。以许广明创新工作室为载体，以点带面，辐射全员职工开展自主创新工作。通过加强创新工作室升级建设，许广明创新工作室晋升为辽宁省创新工作室，刘守满创新工作室晋升为矿业公司创新工作室，有3个创新项目在鞍钢集团获奖，1个项目获辽宁省创新大赛三等奖。组织科技人员和职工群众开展全员科技创新工作，设立攻关课题37项，预计全年完成24项，创效3600万元。

大力推进企业改革。实行薪酬制度改革，构建适应市场化经营的薪酬分配考核体系。在科学核定作业区编制、定员、成本、指标前提下，实施作业区工资总额承包，授予作业区薪酬分配权，薪酬随成本和生产指标浮动，充分发挥薪酬分配的杠杆调节和激励作用。实施后，作业区降低成本28%，职工平均收入增加613元，充分体现了强激励的效果。通过内部优化挖潜，以市场化手段优化人力资源配置，既满足了新项目用工需求，提高了劳动生产率，也实实在在地降低了经营成本。实施北破工序的整体外包和锅炉工序整体功能包保，节省运营成本236万元。

在增强思想政治引领力上取得新成效。把学习贯彻习近平新时代中国特色社会主义思想和党的十九大及十九届历次全会精神作为重点，认真落实党委中心组学习制度、党委会“第一议题”要求和党支部“三会一课”制度，引导党员干部深入学习党的创新理论和习近平总书记最新重要讲话精神，增强“四个意识”、坚定“四个自信”、做到“两个维护”。全年党委中心组集体学习研讨及党委会传达学习22次，领导班子成员到联点讲党课5人次，支部书记讲党课61人次。制定学习贯彻十九届四中全会精神安排意见、重点任务分工方案和学习宣传贯彻十九届五中全会精神工作方案并认真推进落实，开展学习贯彻四中、五中全会精神体会征文和知识竞赛活动，加深了党员干部对全会精神的理解。

在提升党建工作质量上取得新成效。落实国有企业党建工作会议精神和矿业公司党委“四化五联”工作模式，持续深化“引领+服务+保证”党建工作思路，建立了“四个引领”“三个服务”和“三个保证”的工作平台和推进机制。实施党建工作项目课题制，完成党建研究课题20项、党建重点项目19个，获得矿业公司党建研究课题一等奖1项、三等奖2项。深化区域联建、对标学习，北采党支部晋级鞍钢“样板”党支部。围绕生产经营的重点难点环节，深入开展了党内创先争优系列主题实践活动，全年完成党员工程项目69项，党员提合理建议184条，获得鞍钢集团最佳共产党员工程项目1项、最佳党员先锋岗1个，矿业公司党员工程项目一等奖3项、二等奖1项、三等奖2项、“双十”党员先锋岗1个。

在加强干部队伍和人才队伍建设上取得新成效。依托两级公司“摇篮计划”“英才计划”开展目标化人才培养，39人入选各级人才库。坚持实施工程技术和高技能人才等级序列，聘任工程等级序列22人，高技能人才等级序列25人，1人获评辽宁工匠、矿业公司首席技师。加强年轻干部培养选拔，新选拔4名80后、90后年轻干部担任副科级及以上管理岗位，近5年有13名年轻干部走上科级管理岗位，5人走上副处级领导岗位，6人选调到两级公司任职。以契约化改革为契机，探索实施了岩破项目经理市场化选聘。加强干部队伍能力和作风建设，在疫情防控和深化改革中强化对干部的教育、引导和考核，开展季评“四好班子”和星级部门活动，推动了干部作风转变和担当作为。

在宣传思想文化建设上取得新成效。落实意识形态工作责任制，加强了网络意识形态管理。开展以“谋战略、守底线，坚决打赢打好生存保卫战和改革攻坚战”为主题的形势任务教育大家谈活动，组织中层干部和生产骨干编写班前5分钟宣传提纲36篇，下发形势任务教育材料8篇，两级班子成员跟班讲形势61人次，凝聚了全员攻坚的思想共识。创新思想政治工作模式，“引领+服务+保证”党建思想政治工作研究成果获得鞍钢集团和矿业公司一等奖、冶金行业三等奖。

职工群众共享发展成果。利用微信群、电话等通信设施做好疫情防控宣传教育和服务等工作，为全体职工购买就餐盒1675套。组织开展双增双节活动，确立攻关项目58项，实现增收节支835万元。开展“治理身边扬尘，保障职工健康”“补点检短板、促效率提升”“安全五小活动促进班组安全管理上水平”三项专项攻关竞赛活动，治理扬尘项目11项，补点检短板项目13项，征集安全五小活动127项，促进了生产任务的完成。持续开展先进操作法推广季征集活动，新征集先进操作法23个，推广9个。按照上级公司要求按时准确完成退休人员社会化管理的相关工作。全年走访慰问困难职工159人次，发放慰问金10.44万元，困难职工帮扶率达到100%。

（赵泽宇）

【关宝山矿业有限公司概况】 截至2020年末，关宝山矿业有限公司共有职工209人，其中管理技术岗位37人（高级职称6人，中级职称25人，初级职称5人），生产工人167人，居家4人，列编外1人。公司机关设四室一会，下设5个作业区。拥有固定资产原值21.93亿元，净值19.14亿元。主要设备有PXZ-1216悬挂式旋回破碎机1台、H8800中破机2台、HP800细破机4台、2YAH2460圆振动筛8台、φ6.2米×9.0米溢流型球磨机2台、VTM-1500立磨机6台、φ3000立环脉动高梯度磁选机7台、浮选机34台、φ50米浓缩机4台、φ38米浓缩机2台、φ60米浓缩机2台、φ38米机械加速斜板澄清池2台、VPA 2040-54压滤机3台、35吨锅炉3台。

2020年，面对突如其来的新冠疫情，关宝山公司认真贯彻党的十九大和十九届二中、三中、四中、五中全会精神和矿业公司首次党代会精神，认真落实党中央、鞍钢集团和矿业公司关于疫情防控的重大部署，全公司上下统一思想，扎实工作，全年生产经营任务全面超计划完成，各项工作取得了显著成绩，实现了历史性新跨越。

疫情防控取得重要成果。坚决贯彻习近平总书记关于疫情防控和经济社会发展的重要指示批示，不折不扣执行鞍钢集团和矿业公司各项重大部署，把疫情防控作为一项重大政治任务，坚持综合施策，系统防治，常态化管控，协作区域联控，统筹推进疫情防控和安全生产工作，在疫情防控和生产经营两个主战场上同步打赢两大攻坚战。

生产经营业绩实现历史性突破。全年完成采剥总量1762万吨，铁矿石完成338万吨；精矿产量180万吨，超计划2万吨；精矿输出183万吨，超计划5万吨；实现利润5.6亿元，超计划2176万元。全年主要生产经营指标创历史最好水平，其他经营管理工作迈上新台阶，首次跻身矿业公司先进单位行列。

创新创效成果显著。全年通过调整供矿比例、加强配矿管理、提高入选矿石可选性、稳定选别指标等综合措施，降低采矿成本1012万元；通过优化采场路由，建设砬子山4号公路，全年降低运费成本249万元；通过强化产品输出销售，开拓销售新渠道，全年输出乌兰浩特钢铁等6家外部单位20万吨，减轻了库存压力和成本占用，为实现产销平衡创造条件；全面开展试验攻关，压滤机滤布长寿化试验、磨磁三管分矿器改造、药剂试验研究等多个项目获得成功，累计创效972万元。同时，“关宝山难选矿石硫态化焙烧试验研究”等多个科研项目完成申报，为关宝山公司创新发展奠定了基础。

设备管理水平显著提升。以“半日检”活动为载体，以“自主维修、专业维护、维修预防”

为主要内容，有效开展设备点检与缺陷整治工作，确保了设备安全可靠运行；充分发挥检修维护包保机制优势，以产线定修模型为核心，推动开展设备点检定修工作，全年设备故障率同比降低37%，作业率比计划提高2.06个百分点，设备综合效率得到明显提升；严格落实“五清五杜绝”检修安全要求，顺利完成全停检修任务，共实施检修项目125项，有效提升了设备功能精度；稳步推进智能化工厂建设，完成初步设计和合同签订工作，为项目全面实施创造了条件。

改革创新工作稳步推进。积极建立市场化运营机制，围绕体制扁平化、管理契约化，深入探索适应企业发展、具有自身特色的管理体系和管控模式；积极推进区域一体化管理，创新合同制管控模式，精准核定检修区域包保定员，规范包保项目管理，努力打造合同制采矿品牌；加强制度体系建设，完成各类制度“立、改、废”共87项，规范现有制度217项，推进各项管理工作更加制度化、专业化、规范化。

共建共享重基层、接地气。深化“践行共享理念、关爱一线员工”专项服务行动，完成职工洗衣房等项目建设；加大困难职工帮扶力度，走访慰问职工70人次，发放救济款3.47万元；认真执行上级统筹保险各项政策措施，减免各项保险费用245.15万元；深入践行共建共享理念，职工收入同比增长17.39%，使职工实实在在享受到企业发展成果。

（崔　琳）

【大连石灰石矿概况】 2020年末，该矿有职工591人，其中，在岗416人，居家休息157人，列编外18人；在岗人员中管理技术岗位112人（高级职称3人，中级职称73人），生产服务岗位304人。离退休职工3036人（老矿1109人，新矿922人，复州湾1005人）。把原有15个单位（含复州湾）整合为10个单位：4室1会、4个作业区（含2个事业部）和复州湾留守中心。产品主要有四个品种：小优（15～35毫米）、大优（30～55毫米）、碎石（0～15毫米）、粉矿（0～3毫米）。现有YZ-35牙轮钻1台，SWDA165潜孔钻2台，SWDE120边坡钻机1台，WK-4电铲5台，EC290BLC、EC360BLC液压挖掘机各1台，EC460BLC液压挖掘机1台，3307B矿用生产汽车2台、TR50矿用生产汽车2台、TR60矿用生产汽车11台，PX1200/180旋回破碎机1台，PYB2235圆锥破碎机1台。固定资产原值为4.76亿元，新增值343.2万元，固定资产净值1.79亿元。工业占地186.96万平方米，建筑面积4.72万平方米。

全年石灰石精矿产量实现328.33万吨，产品销售327.65万吨，主营业务收入14818万元，分别较上年提高4.6%、5.4%和8.6%；剔除退休人员社会化、厂办大集体改革等公司一次性追加费用，实现利润225万元，较改革目标值减亏2730万元。全年通过电商平台竞价对外销售石灰石71.86万吨、实现销售收入4028万元，较2019年分别增加118%和110%；石灰石原矿生产效率平均1282.69吨/时，比上年提高4.38%，全员劳动生产率达到1.08万吨/(人·年)，较公司考核值提高14.7%。

退休人员社会化移交提前顺利完成，完成退休人员社区登记2978人，整理人员档案3377件，扫描档案电子图片50余万张，移交档案3028卷，为减轻企业社会化负担奠定了坚实基础。圆满完成厂办大集体改革阶段性任务，签订和解协议1729人，签订完成率99.26%。“依法合规治企”取得新进展，矿山经营风险防控能力进一步提升。共修订完善各类规章制度62项，建立了定期风险评价机制，辨识出经营风险16项，制定了防范措施。实现压缩组织机构35.7%，压减管理和技术岗位30.3%，压减劳务人员32%。

2020年，该矿通过深化设备点检定修管理，设备运行保持总体稳定，能源消耗保持低位运行。采剥、钻孔、破碎、粉矿电单耗分别较计划下降20.4%、7.08%、2.4%、2%；供电系统实现零故障运行，功率因素达到0.98，通过实施最大负荷风险管控，全年节约用电突破60.72万元。通过强化全面预算管控，定额、非定额费用较预算减少177万元，动力电减少130万元，通勤费、差旅费、办公费等其他可控费用减少26万元，财务费用减少144万元。

2020年，该矿组织实施立项培训51项，建立导师带徒对子3对，制度化推进立项创新26项。在公司开展的职工技能竞赛中，4人获得技术能手称号。通过群众性降本增效活动，实现降本增效198.88万元，获取专利、专有技术1项，完成技术创新项目1项，创效275.8万元。

坚持“共享”理念，完成职工食堂、浴池、

岗位休息室条件改善等福利设施项目共 4 项，总投资 117 万元；全年走访慰问困难职工 96 人次，发放慰问金 6.3 万元；办理 6 人大病保险理赔 51 万元；大病救助 4 人救济金 2.13 万元；发放“育子成才”奖金 6500 元；办理大连市总工会医疗互助 138 人，核销 29.42 万元；2020 年全矿人均收入较 2019 年提高 17.26%。

（刘永贤）

【能源管控中心概况】 能源管控中心是在原矿业公司动力厂基础上，按照矿业公司实施专业化改革的要求，于 2020 年 8 月组建的，主要承担矿业公司能源管理执行职能及鞍山地区电力系统运行维护、燃气设施运行管理、自动化系统维护、电气装备制造等多种业务于一体的专业化单位。截至 2020 年末，该中心共有职工 506 人，其中管理技术岗位 102 人（高级职称 9 人，中级职称 80 人，初级职称 10 人），生产服务岗位 404 人。下设 4 个机关部门、4 个事业部。固定资产原值 6.68 亿元，净值 3.69 亿元。

2020 年，能源管控中心广大干部职工克服了电网稳供要求高、检维保产任务重、完成利润压力大等诸多困难，全面超额完成了公司下达的考核指标，各项工作取得显著成效。

电网实现经济稳定运行。与政府部门和供电企业协调，使用电力交易平台实施直购电，实现了企业夙愿。根据各厂矿生产负荷情况及时调整变压器的运行台数，全年减少电费成本支出 739 万元。全年完成配电量 25.1 亿千瓦时，检信维收入 1.02 亿元，全年实现利润 4845 万元。设备完好率、供电损失率、电网力率均优于公司下达的考核指标。

专业化改革稳步推进。打造以“崇尚现代技术的创新型”和“着眼公司全局的服务型”为特点的创新型企业发展之路。实施生产指挥中心建设项目，形成集中统一能源管控模式，采用先进的计算机技术、网络技术、多媒体通信技术构建了生产指挥系统，满足日常生产调度指挥、生产监控和应急指挥的要求，综合展示生产、经营、管理数据。

科技创新工作取得新成果。大力开展科技创新，全年完成了科技增效指标 400 万元，超额完成公司下达指标。“大型矿业供电智能优化系统研究”项目获得第二十四届全国发明展银奖。全年申报 10 项实用新型专利，获授权 1 项实用新型专利，发表论文 2 篇，有力地助推了生产经营工作。

发展合力全面凝聚。对所属两处集中办公区域进行环境整治；完成南厂区职工休息室及办公室的棚面修缮、取暖设施更换维修等工作；对信维事业部办公楼进行全面施工改造。职工的办公、休息条件，各项福利设施得到进一步改善。关心困难职工群体，走访、慰问困难职工 134 人次，发放救济金 7.02 万余元。

加强党的政治建设，深入贯彻习近平新时代中国特色社会主义思想。落实党的十九大精神到岗位，举办知识竞赛和征文活动，拍摄宣讲视频，组织集中宣讲。宣传党的十九大精神到基层、进班组，开展了“爱岗位、提技能、解难题、作贡献”主题实践活动，职工群众提出合理化建议 28 条，解决各类技术难题 42 项，为确保生产稳定顺行发挥了积极作用。

党委充分发挥党委把方向、管大局、保落实的政治引领作用。召开能源管控中心第一次党代会，确定了聚焦“一条主线”、激发“两个动力”、实施“三项工程”等重点工作。开展特色化、多样性主题实践活动，实施共产党员工程 21 项，创效 520 余万元。

（韩 俊）

【设备检修协力中心概况】 2020 年末，设备检修协力中心共有在岗职工 361 人（含居家 46 人，列编外 7 人，市场 2 人），其中，管理技术岗位人数 65 人（高级职称 2 人，中级职称 49 人，初级职称 14 人），生产服务岗位人数 241 人（技师及高级技师 49 人、高级工 97 人、中级工 61 人、初级工 25 人）。中心下设“三室一站一会”（规划运营室、党委工作室、企业管理室、供应保障站、工会）、8 个工区。拥有固定资产 20303.6 万元，净值 7328.3 万元，加工车床 52 台，起重设备 46 台，动力设备 95 台，检验检测设备 10 台，运输设备 17 台。2020 年，该企业全年实现产值 2.6 亿元。

2020 年面对突如其来的新冠疫情和复杂严峻的安全生产形势，设备检修协力中心干部职工能够团结一心，奋进实干，紧紧抓住矿业公司全面推进综合改革的有利时机，实施“3+5”专业化改革，通过打造灵活自主的经营主体和高效运行的服务保障体系，有效激发了干部职工干事创业的热情，年度生产经营任务超额完成，职工的获得感明显增加，各项工作得到了公司的充分肯定，做到了抗疫情与创佳绩“两不误”，保证了政治任务和经济任务“双落实”，各项工作都取得了不菲的成果。

政治定力更加牢固。各级党组织始终在政治立场、政治方向、政治原则、政治道路上同以习近平同志为核心的党中央保持高度一致，坚决把学习贯彻习近平总书记重要讲话和重要指示批示精神作为党委会“第一议题”，及时传达学习。把习近平新时代中国特色社会主义思想、党的十九届四中、五中全会精神作为两级班子重点学习篇目，两级班子有计划、分专题组织学习讨论，在学懂弄通做实上下功夫，进一步教育引导党员干部增强“四个意识”、坚定“四个自信”、做到“两个维护”，努力把学习成果转化为推动改革发展的强大动力。

党建工作愈加融入。充分发挥设备检修协力中心党委“把方向、管大局、保落实”的核心作用，严格落实党委会议事规则和民主集中制原则，对“三重一大”决策事项进行前置决策。重新完善了《党委会议议事规则》《2020年设备检修协力中心“四好”领导班子创建活动实施方案》《设备检修协力中心领导班子联系服务职工群众工作实施细则》等工作制度。全年共召开党委会31次，其中围绕专业化改革有效实施召开专题会议6次。坚持党管干部原则，提职任用干部4人，交流调整干部10人，全公司范围内公开招聘3人。5名职工以工人身份聘为B级、C级岗位，机关部门干部有6人调整到工人岗位，实现干部“能上能下”，形成正向导向激励与良性循环。在全体党员中开展了“抗疫情、创佳绩”主题实践活动，主题实践活动采取“一个党小组一个特色”的党内立功竞赛方式进行，共撰写《改革是企业高质量发展的根本动力》等宣传提纲10篇，完成创新创效项目12项，创效68.5万元，党员的先锋模范作用进一步彰显。

经营能力大幅攀升。2020年，通过专业化改革与管理模式创新，进一步扩大业务范围，拓展承修能力，承修业务从六大类12个子项增加为七大类15个子项。在稳定协议保产的基础上，积极承接公司设备检修工程，扩大耐磨产品的产能与市场覆盖，全年实现产值2.6亿元，同比增长32.1%；实现利润2303万元，同比增长514.1%。产值、利润均创历史新高。

运营质量持续改善。实施网络化管理，强化协同效应，实现了公司认可的轻伤以上事故为零、环境污染事故为零、职业病患病率为零的基本目标。推行协议保产类项目主动服务、自主维修，有效提升生产汽车可开动台数，鞍千从每日30台提升为40台，齐矿从每日28台提升为33台。根据公司采购授权，重新构建采购体系，实现采购成本和采购周期双下降，全年降低采购成本168万元，平均降低采购周期90天，有效支撑工程维修类项目的完成。

创新战略有效落地。实施“放权+引领”“效能+激活”的管理创新，极大地激发了全系统的经营发展活力和潜力。推行生产汽车“包车组”模式和总成一站式维护检修服务，进一步提高了公司汽运设备整体运行效率和质量。耐磨双金属陶瓷复合管研究及实践正在通过专家评审。大马力发动机寿命延长项目正在落地。2020年通过合理化建议、QC小组成果、技术革新、先进操作法等措施，创效482万元。

竞争能力显著提升。“协议保产、工程维修、产品制造”三大产业化板块已经形成规模，全年承修工程项目170项，产值收入1.82亿元，复合管产值从276万元增加到1500万元。两级机关“瘦身健体”，打造高效的管理团队。职工技能稳定提升，聘任高技能人才12人，评选第三届“检修工匠”10人、“检修工匠”提名奖10人。2020年，人均利润率同比增长508.3%，人工成本利润率同比增长463.97%，核心竞争优势凸显。

幸福协力有序推进。坚持“促进企业发展，维护职工权益”原则，紧紧围绕增强群团工作的“政治性、先进性、群众性”，始终坚持党对群团工作的领导，牢牢把握群团工作正确政治方向。加强民主管理和厂务公开，深化双增双节活动，创效220万元。中心6个创新工作室共完成11项创新项目，实现创效27万元；共青团组织坚持开展创新登高项目，全年创效8万元，充分发挥了青年生力军和突击队作用。通过举办改革创新发展论坛，组织青工与劳模座谈，开展法治宣传，进一步提振依靠改革促发展的精神动力。第三届检修工匠评选暨检修协力成立20周年庆典的成功举办。深化“践行共享理念、关爱一线员工”专项服务行动，完成矿业级项目3项。2020年，该公司在岗职工人均收入同比增长 14.41%，劳务职工收入增加了 16.4%。

（宋加海）

【辅助材料厂概况】 截至 2020 年末，辅助材料厂有全民在岗职工 132 人，其中，干部 52 人，工人 80 人。厂机关设四室一会，即党委工作室、生产技术室、设备室、综合管理室、工会。基层单位有钻具事业部、选矿服务事业部、机修事业部。主要生产矿用牙轮钻头、选矿用捕收剂、过滤布、托辊及零部件加工、维修、制造等。

产品、设备情况。有机械设备，如专用加工中心、数控车床、普通车床等机械设备 100 台（套）；普通车床、立式镗床等机械设备 50 余台（套）等。主要生产矿山专用钻头、钻杆、钎头，年生产能力达 6000 支；选矿药剂、低温药剂，年生产 6440 吨。各种选矿过滤机用工业用过滤布年生产 71280 平方米。

2020 年，辅助材料厂以科技进步为导向，以落实各项改革措施为重点，各项工作取得较好成效，申报了两项国家专利技术。“讲理想、比贡献”活动有 3 项获得公司三等奖。申报实施一项“四新”项目。研制开发 Q945-32R、Q1276-45T 钎头产品，与眼矿井下矿生产工序承揽单位签订了 Q945 钎头 6000 支销售合同，2020 年实现钎头销售 1500 支。KX632-216 型牙轮钻头的研发取得阶段性成果。全面贯彻落实矿业公司“推进两化融合，打造智慧矿山”的建设理念，完成钻具事业部两化融合项目。通过搭建物联网，实现对底层设备的感知；打通数据流，实现对生产流程的管控；创造优化模型，实现对钻具质量的追踪；协同供应链，实现对物料储备的保障。实现产品的设计、生产、设备、物耗、质量等全过程数据的集成统一。

退休社会化工作完成了 842 名职工档案移交。完成 290 名职工集体企业改制工作。协助辽鞍建筑总公司完成 2049 人和解协议签订及四联单发放工作。2020 年指标完成情况。2020 年实现销售收入 1.36 亿元，利润 1403 万元，创辅助材料厂成立以来最好业绩。

科技创新情况。坚持“一矿一品”产品研发策略，形成了 3 大类 4 个规格 7 个系列的钻头产品。KX735 钻头穿孔米道稳步提升，平均米道提高 10%，创效 400 余万元。针对齐矿和鞍千矿的极硬岩，研发了全密封轴承结构 K845A 钻头并形成批量生产，平均米道增加 10% 以上。完成了 Q1276B 和 Q945A 两种新型钎头的试验工作，首批 Q945A 型钎头 1000 支已投入生产。“牙轮牙爪新材质试验”项目通过公司认定和评审；井下矿柱齿钎头项目通过公司科技部评议，获得一项国家专利和一项鞍钢专有技术。捕收剂 TD-Ⅲ 和抑制剂 K6-2 组合，在选矿温度 5～35℃ 条件下，完成了实验室连选试验，提高了药剂在不同选矿条件下的适应能力，实现了技术突破，对选厂浮选现场条件及技经指标的改善起到积极作用。新型 K6 全应用完成了平行对比试验，精矿提高 0.38%，尾矿降低 0.69%，实现增利 200 万元。

产品外销情况。大兴安岭金欣矿业有限公司、攀钢矿业公司有关人员应邀到厂参观考察，为深度合作打下了良好的基础。建立《外销钻头装箱制度》，规范外销钻头的装箱流程，与中铁集团签订钻头外销合同，外销钻头 100 支，收入 108 万元。稳杆器和钻杆外销收入 64 万元。

改革改造情况。公司级“两化融合”项目——钻具智能制造系统项目正式启动。该项目的实施，在生产管理、工艺设计、质量管控等方面全方位提高钻头制造水平，钻头质量进一步提高，年效益 40 万元，节省消耗 10 万元，减少生产服务岗位 10 个。对于钻具未来发展规划，确定的目标是实现年产能 1 万支，做精做强钻头产品，走向国际市场。

（刁立宽）

【设计研究院概况】 鞍钢集团矿业设计研究院有限公司是国家级高新技术企业、省级企业技术中心和中矿协工程技术中心，具有冶金行业设计甲级、工程咨询甲级、工程勘察甲级、工程监理甲级等专业资质。截至 2020 年底有职工 272（在岗 238，居家职工 34）人，其中，各类专业技术人员 222 人，享受国务院政府特殊津贴专家 2 人，教授级高级工程师 8 人，高级工程师 54 人，工程师 147 人；研究生以上学历 49 人。拥有固定资产原值 7442.08 万元，净值 2647.54 万元。

2020 年，该院深入贯彻鞍钢集团、矿业公司的决策部署，积极克服专业人才短缺、内部板块专业发展不均衡和新冠疫情带来的不利影响，通过推进混合所有制改革、内部市场化改革等一系列举措，激发内生动力和企业活力，各项工作取得显著成绩。

疫情防控工作全面完成。坚决贯彻习近平总书记关于疫情防控和经济社会发展的重要指示批示，把疫情防控作为一项重大政治任务，统一步调、及时应对、有序防控，广大职工积极响应，做好自身防护，实现了全院职工无感染零病情。

综合改革任务全面完成。2021 年 1 月，公司完成了混合所有制改革工作，由国有独资企业转型为矿业公司相对控股，大型民营企业、国有上市公司和骨干员工参股的混合所有制企业。建立了公司制法人治理体系，实施核心员工持股，开展了组织机构、经营管理、人事薪酬的市场化改革，为打造具有竞争力的市场经营主体奠定了基础。

生产经营指标稳步提升。全年实现营业收入 7813 万元，实现利润 554 万元，利润总额同比增长 344 万元。

科技创新水平稳步提升。完成了“齐大山铁矿石工艺矿物学及可选性试验研究”“球团生产工艺优化研究与应用”“矿山废弃物综合利用技术研究”等 10 项科研课题，进行了磁化焙烧、干磨干选、“两化融合”等前沿技术储备，取得了受理专利 27 项，授权专利 18 项。获第 24 届全国发明展览会银奖 3 项、铜奖 2 项。

服务矿业能力稳步提升。编制了鞍钢矿业“十四五”发展战略和规划、鞍钢集团铁矿资源开发利用规划；开展了东烧厂难选矿磁化焙烧工艺技术升级改造、卡拉拉干磨干选工艺技术改造等前期准备，承担了齐大山铁矿智慧采矿建设和关宝山智慧工厂建设的总承包工作，完成了一批维简、技改、环保项目的勘察、设计及监理任务。

外部市场份额稳步提升。积极参与外部市场竞争，在巩固攀钢、包钢等传统市场的同时，开辟了惠州交投、海南矿业等新客户。全年新增外部项目 33 项，新增合同额 1261 万元，实现外营收入 922 万元，同比增长 120%。

企业管理能力稳步提升。加强安全管理，全年实现环境污染、人身伤害、火灾事故为零的目标；加强风险防控和合规管理，实现三项法律审核 100%；加强项目管理，严肃质量进度检查考核，全年无重大质量事故发生；获得了辽宁省“守合同重信用”企业称号。

职工幸福感稳步提升。完善绩效薪酬分配体系，实行员工收入与个人贡献相挂钩的联动机制；深入开展“践行共享理念、关爱一线员工”专项服务，实施暖气大修、办公楼外墙粉刷等专项工程，改善员工工作条件和工作环境；深化温暖工程，加大困难帮扶，全年发放救济金 3.84 万元；举办健身走、新春联欢会等形式多样、喜闻乐见的文体活动，参与人数达 1500 多人次。

（吴　凡）

【鞍钢矿山机械制造有限公司概况】 2020 年末，鞍钢矿山机械制造有限公司共有在岗职工 270 人，其中，干部 75 人（高级职称 6 人、中级职称 54 人、初级职称 15 人），工人 195 人。拥有固定资产原值 1.64 亿元，净值 0.69 亿元。厂区占地面积 20.8 万平方米。

2020 年，该公司面对疫情和资金极度短缺及产品价格下调等严峻形势，广大干部职工齐心协力、攻坚克难，以固本强基为根本，以改革创新为主线，全年实现销售产值 6.6 亿元，产量 11 万吨，利润 61 万元，完成生产经营目标。

科技攻关稳步推进。该公司多次召开科技攻关会议，对提高产品质量、新产品研发进行安排部署。东烧 HP800 衬板平均使用寿命从 244 小时提高到 271 小时，提高 11%；10 立斗杆工艺改进，使用寿命由 9 个月增加到 18 个月；齐矿破碎机完成图纸制作，部分备件实现销售产值 130 万元；ϕ20 球质量攻关，实现质的飞跃，基本达到国内一流水平。知识产权管理取得新进展。2020 年，共申报国家专利 5 项、专有技术 2 项。

设备改造持续提升。该公司为扩大生产能力及更新产品结构，减少安全隐患，加大了投资力度。投资 1000 余万元新建树脂砂生产线，淘汰落后的七〇砂生产工艺。投资 1000 余万元，完成了 5 吨电炉新生产厂房基础、大型结构件厂房等工程项目。投资 750 万元对主要设备铸钢 32 吨冶金、高低压配电室等进行了改造；投资 600 万元修建厂内排水沟渠及道路、车场，提高厂区防洪抗汛排水能力；投资 750 万元购置 5 台数控机床，并对 1 台数控机床进行改造。

基础工作得到规范。细化生产计划，以销定产、以产定料，降低存货资金，严格指标考核。建立关键设备备件储备制度，减少设备故障停机，实行设备点检通报制度。对工程管理流程进行梳理与优化，强化工程订单的全过程监管，全年共计承揽维修项目130余项，维修金额3400万元。强化质量管理，规范工艺70项，完善技术规程11个。强化现场工艺纪律跟踪，全年考核2.9万元。加大对原材料检查力度，全年处理质量异议7次，对3家供应商进行停止招标准入，对5家供应商进行处罚5.76万元。强化安全检查，全年检查50余次，考核318人次，处罚3.02万元。强化新冠疫情防控工作，成立领导小组，制定各项防疫规定。

企业管理取得成效。修订完善公司章程、董事会议事规则和总经理议事规则。压缩机关编制5.6%，管理技术岗位由72个精减到68个，清理劳务用工53人，降低劳务费176万元。实施班组“契约化责任承包制”管理，授予班长用工权和工资分配权，把人数、工资、材料费、备件费、电费及质量产量等指标都下放到班组，实现“包干奖罚”“多效多得”，实现整体效益最大化。2020年，该公司对钢球作业区ϕ20球班、铸钢作业区炼钢班、制检作业区土建班3个试点班组，实施了契约化责任承包制管理，职工的工作积极性得到提高，产量和产品质量得到稳步提升。厂办大集体改革全面完成。退休人员社会化档案和党员组织关系移交率均达100%。

职工利益得到保障。该公司坚持以人为本，改善职工作业及休息环境，关心关爱职工。扩建大门外道路、维修厂区道路2万平方米，新建人行道路及停车场5000平方米，减少了厂区内二次扬尘以及解决了停车难的问题。开展“送温暖”活动，对困难职工救助24人次，共发放救济金额2.53万元。丧事补助11人，救助金额1.12万元。为死亡职工献爱心捐款2.86万元。为全体职工办理生日餐卡3.59万元。组织51名职工到鞍钢天座进行健康疗养。

（李　辉）

【鞍钢矿山汽车运输有限公司概况】 2020年末，该公司总资产1.67亿元，净资产1.19亿元。厂区占地总面积4.87万平方米，房屋建筑面积1.52万平方米。有各种运输设备683台，其中运行634台，载重吨位8568.19吨。公司在岗职工380人，其中，干部岗位69人，工人岗位311人；高级职称3人，中级职称25人，初级职称37人。机关设七部一会，基层单位有6个运输大队、1个危化运输大队、1个检修中心。该公司主要从事汽车运输、汽车修理、土石方工程、吊装工程。

2020年，矿汽公司认真贯彻落实矿业公司第一次党代会和矿汽公司第三次党代会精神，结合生产经营实际，以“谋改革、求发展”为主线，以落实经营责任为重点，积极实施精品服务战略，坚持“重安全、强服务、拓市场、降成本、增效益”的工作方针，克服了运输价格持续低位运行、人工成本不断攀升、车辆治超限载、“公转铁”活源减少、汽柴油价格持续上涨、小型车亏损运营等诸多不利因素，攻坚克难、开拓进取，经过全体职工的共同努力，较好地完成了年初职代会确定的各项工作目标。

2020年，公司完成运量748.54万吨；实现营业收入2.44亿元，利润1163万元，分别比上年增长28.42%、885.59%；职工收入实现大幅增长，是职工收入增长较快和得到实惠较多的一年。

该公司积极开拓市场，实现收入稳步增长。针对年初市场波动大、活源不足等难题，公司积极协调、找市场、拓活源，生产经营工作稳步推进，拓展尾矿坝运输项目、海城至东烧镁石运输项目、调选至灵山站精矿运输项目、弓选至北营钢铁精矿运输项目、眼矿至关宝山矿石运输项目、弓长岭地区运输项目、逐步稳定矿机厂球锻配送业务。加强鞍钢股份运输市场的开发，不仅吊板、活性灰运输和蒸汽、吸污车活源得到增量，而且对于具有较强竞争能力的核心业务危化品运输，在原有焦油、粗苯、高温沥青等运输项目稳步增量的基础上，扩大了本钢焦油、本钢粗苯、通钢焦油运输规模，为公司创效奠定了良好的活源基础。

该公司统筹兼顾，开展降本增效活动，结合工作实际、统筹规划、注重实效、协调推进。一是把开展降本增效活动与日常工作结合起来。年初公司从严从紧抓好计划的核定与分解落实，生产成本实施定额控制，其他可控费用实施限额管理，燃油、备件、材料和轮胎消耗指标层层分解落实到机台和岗位。二是科学调度，优化生产组织，与安全、经济、稳定的生产秩序结合起来。加强沟通协调，合理配置，强化回程配货，降低空驶率，部分大队以吨计价考核职工工资，促进职工积极性，最大限度提高单车运输能力，不仅圆满完成了各项运输任务，还将运营成本压缩到最低。三是优化配置与推进精益管理，提高管理效率结合起来。按矿业公司精简编制要求，结合生产经营实际需求，推行司机岗位的“一人双机”“一机双线”、修理岗位的“多面手”作业和管理技术岗位并岗兼职等方式，提高工作效率。四是全员参与，开展创新活动。紧紧围绕公司生产经营的重点难点，充分调动广大职工创新积极性，2020年职工创新项目立项9项，如粉粒物料运输车震动布改造、客车发动机进气管路改造、四节举升缸缸套的修复工艺等，年创效43.52万元。

该公司加强管理，夯实企业经营基础。一是加强运行管理，提升设备设施状况。强化计划维护和检修过程质量控制，全年车辆返修率为零；共检车4740台次，参检率96.93%；合格设备4641台次，合格率94.91%；共处罚42台次，奖励星级设备200台次，有效激励了职工维护设备的积极性。二是严密管理制度，严抓考核落实。根据公司生产经营条件的变化及提升管理水平的要求，及时对规章制度进行完善、修改和补充，新修订各类制度23个。

（潘　登）

【供销公司概况】 2020年末，供销公司在职职工265人，其中，在岗249人，列编外1人，居家15人。公司下设综合管理室、计划招标室、设备采购室、材料采购室、原燃料采购室、销售室、储运管理室、纪检监察室、弓长岭总站9个职能部门。储运管理室下辖6个库房和区域供应站；弓长岭总站下辖4个库房和供应站。

2020年，该公司紧紧围绕矿业公司总体战略部署，以持续构建采购质量效益新模式为中心，以“阳光、降本、安全、高效”为目标，克服了新冠疫情带来的不利影响，充分发挥保供服务和物资管理职能作用，夯实基础、优化职能、深化改革、创新管理，全年完成生产、维修物资采购21.59亿元，维简工程物资采购1.41亿元，全面完成了矿业公司各项财务指标。实现轻伤以上人身事故、设备事故、火灾事故为零的目标。

2020年，该公司在做好保供服务的基础上，积极推进性价比采购工作，努力实现采购综合效益最优。

疫情保供取得了新突破。年初，新冠疫情突然而至，面对防控物资采购缺口大、在线生产物资原料及供应运力紧张等困难，专业室、招标室一方面迅速与供应商、电商平台沟通协调，积极收集和利用各种信息资源，在采购渠道受限的情况下，采购到紧缺的消毒液700桶、各种类口罩7.5万个、护目镜336个、面具4000个、防毒过滤棉12.4万片等防疫用品，缓解了燃眉之急，保证了矿业公司防疫物资需求。另一方面，利用微信、电话等方式对404家供应商进行全面排查和综合评估，重新优化采购策略，加强市场研判，密切关注疫情风险，克服矿山厂矿分散偏僻、线长面广、运力受阻困难，应急采购耐腐蚀泵、选矿药剂等在线生产物资，确保了矿业公司疫情期间生产稳定顺行。

降本增效取得新成果。按照矿业公司总体要求，全体专业人员迎难而上，抢先抓早，着力推进降本增效。各专业采购室积极优化采购方案，扩大公开招标范围，形成了充分竞争局面；原料室优化煤炭采购品种，创新使用方式，实现降本增效3348万元；销售室通过制定关联方管理方案，提升了内外部协同能力，拓展了多元化营销模式，全年销售矿产品552.8万吨，实现增效1.7亿元。通过全体专业人员的共同努力，全年合计实现降本增效2.09亿元，超计划完成1.43亿元。

管理改革实现新提升。转变管理职能定位，精心设计并精准实施了“5+1”供销模式，实现了集中管控与系统实施的深度融合，供销公司专业计划员与厂矿对口的计划员在采购管理上“点对点”对接，做到了采购全流程的“一站式”服务，使采购更加快捷、高效。在队伍建设上，实施全员竞争竞聘上岗，提升了人员与岗位匹配度，全面激发了人力资源活力，有10名80后年轻干部走上了副科级以上的管理岗位。

管理职能得到了新体现。定期对物资采购方面的廉洁风险进行分析研判，强化了三个层级的有效监管。管好厂矿，坚持“放管结合”的原则，精准下放了采购权限，强化了对厂矿授权采购的监督、考核和数据分析；围绕厂矿物资消耗、电商采购等重点领域组织开展专项监督检查，着力发现并整改在物资采购管理方面存在的问题，持续推进了库存有序流动，库存资金环比降低了2000余万元。管好内部物管人员，从工作质量、工作效率、劳动纪律等多个维度考核96人次，23.95万元；管好外部供应商，对延期交货、不执行中标结果的供应商实施考核，处罚供应商187家，其中延期付款18家，警告169家。通过强化监管，促进了保供能力的有效提升，推进了物资采购管理阳光、高效。

基础管理得到新加强。强化制度建设，先后完善矿业公司层面制度 14 项，完善供销公司内控制度 50 项，对岗位说明书和岗位职责进行了重新修订，持续提升了风险管控水平。实施预估招标，对厂矿近六年的消耗进行大数据分析，确定了预估采购方案，固化到 SAP 系统，提前进行招标采购，确定渠道、价格，减少了招标次数，实现了矿业公司计划数量的共享，持续提升了矿业公司物资精细化管理水平。强化采购管理，优化了审批流程 15 个，压缩了内部全流程的审批时间；优化和公开进口备件采购周期，对进口备件的采购方式、采购周期等进行了全面梳理，将采购周期缩短 10~25 天。

地企融合工作取得新进展。按照鞍山市和矿业公司总体部署，以优质供应商为对接对象，搭建平台、引进资源、整合发展，共建了高质量供应链、产业链，为地企整合提供了充足动力，为助力鞍山经济高质量发展贡献了力量。目前，签约供应商 51 家，已有 18 家在鞍山市完成新供应商注册，与矿业公司新签订采购合同 1826 万元。

（惠书昱）

【质量计量中心概况】 2020 年末，质量计量中心共有在职职工 350 人，其中，干部 38 人（高级技术职称 5 人，中级技术职称 25 人，初级技术职称 7 人），工人 312 人；居家职工 34 人（含干部 1 人），列编外职工 1 人，退休职工 476 人。该中心机关设五室一会（党委工作室、综合管理室、质量管理室、计量管理室、生产技术室、工会）和东鞍山检查站、大孤山检查站、齐选检查站、齐矿检查站、鞍千检查站、关宝山检查站、输出产品检查站、环保监测站、检定室 9 个基层站室。拥有固定资产原值 6453 万元，净值 2008 万元。主要设备有：轨道衡 8 台，汽车衡 11 台，皮带秤 6 台，荧光分析仪 11 台，化验（取制化）设备 630 件。

2020 年，质量计量中心以党的十九届四中、五中全会精神和习近平总书记系列讲话为指导，深入贯彻落实公司各项工作部署，积极克服新冠疫情带来的不利影响，坚持“精准把关、高效服务”的工作要求，保质量、增效益，促改革、抓落实，全面完成年度目标任务，各项工作取得新成绩。

生产经营任务全面完成。2020 年矿业公司铁精矿、烧结矿、球团矿三大输出矿产品 6 项质量指标全面超计划完成，完成化学法检测件数 95.24 万件，荧光检测件数 21 万件，正检率为 100%，化验抽查合格率为 99.12%，过磅量 4100 万吨，过磅率 99.78%；环境监测率达 100%，质计量等各项收费 4403 万元。

质量管理水平稳步提升。认真落实质量管理工作责任，强化质量绩效考核，使公司质量管理水平进一步提高，输出矿产品“两率”指标始终保持在较高水平，实现质量增效 4476 万元。围绕公司生产经营目标，组织开展了公司质量月和全面质量管理小组活动，增强了职工的质量意识，一些质量问题得到较好解决，为公司全年质量目标的完成奠定了基础。加强与铁化沟通，通过指标再验、联合取样等方式，确保了矿产品输出顺畅，用户满意。中心内部加大荧光分析仪设备使用率，使中心检验能力有所提高。加大取制化督察、抽查监管力度，职工规范化操作水平显著提升。

计量管理工作取得新进展。严把矿产品输出计量关，强化日常计量数据管理。及时对中心所属 7 台汽车衡和 6 台皮带秤进行检定，保证了计量设备的准确性。东烧汽车衡迁建工程竣工投产，基层厂矿采购物资计量可控性进一步增强。规范矿石运输计量流程，加大在线监控、装车及磅单抽查力度，确保矿产资源不流失。对齐选原矿轨道衡进行升级改造，实现了远程计量无人值守功能。

外销矿产品质计量业务高效完成。2020 年 3 月公司矿产品开始外销，鞍山地区外销矿质检和计量均以质计中心为准，对此项新增业务，中心克服人员短缺、汽运外销车车取样、空车和重车两次计量、绝大部分夜间输出、质量异议增加、计量设备故障率升高、质检和计量管理风险加大等实际困难，通过强化取制化和计量管理、加大取制样督察和化验抽查力度、规范数据传输工作、加强计量设备维护和抢修等，发挥中心最大潜力，较好地完成了外销矿产品的质检、计量及结算工作。鞍山地区 6 个单位铁精矿和烧结矿外销 32193 车，总量达 188.96 万吨。

安全环保平稳有序。严格落实集团“四个一

刻也不能放松”和“五清五杜绝”要求，落实安全责任逐级包保，深入推进安全标准化作业区创建工作，驻大孤山检查站晋级矿业公司“安全标准化星级作业区”。严格隐患排查治理，建立中心、站室、班组和岗位四级隐患排查体系，及时发现和处理各类隐患76项。完成了对重大安全风险重新辨识评估，首次转移处置化学废液2140千克，为实现中心废液零排放目标、提升中心环保管理水平创造了条件。

改革管理扎实推进。推进“取制化一体”操作改革，开展药剂检测及矿产品检测实际操作培训，药剂检测、化学法检测4个生产站提前完成第二阶段培训计划。按化学法操作的比例计算，中心“取制化一体”完成57.21%，超额完成公司50%目标。完成了劳务工减员20人的改革任务。分别对东矿化验室、活性灰化验室、齐矿采场化验室、齐选电子秤维护岗位进行整合；对部分计量岗位合并，进一步减少计量工比例，达到人员和设备资源共享，缓解人员紧张问题。配备基层站室专职调度，提升站室安全生产管理水平。

基础管理不断夯实。加强制度建设，按照公司“立、改、废”工作要求，修订规章制度40项。提高政治站位，扎实做好新冠疫情防控工作，统筹推进疫情常态化管控和各岗位人员值守，中心职工无感染、零疫情。攻坚克难，圆满完成了退休人员社会化工作任务。强化劳动纪律考勤和日常检查，恢复刷脸考勤。中心聘任了5名高技能人才。中心职工技能培训和考试，获得中心级技术状元3名，技术能手25名；获得公司级技术状元1名，技术能手7名。

环境监测工作取得新进展。按照公司环保工作要求，对各厂矿废水、烟气、烟尘、噪声及厂区空气质量进行监测，共监测分析数据6480个，监测率达100%，完成了各厂矿粉尘、噪声、二氧化硫、废水污染物的应急监测任务，及时准确地提供了监测数据。

思想教育工作扎实开展。坚持把学习贯彻落实习近平总书记重要指示批示作为首要政治任务。中心党委理论学习组把学习党的十九届四中、五中全会精神和《习近平谈治国理政》（第三卷）作为重点内容，采取个人自学、集中学习等形式深入开展学习研讨。各党支部采取“三会一课”、班前5分钟教育等多种形式，认真组织党员干部职工学习，确保学习进站室、进班组、到人头。全年下发宣传提纲29期，其中4篇宣传提纲在矿业公司评比中获奖。同时，各党支部组织党员开展重温入党誓词活动、党建知识竞赛等活动共计5次。为全体党员购买学习资料和学习笔记，全面掀起理论学习热潮，促进政治理论学习往实里走、往深处走。

党支部战斗堡垒作用充分发挥。以提升组织力为重点，完善基层组织建设、夯实基层工作基础。强化组织建设，2020年7月，组织召开机关党员大会进行换届选举，将原来3个党支部整合为1个机关党支部，选举产生新一届支部班子成员，推动了基层党组织建设不断完善。强化制度建设，围绕打赢疫情防控阻击战、强化外销矿产品质计量过程管控，中心党委结合实际制定了党建工作制度16项，为夯实党建工作基础、促进党建工作与中心生产经营工作深度融合提供了制度保障。强化工作责任，组织开展“三深入、两服务”活动，通过深入基层站室、深入一线班组、深入职工生活，切实做到服务好安全生产经营、服务好职工群众，全年为基层站室解决实际问题6项。

职工群众获得感显著提升。深化“践行共享理念、关爱一线员工”专项服务行动，为基层站室配备净水器等设施，职工作业条件和福利设施进一步改善。发展成果惠及全体职工，在岗职工收入进一步增长。关注和帮扶困难职工，救助职工134人，走访慰问93人次，全年发放救济金和慰问款8.73万元。

（洪　冰）

【教培中心概况】 截至2020年末，鞍钢矿业教育培训中心在岗职工55人，其中，管理和专业技术岗位人员50人（高级技术职称22人，中级技术职称25人，初级技术职称2人，无职称1人），生产和服务岗位人员5人。下设党委工作部、综合管理部、教学管理部、学员管理部、技能实训部、工会6个部门。中心占地面积8.2万平方米，建筑面积3.2万平方米，拥有固定资产原值3925.2万元，净值917.8万元，具有一流的教学设施和实习基地。

该中心是矿业公司职工教育培训品牌基地，集企业职工职业技能培训、职业技术教育于一体，于1964年建校，1996年晋为国家级重点技工学校，于2017年更名为矿业公司教育培训中心，是鞍山市安全技术培训中心培训基地、鞍山市特种作业人员考核基地、辽宁省冶金技工教育培训集团成员校、中华全国总工会命名的全国职工教育培训示范点，具有丰富的教育培训经验，开设有党建培训、管理培训、企业文化、安全培训、矿山设备机械检修、矿山设备电气检修、大型车运用与维修、电力机车运输、皮带运输、挖掘机司机、牙轮钻司机、采矿工艺、选矿工艺、烧结工艺、球团工艺、焊接加工、铆配技术、机械加工、计算机应用等矿山特有专业和通用专业培训。

2020年教培中心教育培训采用线上线下双线推进，实现逆势上扬。完成鞍山、弓长岭两大区域106个培训项目，组织239个培训班，培训11451人次，累计5380学时。为矿业公司各类培训、考试22224人次提供教学、管理、服务工作，全面超额完成矿业公司培训工作考核指标。教学组织管理有力有效，教学环节、教学纪律、教学秩序得到保证。学员管理与服务完善，学员出勤率达标，无投诉，学习秩序良好。

（陈禹廷）

【生产服务中心概况】 2020年末，生产服务中心有在职职工173人，其中，在岗干部79人（高级职称21人，中级职称43人，初级职称11人），在岗工人94人；退休人员520人。该中心下设四室一会（生产室、设备室、综合管理室、党委工作室、工会），9个基层单位。固定资产原值11980.59万元，净值4434.41万元。该中心负责矿业公司的食堂、绿化、保产保洁、公务用车及维修、生态修复与土壤改良等工作。

2020年，生产服务中心干部职工以习近平新时代中国特色社会主义思想和党的十九大、十九届四中、五中全会精神为指导，认真落实公司工作部署，深入推进各项措施落实，各项工作全面提升。

经营指标全面超额完成计划。全年经营收入12900万元（剔除公司分析考核的因改革压缩产业项目165万元）；成本费用11884万元，比计划降低8%；利润完成785万元，比计划超63%；各类事故为零，实现安全生产持续稳定；食品污染、中毒事故为零，实现了食品安全。盐碱地改良为基本标准农田1131亩；水稻种植925亩，比上年增加138亩。水稻亩产平均322千克/亩，比上年提高51千克/亩。生产抑尘剂13319吨，喷洒抑尘剂365.6万平方米，生产复合油相2380吨，满足了公司生产需要。各产业单元经营效果显著提升。食堂产业的三个单元服务费签证100%，服务满意率100%。保产产业的两个单元服务费签证100%。除正常保产任务外，临时突发任务19次，服务满意率100%。绿化产业服务费签证98%，服务满意率100%。公务修理产业服务费签证100%，服务满意率100%，圆满完成业务外维修任务。采购供应站物资保供率98%，采购成本降低5.07万元。

以服务业为主、多种产业协同发展格局基本形成。中心认真落实公司发展多元产业的战略部署，积极推进经营业务拓展。在做精保产服务和食堂生活服务的同时，做大排岩场、尾矿库绿化复垦生态修复产业，专业化管理水平和产业化经营水平有了新提升。做强抑尘剂生产、喷洒和复合油相生产产业，现已具备了规模化、拓展化的条件。做优铁尾矿改良盐碱地和种植水稻的绿色农业工程产业，建立了配套的改良技术标准体系及管理模式，具备了市场化经营的条件。启动了矿山废石尾矿成分分析及应用研究，进行了尾矿再选有价矿物实验并取得成效，实现了多元产业规模化发展良好开端。

改革工作进一步深化。推进专业化改革，实施多元产业科研攻关，与外部科研团队合作开展盐碱地改良、矿山碎石多样化利用新技术及绿化复垦技术研究。打造盐碱地改良利用产业平台，实行1+1改良管理模式和公司+农户+监理经营模式，缩短改良周期，降低改良成本。实行市场化绩效考核，突出业绩、贡献、技能分配。优化人力资源管理，科学定岗定员，食堂产业选聘项目包保人员进入中心内部人才储备库。参与关宝山165米排岩场绿化复垦工程具体实施工作，为落实双鞍融合推进绿色矿山建设作出了贡献。制定完成了矿山生态复垦产业、绿色农业工程产业、矿山副产品和固废物资源化综合利用业务改革工作和退休人员社会化管理移交工作。

疫情防控取得显著成效。中心认真落实公司疫情防控工作部署，领导高度重视，建立了防控疫情组织机构，落实多层级防控责任机制。建立检查和信息网络，定人定岗定时检查和汇集信息，做到不漏一人，全覆盖。防控物资精细到位。中心提前做好安排，采购发放了口罩、消毒液、体温测量仪、餐食回收桶、职工就餐餐盒，调整食堂堂食时间和桌椅，落实一人一桌，保证了职工疫情防控和就餐需求。加强疫情防控时期食品安全，调整食谱，做好食材采购和储备。严格落实生鲜冷链食品把关和溯源管理，建立了食品安全链管理机制。

安全生产持续稳定。强化各层级安全第一意识再教育。两级班子重点进行提高政治站位，把安全工作作为政治任务、政治责任的教育。各级管理人员进行安全尽职尽责的教育。全体员工进行增强安全意识、提高安全技能和遵章守制的教育。使安全教育入脑入心，更加有效。强化区域安全一体化管理。针对区域安全管理存在的问题，按“五清五杜绝”要求，创新区域安全管理体制机制，实行无差别高度融合的区域安全一体化管理模式，较好解决了区域安全关系不清、责任不明、安全措施不实的问题。强化安全责任，完善了安全包保责任制度，基层单位签订责任书，班组实行安全包保，岗位实行安全互保承诺，部门实行一岗双责。强化多形式、多层次、全方位安全隐患查改，全年检查隐患959项，整改959项，开展专项治理49次，治理重点问题70个。完成了生态园电力系统升级改造立项。举办安全讲座、培训117次，5815人次参加，演练92次。强化安全标准化建设，中心所有服务（作业）区经复查验收全部达到公司星级安全标准化作业区。落实消防措施，全年实现火灾事故为零。

生态修复和盐碱地改良技术研究取得新成果。完成盐碱地改良科研课题5项，达到国内同行业领先。完成生态修复科研课题1项。完成矿山爆破、采矿、选矿动态抑尘技术研究申报立项工作。开展盐碱地改良关键技术攻关6项，申报专利8项。为铁矿山生态修复的规范化、长效化和盐碱地改良探索了新路径，提供了技术新方案。

经营管理水平有了新提升。建立完善以财务为中心，把办公、设备运行、物资管控、人力资源、食堂信息等系统整合为一个集中管控平台，实现了成本实时管控。完成了食堂售卖系统升级改造和新增监控系统立项，提高了信息化水平和管理效率。全面推行精细化管理，汽柴油管理由过去一车一卡分散管理改为集中管理，降低了油料消耗。开展规章制度立、改、废，承接制度44个，制定内部制度21个，修改14个，废止6个，形成了适应市场化经营的规章制度体系。强化全面风险管理，对3个风险项目进行辨识评估并采取防控措施。加强法治建设，建立完善法治工作机制，对82项经济合同、44个规章制度及重要事项进行了法律审核，确保了依法合规经营。各产业单元经营管理能力不断增强，食堂产业开展的以打造品牌为引领的管理升级活动取得显著成果。编写的9个方面内容的职工食堂管理手册，体现了中心食堂管理理念、管理方式、管理机制的创新，为企业职工食堂科学管理提供了中心方案。中心的“铁矿山排岩场尾矿库生态修复产业化管理”创新成果获鞍钢唯一的辽宁省管理创新成果一等奖，实现了新突破。

党建工作持续提升。夯实党建基础工作，修改完善党建规章制度13项。开展基层党支部基础建设，制定《“2+1”党支部党建工作考核评价办法》，每月下发党群工作安排，召开党支部书记工作例会。推进支部带头人队伍整体优化提升，调整充实党支部书记4人，开展支部连线活动，解决职工关心关注问题15个。强化组织活力，发展党员2人，在项目包保人员中发现和培养入党积极分子6人，开展党员培训500余人次。围绕落实鞍钢打好生存保卫战十项措施，组织开展两次党内主题系列活动，充分发挥了党支部战斗堡垒作用。加强机关作风建设，制定实施机关创建样板部门考核评价办法，促进机关作风转变。“筑牢根与魂，以高质量党建引领高质量发展”党建课题成果获得矿业公司一等奖，完成鞍钢级共产党员工程1项，获矿业公司共产党员工程三等奖1项。

加强领导班子建设，明确领导班子分工，中心班子向心力和凝聚力明显提升。健全人才使用评价机制，充分利用组织选拔、竞争性选拔等方式，交流调整干部35人次，组织选拔干部10人，外部招聘3人，竞争上岗1人，并进行了集体谈话和廉洁谈话。落实干部培训制度，组织干部参加各类培训300余人次。落实档案规范化管理要求，接收管理干部人事档案70份，完成交流提拔干部人事档案专项审核工作。

文化建设扎实推进。加大宣传报道力度，发布《中心快讯》29期，在《鞍钢日报》《矿业报》等媒体发表各类报道14篇。

落实“两个责任”，组织签订《党风廉政责

任状》《“一岗双责”承诺书》和《廉洁承诺书》。积极落实上级巡视、巡察整改任务，对照4张问题清单，制定整改措施263条，实施“销号”式管理，整改完成率100%。开展“靠钢吃钢”和群众身边腐败问题专项整治工作，切实维护了职工群众利益。发挥专项监督作用，开展汽柴油消耗、废旧物资回收、安全管理再监督和电商零星采购专项监督检查6项。

推进“践行共享理念、关爱一线员工”专项服务行动，完成矿业公司级项目1项、中心级项目4项。开展“云闪付”推广系列活动，注册职工922人，注册率达98.7%。双增双节、修旧利废活动创效55万元。实施困难职工动态管理，重新制定救济管理办法，救济困难职工157人次，发放救济金11.22万元。大力推进技术大练兵活动，获得矿业公司级技术状元2人、技术能手29人，中心级技术状元1人，技术能手4人。食堂产业创新工作室被命名为2020年矿业公司职工创新工作室。4名职工在2020年辽宁省“匠心杯”职工技能大赛中取得较好成绩。

（邸万雷）

【弓长岭露天矿概况】 2020年末，弓长岭露天矿共有在岗职工822人，其中，干部121人，工人701人；干部岗位高级职称8人，中级职称67人，初级职称41人。矿机关设四室一会，基层设11个作业区，主要装备有牙轮钻机15台、电铲30台、生产汽车35台，工程机械设备35台，干选生产线3条。

2020年，面对新冠疫情和严峻复杂的安全生产形势，该矿通过优化生产组织、调整生产布局等综合措施，输出矿石1047.2万吨，超全年计划2.2万吨，再次刷新了铁矿石生产历史最高纪录。在矿石开采难度日益增加、创效空间日益收窄的情况下，完成考核利润26354万元，超下达计划4454万元。该矿的业绩得到了上级充分肯定，并获得了鞍钢集团先进单位称号。

持续强化安全环保工作，实现了全年人身责任轻伤以上事故、重大设备、火灾事故为零的目标。制定了严格的新冠疫情防控工作措施；制定、完善安全管理制度17项，增补安全生产职责18项；申报的标准化作业区和班组全部一次性通过审核。排查整改安全隐患和问题547项；治理采空区面积6.3万平方米，完成边坡失稳治理量498万吨；完善危化品档案清单60项，排查整改环保隐患23项；按期完成了机关锅炉房煤改电工作。

持续强化生产能力建设，何家采区西扩优化设计取得重大进展，为项目实施奠定了坚实基础；中茨区域境界优化工作全面完成；实施了大砬子采区内排岩石计划，排土场容积不足的压力得到有效缓解。全力推进选矿工序前置工作，独木新建干选系统全面建成，进入试车阶段；何家新建干选项目及独木、何家干选改造前准工作有序推进；何家采区248米一线贮矿场扩充工作全面完工，日输出能力提升至5600吨。

大力推进设备保障能力建设，在矿业公司采矿单位设备管理综合评价中继续保持了排名第一的好成绩。一年来，该矿修订、完善设备管理制度33个；重新拟定设备管理核心业务审批流程50个；重新修订了牙轮钻机、电铲专业点检标准，建立了穿采设备“分级、分类”管控新机制。

全力推进法治矿山建设，“两避让一收购”方案得到严格执行，配合上级公司完成了采矿许可证办理工作；修订制度74项、岗位说明书117项；生产服务岗位定员、班组长津贴等得到全面规范，劳务用工问题得到有效解决。制定完成了“2+2”综合改革方案，在采矿作业区实施了市场化改革。加强职工培训工作，组织矿业公司及鞍钢集团公司培训班14个、三类培训班71个；申报“鞍钢英才计划”技能拔尖人才1人、技能骨干3人，评聘高技能人才18人。按期完成了退休干部档案整理工作。

持续推进技术创新，实施研究项目3个，实施科技创效项目4个，创效1673万元；申报鞍钢重大合理化建议技术改进项目8个，累计创效4540万元；申报专利7项，被国家专利局受理4项，授权3项；获得鞍钢认定专有技术成果1项。董研劳模创新工作室被鞍山市总工会命名“鞍山市劳模创新工作室”。

落实共建共享理念，组织开展了“补点检短板、促效率提升”、成本极限挑战赛等生产竞赛活动，完成双增双节620万元，征集先进操作法15项；4名职工获得鞍钢技术能手称号。持续提升职工群众生活水平，职工人均收入较2019年增长15.5%；救济困难职工213人次，实现了全部职工解困脱困目标。

（黄景君）

【弓长岭井下铁矿概况】 2020年末，该矿有在岗职工507人，其中，管理和专业技术岗位111人（高级职称14人、中级职称64人、初级职称10人），生产服务岗位396人。机关设生产技术室、设备室、综合管理室、党委工作室、工程指挥部和工会“四室一部一会”，下设中运、综合、中茨、西北、+80米、-280米东和-280米西7个作业区。拥有固定资产原值158128万元，净值36596万元。矿区占地面积4.916平方千米，建筑面积29353平方米，设备总台数1736台。

2020年，井下铁矿在矿业公司的正确领导下，认真学习贯彻党的十九大和十九届三中、四中、五中全会精神，以习近平新时代中国特色社会主义思想为指导，紧紧围绕鞍钢集团第二次党代会、矿业公司第一次党代会提出的中心任务，积极践行新发展理念，全面推进综合改革，加大科技创新力度，加快提升产量规模，努力克服新冠疫情防控、爆材停运停用等外部因素影响，实现了生产经营各方面工作上水平。

疫情防控措施落实精准到位。新冠疫情发生后，该矿积极贯彻国家、省市和两级公司疫情防控要求，迅速成立了疫情防控指挥部，制定下发了《新型冠状病毒肺炎突发疫情处理应急预案》和《关于进一步做好新型冠状病毒肺炎疫情防控工作的通知》，整合微信群、即时通、企业微信、电子屏等资源，第一时间建立了全覆盖、无死角的线上线下信息通道，及时传达上级文件精神、疫情发展情况和新型冠状病毒防疫知识。针对在弓矿区域井下铁矿独特的用工方式，人员结构相对复杂，相关方队伍外来人员较多，人员流动性大、管理难度极大的实际，一是强化主体责任，与相关方签订《疫情防控承诺书》，共同抓好措施落实。二是对办公室、会议室、交班室、浴池等人员密集场所进行全面细致的常态化消毒。三是在职工出入部位设置疫情防控站，进行体温测量，检查口罩佩戴情况。四是利用大数据工具对职工出行情况进行实时管控。

生产经营指标再创新高。面对新冠疫情和节假日、国家重大政治活动期间爆材停运停用影响，该矿积极落实生存保卫战十项措施方案。强化内部生产组织，超前制定生产保产预案，加强采场准备，加快中深孔爆破和采场循环调整，增加了矿源储备；强化采掘重点部位，加强西北作业区中深孔采矿，80米作业区125米、110米水平和中茨140米、133米水平掘进，加快-280米东作业区采场改造，实施80米作业区斜坡道保产增产工程，有效提升了矿石生产能力；强化采空区处理，完成了西北5507采空区、中茨下含铁带240米采空区的硐室爆破，在保证安全的同时，提高残矿回收量。特别是狠抓箕斗提升系统的生产效率，千方百计满足矿石输出需求。全年矿石入选量完成547.8万吨，其中，自产矿石完成257.8万吨，超产2.8万吨，创历史最好水平；报表利润5171万元，比计划增利2661万元，创历史最好水平。该矿被中国冶金矿山企业协会评为第七届冶金矿山“十佳厂矿”。

安全生产实现长周期稳定。围绕实现安全“双无”目标，该矿深入落实安全生产责任制，坚持领导带班下井，强化现场安全检查，加强职工安全教育，开展危险因素辨识，按照“四个统一”原则加强对相关方的安全监管，全年累计排查各类隐患问题1888项，考核罚款3.19万元，隐患整改率达到百分之百；落实安全激励机制，全年奖励“星级标准化作业区”17.9万元，奖励“安全标准化星级班组”5.7万元，为43名退休职工发放安全终身成就奖12万元，发放安全兑现奖励44.76万元；严格落实“五清五杜绝”管理要求，实现了检修作业安全受控；贯彻绿色发展理念，加强露天采场、排土场和运输道路洒水抑尘，栈桥噪声治理和污水治理，进一步规避了环保风险。全年实现轻伤以上事故为零，重大设备事故、火灾和环保事故为零。

深化改革企业管理进一步加强。该矿按照矿业公司“3+2+N”综合改革要求，以“提升效益，提高效率”为中心，以变革创新为主线，以实现企业多创效、职工多挣钱为原则，以技术升级为支撑，以契约化管理为手段，制定了《井下铁矿综合改革实施方案》，通过实施优化人力资源配置等6项改革措施，初步形成了内部微市场化经营模式，切实增强了内在活力、发展动力和抗风险能力；构建市场化薪酬分配机制，制定了《市场化经营绩效与薪酬评价考核办法》，通过“强激励、硬约束、严考核”，有效激发了管理者的工作热情，充分调动了生产操作者的积极性和主动性；开展高技能人才等级序列评聘工作，职工队伍整体素质进一步提升。

2020年，井下铁矿党委在矿业公司党委的正确领导下，认真学习贯彻习近平新时代中国特色社会主义思想，以党的十九大精神为统领，围绕中心工作，充分发挥“三个作用”，为该矿成功抗击新冠疫情，完成全年生产经营目标提供强有力的政治保障。

党支部建设取得新成果。全面开展“强基础、学规范”活动，不断提高党支部工作规范化水平。坚持每半年党委研究党建工作，每季度检查评比总结党支部工作，每月召开党群工作会议，确保党建工作科学化规范化运行。按照“提高标准，强化特色，发挥作用”的原则，加强党支部基础建设，使更多党支部晋位升级，综合作业区党支部被评为鞍钢党支部工作示范基地。抓细抓实主题党日活动，开展了“厉行节约，反对浪费”“我是党员我守信践诺”等主题党日活动，丰富了党内组织生活。

干部队伍素质得到进一步提升。一是优化干部队伍，开展了工程等级序列评聘，调整交流组织选拔16人，8名80后年轻干部走到关键岗位，做到人尽其用，人岗匹配。二是构建职工成长平台，制定下发《关于开展“守正创新谋发展、担当作为‘双跑赢’”“6+N”系列创新沙龙活动的安排》，为广大干部职工提供了一个交流创新思想的平台，活动开展以来，37个创新项目应运而生，共有110余人参与其中。三是开展“守信践诺”专项活动，制定下发专项活动方案，推动广大党员干部工作作风得到进一步转变，全面增强履职能力。

宣传思想工作水平进一步加强。严格落实意识形态工作责任制和网络意识形态工作责任制，定期召开意识形态工作会议研判意识形态工作，确保意识形态领域安全。面对突如其来的新冠疫情，强化形势任务教育，加强舆情引导，确保我矿生产经营平稳运行。深化“跟着郭明义学雷锋”活动，弘扬劳模文化，对抗疫中涌现的先进典型——邓皓泽等人物事迹进行报道。全年编发《井下动态》12期，在鞍钢、矿业两级媒体刊发稿件30余篇。

抓党风廉政建设和反腐败工作的能力不断提高。聚焦重点工作，强化监督职能，重点围绕安全生产再监督、制止餐饮浪费、“靠钢吃钢”和“群众身边的腐败问题”专项治理，通过自查自纠，有4名同志主动报告群众身边的腐败问题4项，对2名责任人进行了提醒约谈，对2名责任人进行了批评教育。落实巡察整改责任，对历次巡视巡察问题282项进行梳理，制定整改措施，现已整改228项。

群团工作的活力得到进一步彰显。加强群团工作，推进共建共治共享。郭忠尧职工创新工作室晋级为矿业公司职工创新工作室。深入开展“万元班组”争创活动，实现“万元班组”13个，降本增效完成126.774万元，完成计划158.46%，征集合理化建议121条。积极帮扶困难职工，全年发放救济款11.27万元，帮助困难职工202人次。共青团召开了第八次团员代表大会，完成了换届选举。开展多维度文体活动，满足了不同层面职工的需要，在参加鞍钢和矿业比赛中取得了较好成绩，极大地丰富了职工的业余文化生活。

（谢忠刚）

【弓长岭选矿厂概况】 弓长岭选矿厂是矿业公司弓长岭地区铁精矿原料生产基地。2020年末，有在岗职工1284人，其中，干部124人，工人1160人；居家职工95人。拥有固定资产原值21.43亿元，净值6.98亿元。

2020年，弓长岭选矿厂以全面践行“五大发展理念”为工作主线，优化生产组织，推进技术创新，全力降本增效，加强法治建设，深化企业改革，加快管理升级，克服了新冠疫情冲击、矿石可选性下降等不利因素影响，各项工作取得新的成效，实现了重大设备事故、火灾事故、重大环境污染事故、新冠疫情为零的目标。

生产经营再创新纪录。全年铁精矿完成533.1万吨，增产6.1万吨，输出量完成527.9万吨，超计划6.6万吨，创造历史最高水平。实现销售收入44亿元，报表利润完成13.96亿元，还原精矿涨价等增利因素后，同口径实现利润5.8亿元，与预算比超利3703万元。

疫情防控实现新进展。成立了疫情防控工作指挥部，层层分解疫情防控责任。建立了外出报备和上报制度，在厂机关、作业区设点对上岗职工每日实行体温检测，对机关、作业区等办公场所每天进行消毒，职工食堂实行分时分餐，职工浴池实行错峰洗浴，为职工发放防疫口罩、体温计、餐盒等，通过严防严控，取得了疫情防控的阶段性成果。

科技攻关取得新突破。二选实施工艺改造，年创效1100万元。重选工艺和浮选粗选给矿安装脱磁器，重选和浮选的选别效果得到提高，新选尾矿品位完成11.59%，低于计划0.14%。全厂评选合理化建议一等奖1项、二等奖7项、三等奖4项、四等奖8项，奖励5.6万元。获得矿业公司“讲、比”活动二等奖2项、三等奖2项。8篇学术论文被第27届十省市矿业学术交流会录用。

安全环保实现新进步。以实现“零事故”为目标，按照“五清五杜绝”工作要求，与基层作业区签订安全生产目标管理责任状，形成了严密的责任体系。全面排查整改各类安全隐患2785项，专项检查各类安全问题443项，全厂安全考核17.69万元，考核相关方5.7万元。老破碎作业区晋升为矿业公司一星级作业区，至此选厂9个作业区全部晋级标准化行列。强化环保工作，对环保设施、噪声和作业现场粉尘定期进行监测。加强对尾矿库扬尘治理，杜绝了干滩扬尘现象，确保了环保达标。

设备保障能力得到新提升。开展点检、润滑、电气自动化、起重设备等专项检查，分类分时限整改问题200余项。加大责任事故、设备故障考核力度，同时实施非工作时间工时奖惩，有效减少了故障率、连班检修和突发事件的发生。不断优化检修模型，合理确定检修计划项目，确保工期、机具、人员落实到位，提高了检修计划准确率、执行率。特别是高效组织完成了330个全停检修项目，工期减少12小时，并实现一次转车成功。全年老破粗破作业率84.5%，同比提高2.25%；设备故障率0.68%，同比降低0.12%。

降本增效取得新成效。设备效率提升，一选、二选球磨机的台时处理量同比分别提高1.7吨和3吨，铁精矿电耗完成102.67千瓦时/吨，同比降低2.74千瓦时/吨，降低电费730万元。优化设备参数，规范加球周期，调整球磨机填充率，钢球单耗下降12%，对比年初预算节约成本1048万元。优化工艺参数，合理分配浮重比，采取重精多走量，优化选别系统薄弱环节，药剂单耗下降13%，对比年初预算节约成本123万元。提高铁精矿装车精准度，返车率由年初的80%降到30%以下，年创效100余万元，获得矿业公司双增双节优秀项目三等奖。

企业管理跃上新台阶。全面梳理管理制度，修订、新发管理制度88项。进一步完善操检联酬多元分配机制，实施生产作业区与检修作业区联动考核，检修作业区承揽外委项目节省人工费用278万元。优化劳动组织，通过合并岗位、大工种作业、区域巡岗等措施，有效解决了在岗职工自然减员100余人的问题，劳动生产率提高7%。深化改革，按照“两个优化”原则，减少作业区2个，管理及技术岗位编制减少6个，比2019年缩减5%。

幸福指数得到新提高。在岗职工人均月收入同比增幅达19.6%。积极开展送温暖活动，救济困难职工233人次，发放救济金17.6万元。走访慰问困难职工、劳动模范153人次，发放慰问品（金）2.79万元。解决基层和职工提出的问题42项，修缮一线岗位小房9个、更衣室1个、浴池1个。制定特殊情况加班就餐费用补贴办法，为职工额外就餐进行了补助。拓展健康疗养模式，为491名各类先进人物、一线职工发放健康疗养卡。

党委领导作用和政治核心作用得到进一步落实。坚持从四个方面提升党委履职能力，即深入开展“四好”班子创建活动，提升党委抓班子带队伍的能力；贯彻《党委会议事规则》，提升党委推进科学发展的能力；落实党风廉政建设主体责任，提升打造风清气正环境的保证能力；落实思想政治工作责任制，提升推进和谐企业建设的能力。全年召开党委会55次，编发宣传提纲36期、弓选快讯13期、党员干部学习材料17期，党委委员深入基层宣讲调研15人次。在推进市场化改革工作中，厂党委坚持在改革方案制定、实施的全过程把关定向，保证了改革的顺利实施。

党支部建设水平实现持续提升。对党支部基本活动、基本制度进行了规范，党员活动室实现了全覆盖。以深化“不忘初心、牢记使命”主题教育为契机，积极组织和发动专业技术、经营管理和生产操作三种类型党员，围绕打赢生存保卫战，推动企业高质量发展目标，深入开展了“三立”“四高”和“争当四个排头兵”主题实践活动，进一步提升了党组织和党员对推进企业发展的贡献力。全年完成共产党员工程项目23项，形成党建专题研究成果2项，新增鞍钢样板党支部1个。

党风廉政建设取得新进展。把整治形式主义、官僚主义问题作为一项重要政治任务，带头落实好政治责任、全面责任、具体责任和直接责任。与各党支部签订了《党风廉政建设责任状》，层层落实责任。强化“坚持廉洁高效从业，建设风清气正选厂”主题教育，开展了“一责任四承诺”活动和“靠钢吃钢”专项治理。整改完成2019年上级党委巡视抽查反馈问题22项。给予批评教育8人次，诫勉2人，行政记过1人。紧密围绕物资管理、工资奖金分配、选人用人、电商平台采购、零星采购等企业管理的重点、关键环节，有针对性地开展专项监察，堵塞管理漏洞，进一步提升了管理水平。

（刘邦贺）

【弓长岭球团厂概况】 2020年末，共有在岗职工564人，其中，干部82人（高级技术职称9人，中级技术职称57人，初级技术职称15人），工人482人。下设四室一会：生产技术室、综合管理室、设备管理室、党委工作室、工会，以及3个工区。拥有固定资产原值8.48亿元，净值2.94亿元。厂区占地总面积18.6万平方米，球团矿设计生产能力400万吨/年，全铁品位达到65.54%，生产采用煤基链箅机—回转窑—环冷机工艺，从配料、混合、造球布料到焙烧、冷却全部采用PLC控制系统。

经营指标持续优化。2020年，球团厂广大干部职工认真学习贯彻党的十九届五中全会精神，自觉践行五大发展理念，全面贯彻落实两级公司职代会精神，紧紧围绕打造国内标杆球团企业目标，锐意变革创新，深挖发展潜力，勇于担当作为，经受住了新冠疫情冲击，主动消化了铁精矿供应不充足不均衡、环保监管整治力度加大、降本增效空间承压、改革攻坚任务艰巨等诸多因素影响，实现了两线安全、优质、稳定运行，完成了公司调整后的各项生产经营任务。

全年生产球团矿303.80万吨，销售球团矿304.4万吨（其中外销球团矿4.2万吨），实现销售收入28.20亿元，剔除因素影响，实现利润1.76亿元，超额3800万元。球团矿全铁品位、一级品率、合格品率分别达到65.04%、100%、100%，比计划分别提高0.44个百分点、15个百分点、5个百分点。

生产运营精益有序。大力推进生产运营模式变革，精益生产全链条价值管理，统筹把控生产组织节奏，保证了生产顺畅有序，实现了提质创效目标。强化经济运行，根据市场变化、设备劣化趋势及一线成品堆场、二线精矿堆场存储量变化，合理开停两条生产线，保持了单条线运行时日产7200吨以上，避免了产能浪费，降低了生产成本和精矿二次倒运费用。加强质量过程管控，发挥主控组织协调作用，根据选厂来料变化，精准调整配料方案，强化造球等关键岗位操作，提高了工序质量，延长了回转窑结圈周期，实现了两线优质高效运行。加强漏风治理，全年封堵链箅机热风管道、除尘管道等重点部位漏风点37处，提高了系统台时能力，降低了关键指标消耗，消除了两线窑头正压所带来的安全隐患。全年煤单耗、膨润土单耗分别达到18.60千克/吨、9.10千克/吨，比计划分别降低1.90千克/吨、0.90千克/吨。严格工艺纪律管理，对重点区域和关键生产工艺环节实行分级管控、差异化管理，强化管控措施落实情况检查考核，全年排查整治各类工艺问题161项，有效防范了各类生产事故发生。加强工艺管线清理，实行部门工区联动，严格清料方案执行情况监管，保证了管线内积料彻底清理，提高了系统综合效能。加强工区生产组织管理，严格工区间交接班制度落实，提高了岗位自主管理能力，遏制了交接班期间的生产波动和责任事故。同时组织工区分班分批破碎结圈块、筛分杂料，降低了杂料量和加工费，全年破碎、筛分杂料2万多吨，创效50多万元。加强输出管理，落实用户回访制度，严格放矿、装车标准考核，实现了球团矿质量异议为零目标。大力推进科技创新，重点实施了高质量复合有机膨润土配加、混合煤在球团生产中的应用、多通道煤枪改造等科技攻关项目，有效解决了制约生产的技术难题；加快科技项目立项实施和成果申报工作，全年确立科研项目1项，实施小改小革32项，征集合理化建议14项，申报专利28项、专有技术2项。

设备运行稳定可靠。以提高点检定修质量效率为重点，坚持用系统思维推进设备运营模式变革，保障了设备长周期稳定可靠运行。推进设备管理流程变革，从管理、技术、价值三个维度修订了《球团厂岗位点检管理办法》《点检定修管理办法》等制度，实现了设备管理规范化、精细化。推进点检管理模式变革，发挥监测技术优势，开展了油脂、振动、探伤等定周期精密点检项目，提高了主体设备劣化趋势预判能力，为准确及时实施预防维修提供了数据支持；强化点检绩效考核，由重视点检过程向重视点检结果转变，提高了点检人员的责任意识和效率意识，全年设备故障率比去年同期下降 0.82%，设备可开动率提高 16.92%，保障了设备稳定可靠运行。推进维修模式变革，以主动维修为导向，综合平衡设备运行状态、生产计划、费用额度等因素，合理制定设备定修计划，严密工程质量进度监管，提高了设备维修质量，减少了设备停机检修频次和电耗，全年电单耗比计划降低 0.14 千瓦时/吨，为降本增效任务落地提供了坚强保障。坚持逢修必改，充分利用两线交替运行时机，组织实施了造球系统智能润滑改造、一线机尾除尘螺旋输送机改造等 7 项重点技改项目，提高了球团工艺装备能力，为两线长周期稳定可靠运行提供了技术支撑。坚持从严管理，按照“四不放过”原则，严肃设备事故分析考核问责，全年问责 15 人次，考核 5800 元，提高了制度刚性约束。大力推进信息化建设，对两线空压机、循环泵站、皮带系统实施了“两化融合”，现已具备竣工验收条件，实施后可实现远程监控和集中控制，为提高运维效率和减员增效创造了条件。大力推广应用新产品、新材料、新技术，先后完成一线高压配电室柜安装集成式灭火装置、强混机开关安装集成挂锁等 5 项设备整治项目，消除了设备潜在隐患。加强备件全寿命管理，依托 EAM 系统严格备件计划、采购、验收、使用、回收、修旧等关键环节监管，延长了备件使用周期，降低了设备运维成本。

安全环保监管到位。以筑牢安全环保防线为抓手，从严加强安全环保监管，实现了安全、火灾、环保事故为零工作目标。加强安全制度体系建设，修订了《球团厂安全检查制度》《球团厂相关方安全管理办法》等制度，提高了安全管理制度严密性和约束力。大力推进安全专项整治，制定了球团厂安全生产专项整治三年行动计划、2 个专题实施方案和 2 个专项整治实施方案，现已完成两线制煤涉爆粉尘系统专项整治，为实现本质安全打下了坚实基础。以安全标准化建设为主线，结合季节特点，深入开展全员安全隐患排查治理，严格落实安全隐患排查治理报告单制度，突出隐患治理时效考核，全年排查整治隐患 459 项，考核金额 12000 元，保证了“双无”目标实现。开展以提高安全辨识能力为重点内容的全员安全知识培训，全年培训本厂和相关方职工 3700 余人次，提高了岗位自我防护能力和应急处理能力。加强职业健康管理，对 339 名接尘、接噪及高温作业人员进行了职业健康体检。认真落实谭成旭董事长关于加强检修安全工作的重要指示，建立了“五清五杜绝”安全管理体系，实现了检修安全闭环管理；深刻吸取“4·3”弓长岭选矿厂相关方事故教训，严把相关方施工资质、安全协议签订、非常规作业许可、现场检修作业等监管关口，全年排查整治检修作业隐患 48 项，考核 61700 元，确保了检修作业安全受控。推进绿色生态球团建设，严格落实重污染天气防控应急预案，突出重点部位环保指标日常跟踪，同时委托有资质的第三方对现场大气污染物、噪声等进行监测，提高了环保治理的针对性和有效性。全面落实《球团厂超低排放实施方案》，坚持从源头治理环保问题，已上报精矿倒运道路扬尘治理、二线堆场厂房密封、二线污水处理等 7 个项目立项申请，其中球团二线超低排放改造项目现已形成可行性研究报告。加强除尘设备点检、维护和检修，保持了除尘系统运行效率和能力。加强日常监管，定期开展环保治理大检查，有效治理了由于管线泄漏、二次扬尘、热工操作不精准等引发的污染问题，实现了环保治理常态化、长效化。加强承包方管理，严格脱硫系统运行监督考核，推动了承包方管理升级，确保了脱硫系统稳定运行。

管理变革稳中有进。以提高管理效率和激发动力活力为重点，大力稳进管理变革，球团整体管理效能迈上新台阶。推进分配机制变革，紧跟工艺装备改造步伐，重构绩效考核维度和关键绩效指标体系，加大工序质量指标和工作效率考核比重，调动了各层面创新创效积极性，保持了球团高质量运营，全年实现降本增效 1905 万元。推进管理机制变革，把先进管理理念、管理手段融入管理流程优化和再造之中，全年制修订管理制度 72 个、废止 51 个，实现了管理信息化、集约化、模块化、标准化，促进了专业管理效率提升。推进人力资源变革，对标同行业先进定员标准，采用扩大巡检范围、置换劳务等措施，全年核减回热鼓干风机、水泵、空压机等岗位定员 38 人，全部安置到生产缺员岗位，提高了全员劳动生产率；加强劳务用工管理，改进包保项目结算方式，核减原燃料装卸、脱硫项目劳务用工 36 人，压缩包保费用 400 余万元；加强劳动纪律管理，严肃查处脱岗、班中睡觉等违纪行为，全年查处违纪职工 63 人次，考核 9200 元，保持了良好生产工作秩序。推进培训模式变革，实行“点单式+”培训模式，严格培训计划落实和培训纪律考核，全年培训职工 2942 人次，实现了参训率和合格率 100%；开展了高技能人才等级序列评聘工作，14 名一线技术骨干分别被聘为二、三、四级技师。积极推进网络问企工作，全年征集合理化建议 379 条。

维权举措精准有力。把职工满意作为工作最高标准，以查准找实职工所思所盼所求所忧为切入点，多措并举维护职工的合法权益。严格落实民主管理制度，全年厂领导与职工代表座谈 3 次，组织职工代表视察 5 次。加强女工工作，有效维护了女职工特殊权益。推进帮困扶贫工作，结成帮扶对子 6 对，全年发放救济金 36600 元，救助困难职工 90 人次，解决了职工后顾之忧。推进岗位大练兵活动，采取师带徒、先进班组评选等形式，提高了职工岗位技能。搭建群众性建功立业平台，开展了“双增双节”纵深行活动，全年创效 466.7 万元；开展了“我为企业献计献策”活动，全年征集合理化建议 68 条，创效 157.49 万元；开展了群众性技术攻关活动，推广总结提炼先进操作法 2 项，提高了职工生产实践能力；围绕攻坚提效，开展了劳动竞赛和技术攻关竞赛，确立实施竞赛、攻关项目 16 个，全年创效 614.85 万元。推进服务职工平台建设，开展了 4 项文体活动，提振了职工精气神；加强劳动保护监督，与相关部门、工区共同排查整治安全环保问题 109 项；积极回应解决职工的热点难点问题，完成了建设两线洗衣房、更换部分岗位休息室门窗、一线停车场扩建、两线破损道路修复、二线精矿倒运道路封闭等项目，提高了职工满意度。

（王　霞）

【弓长岭铁运公司概况】 弓长岭铁运公司承担着弓长岭区域铁矿石、铁精矿、球团矿和矿区原燃材料的铁路运输任务，具有全天候露天动态作业，点多、线长、面广、管理难度大的工作特点。该公司职工 723 人，下设 5 个职能部室和 8 个作业区，铁路总长 65 千米，机车总数 35 台，自翻车总数 379 台，拥有固定资产 5.22 亿元，固定资产净值 1.19 亿元。

生产经营能力显著提升。执行准时化管理，确保平均日供铁矿 900 车。全年周转量 2.39 亿吨·千米，超计划 396 万吨·千米；考核后实现利润 3439 万元，超计划 1239 万元。

安全管控能力稳步加强。落实双重预防机制，强化履职尽责，扎实推进安全生产专项整治，严格落实“四个一刻也不放松”“五清五杜绝”工作要求。修订完善规章制度 10 个，开展安全检查 300 余次，排查整改各类隐患 892 项。

设备保障能力持续增强。推行电机车、自翻车“月检制”，故障率同比降低 1.57% 和 1.66%，可开动率同比提高 1.7% 和 0.82%。强化点检频次、提高维护标准，整治铁路线路 8.5 千米，确保设备安全稳定运行。加强技术创新，实施站场接触网上下行分段改造，接触网完好率提高 39.5%、站场利用率提高 16.3%。开展科技攻关，获矿业级重大合理化建议成果 5 项，申报实用新型专利受理 1 项。

企业管理水平显著提升。加强制度建设，修订管理制度 53 个。强化岗位绩效、成本考核，考核问题 396 项，成本有效降低。实施“微市场化”改革，有效解决人力资源短缺问题，实现企业增效、职工增收双赢目标。开展职工培训，培训职工 1669 人次。开展岗位技术大练兵，2 人获得鞍钢和矿业状元称号，11 人获得技术能手称号。

服务职工能力明显增强。坚持共建共享，经营业绩稳步提升，在岗职工人均收入同比增加 15.2%。实施惠民工程 7 项，职工生产生活条件得到改善。持续开展“送温暖”活动，发放救济金 5.09 万元。开展健身行、登山等活动，丰富职工业余文化生活。

疫情防控工作扎实有效。贯彻习近平总书记关于疫情防控工作重要指示批示精神，落实各级疫情防控指挥部工作要求，建立疫情防控包保工作机制，实施网格化封闭式管理，加大对关键部位和环节防护排查力度，实现疫情“零感染”。

党建工作取得成就。深入学习贯彻党的十九大、十九届四中全会精神，落实习近平总书记重要指示批示，用党的创新理论武装头脑，推动工作。健全完善党建规章制度，制（修）订制度 12 项。落实市场化选人用人机制，工序链改革选聘管理技术人员 6 名。加强基层党支部建设，深化

“样板”创建活动，创建“鞍钢样板党支部”1个。加强党员队伍建设，扎实开展党员教育培训，发展党员3名。加强党风廉洁文化建设，拍摄《不差钱》廉政教育片；加强关怀帮扶，慰问困难党员2.9万元，扶贫15.2万元。发挥群团作用，弘扬劳模、工匠精神，立项攻关7项，双增双节创效467万元。

（陈　芳）

【弓长岭灯塔矿概况】 2020年末，该矿在岗职工377人，其中，工人312人，干部65人（高级职称4人，中级职称32人，初级职称24人）。下设三室一会两中心（综合管理室、生产技术室、党委工作室、工会，设备保障中心，营销中心），4个作业区（山城破碎作业区、缸窑作业区、铁运作业区、生产服务作业区）。固定资产1.62亿元，净值0.56亿元。矿区占地面积123万平方米，建筑面积9.7万平方米。

该矿现有内燃机车3台，自有专用铁路线14.37千米，铁路主干线为50千克重轨，矿山采场主要设备有液压潜孔钻机3台、沃尔沃反铲6台、推土机2台、12吨自卸汽车12台、装载机10台，采场装备能力达到460万吨/年水平。

2020年，该矿全面贯彻党的十九大和十九届二中、三中、四中、五中全会精神，深入学习贯彻习近平总书记重要讲话和重要指示批示精神，坚决贯彻鞍钢集团和矿业公司部署，从疫情防控阻击战到灯塔矿生存保卫战、从攻坚市场化改革到优化东大山采场布局、设备更新改造、两条产线能力提升、实施矿产品多元开发、加快绿色矿山建设和新矿山建设“七大攻坚战”，全面超额完成了各项目标任务。

疫情防控取得明显成效。面对严峻复杂的疫情防控形势，该矿认真贯彻落实习近平总书记重要指示批示精神及公司、地方政府部署，把疫情防控作为一项政治任务来抓，严格落实“外防输入、内防反弹、人物同防”的防控策略，确保疫情防控工作全覆盖、无死角。

生产经营取得显著成果。在诸多不利因素情况下，通过优化采场布局、构建多元化营销体系、实施综合改革等系列增产增效措施，全年实现石灰石商品量322万吨，销售收入2.4亿元，上缴税金2937万元，保持了持续盈利态势。

矿山生产能力和寿命明显延长。面对采场资源不足，通过加速采场循环调整和重点部位有效推进，增加开采矿量127万吨；采用竖分条开采技术，增加可开采矿量58万吨。通过各种措施使老矿山在不减产的前提下，延长矿山服务年限1年，保证了新矿山开采前采矿能力平稳过渡。

加快绿色矿山、新矿山建设步伐。完成了《灯塔矿地质环境治理和绿化复垦设计》，申报辽宁省绿色矿山并进入遴选；2020年9月正式同灯塔市人民政府签订了《上缸窑采区扩界项目征地补偿协议书》，扩界项目启动基金600万元已给灯塔市；完成了上缸窑采场安全生产许可证的办理工作。

企业可持续发展能力明显增强。平稳完成了保卫、计量和居家人员的划拨工作；完善职业危害防护措施，完成了山城料场全封闭安全环保隐患治理工程；投资1000多万元对作业区进行改造、完善；投资1000多万元对内燃机车等设备设施进行大修和维修；投资2000多万元更新了环保节能的推土机、挖掘机、潜孔钻、破碎机、制砂机、生产汽车、铲车和大量的食堂设备设施。

改革和各项管理取得明显成效。全力配合公司提前完成了退休人员社会化工作；全面深化和推进综合改革；职工收入涨幅明显，较去年同期人均工资增加1261元/月，涨幅19.69%；全面落实安全生产责任制，强化安全管理，全年安全工作实现了轻伤以上、重大设备、火灾事故、重大环保事故为零的目标。

降本增效取得显著成效。紧紧围绕制约矿山增利的短板和瓶颈，按照创新攻关“五条线”工作要求，优化生产组织，开展群众性创新攻关、小改小革，优化人力资源等5个方面34项降本增效措施，全年实现创效1297万元；积极争取各项税费减免政策，全年减免资源税182万元，成为矿业首家取得枯竭矿山资源税减免政策的单位，为矿业公司争取资源税减免政策开辟先河，同时享受减免社保费等各项税费121万元。

职工获得感显著提升。职工作业条件和福利设施得到进一步改善；职工餐卡补助每人每月提高84元；积极开展“大走访”活动，发放困难补助14.8万元，救助困难职工及居家退休职工232人次；完成山城粗破井口迁移及环保隐患治理工程。

（于　芳）

【弓长岭汽运公司概况】 2020年末，弓长岭汽运公司共有全民职工295人。其中，管理和专业技术岗位48人，生产服务岗位231人，居家休息职工15人，列编外1人。下设“四室一会”和六个基层作业区。该公司是主要承揽弓长岭区域各厂矿客货运输、球团精矿倒运等以保产服务为主的车辆运输服务性辅助企业。2020年，该公司全面完成了各项生产经营任务，实现了事故为零安全工作目标。

经营成果再创历史新高。2020年，面对突如其来的新冠疫情，尤其是面对选厂舍岩业务划归矿汽，选厂精矿外销增加、球团生产计划下调，给汽运公司带来的产值收入大幅下降，汽运公司财务利润预算由年初盈利642万元变为亏损415万元等不利条件，公司通过采取优化生产运营方案、精简劳务包保人员、盘活备品备件库存、大幅压缩材料备件费用、积极拓宽活源等措施，2020年全年实现利润267.7万元，对比公司考核利润超利525.7万元。

企业形象得到明显增强。2020年，树立“用户至上，服务到位，打造品牌”的服务理念，教育引导全体干部职工进一步增强服务意识、责任意识和大局意识，一切以确保弓矿地区生产稳定顺行为前提，坚持以区域效益最大化为出发点，无论任务如何艰巨，不讲条件、不找借口，“干”字当先。坚持服务跟踪和用户走访工作制度，定期到用户单位进行走访，征求用户意见，克服困难承担弓矿区域各单位降本增效用车需求和外委施工任务，在占有现有市场空间的同时，扩宽弓矿区域市场份额，赢得外部市场和发展空间。加强服务质量内部考核，确保服务理念落地，以问责制度为工作抓手，通过严格管理和严肃考核，构建业务素质强、履职能力优和工作效率高的专业化服务队伍，保证了各项管理工作有效开展。

设备管理水平显著提高。2020年，按计划开展了设备月检、设备达标及设备综合评价等工作，扎实推进以设备本质安全为主线的各项设备管理工作。全面梳理规范各项设备管理、维护和检修保养制度21个，进一步提升公司设备基础管理工作，使得每项检查、通报及考核都能有据可查，都能对应到责任区域及相关责任人。开展了多样化检查达标工作，持续改进设备功能状态。2020年，设备故障率较往年同期比下降了0.25%，设备可开动率达95%以上。

企业管理工作取得新成效。2020年，按照矿业公司要求，开展了规章制度立改、废释工作，汽运公司管理制度文件修改了96个，确保制度制定更加科学合理、规范、高效。开展了合规管理体系建设，明确责任目标、工作措施和责任分工，合规管理能力不断地增强。全面制定了《2020年弓长岭汽运公司风险管理报告》，建立了风险防控长效机制。加强了法治建设，深入学习贯彻民法典，积极开展“国家宪法日”活动，增强职工法治意识，让职工牢固树立起依法治企的思想观念。

安全环保工作效果明显。2020年，健全完善并严格落实安全生产责任制。认真贯彻落实谭成旭董事长提出的“五清五杜绝”和“四个一刻也不能放松”安全生产工作要求。公司重点落实企业主体责任和各级管理者的岗位责任，使公司各项工作均处于受控状态，安全形势稳定。坚持从严管理和考核，有效遏制违章行为，加快了现场隐患整改进度，提高职工主动参与安全管理的自觉性。强化安全培训和应急演练工作，充分利用安全例会、班前会等形式，开展好日常安全教育、专业教育、事故案例和防火工作警示教育，增强职工自觉遵章守纪意识。认真贯彻新环保法的要求，采取各种措施，杜绝了环境污染事故的发生；强化了职业健康管理基础建设，完善了职业危害防护措施；加强了相关方及危险品运输车辆管理工作，加大了检查频次与密度，不留安全管控死角，杜绝了公司重特大事故的发生。

职工利益得到切实维护。2020年，持续推进“面对面，心贴心，实打实”服务职工在基层活动，共走访慰问困难职工114人次，发放救济金50900元。认真落实职工薪酬增长激励机制，收入分配和津贴向一线职工倾斜。深入开展了“践行共享理念、关爱一线员工”服务活动，开展了职工福利设施专项检查，全面推进职工福利设施和劳动保护工作，维护职工合法权益。全年共投入了12万元维修费用于职工休息和作业环境维修改造，极大地改善了职工休息作业条件。认真开展了“反对舌尖上的浪费培养节约好习惯”专项活动，组织开展了登山、拔河、健步走和趣味运动会等群众活动。

（刘　吉）

【弓长岭动力厂概况】 2020年末，在岗职工222

人，其中干部43人（高级技术职称3人，中级技术职称22人，初级技术职称13人），工人179人。机关设有三室：设备室、生产安全室、党委工作室，四个事业部：电力事业部、水力事业部、热力事业部、检修事业部。厂区总占地面积3.35万平方米，建筑面积3.3万平方米。企业原值3.13亿元，净值1.16亿元。

坚持把环保工作作为头等大事来抓，严格把控环保排放指标。按照市、区生态环境局要求，强力推进环保设施改造步伐，完成了35吨锅炉露天煤场全封闭改造、脱硫系统检修、委托第三方变更《排污许可证》，满足了环保限值排放要求，保证了依法合规生产。全力压实“一岗双责”和“管业务必须管安全”工作职责，全面落实“四个一刻也不能放松”和“五清五杜绝”安全理念，形成了安全管理责任层层传递、层层落地的安全管理格局。大力推行“1136”工作措施，加速了现场隐患治理，244项存量隐患中有138项已经完成整改，剩余项正按时间节点有序推进整改。1至11月共整治各类隐患75项，处罚57人次，罚金7300元。隐患按照事故分析2起，问责10人次，罚金4200元。

贯彻落实“一切成本皆可降，人人皆可降成本”工作要求，1—11月3项措施降本1440万元。动态调整变电所电容器补偿容量，10个变电所综合功率因数完成0.95，累计获得电业局奖励电费115万元；执行电力市场化零售业务，减少电费支出553.5万元；调整变压器运行方式，办理主变暂报停及按最大需量结算，节约基本电费773.45万元。

制定了《弓长岭动力厂三项制度改革实施方案》及重点任务清单，承接制定了《鞍钢集团矿业弓长岭有限公司动力分公司核心业务权限规范》等12个配套管理制度，厂机关设置3室，将4个作业区优化为4个事业部，压缩机构2个，占比22.2%。优化编制设置。根据公司企业管理部核定弓长岭动力厂编制基数为378人，按照干部占比10%的要求，设置编制数量为38个，减少编制数量2个，占比5%。全年在岗职工减少18人的同时，减少保产人员6人。

积极推进授放权工作，落实公司“加大收入分配向关键岗位和紧缺急需的高级管理、高科技、高技能、营销、苦脏累险等岗位倾斜力度”的要求。提高安全员、点检员等关键岗位职级及绩效系数，在指标设计上向关键岗位、苦脏累险岗位倾斜。如供电作业区对所长、值班长、值班员确定不同的起评分。调整关键岗位的绩效系数，如变电所长、泵站班长绩效系数分别提高，收入增长。将制定班组分配制度、岗位绩效指标设定、绩效考核打分、工资分配等权力下放给班所长。激发班组微观主体的活力和动力。完善班组自主考核分配操作工作流程，规范班组工资分配工作，下放班组绩效考核、工资分配权力的同时，强化对班组绩效考核、工资分配的监督，杜绝出现违规事件。

重点抓好习近平新时代中国特色社会主义思想、四史、建党100周年大会、党的十九届六中全会等的学习教育，坚持重大决策和涉及职工切身利益的事项提交职代会审议，坚持民主评议干部和职工代表视察制度。强化普法宣传，职工的法治意识得到明显增强。严格贯彻落实国家、地方及上级公司关于新冠疫情的防控措施，全力做好宣传教育、措施落实、监督检查、预案编制等各项工作，实现了零疫情，保障了职工生命安全。实施常态精准“惠民”，修缮职工餐厅10个、卫生间12个、浴池2个，改善了职工工作环境。1—11月累计救助和慰问突发临时困难职工22人次、发放救助及慰问金14220元。“金秋助学”6人，救助金8500元。

（朱　哲）

【弓长岭质量计量中心概况】 2020年末，弓长岭质量计量中心共有职工265人，其中管理专业技术岗位26人（高级工程师1人、工程师8人、助理工程师1人），生产服务岗位239人（技师4人、列编外1人、居家11人）。厂区占地总面积2501.84平方米。负责矿业弓长岭有限公司各基层厂矿矿产品质量、计量、铁矿石品位和计量设备仪器检定、管理、维护等工作。

2020年，弓长岭质量计量中心以党的十九大精神为指引，贯彻落实矿业公司各项决策部署，以“确保矿业公司主要产品稳质优质”为主线，围绕“精准把关、高效服务”开展各项工作，坚持降本增效，推进管理升级，深化改革创新，加强党建工作，为矿业公司高质量发展作出了积极贡献。

保质保量完成公司计划。原矿管理共检查出

混岩率超标批次 5298 车；化验管理全年取样 79567 件，复验 1556 件，复验合格率 100%；计量管理大宗原燃材料 115 批次 3536.6 吨，无超差，无重复过秤现象。全年实现利润超计划 248.95 万元，可控费用下降 15.5%。实现轻伤以上人身事故、设备事故、火灾事故、治安案件、泄密事件为零。

质量管理水平持续提升。认真履行质量管理职责，一是持续改进管理提高精准度。坚持服务主体生产，加大取样化验核查力度，确保检验数据具有准确性。定期对采场进行取样分析，指导生产现场采取对应操作方案，稳定了精矿品位和尾矿品位，为生产稳定提供可靠依据。二是引进先进设备实现降本提效。推广应用荧光仪技术，不仅解决了指标滞后的问题，减少了检化验溶剂的成本，还解决取样工人的安全问题，缩短了人工取样的时间。三是狠抓阶段实物盘点确保数据清责任明。组织业务人员以实物数据为基础，通过周旬的阶段实物盘点，实时掌握生产组织数据，确保月年的量质数据平衡，满足生产管理要求。四是加强与用户沟通协调确保矿山利益。密切跟踪外销产品复验指标，发现问题和质量异议及时协调解决。加强对生产单位输出装车指导，综合质量搭配，提升“两率”，确保矿山利益最大化。

持续提升设备管理水平。一是推进设备管理专业化。为适应公司机构改革后的部门职能调整，提高中心的专业化管理水平，将两个专业管理部门的职能进行优化整合，成立设备管理室，专门负责全中心的设备、工程管理。二是夯实基础管理工作。完善各项设备管理制度，先后下发了《质计中心设备点检员管理办法》《质计中心自动化设备管理细则》，形成相应的工作机制。重视固定资产管理，对所属固定资产建立规范资产明细和标准的管理台账，为设备更新、报废以及维修计划编制提供准确的依据。三是加强工程管理。强化设备设施基础维修改造工作，确保点检定修制执行到位，实现故障率为零的目标。科学合理规划土建工程项目，解决了职工防尘和防酸烟的工程改造和隐患治理工程，改善了职工工作生活环境，为职工人身安全提供了保障。

安全管理水平稳步提升。一是健全安全管理体系。先后制发安全环保工作重点、全员安全生产责任制等指导性文件，完成事故风险评估报告、安全事故综合应急预案，以及风险分级管控和隐患排查治理双重预防机制建设。二是层层压实安全管理责任。将安全指标纳入绩效考核，逐级签订责任状，推动了作业区和班组晋级达标，实现了火灾事故为零目标。三是开展全员安全教育培训工作。开展了规程学、练、用活动，组织职工认真学习《伤害事故安全警示录》。全年培训人数达 270 人次。四是积极开展隐患排查治理专项检查活动。合规处置了检化验回收的 802 千克化验残液。全年开展各类检查 107 次。共查出安全隐患 63 项，整改率 100%。

强化依法合规，提高管控能力化解风险。一是完善贯彻各项规章制度。全年重新制定管理制度 78 个，使各项工作有法可依、有章可循。积极开展“制度大讲堂”宣讲活动，真正把“按制度管理人，按程序办事”的理念落实到实处。二是高标准做好疫情防控工作。及时宣贯上级防控文件精神，加强检查、严把三关，坚决阻断疫情输入，防止疫情传播扩散。推进疫情防控工作常态化，定期对各项防疫工作进行检查。三是强化风险管控。印发全面风险与内部控制管理办法、合规管理办法。严格预算管控，充分发挥全面预算管理的导向和控制作用，强化企业生产经营全过程成本支出受控，确保生产经营目标的实现。四是加强综合治理。对设备、物资等易发案的重点部位加强检查，及时发现问题及时解决，通过建立综治信息平台，完善了三级防范区域，突出“人防、技防、物防”三防措施并举。五是推进法治建设。认真执行上级公司关于法治建设的各项要求，把法治建设纳入全局工作统筹谋划。完成退休人员数字化移交档案整理工作。

党组织核心作用不断强化。严格执行《党委会议事规则》和《“三重一大”决策制度》，确保党组织发挥作用组织化、制度化、具体化。召开了中心第五次党员代表大会，做好党委班子换届选举工作，12 个党支部进行了支部班子换届。深化矿业公司党委“四化五联”党建工作模式，开展了“三承诺四点评”、征集“讲身边故事、展党员风采”等党内主题活动，取得明显成效。

党风廉政建设持续深化。落实“两个责任”，逐层签订党风廉政建设责任状，下发了《弓长岭质计中心“清风行动”工作方案》《质计中心党总支委深入开展形式主义官僚主义问题专项整治实施方案》等文件，依规依纪开展监督工作。坚持以问题为导向，开展专项问题整治，落实矿业公司纪委检查建议，巡视发现问题42项，制定整改措施42项并积极组织实施。运用监督执纪“四种形态”，批评教育28人次，提醒谈话35人次，撤销党内职务1人次。开展专项监督检查3项，检查并整改问题13项。

群团组织作用进一步发挥。一是强化职工培训教育管理力度。大力加强员工岗位知识、技能和素质培训。全年完成矿山技校培训135人次，培训计划完成100%。组织取制样工参加大练兵考试，共有11人参加考试，5人入围总决赛。6名职工考取质检员初级工证，3名职工取得人力资源管理师中级证，2人取得化学分析工技师等级证。二是加大改善工作环境，提升职工企业归属感提供基本保障。重点对各职工休息室、作业间、库房及卫生间环境进行改造。三是做好救济慰问帮扶工作。建立困难职工档案、“一帮一、群帮一”帮扶信息卡片，详细制定帮扶措施，帮助职工解决困难问题。在推进“面对面、心贴心、实打实服务职工在基层”活动中，全年共走访慰问长病、住院职工31人次，发放慰问品计5319元；救济困难职工17人次，发放救济金13400元。救济有直系亲属去世职工11人次，发放救济金3800元。金秋助学11人次，发放助学款9000元。

（何冰洋）

鞍钢联众(广州)不锈钢有限公司

【概况】 鞍钢联众(广州)不锈钢有限公司（以下简称“鞍钢联众”）下设董事会秘书室（法律合规部）、综合管理部、安全环保运营部、党委工作部（人力资源部）、财务部、市场部、生产管控部、技术质量部、设备保障部、炼钢部、热轧部、冷轧部、光亮部、储运中心、销管中心、化检验中心、技术中心、非钢事业部。截至2020年末，有在职员工1968人。

2020年，该公司全面打响疫情防控阻击战、市场化改革突围战、扭亏脱困攻坚战，从10月起实现持续盈利，扭转了长达22个月连续亏损的局面。全年钢产量147万吨，钢材销量140.6万吨，实现营业收入100.6亿元，同比减亏4.6亿元。

【打响疫情防控阻击战，实现“双零”目标】 面对新冠疫情的严峻形势，迅速成立防控工作体系，科学制定复工复产期间疫情防控方案，严格落实疫情防控措施，于2月10日实现全面复工复产。疫情进入常态化防控阶段后，实施了离穗报备、健康监测、入厂检测等一系列防控措施。光亮部获“中央企业抗击新冠疫情先进集体”荣誉称号。

【打响市场化改革突围战，激活内生动力】 以“授权+同利”为原则，以热轧部为试点推行市场化改革；精简部门考核指标，将指标创效和损失额与部门绩效奖按10%比例挂钩。自改革以来，炼钢、热轧、冷轧成本呈逐月下降趋势，炼钢吨钢成本连续4个月突破挑战值。

【打响扭亏脱困攻坚战，实现降本提质增效】 实施“三期”采购策略，降低采购成本2.83亿元；实施“精准、精细、精益”三精管理，在加工成本、原料成本、质量成本和产出率四个方面降本0.8亿元；推行轧辊功能承包、耐火材料整体承包、推进连铸氢氧切割、炼钢少渣冶炼等措施，降本1.09亿元；实施调品增效，全年销售高效材40.6万吨，同比增加34%。

【攻坚三项制度改革，激发员工活力】 深化人事制度改革，精简岗位定员443个，同比降低17%；减员258人，同比降低11.6%。深化劳动制度改革，优化轮班工作制，设立绩效工资和计件工令，鼓励员工自主承接检修任务。深化薪酬制度改革，调整薪资结构，职工薪资固活比例由9∶1调至6∶4，工作成果决定薪资收入，充分调动员工工作的积极性、主动性与创造性。

【依靠科技创新驱动，加快产业转型升级】 新产品研发全面提速，完成双相不锈钢2205冷轧产品等5项新产品的开发，并实现规模化生产，累计创效260万元。对标先进钢厂，突破“瓶颈”产线制约，释放研磨机产能5000吨/月，420钢种月均产量由3000吨提升至6000吨，光亮产品年缴库产量从12.6万吨提升到13.9万吨。以“联慧职工创新工作室”为核心，搭建创新创效平台，获鞍钢集团职工创新项目成果奖二等奖2项、三等奖1项，获第二十四届全国发明展览会科技创新项目银奖1项。专利及专有技术申请实现突破，新申请发明专利4项，实用新型专利2项，认定6项专有技术项目，已被国家知识产权局受理，实现鞍钢联众专有技术及专利“零”的突破。

【创新设备管理模式，保障生产顺行】 实施备件专业化管理，实现月故障时间147小时，同比减少22小时，降幅13%。开展备件“修旧利废”专项活动，节约成本506万元。烧酸、排酸、废酸处理形成联动机制，2020年度首次实现年度零环保事故，降低污泥产出量2760吨，降幅15%，降本390万元。

【积极承担社会责任，努力构建和谐企业】 实施安全风险分级管控，完善危险源辨识，开展专项安全生产检查，全年实现重伤及以上事故为零。强化环保污染物排放管理，主要工序废气排放稳定达标；积极拓展固废处置途径，推进固体废物减量和资源再生项目；推进炉渣工艺改造项目，每月降低炉渣处理成本37.6万元。

【党群工作】 1. 坚持“党建工作国企化”，建立党员目标管理在线评价系统和鞍联党建信息网，开展党员“画像”工作。建立党支部工作指导员制度，开展党支部“达标创先”活动，轧钢部党支部荣获2019年度鞍钢集团“样板”党支部。结合鞍钢联众不同时期的阶段性任务，开展了“战疫情保生产，建功华南党旗红”“爱我鞍联，共建共享共克时艰”等活动，进一步深化“建功华南党旗红”党内主题实践活动。持续深化“戴党徽、亮身份、树形象、作贡献”活动，实施共产党员工程15项，降本创效3762万元。深化“双培养一输送”工程，发展党员8名，入党申请人80名。以“三抓三促”为目标和手段，扩大党员覆盖面。开展党建共建。鞍钢联众党委与广东省工业和信息化厅机关党委、中国银行广州开发区分行党委，机关联合党支部与中信银行广州国际大厦支行党支部举办了党建共建交流活动，促进了党建工作与经营管理充分融合。

2. 坚持五湖四海、任人唯贤，突破部门长以上领导由鞍钢、烨联股东方派驻人员担任的惯例，启用优秀年轻干部，中层干部中80后占65%，有1名80后优秀年轻干部提拔至公司经营层管理岗位，由过去无法想象变成员工身边的事实。构建技术人才序列，拓宽人才职业发展通道。以“联慧职工创新工作室”为核心，搭建创新创效平台，获鞍钢集团职工创新项目成果奖二等奖2项、三等奖1项，获第二十四届全国发明展览会科技创新项目银奖1项。公司被评为黄埔区、广州开发区技能人才培育突出贡献单位。

3. 增强意识形态的凝聚力和引领力，组织开展“实现扭亏任务书，绝地反击动员令”等3次专题形势任务教育，举办“改革大家谈”，开展“坚守责任之心做事，常怀感恩之心做人”选树典型活动，将职工的思想与行动引导到公司谋求生存与发展的轨道上来。加大对外宣传力度，在《鞍钢日报》、“摇篮鞍钢”、“到黄埔去”等媒体发稿16篇，在OA门户发稿180篇，在公司外网及鞍钢党建网发稿38篇。

4. 全力推进党风廉政建设。开展疫情防控监督、安全防火再监督、科技创新再监督、重要关键岗位轮岗交流及废旧物资专项监督，加强全面风险管控。“靠钢吃钢”和“微腐败”问题集中整治取得显著成果，查办2起违纪案件，有1人受解除劳动合同处分、1人受党内警告处分、有12人受到行政警告以上处罚，有3人受到通报批评，追缴和挽回损失21万元，强化了反腐败高压态势，保证了企业资产不受侵害。

5. 各级工会组织围绕提高产品质量、生产效率、新产品开发、降本增效等方面，广泛开展技术攻关、团队攻坚和劳动竞赛活动。认真组织和引导职工抗击疫情、复工复产，动员和组织广大职工解放思想，积极参与、支持公司市场化改革，助力降本增效。加强工会组织建设，凡是涉及企业改革发展的重大事项及关系职工切身利益的重大问题，都提交职代会进行审议决定，切实发挥工会职能作用。架桥梁畅渠道，开展提合理化建议活动。扎实做好困难职工救助工作，开展重大节日职工慰问活动，解难题、办实事共享发展成果。

6. 各级共青团组织紧紧围绕公司党政中心工作，以创先争优为目标，深化集团团委提出的“高质量+共青团”工作理念，努力构建鞍钢联众共青团“4+1”工作格局，在公司改革发展的浪潮中发挥积极作用。坚持党建带团建，引导青年建功立业，在服务企业中心工作中实现团组织的价值。全面落实从严治团，加强基层团建工作，深入推进志愿者服务工作，完善共青团体系制度办法，培养忠诚干净担当的高素质专业化团干部队伍，打造一支钢铁之团。鞍钢联众公司团委荣获鞍钢集团五四红旗团委。

（王可欣）

鞍钢集团工程技术发展有限公司

【概况】 2020年末，鞍钢集团工程技术发展有限公司有在职职工8341人，其中管理技术岗位2583人，生产服务人员5758人。所属企业有建设集团有限公司、房地产开发集团有限公司、重型机械有限责任公司、工程技术有限公司、铁路设备制造公司、冶金粉材有限公司。公司固定资产原值45.01亿元，净值11.48亿元，土地总面积235万平方米。

2020年，该公司以习近平新时代中国特色社会主义思想为指导，认真贯彻党的十九大和十九届二中、三中、四中、五中全会精神，深入学习贯彻习近平总书记重要讲话和重要指示批示精神，坚决贯彻落实鞍钢集团决策部署，保持战略定力，精心谋划部署，严守风险底线，不负职工期待，在大战大考中践行初心使命，交出了合格答卷。

【贯彻决策部署，重点任务聚力攻坚】 面对突如其来的新冠疫情，切实担起打赢疫情防控阻击战责任，迅速形成统一指挥、高效协同的防控体系。各级领导干部以“四不两直”方式深入一线靠前指挥，保障生产经营正常运行。面对“两项改革”积累问题复杂、涉及多达4万余人，特别是疫情叠加、生产经营压力巨大等困难，以强烈的政治责任感，全力推进厂办大集体改革和退休人员社会化管理。出台《厂办大集体改革总体实施方案》，为鞍钢集团其他子企业作出示范。在《和解协议》签署和退休人员党组织关系转接过程中，呈现出全员参与、党员带头的生动局面，“两项改革”任务圆满完成。

【发奋变革图强，运营质量显著提升】 面对在手合同储备严重不足，建设公司、房产公司等主要单元企业又面临资金链断裂的严峻形势，工程发展公司采取非常之举，上下联动出台破解生存发展困局的一系列工作举措，全力筹资金、拓市场、抓管理、稳经营。在1—4月亏损6500万元的情况下，5月开始连续保持盈利，一举扭转被动局面。全年实现收入77.39亿元，超年度目标2.39亿元；实现利润9186万元，超额完成目标任务686万元。合同签约额86.9亿元，同比增长13.4亿元。处理历史遗留问题4.58亿元，实现了历史性突破，开辟了处理历史遗留问题新通道。运营质量显著提升。经营活动现金流实现净流入7.64亿元，达到近3年最好水平；资产负债率降至76.04%，比年度目标降低1.19个百分点；“两金”占用比年初降低3.76亿元，在收入增加1.83%的前提下，“两金”降低5.6%。持续推进亏损企业专项治理，全面完成7户国资委督导和鞍钢集团下达的困难企业治理任务。

【加快战略转型，产业调整成效凸显】 明确战略发展新方向，系统谋划未来发展。提出了聚焦“一条主线”、明确“三个定位”、着力“六大提升”、做实“五项保障”的“1365”发展战略，确立了“成为鞍钢主业御林军、构建钢铁冶金基本盘、争做新兴领域践行者”的战略定位。致力于提升钢铁冶金全流程产品和服务核心竞争力，持续打造城市建设、专项产品、新基建等产业经营能力；构筑以钢铁冶金为主，多元产业协同发展的工程技术产业集团。建设公司回归“基本盘”的功能定位，完善市场化运营体系，深耕钢铁冶金市场；重机公司、铁路设备公司、粉材公司突出重点产品定位，加快产品精细化、专业化、高附加值化，提高专项产品盈利能力。2020年，工程技术公司在钢铁冶金市场的合同签约占比78%，同比提高23%，拓展钢铁冶金市场效果明显。与此同时，房产公司发挥土地资源牵动作用，带动建筑施工、建材产品等相关产业协同发展，加快盘活创效。

【深化企业改革，关键领域取得突破】 该公司年初确定了7类64项综合改革项目，年中确定7类34项“五个一”改革项目，完成率100%。统筹制定改革3年行动方案，明确9个方面、33项改革项目。实施第5次放权，减少审批项14.5%，实现应放尽放。优化顶层管控模式，调整机关职能，合理界定权责界面，充分发挥资源协同效应。在单元企业层面，学深学透朝阳钢铁改革经验，“一企一策”推进市场化改革。重机公司是国务院国资委认定的僵尸企业，在生死存亡的关键时刻，在鞍钢集团的大力支持下，公司破釜沉舟、背水一战，以“重机速度”推进管理高效化、评价体系市场化、薪酬分配差异化，坚定不移推进市场化改革，全年实现利润609万元，超额完成挑战目标；承揽合同13.49亿元，同比增长55.6%，经营状况逐步改善，为鞍钢集团完成国务院国资委僵尸企业治理任务提供了“重机方案”。工程技术公司入选国资委“双百行动”和发改委“混改”双试点单位以来，聚焦企业高质量发展要求，以“混”促“改”，引入战略投资者，高效完成员工股权激励、鞍钢内部股权转让、挂牌交易，实现引资、引智、引市场，为提高市场竞争力奠定了坚实基础。成功完成双试点重大目标任务，为鞍钢集团混合所有制改革树立了新标杆。为进一步增强管控效率和协同效应，建设公司、房产公司实施“一体化”经营管理。两个公司加快管理体系变革，牢牢把握打造微观市场主体这一关键，构建责权利统一的项目经理负责制运营模式，以把活力和效益提上来为目的，推进充分授放权和契约化管理。铁路设备公司实施内部市场化考核，从车辆检修契约化改革“试水”到经营主体市场化改革多点开花，超额100%完成利润指标。粉材公司从降低产品成本入手，全面实行定额管理，实现吨毛粉生产工序降本55元，在2019年亏损1418万元的情况下，2020年一举扭亏为盈，完成利润205万元。

【着力科技创新，发展动力持续增强】 攻关重点科研项目。全年启动重点科研项目63项，累计投入1.1亿元。沙钢3号烧结新一代烟气脱硫脱硝技术取得重大突破，达到行业领先水平。完成高强度烧结硬化合金体系、高压缩性无偏析粘接混合铁粉等技术攻关，推动了国产化替代进程。首钢京唐二期一步全铸轧工程、炼铁工程获得冶金行业优质工程奖。在第24届全国发明展览会上，获得2金3银1铜的好成绩。注重科技成果创效。搭建鞍钢首个转炉炼钢生产工业云平台，实现设备之间高效协同和多源数据的集成应用；完成高镍铬和高镍铌轧辊的研制并投入使用；成功研制大吨位焊接三轴冶金车辆转向架，签订合同订单1784万元；自主创新炼钢工序全程钢包加盖技术、新型高炉风口设备，为主业年降成本2744万元。推进职工创新工作室建设，完成创新项目98个，实现创效2607万元。

【党群工作】 1. 着力强化思想引领，聚焦做到“两个维护”。抓好思想教育这个根本。严格落实“第一议题”制度，对标对表做决策、抓落实；建立贯彻落实习近平总书记重要指示批示工作机制和工作台账，形成常态长效。制定巩固深化主题教育成果实施方案，明确重点任务9个、工作内容39项，细化落实措施82条，把“不忘初心、牢记使命”作为企业加强党的建设的永恒课题和全体党员、干部的终身课题。认真落实谭书记“三个突出”批示要求，重点加强学以致用、解决实际问题，组织党委理论学习中心组学习10次，进一步提高领导班子的政治站位、理论素养和工作能力。持续强化各级党委的主体责任，将意识形态工作纳入党委书记述职、民主生活会、党建工作考核和日常重点工作中；聚焦改革发展稳定的重点难点问题，完成思想政治工作课题研究成果4项。坚决贯彻落实党中央和鞍钢集团决策部署。贯彻落实《鞍钢集团改革三年行动实施方案》，明确9个方面、34项改革项目，确定改革目标131个、改革措施229条，推动改革走深走实。编制完成《鞍钢工程发展公司“十四五”科技发展规划》，并建立科研项目容错机制。坚决打赢疫情防控阻击战，在主业保产、高炉大修等重点项目中彰显使命担当，组织党员自愿捐款支持疫情防控，4195名党员捐款36万元。发扬斗争精神，克服“两项改革”中各种难题，率先出台《厂办大集体改革总体实施方案》，《和解协议》签订完成率达99.66%，按期完成退休人员社会化管理工作。

2. 着力发挥领导作用，确保企业持续发展。抓住“把方向、管大局、保落实”这一关键。坚持以习近平新时代中国特色社会主义思想为指引，成功召开鞍钢工程发展公司第二次党代会，确定了“1365”发展战略和实施“三步走”、打造成为最具价值创造力的工程技术产业集团的奋斗目标，开启改革发展新征程。完善权责明确的治理体系，修订“三重一大”决策制度实施及监督办法、董事会议事规则、总经理议事规则，明确党委会决策事项23项、审议事项74项，董事会决策事项40项，总经理办公会决策事项43项。加大差异化授、放权力度，对单元企业审批事项减少14.5%，有效激发单元企业创新创效的活力动力。全年组织召开党委会研究讨论改革议题10项，召开公司级改革推进会议3次，实现改革沿着正确方向推进，保障改革措施有效落实。学深学透朝阳钢铁改革经验，“一企一策”实施市场化改革。重机公司实现扭亏脱困，可持续发展后劲显著增强，超额完成2020年利润挑战目标；建设公司、房产公司明确了“三聚焦、一拓展”的发展方向，以项目市场化改革为核心的“1+6”改革模式；工程技术公司完成混改项目增资扩股签约，转型升级实现突破。

3. 着力抓实基层党建，筑牢坚强战斗堡垒。推动全面从严治党向基层延伸。贯彻落实新时代党的建设总要求和新时代党的组织路线，制定落实“五个抓好”、国企基层组织工作条例、党建工作规范化标准化3个任务清单和落实全面从严治党主体责任清单，把党的全面领导落实到各方面各环节，有效推动习近平总书记重要指示批示精神和企业改革发展稳定各项任务落地落实。推进党支部工作与中心工作深度融合。组织召开党支部建设研讨会，落实谭成旭书记关于加强党支部建设讲话精神，研究部署党支部建设工作，提升政治领导力、组织凝聚力和发展推动力。全年围绕提质增效，精准立项公司级“共产党员工程”100项，申报集团公司级“共产党员工程”13项，2150名党员群众参与，累计增效创效4000余万元。教育引导党员立足岗位、创新创效，评选党员先锋岗30个、党员责任区30个。坚持党建带团建，实施“创新登高”项目40项。创建鞍钢集团党支部工作示范基地1个、“样板”党支部6个。全面开展党委书记述职评议考核，对26个基层党委、215个党支部书记开展述职评议考核。针对集团公司2019年度党建工作责任制考核反馈意见，举一反三制定整改清单，细化整改措施15项，按期完成整改。

4. 着力加强队伍建设，激发干事创业活力。加强各级领导班子建设。对35名直管领导人员开展年度考核工作，因考核问责“下”的直管领导人员占比达到5.7%；注重在重大考验和斗争中考察识别干部，对在抗击疫情、“两项改革”等重点任务表现突出的领导干部及时提拔重用。加强年轻干部队伍建设。举办第二期中青班，优选55名优秀年干部实施重点培训，进一步筑牢理想信念，增强干事创业本领；有计划给优秀年轻干部压担子、经风雨、练筋骨，打造硬肩膀，让年轻干部在实践中砥砺品质、增长才干，2020年新提拔80后优秀年轻干部18人，13家基层单位新配备年轻干部，3家单位新配45岁左右正职，新提拔领导人员中80后占比56.3%，年轻干部占比达到11.4%，超额完成集团公司下达的年轻干部培养选拔各项指标任务。加强人才队伍建设。强化高技术、高技能人才培养选拔，入选集团公司“英才计划”人才库38名，荣获辽宁省工匠1人、鞍山市领军人才1人、鞍钢工匠2人；深入落实“十项措施”，制定实施方案、工作台账和评估体系，建立技能人才成长积分制，树立“人才是干出来的”导向，获“鞍钢集团技术能手”18人。

5. 着力推进从严治党，营造风清气正生态。抓实“两个责任”，召开党风廉政建设和反腐败工作会议，持续保持整治腐败高压态势。全力配合集团公司党委巡视工作，对2家单元企业开展扶贫惠民专项巡察“回头看”，对1家单元企业开展常规巡察。做好巡视整改“后半篇文章”，完成中央巡视反馈、扶贫惠民专项巡视“回头看”反馈问题整改，鞍钢党委常规巡视反馈问题69项，完成整改59项，推进整改10项。重点开展政治监督、“两项改革”和提质增效等8个方面的监督工作，监督质效显著提升。打赢“靠钢吃钢”攻坚战，制定专项治理工作方案和任务清单，立案查办4件，组织处理5人次，完善管理制度187个。运用监督执纪“四种形态”，对党员、领导人员谈话提醒104人次，廉洁谈话276人次，诫勉谈话14人次，监督执纪由“惩治极少数”向“管住大多数”有效拓展。

6. 共享发展成果，职工福祉不断改善。开展40项“践行共享理念，关爱一线员工”专项服务行动。改善职工工作环境，提升本质安全管理水平。收入分配向一线职工倾斜，在岗职工人均收入同比增长7.96%。召开公司首次团代会，开展青年创新登高项目40项。走访慰问困难职工和退休人员1938人次，发放救济金87.67万元。完成消费扶贫173.6万元。

（于国旺）

【建设集团有限公司】 2020年末，职工总数3852人，其中在岗职工2418人，离岗居家职工1434人，在岗职工中管理技术803人（高级职称103人，中级职称452人，初级职称248人），生产服务人员1615人。

该公司共有机械设备、运输设备、动力设备等各类设备共计4450台（套）。拥有国际先进的德国产400吨、280吨、160吨履带式和800吨、500吨、380吨、330吨、250吨、225吨、120吨汽车式及国产1200吨、800吨、600吨、200吨、

160吨、150吨履带式等系列吊装设备；沃尔沃、奔驰、拖车等各类大型运输设备；沃尔沃EC700BLC、EC460BLC履带式挖掘机、A40E铰链式卡车及国产自卸汽车、铲车等土方挖运设备；利勃海尔HS855HD履带式地下连续墙抓斗成槽机、瑞典阿特拉斯·科普柯产全液压ROCD7顶锤式钻机、HB2200型液压锤等破碎设备；日产液压打桩机等桩工设备和日完成10万立方米岩土工程爆破、挖运作业的施工设备等；伊萨EXA6000×16000型数控火焰切割机、EXA4000×27000型及IT258型数控门式焊机、美国培廷豪斯数控钢结构加工设备、LMZ-2500型H型钢自动埋弧焊机、数控平面钻床、1600吨×3000型三辊卷板机等钢结构加工制作设备；瑞士徕卡TDA5005型三维全站仪及美国天宝4600LS型GPS测量定位系统等施工测量设备；东北地区最大的年产280万立方米流态混凝土生产基地及配套的泵罐车设备。新增设备95台（套），设备原值3800万元。

【经营指标】 全年处理历史遗留问题2414万元，实际利润达到4381万元，同比增长32%，净利润5003万元，同比大幅增长49%，创历史最好水平，实现“双跑赢”。全年合同签约额44.75亿元，比去年41.97亿元增长6.62%。

【企业形象】 科研投入3958万元，投入强度1.05%，科技创效819万元。6项QC成果获冶金建设行业QC成果一、二等奖。完成国家专利申报13项，其中发明专利5项，评定专有技术8项，完成科研课题16项。

【产业调整】 通过增加大宗及战略物资厂家直购比重、托盘采购等方式降低采购成本2304.24万元；通过恒大商票等金融方式，为公司创造了新的效益增长点；通过开展工程分包审计，实现分包工程款审减创效219.7万元；通过压控管理费用支出等方式节约财务费用300万元。

【企业改革】 项目经理责任制“开花结果”。下发了1.0版放权清单，在机关各部门（中心）原权限的基础上，对32项权限实施放权。对合同额500万元以上项目实行项目经理责任制，试行项目13项，屡获业主表扬。

开展“去机关化”工作。实现两级机关由集中管控型向服务监督型转变。积极推进职能改革。设立经营管理评价中心、商务中心等部门，对编制定员及职能做了大幅调整，进一步发挥参与、服务、监督职能。厂办大集体改革实现突破。《和解协议》签订完成率超过99%，处理疑难问题上百件。退休人员社会化管理阶段性完成。按鞍钢目标计划提前5天完成了9919名退休人员档案数字化工作。目前，退休人员档案已全部移交给社区，同时完成了4038名退休党员组织关系转落工作。

【工程管理】 全年新开工项目798项，竣工项目630项，合同履约率100%，累计受到业主表扬近30次。打造服务鞍钢样板工程。2号高炉年修项目克服春节、疫情诸多不利因素，最终保质保量提前55小时完成了目标，创历史最好水平。

【共享理念】 精准帮扶困难职工。共救济困难职工701人次，发放救济金43.63万元。开展金秋助学活动，为82名考上大学的职工子女发放价值25000元的慰问品。改善职工工作条件。完成“践行共享理念，关爱一线员工”项目22项，累计投入64.3万元。开展夏送清凉、冬送温暖活动，为施工现场送去价值82895元的物资，下拨送清凉专项资金12055元。五一期间，走访慰问35名劳动模范，召开座谈会，倾听劳模对企业的意见及建议。积极开展创新工作室提档升级工作，王静创新工作室成功晋级辽宁省职工创新工作室，曹华军创新工作室晋级鞍山市创新工作室。保障职工健康安全，投入15.36万元为职工购买了一次性口罩、消毒液等防疫物资，为514名女职工办理了安康保险，组织140名女职工参与两癌筛查。

【建筑工程分公司概况】 2020年末，全部职工746人，在岗职工465人，其中，管理和专业技术人员139人，生产服务人员326人；高级职称6人，中级职称111人，初级职称114人。机关设8个部门（中心），25个项目部。

2020年，该公司全年共完成分项工程60项，分项工程合格率100%，单位工程优良率100%。完成施工产值20.15亿元；全年实现销售收入20.15亿元；全年实现利润909万元；2020年市场营销中心签约219项，完成签约额130282.02万元，外埠工程签约86项，签约额121048.06万元，鞍钢工程签约133项，签约额9233.96万元。

2020全年，编制外埠技术标82项，鞍钢厂内技术标154项。审批方案113项，完成合理化建议创效130.9万元；申报国家专利1项；企业级工法1项；发表论文1篇。完成了“大中修改造工程钢筋砼快速拆除施工技术研究与应用”“钢筋砼框架结构的整体加固施工技术的研究与应用”“高层铝模板施工技术研究与应用”课题。

【机电安装工程分公司概况】 2020年末，有在岗职工687人，其中，管理和专业技术人员153人，生产服务人员534人；高级职称9人，中级职称70人，初级职称109人。机关设5个部门（中心），2个基层单位，13个工程队、6个工区、6个外埠临时项目部。公司拥有锅炉、压力管道、压力容器、起重机特种作业资格证，拥有电力承装三级、承试四级工程资质。

2020年，该公司全年完成分项工程658项，分项工程合格率100%，单位工程优良率100%。实现销售收入4.93亿元，实现市场签约额6.38亿元，较上年增加1.25亿元，其中鞍钢市场签约额5.07亿元，较上年增加0.31亿元，鞍钢市场得到巩固和扩大；外部市场签约额1.28亿元，较上年增加0.91亿元，在青钢、中天钢铁、太钢、本钢、山钢日照有限公司等实现了新突破。

提升自主创新能力、提高科技贡献率、增强产业竞争力，形成一批拥有自主知识产权的专利、工法、专有技术。培育技术专家，评选10名炼钢、炼铁、连铸、连轧、电气、液压等专业的技术领军人物。全年完成合理化建议29项，创效303.72万元。申报国家专利4项，申报专有技术2项，申报企业级工法5项，申报省级工法1项。在省级以上刊物发表论文2篇。推进技能大师工作站建设，李铁成获“辽宁工匠”称号，其工作站获“鞍山市技能大师工作站”称号。

【鞍钢钢结构有限公司概况】 2020年，在职职工总数92人，其中，居家职工28人，在岗职工64人；技术、管理人员28名（高级职称3人，中级职称17人，初级职称8人），生产服务岗位39人。通过AWS（美国焊接学会）认证焊工101名，CCS（中国船级社）认证焊工30名。拥有国际焊接工程师、国家一级建造师、一级注册结构师、高级工程师6人。公司机关设党群工作部、工会、综合管理部、市场营销部、财务会计部、工程制造部、技术质量部、供应站；直属单位设计研发中心、项目管理中心、生活服务中心；公司下设三个生产车间。资产总量19.04亿元，净值6615.25万元。

2020年，该公司实施工程设计、制造加工、安装施工、技术服务于一体的钢结构系统全流程管控，应用全球最先进的X-Steel详图设计软件进行详图设计、应用FastCam软件及条码系统进行排版及材料管理，应用BIM系统进行钢结构项目管理。全年共研制出5项技术工法应用到生产施工中，完成企业级工法1项，申报专利1项、专有技术1项，发表科技论文1篇。1项创新成果荣获2020年度全国冶金建筑行业QC成果二等奖、2项创新成果获鞍钢集团管理创新项目三等奖。2020年曹华军创新工作室被评定为鞍山市职工创新工作室。制造部党支部被授予为鞍钢集团党支部示范基地。

统筹防疫、生产两手抓，经营成果不断改善。新冠疫情发生以来，领导班子靠前指挥，统筹推进疫情防控和生产经营。重点参与建设华晨宝马汽车有限公司研发中心扩建项目试制车间土建机电工程、华晨宝马汽车有限公司产品升级项目（大东厂区）总装物流车间（含EEX二期部分）标段、沧州石化控制室隐患治理装置钢结构工程等，全年共完成产量30195吨，产值2.11亿元，销售收入2.04亿元，完成合同签约额6.65亿元。

【结构安装工程分公司概况】 2020年底，该公司共有职工341人，其中，在岗职工198人，居家职工143人。在岗职工中管理技术人员54人（高级职称2人，中级职称31人、初级职称18人）、生产服务人员139人。公司下设4部、1中心、1站、1办及13个项目部，作业层全部实行项目经理责任制。有利勃海尔280吨履带吊、中联重科160吨履带吊、中联70吨履带吊、裁条机、成型机、冲剪机、大滚床、反变形机、复合机、辊道通过式抛丸清理机、滚板机、剪板机、压型机等生产设备、机具270余台。固定资产原值13099万元，净值1592万元。

2020年，该公司工程合同执行率100%，工程节点完成率100%。全面开展技术质量管理标准化工作，保证了分部（分项）工程合格率100%，全面完成工作规划目标。全年共完成销售收入2.2亿元，完成签约额3.4亿元，实现了企业重大安全、质量、设备、环境污染和交通事故为零的目标。

2020年，该公司坚持创新驱动发展战略，推进高炉领域技术革新。全年实现科技创效66万元；完成企业级工法1项、专利1项；荣获冶金施工系统QC成果一等奖1项。

【工业炉能源科技分公司概况】 2020年末，该公司共有职工140人（居家42人），其中，干部39人（高级职称3人，中级职称18人，初级职称13人），工人60人（生产工人56人）。设三部（综合管理部、财务部、项目管理部）、三中心（市场营销中心、供应租赁中心、人力资源服务中心）、四个工程队（炼铁工程队、炼钢工程队、加热炉工程队、鲅鱼圈工程队）。

公司拥有固定资产原值334.53万元，净值80.43万元，主要设备有大型高炉砌筑平台、卷扬塔、各种类型磨砖机、灰浆搅拌机、空压机、电弧吊、叉车、真空吸附吊及各类喷涂设备97台（套）。

2020年该公司承担的工程以新建、年修工程为主，全年承担单项工程70项。合格率100%，合同履约率100%，轻伤以上事故、火灾事故、负主责的交通事故和环境事故为零；质量事故为零。承担并圆满完成了鞍钢新2号高炉大修、酒钢7号高炉炉缸砌筑、热轧加热炉同步检修、鲅鱼圈回转窑保产等一大批重点项目施工任务。今年夯实"六个拓展"发展理念，在维修、维保市场有了较大突破，成功开发了广州联众不锈钢维保、福建莆田冷轧保产等项目。

2020年完成销售收入8062万元，利润150万元。完成省级工法1项，获得国家知识产权局发明专利1项，获得实用新型专利2项，完成板块专有技术1项，完成科技研发项目210万元。

2020年全面开启了综合改革，取消人力资源服务中心，业务整合到综合管理部。公司机关及直属机构人员改革前定员29人，改革后定员13人，缩减比例55%。同时进行了人事制度改革，管理干部能上能下，提拔3名年轻干部到重要管理岗位。

【汽车吊装运输分公司概况】 汽车吊装运输分公司拥有固定资产原值4.89亿元，净值1.18亿元；2020年新增设备46台。该公司共有在岗职工303人，其中生产服务岗位228人，管理技术岗位75人；居家休息职工212人。该公司机关设置工会、党委工作部、综合管理部（人力资源部）、市场营销部、工程管理部（技术质量部、安全保卫部）、设备物资部、财务部，基层单位设置吊装一队、吊装二队、吊装三队、保产一队、保产二队、鲅鱼圈保产队、朝阳保产队、物流事业部、工程事业部、PPP项目部、汽车产业园、葫芦岛铝业项目部。

2020年，该公司实现销售收入2.7亿元；实现利润842万元，完成年计划的130%；清欠回款1443.12万元，工程施工节点完成率100%，合同履约率100%。

各项工作扎实推进，圆满完成了年初职代会确定的各项目标任务，实现了"抗疫情、保增长"双战双胜利。一是服务保障坚强有力。保产市场紧抓在手，服务主业，以点带面精耕细作，努力做好每个环节的服务和支撑，稳固了现有保产份额；物流市场依托内部市场需求，以德邻陆港市场化竞争为突破，整合社会资源，提升了服务水平和保障能力；吊装市场真正实现从台班出租向工程承包领域进军，在风电安装领域独树一帜；工程市场优化资源配置，在复杂工况地基处理、大中型建筑工程和新型装配式钢结构安装等项目上取得显著突破。汽车产业园依托市场苦练内功，在降本增效上稳步推进，成效显著。通过高标准践行"四个确保"承诺，公司生产规模不断做大做强，盈利能力持续提升。二是市场开发稳步推进。始终坚持市场导向，全年合同签约188项，总额2.68亿元。在确保鞍钢保产和内部物流、吊装市场不丢的前提下主动出击，先后跟进中标了鞍山市立山垃圾转运站建设、鞍钢股份炼铁总厂烧结机环保改造、鞍钢矿渣开发公司钢渣运输等十余项大型工程。尤其是陕西延安宝塔蟠龙风电场二期项目、国家电投沈阳苏家屯6兆瓦分散式风电项目、中电投大连驼山风机改造项目等累计近4228万元风电合同的签订，快速打破了发展困局，为公司实现全年目标奠定了良好基础。三是降本增效贡献突出。通过提升设备维保质量、优化施工作业方案、加强计划管理、动态策划管控、细化成本核算、加快资金周转等一系列措施，努力减少"两金"占用，有效降低经营成本，全年修旧利废创效60万元，燃油消耗节约330万元，闲置资产盘活处置收入196万元，通过招标比价，有效降低采购成本280多万元。四是创新创优成果丰硕。科技创新工作取得长足进展，累计完成科技创效65.63万元，完成年计划的131%；科研开发1项，投入研发费用366.14万元；申报专有技术1项、申报企业级工法1项、发表论文1篇；实现全年“单位工程质量合格率100%”目标，整体技术实力显著提升。五是人才保障卓见成效。取得一级建造师证书16人、二级建造师证书11人，具备中、高级职称46人。2020年新招录员工13人，全年开展职工技能培训470人次，24人取得职业资格技能证书，岗位调整及挂职锻炼13人次。公司人员结构不断优化，人才储备日趋完善。六是设备更新助推发展。自筹资金购置800吨履带吊、1200吨汽车吊、400E旋挖钻机及运输车辆等主流设备。新进设备已全面投入施工生产并在引领传统产业转型升级方面发挥出重要作用，不仅保障了物流保产运输市场的平稳运行，还全面有效提高了工程项目的自主施工能力，更助推公司成功挤进风电安装市场，提升了“鞍钢吊装”品牌价值。七是党建统领保驾护航。坚持和加强党的全面领导，深入开展“靠钢吃钢”等专项治理，推进全面从严治党向纵深发展，积极引导广大党员以实际行动践行初心使命。八是切实把职工利益摆在首位，全年帮扶困难职工106名，累计发放慰问金5.546万元；基地搬迁，食堂、浴池改建等优化整合措施使相关资源得到充分利用，职工生产生活得到极大便利；“职工之家”活动中心的建成和各类文体活动的开展使健康工程深入推进，丰富了职工业余文化生活。信访、档案、综合治理等方面管理工作均取得长足进步。荣获2020年度鞍钢集团先进单位。

【建筑材料分公司概况】 2020年末，该公司共有在岗职工146人，其中，管理和专业技术岗位76人，生产和服务岗位70人。机关设置六部一会，即党委工作部、工程管理部、经营销售部、财务管理部、资材管理部、安全环保部、工会；基层单位6个，形成“三厂两中心一事业部”新架构。公司固定资产原值17343.16万元，净值5593.14万元。新增抑尘车1台、运油车2台、空压机2台、柴油混凝土泵车1台、装载机12台等设备，新增设备原值1319.72万元。

2020年，该公司以全面深化改革为核心，打破建制束缚，实现资源区域共享。将分布在鞍山本部、鲅鱼圈、朝阳的“三厂两站”混凝土系统划分为搅拌一厂和搅拌二厂2个管理区域，合并防水材料厂、涂料厂、外加剂厂、电器设备维修制造厂，成立综合材料厂。基层单位由10个，精简为6个。新建300万吨砂石生产线，砂石生产能力新增300万吨/年，达到700万吨/年，成为鞍山地区最大的砂石生产基地。改革营销机制，构建市场化营销体系。成立混凝土和碎石销售两个中心，强化混凝土产品站稳鞍山区域及鞍钢“基本盘”，碎石产品销往吉林长春、德惠等地。与大连瑞佳、辽宁中通、北京中铁隧建、中建一局签订混凝土供应合同，持续拓展辽阳钢铁、鞍山宝得、辽阳鑫亿特钢等周边钢厂改造项目。2020年生产混凝土30万立方米，生产砂石206万吨，实现营业收入1.55亿元，实现利润502万元。珠光砂混凝土获辽宁省“金厦杯”，荣获“全国混凝土行业先进企业”，中国建材行业500强企业，王静创新工作室晋级为辽宁省职工创新工作室。

【建设设计研究院概况】 2020年底，建设设计研究院在册职工总数73人，其中，各类专业技术人员51人，占总人数的69.8%；另有长期派遣劳务23人。具有教授级高级工程师1人，副高级职称人员14人，中级职称人员38人，初级职称人员11人。拥有博士研究生1人，硕士研究生9人，大学本科毕业生46人，大学专科毕业生18人。国家一级注册建筑师1人，国家一级注册结构师6人。

2020年该院固定资产4栋、67件，原值462.85万元，净值44.5万元。计划销售收入3500万元，实际完成3571万元，完成年计划102.03%；单位工程质量合格率100%。实现安全、质量、设备、火灾、环境污染事故为零，该院负主要责任交通事故为零的目标。

【鞍山建博工程检测有限公司概况】 2020年底，在册职工15人，其中各类专业技术人员9人，占总人数的60%；中级职称人员7人，初级职称人员5人。拥有大学本科毕业生7人、大学专科毕业生6人。

该公司与鞍钢建设集团有限公司设计研究院合署办公，统一对外经营。经营范围包括：地基基础工程检测、主体结构工程现场检测、钢结构工程检测、建筑工程材料见证取样检测等。在行使“国家冶金工业工程质量监督总站鞍钢监督站检测中心”“鞍钢冶金建（构）筑物鉴定评估中心”职能的同时，也作为建设集团有限公司试验室承担本企业的常规材料自检工作。可以面向社会开展检测业务，所出具的检测报告可作为工程验收的依据。

2020 年该院固定资产 120 件，原值 537.52 万元，净值 108.79 万元。

【剥岩工程有限公司概况】 2020 年末，该公司共有职工 206 人，其中，管理和专业技术干部 30 人，生产服务人员 176 人。公司机关设四部一会，分别为党群行政部、安全环保生产管理部、设备物资管理部、财务会计部、工会。基层设 3 个工程队 3 个中心，分别为第一工程队、第二工程队、第三工程队、人力资源中心、资产运营中心、市场营销中心。拥有各类挖运设备 181 台（套），固定资产原值 9347.4 万元，净值 753.78 万元。2020 年完成剥岩产量 1398.59 万吨，实现产值收入 10882.42 万元；实现了企业轻伤以上事故、火灾事故、重大设备事故、负主要责任的交通事故、环境污染事故为零的目标。

【建筑装饰工程分公司概况】 2020 年末，该公司在岗职工 27 人，居家职工 18 人。机关设党委综合部、财务审计部、项目安全管理部 3 个部门；基层设市场营销中心、设计研发中心、一站式服务中心 3 个中心；下设 7 个基层项目部。

该公司拥有固定资产原值 326.90 万元，净值 15.6 万元。拥有塑料型材 V 型锯、铝塑门窗双角锯床、铝型材双头精密切割锯、转位式冲压机、铝合金角码切割锯、铝型材端面铣床、铝门窗组角机、塑料门窗四点焊接机、涂料厂采暖管、涂料厂厂房、客货车、机关办公楼、门卫（A）、汽车库、幼儿园、木工房、浴池、变压器。

2020 年末，该公司完成总产值 5513.32 万元，合同签约额 4455.6 万元，实现销售收入 5037 万元，实现利润 85.3 万元。安全方面实现了轻伤及以上安全事故为零的目标，质量方面实现了所有工程质量为合格的目标。

（崔瑛琦）

【房地产开发集团有限公司】 2020 年末，职工总数 781 人，其中，在岗职工 599 人，离岗居家职工 182 人。

【经营指标】 全面梳理和处置不良资产 36343 万元，清除沉重历史负担，为企业未来发展奠定基础。2020 年，实现销售收入 62025 万元，完成计划指标 103.38%；经营性现金流净额 4511 万元，近三年来首次由负转正。

【企业形象】 建筑施工完成混凝土楼地面一次成型技术、铝合金模板体系在高层建筑中的研究等 6 项科技研发项目，实现科技研发投入 773 万元，投入强度 1.18%。申报专利 7 项，省级工法 1 项，3 项专有技术通过评审。

【产业调整】 鞍钢新城项目通过设计优化累计降低开发成本 811 万元，通过优化施工工艺和创新施工方法等累计降低施工成本 370 万元，形成了创新围绕项目转、项目围绕成本转、成本围绕效益转的良好态势。建筑设计产业着力扩展工程总承包业务，全年实现工程总承包工程合同签约额 5826 万元，实现收入 3500 万元。

【企业改革】 加大授权放权力度，98 项核心业务权限授权到基层单位，实现人权事权相统一、责权利相一致。压缩机关职能部门，机关岗位编制定员压减 65%，实现机关由经营管理型向服务决策型转变。整合组建房建公司和鞍山公司，建立了基层单位产业结构清晰、市场责任主体明确、“自主经营、自负盈亏、自担风险”的独立经营模式。实施全员竞聘上岗、推进实施末位竞争机制，建立人力资源“周转池”、形成人力资源优化机制，实施不同层面“年薪制、基薪+绩效、基薪+提成、超额分配”差异化制度，同岗位层级职工收入差距明显拉大，形成市场化薪酬分配体系。协调推进厂办大集体改革，449 人签署职工和解协议，完成率 97.4%；稳步推进退休人员转社会工作，按时完成 6412 卷档案整理扫描，1086 名退休党员组织关系转出。

【工程管理】 一是制定资金“独立经营，分灶吃饭”实施方案，印发票据管理办法，防范资金、票据风险。享受新冠疫情政策优惠 1094 万元。二是加强安全管理。建立领导分片包保责任制度，开展“五清五杜绝”安全专项行动，整改 46 项问题和隐患，专项行动转入常态化。三是强化质量管控。鞍钢新城一期 2 号楼通过主体验收监督检查，合谊地产项目飞行检查排名第三。申报辽宁省优质主体工程 2 项，合谊地产项目申报成都市优质主体工程。

【共享理念】 开展“践行共享理念、关爱一线员工”专项服务行动，投入 12.34 万元完成 6 个立项项目，职工作业环境和福利设施明显改善。弘扬工匠精神，“五一”期间走访慰问 9 名劳模发放慰问金 4500 元。救助困难职工 435 人次，发放慰问金 14.71 万元。组织 1186 人次参加健康体检。

【鞍钢房产建设有限公司概况】 2020 年末，该公司在岗职工 446 人，其中，管理和专业技术人员 179 人；高级职称 14 人，中级职称 93 人，初级职称 61 人，拥有国家一级建造师 56 人、高级工程师 8 人。机关设 8 个部门 1 中心，2 个基层事业部，21 个项目部。公司具有建筑工程施工总承包一级、建筑装修装饰工程专业承包二级、市政公用工程施工总承包三级、起重设备安装工程专业承包三级、建筑机电安装工程专业承包三级等资质。固定资产原值 20908.41 万元，净值 5471.71 万元。

2020 年该公司共完成施工产值 5.13 亿元，实现销售收入 4.088 亿元，全年利润 -3329 万元。市场签约额 4.15 亿元，其中，鞍钢市场中标金额 33507 万元，外埠市场中标金额 145 万元。申报国家专利 5 项，申报专有技术 3 项；申报企业级工法 2 项，申报省级工法 1 项；在省级刊物发表论文 2 篇。

【鞍山有限公司概况】 2020 年末，该公司有员工 28 人，其中，高级职称 13 人，中级职称 14 人，初级职称 1 人。公司设 6 个部门，分别为综合部、设计管理部、财务部、投资运营部、工程管理部、销售部。2020 年完成房地产开发投资 15230 万元，在建开发项目累计完成投资 33474 万元。实现收入 4726 万元。具有房地产开发二级资质。

【房产设计研究院概况】 2020 年末，该院有职工 47 人，其中干部 38 人，工人 9 人；高级职称 10 人、中级职称 28 人，初级职称 4 人；硕士 3 人，本科 31 人，专科 8 人。国家一级注册建筑师 3 人，一级注册结构师 3 人，注册公共设备工程师 1 人，国家注册岩土工程师 1 人。设有 3 个专业设计室，1 个勘测大队，2 个生产科室，2 个管理部室。

2020 年，该院主要设备有静力触探车、地质钻探车、全站测绘仪、计算机、彩色自动绘图仪、工程复印机、晒图机、叠图机、模型机和检测设备等共 90 余台，拥有固定资产原值 264.5 万元，净值 41.81 万元。该院是经原国家建设部审批注册的综合性工程勘察设计单位，甲级建筑工程设计资格，并持有乙级工程勘察资格证书、乙级工程测绘资格证书。具有工业与民用建设项目可行性研究、地质勘探、测量、总体规划和施工图设计、全过程服务能力。2020 年完成总产值 4047 万元，单位工程质量合格率 100%，勘察设计合格率 100%。实现安全、质量、设备、火灾、环境污染事故为零的目标。

【物业公司概况】 2020 年，物业公司共有职工 263 人，其中，在职职工 32 人，外聘职工 231 人，在职干部 8 人（高级职称 1 人，中级职称 5 人，初级职称 1 人，无职称 1 人），工人 24 人，主要服务项目有：鞍钢花园、鞍钢嘉园、鞍钢景园、鞍钢田园、鞍钢公寓东苑、山南 7 号楼的物业服务，房产集团公司机关的后勤服务等。

一年来，物业公司干部职工坚持把做好物业服务放在各项工作的首位。以“三项制度改革”为契机，完成各项改革任务，狠抓服务意识的提高，按照服务标准要求，强化管理，推动小区物业服务工作规范升级，物业费收入比上年有了较大程度的提高。

2020 年，该公司加强物业收费管理维权，全面启动法律程序，加大收费清欠力度。除日常开展多种形式的追缴工作以外，公司对欠费业主分类梳理，采取各园区分头立项，确认指标，公司集中诉讼的办法，坚持追缴物业费，依法诉讼不间断，共清欠物业费 171 万余元，完成收入 1390 余万元，形成了物业收费管理良好势头。

（崔瑛琦）

【重型机械有限责任公司】 到 2020 年末，有职工 3157 人，其中，干部 502 人，工人 2213 人，居家职工 420 人，列编外职工 22 人。该公司占地面积 43 万平方米，拥有各类专业和通用设备 2183 台（套），固定资产 13 亿元。该公司下设基层单位 13 个，其中独立法人单位 2 个（鞍钢轧辊有限公司、鞍钢重型机械设计研究院有限公司）、模拟法人单位 4 个（冶金设备制造公司、汽车运输分公司、综合服务公司、表面强化分厂）、直属单位 7 个（轴承箱分厂、齿减分厂、机电分厂、灵山机械厂、金属结构厂、锻造厂、质量管理控制中心）。

【经营指标】 全年实现利润 609 万元，超额完成 500 万元利润挑战目标；实现销售收入 102538 万元，资产负债率由年初的 92.7%降为 84%；在岗职工月人均收入同比增长 15.86%。

【党的建设】 严肃换届纪律，改革后新成立的 2

个基层党委、2 个党总支和任期届满的 22 个党支部按期完成了换届选举。开展“双五星”评比特色党建活动，全年评选出“五星”党支部 34 个，“五星”共产党员 703 人次。创建现场“开放式党员活动室”。开展基层党支部建设提升年活动，创建集团“样板党支部”1 个。

【人才建设】 完善“选、育、用、管”工作机制，建立优秀年轻干部人才库。召开青年干部座谈会 3 次，引进成熟人才 1 名。6 人入选鞍钢集团“英才计划”拔尖、骨干培养对象人才库，组建了 59 人的重机公司评标专家库。建立补贴机制，对通过技能鉴定考试的 180 人发放补贴 21.6 万元。建立人才成长“积分评价机制”，实施员工积分制管理，有效激励员工创新创效、自觉自律、奋发向上。

【思想引领】 该公司突出典型引路，不断传承特色企业文化，全年在国家重点刊物、网站刊发报道 2 篇，在鞍山新闻等媒体发布新闻 6 次，在《鞍钢日报》《鞍钢视讯》发布稿件 18 篇，在“摇篮鞍钢”“鞍钢工程发展公司”等微信公众号发布稿件 210 篇。建成“王崇伦纪念馆”，大力弘扬王崇伦“走在时间前面”的精神，组织职工参观学习。

【从严治党】 加强党风廉政建设和反腐败工作，落实中央八项规定精神，整治和纠正“四风”问题。完成“靠钢吃钢”等 2 项专项治理。推行“三方联动”监督运行机制，运用监督执纪“四种形态”，全年开展提醒谈话、批评教育等 61 人次，党内警告处分 1 人，开除党籍 1 人。狠抓巡视巡察问题整改落实，完成率 100%。完成了轧辊公司党委、汽车运输分公司党总支、轴承箱分厂党支部等党组织内部巡察，专项监督实现创效 523 万元。

【深化改革】 通过重塑组织架构，压缩管理层级，将市场要素引入生产经营全过程，实施契约化管理。锻造厂等 7 个分厂实现了生产统一指挥，财务一级核算，管理水平和效益明显提升。对模拟法人和独立法人单位充分授权，赋予其相应独立运行职能，实现了责权利相统一。综合服务公司通过自主经营、自负盈亏，全年实现降本增效 270 万元。三项制度改革添动力。一是加大干部人事制度改革力度，全年提拔领导人员 15 人，交流 44 人次，4 人退出领导岗位。选拔 17 人次年轻干部参加上级公司培训班，18 名优秀年轻干部走上重要岗位。二是建立人才引进退出机制，引进成熟人才 1 名，与技师学院合作招收数控技工 16 人，培养急缺工种 64 人。评聘工程序列岗位人才 9 人、高技能人才 11 人，陈世谊被聘任为鞍钢工程发展公司首席技师。清理闲置人员，灵山机械厂 27 名竞聘上岗落聘人员通过公司人力资源平台重新上岗。鼓励一专多能、兼工作业，以设备自动化代替人工作业，人工成本利润率比上年大幅提高。三是打破“大锅饭”传统，建立与绩效挂钩的分类考核评价机制，推进薪酬分配差异化，实现了收入能多能少。认真落实党中央、国务院和上级公司决策部署，积极克服困难，全面完成厂办大集体和退休人员社会化改革各项任务。

【结构优化】 按照公司“三步走”战略，加快产业结构调整步伐，围绕发展“六大产业”，全年投入科研经费 2331 万元，投入额是近 10 年以来最多的一年。外聘技术专家和顾问 21 人，成立 12 个专项产品研发小组。与沈阳大陆激光公司组建合资公司，借势借力推进激光熔覆项目，增加新的利润增长点。全年放行技改项目 23 项，投资总额 3214.2 万元。轧辊公司提质扩能增效二期改造全面完成，冶金设备公司树脂砂再生线、铁水直供、消失模“三大工程”改造实现了提质、降耗、增效、环保的目标。职工创新工作室确立 42 个重点项目，实现创效 1018 万元。在第 24 届全国发明展览会上，公司获得金、银、铜奖各 1 项。

【开拓市场】 创新商业营销模式，开辟代理营销方式，完成了 5 份代理营销合同。600 平方米烧结机项目联合投标签约 11674 万元，EPC 总包项目 BD1 轧机搬迁签约 3600 万元，大型 950 连轧线基签约 1.7 亿元。大力推进轧辊功能承包，向“制造+服务”方向转变。在攀枝花、济南等地分别建立营销处，大市场营销体系初具规模。全年累计承揽合同 13.49 亿元，同比增长 55.6%。

【生产经营】 推进“四个确保”、八项保障机制深入落实。建立生产快速反应机制，进一步完善质量管控体系，充分发挥公司生产调度指挥中心作用。鞍钢合同兑现从 25%上升到 75%，用户投诉明显减少，满意度不断上升，较好地完成了炼铁厂烧结台车、西烧环冷机、热连轧厂 2150 线改造、大型厂 950 线年修等鞍钢重要工程项目，以及柳钢防城港基地高炉、烧结、连轧项目，中冶南方徐州转炉项目，青钢烧结机项目，日照钢铁高炉等国内工程项目。炼铁厂、炼钢厂、冷轧厂等先后发来感谢信、表扬信，中冶赛迪等鞍钢外部用户对重机公司改革后的变化给予高度肯定，公司市场信誉正在逐步恢复。

【管理运营】 加强资金收支全过程管控，开展“两金”压降专项行动，实现压降5129万元；全力争取疫情政策及稳岗返还费用2385万元，有效缓解了资金压力。加强成本管控，极限降本取得实效。按照“一切成本皆可降”的工作思路，围绕提质降耗、优化生产组织、优化技术工艺、采购降本等各个环节深挖潜力，实现降本7981万元，可控成本和费用降低率为14.3%。理顺业务流程，制度建设更加完善。重新制定下发制度文件160个，缩短审批流程，提高运行效率，加大考核力度，提升工作执行力。按照“八个争创一流”，公司层面与攀钢鸿舰等企业开展对标，轧辊公司与邢台德龙轧辊开展全方位、全流程、全体系对标，找差距，明方向。加强安全环保防火管理，层层落实责任。修订完善管理制度25个，落实“五清五杜绝”工作要求，排查并整改各类安全隐患295项，安全责任考核16.96万元。全面整治环境污染，加大消防管理力度，实现了改制以来首次轻伤及以上事故为零，新增职业病为零，一般火灾Ⅲ级及以上事故为零的目标。

【关爱职工】 开展重机公司7个工种技术竞赛，承办鞍钢集团2个工种群英赛，陈世谊、赵旭义、郑长山、张文利4名同志包揽车工群英赛所有名次，苏盛毅获得电焊工状元。“践行共享理念、关爱一线员工”专项服务行动15个服务项目100%完成，80个职工休息室和部分单位机关办公室改造完成。温暖工程走访救助各类困难职工491人次，救济金额17.7万元。

【鞍钢轧辊有限公司概况】 2020年末，鞍钢轧辊有限公司职工总数550人（全民职工429人，劳务121人），其中，干部53人，工人497人；居家职工17人，列编外职工4人。公司厂区占地面积7.16万平方米，房屋建筑面积5.02万平方米。产品以离心浇注复合轧辊为主。该公司下设生产运营部、技术质量部、综合管理部、计划财务部、后勤保障部5个部室，铸造厂、加工厂、锻造厂3个分厂，服务中心、技术研发中心、市场营销中心3个中心。拥有固定资产45069.98万元，净值13653.15万元。主体设备包括：机床54台、天车31台、离心机6台、退火窑28座、井式窑9座、电炉3座（25吨中频炉、10/15吨中频炉、5吨中频炉）、ARL3460直读光谱仪1台、数字超声波探伤仪2台、金相显微镜3台。2020年，实现轧辊产量2.86万吨，工业总产值41183.34万元，销售收入3.92亿元，利润2295万元。2020年该公司被评为鞍钢集团先进单位、鞍钢集团先进工会。

推进轧辊功能包保，向“产品+服务”商业模式转变。利用鞍钢轧辊品牌优势和独特技术优势，先后开拓了马钢、首钢、广青科技、广西盛隆新市场，合同总量稳中有升。克服疫情影响，成立了由公司领导班子成员挂帅、23名骨干参加的市场营销开发和服务两个工作组，全年承揽合同3.97亿元。

采用一贯制连续化集约组织生产模式，铸造分厂消化高炉铁水连续化生产流程高效稳定运行；加工分厂车、铣、镗、磨、检测打出“组合拳”，确保了均衡生产、准时交库。高速钢产品制造周期由100天缩短到90天，高铬铁、高铬钢产品制造周期压缩了10%左右。强化调度指令，严肃调度纪律，合理安排人、机、料、法、环五项基本生产要素，补充了近400吨铸造新工装工具，缩短原材料供货周期，责任和指标横到班组工序、纵到岗位个人，确保产销平衡。

强化市场化运营机制改革。组织机构由“五部三厂三中心”转变为“两部两厂四中心”；全面实施以利润、收入、资金为否决指标，以产量、成本、效率等为基本指标，以党建、廉洁自律等为辅助指标的契约化管理，推进市场化运营。深化薪酬分配制度改革，完善差异化分配机制，推进人力资源优化。

完成“提质增效”改造第二阶段收尾任务，新增1台160铣镗床、1台喷涂离心机、3台低温窑和1台差温窑，完成变电所升级改造、M84100磨床大修和9米浇注地沟、铸造平车道、运转天车及加工重点机床定修改造。

以预算管理为中心，严格控制费用支出和生产成本，压缩“两金”，压降2370万元，争取疫情政策及稳岗返还费用218万元，确保收支平衡处在良性状态。

确保产品质量。完善质量管理体系和质量保证体系，制定了质量管理办法等10余个文件、制度，建立“质量信息交流反馈群”，做好质量宣贯及质量问题预防措施，产品质量较计划提升0.27%。

积极推进项目攻关。签订了13项科研、产品研制攻关项目，其中日照ESP精轧工作辊已实现在机连续使用16小时，满足工况轧制需求；ESP生产线F1-F2高速钢轧辊上机使用满足用户要求；离心轧辊冷型已全部实现自动喷涂。“小规格高铬铁轧辊质量攻关”“中型耐磨轧辊的研制”等项目均已实现创效，达到预期目标。搭建职工创新平台，以富静宇、张建东创新工作室为载体，实现创效173万元。张建东的“通过改变大型轧辊材质及孕育方式满足轧制要求提高轧辊使用寿命”荣获鞍钢集团公司创新项目二等奖，王素红的“通过改变离心轧辊冷型材质的方法提高使用寿命”荣获鞍钢集团公司创新项目三等奖。

开展评比“五星党员”“五星党支部”等活动；确定了6项“共产党员工程”，其中集团公司级1项、工程公司级4项，累计创效约557万元。践行共享理念、关心职工生活。一线生产岗位职工收入提高5%。走访慰问救济困难职工39人，发放救济金2.62万元，组织员工为大病职工周宪宇捐款4.4万元。

【鞍钢重型机械设计研究院有限公司概况】 鞍钢重型机械设计研究院有限公司（以下简称“设计研究院”）是隶属于鞍钢重型机械有限责任公司的股份制科研设计单位。有职工71人，其中，干部64人，工人7人；高级职称24人，中级职称36人，初级职称6人。设有炼铁机械、炼钢机械、轧钢机械、土建动力、电气自动化5个设计室；市场开发部、项目管理部、工程运行中心、总师室、档案室、计划财务部、综合管理部7个管理科室；研发中心试验厂1个。主要从事冶金设备设计及机械产品设计和科研开发工作。2020年，实现销售收入2703万元，利润152万元。

主营业务向自主经营、设备总包及技术服务转型。承揽了三炼钢厂RH炉提效改造、炼钢厂钢包盖定点定向修复、储运中心液压剪修复、大型厂BD1轧机搬迁、鲅鱼圈连铸辊道加密改造等项目。重点项目管理的协同效果逐步显现，设计研究院独有的设计、制造技术优势得到有效发挥。

自主创新能力有所突破。悬臂式钢包加揭盖装置项目已签订4套设备的合同，逐步形成构筑成形技术，并完成三分厂钢包加揭盖技术改造，为钢厂取得了可观的经济效益，得到了广泛认可。

研发中心试验厂改革工作取得初步成果。完成厂房、设备维修恢复、工装具搬迁、采购、环境整治等工作，达到安全生产的标准。2020年承担了鞍钢风口拆装机的装配、钢厂横移车的装配、炼钢四分厂钢包加揭盖设备修复、储运中心冷剪等项目。全年完成总产值400万元，实现净产值110万元，创利24万元。

积极开展“靠钢吃钢”问题专项治理工作，查找存在问题、制定整改措施、修改完善规章制度70项。开展成本压降工作，完善管控流程，把成本管理落实到设计、采购、安装、调试、维保每个环节和每个岗位，实现管理水平和效率的提升。

积极开展党支部建设提升年系列活动，“戴党徽、亮身份、树形象、作贡献”，重温入党誓词，引导党员对标先进、见贤思齐、扎实工作。开展党支部“结对共建”，第一党支部与炼钢总厂转检四作业区党支部建立共建党支部，在支部建设上加强互动，在项目合作上取长补短，互惠共赢。

【冶金设备制造公司概况】 2019年12月，原鞍钢冶金设备制造有限公司下设的冶炼分厂、加工分厂、铜制品分厂重新组合成立冶金设备制造公司，实施模拟法人管理模式。新成立的鞍钢重型机械有限责任公司冶金设备制造公司是冶金机械成套设备的专业制造公司，分布在鞍钢厂内西部、南部厂区，占地总面积约36320平方米。固定资产原值4344万元，年产能约2.6亿元。公司共有在岗职工291人，其中，干部41人（高级职称5人、中级职称24人），工人250人；下设5个业务部室和3个利润工区。主要产品：高炉热风炉支撑系统、高炉冷却壁、烧结台车等铸铁件，高炉风口、中套、高铅铜套、铜丝母等铸铜产品，高炉设备（炉前的开口机、泥炮，炉顶的布料溜槽）等。

现有各类机床、加工、冶炼设备269台（套），主要设备有龙门刨床B2220E、龙门刨铣床、桥式起重机、树脂砂生产线、混砂机、中频感应炉、有色金属电炉、消失模生产线、专机设备等。2020年，实现利润1100万元，销售收入

23706万元，实现了现金流为正；实现合同承揽2.65亿元，同比增长60%；实现回款（含风口旧料）2.35亿元，同比增长32%；铸铁件产量22351吨，达到建厂以来最高值；铸铜件产量582吨。

建立“四室一部三工区”的组织架构，完成4个基层党组织机构设置。完成C级、B级、A级共52个管理和专业技术岗位人员竞聘选拔，妥善安置15名未竞聘上岗员工。制订《鞍钢重机冶金设备制造公司2020年战略绩效与薪酬评价考核办法》。

践行“四个确保”承诺，仅用1个月高质量完成3个月工期的鞍钢70组台车生产制造，仅用5天高效率装配137台西区台车箅条子，创造了装配新速度。中冶赛迪山东日照高炉冷却壁项目受到总包方及业主的高度评价，用户发来了感谢信、表扬信。出色完成鞍钢工程发展公司重点项目青钢1133吨冷却壁和128台台车制造。

该公司改造工程资金投入2208万元，其中重机公司投资1993万元，自厂投资215万元。树脂砂再生线工程提高了型砂生产能力，粉尘排放全部达标，明显改善了生产环境。铁水直供项目降低了熔炼电耗，提高了熔炼生产能力。消失模生产线项目正在收尾，预计2021年热试投产。

完成创新专利3项、专有技术4项，新产品开发立项4项，实现降本创效191万元。职工先进操作法5项，《冷却壁砂型制造先进操作法》被评为集团公司先进操作法；《炉箅子预装调整》等3项被评为工程发展公司先进操作法。“新型高炉风口的研制”等2个项目荣获集团公司“爱鞍钢、献良策、作贡献”三等奖。

建立先进人物微信平台，制作7个宣传专题片。搭建巾帼建功竞赛、群英赛活动和技术能手评选平台，提高员工技能水平。开展“践行共享理念、关爱一线员工”专项服务行动，完成3个工区11个班组环境改善提升。走访慰问困难员工85人次，救助大病职工3名。

【灵山机械厂概况】 灵山机械厂在职职工354人（全民职工234人，集体30人，临时90人），其中，干部22人（高级职称1人，中级职称19人，初级职称2人），工人332人（生产工人317人）；居家78人。拥有固定资产39108.4万元，净值7557.9万元。2020年，实现产量8802吨，公司产值12297万元；销售收入12388万元，利润14.39万元。

将市场营销和售后服务职能独立出来，设立市场营销室，鞍钢市场以原品修复、专项产品制造、进口备件国产化、现场加工等高附加值项目为主；创新商业营销模式，与其他单位合作共同开发市场。全年承揽合同4460万元，其中，新品886万元、原品2411万元、专项产品1163万元，实现净值3413多万元。

完善质量管理体系，质量工程师深入一线现场办公，每个月做好质量考核和质量奖励，召开“质量月”启动会，建立质量展示板公示问题处理，表扬先进，曝光问题，将质量红线深埋职工心中。产品质量综合合格率达100%，发生质量投诉较往年降低20%。

完成5×18米龙门铣大修改造任务和两台200镗床大修方案论证。自己动手修复改造老化设备，先后完成12.5米立车主轴箱修复、数控150主轴轴承国产化、6×26米龙门铣Z轴电机维修等工作。引进西班牙RHRM-60D攻丝机、高压清洗机等设备，提高钳工装配效率。

制作安全技术操作规程和安全生产禁令“口袋书”，全年排查安全隐患156项，整改完成率100%。开展消防演练2次，防火专项培训96人次。安全生产费投入87万元，安全责任考核2.5万元。

稳步推进三项制度改革，实施全员竞聘上岗，仅用15天完成了各级各类岗位人员选聘工作，在岗职工由355人优化至292人。

召开灵山机械厂第一次党员大会，完成3个基层党组织机构设立和换届选举工作，更新党员管理信息。

走访慰问困难职工8人次，救济困难职工50人次。完成两个作业区、8个职工休息室的环境改造。参加重机公司技能竞赛34人次，其中维修电工有5人进入前六名，获维修电工和数控机床状元。《黄科鑫旋转坐标系找正加工先进操作法》成功申报鞍钢集团先进操作法；安新光获“鞍山市新时代劳动标兵”；陈世谊创新工作室获鞍钢集团职工创新项目成果二等奖，获评“辽宁省劳模创新工作室”。

【金属结构厂概况】 2020年，金属结构厂成为鞍钢重型机械有限责任公司直属单位。该厂有职工

228人（在职在岗121人，居家休息21人，劳动派遣工86人）。占地面积4.43万平方米，工业建筑面积3.12万平方米，拥有固定资产原值8080.5万元，净值1192.3万元。该厂下设4个室，3个作业区。主要设备有数控切割机、80×5000毫米卷板机、1200吨油压机、多功位焊接操作机、12米刨边机、7米×14米热处理炉、36米跨距的大型装配跨厂房及160/50吨的起重能力，具备了制造和装配大型结构件及成套设备的能力，具有喷砂、涂漆、振动消除应力等预、后处理手段。2020年，实现利润400.1万元，公司产值4277.75万元，资金净流量785.56万元，资金占用比年初下降202.71万元。

建立“跑步进厂，服务鞍钢”理念，全力开拓鞍钢修复市场，做到了24小时待命，接到抢修通知第一时间到达作业现场，完成了鞍钢炼钢、炼铁、冷轧等设备抢修项目，以实际行动赢得了用户信赖和赞誉。

降本创效立项5项，实现降本增效54.8万元。在新产品开发中完成“鞍钢冷轧厂波纹形喷淋新产品开发”“环冷机回转体台车框架制造工艺研究”两项。

2020年，该厂实现了轻伤以上事故为零的目标。

在重机公司职工技术竞赛中，该厂荣获电焊工、钳工两个工种状元；初级职工技能晋级考试报考20人，18人通过，在岗职工持证率达83.5%。一线操作者《白树森波纹状不锈钢退火炉内罩制造先进操作法》《高琦钰大型铸件断裂在线修复先进操作法》《韩宏刚钢包连铸转臂断裂修复先进操作法》荣获工程发展公司先进操作法。“韩宏刚创新工作室”的8个创新攻关项目完成。

【锻造厂概况】 锻造厂是毛坯热加工制造厂，共有在岗职工151人，劳务工47人，其中，干部22人（高级职称1人，中级职称19人，初级职称2人），工人129人（高级技师2人，技师13人，高级工25人，中级工57人，初级32人），分布在锻造厂锻工、天车工、热处理工、钳工、焊工、泵站工、配管工、电工8个岗位上。厂设置3个车间，5个科室。占地面积9.4万平方米，建筑面积4.5万平方米，固定资产原值2.49亿元。主要设备有：德国引进的8000吨自由锻造水压机、2500吨自由锻造水压机、500吨自由锻造水压机各1台及3台锻锤；各种燃气加热炉、退火炉27座，井式和高温电阻炉各4座，差温炉及喷淬机床1台。年设计生产能力为48000吨，水压机最大可锻制钢锭150吨。企业通过法国BV公司ISO 9001：2000质量体系认证，拥有中国（CCS）、德国（GL）、英国（LR）、法国（BV）、美国（ABS）等船级社制造许可证书及中华人民共和国民用核安全设备制造许可证（国核安证字第Z（10）25号）。2020年，实现产量12678吨，产值6624万元；实现销售收入4215万元，利润56万元。

做好带料加工合同承揽工作，与鞍钢轧辊公司积极合作，共同开发支撑辊、工作辊市场。2020年带料加工合同承揽总重8023吨，总产值（净产值）1518万元。提高锻造和热处理工序产品的承揽量，2020年新品合同承揽总重3928吨，总产值4637万元，净产值1146万元。

推行“人的安全行为治理工作”。制定安全承诺目标、签订安全承诺书，适时举办安全培训考试等活动，消除生产、设备、技术、操作安全隐患，实现人身伤亡和重大设备、重大火灾、重大环境污染事故为零。

2020年设备日修实现率为100%，综合设备完好率实现97%。设备全部实现点检定修制，对备件采取修旧利废，进口备件以修为主，减少备件消耗。

成功研发生产316H奥氏体不锈钢板产品，为我国成功按期实现四代核电600兆瓦示范快堆项目的建设贡献了力量。

该厂女工委员会被评为鞍钢集团先进女工组织，动检作业区天车白班荣获鞍山市“三八”红旗集体称号，2500吨水压机班组被评为鞍钢重型机械有限责任公司五好标杆班组。

【汽车运输分公司概况】 汽车运输分公司有职工155人（全民职工95人，劳务职工60人），其中，干部11人（中级职称3人，初级职称7人），生产工人144人；居家职工18人。该公司下设生产运营部、设备运行部、综合管理部3个部室，客运队、货运队、小车队3个车队，1个检修车间。运输设备109台，固定资产原值3097万元，净值814.7万元。厂区建筑面积5578平方米，占地面积17513平方米。主要承担重机公司所属各单位的通勤用车、重机公司内部工序之间的货物运输及鞍钢集团所属部分单位的运输工作。2020

年，完成产值 3314 万元，其中外销产值 1077 万元，实现利润 121 万元，销售回款 1213 万元，当期销售实现当期 100% 回款。2020 年运输鲅鱼圈卷板等货物近 12 万吨，实现产值 423 万元。

在完成重机公司各厂用车任务的同时，还承担了防城港环冷机、一重辊道、江苏徐州转炉、青钢烧结机等大型成套设备的运输任务。货运队充分发挥 6 台重载车的作用，在运送卷板的间隙时间运送废钢，同时通过增加回程配矿粉来增加产值。小车队通过以租代买的方式对车辆进行更新，并积极开发外部市场。

实行扁平化管理，逐步推行单车承包。运输管理改变原有的招标模式，运费同比下降 0.1 元/(吨·千米)，全年为生产单位节约运费 200 多万元。全年分公司降低成本 93 万元。完善燃油备件管理办法，完成废旧物资、危险废物整理，全年燃油备件费用比定额下降 46 万元。

强化安全管理，签订安全、防火责任状，杜绝违章行车、酒后驾车、疲劳驾驶。实现了安全、较大交通事故“双零”的目标。

【轴承箱分厂概况】 重机公司轴承箱分厂共有职工 187 人，其中，全民在岗 119 人，居家 41 人，劳务 27 人。拥有 10 多名具有轴承箱制造经验的专家，以及一批专业的加工、装配轴承箱的技术工人和检查人员，主要生产制造带宽 500~5500 毫米的各类冷、热连轧，中、厚板轧钢机用轴承箱。轴承箱分厂按照“做大、做精、做强”轧机用轴承箱专项产品的战略目标，努力提高专项产品的专业化生产水平。2020 年，实现产值 3249 万元，其中完成新品轴承箱 208 件，原品修复 145 件，利润 364.5 万元，完成重机公司下达的契约化目标。

2020 年 1 月，重机公司进行深化改革，撤销冶金设备制造公司，轴承箱分厂由重机公司直接管理，实行一级核算。轴承箱分厂高质量完成了中国一重高品质轴承座，赢得用户好评，打赢了市场“翻身仗”。

分厂在 2020 年 5—8 月开展了“百日会战”劳动竞赛，并制定了竞赛考核评价办法、项目任务书，签订竞赛责任状，确保 64 件新品轴承箱的工期和质量，为重机公司打造精品基地、树立专项产品品牌、实现“四个确保”承诺作出了贡献。

成功召开了第一次党代会，选举产生了党支部委员会；召开第一次职代会，选举产生工会委员会和工会各专项组织。党支部晋升为鞍钢集团样板党支部。

【齿减分厂概况】 齿减分厂有在岗职工 91 人，居家职工 37 人，厂区占地总面积 13097 平方米，拥有专用设备及各类辅助设备 100 余台（套）。齿减分厂与鞍钢股份有限公司热轧带钢厂、冷轧厂、炼铁厂、鲅鱼圈分公司及国内一重、二重、大重、常冶、太重、太钢等多家企业保持长期合作关系。主要产品与业务包括转炉倾动装置、矿山及机床类齿圈、轧辊加工、扁豆辊加工等。齿轮加工方面，从粗加工到精细磨齿，已经达到国内先进水平。各类大型设备的制造及修复已经具备比较完善的工艺技术，各类产品已销往鞍钢、宝钢、唐钢、凌钢、本钢、抚钢和日本前川株式会社等国内外市场。2020 年，完成总产值 4485.41 万元，出公司产值 3767.29 万元，净产值 2015.2 万元，实现利润 400.19 万元。安全事故为零，火灾事故为零。

【表面强化分厂概况】 重型机械有限责任公司下属的表面强化分厂有职工 131 人，下设两个作业区。再生作业区先后引进美国、日本、英国等国的先进技术设备，主要有堆焊机床、摆动焊机床等设备共 10 台，也可通过手工堆焊、机器人自动堆焊、浸润等技术手段对机械备件进行表面强化修复和预保护等工艺处理。有大中型热处理炉各 1 台，电炉 1 台，可承接大中型工件的退火、调质、正火等热处理，年生产能力在 6000 吨以上。热处理作业区拥有 3 条型钢生产线，有煤气炉、电炉、渗碳炉等热处理专用设备，可以对各类型钢进行退火、正火、淬火、回火，渗碳、表面淬火等多项热处理。分厂主要产品有不同规格的连铸辊、热轧支撑辊、机架辊、夹送辊等大型辊的堆焊修复及铸钢件、锻钢件的热处理，主要产品应用于矿山、冶炼、轧钢等机械备件上。2020 年，完成总产值 2153.4 万元，公司产值 979 万元，净产值 1712.5 万元，利润 100 万元。合同兑现率 100%。

【机电分厂概况】 重机公司机电分厂有在职职工 75 人，居家 36 人。主要设备包括：2×4 米数控龙门铣床 1 台、630 数控车床 1 台、4 米数控龙门刨床 1 台、T130 数控镗床 2 台、4 米龙门铣床 2 台、8 米 630 车床 1 台、T30/15 吨天车等。2020 年，完成产量 1676.756 吨，工业总产值完成 2129.97 万元，销售收入 2107.84 万元。

机电分厂全面执行公司下达各项任务指标，主要项目包括：鞍钢股份公司炼铁总厂炉前设备泥炮、转炮、开口机包保修复工作；炼钢厂结晶器的新品制造和原品修复；中板厂生产线设备备件的新品制造和原品修复；线材厂、大型厂、热轧厂、炼铁总厂、炼钢总厂各类标准型和非标型减速机修复和其余原品修复；鞍钢鲅鱼圈炼铁厂炉前设备泥炮、转炮修复工作和鲅鱼圈其余部分原品修复。开拓外部市场，主要有本钢板材炼铁厂的转炮和卸灰阀新品的制造与原品修复。

2020 年，该厂狠抓各项质量规章制度的执行，加强员工技术质量培训，产品一次交检合格率达到 98%以上。强化设备管理，加强日常点检和保养。重点从环境卫生、危险废物管理、违章作业、违章指挥、钢索具管理、用电设施使用情况、消防器械管理等方面以“四不两直”的形式开展安全、消防检查工作。

【综合服务公司概况】 重型机械有限责任公司综合服务公司成立于 2019 年 11 月，公司设工程部、服务部及计划财务综合部三个部门。有职工 61 人，其中在岗全民职工 21 人，劳务人员 40 人；管理岗位 4 人，生产服务岗位 17 人。主要业务为负责食堂、保安工作和公司机关保洁，公司中小工程，闲置资产盘活，加工部分小型机加件等。2020 年完成销售收入 1319 万元，利润 65.22 万元。固定资产原值 893 万元，净值 103.6 万元，除恢复技校生产为公司生产配套服务、减少外协支付外，承揽风口大套 1 组、大齿圈 1 套，价值 60 余万元。

在保证服务质量的前提下，食堂成本从上年的 280 万元/年降至 200 万元/年，年降本 80 万元。保安、保洁工作降本 10 万元。全年完成各类工程额 812 万元。

【质量管理控制中心概况】 2020 年末，质量管理控制中心共有职工 73 人（在岗 56 人，劳务 3 人，居家休息 14 人）。企业固定资产原值 1015.46 万元，净值 260.96 万元。2020 年该中心实现销售收入 991.88 万元，其中，出公司产值 441.01 万元；分析后利润 204.71 万元；实现安全生产轻伤以上事故为“零”，重大设备、火灾事故为“零”；各项检验准确率 100%；服务及时率 100%。

为完成生产经营指标，该中心结合实际，实施全员跑营销，制订了《质量管理控制中心市场营销管理办法》，建立经营激励机制，调动职工积极性，积极开发外部检验市场。一年来新增客户 5 个，实现 7 项经营承揽；外部收入比计划目标翻一番。

2020 年，该中心通过了挪威（曲拐）船级社换证审核和英国劳氏船级社（LR）、美国船级社（ABS）、中国船级社（CCS）、法国船级社（BV）的年度审核。

该中心按公司改革后的体制对质量手册和程序文件架构进行了全面修改，并得到 BV 认证公司的认可。为确保核质保体系不受公司体制改革等因素影响，对体系文件进行了 2 次修订，按计划向国家核安全局上报了延证申请文件，得到受理。先后接受并通过渤海造船有限公司核电第二方审核、国家核安全局延证审核的第一批技术评审。

（靳　妍）

【工程技术有限公司】 2020 年，工程技术有限公司有在职职工 698 人，其中在岗 680 人，居家及列编外 18 人。在岗职工中管理和专业技术岗位 642 人（教授级高工 24 人，副高级职称 245 人，中级职称 275 人，初级职称及其他 98 人），生产服务岗位 38 人。离退休人员 813 人。该公司设管理部（党委工作部、工会、党政督查办公室、法律合规部）、安全环保工程研发部（安全环保工程管理部、科技质量部）、市场开发部、财务部 4 个行政管理部门，下设冶炼事业部、轧钢事业部、化学科技分公司、规划建筑事业部、电气工程事业部、燃热事业部、环境科技事业部、水务科技事业部、勘测设计研究院、咨询造价中心 10 个事业部，以及总工办、图文中心、翻译室、品牌情报室、采购室、项目经理室 6 个协同平台。固定资产原值 121755 万元，净值 39629 万元，2020 年新增固定资产 5926 万元。占地总面积 1.37 万平方米，建筑总面积 2.47 万平方米。

2020 年，该公司深入贯彻习近平新时代中国特色社会主义思想和党的十九大精神，勇立改革潮头，以坚韧的意志，砥砺奋进，不忘改革初心、不辱发展使命、不负职工期待，各项工作取得长足进步。全年实现营业收入 22.06 亿元，实现利润 9058 万元。

【综合改革取得重大突破】 2020年12月20日，公司混改项目增资扩股签约仪式在北京隆重举行，标志着历时两年的“双百行动”和“混改”工作成功落地。各项改革重点任务如期完成，职代会全票通过《工程技术公司混改方案》和《员工股权激励方案》，依法合规、圆满解决历史遗留问题，成功引入行业知名、战略契合度高的战略投资者，高效完成员工股权激励、鞍钢内部股权转让、在上海联合产权交易所挂牌交易，成功引资4.4亿元。以“混”促“改”，持续深化内部改革。以产业化思维推进内部改革不断深化，在机关“做减法”，实行“大部制”改革，打造精干高效的机关。在基层“做加法”，加速“专业成就产业”，实施冶炼、轧钢、设备成套事业部深化改革，做强钢铁冶金产业，释放工艺专业活力动力，提升主体工艺及装备创新能力；深化化学科技分公司契约化承包经营改革，打造化工产业新优势；将能源环保事业部裂变为水务科技事业部、环境科技事业部、燃热事业部，把水、气、能源等专业优势转化为产业优势。依靠自主力量，精心谋划、精细管理，在鞍山高新区打造高端现代化的产业基地，培育以工程技术为龙头的“设计+”产业集群。用好“改革这关键一招”，深化三项制度改革。实施“赛马”机制，让“有为者有位”，把“想干事、能干事、干成事”的优秀人才选拔到事业部和专业室领军岗位，大胆探索“去行政化、去台阶”使用干部。快速高效完成全员竞聘上岗，实现“人岗匹配”，锁定参加混改的职工队伍。开启设计师“破格”晋升通道，对在创新创效方面作出特殊贡献、群众公认的技术骨干，实施跨级晋升，锁定参加股权激励的业务骨干。建立应届大学生差异化薪酬引进政策，以创新机制吸引优质人才。成立人力资源服务中心，实行适应性转岗。高质量完成退休人员社会化管理相关工作。加大同利共享力度，突出利润价值贡献，向创效主体倾斜、向有突出贡献的员工倾斜，进一步拉大收入差距。通过一系列内部改革举措，企业活力动力得到持续提升。

【市场开拓取得累累硕果】 以精准服务深耕内部市场，以“四个确保”坚守鞍钢基本盘。公司统筹谋划，紧盯项目投资计划，落实责任主体。事业部深入生产一线主动对接，围绕技改难题超前服务，赢得鞍钢各大基地的信赖，全年签订鞍钢内部合同19.87亿元，超额完成目标任务。以优质服务培育战略基地，以“拳头产品”赢得新老客户，外部市场开发成效显著，全年签订外部市场合同6.58亿元。抢抓机遇，快速成立本钢分院，打造开发本钢基地的“桥头堡”，以“总部+基地分院”技术服务新模式，与本钢集团签订工程咨询及设计战略合作框架协议，全年签订本钢项目合同58项，总合同额1.73亿元。上海公司成功中标禹州锦信水泥生产线脱硝项目和江苏金田纸业环保项目，实现了冶金行业向水泥行业和造纸行业跨界。紧紧抓住股权合作契机，开发建龙战略基地，主要领导带队，全面对接承德建龙、吉林建龙、山西建龙等各钢铁企业，建立了良好的合作关系，为下一步深度合作奠定了坚实的基础。签约中天钢铁转炉设计项目，与行业先进企业协同作战，在钢铁主流程关键技术单元方面提升了优化设计的能力，开阔了技术视野。

【科技创新持续发力】 国家水专项课题成果通过省级鉴定，达到国际领先水平。《钢铁企业综合废水深度处理技术规范》行业标准发布实施。搭建创新平台，与西安交大签订《高炉熔渣干法余热回收过程强化及大型工业化装备开发合作协议》，与东北大学签订《碳铁新型复合炉料（铁焦）技术研究合作协议》，与辽宁科技大学签订《废钢高效加热系统合作协议》及技术开发合同。引进中冶赛迪ERP系统，实现“业财一体化”；完成节能公司远程集中管控平台建设，提升节能公司数字化管理能力。完善《科研开发管理制度》，全年科技投入3132万元，科技创效1490万元，兑现科技创效奖励31.8万元。组织推进烧结机烟气逆流活性炭技术、低压喷射煤气脱硫技术等5项重点项目研发。积极开展焦炉烟气治理脱硫剂国产化、污水处理工艺技术提升、高炉煤气燃烧配比优化等技术攻关。申请专利34项，其中发明专利17项，专有技术申报10项。积极组织科技成果申报，获鞍钢集团科学技术奖三等奖1项，获行业优秀设计奖6项，国际发明展金奖1项、银奖2项。

【项目管控能力持续提升】 主动对接客户，精准掌握客户需求，精细策划组织，践行“四个确保”，擦亮公司品牌。加强总承包项目的超前策划和过程管控，重点项目采取前置管理措施，实现对项目费用、进度、质量、安全的精准把控，组织项目优化设计，提高项目利润率。完善采购管理制度，修订《工程项目供应商管理办法》和《服务类供应商管理办法》，通过优化采购方案，降低采购成本。开展设计师应知应会知识考试，全面提升技术人员质量意识和设计能力。加强项目精细化管理，健全完善质量管理制度，严格落实“终版图”相关规定，推进工程质量监管规范化、标准化。强化项目安全防火管理，落实安全生产包保责任制，严格贯彻“五清五杜绝”，强化现场安全检查，及时曝光隐患和问题，严肃考核问责，实现了全年安全生产目标。加强环保专项整治工作，实现重大环境污染事故为零的目标。

【风险管控能力显著提升】 加强对疫情和市场形势不利影响研判和应对，坚持“防风险、调结构、降成本”原则，防范化解资金风险，坚守“红线”和“底线”。加大与金融机构沟通力度，积极拓宽融资渠道，保证资金流稳定和安全。全年完成清欠回款3032万元，超额完成清欠指标。进一步健全公司依法治企管理体系，完善法律风险防范机制。加强对合同的法律审核，编制《防范化解重大风险任务清单》，开展法律事务及典型案例培训，提升防范合同风险能力。运用法律手段和谈判策略，处理工程异议和债权确认、诉讼等事件，加强依法维权工作，处理仲裁、诉讼案件20起，避免损失2177万元。

（曲　晗）

【鞍钢集团（鞍山）铁路运输设备制造有限公司】 2020年末，鞍钢集团（鞍山）铁路运输设备制造有限公司有在职职工583人，其中在岗干部88人（高级职称11人，中级职称55人，初级职称22人），在岗工人425人；居家职工62人。离退休职工1565人。公司机关下设人力资源综合管理部（党委工作部）、计划财务部、安全环保运营部、工会；基层单位设冶金车辆保产事业部、高炉智能牵引车制造公司、鲅鱼圈冶金筑炉事业部、耐磨耐热材料公司、高端铸球公司。现有固定资产原值4.71亿元，其中无形资产原值2.23亿元，净值2.51亿元。公司占地总面积为78.18万平方米，工业建筑面积为15.2万平方米。主要生产设备1145台（套）。该公司主要担负着鞍钢厂区内和矿山普通车辆、冶金车辆、电力机车的新造及大修、年修，全国钢厂高炉下智能牵引车制造，机车车辆备件加工和矿山选烧设备备件铸造、加工；鞍钢厂区、鞍钢鲅鱼圈分公司鱼雷罐的砌筑和检修、冶金运输系统新产品的研制与生产工作。

该公司2020年实现销售收入2.06亿元，利润400万元。利润超额完成上级下达的指标，超计划100%。实现重伤以上事故和重大生产设备、重大火灾及环境污染为零的目标。生产经营持续向好，职工收入稳步提高。

【深化改革，释放创新活力】 严格贯彻落实鞍钢改革三年行动实施方案，细化分解改革任务，将方案与“十四五”规划紧密结合起来，做好实施工作，制定的年度目标均已完成。新增铸造厂为试点单位，充分简政放权，调动管理者的能动性和员工的创造性，增强企业的创新能力和发展活力。稳步推进退休人员社会化管理，抽调基层职工配合档案管理人员，按时完成了1539人档案整理工作。

【克服困难，生产经营成效显著】 该公司在新冠疫情肆虐、职工队伍老化、大批技术骨干退休或居家的不利形势下，克服困难积极组织生产经营，依靠国内冶金运输设备制造一流企业的品牌效应，以冶金行业运输解决方案的提供者为战略发展方向，进一步增强产品竞争实力，市场布局日益完善，出色地完成了2020年上级公司下达的契约化经营指标。2020年共完成新造福建罗源钢厂带制动钢结构转向架140吨钢水车30台、隔离车4台、60吨自翻车20台，完成马钢加高型自翻车8台、智能牵引车15台，完成鞍山钢铁180吨钢水罐车1台。完成鞍山钢铁公司普通铁道车辆大修、年修125台，冶金车大修、年修199台，320吨鱼雷罐混铁车砌筑54台，大、年修68台。完成攀矿80吨自翻车大修14台、攀矿60吨自翻车大修6台。电力机车大修、年修3台。完成铸钢件600吨、铸球1084吨、耐磨件1160吨等生产任务。

【巩固原有市场，拓宽外部市场】 该公司强化市场营销理念，在巩固原有市场的同时，千方百计拓宽外部市场。不断增加客户黏度，树立“一切以客户为中心”的市场理念；打造过硬的营销团队，根据全过程客户开发管理情况对有突出贡献的营销人员给予重奖。在稳定原有的功能性包保基础上，大力研制开发了各种装载量的自翻车、耐磨制品、鱼雷罐新造车及主要部件、直流改交流铁牛牵引车等一系列拳头产品。在鞍钢内部市场增加了化工熄焦车走行部保产维护，在鞍钢外部市场增加了武钢、柳钢牵引车项目两大市场。

【从严管理，安全质量环保平稳受控】 加强安全教育培训，提高职工的安全意识，落实安全生产责任制，切实抓好安全生产监管工作。较好地完成了2020年的安全环保任务指标。狠抓质量监管，持续提升产品和服务质量。深入开展质量管理体系运行情况自查，进一步夯实质量管理基础，产品质量、用户满意度显著提升。坚持环保优先的理念，牢牢守住生态保护红线、环境质量底线。公司除尘和废气治理设备设施投入使用，获得鞍山市环保局批复的环境生产评估相关手续。

【坚持创新驱动，创新活力不断激发】 充分发挥科技创新对降成本、提效率、提升竞争力的支撑作用，不断将技术优势转化效益优势、竞争优势，为加快公司高质量发展提供技术支撑。完善科研设计机构管理体制和运行机制，充分发挥科技人员创新主力军作用，激发全员创新活力，加快推动科研成果转化为现实生产力。先后开展70吨、80吨自翻车和直流改交流铁牛牵引车等研究攻关，不断取得新突破。构建"大众创新、万众创效"平台，明确科技创效评价和奖励工作程序，将科研项目、科技成果、新技术应用等完成情况纳入综合考评范围，激发全员创新积极性。以推进实施人才等级序列为突破口，不断畅通人才发展通道，尤其注重发挥职工创新工作室的引领示范作用，鼓励一线职工发挥聪明才智，积极开展技术攻关、技术革新、技术协作。2020年公司的7个职工创新工作室完成创新项目10个，创效37万元。

【提质降耗，管理效能全面提升】 制定《铁路设备公司提质增效实施方案》，启动实施提质增效专项行动。严格落实项目、落实目标、落实责任、落实效果，确保专项活动取得实实在在的成效。全年实现降采300万元，各项管理费用压缩344万元。

【坚持挺纪在前，风险防控稳步推进】 深入推进依法治企，严格执行"三重一大"决策制度，从源头规避法律风险。深入推进内控管理，发现内控缺陷2项，全部整改完毕，确保了企业经营合规合法、资产安全、财务报告及相关信息真实完整。深入推进审计整改，严格按照"四不放过"原则，对审计、巡察发现的问题进行"对账销号"式管理，整改率达到100%。

【以人为本，推动企业和谐发展】 以"快乐工作，健康生活"为宗旨，大力开展全民健身活动，组织职工羽毛球、毽球比赛。加大职工活动室建设，更新乒乓球台，运动场地铺设地胶，为职工提供良好的活动场所。救济困难职工337人次，发放救济金24万余元。

（李洪伟）

【鞍钢（鞍山）冶金粉材有限公司】 鞍钢（鞍山）冶金粉材有限公司是我国铁粉制造行业中第一家实现水雾化铁粉产业化生产的企业，成立于1986年。2020年末，粉材公司共有在职职工85人，其中高级职称3人，中级职称23人，初级职称12人。公司设置5部室、两中心、两分厂，分别是生产运营部、设备部、安环部、综合管理部、计划财务部，市场营销中心、质量控制中心，制粉分厂、成品分厂。固定资产原值为10187.87万元，净值为4229.06万元，2020年固定资产新增值为162.57万元。厂区占地总面积5.31万平方米，建筑面积为1.83万平方米。

主要生产设备有10吨电炉和5吨电炉各1台，进口及国产7千吨还原炉5台，2万吨还原炉3台，以及与之配套的雾化干燥系统、混料机、筛分站、细粉回收系统、除尘设备等。主要生产水雾化纯铁粉、合金铁粉、无偏析混合粉、易切削铁粉、焊条粉、阀座粉等六大系列数百个品种，产品主要应用于汽车、摩托车及航天、农机、家用电器等零配件制造业。产品销售遍及全国100多座城市，合作伙伴达200余家，在国内建立了完善的销售网络和服务体系。

【深化改革】 劳动、人事、分配三项制度改革持续深入，解决内生活力动力不足、效益效率不高等问题，构建市场化经营机制。以产业结构及组织机构调整、内部资源优化配置为核心，按照高效扁平的原则，将机关部室由原来8个减少到6个，优化率25%。对全公司管理专业技术岗位实施竞聘上岗，建立了"岗变薪变"的管理机制，全员签订岗位说明书，打破行政级别界限，实现了干部能上能下；强化绩效考核，层层传递压力，实现了收入能增能减。法人治理结构得到完善。对经理层进行重新分工，体现在经营发展决策中的科学性、快速性和导向性。

【管理升级】 以健全五大体系为核心，加强和规范公司规章制度管理，制订、修订规章制度120

项。以核心指标评价为主体，以关键指标评价为提升，以联动指标评价为促进，以专项管理为抓手，以专业管理为支撑，编制了公司评价体系，为绩效考核提供了依据。运用信息化手段，强化制度和流程的执行。加大信息化建设力度，依托智慧报表系统，进一步增强生产、采购、营销之间的协作能力，推进公司业务流程的重组与优化。加大安全环保工作力度，健全安全培训责任体系，强化主体责任落实。组织全员参加的安全规程“学、练、用”培训。

【生产经营】 设备产能为8万吨水雾化铁粉，国内市场占有率已达25%以上，产能及市场占有率在国内名列前茅。2020年，面对越来越激烈的行业竞争，粉材公司不断开拓市场，在全体职工的努力下，实现产销量6.3万吨，销售收入3.28亿元。

【从严治党】 关口前移，推进廉洁文化建设。开列任务清单，实施“三定一考核”，落实党风廉政建设和反腐败工作任务。召开警示教育大会，开展案例警示教育。坚持问题导向，举一反三落实巡视巡察问题整改。巡视巡察提出的3个问题基本完成整改。开展“靠钢吃钢”专项治理，发现和整改问题7项，提出管理建议8项。运用监督执纪“四种形态”，开展纪律审查工作。全年给予1人党内警告处分，1人提醒谈话。专项监督创效479万元。

【科研创新及研发】 2020年9月15日取得国家高新技术企业再认证证书。2020年11月获辽宁省创新型企业主体雏鹰企业。完成企业自主研发项目8项。公司荣获2020年中国机械通用零部件工业协会粉末冶金分会科技创新成果特等奖。“一种发动机用高强度齿专用合金铁粉”项目获鞍钢集团职工创新项目成果奖三等奖。3项专有技术分别获工程发展公司二等奖2项、三等奖1项。2020年新品开发共计形成品种牌号32个，新品产值878万元，创效183.52万元。申报发明专利1项，申报实用新型专利2项，申报专有技术3项。

【安全工作】 签订安全生产责任状11份，全员承诺书268份；重新梳理安全管理制度41项，修订安全操作规程87个，新增5个；开展全员安全培训（含职业健康培训），共培训员工264人。修订作业指导书67个，并装订成册。完成安全生产标准化二级企业复审工作。全年计提并足额使用安措费257万元。开展了一系列专项隐患排查治理行动，全年共进行安全生产事故综合应急预案的演练（桌面）和液氨泄漏应急演练、冶炼漏钢应急演练及雾化跑钢、煤气泄漏应急演练、钢水吊运应急演练、消防演练，参加人数200人次。

【环保工作】 完成《突发环境污染应急预案》的编制和备案工作。更换炼钢除尘布袋800条。2020年实现了环境污染事故为零，污染因子合格率100%，环保设施运行率100%的工作目标。

（冷　娆）

鞍钢集团众元产业发展有限公司

【概况】 2020年末，该公司共有在职职工4490人，在岗职工3767人。离退休人员7035人，托管人员7567人。该公司总部设置9个部门，所属子企业共有23家，其中非控股合资类8家。

【发展质量持续提升】 2020年该公司实现营收46亿元，同比增长7.4%；利润2.13亿元，同比增长44%，收入、利润均创历史新高。实得经营现金流比率108%，超计划8%；人工成本利润率23.58%，超计划90.5%，同比增长40.5%。截至2020年底，公司资产总额38.3亿元，净资产规模27.7亿元，资产负债率27.7%；净资产收益率4.65%，同比提高0.38个百分点，企业经营效益持续攀升，可持续发展能力不断增强。

【提质增效成果显著】 确定106项重点工作任务，制定76项成本压降措施，全年实现成本压降3599万元，管理费用压降872万元。加大外部市场开拓力度，矿渣微粉产品远销长江流域和海外市场，废钢挖掘鞍钢外部销售客户，轧辊修复制作和煤气柜产品承揽外部业务，全年外部市场收入占比48.4%。加强质量管理，质量效益不断提升。压缩“两金”占用，“两金”比年初降低10%。

【战略目标落地见效】 制定公司三年滚动发展战略规划，落实任务书、明确路线图、绘制时间表，明晰八大产业发展策略和发展路径，战略项目取得重大进展。掌控废钢战略资源，鞍山废钢加工基地项目达产见效，朝阳废钢加工基地项目开工建设，多点布局之势加快形成。调整产业发展方向，推进金属制品深加工基地建设，延伸可利用材产业链，实现资源价值最大化。完成镁基球团黏结剂项目建设，满足客户需求，提升企业竞争力。稳步发展城市服务业，构建新业态，拓展新业务，鞍钢智能商旅服务平台项目上线运行。实施东山宾馆主楼改造大修，完成乳业公司养殖区环保改造，推进幼教婴托等项目建设。2020 年，绿源科技、工程发展、废钢 3 家单元企业收入超 5 亿元，成为旗舰型企业，铝粉公司成为行业隐形冠军，公司产业化发展根基不断夯实。

【科技创新驱动发展】 编制“十四五”科技发展规划，加大科研经费投入占比，完成集团公司目标计划 120%。强化自主创新，确立科研项目 17 项，科技投入 2773 万元，同比增长 12.8%。推动科研成果转化，完成国家部委和集团公司重大科研项目 2 项，创效 500 余万元。培育核心技术，申报专利 14 项，新增专利 9 项。冶金机械、科德、安特 3 家公司获评高新技术企业，水处理公司晋升为辽宁省企业技术中心。

【筑牢安全绿色根基】 开展安全生产专项整治三年行动，加强安全生产标准化建设，推行全员积分奖惩机制，严格落实“五清五杜绝”“四个一刻也不能放松”要求，坚持双重预防机制，强化安全风险辨识与监督检查，投入 963 万元整治安全隐患 1205 项。践行绿色发展理念，加大污染防治和节能环保力度，投资 2700 万元推进实施绿源科技公司水渣料场棚化封闭工程和鲅鱼圈煤改气工程，环保治理效果显著。全年实现人身轻伤及以上事故为零、环保事故为零。

【圆满完成“两项改革”】 以强烈的责任感和使命担当，全力推进退休人员社会化和厂办大集体改革，成立领导机构，设置职能小组，发挥主办厂作用，压实责任，做好政策解答和宣传培训，稳步推进实施。退休人员社会化党组织关系转出和档案移交率实现 100%；厂办大集体《和解协议》签订率达 97.3%，顺利完成“两项改革”任务，得到集团公司充分肯定。

【三项制度改革取得进展】 推进契约化管理，落实授权放权，与单元企业签订经营契约书，打造微观市场主体。建立“赛马”机制，实施强制分布，全年对 6 名领导人员作了组织调整，19 名生产服务岗位人员走上管理岗位，46 名管理人员转到生产服务岗位。突出业绩导向，建立差异化薪酬分配体系，按三类产业设定“双跑赢”指标，实行超利润目标部分的 30%奖励，调动职工积极性。按四个维度对经营者实施动态职级强制分布，激发经营团队动力；将外派高管薪酬纳入经营者管理体系，实施与全资和控股企业经营者一体化管理。建立科技型企业分红激励制度，对 10 个技术岗位实施创效分红。优化人力资源，加大“引智”力度，全年引进各类人才 26 人。

【深层治理取得突破】 完善法人治理结构，调整优化管理体制，做实众元产业平台。深化公司同类业务整合，完成城服公司重组整合商贸公司、运维公司重组整合运输公司，压减机构 14 个，精简编制 19%。整合工程发展公司内部业务，三级法人单位减少 2 个。强化经营风险防范，聘用律师事务所作为公司法律咨询顾问，对重点事项全过程把关；开展内部审计，出具 25 份审计报告，确保依法依规经营。推进合资企业股权调整，完成氧化铁粉公司股权回购。健全制度体系，规范核心业务权限，全年制修订公司制度 78 个。强化资产管理，盘活低效无效资产 346 万元；完成北京玉蜓酒店、北京 14 户住宅、大连鞍钢大厦等房产更名过户，解决了历史性难题。

【大力实施共建共享】 积极响应精准扶贫号召，充分利用扶贫商品采购平台，创新扶贫模式，加大帮扶力度，累计扶贫消费 247 万元。弘扬劳模精神，以“群策群力做贡献，降本增效做主人”主题活动为抓手，深入开展职工劳动技能竞赛，深化群众性技术创新活动，全年各级创新工作室项目结题 57 项，佟伟创新工作室获评“辽宁省职工创新工作室”，2 项操作法被评为集团公司先进操作法。深入开展“践行共享理念、关爱一线员工”专项服务行动，投入 288.6 万元，实施 30 个服务项目。开展大走访活动，累计走访困难职工 1766 人次，发放救济金 76.6 万元。持续增加在职职工收入，人均同比增长 13.5%。

【党群工作】 众元产业公司党委坚持把“争创鞍钢深化改革先行者、非钢产业创新增效主力军、党建工作示范区”贯穿工作始终，坚持“四抓四夯实”，推动党建与生产经营工作融合，企业发展质量和职工群众幸福感获得感明显提升。

1. 党建工作。把学习贯彻习近平总书记重要讲话及重要指示批示精神作为首要政治任务，建立“第一议题”学习和推动落实机制，加强督办与闭环管理。建立主题教育长效机制，印发实施方案，围绕9个方面36项内容制定了81条实施措施。领导班子成员认真履行好“一岗双责”，向党委会汇报抓党建工作情况报告。推动每季度召开基层党组织书记例会。召开2019年度述职评议会，全部完成鞍钢集团2019年度党建考核反馈意见整改工作。制定贯彻落实新时代党的组织路线的实施方案，明确六大方面29项工作任务。落实鞍钢党委七个融入工作部署，开展支部“三创”工程和“党建+品牌”创建工作。召开首次党代会和首次团员大会，所属36个任期届满基层党组织和9个基层团组织全部完成换届。实施制度建设、对标学习、问题整改三强化，制定对标四清单，建强基层战斗堡垒。组织70名党务工作者开展《国企条例》专项培训，召开基层党支部建设研讨会，开展知识竞赛等活动。获评辽宁省党支部标准化规范化示范点1个、鞍钢党支部工作示范基地1个、鞍钢“样板”党支部3个，评选众元“标杆”党支部10个。印发《党员教育培训实施意见》，2部电视片和1堂党课获评鞍钢集团一等奖。建立了内部协调、上下联动和沟通汇报工作机制。高质量完成3223名退休党员组织关系转出和6674名退休人员档案整理移交工作。积极破解历史遗留问题，签订《和解协议》2754人，实现了改革工作稳定有序。优化领导班子结构，直管领导人员提职与交流45人，配备80后领导人员13人，占比50%，提前完成鞍钢集团五项任务指标；实施教育培训计划，举办2期4班次60人的中青年干部培训班；推进摇篮计划，建立了75人的成材、树苗、种子复合型人才库。制定三年中长期人力资源规划和技能人才建设实施方案，建立技能人才成长积分制办法和生产服务岗位等级序列的实施意见等制度。领导班子成员联系技能人才结对子79个、技术人才与技能人才结对子43个。

2. 宣传工作。制定学习宣传贯彻党的十九届四中、五中全会精神落实方案，领导班子成员带头深入基层宣讲，进班组、到岗位，引导党员干部增强“四个意识”、坚定“四个自信”、做到“两个维护”。全年组织中心组学习11次，集体研讨交流4次，班子成员撰写学习心得体会17篇。优化调整宣传职能，增编制强力量。主持党委会专题研究意识形态工作3次。开展“争当鞍钢改革先行者”大讨论活动。每季度组织召开一次形势任务教育会并印发提纲。加强企业文化和意识形态工作，讲好众元故事，全年发表省部级及以上报道16篇，鞍钢自办媒体报道245篇，众元微信公众号推送27期125篇。制定全面从严治党主体责任清单，明确了15项责任内容、49条落实措施。

3. 纪检监察。建立巡视整改“三个机制”，推动主题教育“9+1”、扶贫惠民“回头看”、常规巡视等7项整改工作，主题教育“9+1”问题96条整改措施完成97%，扶贫惠民“回头看”84条措施完成96%，常规巡视152条措施完成34%。召开警示教育大会2次，通报内部四个方面8起典型违纪违法案件，组织参观鞍钢廉政教育展览馆。编发《纪检工作动态》9期。制定印发《十个严禁》，明确了企业职工行为红线。开展“讲规矩、除陋习、树标杆”主题教育，评选表彰廉洁理念、廉洁格言、廉洁警句“三征集”活动。

4. 统一战线。2020年，鞍钢集团众元产业发展有限公司共立项“爱鞍钢、献良策、做贡献”活动成果13项。经评审小组认真评审，共评选出2020年公司“爱献做”活动优秀成果一等奖2项、二等奖4项、三等奖7项。积极选树培养统战代表，李毅被推荐为辽宁省无党派代表人士。

5. 精神文明。制定年度形势任务教育安排意见，印发形势任务教育提纲4期。组织开展“解放思想、深化改革，争当鞍钢改革先行者”大讨论活动，统一思想、凝聚共识，汇聚改革攻坚强大合力。弘扬社会主义核心价值观，参与第五届“五个一百”网络正能量精品活动，征集作品11个。组织60名青年干部走进齐大山、“九一八”纪念馆，感悟“长征”“红船”等革命精神，传承红色基因。挖掘抗疫先进典型，共选树集团公司级抗疫典型2人、公司级112人，并对其中50人进行了重点走访慰问。弘扬劳模精神和工匠精神，绿源科技职工孙宝江参加央视一套《瞬间中国》专题片录制，谢军被授予辽宁省五一劳动奖章，展现了企业职工的良好形象，发出了众元好声音。抓好133个浴池、85个食堂、12个商超和3处公寓人员密集场所疫情防控，圆满完成集团交办的健康观察隔离任务；组织党员、团员青年3283人支持疫情防控捐款249487元。建立内部22家单位视频会议系统，制定复工复产方案和106项提质增效措施。

6. 工会工作。认真践行全心全意为人民服务的根本宗旨和以人民为中心的发展理念，切实关心职工生活，开展“夏送清凉”关爱一线职工活动，为56名女职工办理了安康保险，组织10位劳模参加鞍山市疗休养。加大精准帮扶力度，全年共走访救济困难职工1766人次，发放救济资金76.6万元。组织持续推进专项服务行动，投入288.6万元实施30个服务项目。充分听取群众意见建议，围绕公司生产经营目标，征集合理化建议229条。落实厂务公开，员工罚则、工作餐补助、绩效考核办法等充分听取职工意见，并经职代会审议通过。开展“弘扬劳模精神·助力鞍钢高质量发展”主题走访慰问活动，组织全公司各级领导共走访劳模30人。评选公司级先进操作法5项，厂级先进操作法6项，2项操作法被集团命名为先进操作法。获2019年度鞍钢集团职工创新项目成果三等奖3项，佟伟工作室被授予“辽宁省职工创新工作室”。举办“鞍钢东山杯”2020年鞍钢集团公司暨众元产业公司餐厅服务员岗位职工技能竞赛、“四比一创”食堂优质服务竞赛、“‘四定、四比’攻难关，我为降本增效作贡献”等活动，调动职工建功立业的积极性。

7. 共青团工作。坚持党建带团建，加强共青团建设，制定《公司团委2020年工作安排》《公司共青团工作管理办法》等制度，加强组织管理。组织开展“跟着郭明义学雷锋”“青春抗疫复工”“制止浪费行为、践行节约新风尚”“安全生产、青年先行”等主题活动，2名团员青年被评为最美抗疫志愿者和最美奉献志愿者。全面梳理总结2019年度创新登高工作，发布2020年创新登高项目31项，预计创效400万元。加强基层团组织建设，优化组织设置，公司本级及基层团组织全部完成换届工作。2020年，获全国钢铁行业“五四红旗团支部”1个，获评鞍钢“十佳青年创新领军人物”1人、“十佳创新登高组织单位”1个、“金牌项目”3个。

（周　洋）

【鞍钢绿色资源科技有限公司】 鞍钢绿色资源科技有限公司下辖鞍山本部和鲅鱼圈两个区域公司，主营业务为：矿渣微粉生产经营，钢渣加工处理，冶金固废资源开发利用，是国内最大的冶金渣综合开发利用企业之一，拥有雄厚的钢渣处理和矿渣微粉生产能力。鞍鲅两地有7条钢渣加工处理生产线，年加工处理钢渣能力300多万吨；鞍鲅两地有6条矿渣微粉生产线，年生产矿渣微粉410余万吨。截至2020年末，在职职工1037人，在岗职工977人。

2020年成功召开鞍钢绿源科技公司第一次党代会，确定了今后一个时期抓住“一条主线”、构筑“三大产业”、聚焦“五个全面”、实现“一个目标”的总体战略和打造绿色、环保、循环经济，建设市场化、产业化、国际化的一流企业集团的奋斗目标。

坚持以市场为导向、以效益为中心、以成本为重点、以创新为动力，深化市场化改革，着力内强管理，强力外拓市场，经营利润与营业收入保持了强劲的增长势头。2020年实现利润10818万元，营业收入13.3亿元。灵活运用价格机制和营销组合政策，创新“汽、火、船、箱”联运模式，全年生产销售矿渣粉360.6万吨，经营销售水渣484万吨、钢尾渣140万吨，销售数量和销售价格实现“双提高”。

深化公司运营体制改革，法人治理结构进一步完善，自主经营、自负盈亏与自我发展的市场主体作用得到充分发挥。制定了鲅鱼圈分公司“授权+同利”改革方案，鲅鱼圈分公司以激活市场微观主体为主要内容的全面深化改革工作已经启动。深化薪酬分配机制改革，“销售含量”工资制度不断完善，钢渣系统“利益共同体”考核分配模式作用明显，检修作业区、汽车分公司“双挂钩”考核分配模式有新突破，创新了《科研人员功效+创效分红》的考核分配模式。收入靠贡献深入人心。优化机关编制，机关部门由7个减至6个，编制定员压减8个。积极开展工程技术和生产、服务岗位等级序列评聘工作，完成了管理岗位向“专业职能”岗位转换，打开了专业技术、专业技能、专业职能人才上升通道。稳步推进厂办大集体、退休人员社会化改革，参与厂办大集体改革职工1377人，签署《和解协议》1326人，签约率96.3%，整个改革过程平稳有序。

坚持不懈抓管理，提升效能上水平。公司与生产单元、经营单元签订契约化经营责任状7份，明晰了责任单位和责任者的管理责任、经营目标与工作任务。全年制订、修订“三重一大”决策机制、总经理议事规则等管理制度38项，动态管理机制基本形成。法治、合规、风险与内控工作齐头并进，公司依法治企能力和水平显著提升。“安全标准化班组”创建活动有声有色，推行“三全两无”安全管理法，创建并实行“全员安全积分奖励”制度，实现了轻伤以上事故为“零”的目标。

千方百计谋发展，科研开发呈亮点。编制了公司“十四五”战略发展规划，完成鞍钢本部钢渣处理项目技术方案论证，并形成项目建议书。完成本部水渣料场渣棚工程项目建设，结束了水渣料场露天堆放历史。完成了微粉分公司热风炉技术改造项目，降本增效十分显著。全年科研项目立项10项，特种土壤凝固剂项目稳步推进。完成了辽宁省地方标准《水泥稳定钢尾渣碎石基层施工指南》编制，并申请技术审查。钢渣磨的技术攻关形成结论性意见。矿渣粉活性剂应用试验结果使得S105高端矿渣粉产品开发成为可能。智能运维技术开发应用、ERP信息管理技术开发应用取得积极进展。完成了3项发明专利、2项专有技术申报。完成《粒化高炉矿渣粉国际标准》中文翻译。群众性创新活动扎实有效开展，依托“刘丽娜创新工作室”，广泛开展全员创新创效活动，全年技术培训百余次，组织先进操作法的撰写和推广6次，创新工作室全年创新立项7项，创效150.47万元。《谢军RMS立磨磨辊辊套更换“平改立”三步先进操作法》和《肖启恒RMS立磨研磨“四准、三稳、二平”先进操作法》被评为众元产业公司和鞍钢集团先进操作法。

职工民主管理作用充分发挥，全年征集职工民主提议提案50项，答复率100%。持续深入开展经营增效、降本增效、创新增效、创先增效和清欠增效“五效”活动，完成项目24项，创效1655.49万元。持续开展树立先进理念、应用先进方法、争当先进模范“三先”活动，完成项目29项，微粉作业单元主要指标屡破纪录。成功举办了公司首次职工技术竞赛，通过考评产生了36名岗位操作技术能手。微粉分公司谢军获得辽宁省“五一劳动奖章”，矿渣保产作业区职工孙宝江家庭荣获全国五好家庭称号。公司荣获2020年度众元产业公司、鞍钢集团公司先进单位。

（张清玉）

【鞍钢实业集团（鞍山）工程发展有限公司】 2020年，鞍钢实业集团（鞍山）工程发展有限公司全面完成众元公司下达的任务，实现“双跑赢”。2020年实现营业收入52400万元，超预算16.5%，创历史新高。2020年末，公司职工总数458人，其中，高级职称5人，中级职称98人，初级职称88人；具有一级注册建造师10人，二级注册建造师50人。下设6个机关部室、8个分公司。

降本增效取得新成果。落实集团公司打赢生存保卫战的10项措施，在挖掘潜力降本、加快补齐短板、落实改革重点任务、着力防控重大风险等方面，确定了40项重点工作，责任到部门、到人，按照时间节点推进，全年实现成本压降450万元，管理费用压降263万元。落实安全生产责任制，与各分公司签订安全生产责任状，明确安全指标，全员签订安全承诺书，层层压实责任，建立全覆盖、无盲区的责任体系。落实安全生产专项整治三年行动实施方案，制定和落实企业安全生产主体责任三年行动专题重点任务清单。结合企业实际，分别从消防、道路运输、危险废物、特种设备安全专项整治等方面着手，按计划扎实推进方案实施。

全力做好“两项改革”，深化“三项制度改革”。按照优化资源、共享优势的原则，2月将公司11家分公司整合成8家分公司；11月完成了电气公司法人和铁路公司法人营业执照的注销工作。按照集团公司和众元公司的总体安排和部署，10月完成了退休人员社会化档案移交工作，共移交档案386本，党组织关系和档案移交率实现100%，派驻两名同志进驻社区协助工作。厂办大集体《和解协议》签订率95.4%。风险防范进一步加强，严格执行项目风险评估，着力解决多年来形成的民营企业欠款问题，欠款单位由原来的103家减少到29家，超额完成指标。

继续开展“践行共享理念，关爱一线员”服务行动，投入资金41万元，实施11个关爱一线员工专项服务项目，改善了员工的生产和生活条件。走访慰问困难职工51人次，发放救济金3.5万元。

（张　哲）

【鞍钢现代城市服务（鞍山）有限公司】 截至2020年末，现代城市服务公司共有职工1266人，其中，在岗1087人；管理技术岗位人员169人（高级职称16人，中级职称57人，初级职称55人），生产服务岗位人员942人；生产服务岗位中高级技师1人，技师42人，高级工201人。下设7个机关部门，12个基层单位，固定资产原值7637万元，净值1593万元。2020年营业收入中，餐饮和服务收入占61%，商品贸易收入占37%，其他收入占2%，总体呈综合服务产业和商品贸易双主业发展格局。全年实现营业收入42905万元，营业收入和利润同比增幅分别为14%、22%，实现“双跑赢”目标。荣获2020年度鞍钢集团“先进单位”。

服务品质不断提升。2020年初面对突发疫情，及时下发《关于做好新型冠状病毒感染疫情防控工作的紧急通知》，提前预判，精准施策。投入防疫资金63万元，对所辖的食堂、浴池、公寓、超市、体育馆等人员密集场所加强管控，推行分餐简餐、打包就餐、错峰就餐、隔位就餐，分时段洗浴，与主体厂协同联防联控，做到日常防控全覆盖、零死角，健全常态化疫情防控体系和紧急状态预案。提升餐饮服务品质，实施餐饮质量评价制度，强化食品采购、验收、加工、投料、销售检查考核力度，饭菜品质明显提升，服务对象满意度达到近年来最好水平。实施食品安全自查评价考核，坚持“绿色、安全、放心”服务理念，守住食品安全底线，城服公司荣获“辽宁省健康企业”和“辽宁省最具影响力团膳企业”称号。畅通沟通渠道，建立与鞍山钢铁意见交流互动平台，通过主动征求意见和建议、“食堂开放日”和“走近餐桌、走到岗位”等形式，不断优化食堂加工工艺、质量及成品出售过程管理，做好品种调剂，规范食堂标准化操作流程。拓展增值服务，春节期间免费发放三鲜饺子、红烧肉，推行“你掌勺、我配料”线上线下营销模式，精心组织销售成品、半成品、绿色细菜，解决职工疫情后顾之忧，增效340万元。

利用与原商贸公司重组契机，整合商品渠道、价格体系、营销队伍、门店功能，统一销售政策、放权政策，提升议价能力，优化人力资源，发挥各门店优势，提高资源利用效率，商贸业绩增长迅猛，增幅为19%。强化商超便民利民功能和集团公司扶贫商品采购销售平台功能，对标市场，大幅降低商品价格。增设“鞍钢月饼”、副食成品、半成品等自产商品专柜，设立扶贫商品专柜，开设食堂微型超市。引进国内一流品牌商品在鞍钢内部推广。积极拓展外部市场，将直购优势商品，如晨光、齐心办公用具等向鞍山市其他办公用品商家推介。入围鞍钢股份设备资材采购中心，拓宽办公设备、办公用具和办公杂品等业务品类。

平稳推进干部人事制度改革，推行技术等级序列。精简组织机构4个，压缩干部编制15%。妥善完成2300余名退休人员社会化工作，抽调20余名骨干人员组成厂办大集体改制保障队伍，顺利完成686名厂办大集体人员和解协议签订工作。

与鞍钢值采平台和鞍钢电商合作，将涵盖职工福利、党群奖品、办公用品和工业品在内的1.3万余个品种规格商品实行线上销售，网上销售收入1949万元。人才公寓按照“立足鞍钢、面向市场、打造品牌、多元发展”的经营策略发展，打造鞍钢高端人才生活、学习、健身、娱乐、休闲于一体的一站式综合服务区，被鞍山市委组织部命名为鞍山市的“人才驿站”。

制定《提质增效工作方案》和《打好生存保卫战十五项措施》，千方百计降本增效。落实全员安全生产责任制，强化全员岗位规程“学、练、用”；修订《安全事故奖惩办法》和《安全责任状奖励办法》，强激励、严考核，全年全员安全奖兑现293万元。开展“平安家书寄亲人”活动，制作安全微电影1部，征集安全合理化建议66条、职工安全漫画40余幅，营造了良好的安全文化氛围，全年实现轻伤以上生产安全事故为零、一般以上火灾事故为零、食品安全责任事故为零。对规章制度进行全面梳理，完善党委会议事规则、经理办公会议事规则与权限手册，优化管理流程。加强资金管理，优化民营企业付款流程，避免民营企业逾期欠款，全年经营性现金流比率132%。制定“513”人才选育规划，全年新晋技师2人，其他等级11人。开展多种形式的技术培训，在辽宁省总工会举办的辽宁省职工技能大赛暨“匠心杯”辽菜烹饪职工技能大赛中，杜军、朱晓菲荣获辽宁“金厨奖”，余水、刘质成分获第7名和第11名。

为了扩大食堂食品的影响力，形成食品品牌，从而不断扩大市场份额，公司工会在本部食堂组织开展了网红食品评选活动。各基层单位积极参与，认真组织，一共上报了70个品种，其中主食40种、副食30种。最终评选出网红食品主食10种、副食10种。按照“工会搭台，职工唱戏”的工作思路，把创新工作室作为激发职工活力、提升自主创新能力的重要载体，大力支持和鼓励职工技术革新和业务创新。年初以来，创新工作室修订鞍钢食堂菜品标准化制作流程，修订菜品60余道；制定食堂特色餐食品制作标准16道，并对出售价格进行了统一；研发适合食堂制作出售的创新菜品10余道；制作食堂周食谱16套，其中图片食谱3套；研制食堂用料包配方4种。

关爱女职工，切实维护女职工权益，为362名女职工办理了“团体女性安康保险”。组织全体女职工进行体检，做到有病早治疗，确保女职工身体健康。

大力实施温暖工程，慰问、救济困难职工128人次，发放慰问金10.28万元。开展手机摄影技能培训、手机摄影比赛、征集职工平安家书、“五一”系列健身、推广职工健身操等活动，充分展示公司职工良好的精神风貌。

（王　丹）

【鞍钢实业集团冶金资源再生利用分公司】 2017年12月，鞍钢实业集团有限公司按照“行业化，专业化”原则，将鞍钢实业冶金材料事业部与鞍钢实业集团有限公司综合利用分公司合并，成立鞍钢实业集团有限公司冶金资源再生利用分公司，整合关联业务，重新组建资源再生公司机关、基层单位。该公司坐落于鞍钢厂区北部，以冶金资源再生利用为产业发展重点，研发面向以鞍钢为主的冶金资源再生利用产品和技术。

2020年，在职职工总数245人，其中，在岗职工203人，居家职工42人；退休职工551人；劳务外包人员252人；高级职称3人，中级职称49人，初级职称28人；高级技师1人，技师3人，高级工8人，中级工41人，初级工76人。机关设置党委工作部、综合管理部、安全环保生产部、计划财务部。

为促进企业高质量可持续发展，增强企业发展后劲，资源再生分公司逐年加大研发投入，持续加强对外合作。2020年，公司继续与鞍钢钢铁研究院合作，开展前瞻性科研项目研究，围绕合作项目开展相关工作，确保项目按计划推进。一是高炉渣制备耐磨衬板和人造花岗岩技术研究项目，已与鞍钢钢铁研究院达成合作意向，合同正在签订阶段。二是复合脱氧合金新品种开发项目，已申报众元产业公司级科研项目，并于5月23日组织专家进行了项目立项评审，6月11日通过众元产业公司党委会讨论。

废油桶压实处理，解决环保难题。2019年5月13日，鞍钢废油桶压实生产线在资源再生分公司竣工投产。废油桶压实生产线竣工投产，解决了废油桶的处置难题，实现了内部循环和无害化处置。该生产线的自动化程度和工艺装备处于国内领先水平，在东北地区仅此一家。废油桶项目投产以来，设备运行稳定，环保检测符合设计要求，已回收加工50989只废油桶，回收加工流程符合鞍钢股份安全环保部的要求，项目建设及运行过程严格按“三同时”履行安全、消防和环评相关要求，于2020年6月19日完成环境影响评价的验收。

资源再生分公司党员大会于2020年5月31日召开，进行了换届选举。公司材料作业区党支部成为辽宁省党支部标准化规范化建设示范点。佟伟创新工作室被鞍山市总工会授予鞍山市职工创新工作室荣誉称号。2020年7月佟伟创新工作室申报了辽宁省职工创新工作室。

（陈云鹏）

【鞍钢废钢资源（鞍山）有限公司】 鞍钢废钢资源（鞍山）有限公司是鞍钢推行混改和跟投的第一个试点企业，也是“双鞍融合”第一个示范项目。公司注册资本为19606.07万元，由4家股东构成，鞍钢集团众元产业发展有限公司出资11256.43万元，股权比例57.4130%；鞍山钢铁集团有限公司出资3118.7163万元，股权比例20.1459%；朝阳议通金属再生资源有限公司出资3949.82万元，股权比例20.1459%；经营管理团队出资450万元，股权比例2.2952%。2020年末，该公司共有在岗职工26人。公司鞍山本部设置4个部门，下设一个朝阳分公司筹建组。

生产经营效果显著。2020年上半年受新冠疫情影响，废钢行业复工率较低，废钢资源较少，钢铁行业市场低迷，仅实现销售收入2.03亿元，利润300万元，外部市场收入1.22亿元。下半年，废钢公司在盘活废钢资源上做大文章，在开发外部市场上下大功夫，创新营销模式，积极争创新的效益增长点。全年实现销售收入10.6亿元，比计划8.35亿元超27%，利润1117万元，比计划900万元超24%，全面超额完成年度经营指标。

提质增效成果显现。为应对严峻的市场环境，抵御市场风险，制定12项提质增效措施，开展创利增效、降本增效、创新增效、防控增效、廉洁增效“五效”活动，围绕压降专项费用、利用疫情政策、加强资金管理、降低物料消耗、降低能源消耗、抢占外部市场六个重点领域和关键环节，实现降本增效508万元。

项目建设持续推进。3000马力破碎线工程只用85天完成，具备满负荷生产能力。朝阳废钢工程2020年底已完成厂房、办公楼、围墙等主体工程及设备安装调试工作。

安全管理有效提升。认真落实“五清五杜绝”安全工作要求，制定实施“五清”要素核查清单13项。建立领导包保、党员督保、岗位互保的“三位一体”安全生产监保机制。精准辨识安全风险，确定危险源92项，严控风险点39项；实行每周五综合大检查制度，共发现安全隐患47项，制定防控措施66项。加大安全管理考核力度，对管理及劳务人员考核14人次、5900元。针对废钢行业粉尘大、扬尘大的职业健康危险因素，将防尘口罩及洗护用品标准由原来的23.5元/(月·人)，提高至37.2元/(月·人)，充分保障了一线员工身体健康。

管理水平持续提高。2020年制修订制度82个，新增18个。建立有效的监督约束机制，制定质量验收标准，变单人签字验收为双人签字验收，建立签字存档备查制度。建立智能发运和防流失电子监控系统。废钢从采购、入厂、计量、验质、物流、发货等实行信息化管理。

改革创新不断深入。完善干部考核评价机制，突出业绩导向，激发管理人员干事创业热情。拓宽选人用人渠道，打破干部、工人身份界限。打造高素质职工队伍，建立生产、服务岗位人员职业发展通道，实施生产、服务岗位等级序列。优化劳务用工分配机制，完善劳务单位绩效考核办法。

开展反腐倡廉教育，用身边事警示教育身边人。充分运用监督执纪“第一种形态”，建立提醒谈话台账，共提醒谈话20余人次。针对采购销售、验质计量、安全管理、工资发放等十项内容，扎实开展专项监督，对采购合同不规范、计量可人为改动、验质人员无互相监督、燃油管理台账不规范、部分制度在执行上存在偏差、供应商准入审核无评审报告等六方面问题，认真进行整改。

（曲　斌）

【鞍山冀东水泥有限责任公司】　截至2020年末，鞍山冀东水泥有限责任公司在岗职工251人，其中，管理和技术人员110人（高级职称5人，中级职称35人，初级职称56人）；生产服务人员141人。占地面积26.8万平方米，注册资金3亿元，固定资产原值7.34亿元，净值3.52亿元。公司下设熟料分厂、水泥分厂、发运分厂、生产运行部、营销公司、技术管理部、质量管理部、物资供应部、党委工作部、综合管理部、计划财务部、安环保卫部、工会。主要经营熟料、水泥矿渣粉的制造销售，采用新型干法窑外分解生产工艺。主要设备有日本进口立式磨机、荧光分析仪，德国进口矿渣粉立式磨机、搅拌机、计量秤、斗式提升机，国内知名厂家制造的箅冷机、堆料机、取料机、ϕ4.7米×74米双系列五级旋风预热器窑外分解窑、ϕ4.0米×13米球磨机及其主电机和减速机、ϕ1400毫米×800毫米辊压机、立式煤磨及电除尘器等。原燃料采取预均化工艺，质量控制采用X射线在线分析仪系统，工艺过程采用集散式中央控制。公司可生产普通硅酸盐水泥、矿渣硅酸盐水泥、低碱水泥和专用水泥产品。产品通过ISO 9001质量管理体系认证，广泛应用于重点工程项目建设。

生产经营。2020年面对突如其来的新冠疫情，区域经济发展大幅下挫，水泥需求严重萎缩，疫情防控和复工复产工作困难重重。面对繁纷复杂的内外部环境，全体干部职工攻坚克难，团结一致，迎难而上。内抓管理，外拓市场，公司生产经营指标取得历史性突破，重点工作全面高质量完成。全公司实现利润3246.33万元，超上年同期892.45万元。实现人身重伤以上事故，重大质量、设备、火灾、环保事故为零。

市场营销。2020年努力克服不利因素对客户和市场的影响，通过积极沟通、走访客户等方式与用户联系协调，维护市场、维持渠道。自8月下旬开始，水泥价格上涨，公司及时调整价格策略，抢抓机遇，在“金九银十”两个月，实现水泥销售连续超21万吨，11月水泥销量17.79万吨，为历史同期最好水平。结合实际抢抓散船销售机遇，不断开发开拓集装箱销售渠道，实现销售增量，摊薄制造成本。全年实现南下水泥销量60万吨。降低资金风险，采取多种措施积极清收欠款，保证了公司拥有较好的资金流。

设备管理。加强自主维修项目的管理，严格控制外委维修和备件维修计划的审批和考核。调整维修人力，能内部承担的内部承担。同时加强维修队伍管理及考核，提高维修效率和质量。加强成本管控，对备件材料计划严把审批关。通过加强设备基础管理，加强设备临停的统计和分析，加强计划检修等，提升设备预知性维修。大力推进智能化工厂工作，制定完成能源管理改造、DCS 升级改造、智能发运系统升级等项目方案，对现有智能发运系统进行优化。

物资管理。煤炭、水渣、石灰石、天然石膏和铁选矿粉末等大宗原料实现定矿（厂）直采。对大宗原料的质量采取事前控制和进厂跟踪相结合的办法，保证入厂物料质量的合格和稳定。搞好调研市场，了解各类大宗原料的资源品种和数量，寻求可替代的低价资源。全年大宗原材料采购价格同比均有不同程度的降低。

质量管理。在保证熟料质量的前提下，提高生料配料中山皮土粉末、石灰石毛石的使用量，降低生料配料成本。熟料制造成本同比下降 18.67 元/吨。水泥综合配料成本比预算降低 7.79 元/吨。结合公司实际，制定水泥熟料铬离子控制技术方案。进行新产品研究开发、新技术运用。2020 年 3 月，公司在线分析仪正式投入使用，生料和熟料的三率值合格率大幅提高。进行矿渣粉、水泥助磨剂的小磨和工业性试验，根据试验数据进行汇总、分析，优化助磨剂使用方案。

党群工作。开展“践初心、担使命，战疫情、保目标”暨向公司首次党代会献礼专项活动。确立党建+品牌项目 1 项；提质增效活动共立项 7 项，完结 4 项，为公司降本提质增效 234.05 万元。公司领导深入基层一线开展形势任务宣讲活动，动员职工坚决打赢疫情防控和复工复产“两大攻坚战”，以支部为单位组织党员开展一次志愿服务行动，充分发挥党员的先锋模范作用。深化党委理论学习中心组学习，采取集中学习、研讨、自学相结合，全年共集体学习 10 次。

职工生活。工会围绕第 19 个“安全生产月”开展“保安全，降成本，增效益”主题劳动竞赛活动，创效 160 余万元。开展“树典型、争一流、创佳绩”月评优秀员工活动。组织了由 4 个工种、44 人参加的以“新时代、新技能、新梦想”为主题的职工技能竞赛，评出状元 5 名、能手 11 名。全年救助困难职工 33 人，发放救助金及慰问品价值共 3.9 万元；慰问生病住院职工及家属 23 人，发放慰问金 2.4 万元。

（刘明岩）

【鞍钢实业微细铝粉有限公司】 鞍钢实业微细铝粉有限公司成立于 1996 年，隶属于鞍钢集团众元产业发展有限公司。该公司有 4 条现代化产线，设计产能 8000 吨/年，产品广泛应用于火箭推进剂、含铝炸药、金属颜料、导电浆料、导热硅脂、化工催化剂、复合材料、靶材等行业。该公司落实鞍钢集团“走出去”战略，产品销售到国外，占国内铝粉出口近 40%的市场份额。

该公司拥有辽宁省铝合金粉末新工艺工程研究中心和辽宁省铝合金粉末材料产业专业技术创新平台，是国家高新技术企业。2020 年顺利通过了安全生产许可证换证、安全标准化二级达标、ISO 14001 环境管理体系和 OHSAS18001 职业健康安全管理体系认证。

2020 年，该公司全面贯彻党的十九大和十九届历次全会精神，落实鞍钢集团第二次党代会和众元产业公司第一次党代会决策部署，迎难而上，砥砺前行，深入践行“高品质、短流程、低成本”铝粉生产新工艺理念，开启了以“三提升”工作为主线的提质增效活动，产销量均创历史最好水平。

（刘晓洋）

【鞍钢实业集团（鞍山）设备运维有限公司】 2019 年 12 月 27 日，众元产业公司按照优化调整业务结构、同类业务实施整合的改革思路，将原实业运输分公司成建制划归运维公司。该公司机关设有党委工作部、综合管理部、经营管理部、安全环保（生产）部、计划财务部 5 个部门，下设 7 个作业区，分别为运输作业区、修理作业区、铁发作业区、无缝作业区、热轧作业区、钢坯作业区、炼钢作业区。该公司是以工程总包、保产服务、钢坯处理检测、工程维护、机械加工、道路运输及工程机械修理为主营业务的综合性生产服务型企业。2020 年末，该公司有职工 556 人。其中干部 81 人（高级职称 8 人，中级职称 46 人，初级职称 15 人），工人 475 人。厂区占地总面积 2.16 万平方米。

该公司主要主设备有在线运转机械设备 162 台，动力设备 30 台，运输设备 163 台，固定资产原值 9609 万元，净值 3058 万元。

该公司具有“实验室认可证书”“建筑业企业资质证书”（建筑工程施工总承包三级 建筑机电安装工程专业承包三级）、“特种设备生产许可证”“道路运输经营许可证”“危险化学品经营许可证”等生产资质。2020 年实现销售收入 24418 万元，利润 1667 万元。实现轻伤以上事故、火灾事故、重大设备事故、重大交通责任事故为零。

（王　垚）

【鞍钢实业集团金属制品有限公司】 截至 2020 年末，该公司在职职工 24 人，其中，管理和技术人员 16 人（高级职称 3 人，中级职称 11 人，初级职称 2 人），生产服务人员 8 人。公司设有三个部室和两个作业区，主要从事冷轧卷板系列产品深加工、钢材制品的压延、冲压加工、金属构件加工及生产功能总包等经营活动。主要原材料品种有冷轧卷、镀锌卷、彩涂卷、轧硬卷、酸洗卷、硅钢头尾卷、冷轧板等品种。

该公司是鞍钢可利材深加工企业，成立于 2014 年 7 月，注册资金 3000 万元，厂址位于鞍山市立山区北胜利路 745 号。

该公司 2020 年稳运行、抓改革、促转型、保发展，推进企业由销售向深加工转型，由“单一产品”向“综合服务”转变，构建了对内高效协同、对外快速响应的产销管理体系。

坚持市场化改革方向，进一步完善法人治理结构，实施组织架构再造，全面提升公司管理水平和运营效率。建立完整、规范的业务流程体系，并将风险管控全面融入业务流程，以规范合同文本为切入点，对采购、销售、租赁、加工等实现了模板化管理。坚持放权、压责、激励相结合，建立领导班子成员、技术管理人员和岗位操作职工新的业绩评价体系，把市场压力和指标压力层层传导到区域、项目和产品所涉及的每名职工，传导到产、供、销各岗位。

开展全员调研开发市场活动，组织了办公家具推介会，全年销售办公家具 560 套，电缆桥架开发成功完成产品资质认证，并与鞍信公司达成了电缆桥架战略合作协议。在鞍钢焦化项目和鞍钢鲅鱼圈项目中使用了 260 多吨桥架产品。

推进安全环保管理，加大安全政策宣传、相近典型案例分析、新业务安全技术规程讲解的力度，压实安全生产责任，搞好隐患整改，有效提升安全综合治理能力。

（王洪宇）

【鞍钢众元托田科技发展（鞍山）有限公司】 鞍钢众元托田科技发展（鞍山）有限公司成立于 2019 年 7 月 31 日，注册资本 1766 万元，为鞍钢集团众元产业发展有限公司（甲方）、辽宁科大托田炉料有限公司（乙方）、鞍山嘉合镁基球团黏结剂科技中心（普通合伙，丙方）三方共同出资成立的公司。公司占地面积 19950 平方米，生产厂房 6057 平方米，建有年生产能力 12 万吨的自动化镁基球团黏结剂生产线一条，可满足本部炼铁总厂和鲅鱼圈分公司镁基球团生产需要，其中雷蒙磨机、皮带秤等主体设备均采用 PLC 自动变频控制，产能高效、计量精准。公司化检验室配套设施完善，可实现产品质量的及时跟踪和控制。公司下设四个部门：生产安环部、综合管理部、财务管理部、营销管理部。

公司经营范围：镁基球团黏结剂系列产品的研制与开发，镁基球团黏结剂、冶金炉料、熔剂类、耐火材料、矿产品的生产、加工与销售。公司生产的镁基球团黏结剂符合国家《“十三五”节能减排工作方案》要求，是实现炼铁高炉“增铁降耗”的重要举措。

（王　伟）

【鞍钢实业集团乳饮有限公司】 2020 年，鞍钢实业集团乳业有限公司干部职工众志成城，积极组织生产经营、降本增效，弥补受新冠疫情带来的不利影响，取得了销售收入、利润双提高的良好成绩。全年实现销售收入 7476.7 万元，完成全年预算的 106.8%，同口径比上年增加 864 万元；实现利润 586.5 万元，同口径比上年增加 263.8 万元。

2020 年初，该公司受新冠疫情影响，产品销量达到历史最低点。面对困境，该公司全体干部职工克服困难，一方面加强疫情防控工作，积极组织应对各种存在的风险；另一方面积极组织生产、销售等工作。采取进入居民小区销售，搞好奶吧经营，延长送奶员零售时间，加强与用户的协调、沟通，大力开发鲅鱼圈、辽阳、台安等外埠市场，加大广告投入等措施，实现全年平均日销售量 11.57 万袋，比上年日均销量多 0.78 万袋，实现触底强势反弹。

2020年该公司对原有的组织机构进行调整，优化管理架构，建立起“4·3·2”组织机构模式。特别是把原销售部中的运输服务业务剥离出来，组建了物流中心和销售中心，让销售人员从繁杂的业务管理中解放出来，集中开发市场，广拓销售渠道。物流中心拓展业务渠道，开展了原料奶对外经营业务。4月成立了研发中心，已立项企业级科研项目2项。

加大技术改造力度，针对养殖作业硬件设施落后的局面，2020年在众元产业公司大力支持下，实施了新建牛舍项目及挤奶厅改造等工程，并顺利完成安达养殖场回迁任务。公司对养殖作业区进行整体规划，向打造智能化、绿色可持续发展奶牛养殖基地迈进，为公司高质量发展奠定基础。

打造微观市场经营主体。2020年该公司贯彻落实众元产业公司综合改革项目推进实施计划，结合公司实际情况，选定销售中心奶吧作为微观市场经营主体，与销售中心签订契约化责任书，对奶吧实行独立运行、单独核算，并设定奶吧特色经营指标。

2020年，该公司建立严密完善的产品质量检验体系，从原料奶到生产过程再到成品，每道工序都要经过严格检验，确保乳制品产品质量。

强化安全环保管理工作，先后制修订了防汛工作安排、防汛应急预案、安全生产专项整治三年行动实施方案、领导班子包保基层单位安全生产责任分工清单等安全工作方面的制度，编制了养殖粪污处理环保应急预案。

（屈年顺）

【鞍钢实业集团冶金机械有限公司】 截至2020年末，该公司共有职工254人，其中，在职职工103人，劳务派遣用工151人。固定资产原值5377万元，净值2136万元。占地面积2.1万平方米。2020年修复连铸辊9018组，修复大中型轧辊82支，修复液压缸4541台，其他各种备件9013件；生产各型塑料管材15.8万米，管件15万个。全年实现销售收入7800万元，同比增加800万元。

采取措施稳定市场，继续开发新的活源。在提前锁定全年活源的同时拿下鞍钢炼钢总厂三分厂改造后的1号生产线量产总承包合同、一分厂连铸线定点定项委托合同、鲅鱼圈分公司1450线和厚板厂新品辊轴辊套无库存包保合同，进一步拓展了鞍钢市场。对外发挥修复与制作一体的技术优势，开发出营口五矿新品连铸辊轴加工、连铸框架制作市场。

努力开发科技项目，持续推进技术进步。引进高端激光熔覆项目设备，企业核心生产工艺水平得到根本性提升。集中力量上马并全力推进“连铸辊激光丝极熔覆的研究”等4项高科技工艺项目，把公司堆焊方式与工艺、修复范围、材料应用和技术附加值推向一个新层次。新型连铸辊弯曲段焊丝研制完毕投入使用，有效提高了连铸辊修复后的使用寿命。新的加工中心投入使用，使液压缸备件加工时间缩短了30%。自制2台焊床和1台深孔转床，改造升级了2号堆焊床，进一步提升了生产能力。该公司还研发出包塑钢绳工艺，该工艺使工业钢绳的拉伸韧性和使用寿命大大提高。

降本增效，强化基础管理，开展内部挖潜。调整用电方式，争取疫情期间国家电网用电优惠及其他企业扶持政策，全年节约电费55万元，减免其他费用90万元。实施了旋转接头等多项常耗品回收利用项目，全年节约采购成本近400万元。实现部分液压缸用密封圈和连铸辊备件自己加工，全年节省47万元。通过2020年度塑管产品贯标扩面审核，建立和修改完善各项管理制度6项，企业管控得到升级。组织开展了公司历史上规模最大的职工技能大赛，评选出6名技术状元、14名技术能手。

深入开展党支部标准化、规范化建设，调整配备了专兼职党支部副书记，强化基层党建力量。强化党员目标管理考核，严格党员的培养。深化“不忘初心、牢记使命”主题教育成果，班子成员坚持深入基层一线开展调查研究，针对生产经营中的重点难点设立4个专题，共排查出问题6项，制定问题整改清单，明确整改时限。在重点、难点、关键项目上设立共产党员工程，节约资金30余万元。

开展“靠钢吃钢”问题专项治理及职工群众身边腐败问题专项治理工作，同时围绕疫情防控、合同管理、材料入库验收、材料发放、安全管理、招待费使用等相关工作进行专项监督检查，针对检查出的问题下发整改通知，督促整改落实。

（吴　江）

【鞍钢实业集团（鞍山）幼教有限公司】 截至2020年末，鞍钢实业集团有限公司幼儿教育中心（以下简称“幼教中心”）有职工152名。下设18所幼儿园，122个教学班，在园幼儿3256名。机关设党务（综合）部、经营部、教学（安环）部、计划财务部4个部门，主要从事幼儿学前教育业务。幼教中心总资产4247.2万元，负债总额2140.6万元，上半年克服新冠疫情带来的巨大冲击与挑战，全年累计实现收入2988万元，超计划871万元，实现利润110万元，超计划30万元。

2020年幼教中心强化内部管理，完善激励机制，提升队伍素质，提升办园品质，各项工作取得良好成绩。

优化资源配置，及时关停经营收益不理想的幼儿园，同时对多所幼儿园的厨房环境、房顶防水层、室内墙壁和门窗进行修缮，不断完善设施设备及教学用品配备，新投入电钢琴122台、热水器116台、空调39台。有计划、分步骤实施更新改造项目。本着一类高端精品园所重点投入，二类品牌特色园所选择性投入，三类区域优质园所控制性投入原则，先后完成了十三幼楼内整体装修和户外活动区基础建设，一幼游泳馆改建成体育馆，一幼深沟寺分园“森林欢乐谷”建设，铁东7所幼儿园户外监控安装，六幼、十幼、一幼艺术分园、十三幼等电动大门改造项目。延伸幼教服务，推进婴托项目。申请通过7个婴托中心项目，争取国家专项资金380万元。完成了九幼、十三幼托幼服务机构项目工程。与4家单位签订联合研发协议，合作研发特色课程操作材料，收入163万余元，同比增收45万元。全面开展艺校复课工作，重新审核办学资质，签订合作协议，建立艺校档案。2020年下半年艺校收入86.41万元，比上年增加15.71万元。

全面开展管理提升工作，完善制度，强化保障。全年建立修订完善各类管理制度178个，制定应对各种突发事件的应急管理措施，全年共排查治理安全隐患108项。加强预算监督，做好财务预算、成本及流动资产管理。利用疫情社保减免、延期缴纳、稳岗返还等国家优惠政策，成功申请资金115.7万元。争取众元公司拨付资金659万元，缓解了资金流紧张的局面。强化绩效管理，签订《2020年契约化经营责任书》18份，下发《契约化经营授权清单》。规范劳务用工，防范管理风险。对保安和劳务服务项目重新招标，大幅度降低了劳务管理费。规范劳务人员的聘用、招录、退回及解除程序。对新上岗员工进行入职考试。加强采购管理，严格把好采购“计划关”“质量关”“价格关”，通过鞍钢招标平台委托采购21项，其中公开招标14项。

通过人才体系再造提升竞争力，助推幼教中心稳定、可持续发展。一是优化干部队伍结构，畅通职业晋升渠道。分四次对机关所有岗位及部分园所的园长、保教干事、保健员进行竞聘上岗，交流调整34名干部，11名优秀外聘教师通过竞聘选拔走上管理岗位。二是完善薪酬管理体系，建立奖励激励机制。对各层级的骨干教师发放骨干津贴；对在课题研究、论文评比、业务大考、技能竞赛等活动中取得优异成绩的教师进行表彰；对在各种专项检查评比中获得荣誉的管理团队进行奖励。三是组织开展形式多样的岗位练兵。通过一日评优、教学观摩、主题研讨等活动，引导教师在实践中不断提升自身业务素质。成功举办了教师技能大赛，评选出一、二、三等奖。四是创新引才机制，做好人才储备。

制定下发了《幼教中心员工教育培训管理办法》，坚持培训与考核相结合、培训与使用相结合的原则，对全员大考成绩不及格人员进行岗位调整。推进“名师大讲堂”活动，组成具有“鞍山市首席教师”称号的名师讲师团，开展讲座培训32场。邀请北京师范大学出版社刘红羽老师开展“全优教师成长营”科学课程培训。组织张鑫、王沛主持的名师工作室开展跨园联动教研活动。加强与优秀培训机构合作，与亿童、一杰等学前教育培训机构合作开展了相关专题培训。

积极开展专项教研，不断完善课程体系，形成教育特色。2020年幼教中心积极打造优质学前教育品牌，持续提升园所品质，保持在鞍山市学前教育行业领军地位。18所幼儿园的244名教师参与“停园不停课”线上教学活动，教师累计录播视频近3000个，3个视频推送省教育学院辽e学平台；录制的亲子主题《我是中国娃》入选鞍山市亲子活动优质资源；推送省、市的9个项目入选人民幼教网爱心公益捐课系统。18所幼儿园在“十三五”期间参与的1项国家级课题、2项省级课题、6项市级课题全部通过验收，顺利结题。

（高　革）

【鞍山鞍钢氧化铁粉有限公司】　截至2020年末，该公司在职职工23人，其中，在岗职工21人；

管理和专业技术人员18人（高级职称4人，中级职称12人，初级职称2人）。公司设有党务工作部、生产技术部、经营部、计财部4个部门，并下设冷轧酸再生机组1号线、2号线、3号线、4号线和硅钢冷轧酸再生机组、莆田冷轧酸再生机组共6个作业区。2020年，该公司实现销售收入6360.25万元，实现利润1052.30万元。

聚焦提质增效，着力科技创新。2020年，该公司为深入贯彻落实鞍钢集团关于提质增效的工作要求，打赢生存保卫战，制定了13项工作措施开展增效工作。在开源创效方面，通过扩大外部市场、拓展包保业务，增加收入177.24万元。在提质增效方面，提高高等级氧化铁粉占比，增加销售收入2.17万元。在降本增效方面，通过细化参数和精细化操作，降低酸再生机组的设备维修、维护、保养费用，全年缩减设备维保费用317.12万元。采取超常规节约措施，降低管理费用13.33万元。

2020年该公司立项的集团级、单元企业级科研项目，均按计划完成研究内容。鞍钢集团科技重大项目“软磁级氧化铁粉及制备技术研究”于2020年5月22日顺利通过了结题验收。单元企业级科研项目“4号酸再生机组生产永磁级标准的氧化铁粉达到80%”通过生产参数调整，工艺设备改型和精细化操作的执行，最终完成了项目目标。

2020年9月，该公司召开董事会，通过了关于人事任命、利润分配和股权转让议案。12月，完成了股权结构优化及工商登记变更备案工作。在长远战略发展规划方面，该公司按照“规模化、品质化双向发展，努力打造行业隐形冠军”的未来发展目标推进，围绕规模化发展，包保运营冷轧硅钢酸再生机组，扩大铁粉资源占有量。围绕品质化发展，重点依托科研项目提升技术能力，提高产品品质，创造更大的经济效益。

（李 玲）

【鞍山科德轧辊表面处理有限公司】 鞍山科德轧辊表面处理有限公司成立于2007年，是鞍钢众元产业公司下属的合资企业，是加拿大科德集团全球网络企业之一。主营业务为：轧辊镀铬，轧辊磨削、毛化及磨辊间总包运营服务。2020年，该公司有在职职工17人，其中，管理和专业技术人员10人（高级职称1人，中级职称6人，初级职称1人），生产服务人员7人。该公司秉持“60%的时间在客户身边，40%的时间关注自身发展”的理念，为客户提供全面的高质量轧辊表面处理服务，满足客户对生产高端汽车板的迫切需要。同时，根据客户的需求量身定制一系列的运营解决方案，让客户在各项轧辊服务工序上得到一站式服务。获评“高新技术企业”“市级企业技术中心”及众元产业公司“行业隐形冠军”等荣誉称号。2020年超额完成预算指标，创历史新高，实现了年初“双跑赢”的目标。

2020年，该公司共投资372万元完成4个新建、改造项目，打造新的利润增长点。在市场开发中，该公司秉承从“保姆式服务”到“管家式服务”转型的理念，凭借可靠、稳定的产品质量，以及良好的售后服务和增值服务，协助客户解决了多项技术难题，为客户提升产品品质和工作效率作出了贡献，赢得了客户的尊重和信赖。2020年成功开发了包钢镀铬辊市场，外部市场收入占比已经接近40%。完善工序工艺，实施磨抛一体化工艺项目，彻底解决了大直径工艺辊的磨削抛光问题。该公司依托加拿大科德集团在磨辊间服务项目上成熟的商业模式和技术优势，大力开拓磨辊间一体化包保运营项目，扩展新兴业态，实现多元化转型升级。

（韩秉艳）

鞍钢集团国际经济贸易有限公司

【概况】 鞍钢集团国际经济贸易有限公司（以下简称“国贸公司”）是隶属于鞍钢集团的大型综合性外经贸企业，是鞍钢集团钢铁主业及非钢产业产品和服务的海外服务商、国际化运营的综合贸易商、海外产业投资运营商、海外贸易融资平台、鞍钢集团招标服务平台、鞍钢集团国际化战略的执行平台。

国贸公司成立于1981年，前身为中国冶金进出口公司鞍钢分公司；1984年扩权更名为鞍钢进出口公司，成为具有独立开展对外经贸业务的冶金企业外贸公司；1994年，再度扩权更名为鞍钢集团国际经济贸易公司；1998年，国贸公司和供销公司合并为新的国贸公司，成为集内外贸销售、采购于一体的综合型贸易公司；2013年，鞍钢集团公司将内贸业务从国贸公司整体划出，以鞍钢集团香港有限公司法人资格和相关业务资质为基础，成立鞍钢集团香港有限公司（鞍钢集团国际经济贸易公司），按鞍钢集团全资子公司管理，攀钢区域的外贸业务整合为鞍钢国贸攀枝花有限公司；2017年，按照国资委和鞍钢集团要求，鞍钢集团香港有限公司（鞍钢集团国际经济贸易公司）改制为鞍钢集团国际经济贸易有限公司。

国贸公司建立了包括董事会、监事会和经理层在内的完善的法人治理结构，设职能部门5个、业务部门4个；经2020年深化改革、机构整合，国贸公司形成了以香港公司为海外结算平台，日本、韩国、欧洲、美洲、东南亚、南亚中东6大区域公司为网络的“1+6”海外市场布局。

国贸公司拥有AEO高级认证企业资质，连续多年评为“全国诚信经营示范单位”。主要业务涉及钢铁产品出口，大宗原燃材料进口，成套设备、备品备件进口、国际工程承包、机电产品出口等非钢产品出口，国际物流服务，金融业务，社会贸易，招标业务等。国贸公司通过海外分支机构及1000多家境内外合作伙伴广泛开展海外贸易、投资与合作，经国贸公司销售的钢铁产品覆盖全球70多个国家和地区，其品牌、产品实物质量和售后服务等在国内外市场享有较高的知名度和美誉度。

2020年，国贸公司全面贯彻党的十九大和十九届二中、三中、四中、五中全会精神，深入学习贯彻习近平总书记重要讲话和重要指示批示精神，坚决贯彻落实党中央、国务院、鞍钢集团一系列决策部署，团结和带领全体干部职工“强党建、抓改革、抗疫情、稳外贸”，不断攻坚克难、顽强奋斗，面对全球肆虐的新冠疫情、严峻的市场形势和繁重的改革发展任务，有力地推动了公司各项工作的持续发展和全面进步，全年实现营收327.8亿元，同比减少5.2%；利润3.47亿元，同比增加3.7%。

【企业活力显著增强】 1. 市场化体制机制改革获得突破性进展。

（1）学习和借鉴朝阳钢铁等先进企业改革经验，进一步优化“决策、执行、监督”有效制衡的运营体系。境内子企业审批事项由38项调减至28项，降幅26%；境外子企业审批事项由56项调减至38项，降幅32%，企业经营效率显著提高。让“听得见炮声的人”作决策，授权原料贸易部、期货部2万吨现货销售与套期保值决策权，确保对市场变化作出及时响应。

（2）完成营口、大连货代公司与国际货运公司3家同质化物流公司整合，打造“既服务鞍钢又面向市场的现代物流企业”；握指成拳，初步形成了日本、韩国、美洲、欧洲、东南亚及南亚中东6个区域公司和香港公司为平台的“6+1”布局；成立杭州工作室，将触角延伸到市场前沿；陆续关停鞍钢永安、巴西公司、西班牙公司，公司直管下属机构由年初的18个减少为9个，减幅为50%；D级以上干部编制由53个减少到48个，减幅为9%。

2. 持续完善“重精准、强激励、硬约束、严考核”激励约束机制，充分体现“四个不一样”，绩效分配向利润贡献度大、创造效益高的单位和部门倾斜，对完成利润目标的单位和部门进行阶梯式奖励。实现了“收入能多能少”，绩效收入差距进一步拉大。自3月薪酬分配改革以来，同级别累计绩效差距达到3.5倍，单月绩效差距达到5倍以上。绩效收入差距的逐渐扩大，进一步激发了全体干部职工干事创业的热情。

【经营工作破难前行】 1. 抗击疫情赢得阶段性胜利。把“内防反弹、外防输入”作为疫情防控工作首要任务，慎终如始抓紧抓实抓细各项防控工作，2020年，共召开疫情防控指挥部会议5次，累计投入疫情防控人员80多人次，投入防控资金190余万元，采购口罩14万余只，采购消杀用品、洗手液、一次性餐具、测温仪等其他防疫物资18种计8万余元，涌现了一批“抗疫情、稳外贸”先进典型。目前，国贸公司新冠疫情防控责任体系健全、管理规范、运作有力、成效显著，无员工（包括外籍员工）感染新冠肺炎。

2. 原料贸易再创历史新纪录。坚持基地保供与社会贸易两翼齐飞，全年原料贸易签约量4154.5万吨，同比增长14.9%；实现毛利2.24亿元，同比增长55.9%。一是向股份公司和攀枝花基地提供菜单式服务，满足两个基地公司的个性化需求，全年供应基地2515.3万吨，同比增长43.7%。二是代理销售卡拉拉矿，平均溢价0.63美元/吨，同比增长143%。三是积极开发社会客户，销售原料签约 1639.2 万吨，创效 11505.4 万元，同比增加 8265.9 万元，增幅 255.2%。四是积极研判市场，用好掉期、期货、锁汇等工具对库存进行价格管理，对冲风险，全年期现结合规模 280 万吨，市值超过 2.8 亿美元。五是践行央企政治责任，积极参与人民币国际化进程，实现一船力拓铁矿的人民币跨境结算。六是精心筹备并参加第三届进博会，成功签约达 1.63 亿美元，参加中国国际服务贸易交易会并搭建鞍钢 3D 展馆，受到国资委等上级部门通报表扬。

3. 钢材贸易逆势而行亮点频现。在出口市场不利情况下，大力推进品种钢出口、直供用户比例两项重点工作，全年钢铁出口签约量 103.5 万吨，同比减少 40%，完成进度计划的 62.2%；品种钢出口占比升至 64.3%，亚洲市场出口量占比升至 67%。积极应对疫情，出口工作亮点频现——首次向沙特 APC 管厂销售 1.45 万吨 J55 管线钢；首次出口土耳其中厚板管线钢 5000 吨；成功供货孟加拉国达卡地铁项目 3590 吨热板；与韩国大宇造船厂达成 9000 吨船板供货协议并完成前期 3 船货物发运；开发泰国海尔新客户，首次为其供应空调家电用钢 1180 吨；与股份公司积极协调配合，出口欧洲镀锌汽车钢 17333 吨。大力开展钢铁产品社会贸易，从印度和中国台湾进口 4 万吨热卷并全部完成销售，实现利润 700 万元；全年实现贸易量 21.6 万吨，其中 8.7 万吨用于出口，实现利润 1396.5 万元；与朝阳钢铁初步达成 5000 吨热卷合同意向，近期将销往海外；创新业务模式，首次尝试从现货市场买断中厚板用于出口。

4. 物流系统积极作为成绩斐然。采用月度招标与年度招标组合拳，积极推进钢材出口海运价格的招标工作，平均海运价格同比降低 3%；卡拉拉矿海运费降低 2030 万元。主动评估和化解 COA 风险，采取转租和共同寻找货源等方式，转租 1 条大船给 BHP，与中远、中铝等中央企业探索运输铝矾土矿取得积极进展。COA 控亏工作取得积极进展，同比减亏 29.9%。强化两港公司服务职能，充分利用疫情期间国家出台的相关政策，为鞍山区域争取到港口建设费减免 10874.36 万元。港口现货管理能力持续提高，货损从去年的 1.56%下降到现在的 0.98%，下降幅度 37.2%。

5. 非钢贸易产业链经受大考刷新业绩。在疫情状态下，克服港口作业率低、货船航次少等困难，确保进口设备备件 131 批次物流及时交付使用单位。大力开拓非钢产品国际市场，通过视频会议、电话会议的方式积极与国外客户保持联系，确保客户信息跟踪不间断，业务工作正常开展，全年实现非钢产品出口签约 600 万元。积极拓展非钢贸易产品品种，圆满完成澳大利亚红酒采购销售工作。全年非钢产品贸易创效 3600 万元。

6. 攀枝花公司重轨出口持续领先。攀枝花公司继续巩固中国钢轨出口龙头地位，成功签订“一带一路”旗舰项目——雅万高铁钢轨合同、巴西和澳大利亚重载铁路钢轨合同，以及新西兰国家铁路长协等重大项目，实现钢轨出口签约 15.8 万吨，占国内重轨出口总量的 70%；钢轨出口全年边际效益 800 元/吨以上。克服疫情、自然灾害、联众巨额欠款等多重困难，大力推进贸易工作创新发展，攀枝花公司铬系项目对其规模和效益的贡献度分别保持在 23%和 22%，全年累计为公司创造利润 1703 万元；同时，开发北部湾新材料、师宗沃莱迪两家新客户，及时建立了物流成本更低、合作伙伴更守信、资金支付更有保障的新渠道。

7. 金融平台服务主业作用日益明显。加强外汇走势预测与研判，择机开展即、远期结售汇业务；大力提高与银行议价能力，努力降低结售汇成本及利息支出；通过开展低成本贸易融资业务等多种方式，全年实现金融创效 5812.49 万元。积极发挥平台作用开展真实贸易背景下的融资工作，全年贸易融资 30.3 亿美元，为生产基地节约融资成本 1680 余万美元。积极推进“两金”专项行动和降本增效专项工作，圆满完成专项工作目标。积极争取疫情期间优惠政策，共享受优惠 12347 万元，其中鞍钢股份受益 10276.36 万元，攀钢受益 1060.76 万元。

【党群工作】 1. 党建引领作用日益凸显，党委引领能力显著增强。一是贯彻落实“第一议题”制度，坚持用习近平总书记关于共建“一带一路”、深化改革开放等重要论述及对鞍钢“凤凰涅槃、浴火重生”重要要求武装党员干部，初步锻造出一支政治坚定、奋发有为的职业化贸易团队。二是强化党委全面领导和顶层治理，各治理主体高效运转，党委“把方向、管大局、保落实”领导作用日益凸显，全年召开党委会 45 次、中心组学习会13次。三是完善跟踪销号机制，上级党委巡视、审计等方面问题整改工作持续推进，“9+1”问题整改97%，国贸公司主题教育问题整改96%。四是持续压实意识形态工作责任，引导党员干部尤其是境外干部、党外人士思想上政治上行动上同以习近平同志为核心的党中央保持高度一致。五是以高度政治责任感履行第三届进博会鞍钢交易团职责，成功签约达1.63亿美元，参加中国国际服务贸易交易会并搭建鞍钢3D展台，受到国资委等上级部门通报表扬；通过《东方日报》声援香港国安立法，无港籍员工参与乱港活动；扎实开展扶贫工作，引进外部合作单位对口贵州省盘州市捐赠10万元，采购扶贫产品货值超过集团下达目标40%；连续9年开展“跟着郭明义学雷锋”金秋助学活动，资助贫困生80人次。

2. 党建与贸易经营有效融合。一是学习贯彻新时代党的组织路线、全国国企党建工作会议精神和2019年度党建工作责任制考核评价意见，承接制定全面从严治党“两个清单”，党建工作“五个责任”全面落地落实。二是带头执行党员领导干部双重组织生活、“三会一课”制度，带动了党建责任尤其是“一岗双责”落地落实。三是以党员工程、服务明星等活动为抓手，着力解决党建经营融合不深问题，采取公示、销号等方式精准推进共产党员工程——40项共产党员工程皆完成计划目标，大宗原料业务营收、利润贡献率双双超50%；顺利完成全球疫情下的备品备件保供工作；贸易融资30.3亿美元；完成雅万高铁首批钢轨装运并顺利抵达目的港。四是参与人民币国际化、实现人民币跨境结算的新闻先后在《人民日报》、澎湃新闻等媒体密集推送，彰显了央企的政治担当。五是贯彻落实谭成旭书记在鞍钢集团基层党支部建设研讨会上的讲话精神，以创建党支部示范基地、品牌支部为抓手，大力推进“五个基本建设”，支部工作面貌焕然一新，其中原料贸易部党支部工作经验获得肯定并在集团交流；选拔年轻党员兼任支部委员，兼职党务人员能力再上新台阶；发展党员3人，转正1人，党员占比达80%。

3. 监督执纪问责持续深化。公司党委持续加强党风廉政建设，强化政治监督和纪律建设，巩固反腐败压倒性态势，做实“靠钢吃钢”专项治理，全年立案2件；强化“关键少数”监督，全年把握运用监督执纪“第一种形态”问责6人次，“三不”机制一体推进，政治生态越来越好。

4. 群团工作格局不断升级。一是通过形势任务大讨论、官微高频推送信息等手段，构筑起“发展国际贸易、擦亮鞍钢品牌”共同精神家园。二是积极开展“内强素养增强服务能力 改革创新打造竞争优势”提质增效主题劳动竞赛，促进了经营目标完成。三是新建职工创新工作室，组织参观王崇伦纪念馆，鞍钢宪法精神更加深入人心。四是扎实开展“温暖送万家”活动，为返回驻地海外员工提前发放好防护物资。五是党建带团建工作经验受到集团首肯，共有12名青年被全国钢铁行业、鞍山市和鞍钢授予荣誉称号；2个项目被评为“青年创新登高金牌项目”。

（陈兆君）

鞍钢集团资本控股有限公司

【概况】 鞍钢集团资本控股有限公司（以下简称“鞍钢资本”）成立于2014年6月，是鞍钢集团的全资子公司，承担贯彻落实鞍钢集团金融发展战略和推进金融业务多元化发展工作，是鞍钢集团促进产融结合、推进转型升级、打造新兴产业和新的获利渠道的重要平台。鞍钢资本主营业务有股权投资、投资咨询、项目融资，同时积极服务鞍钢实体产业，推进子企业快速发展，进一步为鞍钢集团提供便利、低成本的融资渠道和多样的收入来源，为鞍钢集团转型升级提供支撑。

鞍钢资本设置了行政事务部（董事会办公室）、投资交易部、股权运营部、风险法律部和财务部5个部门，下设三家全资子企业，即北京鞍钢投资有限公司、鞍资（天津）股权投资基金管理有限公司和鞍资（天津）商业保理有限公司，一家控股子企业即鞍资（天津）融资租赁有限公司，以及一家合伙企业即兴鞍（天津）股权投资基金合伙企业，同时代管鞍山钢铁金融投资业务平台。截至2020年末，鞍钢资本共有员工55人，其中体制内员工39人，市场化员工16人，注册资本32亿元，全年营业收入7.04亿元，利润总额6.35亿元。

【党建工作】 2020年，坚持把学习贯彻习近平新时代中国特色社会主义思想作为一项重要政治任务来抓。组织全体党员，落实集体学习和自学相结合的方式，持续学习党的十九大报告、十九届历次全会精神，切实用习近平新时代中国特色社会主义思想武装头脑、指导实践、推进工作，不断提高党员的政治意识和政治素养。

面对严峻复杂的新冠疫情，鞍钢资本认真贯彻落实党中央、国务院疫情防控决策部署，根据鞍山、北京两地办公和体制内、市场化人员的特点，成立鞍山、北京两个疫情防控指挥部，科学有效地组织好疫情防控。

【董事会建设】 各位董事充分认识到董事会必须不断提高政治站位，增强“四个意识”、坚定“四个自信”、做到“两个维护”；准确把握董事会定战略、作决策、防风险的职责定位。2020年，鞍钢资本董事会共召开了11次会议，审议通过了《关于增资德合精选1号私募基金产品的议案》《关于鞍钢集团资本控股有限公司2019年度内部控制评价的报告》《关于鞍钢集团资本控股有限公司作为战略投资者认购中金公司A股首次公开发行股份的议案》等43项议案，为鞍钢资本快速发展、合规经营保驾护航。

【大力服务鞍钢主业】 2020年，鞍钢资本紧密围绕鞍钢集团产业结构调整的实际需要和重要战略部署，积极寻求与各大金融机构深度合作，深化产融结合，扶持实体产业发展，为鞍钢主业外延式发展寻找机会。

一是充分发挥鞍钢资本平台作用，为鞍钢集团资本运作提供支撑。协助集团构建发行100亿元规模并表型ABN产品的底层资产，并拟担任其中一组产品的发起机构，即发行20声赫鞍钢ABN001，发行期限3年，票面利率4.55%，鞍钢资本通过信托产品持有2.996亿元；协助攀钢集团发行永续债，为保证顺利发行，鞍钢资本认购3.9亿元；协助鞍钢股份实施A股回购计划；协助鞍钢集团资本运营部研究某子企业低效资产重组与盘活方案。二是充分发挥子企业平台优势，支持实体经济发展。向鞍钢联众提供4.32亿元流动资金，支持其渡过难关；鞍资租赁采用售后回租的方式为合谊地产投放1.1亿元。三是积极开拓外部市场，创新业务模式。扩大汽车保理业务合作，持续深耕汽车金融市场。四是深化与优质央企对接合作，实现共同发展。鞍资基金与五矿创新投资合作发起设立双创基金，鞍资保理携手五矿资本、中建一局共同推进政府民生工程建设。五是完成科创基金职业经理人招聘工作。六是积极推进鞍钢产业升级基金投资项目落地。七是参与中金公司A股IPO战略配售，截至2020年末浮盈17095万元。八是协助鞍钢集团资本运营部与招商局集团资本运营部、两港集团共同探讨战略投资大连港项目。

【金融产品投资及管理工作】 鞍钢资本始终坚持价值投资的理念，综合考虑近期国家对资本市场的改革进程及大力扶持科技创新型企业的发展趋势，结合自身的风险偏好，对现有资产配置进行调整。

广州惠泰公司坚持市场化的运作方式，持有符合国家科技创新战略导向的标的，并在1月初疫情暴发前及7月初沪深指数创新高的情况下果断卖出投资标的，实现稳定收益。广州惠泰公司发行德合精选1号累计实现产品分红16124万元。

【股权投资及管理工作】 一是平稳推进华宝资管项目退出工作。鞍钢资本代表鞍钢集团与中国宝武、中国东方资产管理公司、马钢投资公司进行多次交流、协调，决定与中国东方资产管理公司一同撤资，预计实现投资收益4500万元。二是密切关注中企云链运营情况，开展股权转让工作。鞍钢资本以6元每股，总价4800万元成功退出中企云链800万股股权，实现收益率355%。三是鞍钢资本与五矿创新投资合作发起设立双创基金，并作为并列第一大股东出资设立基金管理公司，市场化运作。2020年，双创基金投资决策4个项目，总金额1.1219亿元，完成赛迪信息、宸芯科技、国富瑞、高诚科技四个项目的投资决策。赛迪信息是国内冶金行业智能制造领域具有代表性的企业，与鞍钢集团有很强的业务协同性，目前与工程板块、攀钢均有开展业务合作。

【内部风险控制工作】 大力推进法治合规建设，制定合规管理体系建设工作方案，贯彻落实依法治企要求。2020年，鞍钢资本累计审核通过投资交易类项目14个，股权投资及股权管理类项目6个，子企业贷款、担保和股权转让项目24个，共44个。累计审核各类协议合同39份，审核制度29项。出具《风险评估与合规审查报告》46篇，出具《风控意见》2篇。因合规、风险敞口过大等方面问题否定了个别项目，做到了为鞍钢资本各项业务合规有序开展保驾护航。

【企业管理工作】 一是根据鞍钢集团“十四五”发展战略和规划编制工作的总体安排，对“十三五”规划中的指标、投资、措施的完成情况进行了回顾总结，阶段推进“十四五”规划的编制工作，为鞍钢资本高质量发展打好基础，构建“双循环”新发展格局。二是成立工作组，对北京投资公司进行了业务调整。三是根据鞍钢集团规章制度立改废释工作要求，持续完善鞍钢资本规章制度体系。组织各部门及子企业对现行规章制度进行梳理并上报规章制度立项计划，制定下发了《鞍钢集团资本控股有限公司2020年规章制度立项计划》，明确了责任人和完成时间。四是推进契约化管理，进一步完善绩效考核、薪酬分配体系。五是开展市场化选聘经理人工作，为企业长远发展提供人才支撑。

（孙雨婷）

【鞍钢集团财务有限责任公司】 截至2020年末，鞍钢集团财务有限责任公司有在岗职工93人。下设综合管理部、财务计划部、风险控制部、稽核管理部、信息技术部、客户服务部、结算业务部、信贷业务部、投资业务部、国际业务部、住房公积金部11个管理和业务部门及四川分公司，本科以上学历员工占比90%。

2020年，是该公司发展历程中极具挑战的一年。面对百年不遇的新冠疫情和复杂多变的国内外环境，公司坚决落实鞍钢集团各项决策部署，迎难而上、共克时艰，从疫情防控阻击战到生存保卫战，从提质增效专项行动到对标管理提升行动，把党的全面领导贯彻始终，在大战大考中见初心显担当，奋力书写高质量发展新篇章。

1. 经营概况。面对突如其来的新冠疫情，出台“十项举措”打赢生存保卫战，持续深化提质增效专项行动，全力稳经营、拓市场、降成本、提效益。全年实现利润总额6.51亿元，增长19%；外部创效3.66亿元，占比56%，增长39%；超额完成集团业绩考核指标，实现“双跑赢”目标。全面总结“十三五”发展成就，剖析研判当前及未来一个时期面临的内外环境，系统谋划“十四五”发展方向和重点目标任务，开启了纵深建设“国内优秀、行业领先”的财务公司新征程。

2. 服务实体。坚持“以客户为中心，以需求为导向”，变坐商为行商，主动深入重点企业进行实地调研，针对客户存在的资产负债率高、存量资金难以盘活等问题，为客户量身定制综合金融服务方案。为应对疫情对鞍钢产业带来的冲击，果断作出为成员单位减费让利等一系列工作部署。调整存贷款利率定价，全年让利超6100万元。

3. 信贷业务。调整信贷政策，积极为受疫情影响较大企业提供金融支持累计32.63亿元。发挥资金流对产业链的“供氧”作用，有效带动集团产业生态圈的“血液”循环。纾解鞍钢产业链条中小微供应商融资难题，全年新增产业链客户55家，办理“一头在外”票据贴现33.04亿元，增长9%。以鞍钢股份和该公司信用为依托，借助票据管理平台，助力鞍钢股份实现商票结算零的突破，全年商票贴现6830万元。

4. 资金业务。为保障资金池规模和满足鞍钢集团短期性资金需求，加大与商业银行和产业链上下游的沟通合作，通过拆借回购和转贴现等方式保障资金头寸合理充裕，全年拆借回购及转贴现融通资金246.64亿元。

5. 投资业务。充分发挥金融牌照优势，积极与金融同业开展多渠道、多层次、多维度的沟通合作，为攀钢集团债券发行提供财务顾问服务，协调主承销商和投资方，成功助力攀钢发行10亿元中期票据并认购其中3亿元份额，节省发债融资成本700余万元。

6. 票据业务。积极推进票据集中管理，与151家成员单位签订票据业务协议，同比增长21.77%。在新一代财资系统中更新票据系统模块，具备票据出票、承兑、背书、托收、清算等全流程线上处理功能，满足成员单位票据业务需求。

7. 外汇业务。发挥跨境资金池通道功能，调剂境内外资金余缺，支持境外铁矿石开发，为矿业公司办理对卡拉拉公司的境外放款，其中人民币放款27.2亿元、外币放款1470万美元。积极开展结售汇业务，全年为成员单位办理结售汇7819万美元，为成员单位节约汇兑成本13.38万元。

8. 资金集中。一是建立健全资金流动性体系，积极配合集团公司做好资金的统筹协调、预算平衡和风险防范，对集团资金池实时监控，及时跟进大额进出款情况，保障资金储备量充足，确保资金池资金流动性。二是与建设银行合作建立 SWIFT AMH 系统，进一步扩大境外账户可视范围。三是配合集团公司、财务共享中心实现账户管理线上审批，将该公司纳入集团账户管理的审批环节，有利于提高集团账户集中度和资金集中度。

9. 业务创新。全面开展产业链金融服务。以鞍钢集团产业链供销网络为依托，收集一手客户资料及市场信息，大力推广“一头在外”票据贴现业务，全年为 114 家客户，其中 85 家小微企业办理“一头在外”产业链贴现业务，累计办理 33.05 亿元。

10. 风险管理和内部控制。全面梳理 2020 年重大风险工作任务清单，制定重大风险解决方案，确保防范化解重大风险任务有效落地。继续推动法治鞍钢建设，落实主要负责人为法治建设“第一责任人”职责。加强合同管理，持续完善合同文本库，全年修订合同文本 18 项，经法律审查合同 65 项。

11. 信息化建设。以建设“资金归集平台、资金结算平台、资金监控平台、金融服务平台”为目标，制定“十四五”信息化发展规划，构建“八大系统、六大联接、一个平台”架构的金融服务系统。按照“1+N”信息化建设模式，建成了财务公司金融服务系统 1.0 版，完成鞍钢集团境内外资金集中管理、票据集中管理平台的搭建，实现该公司结算、信贷、票据、投资、外汇、核算等业务的信息化。持续完善金融平台功能，实现与跨境人民币支付结算系统直联，成为国内首家 CIPS 系统直联企业，完成监管数据标准化系统（EAST）、利率报备监测分析系统（IMAS）建设，实现监管数据标准化报送，借助集团移动办公平台，实现投资系统核心业务移动审批，不断增强金融平台服务能力和保障能力。

12. 党群工作。2020 年，财务公司党委以习近平新时代中国特色社会主义思想为指导，认真贯彻落实党的十九大、十九届二中、三中、四中、五中全会和鞍钢集团二届二次全委会、一届九次职代会精神，增强“四个意识”、坚定“四个自信”、做到“两个维护”，保证上级党组织的重大决策部署在财务公司坚决贯彻执行，党的建设取得扎实成效，党建质量全面提升。

（1）新思想全面落地落实。一是坚持用党的创新理论武装头脑。全年组织党委理论学习中心组集体学习研讨 10 次，传达学习习近平总书记在“不忘初心、牢记使命”主题教育总结大会上的重要讲话精神等 57 项内容，班子成员研讨发言 31 人次。二是深入贯彻落实习近平总书记重要指示批示精神。把学习贯彻习近平总书记重要讲话和重要指示批示精神作为“第一议题”，制定《关于进一步完善贯彻落实习近平总书记重要指示批示工作机制的通知》，建立工作台账，指定专人盯办落实，2020 年共确定并完成台账项目 7 个。三是深入学习贯彻党的十九届四中、五中全会精神。制定学习宣传党的十九届四中全会精神及重点任务分工方案，深入开展学习知识答题活动、专题学习研讨、宣讲等活动。紧密结合新发展阶段、新发展理念、新发展格局，编制财务公司“十四五”规划。

（2）党委领导作用充分发挥。一是切实担负起疫情防控主体责任。坚决贯彻落实习近平总书记重要指示精神和鞍钢集团党委各项安排部署，以高度的政治自觉和严细实的工作作风坚决做好疫情防控，切实把防控工作落到实处。二是严格落实管党治党主体责任。认真贯彻“两个一以贯之”要求，强化党建责任落实。全年召开党委会 31 次，研究和前置审议重点工作 143 项，确保财务公司始终沿着正确的政治方向前进。召开 2020 年政治工作会议。制定财务公司党建工作责任制考核评价办法，完善党支部考评机制。三是贯彻落实全面从严治党主体责任。制定财务公司党委学习贯彻落实《党委（党组）落实全面从严治党主体责任规定》实施办法、2020 年度全面从严治党重点工作任务清单。接受鞍钢集团扶贫惠民专项巡视“回头看”工作检查。针对提出的 19 个问题，制定的 25 项整改措施已完成 22 项，阶段完成 3 项。四是巩固主题教育成果，持续抓好问题整改。召开主题教育总结大会，持续跟进主题教育“9+1”问题清单最新整改进度和成果。

（3）党组织组织力有效提升。一是夯实基础工作，提升党建工作水平。修制定财务公司党委书记专题会议议事规则等党建工作制度 9 个。认真学习《中国共产党国有企业基层组织工作条例（试行）》，组织党员开展专题研讨，制定贯彻落实任务清单。高质量完成退休人员社会化工作中党员组织关系移交工作。二是抓实支部建设，激发党支部工作活力。修订党支部“三会一课”实施细则等制度18个，形成党支部工作调研报告。推进党支部晋位升级，公积金党支部获评集团样板党支部。开展2019年度党支部书记抓党建工作述职评议考核，征集党支部党内组织生活方案7个，推动党支部工作创新。分公司党支部按程序完成换届选举。三是加强党员教育管理，确保经常有效。坚持围绕中心抓党建，开展“守初心强党性、担使命当先锋”系列主题实践活动，建立集团级共产党员工程项目1个、财务公司级7个，征集党员献良策55条，采纳12条。制定财务公司2019—2023年党员教育培训工作安排意见。开展“提升党组织的政治功能和组织力、坚决打赢生存保卫战，以优异成绩向建党99周年献礼”活动，以实干实效彰显党支部的战斗堡垒作用和党员的先锋模范作用。

（4）干部队伍建设进一步加强。一是加大年轻干部培养力度。制定并落实《财务公司培养选拔优秀年轻领导人员和复合型领导人员工作实施方案》和优秀年轻领导人员教育培训和实践锻炼计划。90后年轻干部由1人增加到5人、80后年轻干部由4人增加到15人、70后优秀领导人员3人。组织安排4名优秀年轻干部参加80后、90后青年干部培训班学习。二是加强人才队伍建设。制定《财务公司2020年人才队伍建设工作方案》，修订《财务公司人才引进管理办法》。组织干部职工参加中国大连高级经理学院、中国财务公司协会网络平台等集团外部高端培训项目。三是加强日常干部管理工作。制定《财务公司员工履职回避工作管理办法》，修订《财务公司自管领导人员管理办法》，开展年度自管领导人员综合考核评价，高质量完成退休人员社会化管理工作。

（5）宣传思想工作取得新成效。一是加强意识形态主体责任落实。向鞍钢党委报告意识形态工作，将意识形态工作纳入财务公司党建工作考评。调整舆情工作机构，主动引导网络舆论，强化舆情管控，做好两会期间、退休人员社会化、大集体改革等重点工作期间的舆情监控工作，全年无舆情事件发生。二是加强宣传思想文化工作。制定财务公司新闻宣传工作管理实施细则，下发财务公司形势任务宣讲材料。聚焦深化改革等重点工作，加强改革中的思想政治工作，营造改革良好氛围。

（6）纪检工作迈上新台阶。一是持续开展反腐倡廉教育。深入学习贯彻十九届中央纪委四次全会精神，发布反腐败宣传文章共46篇，通报违纪违法案件57起，撰写发布《读书思廉》专刊4期，在重要时间节点致职工和家属公开信。二是切实履行监督职责。召开党风廉政建设和反腐败工作会议，推进政治监督具体化、规范化和常态化，对党委班子成员“画像”并报告，每季度持续开展对自管领导干部履行“一岗双责”的监督。三是扎实开展监督检查工作。开展经营管理及廉洁风险排查工作，制定防范措施二百余条，印发《经营管理及廉洁风险汇编》。紧密结合疫情防控、“靠钢吃钢”、“四风”问题、经商办企业和群众身边腐败问题等，组织开展专项监督检查。四是深化巡视反馈问题整改落实。制定整改落实方案和清单，确保扶贫惠民领域专项巡视“回头看”反馈意见得到全面整改落实。进一步梳理“9+1”问题清单并进行任务分解，确保主题教育工作得到持续推进。五是严格精准执纪问责。健全制度体系，制修订财务公司职工罚则、纪委会议事规则等办法。准确运用监督执纪“第一种形态”，对7名员工进行约谈提醒。积极运用“三个区分开来”，激励党员干部担当作为。坚持做好廉洁档案建设、廉洁地图建设，促进廉洁风险防控常态化。

（7）形成共建共治共享新格局。一是规范民主管理机制，提高民主管理水平。召开财务公司二届五次职代会，完成民主评议领导班子、领导干部、工会评家等工作。召开年度总结表彰大会。组织职工代表视察疫情防控工作，确保常态化疫情防控措施落地见效。二是服务职工多元化需求，推进职工共享发展成果。修订下发财务公司职工救济费管理使用实施细则，走访慰问生病、住院和直系亲属去世职工14人次，发放慰问金1.36万元。办理女职工安康险续签，开展女性“两病”普查。职工购买扶贫物资19025.9元。持续推进“践行共享理念、关爱一线员工”专项服务行动，建立财务公司级项目2项。举办职工健康讲座、安全教育讲座，开展趣味运动会、羽毛球、棋牌比赛等，丰富职工业余文化生活。三是发挥共青团党的助手和后备军作用。制定财务公司共青团工作管理办法，深化青年创新登高、“六位一体”青年大学习活动、“跟着郭明义学雷锋”等主题实践活动。做好青年人才选拔推荐工作，开展青年思想状况调研。与四家团委建立团建工作合作关系，组织开展创新登高经验交流会、团干部及青年骨干培训班等。四是加强统一战线工作。组织统战成员深入学习贯彻习近平新时代中国特色社会主义思想，参加集团党外代表人士学习贯彻党的十九届四中全会精神培训班。组织开展2020年"爱鞍钢、献良策、做贡献"活动，积极为公司发展建言献策。

（张　骞　张　旭）

· 直属机构 ·

鞍钢招标有限公司

【概况】 2015年5月，鞍钢集团将分属于三家子企业——鞍山钢铁招标公司、攀钢集团招标中心和鞍钢国贸招标中心的招标业务和人员进行整合，成立隶属鞍钢集团的全资子公司——鞍钢招标有限公司。2020年末，招标公司设五部一分公司，即设备招标部、原材料招标部、工程服务招标部、营运管理部、财务部五个部门和成都分公司。有员工95人，党员85名，大学本科及以上学历占100%，中级及以上职称占90%。为中国招标投标协会常务理事单位、招标代理机构专业委员会委员，中国国资国企产业创新战略联盟副理事长单位。

【主要工作】 2020年，招标公司经营利润1.08亿元，较上年增长10%；外部创效624万元，较上年增长105%；招标采购956亿元，较上年增长17.6%；值采工业交易4.8亿元，较上年增长37.1%；值采大宗交易87.9亿元，较上年增长51.6%；招标服务满意度100分，增长2.65%；招标时效运行率99.7%，较上年增长0.95%。

1. 制定《招标公司开展"靠钢吃钢"及"全面排查和整治侵害企业利益和职工权益的腐败问题"专项治理工作实施方案》，组织领导人员、关键重要敏感岗位填报有关情况，进一步健全廉洁风险防控机制，制约和监督"靠钢吃钢"现象。

2. 按照机关党委扶贫惠民领域专项巡视"回头看"和政治监督巡视反馈意见整改工作，真抓真改反馈的问题。完善优化制度规定，明确党总支会、总经理办公会边界，梳理会议内容，确定研究决定和前置审议事项，并严格执行。

3. 积极宣讲鞍钢集团《谋战略、守底线，坚决打赢打好生存保卫战和改革攻坚战》形势任务，制定《招标公司2020年挖掘潜力降本工作方案》，进一步树立"一切成本皆可降、人人皆可降本，人人皆可增效"的理念，完成招标公司挖潜降本工作。

4. 以开展"践行共享理念、关爱一线员工"活动为契机，聚焦关爱关怀职工，增设文体活动器材，修缮办公供暖设施。严格执行《鞍钢集团有限公司机关职工救济费管理使用实施细则》，规范救济对象、救济标准和审批发放程序。

5. 及时落实鞍钢集团疫情防控指挥部要求，动态做好疫情防护防控工作，制定疫情防控工作方案及突发防控应急预案。快速反应，发挥值采平台互联网采购优势，通过广泛联系渠道、迅速部署落实，助力鞍钢集团战疫防控。

（刘胜曦）

鞍钢集团北京研究院有限公司

【概况】 鞍钢集团北京研究院有限公司（以下简称"北京研究院"）成立于2019年8月，由鞍钢集团、鞍山钢铁、攀钢、矿业公司共同出资组建，注册资本金5亿元。北京研究院以服务国家和鞍钢集团发展战略为根本，面向世界科技前沿、面向经济主战场、面向国家重大需求，以国家重大工程和战略性新兴产业发展需求为牵引，重点开展基础前沿、关键共性、颠覆性技术研究，着力打造关键共性、前瞻性技术研发平台，技术成果转移转化产业化平台，创新人才集聚平台，国家科技创新先行先试激励政策应用示范平台，开放创新合作平台。

截至2020年底，有在岗职工93人，其中，科研人员75人，博士29人。设董事会、监事会。领导班子设党委书记、总经理（院长）1人，党委副书记、纪委书记、工会主席1人，副总经理（副院长）2人。设科研管理部、综合管理部（党群工作部、纪委、董事会办公室）、条件保障部、园区运营服务中心。研究机构设钢铁研究院分院、钒钛研究院分院、矿山先进技术研发中心、未来钢铁研究院。

【公司治理】 秉持“需求导向、创新引领、全面开放、深度融合”理念，编制发展战略规划，确定发展目标。加强顶层设计，提高规范水平，完成55项规章制度的制定和宣贯。制定《行政授权管理决定》《核心业务权限规范》，发布《科技创新管理办法》《科研项目管理办法》等管理制度。启用科研项目管理系统，推进科技创新管理信息化建设，提升管理系统化和科学化水平。

【科技创新】 聚焦“先进材料、智慧制造、数字研发、增材制造”4大研发领域和12大研发方向，组织开展研发课题42项，承担国家重大专项5项。完成31件发明专利申请，取得7项授权专利。发表学术论文19篇，其中SCI 7篇、EI 2篇。认定15项专有技术，获得4项软件著作权。获第二十四届全国发明展览会金奖2项、冶金科学技术奖三等奖1项。

【实验平台】 以“建设世界一流的数字化研发实验平台”为目标，以“小型、特色、专用”为特征，完成实验设备投资合同总额5335万元，31台（套）实验设备验收通过并投入使用。现已建立材料设计计算数据中心、材料高通量制备试验中心、理化实验中心3个通用实验平台及特种钛合金材料、焊接表面功能增材制造、智慧化矿山等8个专业实验平台。

【扩大合作】 与德国亚琛工业大学、香港大学、清华大学、上海交大等12所知名高校及中船重工、中国钢研等单位进行技术合作，签订合作协议24项。与上海大学共建“先进材料基因工程联合实验室”；与中国钢研集团共建“材料大数据联合实验室”。依托联合实验室平台签订技术合作开发项目3项，在合作项目中培养科研人员20余人。

【人才引进】 聘请干勇院士等13人组建专家委员会；聘任刘正东院士、鲁晓刚教授为外聘专家；引进清华大学博士、博士后等10名高端人才和成熟人才，引进中科大、北航、哈工大、华科、新南威尔士、德国亚琛、英国伯明翰、利兹大学等国际知名大学优秀毕业生43人，逐步构建“高端人才—成熟人才—应届储备人才”的多层次人才梯队。实施“英才计划”“导师带徒”“新生大讲堂”等。先后制定《北京研究院人才引进管理办法》《北京研究院外聘专家管理办法》等引才制度。

【党群工作】 1. 党建工作。着力加强组织建设，努力提升党建工作水平。一是初步形成主体清晰、责任明确的党建工作责任体系。贯彻落实《鞍钢集团公司党建工作责任制实施办法》，制定班子成员“一岗双责”常项任务清单，从强化理论学习、履行党建责任、严格组织生活、密切联系群众、主动接受监督等方面明确责任。制定《班子成员基层党建工作联系点制度》和《班子成员联系服务职工群众实施细则》，建立基层工作联系点4个、服务专家和劳模对子2对、服务职工对子4对。组织开展党支部书记抓党建项目5项，根据工作需要，调整支部书记1人次，进一步落实党支部书记党建责任。二是初步形成上下联动、齐抓共管的党建工作管理体系。召开年度工作会议，统筹谋划全年任务，制定《2020年度党建工作要点》和《月度党建重点工作推进表》，条目化管理推进。定期召开工作例会，听取支部工作汇报，加强过程管控和指导，推动重点任务落地落实。上半年，召开党建专题工作会议4次，党群工作例会4次。制定《党建工作考核评价办法》，注重实效、激励创新，开展党支部书记述职评议考核，不断提升支部组织建设规范化水平。三是初步形成横向到边、纵向到底的党建工作制度体系。坚持把建章立制工作摆在首位，认真学习《中国共产党国有企业基层组织工作条例（试行）》等中央印发的基层党建制度、《鞍钢集团基层党委工作规则》等集团党委修订的制度，承接制定中心组学习、意识形态、党建考核、党员教育管理等党建规章制度11项，组织5个党支部根据工作实际，细化制定“三会一课”、思想政治工作等6项支部工作细则。四是有效激发党建工作生机活力。围绕科研中心工作，不断丰富党建载体，着力激发党支部和党员两个作用。系统开展了“守初心强党性、担使命当先锋”系列主题实践、“基层党支部建设提升年”“以实践实干实效向建党99周年献礼”等活动。立项共产党员工程项目14项，其中集团级1项；立项“双学”活动18项；选树先进典型9人、先进党支部4个；常态化开展大讨论、建言献策和“戴党徽、亮身份、树形象、作贡献”活动；党委筹建组组长上专题党课1次，带头开展专题形势任务教育10余次，教育引导广大党员在科研攻关中亮出身份，带动身边群众团结一心、拼争奉献。

2. 宣传工作。制定意识形态工作责任制实施细则，建立组织领导、责任分工、分析研判、监督考核和责任追究五个体系。坚持职工思想状态研判，重点关注异地工作职工思想动态，紧盯网络舆情，引导网络舆论导向。强化国外技术合作与交流管理，开展政策宣讲和新入职员工培训3次，筑牢意识形态工作的思想基础。

3. 纪检监察工作。坚持以政治监督为主线，紧紧围绕加强党的政治建设，聚焦做到“两个维护”的政治自觉和行动自觉，着力发现并纠正问题，推动党中央重大决策部署和集团党委工作安排落实到位。制定《北京研究院纪委筹建组履行全面从严治党监督责任清单》，明确监督内容。推动院党委筹建组贯彻落实《党委（党组）落实全面从严治党主体责任规定》，制定《落实全面从严治党主体责任清单》，明确15项履职内容，细化49条措施；制定《全面从严治党2020年度重点任务清单》，明确全年86项任务。协助院党委筹建组加强党风廉政建设和反腐败工作，制定《2020年党风廉政建设和反腐败工作要点及分工方案》，组织签订主体责任书、监督责任书、“一岗双责”责任书16份，全面压实各项责任。督促院党委筹建组修订完善《落实“三重一大”决策制度实施及监督办法》，梳理北京研究院核心业务权限，规范领导干部用权行为，防范决策风险。实事求是做好年度领导班子成员“画像”工作。深化“廉洁地图”建设，梳理风险13项，制定措施25条。督促廉洁从业，建立廉洁档案5份，签订廉洁承诺书19份，开展谈话6人次。精准识别关键岗位18个，清单式管理。结合单位实际，引导职工群众发挥监督作用，探索建立发挥党支部纪检委员作用机制，拓展纪检工作“神经末梢”，抓好自下而上的监督。

4. 统一战线工作。一是建立统战人士台账。系统开展台胞、台属、归侨、侨眷和归国留学人员信息统计工作，建立起统战人士工作台账，实现全院统战人士清单式管理，根据人员变动情况及时更新台账，做到底数清，情况明。二是建立联谊交友制度。建立北京研究院领导班子成员与党外代表人士联谊交友对子3对，领导班子经常以工作调研等形式看望广大统战对象，听取统战对象的心声，给予多方面的指导和帮助。三是强化统战对象培养。结合北京研究院归国人员多、知识层次高的特点，把合理统筹统战对象培养和使用作为“党管人才”的重要抓手，切实把学历高、专业技术能力强的党外高级知识分子作为人才储备、利用起来。四是强化思想政治引导。建立健全党外代表人士学习培训制度，及时向党外人士传达中共十九届四中全会精神、通报有关情况。邀请党外代表人士参加年度政治工作会议、职工大会等重要会议，认真听取意见建议。

5. 精神文明工作。选树集团公司劳模1人，开展主题走访慰问活动2次，召开劳模经验交流会1次，大力弘扬劳模精神和科学家精神，积极营造比学赶超氛围，着力打造具有“功成不必在我”境界和“功成必定有我”担当的科研团队。

6. 工会工作。坚持重大节日走访慰问和困难职工帮扶制度，开展5项“践行共享理念、关爱一线员工”专项服务行动，升级改造运动场地，建立多个兴趣活动小组，开展“奔跑新时代、勇当追梦人”系列体育活动和“夏送清凉”系列活动，为女职工办理安康保险，及时配发疫情防控物品，职工的认同感、归属感和安全感显著增强。

7. 共青团工作。研究制定团组织筹建方案，加快推进团组织建设工作。召开青年座谈会，学习领会“科学家座谈会”精神，党委筹建组组长与每名青年谈心，围绕科研中心工作，为青年人才树信心、教方法、给项目、配经费，充分激发生力军的作用，为中央研究院实现高质量发展夯实人才基础。

（霍佳红　刘　榴）

鞍钢集团经济发展研究院

【概况】 鞍钢集团经济发展研究院（以下简称“经研院”）成立于2010年3月，是鞍钢集团有限公司直属的研究机构，是鞍钢集团第一家去行政化试点单位。2016年9月，为更好地发挥经研院对企业战略研究、深化改革、产业发展的智库支持作用，鞍钢集团进一步完善经研院体制机制，将经研院与鞍钢集团钢铁研究院科技信息研究所整合，重新对经研院的功能定位、组织架构进行建设，调整优化研究方向。现经研院下设钢铁产业、新兴与多元产业、竞争力与国企改革、宏观经济与国际化4个研究方向。2020年，经研院现有人员30人，其中，高级职称18人，硕士博士生23人，80后人员17人。

经研院功能定位是围绕战略研究、产业发展和改革创新，开展前瞻性、基础性研究，为鞍钢集团战略决策、钢铁产业升级、新兴产业培育及商业模式创新提供支持。核心任务是为集团高层决策提供信息支持及建议，为集团实施战略调整提供支撑和引领，为改革创新提供基础支撑，为子企业和新兴产业发展提供咨询指导。发展目标是打造“战略发展研究综合信息平台，国企改革与管理创新的协同研究平台，创新型人才培养和输出平台”，成为战略发展、改革创新的思想发动机及对外交流窗口，逐步建成与企业竞争力提升需求相适应的一流企业智库。

2020年，经研院围绕“打造一流企业智库，既仰望星空，又脚踏实地，对内做好服务，对外交流引智，长短结合、内外兼修，为鞍钢高质量发展提供有力支撑”的工作要求，把“厂办大集体改革、‘十四五’战略规划研究、政策研究等”作为2020年的核心工作，发挥对集团推动三大事业高质量发展、国企改革、政策研究等工作的支撑作用，开展基础性、前瞻性研究。

【完成研究报告】 2020年，经研院根据集团指示要求，围绕“为集团高层决策提供信息支持及建议，为集团实施战略调整提供支撑和引领，为改革创新提供基础支撑，为子企业和新兴产业发展提供咨询指导”的核心任务，发挥“企业智库”的作用，以专题研究为主线，开展了厂办大集体改革、“十四五”规划、对标及疫情政策跟踪等方面的重点研究，为战略调整及改革创新等工作提供支撑。共计形成各类研究成果266项，向国资委、中组部提供研究报告12篇；为辽宁省政府、省政协、工信厅等提供研究报告4篇；正式呈报集团研究报告18篇；提交集团及部门作为决策支撑的报告69篇；完成领导安排的临时性任务20项；为集团部门、单位提供研究资料102篇；各类刊物上发表成果14篇。

【重点工作开展】 2020年，经研院深度参与集团改革、规划、政策研究等重点工作的研究工作，工作成果受到集团领导的肯定，企业智库作用不断发挥。

1. 深度参与集团厂办大集体改革工作，5人长期借调到集团厂办大集体改革办公室工作，另有11人参与大集体改革短期工作，形成各类工作成果81项，包括核心研究及汇报材料12篇；全面梳理大集体改革相关政策，制定《鞍钢厂办大集体改革政策解答手册》《鞍钢厂办大集体企业改制划转标准和改制范围的报告》等大集体改革工作指导性材料，向集团党委书记专题会议汇报并审议通过。

2. 开展鞍钢集团及子企业“十三五”规划回顾分析、“十四五”规划编制工作及相关产业的分析工作。研究、设计了企业层面的“五力”模型建立了企业长、短板分类标准和企业分类标准，为“十四五”期间鞍钢战略路径的选择提出了建议和目标量化依据。

3. 开展疫情政策梳理研究，针对年初疫情情况，对新冠疫情期间国家和省政府层面应对疫情的相关惠企政策进行跟踪、收集、梳理和解读，为集团及下属单位充分利用优惠政策退税降本等工作作出贡献。

4. 宏观经济形势研究。对《关于新时代加快完善社会主义市场经济体制的意见》、国企改革相关政策、城市老旧小区改造等政策进行研究分析，获得董事长认可；组织开展区域经济政策研究跟踪工作，为企业发展战略与规划提供支撑。

5. 承担集团社会责任管理工作，组织编制完成《鞍钢集团有限公司2019可持续发展报告》，正式对外发布。报告2020年三次获奖，在第三届进博会，由工信部组织的《中国工业和信息化可持续发展报告（2020）》发布会上，被评为优秀企业社会责任报告；在2020年全球企业可持续竞争力高峰论坛，鞍钢集团获得2020年“可持续品牌传播卓越企业”奖；在第十二届中国企业社会责任报告国际研讨会上，鞍钢集团荣获“金蜜蜂2020优秀企业社会责任报告·长青奖一星级奖”，这是鞍钢集团连续第五年获奖。

6. 开展对标研究工作。按照国资委《关于开展对标世界一流管理提升行动的通知》部署，与集团部门共同开展对标世界一流管理提升行动工作，经研院积极开展对标指标梳理分析，查找短板和弱项，拓展数据索取来源渠道，为集团对标提升行动提供基础数据支撑。

7. 在开展研究工作的同时，做好研究成果整理总结，研究方法细化，组织编辑《鞍钢集团经济发展研究院2019年研究报告选编》，印刷成册，供各级领导及单位交流参考，为经济研究工作提供指导借鉴。

【加强内外部交流】 在进行研究工作的同时，不断开展对外交流，发表鞍钢声音及观点，推进内外部交流合作，提升研究能力。

1. 向中央企业智库联盟提供研究报告《新型肺炎疫情对经济及钢铁产业的影响》，报告于3月6日在《央企智库专报》2020年第6期发表，报国资委领导及内部各部门、直属机构参考。

2. 加强与辽宁省政协、发改委、工信厅等的工作交流沟通，林垚院长参加省政协会议，提交3项政协提案，辽宁省相关部委对提案内容进行研究，并给予反馈。

3. 与国资委下属中央企业智库联盟进行联系沟通，参加中央企业智库联盟组织召开的沙龙、论坛等相关会议；代表鞍钢集团参加世界钢协经济委员会会议并研讨；与中钢协、冶金工业规划研究院、冶金工业经济发展研究中心、美的集团中央研究院、四源合基金等单位进行交流研讨，并开展项目合作。

（潘文龙）

鞍钢集团人力资源服务中心

【概况】 鞍钢集团人力资源服务中心（以下简称“人力中心”）成立于2016年，是鞍钢集团直属单位。2017年1月成立人力中心党支部，2018年10月经鞍钢集团机关党委批准，人力中心党支部改建为人力中心党总支部，下设鞍钢人服党支部、员工服务受理中心党支部、薪酬业务处理中心党支部、劳动保险业务处理中心党支部、职业发展与系统支持党支部5个党支部。截至2020年末，人力中心共有职工102人，其中，领导班子设置3人，下设综合管理部、系统支持部、员工服务中心、薪酬业务中心、职业发展中心、市场开发中心、外事服务中心7个部门。人力中心主要承担集团公司鞍山区域的退休审核、劳保待遇审批、企业年金管理、职称评审、职业技能评价、转岗培训与安置、劳务用工、鞍钢HR系统管理等日常管理职能，以及岗位维护、员工关系、新员工招聘及入职服务、薪酬发放、保险申报、劳动保险待遇申请核销、报表统计、人事代理等共享服务业务。

【鞍钢集团“两项改革”】 厂办大集体改革和退休人员社会化工作是党中央、国务院作出的重大决策部署，是一项重要的政治任务。人力中心按照集团统一部署，以高度的政治责任感和使命感，抽调18名业务骨干深度参与“两项改革”工作，充分发挥专业优势，展现专业能力，促进各项改革举措落实落地，按期完成改革任务。一是深入研究政策，参与研究制定退休人员社会化管理“1+N”政策和厂办大集体职工安置指导意见及相关配套制度。二是配合厂改稳岗工作，制定集体职工公开竞聘上岗考试规则，建设包含1000道试题的考试题库，为集体职工安置提供了基础保障。三是主导退休人员档案数字化工作。提前2个月完成12.4万卷档案数字化任务，为人事档案如期移交奠定坚实基础。深度参与“两项改革”同志的业务能力、专业素养得到集团公司领导和各专业部门的高度赞扬，为“两项改革”的完善收官作出突出贡献。

【全面深化改革】 根据集团公司综合改革的总体安排部署，围绕人力资源服务市场化转型发展方向，优化完善市场化运行模式，提升人力资源服务质量效率，支撑人力资源管理转型。一是研究制定《人力资源服务中心深化改革实施方案》。细化分解为7项改革任务，15个改革项目。二是扎实推进机构改革及人员优化。调整机构设置，优化编制定员。组织开展全员竞争上岗，内设机构和人员分别优化12.5%和17.6%。三是推进市场化运营，试点内部市场化收费。在集团公司主管部门指导下，制定收费办法，与116家单位签订服务协议，一次性收取服务费1970万元。全面完成集团公司下达的改革任务。

【共享服务】 2020年，人力中心克服疫情影响，推动共享服务水平再提升，助力鞍钢集团改革发展。一是抓住政策机遇，服务企业发展。抓住国家政策有利条件，配合集团公司人力资源部整理政策摘编，积极与政府相关部门沟通，助力鞍钢集团疫情防控及生产经营顺行，利用政策红利为企业纾困解难，实现惠企政策应享尽享。落实保险减免政策。为168家单位办理减免社会保险费3.94亿元，落实“稳岗补贴”政策。为150家单位办理“稳岗补贴”返还2671万元，为符合条件的27家困难企业争取政策扶持，办理二次申领3729万元；落实技能提升政策。完成3批次15441人次职业技能评价考试，享受相关补贴1339.2万元。二是切实做好返岗复工后共享服务业务。积极应对疫情影响，调整业务模式，保证各项业务正常开展，及时调整请销假系统，确保疫情期间系统功能满足实际需要；调整退休及年金申报线上审核功能，确保退休及各类待遇审批及时准确。三是做好新员工招聘及入职服务。配合集团公司人力资源部开展国聘行动央视频直播活动，2.4万人实时在线观看，在央企层面扩大集团影响力。全面完成152名新员工入职接待工作。

【管理职能】 一是加强职业晋升管理。职称评审系统上线应用，圆满完成两个年度644人的高级职称评审工作，审核通过外委422人次，组织职称晋级考试39场，1065人次。二是严格把握劳务用工政策。全年各子企业劳务派遣用工比例控制在3.5%以下，劳动力项目系统备案2036项，完成率达到100%，确保用工依法合规。三是不断提升外事服务水平。制定《鞍钢集团外事工作管理办法》，编纂《外事信息要闻》，接待重要来访5次，审查、办理因公出访56批次，开具各类批件48份。

【市场运营】 编制人力中心2020—2022年发展战略和规划。明确3年内外部创效占比分别达到10%、15%、20%，服务比逐年提升5%的目标。结合实际，制定了8类28项具体措施及4类9项规划保障措施。依托鞍钢人服公司和鞍钢国家职业技能鉴定所两个平台，抓住国家职业技能提升行动有利契机，开展技能提升行动，通过培训、考试提升劳务用工技能水平，此项工作受到服务单位、劳务公司、劳务人员三方认可，实现多赢，全年实现收入313.02万元，外部收入占比超过10%，超额完成三年规划阶段性目标。

【党群管理】 抓好“三个建设”，提高组织保障能力。强化组织建设，发挥政治引领作用。严肃党内政治生活，认真执行“三会一课”制度；规范选举并参加鞍钢集团机关党委二次党代会，认真落实会议精神；完善制度体系，修订党支部管理制度2项。加强作风建设，组织开展整治形式主义、官僚主义和“转观念、转作风、提技能、抓落实”建言献策活动。加强党风廉政教育，完善领导人员廉洁档案12卷。组织完成共产党员工程等项目13项，员工中心党支部获得鞍钢集团样板党支部称号。开展“践行共享理念、关爱一线员工”专项服务行动，及时调整工作餐补助标准，完善食堂设施建设。

（吴克伟）

鞍钢集团财务共享服务中心

【概况】 鞍钢集团财务共享服务中心（以下简称“中心”）于2016年11月15日注册成立，是鞍钢集团有限公司的直属单位，负责鞍钢集团财务共享平台建设任务及平台建成后的财务核算、财务共享工作。代行鞍钢集团有限公司统计业务工作。中心现有部门8个、职工56名。

2020年被中钢协评为年度信息工作先进单位、2020年重点统计钢铁企业生产经营旬报统计工作先进单位，2020年度鞍钢集团有限公司样板党支部。“大型国有企业以价值创造为目标的财务共享服务体系建设”的管理成果被中国钢铁工业协会评为一等奖。

（金　峰）

鞍钢集团审计中心

【概况】 鞍钢集团审计中心（以下简称“审计中心”）是鞍钢集团所属分公司，定员编制63人，截至2020年12月末，审计中心职工总数56人，平均年龄40岁，其中，研究生学历10人、本科学历46人；高级职称人员4人，初、中级职称人员52人；具有注册会计师、注册造价师等执业资格6人。审计中心在集团审计部领导下开展工作，下设工程投资审计室、经营管理审计室、经济责任审计室、专项审计调查室4个业务处室。主要工作职责为按照集团审计部下达的审计项目任务和工作目标，开展各类审计工作，并完成审计部安排的其他工作。

【审计工作成效显著】 2020年，审计中心共完成审计报告60份，累计发现和披露各类问题639个，提出审计建议310条，揭示重大风险事项51项，移交纪委案件线索9个，涉及各类审计问题金额87648.86万元，其中促进增收节支金额153454.87万元，发现违规问题金额36624.45万元，损失浪费金额32777.34万元，管理不规范金额155805.38万元，潜亏金额51067.81万元，潜盈金额16898.79万元等。

以促进工程管理、提高投资效益为重点，强化工程投资审计。通过对工程建设程序、工程管理制度执行、工程造价与结算、功能考核与验收、项目达产达效等进行深入细致审查，充分揭露工程管理不规范、责任履行不到位、工程结算不准确、功能考核不严格、损失浪费未追责等问题，并针对性提出了审计整改建议，促进被审计单位提升了工程管理水平、降低了投资成本。

以改善企业经营管理、对标挖潜和审计创效为重点，强化经营管理审计。重点围绕子企业生产经营情况开展全方位审计工作，揭示企业经营管理中不完善、不合规行为，提出优化流程、完善制度等建议，切实履行审计的服务职能，并通过对标挖潜，寻找提高企业效益的途径。

以经济责任审计全覆盖，客观全面具体评价相关领导人及落实国有资产经营责任，通过深挖经营管理问题、完善内部控制制度，规避经营风险，为企业发展保驾护航。

以集团公司领导重点关注的问题及鞍钢集团重大经济决策落实情况审计为导向，强化专项审计调查工作。对特定事项的真实性、合法性、效益性开展审查评价，及时向上级领导反映情况、揭露问题、提出建议。

持续强化审计整改力度，整改成效显著。针对2019年7月至2020年6月印发的82份审计报告，781个审计问题，已完成整改694个，持续整改87个，整改完成率为88.86%。同时，按要求建立审计整改检查通报机制。通过整改，子企业实现增收节支或避免、挽回损失金额64205万元(其中扣回工程款4588万元)，调账或调表金额64537万元，建立健全制度59项，处理相关责任人147人次。其中鞍山钢铁积极采纳审计意见，借鉴宝钢湛江耐材承包模式，2020年1—9月实现降本增效3.05亿元。

进一步完善违规经营投资责任追究工作体系。对违规经营投资责任人实行禁入限制，加强和拓宽违规经营投资线索渠道，指导子企业完善违规追责体系建设，进一步强化违规追责各项管理。梳理2017—2019年印发的各类审计报告，并查找和识别有关违规经营投资的问题和线索，努力实现违规经营投资事项应追尽追。

推进内控体系一体化，及时上报内控体系工作报告，积极为集团公司领导决策提供关键政策信息和参考材料。

【审计机制体制深化改革】 开展央企内审工作对标，推进审计管理水平持续提升。从审计体制与制度、审计管理与方法、审计创新与应用、审计整改与考核等方面与中海油、中铁建、国家能源3家央企进行了深入、全面的交流学习，建立了审计对标联系。针对“审计整改”“审计管理”“违规追责”等3项重要指标，对照先进管理和经验认真分析了自身不足。

突出审计业绩导向，进一步加大绩效考核力度。根据鞍钢集团2020年深化改革工作的要求，审计中心于5月重新修订了绩效考核管理办法，深化了内部薪酬分配改革，充分体现了业绩导向、多劳多得的改革效果。

建立内部审计整体协同机制，优化审计工作组织。一是大力推进审计组织和审计实施“两统筹”。为有效利用内审力量，尽可能实现审计项目计划、实施、评价、整改等步调一致，加强了各级审计机构协同工作。二是为促进子企业审计人员综合素质提升和加强复合型人才培养，通过联合开展审计项目以“边审边教、以审代培”的方式，在审计工作中培养子企业审计人员的业务能力。三是探索非现场审计工作模式，提高工作效率。为降低新冠疫情影响，运用审计管理信息系统和网络工具，探索和试运行非现场审计模式。

探索主审竞聘机制，集中优势力量实施审计项目。2020年，审计中心启动主审竞聘工作，探索建立审计项目主审竞聘机制。授权项目主审在审计中心范围内自主选用审计人员，打破内设机构的职能和专业界限，充分发挥审计人员个人专长。项目完结后，开展项目成果等级评定，执行

"奖优罚劣"。

【党建、防疫工作高质量完成】 2020年，审计中心党支部根据《2020年度鞍钢集团有限公司机关党委重点工作安排》文件要求，结合审计中心实际，制定了审计中心党支部2020年度党建工作安排及主题党日活动安排，进一步落实好党建工作目标及管党治党责任。按防疫指挥部要求，印发《审计部、审计中心做好新型冠状病毒肺炎防控具体工作的方案》等疫情防控文件，并进行抽查及考核评价；组织党员领导干部积极参加新冠肺炎疫情防控工作捐款。

（王娇皎）

鞍钢教育培训中心(党校)

【概况】 2020年末，鞍钢教育培训中心（党校）有在岗职工249人，居家职工28人，离休人员33人，退休人员1846人。在岗职工中管理和技术岗位职工210人，其中，高级职称111人，中级职称85人，初级职称14人，服务岗位职工39人。中心下设5个职能管理部门，4个教学研究部。拥有固定资产原值6186.59万元，净值717.57万元。占地面积7.68万平方米，建筑面积5.59万平方米。2020年，共开办各级各类培训班921个，培训学员36303人次，完成教学任务量29109学时。发表论文79篇，其中省级论文58篇、市级论文21篇。荣获2020年度鞍钢集团先进单位和中国企业教育百强组委会颁发的"中国最具价值企业大学"荣誉称号。

【主要工作】 2020年，鞍钢教育培训中心（党校）深入学习贯彻习近平总书记重要讲话和重要指示批示精神，紧紧依靠全体教职工，积极应对新冠疫情造成的不利影响，加快推进改革发展，各项工作取得新成绩。

围绕服务鞍钢高质量发展，切实把政治性、系统性、精准性、实效性的培训工作要求贯穿于培训全过程。完成鞍攀两地各级党委书记、副处级以上领导人员、党支部书记十九届四中全会精神专题轮训班21期，轮训3645人。精心策划，组织实施了集团公司中高级研修班、80后和90后青年干部培训班，打造出课程设计合理、培训方式新颖、教学安排紧凑、课程质量较高的高端培训项目。支撑集团公司战略目标落实落地，开办了"一把手"政治能力提升培训班、国际化人才专项培训班、审计业务培训班等培训项目。突出精准对接子企业需求，开办了鞍山钢铁春苗培训班、众元产业青年干部培训班、矿业公司三长一员培训班等多个培训项目。落实"逢班必考""凡提必考"，推动真学真会真懂，全年有276个班次、14273名学员参加了结业考试考评，有271名领导人员参加了"凡提必考"。

着眼"互联网+教育"新模式，规划设计新的多功能报告厅、虚拟演播室，新建直播教室19个、专业录课室1个，具备3000人同时在线学习考试的能力。推进鞍钢网络学习平台建设，打造鞍钢网络培训基地，完成了2.4万名学员信息和74个教学大纲、95门224学时自主开发课程的导入，形成了三大类12716道题的知识题库，平台数据实现了与鞍钢HR系统的对接和同步更新，部分线上培训项目已在鞍钢网络学习平台运行。

承担集团公司及以上科研课题13项，完成中心级科研课题56项。荣获央企政研会优秀成果一等奖1项；集团公司党建课题和思政课题优秀成果共10项，其中一等奖2项；钢企纪检监察研究会优秀论文三等奖1篇；省金属学会优秀科技论文共13篇，其中一等奖2篇；第九届冶金行业征文大赛优秀奖5篇。《鞍钢》杂志出版4期，发表文章79篇。

在疫情停课期间，选定14门系列课程，组织教师网络学习提升，全校教师共撰写学习体会427篇。选派21名教师进修学习，通过举办名师培养大讲堂、教师课件制作大赛、青年教师教学观摩大赛提升教师业务能力。开展核心课程和新专题立项申报，评选优秀核心课程成果6项、优秀新专题成果16项。评聘2020年度主任培训师6名，主管培训师11名，骨干培训师17名。2名教师参与全国钢铁行业网络公益直播教学，1名教师为鞍钢对口扶贫地区新疆塔县录制专题讲座。推进兼职教师队伍建设，已有201名内训师和196名外聘讲师入选兼职教师师资库。

推进综合改革，成效得到了集团公司领导的认可。部门由18个减少到9个，D级干部减幅33%，C级干部减幅21.43%，中层以下管理和技术岗位减幅15.96%。成立培训市场开发部对接集团公司及职能部门、各子企业培训需求。通过部门和管理职能整合，实现了培训管理的一体化运行和培训资源的集中协调。推进厂办大集体改革和退休人员社会化，全面完成了1850名退休人员移交地方和955名退休党员的组织关系转落。完成了3家集体企业的改革，全部83名厂办大集体职工均签订了和解协议。

开展“践行共享理念，关爱一线员工”专项服务行动，为教师更新办公计算机20台。征集了三个方面37项合理化建议，为高质量发展建言献策。开展“提升培训能力、提升培训质量、降本增效”主题劳动竞赛，助力实现全年工作目标。举办庆祝教师节文艺汇演，活跃了校园文化生活。组织职工健康体检，举办“后疫情时期，从心出发”心理讲座，开展“金秋助学”活动，为职工办理生日卡、度假卡，在传统节日为职工送温暖。加大困难职工帮扶力度，走访慰问、救助职工、离退休人员403人次，发放救济金、大病医疗救助金16.04万元。

【党群工作】 2020年，鞍钢教培中心（党校）党委始终以习近平新时代中国特色社会主义思想为指导，深入贯彻落实党的十九大精神和历次全会精神，践行新时代党的建设总要求，推进全面从严治党向纵深发展，坚持党校姓党，聚焦主责主业，全面完成了各项考核指标任务，为实现高质量发展提供坚强的组织保证。

1. 党建工作。坚持政治理论引领。始终把深入学习贯彻习近平新时代中国特色社会主义思想和党的十九大精神贯穿工作始终，不断增强“四个意识”、坚定“四个自信”、做到“两个维护”。紧跟习近平总书记系列讲话和重要指示批示精神，落实“第一议题”要求，党委理论学习中心组学习研讨13次、贯彻落实重要指示批示精神33次。

坚持发展方向引领。突出目标导向，用目标引领方向，用战略统一行动，利用半年时间完成了全年培训任务。突出改革发展，全面完成退休人员社会化和厂办大集体“两项改革”工作，落实谭成旭董事长调研指示精神和对深化改革工作批示抄清精神，实现了机构精简和人员减幅。

坚持队伍建设引领。坚持集中教育和经常性教育相结合，持续开展“戴党徽、亮身份、树形象、作贡献”活动，带头攻坚克难。注重党员干部责任担当，加大对中层干部的考核力度。注重对年轻干部的培养，推荐2名年轻干部参加鞍钢集团80后、90后青年干部培训班。注重规划专兼职师资队伍建设和对教师的培养，建立“名师工程”的培养机制，精准实施导师带徒。

突出责任压实。根据领导班子成员变化情况及时调整党建工作联系点，增补“两委”委员，开展“四个一”活动。优化整合在岗党支部，配强配齐支部委员，推进党的组织和工作全覆盖。认真贯彻执行“三重一大”制度，坚持领导班子周例会、中层干部月例会、支部书记季例会制度，建立经济活动分析季例会制度，以制度规范行为、引领行动。深入推进党建工作与行政工作一体化考核，进一步优化考评指标，促进各项工作全面落地见效。

突出质量提升。精准落实集团公司基层党支部建设研讨会精神，开展“结对子、共提升”共建活动，持续推进党支部规范化标准化建设。围绕初心使命，组织党员重温入党誓词和入党志愿书，朗诵“红色经典”，推进“三会一课”、主题党日等常态化开展。围绕“党课开讲啦”，组织全体党员上专题党课，党委委员分别到党建联系点讲党课，提升政治功能和组织功能。

突出优势转化。落实“四性”要求，建立“凡提必考”和“逢班必考”机制，“推进人脸识别考勤系统”和“课堂全程监控系统”的实施。采取“党建+”形式，深入开展系列主题实践活动，抓实党建课题，深化共产党员工程、党员责任区、党员先锋岗等党内活动，用高质量党建推进高质量发展。

2. 宣传工作。坚持多措并举抓思想。通过多种载体和形式引导职工解放思想、转变观念，理解改革、支持改革。通过宣讲和宣贯，传导压力、增强动力、巩固成果，全年刊发形势任务宣讲提纲4篇。注重典型示范引领，选树宣传先进典型119人次，切实发挥榜样的引领带动作用。

坚持多管齐下抓宣传。聚焦疫情防控，发布新闻300余条，制作宣传展板展架20个。及时对中心工作进行广泛宣传报道，在校园网刊发新闻稿件102篇，向《鞍钢日报》投稿21篇，向《辽宁党校报》投稿5篇。围绕宣传习近平新时代中国特色社会主义思想和新时代党的路线方针政策、鞍钢文化等，制作习近平总书记金句展板56块，更新宣传展板28块。

坚持汇聚合力抓舆情。严抓舆情管控，健全舆情管控责任体系，建立起网络评论员队伍，实时监控互联网上涉及关于鞍钢集团鞍山区域相关信息。严抓教学内容把控，确保课堂政治纪律和意识形态安全，切实做到“学术研究无禁区，课堂讲授有纪律”。严抓媒体监管，加强微信群日常监管，取缔“重复群”“无用群”9个，严格执行新闻宣传保密审查手续121件。

3. 统战工作。注重理论学习。鞍钢教培中心（党校）现有统战人士94名，其中，民主党派11人，归侨、侨眷8人，少数民族19人，非党知识分子68人。为了适应新形势下统战工作要求，进一步提升统战工作水平，一年来按照鞍钢教培中心（党校）党委安排，组织全体统战人士系统学习了习近平新时代中国特色社会主义思想和党的十九届四中、五中全会精神，安排5人参加集团公司党的十九届四中全会精神轮训班，组织开展党的十九届五中全会精神答题活动。

注重典型选树。注重对统战人员的政治引导和培养，深度挖掘先进典型，积极推荐辽宁省第十次归侨侨眷代表大会达标人选1人，提高统战人员的政治把握能力。

注重作用发挥。聚焦打赢生存保卫战、改革攻坚战、抗疫阻击战，组织开展“爱献做”活动。广大统战人士围绕鞍钢教培中心（党校）培训科研、改革发展、管理提升等方面，集思广益、献计出力，针对问题存在的现象，分析原因，提出解决问题的思路与对策，共收集活动成果15份，其中科研成果6项、合理化建议8项、其他1项，充分发挥了统战成员的独特优势和积极作用。

4. 纪检工作。推进监督贯通融合。健全完善全面从严治党主体责任体系，加强领导班子成员对分管领域日常监督，全年有效运用第一种形态22次。一体化推进巡视整改、“靠钢吃钢”和群众身边腐败问题专项治理，健全完善有关制度6个，18项巡视反馈问题已整改完成16项，持续推进2项。紧盯重要时间节点和关键环节，紧盯工程维修、招标采购等关键领域，发挥监督的再监督作用。

推进“四风”持续纠治。驰而不息纠治“四风”，围绕“四风”新动向，主动开展招待费、差旅费和工资薪酬的自查自纠，发现违规领取差旅费现象3起，追回超额发放差旅费1380元。强化警示教育，全年召开警示大会2次，开展违规违纪案件通报18次。强化正风肃纪，让纪律之“弦”越绷越紧，查处违反劳动纪律职工31人次，均按照规定予以考核，并追究部门负责人管理责任。

推进监督职责履行。围绕疫情防控措施落实情况、疫情防护物资采购发放情况等分别开展集中监督检查8次，发现问题2项，现已完成整改。围绕中高级研修班、80后和90后青年培训班等入学考试各个环节开展全流程监督。围绕深化改革全过程、全方位开展监督，推动深化改革工作公平公正顺利实施，推进“两项改革”按期完成。

5. 工会工作。服务职工群众。圆满完成鞍钢教培中心（党校）第二次工会会员代表大会和职工代表大会的换届工作。开展主题劳动竞赛和专项教学竞赛，开展金牌教师、金牌班主任等先进人物评选表彰等，发挥典型引领作用。开展特色职工度假、金秋助学、精准帮扶、送温暖、心理讲座，以及丰富多彩的文体活动等，让职工共享改革发展成果。

服务离退休人员和老干部。全面完成退休人员基本信息网络化梳理，完成到社区派驻工作。疫情防控初期，向全体老同志发出《致全体离退休同志的倡议书》。深入实施“送温暖”工程和退休职工大病救助、医疗企险救助工作。切实推进信访维稳工作，加大对退休人员社会化稳定工作的疏导和排查。

服务青年成长。组织召开团员大会，坚持推进青年大学习，举办青年教师站式教学交流会，持续推进清洁校园橱窗等学雷锋志愿服务活动，深化拓展区域联合团建，开展春季植树、青年亲子主题文绘等系列活动，带领青年为鞍钢教培中心（党校）转型发展贡献青春力量。

6. 共青团工作。坚持推进青年大学习，围绕主责主业强化青年教师技能提升，继续深化区域立体团建，擦亮“跟着郭明义学雷锋”志愿服务品牌，团结带领青年喜迎建党100周年，在中心（党校）高质量发展中建功立业。

（刘允壮）

鞍钢日报社

【概况】 2020年，鞍钢日报社紧紧围绕鞍钢集团公司高质量发展中心任务，深入推进疫情防控、新闻宣传、深化改革、经营创效等各项工作，充分发挥集团公司舆论宣传主阵地作用，全年实现新闻策划100%，政治差错、导向错误、重大新闻漏报为零的目标，超额完成集团下达的经营责任制目标，实现创效1610多万元。报社被集团公司授予安全生产先进单位、交通管理先进单位、档案工作先进单位等荣誉称号。

【疫情防控】 坚持政治担当，全力筑牢抗疫防线。通过报纸与“摇篮鞍钢”、集团官方网站、微博、抖音等新媒体平台，及时发布习近平总书记重要指示批示精神和党中央、国务院决策部署，国务院国资委、省市地方党委政府最新要求，鞍钢集团重大信息、重要举措，以及鞍钢总医院支援武汉小分队的动态消息与感人故事、基层单位疫情防控工作进展，防控疫情常识等报道80多篇，新媒体发布相关文章1237篇（条）。

【舆论宣传】 积极引导编采人员持续深入学习领会习近平总书记关于党的新闻舆论工作的重要论述，践行“四向四做”要求，牢牢把握意识形态工作主动权，确保主流舆论思想不断巩固壮大。2020年先后推出“在习近平新时代中国特色社会主义思想指引下——强基固本 变革创新 开创高质量发展新局面”“走向我们的小康生活”等20余个精品栏目，既记录了鞍钢集团在困难时期前行发展的历程，又鼓舞了全体职工的斗志、士气。准确把握中心基调，新闻舆论引导能力显著提升。全年出版《鞍钢日报》289期，《鞍钢视讯》96期，推送“摇篮鞍钢”微信1199条、“鞍钢日报”微信1215条、集团官方微博749条、集团官网新闻资讯1693条、抖音480条。以业务研讨会、导师带徒、青年记者论坛等为载体，推广跨岗位业务技能培训，着力讲好符合时代特征的鞍钢故事。与集团公司法律事务部、管理与信息化部、党委组织部、团委联动，推出法治鞍钢、智慧鞍钢、党建鞍钢、青春鞍钢等版面，提升宣传报道精准性。通过开设《坚持市场导向 全面深化改革》《应对严峻形势 聚力提质增效》等一批特色栏目，将集团公司的重要决策部署，以及集团公司、各区域、板块和基层单位在各领域取得的成果和经验，及时准确地传达给广大干部职工，为鞍钢集团完成生产经营目标奠定坚实的舆论基础。

【深化改革】 严格按照集团公司要求，整合鞍钢日报社、攀钢传媒中心媒体资源和生产要素，完成鞍钢新闻传媒中心组建工作，2020年11月6日，鞍钢集团新闻传媒中心正式成立，媒体融合成效显著。组织机构及人员得到全面优化调整。制定《鞍钢集团有限公司日报社深化改革方案》等配套文件，为机构改革顺行提供制度支撑。全面完成组织机构和人员优化调整，D级领导职数精简44.4%。编采和机关人员优化17.9%，部门分别减少50%和40%。印刷厂实现契约化管理。制定《关于在印刷厂实施经营者任期目标契约化的管理办法》和《经营责任书》，按市场化原则，推动印刷出版业务板块独立核算。赋予印刷厂经营者选人用人、薪酬分配、物资采购等经营自主权，对印刷厂实行利润管控以及经营者任期奖励，不断提高经营积极性。印刷厂全年完成经营财务收入895万元，经营成效创历史新水平。针对鞍钢集团2020年退休人员社会化改革和厂办大集体改革，报社加大宣传力度，加印10万份报纸，用两个版面集中对退休人员社会化相关政策进行解答，第一时间组织人员送报上门。增加版面，连续刊登厂办大集体改革岗位竞聘、失联人员名单等信息，为集团公司退休人员社会化改革工作助力。加强编采系统考核评价，对采编播人员按照新闻宣传工作业绩进行全方位差异化评价考核，出台《关于评选金牌记者、金牌编辑的实施办法》和《关于开展培养选拔评选全媒体记者活动的通知》，强化对采编校、采编播人员“一专多能”“一岗多兼”的激励，增强关键岗位和核心人才的绩效竞争力，鼓励人才成长，激发潜能。

【经营创效】 不断加强运营服务团队建设，拓展媒体服务渠道，为鞍钢集团子企业及外部客户提供个性化宣传推广、视频制作等服务。科学研判市场，抢抓创效先机，为集团公司及鞍山钢铁两级机关及基层单位提供视频拍摄制作、大型活动策划组织等服务项目26项。强化媒体资源优势输出，为鞍钢子企业提供新媒体平台代维及广告推介专版、企业形象宣传片制作等服务，累计服务创效191.1万元。积极开展地产推介项目，通过抖音“直播看房”、全媒体广告推介等手段，与“公园1953”“鞍山万象汇”等客户形成常态化合作关系。策划并支持“鞍山万象汇”组织各类直播演出近10场；积极与鞍钢电商平台开展深入交流，已初步完成“构建 B2B 线下展示体验店”合作项目，为用户提供线下体验服务，培养新的效益增长点。持续挖掘网络用户，先后建立鞍钢日报社拍客群、作家群、才艺宝贝群、才艺青年群，组织开展公益性节目、服务性节目、动漫节目，增强线上影响力。

【党群工作】 1. 强化政治统领。2020 年，报社党委持以习近平新时代中国特色社会主义思想为指导，深入贯彻落实党的十九届四中、五中全会精神，压实全面从严治党主体责任。深入贯彻落实习近平总书记重要指示批示精神。承接制定《关于进一步完善贯彻落实习近平总书记重要指示批示工作机制的实施方案》，建立健全传达学习、研究部署、调研督查、现场检查、总结报告工作机制，压实各方责任，形成横向到边、纵向到底，一级抓一级、层层抓落实的工作格局，以创新理论指导党的建设工作。创新党建工作模式。形成党委书记主抓、党委副书记及分管领导推动部署，党委工作部及各党支部深入落实的工作格局。从落实习近平总书记提出的“四力”要求入手，坚持创新党建平台，构建具有自身特色的“四学五比五提升”工作新模式，从党员、党小组、支委、党支部、党委 5 个层面和国有企业党的基本组织、基本队伍、基本制度建设及报社新闻宣传、舆论引导功能 5 个方面发力，组织党委委员、党委工作部成员、党支部书记、支委委员、党小组长到鞍钢矿业鞍千矿业公司党委及其南汽运党支部、鞍钢集团工程技术有限公司勘测设计研究院党支部进行对标学习，对标找差，提升党建工作科学化水平。丰富工作抓手。以组织体系建设为重点，以标准化、规范化建设为抓手，制定并下发《鞍钢日报社党委落实全面从严治党主体责任清单》《关于实行党建工作任务清单制度的通知》及《关于开展党支部工作互检互学互评活动的通知》，压实基层党建责任，促进党支部之间相互学习交流、取长补短、拾遗补缺，夯实党建工作基础，提升党建工作质量。

2. 强化组织建设。加强支部建设。坚持以“强基固本”“晋位升级”“示范引领”三大工程为抓手，深入开展鞍钢集团党支部工作示范基地和“样板”党支部创建工作，组织编辑部党支部积极开展党建示范基地创建工作，把党的建设与新闻宣传特色工作相结合，强化文化传播、强化媒体融合，打造具有报社特点的党建平台，切实发挥示范引领作用和党的“喉舌”作用，传播鞍钢“好声音”。抓实党务干部管理。针对报社综合改革，组织架构发生调整的实际，党委工作部积极应对，及时选调精干人员到支部班子开展工作，新配备支部书记 1 人，调换支部委员 3 人。注重基层党支部书记等基层党务干部培养，定期组织开展党务人员培训、基层党支部书记专题会议，系统研究党务工作新思想、新思路、新要求，确保基层党建工作水平不断增强。

3. 强化制度建设。不断完善党建工作制度体系。根据集团党委要求，承接修订《鞍钢集团有限公司日报社党委书记专题会议议事规则》《鞍钢集团有限公司日报社落实“三重一大”决策制度实施及监督办法》等制度，为报社党委科学决策奠定基础。制定下发《鞍钢集团有限公司日报社党委 2020 年党建工作要点》《鞍钢集团有限公司日报社党委 2020 年组织工作要点》，进一步强化对党支部工作方向的指导。承接修订《鞍钢集团有限公司日报社党委党建工作责任制考核评价办法》，推动党建考核评价细则、党建工作考评机制进一步完善。加强对制度执行的督促。加大党建制度的宣传、学习力度，充分利用“党建网”“微信群”拓宽宣传、学习渠道，有针对性地组织党员学习各项规章制度，把制度贯彻落实的各项工作中。在党支部互检互学互评工作中对党建制度落实情况进行检查，对党员日常笔记记录情况、制度掌握情况进行抽查，促进党建制度的落地落实。

4. 强化党员教育管理。积极开展党员教育管理工作。组织各党支部及全体党员深入贯彻落实《鞍钢集团党员教育管理工作细则》，制定党员教育培训计划，下发《鞍钢日报社内部培训师评聘及管理办法》，为各支部和党务干部配备《习近平谈治国理政》（第三卷）、《论党的宣传思想工作》等书籍，下发月度党建学习要点和党建工作任务清单 12 期，提升党员的学习力。结合实际做好党员目标管理，合理设置考评指标，灵活开展评议评价，充分调动党员工作的积极性、主动性和创造性。做好发展党员工作，严格履行发展程序，有一名预备党员按期转正。广泛开展主题实践活动。在各党支部持续开展“守初心强党性、担使命当先锋”系列主题实践活动，深入开展“戴党徽、亮身份、树形象、作贡献”活动、“我为党旗添光彩、降本增效创一流”共产党员工程活动、“践行共享理念、关爱一线员工”专项服务行动和“党员责任区”“党员先锋岗”创建、优秀党课教案评选等活动。各党支部以各项活动为载体，深入聚焦报社新闻舆论宣传、媒体经营创新、印刷品设计印刷、管理能力提升等中心工作，开展共产党员工程活动3项，专项服务行动5项，创建“党员责任区”“党员先锋岗”6个，解决送报、环境治理、疫情防控等难题10余个，展现了报社党员党性修养及自身素质。

5. 强化支部建设。结合集团党支部建设提升年活动、软弱涣散基层党组织自检自查活动等活动，为有效压实全面从严治党责任，落实党委“四学五比五提升”工作模式，按照报社《关于开展党支部工作互检互学互评活动的通知》（报社委发〔2020〕24号）要求，党委工作部全年组织开展党支部工作互检互学互评两次。报社党委领导、专兼职党支部书记、党委工作部相关人员先后到传媒党支部、编辑部党支部、机关党支部进行互检互学互评工作，对各受检支部工作情况进行打分评价，完成“听、看、问、查、评”5个环节。通过活动，各党支部共查摆出组织学习不深不透、工作计划不具体等共性问题7项，查摆记录不规范、目标考核不及时等个性问题31项。

6. 强化作用发挥。面对新冠疫情考验，从1月26日（《紧急通知》发布当日）起，报社党委组织党员骨干，积极开展各项报道工作，及时发布习近平总书记重要指示批示精神和党中央、国务院决策部署，国务院国资委、省市地方党委政府最新要求，鞍钢集团重大信息发布、重要举措，以及鞍钢总医院支援武汉小分队的动态消息与感人故事、基层单位疫情防控工作进展，防控疫情常识。先后刊发《鞍钢集团捐款3000万元支援武汉等地抗击疫情》等报道80多篇，新媒体发布1237篇（条），累计阅读量达153万次。“摇篮鞍钢”单篇最高阅读量超过7.5万次，抖音单条最高阅读量超过16.2万次，点赞量超过2.9万次，均创历史新高。《鞍钢集团捐款3000万元支援武汉等地抗击疫情》，仅人民日报客户端阅读量就达90.2万次。制作《等待》《逆行》等抗疫主题音视频，播放量达100万次，为鞍钢集团强化疫情防控、加快推进复工复产工作提供坚实舆论保障。同时，广大党员主动响应报社党委号召，积极参与为疫情防控开展无偿献血、爱心捐款、以购代捐等活动，活动中15名党员献血成功；97名党员，累计捐款13900元；编辑部党支部、印刷厂党支部、机关党支部党员先后开展两次以购代捐，累计消费13144.9元；在“助力改革奉献日”活动中，党员义务参与紧急加印的10万份退休人员社会化宣传材料的送报工作，充分展示了共产党员的先锋模范作用。

（孔庆磊　李　旭）

第十九部分

荣　誉

·先 进 单 位·

国家技术创新示范企业

攀钢集团有限公司

绿色发展标杆企业

鞍钢集团有限公司

新疆维吾尔自治区脱贫攻坚组织创新奖

鞍钢集团有限公司

辽宁省定点扶贫先进单位

鞍钢集团有限公司
鞍钢集团朝阳钢铁有限公司

中央企业抗击新冠肺炎疫情先进集体

鞍钢联众（广州）不锈钢有限公司光亮部

2020年度鞍钢集团有限公司先进单位

鞍山钢铁集团有限公司

鞍钢化学科技有限公司
鞍钢股份有限公司炼焦总厂
鞍钢股份有限公司炼钢总厂
鞍钢股份有限公司鲅鱼圈钢铁分公司热轧部
鞍钢集团朝阳钢铁有限公司炼铁厂
第二发电厂
鞍钢能源科技有限公司
鞍钢股份有限公司原燃料采购中心
铁路运输分公司运输总站

攀钢集团有限公司

西昌钢钒有限公司板材厂

矿业有限公司选矿厂
国际经济贸易有限公司
攀枝花钢钒有限公司提钒炼钢厂
攀钢集团研究院有限公司
物资贸易有限公司
成都积微物联集团股份有限公司
四川鸿舰重型机械制造有限责任公司
江油长城特殊钢有限公司炼钢厂
攀枝花攀钢集团设计研究院有限公司

鞍钢集团矿业有限公司

齐大山铁矿
东鞍山烧结厂
鞍千矿业有限责任公司
大孤山球团厂
弓长岭露天铁矿

鞍钢集团工程技术发展有限公司

鞍钢轧辊有限公司
鞍钢建设集团有限公司汽车吊装运输分公司

鞍钢集团众元产业发展有限公司

鞍钢绿色资源科技有限公司
鞍钢现代城市服务（鞍山）有限公司

其他单位

鞍钢集团有限公司人力资源服务中心
鞍钢集团有限公司教育培训中心（党校）

·先进人物·

全国劳动模范

曲晓东　男，43岁，1997年7月毕业于鞍山钢铁学校，同年8月入职鞍钢，2004年获得本科学历及学士学位，2009年加入中国共产党，是鞍钢集团目前唯一一名同时获评高级工程师和高级技师职称的一线工人，任鞍钢股份有限公司热轧带钢厂1780线甲班倒班作业长。

曲晓东长期扎根生产一线，通过技术攻关、发明创造，为鞍钢产品升级提档作出突出贡献。其主导完成的"热连轧高强钢内应力关键控制技术的研究与实践应用"获2018年度辽宁省科学技术进步奖二等奖（当年全省一线工人最高奖），该成果属国内首创，达到国际领先水平，进一步巩固了鞍钢作为中国最大军工钢和耐候钢供应商的地位，仅2015—2017年就实现新增销售额14.6亿元，新增利润2.83亿元；他积极参与并成功完成了45号、65Mn、Q550NQR1等多钢种极限规格的生产，实现国内独有领先；他提出全新的舰船用钢控制调整技术方案，大幅提升板形合格率，助力大国重器国防战略用钢稳定批量生产。

曲晓东先后获得5项发明专利，被授予第10届国际发明展世界发明者协会国际联合会（IFIA）颁发的"最佳卓越创新奖"、第22届和第23届全国发明展"金奖"。2018年6月代表辽宁省参加福建海峡两岸职工创新成果展交流，2019年12月代表辽宁省参加在北京国家会议中心举办的第四届国际创新创业成果博览会，其技术成果受到高度关注，提高了鞍钢及辽宁产业工人的知名度。

曲晓东引领示范，带动班组，破解生产难题，被誉为一线职工的领头羊。班组总结出3项先进操作法并推广应用；优化操作界面，提高换辊效率，大幅缩短换辊时间；优化26个工艺控制点，提高生产效率；针对与凸棱、硅钢边裂、酸洗板麻点等有关的52个关键控制点进行调整，降低废品发生率。班组先后获评鞍钢集团"标杆班组"、鞍山市"优秀班组"、辽宁省"工人先锋号"等称号。

多年来，曲晓东通过各种创新攻关，累计创效约3.6亿元。他本人先后获评鞍钢集团轧钢技术状元、鞍钢集团劳动模范、鞍山市特等劳动模范、鞍山好人——最美工人、鞍山市"五一"劳动奖章、辽宁省"五一"劳动奖章等荣誉称号。2019年被命名为"2018年度中央企业劳动模范"。

邹　明　男，49岁，1993年7月毕业于东北大学金属材料及热处理专业，同年8月入职攀钢，2001年获得清华大学材料系工程硕士学位，无党派人士，高级工程师，任攀钢研究院有限公司一级专家，高速重载钢轨开发项目团队负责人。邹明长期致力于科技创新事业，始终瞄准世界钢轨科技前沿，为我国钢轨赶超世界先进水平和国家高速铁路建设、地方经济发展作出了突出贡献。

邹明躬身践行"科学家精神"，潜心钢轨研究26年，突破一系列国家重大"卡脖子"技术。一是率先开发出世界领先水平的重载铁路钢轨，助力国家铁路货运多拉快跑。针对大秦线为代表的重载铁路钢轨服役寿命短的问题，邹明带领团队夜以继日，开展成分筛选和现场实验，他多次连续蹲守现场60多个小时逐一修正参数，历经两年连续奋战，最终成功破解全流程技术难题，国内首家研制出1300兆帕级PG4钢轨并批量上路运行，钢轨在线路上服役寿命提高30%以上，每年仅提高运输效率一项就为国家新增数十亿元效益。二是独家开发出世界领先水平的系列在线热处理道岔轨，让高速铁路行稳致远。我国高速铁路建设之初高铁道岔轨全部依赖进口，严重制约高铁发展，邹明带领团队成员，结合我国高铁对道岔的特殊需求，攻克了非对称断面热处理加速冷却关键技术，一举破解高速道岔技术难题，综合技术居于国际领先水平。攀钢高速道岔轨问世后，实现了全部替代进口，京津城际铁路之后建成的高铁道岔均由攀钢独家供货。三是瞄准国际市场开发出系列出口钢轨，有力推动了“一带一路”基础设施建设。邹明始终坚持国际化视野，敢于在世界舞台上与同行竞技争锋，在满足国内需求的同时，潜心研究高端出口钢轨，先后研发了出口美国、欧洲、日本的钢轨生产技术，钢轨出口至35个国家和地区，使攀钢成为全球顶级钢轨出口企业，攀钢钢轨在“一带一路”沿线国家快速延伸。

邹明先后承担国家“十五”科技攻关、国家重点研发计划等课题3项，国际合作课题3项，省部级及企业自选课题20余项；获授权发明专利20余项，其中美国、德国等国际专利6项；获全国发明展金奖2项、银奖1项，四川省专利奖一等奖1项；获国家科技进步奖二等奖1项，省部级科技进步奖一等奖3项、二等奖6项、三等奖13项；发表核心期刊论文4篇，参与制定ISO钢轨国际标准2项；2009年被评为“攀枝花市劳动模范”，2010年被评为“四川省劳动模范”，2014年获“四川省有突出贡献的优秀专家”称号，2015年获国务院政府特殊津贴，2018年担任国际ISO/IEC工作组专家，2019年获冶金科技界重要荣誉“魏寿昆青年冶金奖”。

邹明发挥模范带头作用，邹明研发团队成为冶金科研的金字招牌。作为重轨项目团队负责人和邹明四川省劳模创新工作室领衔人，在不断提升自身科研水平的同时，高度注重传帮带，甘当年轻科技人员的铺路石。在他的带领下，成功打造了一支学风严谨、团结协作、人才辈出、成果丰硕的科研团队。近年来，邹明团队共完成科研项目21项，获得四川省和冶金行业科技进步奖18项，获发明专利授权53项，其中团队成员韩振宇主研的1380兆帕级贝氏体钢轨及道岔轨在国内率先完成并即将上道应用；团队成员邓勇主研的特种断面翼轨产品填补国内空白，获得四川省科技进步奖一等奖；邹明团队牵头研制的新产品累计应用400万吨以上，为企业新增经济效益15亿元以上；出口钢轨70余万吨，创汇4亿美元以上。

杨　林　男，汉族，48岁，1995年7月毕业于攀钢技校，同年8月入职攀钢，2003年获得本科学历，中共党员，钳工高级技师、设备点检技师、攀钢首席技师，现任攀钢集团西昌钢钒有限公司炼铁厂点检作业区煤焦组组长。杨林在日常工作中，积极学习、主动钻研、善于创新，主持“捣固焦炉SCP机高效长寿应用技术研究”，形成“捣固系统高效长寿运行的核心技术”，该技术的应用实现了捣固锤在线连续使用达30个月以上，该技术整体已达到国内外领先水平。

杨林参加工作就投入到焦炉点检工作当中，主持研发的SCP机高效长寿应用技术研究获鞍钢重大科学技术奖，通过提高SCP一体机走行自动对位精度、提高装煤成功率、缩短SCP一体机单孔操作时间、延长关键设备使用周期的一系列研究，使SCP机应用技术达到国内外领先水平。同时通过提高装煤成功率、利用捣固锤及托煤底板等在线修复等技术，解决了捣固系统中驱动凸轮瓦只能一次使用，造成运行成本高的问题，通过重新设计可重复利用的凸轮瓦及装配方法，使捣固驱动凸轮由36个月达到60个月以上的使用效果，形成了独有技术；针对西昌钢钒一二期焦炉切焦机切辊的通用性改造，达到一二期切焦机备件可互换的目的；不仅减少易耗件的储备数量，降低劳动强度，还使焦炭的平均粒度在49毫米±2毫米范围的合格率大幅提高。近年来，在备件、能源及人工成本等方面创效达1000余万元。

杨林近年来参与撰写专利32项，已获授权专利26项。其中已授权发明专利6项，实用新型20项；获德国纽伦堡国际发明展银奖1项。2013年被中国质量质量协会评为“冶金行业先进质量管理小组”；2013年度获得鞍钢集团劳动模范称号，2014年获得“四川省有突出贡献的优秀专家”称号，2015年被评为四川省劳动模范，2016年度获得享受国家政府特殊津贴，先后获评“鞍钢工匠”（首席技师）、“攀枝花工匠”。

杨林利用空隙时间积极开展培训工作。2015—2016年分别被攀钢集团授予“劳模创新工作室”和鞍钢集团授予“创新工作室”。以创新工作室为平台，积极开展技术培训，善于将自己的工作理念及工作经验进行传授，积极担当授课任务。于2018年获西昌市授予“技能大师工作室”和四川机电冶煤系统授予“劳模和工匠人才创新工作室”；积极培养技术人才，工作室成员能力提升。通过“师带徒”活动，工作室培训，互授技艺。工作室多名同事已可独立完成科研技术总结、QC成果、先进操作法、专利等的创新工作。在西昌钢钒公司技术比武中多名同事获得好成绩，2名晋升为首席点检、5名晋升为高级点检、2名获西昌钢钒青年科技人才奖。

四川省劳动模范

岳彩东　男，汉族，1970年出生，江苏徐州人，中共党员，攀钢集团攀枝花攀钢钒有限公司炼铁厂职工，高级技师，攀钢钒炼铁厂炉前首席操作师，岳彩东国家级炉前工技能大师工作室和岳彩东劳模创新工作室的领办人。

岳彩东长期负责全厂五座高炉的炉前操作管理和技术指导。他对高炉炉前操作和事故处理有丰富的经验，对全厂各高炉每次停、开炉技术都善于进行总结，形成了一系列领先的具有自主知识产权的专利和专有技术，是攀钢高炉炉前技术管理的领军人物。2010年以来先后获6项技术专利，2014年11月独创的《高炉铁口操作法》获四川省机电冶煤系统职工技术创新成果奖；2016年12月《高炉钻杆、透杆后接头改进的建议》获四川省“创新创效金点子”合理化建议成果优秀奖。2017年3月，把“热胀冷缩”原理利用到工作中，只用16小时就将高炉风口大套成功更换，刷新了国内高炉更换风口大套的纪录。2017年7月，创新高炉出残铁的方式，采用“双眼”的出残铁新工艺，使得高炉节约3天工期，避免了炉前工进炉缸烧残铁的作业模式，直接创效121万元；2018年设计的出铁主沟结构延长了使用寿命，缩短出铁弯沟也获得了巨大的效益。

岳彩东先后荣获中央企业先进职工、鞍钢首届劳动模范、首届“鞍钢工匠”、“攀枝花市工匠”、第十四届“全国技术能手”、“攀枝花市劳动模范”等荣誉称号。

汪　超　男，汉族，1984年12月出生，安徽省舒城县人，大学本科，工程硕士，中共党员，攀钢集团钒钛资源股份有限公司攀枝花钒制品厂生产技术室工艺技术主任工程师。

汪超长期致力于钒渣提钒工艺升级和钒产业固废资源利用技术开发与产业化工作，勇于创新、不断总结提炼，形成了一系列领先的具有自主知识产权的专利和专有技术，使三氧化二钒生产技术达到了世界先进水平，五氧化二钒生产技术达到国内领先；先后参与了攀西战略资源创新开发项目“高纯偏钒酸盐制备与应用技术”和国家重点研发计划“钢铁行业钒钛冶炼废渣源头减量与资源化利用技术”等重大科研项目，取得了多项创新成果。

汪超近五年在《铁合金》《过滤与分离》等学术期刊发表钒技术领域论文10篇；主研科技项目“钠化熟料沉钒液复合浸出新技术研究”荣获2017年四川省科技进步奖三等奖；在知识产权创新力提升方面，申请国家发明专利9项，获授权5项；发明专利“粉状五氧化二钒的生产技术及废水处理技术”在2018年第十届国际发明展览会上荣获“发明创业类项目奖”银奖。

汪超先后荣获攀钢标兵、鞍钢集团劳动模范、攀枝花市劳动模范、攀枝花市“优秀共产党员”、四川省“优秀共产党员”等荣誉称号。

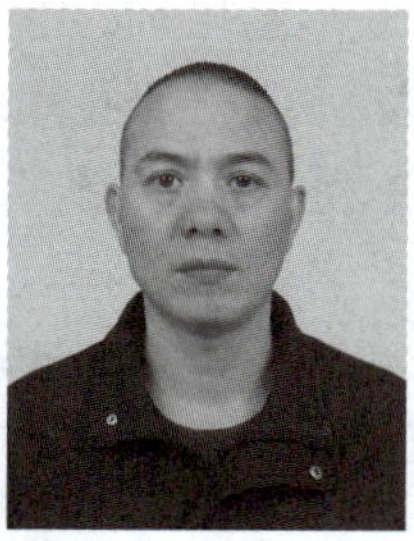

黄运峰　男，汉族，1974年8月出生，四川省邻水县人，大专文化，中共党员，攀钢集团攀枝花新白马矿业有限责任公司白马选矿厂磨选作业区点检员，高级技师。

黄运峰发扬工匠精神，25年如一日刻苦钻研电气技术知识，熟练掌握了半自磨机、颚式破碎机、球磨系统等PLC控制系统，完成了白马选矿厂西门子S7-300、施耐德昆腾PLC等程序编写；处理疑难故障300余次；牵头开展球磨机分段改造试验，实现一期球磨系统全自动控制，不仅大幅度减轻职工劳动强度，还年创造经济效益200万元；牵头完成半自磨机、皮带运输机、G150变频器等各类技术创新30余项，创经济效益1000余万元。

黄运峰孜孜不倦培育新人，他依托以自己名字命名的技能大师工作室开展技能培训，近5年来共培训2000余人次，所带徒弟均成为电气方面的行家里手，其中周寿东获得攀枝花市米易县技能比武第一名，张巍节2018年获得“全国冶金矿山行业技术能手”称号，贺信成为“攀枝花工匠”和“攀枝花市劳模”。

黄运峰先后荣获全国钢铁行业技术能手、中央企业先进职工、攀枝花市劳模、攀枝花市第五类人才、攀钢第六届技运会电气点检状元、攀枝花市第九批突出贡献专家、米易工匠等荣誉称号。

胡　波　男，汉族，1977年9月出生，四川江油人，1996年7月参加工作，2015年7月加入中国共产党，任攀钢集团江油长城特殊钢有限公司锻轧厂电气点检员，攀长特公司首席技师。

胡波爱岗敬业、善于创新，积极开展技能创新、创效项目，先后完成“高线缓冷材收集自动化改造”“高线控制系统优化”“提高组合飞剪剪切稳定性”“棒线材在线空冷装置调试”等技能创新创效项目，有效解决高线缓冷材收集慢、自动化程度低等问题，收集效率提高70%，节能创效300余万元；飞剪故障造成的废钢减少80%，创效84万元；参与“易切削钢棒、线材轧制头部开裂”“钛及钛合金棒、线材轧制”等科技课题，解决易切削钢轧制头部开裂造成废钢，减少废钢损失180万元，钛合金线材成材率由76%提高到92%；同时完成技术攻关、技能创效项目50余项，累计创效200余万元。积极为其他单位提供技术支持和服务，先后为锻轧精锻机和加热炉、炼钢厂40吨电炉、连铸、电渣25吨电炉、6吨真空自耗炉、轧钢厂均热炉等设备提供现场技术支持和服务。

胡波积极开展设备点检员和生产操作工技能培训，先后开展了“棒材线微张力控制原理”“轧线检测原件信号控制功能”“高线控冷装置操作方法”“大盘卷生产线操作培训”“大盘卷生产线电气自动化培训”　“西门子S7-300PLC培训”“西门子G120变频器培训”等培训活动。同时还配合公司筹建攀长特公司实训中心，为培养更多的高技能人才提供更好的环境和条件。

胡波领办的“胡波技能大师工作室”集合了电气、机械、液压等专业高技能人才，对现场设备技术攻关、革新和新成果转化提供专业的综合的解决方案。自工作室成立以来，共完成“轧线换辊控制优化”“减少冷床制动板划线边辊装置”“轧线新增精轧机、减定径液压站”等技能创新项目10余项；“环形炉上料平台定位改进”“热锯废品收集电缆敷设改进”30余项，累计创校520万元；工作室共开展技能钳工、维修电工技能培训共600余学时，现场操作培训100余学时。

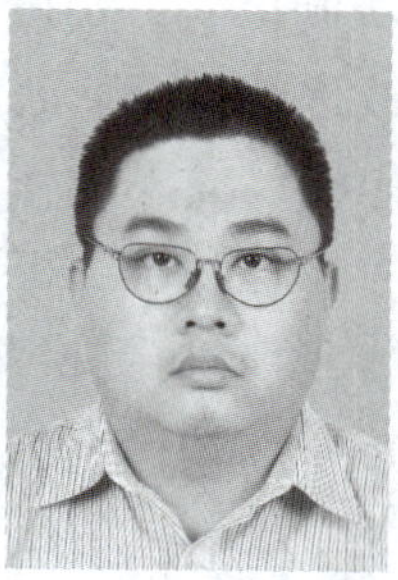

查笑乐　男，汉族，1980年2月出生，浙江省海宁市人，大学本科，中共党员。2003年7月入职攀钢，任攀枝花攀钢集团设计研究院有限公司钒钛冶金分院副院长，炼铁工程师。

查笑乐长期致力于设计及技术研发、冶金工程咨询工作，在高炉炼铁、钛化工和钛资源综合利用技术攻关方面取得了显著成效。他负责的高炉渣提钛产业化攻关及工程化项目，通过采用国内外独创的新工艺、新技术，可大规模将攀钢含钛高炉渣变废为宝，实现资源二次利用；创新性地完成海绵钛3号熔盐炉大修设计，使熔盐氯化炉单炉实现从120吨/日至160吨/日的历史性突破，处于世界领先水平，并主导熔盐氯化炉单炉240吨/日进一步大型化攻关课题，为攀西钛资源熔盐氯化的规模利用形成了核心技术壁垒；负责熔盐氯化废渣新工艺工程化设计，突破技术障碍，实现了熔盐氯化的绿色制造和可持续发展。

查笑乐注重科技创新和示范引领。先后获得“高炉渣高温碳化电炉还原剂添加装置”“直接还原金属化球团热装入熔分电炉的工艺及设备”“转底炉钒钛磁铁矿烟气烘干系统的工艺设计及设备应用”等26项专利及“攀枝花市劳模”“鞍钢劳模”“攀钢标兵”“鞍钢优秀共产党员”“鞍钢先进工作者”“工程公司标兵”等荣誉称号。

王 莹 男，汉族，1981年8月生，重庆垫江人，北京科技大学材料科学与工程专业博士研究生学历，中共党员，成都先进金属材料产业技术研究院科技人员，高级工程师。

王莹立足岗位开拓创新，先后承担国家自然科学基金青年基金、攀西试验区重大攻关等科研项目十余项，科研业绩突出。负责的“钛及钛合金中厚板技术研究”项目，实现低成本、厚规格EB坯直接轧制纯钛中厚板，打通TC4装甲钛合金板材全工序工艺流程，试制出8毫米薄规格TA10钛合金中厚板。负责的“代表性钛合金高强韧性匹配机制研究”项目，获得形变热处理工艺对纳米尺寸析出相种类、形态及分布的影响规律，揭示了TB22钛合金高强韧性的匹配机制。带领团队开发出国内最薄规格大卷重热轧钛卷；成功掌握低成本、短流程工艺冷轧钛卷技术；开发出TA2/Q235钛钢复合板等高新产品。

王莹获攀钢研究院重点应用基础研究项目一等奖和二等奖各1项；带领团队获四川省科技进步奖二等奖1项、鞍钢集团科技进步奖1项。获授权发明专利7项，发表SCI、EI论文4篇。先后荣获攀钢研究院优秀共产党员、攀钢研究院先进个人、鞍钢集团先进工作者等荣誉称号。

全国机械冶金建材行业工匠

曲晓东　鞍钢股份有限公司热轧带钢厂
杨福斌　鞍钢集团矿业有限公司装备制造分公司
岳彩东　攀钢集团攀枝花钢钒有限公司炼铁厂

辽宁工匠

刘加纯　鞍钢股份能源管控中心
许广明　鞍钢矿业鞍千矿业公司
刘炳刚　鞍钢股份冷轧厂
张　哲　鞍钢股份冷轧厂
王广军　鞍钢股份线材厂
侯永胜　鞍钢股份炼钢总厂
李铁成　鞍钢工程发展建设公司
谷安成　鞍钢矿业齐大山选矿厂

2020年度鞍钢集团先进生产（工作）者名单

鞍山钢铁集团有限公司

曹建明	侯士彬	何心丹	李昌胤	滕福亮
李雨红	杨红伟	杨　义	金德强	李成君
丁慧峰	奈作全	肖富林	孙艳霞	马　亮
祁　林	苏　杭	吴春杰	张晓军	田　勇
林兆宇	张海安	陈　晖	林树华	杨　勇
纪永亮	阮国庆	杨志强	赵福铁	李志坚
张小溪	杜兴锴	金　池	时瑞民	尹　君
于　萍	赵宏军	张　欢	顾洪旭	李永刚
郭　凌	沈起祥	李雨桐	李旭瀛	申鹏飞
刘邦军	解生辉	葛正军	高　峰	刘华涛
严　玲	马银华	姜彦冰	刘　博	张　鑫
宋　义	逯建斌	张永丰	郑　昊	朱　峰
宁吉亮	张业钢	李泽安	寇　正	葛立洋
赵正洪	杜建全	梁　丰	薛占强	崔　航
姜　波	张宏亮	李红权	徐　健	朱振哲
贾宏宇	张　伟	孙金铎	赵恒起	钟长维
王　隆	冯　君	刘　熹	王　涛	张　钢
葛春钰	宋蜀卫	贾　岩	曲泰安	秦　毅
金大鹏	王　甫	赵　林	孙洪刚	付　薇
隋振宇	孙素华	张永兴		

攀钢集团有限公司

岳彩东	曾　彬	林慧蓉	周　睿	黄德轩
李建贞	周厚勇	李国胜	刘　宾	游本银
张桂意	肖勇丽	邓小华	封先勇	周　凯
曾　鑫	邓先强	王　洪	薛　斌	贺建强
何孟德	钱玉彪	顾　民	杨友旭	李　部
钟先雨	郭　强	陈　涛	刘春木	缪　悦
李　亮	余　彬	李景奎	唐　财	卓　波
陈　英	吴　攀	何俊刚	王　静	秦　军

向胜国 杨启富 许虎诚 李 鸿 何廷章
陈 勇 郭建英 李小勇 陈 俊 陈 涛
陈 靓 吴秋廷 唐 历 胡 伟 余浩澜
钟厚万 邓清锐 汤 伟 黄枝权 杜 健
薛世清 陈 炜 王和飞 龙飞虎 张全忠
陈 虎 张陆鹏 张远祥 王代文 王乖宁
邹晓方 肖 湘 顾发祖 黎 桃 曾中兴
邱 超 范立志 刘 超 张 春 唐 勇
汪 洋 郭 东 胡峰荣 罗 许 梁恩荣
查笑乐 丁建海 胡文春 夏 东 荆永月
张 志 朱 舜 刘 兵 李红波 李冬梅
杨习雨 何克平 唐宏娟 高文远 张 虎
江 宾 何 建

鞍钢集团矿业有限公司

王大臣 张玉坤 韩雪娇 陈 祥 白雪岭
唐春树 苏 宇 曹 明 赵文彬 黄 杰
冯 新 贾文利 邵泽斌 梁小军 张振江
栾 辉 顾春辉 王殿龙 李 跃 赵 进
张仁有 刘志斌 姜大海 王振国 张子平
张克威 侯卫钢 赵 虹 王东昌 陈志华
甄 铁 张东伟 张立锋 郝焕伟 石文东
徐家富 刘政东 崔振阁 刘 成 刘 畅
吴前锋 刘殿军 苏兴国 亢建民 于洪军
吴庆深

鞍钢集团工程技术发展有限公司

韩明兴 侯 涛 张卷胜 李 斌 田秋实
路 纪 赵 亮 商 湛 高志刚 徐明鑫
岳文龙 陈 洋 柳兴绵 姚玉明 董雁鸣
蔡孝敏 马忠辉

鞍钢集团众元产业发展有限公司

韩 伟 聂常生 梁荣山 刘光远 刘 刚
么宪彪 吴海昕 张 鑫 郭云峰 范 涛

鞍钢集团国际经济贸易有限公司

曲智慧

鞍钢联众（广州）不锈钢有限公司

田 勇

鞍钢集团有限公司教育培训中心（党校）

卢天燚 杜学华

鞍钢集团有限公司日报社

马骥勇

鞍钢集团财务责任有限公司

赵爱英

鞍钢集团北京研究院有限公司

郭庆涛

其他单位

计 岩 刘炳宇 王永刚 李 巍 刘 俊
张洪威 吴洪志 曹德飞 李 锐 张广明
李文冰 解 达 李 根 李焕福 喻 勇
徐盛宇 王殿贺 侯德家 王 辉 王 琦
杨志刚 昝筱玉 姚 琳 毛艳丽 邹朝霞

（鞍钢集团有限公司工会）

第二十部分

附 录

·统计资料·

2020年鞍钢集团有限公司生产经营指标完成情况

一、主要产品产量完成情况

2020年，鞍钢集团公司生产粗钢3819.37万吨，同比减少101.07万吨，降幅为2.58%；生铁3652.55万吨，同比减少23.76万吨，降幅为0.65%；钢材3542.03万吨，同比减少115.27万吨，降幅为3.15%；铁精矿4017.26万吨，同比减少126.77万吨，降幅为3.06%。

二、财务状况

2020年，鞍钢集团利润总额65.53亿元，同比增加42.02亿元，增幅为178.73%；全年实现营业收入2131.11亿元，同比减少42.89亿元，降幅为1.97%；应交税费总额124.37亿元，同比增加20.01亿元，增幅为19.17%。

2020年末，鞍钢资产总额3401.83亿元，负债总额2176.06亿元，所有者权益1225.77亿元，资产负债率为63.97%。

三、钢材产品实物质量情况

2020年，鞍钢集团钢材合格率完成99.22%，同比上升0.11个百分点，综合成材率93.88%，同比上升0.43个百分点。

四、冶金物耗指标情况

2020年，鞍钢集团全年综合焦比524.85千克/吨，同比上升13.98千克/吨，入炉焦比373.63千克/吨，同比上升2.95千克/吨。

五、出口创汇情况

2020年，集团公司全年实现出口创汇8.37亿美元，同比下降7.30亿美元，降幅为46.59%。其中出口钢材100.09万吨，同比减少106.47万吨，降幅为51.54%，钢材出口创汇额6.12亿美元，同比减少6.40亿美元，降幅为51.12%。

六、钢材产品销售情况

2020年，集团公司销售成品钢材3542.01万吨，同比减少119.54万吨，降幅为3.26%；实物产销率完成100.00%，同比下降0.39个百分点；年末钢材库存42.47万吨，同比下降3.47万吨，降幅为7.55%。

（鞍钢集团有限公司财务部　张铜凯）

产品产量

十大产品产量分月完成情况

（吨）

产品	全年实际	分月产量											
		1月	2月	3月	4月	5月	6月	7月	8月	9月	10月	11月	12月
一、铁矿石原矿量	111328849	9726825	8697921	9363422	9009740	9584580	9483547	9792897	8862040	9201902	9426360	9179413	9000202
二、铁精矿	40172616	3378302	3209668	3305115	3198841	3460698	3404753	3628319	3402665	3315363	3411403	3273837	3183652
三、人造富矿	64679104	5412517	5319760	5357184	5318329	5307460	5405871	5683589	5558742	5169716	5444126	5448881	5252929
烧结铁矿	55366402	4607256	4498017	4510421	4534063	4527853	4608071	4903150	4800139	4503495	4661972	4716766	4495199
球团铁矿	9312702	805261	821743	846763	784266	779607	797800	780439	758603	666221	782154	732115	757730
四、焦炭	11131397	941217	880235	934427	911020	943559	915730	944914	944791	911613	942215	916113	945563
五、合格生铁	36525529	3060971	2857557	2861808	2823238	3019732	3110515	3216270	3214139	3027091	3202072	3104873	3027263
含钒生铁	10651900	929606	815576	818388	820948	835994	865317	955686	968164	939836	935334	918202	848849
六、粗钢	38193716	3137217	2863296	2883323	2828007	3097978	3209266	3405720	3415080	3247676	3446485	3376028	3283640
七、钢坯	37979956	3120001	2848581	2867981	2808516	3077337	3190920	3389366	3396484	3229135	3428139	3357307	3266189
八、钢材	35420348	2822898	2775942	2701219	2702166	2863232	2887918	3146048	3127616	3021806	3136538	3033924	3201041
九、高钒铁（折合量）	34755	2994	2938	2678	2463	2468	2954	3010	2941	2889	3196	3047	3177
十、钛白粉	235516	19039	13754	19885	21100	19596	20847	21570	20963	18611	19918	18603	21630

（鞍钢集团有限公司财务共享服务中心　蒋恩军）

财务指标

（一）财务指标完成情况

（万元）

指标名称		2020年	2019年	增减额	指标名称	2020年	2019年	增减额
一、营业总收入		21311112	21739994	-428882	五、少数股东损益	224537	175622	48915
二、利税指标	利润总额	655303	235072	420231	六、上缴税金	1152998	1157388	-4390
	应交税金	1217752	1043633	174119	其中：所得税	211374	203288	8086
三、所得税费用		252408	203792	48617	增值税	558721	528774	29947
四、净利润		402895	31280	371615	其他税金合计	382903	425326	-42423

（二）评价企业经济指标

（%）

指标名称	2020年	2019年	增减额	指标名称	2020年	2019年	增减额
1. 营业利润率	3.43	2.56	0.87	6. 流动比率	0.68	0.53	0.15
2. 总资产报酬率	3.91	3.03	0.88	速动比率	0.42	0.32	0.10
3. 净资产收益率	3.44	0.29	3.15	7. 应收账款周转率/次	28.53	30.28	-1.75
4. 资本保值增值率	108.6	100.3	8.3	8. 存货周转率/次	5.07	5.29	-0.22
5. 资产负债率	63.97	66.44	-2.47				

（三）资产及负债情况

（万元）

指标名称	2020年	2019年	增减额	指标名称	2020年	2019年	增减额
一、资产总额	34018335	33282903	735432	其中：短期借款	5458907	6817277	-1358370
1. 流动资产	9028170	7760919	1267251	应付账款	1991305	1975056	16249
其中：应收账款	528691	603469	-74778	2. 长期负债	8401858	7560195	841663
存货总额	3431535	3172458	259077	三、所有者权益	12257717	11170335	1087382
2. 长期股权投资	946794	943920	2874	1. 少数股东权益	6340225	5763131	577095
3. 固定资产	13619380	13768042	-148662	2. 归属母公司权益	5917492	5407204	510288
其中：固定资产原值	30394958	30426778	-31820	其中：实收资本	5000636	5000636	—
累计折旧	14955374	14617883	337491	资本公积	5166439	5116330	50109
固定资产净值	15439584	15808895	-369311	盈余公积	26623	17736	8887
4. 无形资产	6293414	6434198	-140784	未分配利润	-4786097	-4927465	141368
二、负债总额	21760618	22112568	-351950	其他综合收益	-159968	-28897	-131071
1. 流动负债	13358760	14552373	-1193613	专项储备	220338	228864	-8526

（鞍钢集团有限公司财务部 渠雪荣）

更新改造指标

（一）2020 年固定资产投资项目完成情况（按形象进度）

（万元）

单项工程或更改项目名称	计划总投资	自开始建设至本年底累计		本年					本年新增固定资产	房屋建筑面积/平方米	
		完成投资	新增固定资产	完成投资	其中					本年施工	本年竣工
					建筑工程	安装工程	设备购置	其他费用			
总　计	3326563	1912634	1398682	508458	108842	76951	243358	79307	360810	334797	253544
其中：鞍山钢铁集团有限公司	2037633	1167220	745235	278504	45902	45908	131872	54822	186357	7979	9958
攀钢集团有限公司	1288930	745414	653447	229954	62940	31043	111486	24485	174453	326818	243586

（二）固定资产投资实际完成情况（按投资方向分类）

（万元）

按投资方向分类	实际完成投资	按投资方向分类	实际完成投资
合　计	508458	7. 轧材	73224
1. 铁矿采选	98666	8. 铁合金	
2. 烧结	28581	9. 焦化	48215
3. 球团		10. 耐火	7314
4. 炼铁	25481	11. 炭素	
5. 炼钢	24937	12. 金属制品	3437
6. 连铸	14245	13. 其他	184358

（鞍钢集团有限公司财务共享服务中心　蒋恩军）

产品销售

主要钢铁工业产品产、销、存情况

（吨）

指标名称	年初库存	本年外购	本年生产	本年自用	本年销售		盘盈（+）/盘亏（-）	年末库存
					本年销售小计	其中：本年出口		
铁矿石成品矿	427811		40172616	35282931	4870098			447398
铁精矿	427811		40172616	35282931	4870098			447398
人造富矿	112319		64679104	64694385				97038
烧结铁矿	66730		55366402	55390618				42514
球团铁矿	45589		9312702	9303767				54524

续表

指标名称	年初库存	本年外购	本年生产	本年自用	本年销售		盘盈（+）/盘亏（-）	年末库存
					本年销售小计	其中：本年出口		
生铁	1173		36525529	36525076	1490			136
粗钢	396690	129044	38193716	37836501	523631			359318
连铸坯	392585	129044	37979956	37626973	522749			351863
钢材	459366		35420348	34032	35420093	949587	-875	424714
铁道用钢材	54827		1857477		1882277	91082		30027
其中：重轨	54827		1857477		1882277	91082		30027
大型型钢	1298		30493		31943		152	
棒材	11218		319001	47	318139	70	-420	11613
钢筋	15869		1966449		1971231			11087
线材（盘条）	14342		1894676	1160	1893313	133261	-19	14526
特厚板	5349		577693	250	576300	4593	14	6506
厚板	19407		1913679	1769	1913673	19203	141	17785
中板	33472		2081853	1627	2083823	21162	-154	29721
热轧薄板	208		3589		3603			194
冷轧薄板	6677		820087	165	821180	49410		5419
中厚宽钢带	100478		10174962	288	10196449	60752		78703
热轧薄宽钢带	43555		3213566	19393	3215299	115042	2947	25376
冷轧薄宽钢带	112354		6938283	6833	6914759	173845	60	129105
热轧窄钢带	48							48
冷轧窄钢带	560							560
镀层板（带）	21029		2120656	1811	2089024	182981		50850
其中：镀锌板（带）	21029		2120656	1811	2089024	182981		50850
涂层板（带）	7783		301730	258	299662	59095		9593
电工钢板（带）	2629		927681		929346	39071		964
无缝钢管	1582		216799	248	216341		-3	1789
焊接钢管	501		638		469		-169	501
其他钢材	6180		61036	183	63262	20	-3424	347
钢丝	138		5		5			138
钢丝绳	6548		19218		18814			6952
钢绞线	41		177		151			67
焦炭	159068	1633402	11131397	12746495	32111			145261

（鞍钢集团有限公司财务共享服务中心 蒋恩军）